Daniel Wiechmann
Chefredakteur

Liebe Leserinnen und Leser,

Gastronomen sind nicht einfach nur Menschen, die in ihren Lokalen hungrige Menschen satt machen. Sie sind vielmehr Stadtentwickler, die mit ihren Ideen Straßen und Plätze beleben. Sie sind Menschen, die die derzeit viel diskutierte Urbanität, die liebens- und lebenswerte Stadt, überhaupt erst ermöglichen.

Könnten Sie sich eine Stadt ohne Cafés, Restaurants und Bars vorstellen? Wie würden die Menschen in so einer Stadt leben? Wo könnten sie Halt machen, um miteinander ins Gespräch zu kommen? Wo könnten sie die Anstrengungen eines harten Tages vergessen? Wo könnten sie ihre Erfolge feiern? Sich mit Freunden treffen? Wo könnten sie Neues entdecken und ihren Horizont erweitern? Wie gewaltig die Schöpfungskraft von Gastronomen ist, zeigt sich, wenn sie Orte, die zuvor in der Wahrnehmung der Stadt gar nicht mehr existierten, neu beleben. Achten Sie demnächst, wenn Sie den Nockherberg hochradeln, doch mal auf die neue kleine Café-Bar Crönlein oder wundern Sie sich in der Schmellerstraße über das Café MoKKa.

Seit 15 Jahren genießen wir das Privileg, in unserem Guide die Entwicklung der Münchner Gastroszene zu begleiten. Wir hoffen, dass wir Ihnen, liebe Leserinnen und Leser, in dieser Zeit etwas von dem Vergnügen, das uns unsere Arbeit bereitet, zurückgeben konnten. Danke für das Vertrauen, das Sie immer wieder in unsere Expertise legen. Unser Anspruch war und ist, Ihnen die umfassendste und fundierteste Übersicht der Münchner Gastroszene zu bieten. Wir hoffen, dass uns das auch in unserem Jubiläumsjahr wieder gelungen ist.

Viel Spaß beim Essen, Trinken und Ta... wünscht Ihnen die München geht aus-Re... neugierig!

Daniel

Titelfoto:
Wir haben endlich das Herz der Weltstadt München gefunden: das neue Dallmayr Bar & Grill.
Dallmayr Bar & Grill, Dienerstraße 14-15, Seite 82, www.dallmayr.com

Titelfoto: Yorck Dertinger

Siggis Zentrum

Toplisten

Magazin

Gastrotipps

Service

So funktioniert's

Das München geht aus Expertenteam 2019

Selbst die Redaktion von München geht aus kann nicht alles wissen. Wie immer haben wir ausgewiesene Experten der Münchner Gastronomie und prominente Münchner um Unterstützung gebeten bei der Auswahl der Lokale. Ihre ganz persönlichen Tipps finden Sie im Finder ab Seite 145.

Hans Jörg Bachmeier

Der Koch im Restaurant Blauer Bock überzeugt seit Jahren mit einer regional aufgesetzten Spitzenküche. Liebevoll und fantasievoll setzt Bachmeier die Qualität seiner Produkte in Szene, ohne dabei auf den billigen Effekt aus zu sein. Wer sich davon selbst einmal überzeugen möchte, geht entweder in den Blauen Bock am Sebastiansplatz oder greift zu einem der Kochbücher aus der „Einfach. Gut. Bachmeier."-Reihe.

Rudi Kull

Gemeinsam mit Albert Weinzierl bildet Rudi Kull ein kongeniales Duo, das München um Lokale wie die Bar Centrale, das Brenner Grill, das Emiko, das Riva im Tal und das Riva Restaurant in Schwabing oder die Bar Giornale bereichert hat. Keines dieser Lokale gleicht dem anderen. Immer gelingt es den beiden, etwas Unverwechselbares zu erschaffen und dabei Trends vorwegzunehmen, denen wenig später die halbe Stadt folgt.

Carlo Rieder

Er ist der Mann, der eine geheime Gastro-Formel zu besitzen scheint und sich so ein kleines Imperium aufgebaut hat, zu dem unter anderem so tolle Lokale wie das Romans, das Primafila oder das Il Mulino gehören. Ob mitten in München oder in den Stadtteilen außerhalb: die Rieder-Lokale überzeugen stets durch ein Ambiente mit Stil und eine Küche, die mal klassisch, mal raffiniert daherkommt.

Putzi Holenia

Der Wirt des Paulaner im Tal ist eine Münchner Gastro-Legende. Seit Jahren schaut er als Haferlgucker den Münchner Köchen in die Töpfe. Und wenn er nicht in seinem oder anderen Lokalen nach dem Rechten schaut, reist er gern um die Welt und sucht nach neuen kulinarischen Offenbarungen. Kommt man einmal mit ihm ins Gespräch, merkt man schnell: Dieser Mann ist eine wandelnde kulinarische Enzyklopädie, deren Wissen wir in unserem Guide gerne nutzen.

Damir Fister

Einer der letzten Lebenskünstler der Stadt. Der geniale Wortakrobat hat nicht nur die dreifache Alliteration mit doppelter Ironieschraube erfunden, sondern auch die vierfache Paralipse mit gewirbelter Metapher und eingesprungenem Sarkasmus. Seit mehr als zehn Jahren stellt der Lebenskünstler und geborene Entertainer für München geht aus die besten Clubs und Bars der Stadt auf den Kopf.

Welche Lokale bekommen den GastroStar®?

So testen und bewerten wir

Unsere Philosophie

All unsere Gastro-Tests erfolgen anonym und unangekündigt. Die Rechnung zahlen wir selbst. Unser Ziel ist es, in „München geht aus" Empfehlungen auszusprechen. Wenn wir ein Lokal gar nicht weiterempfehlen können, schreiben wir auch nicht darüber. Wichtig ist uns, dass Sie in unseren Tests das Konzept eines Lokals erkennen, damit Sie wissen, was Sie vor Ort erwartet, egal, ob es sich dabei nun um ein Luxusrestaurant oder eine Kneipe in der Nachbarschaft handelt. Daher bewerten wir die Lokale so detailliert wie möglich.

Die Punktevergabe

Insgesamt bewerten wir fünf Kategorien: Essen, Trinken, Service, Ambiente, Wohl fühlen. Der Qualität des Essens messen wir den größten Stellenwert bei der Bewertung zu. Deshalb vergeben wir für das Essen maximal 20 Punkte. In den vier weiteren Kategorien werden jeweils 10 Punkte vergeben. Ein Restaurant kann also eine Höchstpunktzahl von 60 Punkten erreichen. Ab 42 Punkten erhält ein Restaurant den GastroStar®. Ab 38 Punkten gibt es einen „halben" Stern, erkennbar an der helleren Farbe.

Beispiel

★ ab 38 Punkten

★ ab 42 Punkten

Bei den Bars wird die Kategorie Essen nicht gewertet, da nicht alle Bars Speisen anbieten. Bars können also eine Höchstpunktzahl von 40 Punkten erreichen. Ab 30 Punkten gibt es den GastroStar®, ab 28 Punkten erhält eine Bar den „halben" Stern. Alle Bars mit Speiseangebot sind in unserem Finder zusätzlich auch bei den Restaurants gelistet, inklusive der Bewertung in der Kategorie Essen. Bei Clubs und Biergärten werden nur drei Kategorien bewertet: Party, Flirten und Sound bei Clubs; Essen, Ambiente und Atmosphäre bei Biergärten. Ab 24 Punkten gibt es hier den GastroStar®, ab 23 Punkten erhalten Clubs und Biergärten den „halben" Stern. Die Abkürzungen der verschiedenen Wertungskategorien finden Sie jeweils in der nebenstehenden Legende.

Die Toplisten

Eine umfangreiche Übersicht über die besten Lokale der Stadt geben unsere Toplisten (Seite 10 ff.). Welches sind die spannendsten Neueröffnungen? Wo genießt man puren Luxus? Wer punktet bei den Italienern, den bayerischen Wirtschaften oder den asiatischen Restaurants besonders? An welchen Lokalen kann man sich gar nicht satt sehen? In welchen Clubs wird am wildesten gefeiert? In welchen Bars schmecken die Cocktails richtig gut? In den Toplisten steht's.

Die Langkritiken

Im Anschluss an die Toplisten finden Sie unsere ausführlichen Gastrotipps (Seite 57 ff.), in denen wir Ihnen Klassiker und neue Restaurants sortiert nach Küchen ausführlich vorstellen.

Der Finder

Im Finder (Seite 145 ff.) finden Sie über 800 Gastro-Empfehlungen, kurz und bündig auf den Punkt gebracht. Außerdem bekommen Sie zu jedem Lokal weitere wichtige Informationen. Wie viele Plätze hat es? Und wie viele auf der Terrasse? Wie kann ich bezahlen? Wie komme ich hin? Piktogramme, in der nebenstehenden Legende erklärt, sorgen für Ihren schnellen Überblick. Wenn Sie ein Lokal mehrmals im Finder entdecken – das hat seine Richtigkeit, denn manchmal verwandelt sich ein Café abends in eine Bar oder in einem Restaurant werden zwei Küchenrichtungen aufgetischt. All dies versuchen wir zu dokumentieren, wodurch die Mehrfachnennungen entstehen.

Mietlocations

Wenn Sie mal nicht nur ausgehen wollen, sondern für eine private Feier ein Lokal oder eine Bar mieten wollen, finden Sie auf der Seite 232 mehr als 50 Tipps.

Der Stadtteil-Guide

Der Stadtteil-Guide (Seite 240 ff.) hält Informationen speziell für Ihr Wohlfühlen im Viertel bereit. Welche Lokale in meiner Umgebung haben den GastroStar® und sind damit besonders empfehlenswert? Welche sind besonders familienfreundlich? Wo gibt es WLAN und Speisen zum Mitnehmen? Im Stadtteil-Guide finden Sie die Antworten.

Der Preis-Index

Beim Preis-Index teilen wir die Kosten in vier Kategorien ein: günstig (G), mittel (M), hoch (H), sehr hoch (SH).

Als Richtlinie gelten:
günstig = 50 Euro für 2 Personen
mittel = 70–80 Euro für 2 Personen
hoch = 120 Euro für 2 Personen
sehr hoch = über 120 Euro für 2 Pers.

Viel Spaß beim Lesen!
Ihre München geht aus-Redaktion

Legende

Was die einzelnen Abkürzungen und Symbole bedeuten

Restaurants

E: Essen (max. 20 Punkte)
T: Trinken (max. 10 Punkte)
S: Service (max. 10 Punkte)
A: Ambiente (max. 10 Punkte)
W: Wohl fühlen (max. 10 Punkte)
Maximale Punktzahl: **60** Pkt.
Halber GastroStar: ab **38** Pkt.
GastroStar: ab **42** Pkt.

Bars

T: Trinken (max. 10 Punkte)
S: Service (max. 10 Punkte)
A: Ambiente (max. 10 Punkte)
W: Wohl fühlen (max. 10 Punkte)
Maximale Punktzahl: **40** Pkt.
Halber GastroStar: ab **28** Pkt.
GastroStar: ab **30** Pkt.

Clubs

P: Party (max. 10 Punkte)
F: Flirten (max. 10 Punkte)
S: Sound (max. 10 Punkte)
Maximale Punktzahl: **30**
Halber GastroStar: ab **23** Pkt.
GastroStar: ab **24** Pkt.

Biergärten

E: Essen (max. 10 Punkte)
F: Ambiente (max. 10 Punkte)
A: Atmosphäre (max. 10 Punkte)
Maximale Punktzahl: **30**
Halber GastroStar: ab **23** Pkt.
GastroStar: ab **24** Pkt.

Trend zum Vorjahr

↗ das Lokal hat sich verbessert
→ das Lokal hat sein Niveau gehalten
↘ die Wertung ist gefallen
– das Lokal wurde neu in den Guide aufgenommen

Piktogramme

⑁ Plätze im Lokal: so viele Plätze gibt es innen und auf der Terrasse
▣ Zahlarten: EC – EC-Karte, AM – Amex, VI – Visa, EM – Euro/MasterCard, DI - Diners

Heimwerk Glockenbach Isarvorstadt

Topliste: Bayerisch

Schwein gehabt?

Urige Atmosphäre, grantelnde Bedienungen, saftige Schweinsbraten – Unsere Top Ten verrät, wo man in München die bayerische Küche in ihrer ganzen Pracht erleben kann

1. Königsquelle (S. 58)
Pilgerstätte für Whiskyfans und alle, die Lust auf das legendäre Wiener Schnitzel haben. Baaderplatz 2, Tel. 22 00 71

2. Weinhaus Neuner (S. 155)
Wunderschön interpretierte gehobene bayerische Küche im alten Gewölbe. Herzogspitalstr. 8, Tel. 260 39 54

3. Paulaner am Nockerberg (S. 64)
Frisch renoviert mit genialen Bier- und Grillspezialitäten (Cowboy-Steak!). Hochstr. 77, Tel. 45 99 130

4. Heimwerk (S. 59)
Das Heimwerk ist mit seinem genialen Slow Fast Food-Konzept ins Glockenbachviertel expandiert. Müllerstr. 49, Tel. 59 91 86 97

5. Restaurant Laurin (S. 151)
Aromenstarke Regionalküche (z.B. Brotsalat) in einem modern-urigen Ambiente. Heiliggeiststr. 6, Tel. 21 99 48 70

6. Goldmarie (S. 148)
Abwechslungsreiche bayerische Küche mit Pfiff. Und endlich normale Leute. Schmellerstr. 23, Tel. 442 38 39 40

7. Wirtshaus in der Au (S. 153)
Vom Schweinsbraten bis zur Dessertorgie für Zwei ist dieses Lokal einfach eine Wucht. Lilienstr. 51, Tel. 44 814 00

8. Seidelei (S. 151)
Kleine Karte, Skihütten-Ambiente und eine feine Auswahl. Was will man mehr? Reitmorstr. 3, Tel. 25 54 22 20

9. Sir Tobi (S. 152)
Hier wird der Slowfood-Gedanke jeden Tag gelebt. Ehrliche regionale Küche. Sternstr. 16, Tel. 32 49 48 25

10. Beim Sedlmayr (S. 147)
Uriges Wirtshaus mit ehrlicher Hausmannskost-Küche und vui z'vui Gfui. Westenriederstr. 14, Tel. 22 62 19

Foto: Sonja.Sindlhauser

Corso Dachau

Topliste: Italienisch

Pizza, Pasta und Risotto

Wenn der Münchner kein Münchner wär, wär er ein Italiener. Hier die Lokale, in denen man die Seelenverwandtschaft ausleben oder einfach nur gut essen kann

1. **Acquarello** (S. 156)
   Mario Gambas Cucina del Sole.
   Mühlbaurstr. 36, Tel. 470 48 48
2. **Romans** (S. 164)
   Traumterrasse, lebendige Stimmung und ganz viel modern-barockes Flair im Lokal. Romanstr. 1, Tel. 168 98 88
3. **Bibulus** (S. 156)
   Top umgesetzte gehobene Küche. Im Sommer mit lauschiger Terrasse!
   Siegfriedstr. 11, Tel. 39 64 47
4. **Limoni** (S. 161)
   Die Küche kommt auf den Punkt, der Service hat Stil. Genialer Hide out.
   Amalienstr. 38, Tel. 28 80 60 29
5. **Hippocampus** (S. 158)
   Gediegen. Aber dennoch besonders.
   Mühlbaurstr. 5, Tel. 47 58 55
6. **Il Mulino** (S. 159)
   Gelebte italienische Gastfreundschaft. Wunderschöne grüne Terrasse.
   Görresstr. 1, Tel. 52 33 335
7. **Hostaria Rò E Buni** (S. 158)
   Authentische Küche (in Bio-Qualität) + uriges Landhaus-Ambiente.
   Kaiserstr. 55, Tel. 33 53 80
8. **Il Gattopardo** (S. 159)
   An den meisten Abenden platzt das Lokal aus allen Nähten. Einfach genial.
   Nordendstr. 58, Tel. 24 29 04 50
9. **Corso** (S. 157)
   Morgens, mittags und abends eine Bank.
   Konrad-Adenauer-Str 24, 85221 Dachau, Tel. 08131-29 73 040
10. **Dal Cavaliere** (S. 157)
    Riesige Terrasse. Unbedingt probieren: die Bistecca Fiorentina und die hausgemachte Pasta. Weißenburgerstr. 3, Tel. 48 83 88

Gesellschaftsraum Zentrum

Topliste: Luxus

Edle Locations, geniales Essen

Es gibt Abende, an denen das Beste gerade gut genug ist. In diesen außergewöhnlichen Restaurants erlebt man Momente für die Ewigkeit

1. **Tantris** (S. 99)
Andere müssen kämpfen, um Spitzenklasse zu sein. Das Tantris nie.
Johann-Fichte-Str. 7, Tel. 361 95 90

2. **Atelier** (S. 184)
Besser als bei Jan Hartwig kann man in München nicht essen.
Promenadeplatz 2-6, Tel. 212 07 43

3. **Esszimmer in der BMW Welt** (S. 184)
Essen wow! Einrichtung wow! Extrem hoher Genussfaktor.
Im Olympiapark 1, Tel. 358 99 18 14

4. **Geisel's Werneckhof** (S. 98)
Ganz starke Fischgerichte in einem denkmalgeschützten Old School-Ambiente.
Werneckstr. 11, Tel. 38 87 95 68

5. **Schwarzreiter** (S. 186)
Young Bavarian Cuisine im Hotel Vierjahreszeiten.
Maximilianstr. 7, Tel. 21 25 21 25

6. **Blauer Bock** (S. 167)
Absolut bezahlbarer Klassiker mit toller Bauchküche.
Sebastiansplatz 9, Tel. 45 22 23 33

7. **Showroom** (S. 186)
Winzig klein. Doch in der Küche steht mit Dominik Käppeler ein Riesenkoch.
Lilienstr. 6, Tel. 44 42 90 82

8. **Broeding** (S. 184)
Ein leises Lokal der Spitzenklasse. Täglich wechselndes Überraschungsmenü.
Schulstr. 9, Tel. 16 42 38

9. **Gesellschaftsraum** (S. 88)
Bernd Arold und sein Team begeistern mit immer wieder neuen Aromenfantasien.
Bräuhausstr. 2, Tel. 50 777 93

10. **Shanes's Restaurant** (S. 186)
Spitzenküche trifft auf lockere Geselligkeit und ein modern-lässiges Ambiente.
Geyerstr. 52, Tel. 74 64 68 20

Toshi + Japatapa Noodle Men Zentrum

Topliste: Asiatisch

Fernöstliche Aromawelten

Die Küchen Asiens sind beliebt in München. Kein Wunder, entführen sie einen doch immer wieder in unbekannte Geschmackswelten, die es zu entdecken lohnt

1. **Cochinchina** (S. 195)
Gesunde vietnamesische Kräuter-Küche in einem farbenprächtigen Design-Ambiente. Kaiserstr. 28, Tel. 38 98 95 77

2. **Matsuhisa Munich** (S. 199)
Purer Luxus im Hotel Mandarin Oriental. Neuturmstr. 1, Tel. 290 98 18 75

3. **Mun** (S. 199)
Wunderschön inszeniertes Kellerlokal. Sushi und Menü. Innere Wiener Str. 18, Tel. 62 80 95 20

4. **Koi** (S. 193)
Klasse Sushi und Spezialitäten vom Robata-Grill. Wittelsbacherplatz 1, Tel. 89 08 19 26

5. **ChuChin** (S. 195)
Ob im Lokal oder dank Lieferservice zu Hause auf dem Sofa: Immer gut. Marschallstr. 2, Tel. 38 89 96 06

6. **Toshi + Japatapa** (S. 104)
Japans Küche in ihrer ganzen Vielfalt (Sushi, Fleisch und Fisch + Ramen im Japatapa). Wurzerstr. 18, Tel. 25 54 69 42

7. **Sushiya Sansaro** (S. 106)
Lieblingslokal. Klasse Sushi. Geniale Sake- und Whisky-Auswahl. Hier passt alles. Amalienstr. 89, Tel. 28 80 84 42

8. **Jin** (S. 193)
Aufregende panasiatische Küche in elegant-nüchternem Ambiente. Kanalstr. 14, Tel. 21 94 99 70

9. **The Hutong Club** (S. 197)
Sharing-Küche, die durch starke Aromen besticht + wildes Drachen-Ambiente. Franz-Joseph-Str. 30, Tel. 38 38 03 43

10. **Emiko** (S. 192)
High End-Cuisine in einem schlichten und dennoch lebendigen Ambiente. Viktualienmarkt 6, Tel. 41 11 90 81 11

Pfistermühle Zentrum

Topliste: Die Neuen

Hallo erst mal!

Sie bringen neuen Schwung in Münchens Gastro-Szene. Hier die neueröffneten Restaurants, Bars und Clubs, die wir auf Anhieb ganz besonders ins Herz geschlossen haben

1. Dallmayr Bar & Grill (S. 82)
Lebendiges Bistro-Flair + spannendes Publikum. Und dann erst das Essen ... Dienerstr. 14-15, Tel. 21 35 112

2. Zum Schönfärber (S. 90)
Er ist wieder da! Thomas Hertlein schenkt seinen Gästen endlich wieder reinen Wein ein. Kazmairstr. 28, Tel. 20 93 05 69

3. Schuhbecks Fine Dining (S. 99)
Palais-Ambiente trifft auf eine raffinierte französisch-asiatische Küche. Pfisterstr. 9, Tel. 21 66 900

4. Pfistermühle (S. 86)
Entspannt genießen in der renovierten Pfistermühle. Pfisterstr. 4, Tel. 23 70 38 65

5. Savoy (S. 85)
Wunderschön herausgeputztes Alpenstüberl. Bismarckstr. 21, Tel. 33 05 65 56

6. Sparkling Bistro (S. 179)
DIE Überraschung in der Amalienpassage. Wahnsinnig gutes Preis-Leistungs-Verhältnis. Amalienstr. 89, Tel. 46 13 82 67

7. Paulaner am Nockherberg (S. 64)
Bierspezialitäten aus der eigenen Mikrobrauerei und eine toll aufgesetzte Küche. Hochstr. 77, Tel. 45 99 130

8. Izakaya (S. 104)
Urbanes Design und eine tadellose Asiaküche im Hotel Roomers. Landsberger Str. 68, Tel. 122 23 20 00

9. Heinrich Matters (S. 89)
Das neue Lokal der Fräulein Grüneis-Macher. Lieblingslokal. Luisenstr. 47, Tel. 23 79 66 73

10. Cotidiano am Nordbad (S. 143)
Modernes Landhausambiente und eine Küche, die gekonnt durch den Tag führt. Schleißheimer Str. 93, Tel. 215 43 63 90

Platzl Karree Zentrum

Topliste: Terrassen

Genießen oben ohne

Unsere Lieblingsterrassen für laue Sommernächte in der nördlichsten Stadt Italiens. Mal groß und lebendig, mal mit wunderschöner Aussicht, aber immer besonders

1. Blue Spa Bar (S. 230)
Ein Hauch von Luxus und Leichtigkeit im Hotel Bayerischer Hof mit Blick auf den Dom. Promenadeplatz 2-6, Tel. 212 08 75

2. Café Vorhoelzer
Dachterrassen-Café der TU für Studenten.
Arcisstr. 21, Tel. 0174-97 48 447

3. Platzl Karree - Boden und Bar (S. 207)
Verwunschen schöne Outdoor-Bar mitten im Zentrum.
Sparkassenstr. 12, Tel. 23 70 30

4. Bar of Bel Air (S. 202)
Bar aus alten Frachtcontainern. Der vielleicht schönste Sundowner der Stadt.
Atelierstr. 4, Tel. 0172-866 16 86

5. Bavarie Brasserie in der BMW Welt (S. 170)
Riesenterrasse mit Blick in den Olympiapark. Im Sommer tolles BBQ.
Am Olympiapark 1, Tel. 358 99 18 18

6. Emiko (S. 184)
Hübsch versteckte Dachterrasse am Viktualienmarkt.
Viktualienmarkt 6, Tel. 411 190 81 11

7. Romans (S. 164)
Italienische Grandezza von ihrer schönsten Seite.
Romanstr. 1, Tel. 168 98 88

8. Glockenspiel (S. 174)
Bester Blick aufs Rathaus und über die Dächer der Innenstadt.
Marienplatz 28, Tel. 26 42 56

9. Ella (S. 232)
Große Terrasse mit Blick auf die Propyläen.
Luisenstr. 33, Tel. 70 08 81 77

10. Storia (S. 165)
Lebendige Stadtterrasse mit Piazza-Feeling.
Karlstr. 47a, Tel. 51 51 96 96

Mural Maxvorstadt

Topliste: Designperlen

Das muss man gesehen haben

Es gibt Dinge, die sind zu schön, um wahr zu sein.
Für diese Lokale gilt das nicht. Die Design-Highlights der Stadt

1. Esszimmer in der BMW Welt (S. 172)
Elegantes Penthouse-Wohnzimmer mit Kamin, riesigem Weinregal und Blick in die Küche. Am Olympiapark 1, Tel. 358 99 18 14

2 Tantris (S. 99)
Sinnlich und lustvoll ... Das gilt hier für Küche und Ambiente.
Johann-Fichte-Str. 7, Tel. 36 195 90

3. Rocca Riviera (S. 178)
Jeder Winkel anders. Ein schwelgen in Farben und Formen.
Wittelsbacherpl. 2, Tel. 28 724 421

4. Die Goldene Bar (S. 204)
Zwischen antiken Landkarten sitzen und geniale Drinks genießen.
Prinzregentenstr. 1, Tel. 54 80 47 77

5. Cochinchina (S. 195)
Asiatische Eleganz, edelste Materialien und ein meterhoher Raum.
Kaiserstr. 11, Tel. 38 98 95 77

6. La Bohème (S. 175)
Die Blaupause eines modernen, urbanen Lokals.
Leopoldstr. 180, Tel. 23 76 17 92

7. Mirror Munich (S. 124)
Design made by Kare funktioniert auch in einer Bar. Mit Selfie-Sessel!
Occamstr. 7, Tel. 38 99 96 36

8. Mural (S. 92)
Streetart an der Wand. Und auch Kunst auf dem Teller.
Hotterstr. 12, Tel. 23 02 31 86

9. Occam Deli (S. 176)
Viel Holz + raffiniertes Licht = alpenländisch-moderne Eleganz.
Feilitzschstr. 15, Tel. 38 34 63 46

10. The Hutong Club (S. 197)
Der Drache speit Feuer.
Franz-Joseph-Str. 30, Tel. 38 380 343

Trisoux Isarvorstadt

Topliste: Bars

Durst nach Leben

Eine gute Bar ist nicht einfach nur ein Ort, an dem man sich gepflegt betrinken kann. Sie ist auch Beichtstuhl, Rückzugsort, Party- oder Flirtlocation. Hier eine Übersicht der besten Münchner Bars

1. Schumann's Bar (S. 126)
Das Wohnzimmer der Stadt.
Odeonsplatz 6-7, Tel. 22 90 60

2. Die Goldene Bar (S. 204)
Täglich von 10 bis 2 Uhr. Und zu jeder Stunde gut.
Prinzregentenstr. 1, Tel. 54 80 47 77

3. Bar Gabányi (S. 202)
Gehobene Trinkkultur mit einem Service der alten Schule + schönes Konzertprogramm. Beethovenplatz 2, Tel. 51 70 18 05

4. Wabi Sabi Shibui (S. 127)
Hier wird die Perfektion der Unvollkommenheit zelebriert.
Ludwigstr. 11

5. Schumann's Tagesbar (S. 210)
Hotspot in der Theatinerstraße, in dem von morgens bis abends immer etwas los ist. Maffeistr. 6, Tel. 24 21 77 00

6. Herzog (S. 174)
Geniales Bar-Restaurant mit Drinks von einem anderen Stern.
Maxburgstr. 4, Tel. 29 16 10 29

7. Zephyr (S. 211)
Raffinierte Drinks, die durch spannende Zutaten und bei der Präsentation Maßstäbe setzen. Baaderstr. 68, Tel. 21 75 46 95

8. Tabacco (S. 211)
Klassische American Bar. Für Kenner der hochprozentigen Materie.
Ledererstr. 8, Tel. 24 22 490

9. Trisoux (S. 126)
Wabendecke und Echtpflanzenwand sorgen für ein einzigartiges Ambiente.
Müllerstr. 41

10. Bar of Bel Air (S. 202)
Sonnendeck aus alten Schiffscontainern. Jung und wild.
Atelierstr. 4, Tel. 0172-866 16 86

Heart Zentrum

Topliste: Nachtleben

Die angesagtesten Clubs und Tanzbars der Stadt

Sehen und gesehen werden. Entspannt chillen. Vibrierende Hotspots. Hier geht München aus, wenn die Sonne längst untergegangen ist

1. Harry Klein (S. 136)
Club mit internationalem Format und einer Soundanlage der Extraklasse. Sonnenstr. 8, Tel. 40 28 74 00

2. MilchundBar (S. 134)
Wenn hier nichts geht, geht nirgends was. Sonnenstr. 27, Tel. 450 28 80

3. Strom Club (S. 135)
Abwechslungsreiche Live-Musik für ein sympathisches Indie-Publikum. Lindwurmstr. 88, Tel. 24 20 57 15

4. Paradiso Tanzbar (S. 137)
Schlager, Spaß und gute Laune... Da singen auch die Ü30er in der Tanzbar gerne mit. Rumfordstr. 2, Tel. 26 34 69

5. Heart (S. 219)
Eine Location, der in Sachen Style niemand das Wasser, den Gin oder den Vodka reichen kann. Lenbachplatz 2a, Tel. 0160-909 002 24

6. P1 (S. 138)
Club-Legende, die immer wieder mit tollen Events und einer Traumterrasse auftrumpft. Prinzregentenstr. 1, Tel. 21 111 40

7. Rote Sonne (S. 138)
Die elektronische Nr. 1 der Stadt. Maximiliansplatz 5, Tel. 552 631 30

8. Milla (S. 220)
Live-Musik + unaufgeräumter Berlin-Style. Passt. Holzstr. 28, Tel. 18 92 31 01

9. Backstage (S. 218)
Off-Location mit Nachtbiergarten und Musik-Highlights wie dem Free & Easy-Festival. Reitknechtstr. 6, Tel. 126 61 00

10. Lucky Who (S. 220)
Junge Szene, die sichtlich Spaß an der Location und miteinander hat. Briennerstr. 14, Tel. 20 92 20 71

Cotidiano am Nordbad Schwabing

Topliste: Frühstück

Ein guter Morgen!

Zehn Lokale, in denen man bei einem guten Frühstück entspannt in den Tag starten kann

1. Cafe Luitpold (S. 231)
Einmal im Leben frühstücken im Palmensaal.
Brienner Str. 11, Tel. 242 87 50

2. Cotidiano am Nordbad (S. 143)
Geballte Frühstückskompetenz. Das gilt für alle Cotidiano-Cafés.
Schleißheimer Str. 93, Tel. 215 43 63 90

3. Bar Centrale (S. 128)
Caffé, Cornetto, gute Laune. Und dazu zischt fröhlich die Kaffeemaschine.
Ledererstr. 23, Tel. 223 762

4. Café Lotti (S. 231)
Prinzessinnen-Ambiente plus heimische Produkte. Das schmeckt.
Schleißheimer Str. 13, Tel. 61 51 91 97

5. Mangostin (S. 232)
Legendärer Seafood-Brunch am Sonntag. Für besondere Anlässe.
Maria-Einsiedel-Str. 2, Tel. 723 20 31

6. Catwalk (S. 231)
Üppig und unkompliziert ... So darf Frühstück gern öfter sein.
Mauerkircherstr. 2, Tel. 98 58 81

7. Brenner (S. 230)
Entpannter Sonntag: Beim à la carte-Brunch mit Kinderbetreuung.
Maximilianstr. 15, Tel. 452 28 80

8. Gandl (S. 232)
Frühstück auf einer der schönsten Terrassen der Stadt.
St.-Anna-Platz 1, Tel. 29 16 25 25

9. Glockenspiel (S. 232)
Unbedingt die opulente „Liebelei für zwei" probieren.
Pariser Str. 17, Tel. 80 03 73 94

10. Tante Emma (S. 141)
Frühstücks-(und Abend-)Café, wie man es nicht besser erfinden kann.
Destouchesstr. 63, Tel. 32 98 86 70

Dein Viertel in fünf Minuten

Alle wichtigen Gastro-News des Jahres auf einen Blick. Mit allen spannenden Newcomern und den Klassikern. Viertel für Viertel.

Die Münchner Gastro-Trends 2019: Wer wissen will, wie es um die Lage in einer Stadt wirklich bestellt ist, der sollte keine Zeitung lesen oder die sozialen Netzwerke nach den aktuellen Empfindlichkeiten durchforsten. Er sollte sich vielmehr in die Restaurants, Bars und Kneipen einer Stadt begeben, die Leute dort beobachten, mit ihnen ins Gespräch kommen und dann die richtigen Schlüsse ziehen. Nun, in München ist genau dieses Erfühlen des Stadtpulses gar nicht so leicht in die Tat umzusetzen. Es sei denn, Sie haben vorher reserviert. Tag für Tag sind die Lokale der Stadt zum Bersten gefüllt und die Münchner feiern und trinken, als gäbe es kein Morgen mehr. Weiß da vielleicht jemand mehr?

Haben etwa die Risikoprognose-Experten der Allianz den Zeitplan des Klimawandels längst verlässlich ausgerechnet und verjubeln daher schon jetzt ihre Boni und sonstigen Gratifikationen? Oder ertränken die Ingenieure von BMW allabendlich ihren Kummer darüber, weil es noch mindestens drei Jahre dauern wird, bis sie endlich ein Elektro-Auto mit einer verlässlichen Reichweite von über 600 Kilometern gebaut haben? Vielleicht sind es ja aber auch die Verlags- und Medienmenschen, die in den Bars der Stadt ihren Lugana mit Tränen strecken, weil niemand mehr ihre Bücher und Zeitungen kaufen will!?

Weltuntergangstimmung ist ja derzeit gerade unheimlich en vogue. Doch ehrlich gesagt, ist davon in den Lokalen Münchens wenig zu spüren. Stattdessen haben wir eher den Eindruck, dass die Leute nach einem anstrengenden Tag halt einfach entspannen und das Leben genießen wollen. Die Münchner Gastroszene brummt, vor allem in der Innenstadt, die mit zahlreichen Neueröffnungen in diesem Jahr eine wahre Renaissance erlebt hat.

Zentrum

Lage der Dinge: Die Münchner Innenstadt steht gern im Verdacht etwas bräsig daherzukommen. Da ist vom Münchner Barock die Rede, der langweilig und vorhersehbar mit Austern und Champagner daherkommt und sich allen gastronomischen (und anderen) Innovationen schulterzuckend verweigert. Mal abgesehen davon, dass in einer gerechten Welt Austern und Champagner Grundnahrungsmittel wären, da man sich mit dieser kulinarischen Kombination direkt auf den „Stairway To Heaven" begibt, ist die Münchner Innenstadt mittlerweile alles andere als barock. Stattdessen gilt das Motto „Come As You Are", ob man nun im Schumann's, im Blauen Bock oder beim Dallmayr einkehrt. Sogar bei letzterem ist im neuen Lokal-im-Shop-Konzept Bar & Grill derweil „Rock Around

Mural Zentrum

The Clock" angesagt, zumindest bis Mitternacht. Und auf der neuen Terrasse der Plüsch-Porno-Bar Senatore darf man sich, umgeben von „Good Vibrations", sogar um 2 Uhr nachts noch fragen „Should I Stay Or Should I Go Now"? Nein, die Münchner Innenstadt ist wirklich alles andere als langweilig, sondern purer Rock'n'Roll. Wer hier keine „Satisfaction" findet, sollte mal dringend die Funktion seiner Neurotransmitter checken lassen.
Newcomer: Starten wir mit einem echten Gewinner. Der Preis für den schrägsten neuen Lokalnamen geht in diesem Jahr ans „Leger am Dom". Herzlichen Glückwunsch. Dabei hat sich das neue Lokal von Siegfried Able knapp vor „Schneeweinchen & Rosenbrot" (Haidhausen) sowie dem „Platzl Karree Boden & Bar" (Innenstadt) durchgesetzt. Die kleine Freiluftbar am Platzl sollten Sie übrigens unbedingt einmal besuchen. Man sitzt inmitten einer grünen Dschungel-Hölle und genießt mit dem „Spatzl" eine Spritzvariante, die süchtig macht. Wirklich gespannt waren alle ja auf das neue Tambosi. Das ist auch wirklich schön geworden.

Schön zu sehen ist auch, dass der Odeonsplatz jetzt offiziell mit dem Markusplatz in Venedig um den Titel „Teuerster Cappuccino der Welt" konkurriert. Den besten Cappuccino der Stadt – und vieles andere mehr – gibt es dagegen definitiv im neuen Dallmayr Bar & Grill. Ja, tatsächlich wurde in den letzten Monaten nicht nur auf dem Marienhof gebaut, sondern auch daneben. Das neue Lokal gleich im Eingangsbereich des Feinkosttempels wartet mit schönstem Bistroflair auf, so dass man sich hier gleich sowas von Paris fühlt. Große Gefühle hatten wir auch im neuen Lokal von Stefan Stiftl. Der bringt die Halbe in bester Innenstadtlage im Tal doch tatsächlich noch für unter vier Euro unters durstige Volk (Glück! Glück! Glück!) und zeigt mit Gerichten wie der Bavarian Bowl (Hawaii meets Minga), wie Integration im Jahr 2019 auch ganz angstfrei gelingen kann.

Als wir das erste Mal das neue Schuhbecks Fine Dining betraten, hätten wir wetten können, dass an der Eingangstür eine Art LSD-Dusche angebracht ist. Sooooo viele bunte Farben haben wir zuletzt auf einem Holi Festival gesehen. Wer noch nicht in der renovierten Pfistermühle war, sollte einen Besuch unbedingt auf seine To-Do-Liste setzen. Wem der Tierschutz am Herzen liegt, muss mal das neue vegane Siggi's in der Westenriederstraße ausprobieren. Und Street Art affinen Menschen sei das Mural in der Hotterstraße empfohlen. Wer statt Innenstadt-Klimbim eine Ruhe-Oase sucht, ist im neuen Café Dominique genau richtig. Und last but not least gibt es mit dem Wabi Sabi Shibui ein neues Trinker-Mekka, in dem Klaus St. Rainer von der Goldenen Bar die Vollkommenheit der Unvollkommenheit zelebriert. Klingt kompliziert, schmeckt dafür aber umso besser.

Dallmayr Bar & Grill Zentrum

Schuhbecks Fine Dining Zentrum

Klassiker: Dass, wir das noch erleben dürfen: München hat mit dem Atelier im Hotel Bayerischer Hof endlich ein Drei-Sterne-Lokal. Okay, eigentlich hat München ja zwei Drei-Sterne-Lokale. Aber beim Tantris ist der Guide Michelin mit den Sternen ja leider so knauserig, wie sonst nur Ebenezer Scrooge beim Auflegen der Heizkohle in seinem Warenhaus-Kontor. Niemand, der Ahnung von Gastronomie hat, versteht, warum das so ist. Aber das ist eine vollkommen andere Geschichte und soll die Leistung von Jan Hartwig im Atelier in keiner Weise schmälern. Was der Koch in so jungen Jahren erreicht hat ... Hut ab!

Überhaupt das Hotel Bayerischer Hof: Mit dem Garden Restaurant oder der Blue Spa Bar hat man weitere starke gastronomische Fixpunkte ins Stadtleben integriert. Und das Trader Vic's ist ein exotischer Dauerbrenner, den wir nicht missen mögen. Missen werden wir den alten Königshof. Aber nur so halb. Das Ambiente war dann doch zu sehr aus der Zeit gefallen, weshalb wir uns umso mehr auf das neue Lokal freuen. Und wer weiß: Vielleicht findet die Familie Geisel ja doch noch ein Interims-Lokal, in dem wir auf Martin Fausters geniale Küche während der Umbauphase nicht verzichten müssen. .
Die Aussichten: „I Want It All. And I Want it Now."

Isarvorstadt

Lage der Dinge: Wenn ein Viertel in diesem Jahr mit der Dynamik in der Innenstadt mithalten kann, dann die Isarvorstadt. Zwischen Gärtnerplatz und Glockenbach sprießen neue Lokalkonzepte aus dem Boden, wie Pilze nach einem warmen Regen im August. Dafür, dass die Isarvorstadt eigentlich tot gentrifiziert sein und auf dem letzten Loch pfeifen müsste, zeigt sich das Viertel nach wie vor vitaler als die deutsche Nationalmannschaft im letzten WM-Sommer. Keine Kunst, werden Kenner der Materie da sagen. Denen entgegnen wir jedoch: Haidhausen, Bogenhausen und das Lehel haben das in diesem Jahr nicht geschafft, obwohl die Hürde wirklich nicht hoch lag.

Newcomer: Mit dem HeimWerk und dem Xaver's gibt es in der Isarvorstadt zwei junge bayerische Lokale mit Pfiff. Geht doch! In der Craft-Bier-Kneipe Frisches Bier regiert die Lust am Experiment – inklusive eines Abgesangs auf den Musikmainstream. Das Integrationsprojekt Bellevue di Monaco überzeugt nicht nur kulinarisch mit einem abwechslungsreichen Programm. Mit dem Zehner ist ein – Hört! Hört! – neuer Live-Club am Start. Die Frage, wo man sich in der Isarvorstadt am Abend gepflegt betrinkt, ist dank dem Trisoux und dem Salon Pitzelberger noch schwieriger zu beantworten. Das Chi Thu zeigt dagegen, welche Klasse mittlerweile sogar kleine Asia-Imbisse haben können und das Melina Merkouri erweist sich als würdiger, erwachsener Nachfolger des früheren Party-Griechen Molos.

Klassiker: Könnte man die Lieblingslokale der Isarvorstadt an einem Faden aufziehen, entstünde eine Kette, die vom Gärtnerplatz bis zum Mond reicht.

Trisoux Isarvorstadt

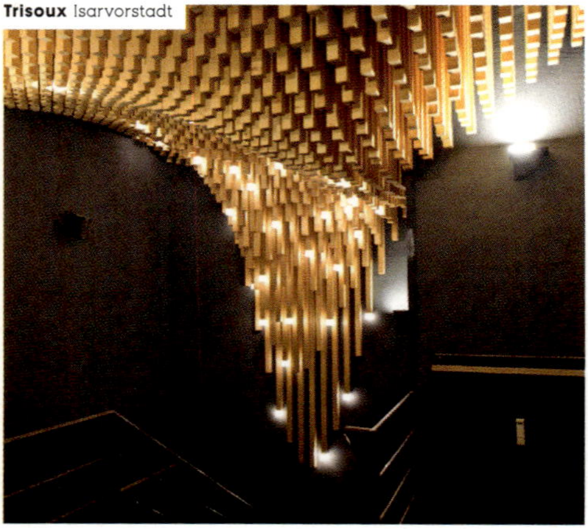

Chi Thu Isarvorstadt

Zehner Isarvorstadt

Schnitzel in der Königsquelle, Pizza im Fugazi No. 15, ein Abend bei Shane McMahon in seinem Restaurant, Pulpo mit Kalbskopf in der Brasserie Colette, der Fang des Tages in der Pescheria, absacken in Robinson's Bar, Zebra-Steak im Savanna Munich, der Cocktail Mr. Moon im Zephyr, Frühstücken im Cotidiano und eine Überdosis Koffein im Man vs. Machine. So vielseitig und abwechslungsreich wie in der Isarvorstadt kann man in München kaum ausgehen.

Die Aussichten: Kreativität ist ein Vergnügen, das man – wenn man sich schlau genug anstellt – anderen wunderbar als Arbeit verkaufen kann.

Melina Merkori Isarvorstadt

Liebe Münchner: Es muss nicht immer Lugana sein – 4 Alternativen, die locker mithalten können!

Nie war das Urlaubsmitbringsel vom Gardasee beliebter als heute. Um den frischen und leichten Lugana hat sich ein regelrechter Hype entwickelt, vor allem in der heimlichen „Lugana-Hauptstadt" München. Zusammen mit den Experten von Saffer Wein stellen wir ein paar Alternativen vor, die für spannende Abwechslung im Glas sorgen.

Wenn es um eine Alternativ zum Lugana geht, fällt einem als erstes der **Custoza DOC „Corte Olivi"** ein. Er wird ebenfalls am südlichen Gardasee produziert wird und steht dem Lugana in Sachen Frische und Leichtigkeit in nichts nach. In Insiderkreisen wird dieser auch der „kleine Luganer" genannt, wobei sich das Wort klein weniger auf den Geschmack und mehr auf den Preis bezieht. Der Custoza steht für ein sehr vernünftiges Preis-Genuss-Verhältnis. Im Glas zeigt er sich in hellem Strohgelb, ist leicht spritzig mit animierendem Duft von grünem Apfel, Zitruszesten und gerösteter Mandel-Honignote. Am Gaumen wirkt er knackig mit rescher Säure und einem frischen zitronigen Abgang (um 5,50 Euro).

Wer es etwas intensiver im Aroma mag, ist mit dem **„San Vincenzo" Bianco Veneto IGT** sehr gut beraten. Dieser wird ein Stück südlicher als der Lugana gekeltert und ist als Cuvée aus Garganega, Chardonnay und Sauvignon Blanc charaktervoller und fruchtbetonter ausgestattet. Man riecht und schmeckt Aromen von Kräutern, Pfirsich, Mandeln und Blütenaroma (um 10,90 Euro).

Verdicchio ist eine in Deutschland noch recht wenig bekannte, dafür aber sehr spannende Rebsorte, die ihre qualitativ interessanteste Ausprägung in Mittelitalien in den Marken erfährt. Die Rebsorte stammt – wie der Lugana auch – von der Trebbiano-Rebsorten-Familie ab. Der **Verdicchio Class. Castelli di Jesi DOC „Le Vele"** überzeugt durch seinen frischen ausgeprägten Duft nach Apfel, Pfirsich und Zitrosnoten. Er besticht am Gaumen durch eine cremige Textur mit gut eingebundener, saftiger Säure und einem langen Abgang (um 6,50 Euro).

Zu guter Letzt wollen wir noch ein ganz besonderes „Schmankerl" empfehlen: der **Zibibbo Sicilia DOC Kore**. Dieser Wein stammt aus Sizilien, also einer sehr warmen Gegend. Aber auch hier wird – dank der erhöhten Weinlagen am Vulkan – ein herrlich frischer Weißwein ausgebaut. Zibibbo ist eine sogenannte autochthone – also einheimische – Rebsorte. Sein Geschmack ist von Aprikose, tropischen Früchten und etwas Rose geprägt. Das Aroma lässt daher vor dem geistigen Auge sofort an ein mediterranes Ambiente denken. Der Zibibbo eignet sich auch perfekt als Aperitif (um 7,20 Euro). Und da auch wir Münchner sind und daher manchmal ein bisschen dem Lugana verfallen, zu guter Letzt noch eine Empfehlung für unseren Liebling: der **Lugana DOC „Wighel"**. Er bringt alles mit, was wir von einem guten Luganer erwarten: Intensives Aroma nach Pfirsich, Aprikose und Zitrus. Beim Trinken zeigt sich ein feiner Schmelz und saftige Säure mit einer guten Länge (um 10,50 Euro). Salute!

Die Saffer-Weinexperten

Alle Weine über:
MagaziniVini
Ein Unternehmen der Saffer Wein GmbH
Martin-Kollar-Str. 11
81829 München
Tel. 089-42 00 90 90
Mo-Fr 11.30-18.30h und Sa 10-14h
oder im neuen Online-Shop:
www.magazinivini.de

MAGAZINI VINI

Alle genannten Preise sind Brutto-Abholpreise im MagaziniVini.

kostenloses
Stadtmenü Dish
im VVK-Ticket
inklusive*

EAT-AND-STYLE.DE

*im Wert von 5 €

TASTING

MANUFAKTUR

STÖBERN UND SHOPPEN

WORK-SHOPS

KOCHEN UND ENTDECKEN

Sponsoren & Partner

Miele

Deutsches Weininstitut

EatSmarter!

Vinum

Schwabing

Lage der Dinge: Wer wissen will, wie sich die Zukunft der Stadt anfühlt, muss an den Wedekind-Platz unweit der Münchner Freiheit fahren, auf einer der Bänke oder Sitzgelegenheiten Platz nehmen und sich die Autos wegdenken. Schon jetzt hat dieser Ort eine urbane Lebendigkeit, die ihresgleichen in München sucht. Doch wären die Straßen und Gässchen um den Platz herum auch noch autofrei, wäre das Glück vollkommen. Die Schwabinger Grandezza ist bekanntlich geprägt vom Müßiggang, vom Savoir-vivre, von Neugier und Offenheit. Und genauso präsentiert sich auch die hiesige Gastroszene.

Sparkling Bistro Schwabing

Newcomer: Eigentlich gibt es das Sparkling Bistro in der Amalienpassage schon eine ganze Weile. Aber da die Vorgängerlokale die gleiche Halbwertzeit hatten wie unsere Neujahrsvorsätze bezüglich Rauchen, Sport und eines gesünderen Lebens, haben wir uns bisher nicht so recht getraut, das Lokal zu empfehlen. Bitte gehen Sie also unbedingt hin, denn sollte das Sparkling Bistro in den nächsten Monaten schließen, kann der einzige Grund dafür sein, dass wir aus einem uns unbekannten Grund verflucht sind.

Und sonst? Mit dem Savoy ist das hippe Schwabing um ein anspruchsvolles Alpenstüberl reicher. Das Bonjour Munich liefert unter der Woche Frühstück fast bis ans Bett. Mit dem Call Soul hat eine der spannendsten neuen Bars eröffnet. Das Mirror Munich ist der Beweis, dass Kare-Möbel wirklich genial aussehen können. In der Cevicheria Pez wird eine feine Fischküche zelebriert. Im Beef Room 61 frönt man der Fleischeslust. Im Royal Healthy Slices, einem kleinen Imbiss am Hohenzollernplatz, erlebt man das sympathischste Mama-Sohn-Business der Stadt. Und mit Cafés wie dem Tante Emma und dem Café Franca verfügt Schwabing über zwei neue Locations mit unglaublich hoher Sozialkompetenz. Will sagen: Hier kann man prima schnattern, ratschen, entschleunigen oder die Seele baumeln lassen. Hier erlebt man Lokalbesuche, die wie eine Therapie sind.

Café Franca Schwabing

Klassiker: Wenn der Schwabinger nicht gerade sehr schwer arbeitet oder auf Weltreise ist, ist er unter anderem auf ein Feierabendbier im Wirtshaus zur Brezn zu finden. Oder er überrennt das Il Gattopardo, das einzige Lokal der Stadt, dem wir zutrauen würden, selbst das Olympiastadion auszuverkaufen. Bei manchen Gästen im Pomp haben wir ja den Eindruck, sie werden am frühen Morgen einfach im Lokal eingesperrt und dagelassen. Sperrt die Bar am frühen Abend wieder auf, bekommen die Schlafenden einfach ein Glas Prosecco über den Kopf geschüttet und feiern erfrischt weiter, als wäre nichts gewesen.

Die Heilige Dreifaltigkeit der Münchner Hochgastronomie – Tantris, Esszimmer, Geisel's Werneckhof – kann ohnehin nur in einem Viertel wie diesem existieren, in dem die Menschen erstens Geld und zweitens Ahnung von gutem Essen haben. Seine Italianità lebt der Schwabinger besonders gern in Lokalen wie dem Riva Restaurant, dem Bibulus oder in der Bar Giornale aus. Die Lebenszeit, die normale Menschen mit Schlafen vertun (ca. 24 Jahre oder 210240 Stunden), verbringt der Schwabinger lieber mit einem Drink auf einer Terrasse. Kein Wunder, dass Lokale wie das Bellevue mit Riesenterrasse für manchen im Viertel wie ein zweites Wohnzimmer sind.

Die Aussichten: Trinken ist das Lachen der Götter.

Bonjour Munich Schwabing

Maxvorstadt

Lage der Dinge: Wenn die Innenstadt der VW Passat ist, Schwabing der Jaguar, und das Lehel der Ford Modell T, dann ist die Maxvorstadt der Smart unter den Stadtvierteln. Die Lokale hier sind nicht unbedingt Mainstream und schon gar keine teure Oberklasse, sondern bieten eine grundsolide Qualität und heben sich in Details wohltuend von der Masse ab. Diesen Spirit findet man in dieser Konzentration nur selten in München. Hinzu kommen immer wieder spannende Neueröffnungen. Deshalb bitte hurtig weiterlesen. gart. WTF!“ Ja, in der Maxvorstadt kommt man mit derlei Spezialitäten noch durch. Der lebenserfahrene Schwabinger würde dagegen bei derlei Angeboten nur mit der Stirn runzeln und seinen Ärger über die Ideenlosigkeit des Gastro-Nachwuchses mit der nächsten Flasche Chateau Latour aus dem heimischen Weinkeller herunterspülen.

Café Kosmos Maxvorstadt

Newcomer: Mit dem Amistad hat eine neue Tapas-Bar eröffnet, die ohne Deko-Ballyhoo und Anbiederung an spanische Klischees auskommt. Sogar die Sangría ist hier richtig lecker. Mit dem Heinrich Matters hat ein Lokal eröffnet, das von morgens bis abends ein Preis-Leistungsverhältnis bietet, wie man es in München gar nicht mehr für möglich gehalten hat. Und endlich dürfen die Menschen nicht mehr nur vor dem Takumi, sondern auch vor dem Takumi Chicken & Veggie für ihre Ramen Schlange stehen. Vielleicht einen Hauch zu schlicht geraten ist das junge Wirtshaus Obacht. Das Café Puck ist größer und etwas lauter geworden. Und im Bufet, direkt neben dem Café Kosmos, gibt es frisches Tankbier und geniale Würste. Nicht mehr, aber auch nicht weniger.

Heinrich Matters Maxvorstadt

Klassiker: In der Lokalstruktur der Maxvorstadt spiegeln sich vor allem die Funktion als Universitätsviertel (Café Schneller, Gartensalon, Der Laden, Lo Studente, Aloha Poke) und die Nähe zum italophilen Schwabing (Perazzo, Il Mulino, Limoni) wider. Mit Kneipen wie dem Holzkranich setzt man jedoch auch ganz eigene Akzente. Dort nämlich geht man zum Lachen in den Keller und erlebt auf Open-Mic-Abenden neben Comedy-Newcomern auch schon mal echte Größen des Genres (Michael Mittermeier!). Cafés wie das vegan-vegetarische Ignaz lohnen die Anreise selbst aus entlegenen Vierteln und eine Institution wie das Café Kosmos, das Schumann's unter den alternativen Münchner Bars, belebt nicht nur das Viertel, sondern gibt auch einem Publikum Raum, das man leider viel zu selten in München sieht.

Die Aussichten: Brum, brum, brummmm!

Il Mulino Maxvorstadt

Bogenhausen/ Lehel

Lage der Dinge: Selbst, wenn die ganze Welt durch Epidemien, Kriege, einen Hitzekollaps oder die Ankündigung Wolfgang Niedeckens, dass BAP nochmal mit einem neuen Album durchstarten wolle, ins Chaos stürzen würde, gäbe es einen Ort, an dem alles so wäre wie immer: das Lehel. Und auch in Bogenhausen sorgen weltpolitische Erschütterungen dieser Dimension lediglich dafür, dass der Arzt- oder Unternehmergattin eine der blondierten Strähnchen für Sekundenbruchteile ins Gesicht fällt. Es folgt eine kurze Handbewegung und die Frisur sitzt wieder. Könnte man um beide Viertel eine Kuppel errichten, so wie in Stephen Kings Roman „Die Arena", würden die Münchner wahrscheinlich erst nach Jahren mitkriegen, dass da was faul ist in ihrer schönen Stadt. Schade, denn aushalten lässt es sich in beiden Vierteln schon, und mit Lokalen wie der Käfer-Schänke, der Seidelei oder dem quirligen Mark's wird sogar der Beweis angetreten, dass selbst hier echtes Leben möglich ist.

Newcomer: Hahaha, der war gut!

Klassiker: Acquarello, Hippocampus, Trattoria Seitz, Isardoro, Trattoria La Cucina ... Kein Wunder, dass Italienisch im Lehel als zweite Amtssprache gilt. Immer gut: das Jin. Schwer sympathisch: das vegetarische Lokal Vegelangelo. Morgens, mittags, abends: das Lehel. Lieblingslokal: das Gandl. Eines der am meisten unterschätzten Lokale der Stadt: Restaurant Huber.

Die Aussichten: R.I.P.

Gandl Lehel

Restaurant Huber Bogenhausen

Acquarello Bogenhausen

Haidhausen

Lage der Dinge: In Haidhausen vollzieht sich der Generationenwechsel. Das macht sich unter anderem in einem friedlichen Miteinander von jungen Cocktail-Kneipen (Spezlwirtschaft) und Ü50-Spelunken (Vivo), von alternativ-fröhlichen Genossenschaftslokalen (lunu) und alteingesessenen Edelfranzosen (Le Faubourg) oder von szenigen Burger-Institutionen (Burger House) und gehobenen Asia-Lokalen (Spicery, Mun) bemerkbar. Die ganz große Dynamik geht Haidhausen in diesem Jahr allerdings ab. Lediglich behutsame Verstärkungen waren im Viertel zu verzeichnen.

Foto Restaurant Huber: Daniel Schvarcz

Happy Dumplings, krosse Pommes

Sieben kulinarische Hotspots in den Stachus Passagen, bei denen man richtig leckeres Food bekommt.

1. Brioche Dorée

Ein kleines Stück Frankreich! Zum Frühstück gibt es das „echte" französische Croissant in vielen Varianten, mittags isst man fein belegte Baguettes mit Lachs, bretonischer Salami u.v.m. oder eine wunderbare Quiche. Am Nachmittag laden hausgemachte Tartelettes - Macarons oder Elcairs mit Café au Lait zum Verweilen ein. Ein französisches Boulangerie-Café mit allen Köstlichkeiten, die Frankreich zu bieten hat.

▶ Stachus Passagen, Karlsplatz 1. UG, 80335 München, Tel. +49 (0)89 54 86 28 98, Mo-Sa 7-20 Uhr, www.briochedoree.com

2. Pizzaiosa

BUON GIORNO MONACO. Bei PIZZAIOSA wird Dolce Vita groß geschrieben – Original italienische Steinofenpizza „al metro", frisch gegrillte und knusprige Panini und 100% Caffè Italiano aus Sizilien. Kommt vorbei und genießt ein Stück Italien bei uns am Stachus. A DOPO

▶ Stachus Passagen, Karlsplatz 1. UG, 80335 München, Tel. +49 (0)89 59 98 83 83, Mo-Fr 10-21 Uhr, Sa, So, Feiertag 10.30-21 Uhr

3. Brezelina

Die Breze ist eines der kulinarischen Wahrzeichen Münchens. Brezelina setzt ihr täglich ein Denkmal. Unser Liebling ist die Schnittlauch-Breze. Ebenfalls ganz weit vorn: die mit Leberkäs, Emmentaler, Radieserl oder Honig und Senf ... Eigentlich sind die Brezen einfach alle gut! Dazu gibt's bei Brezelina das wahrscheinlich leckerste Kartoffelpüree der Stadt (im Menü mit Getränk und zwei Toppings 4,95 Euro). So einfach, so lecker.

▶ Stachus Passagen, Karlsplatz 1. UG, 80335 München, Tel. +49 (0)89 23 54 09 40, Mo-Fr 6.30-20 Uhr, Sa 8-20 Uhr, www.brezelina.com

4. LeDu - Happy Dumplings

Leckere Dumplings (Teigtaschen) mit zehn verschiedenen Füllungen (Bio-Huhn, Rind oder Schwein + Gemüse + Gewürze) – so einfach wie genial kann die asiatische Küche sein. Auch dieses LeDu-Lokal ist ein gastronomischer Hotspot mit Kultcharakter.

▶ Stachus Passagen, Karlsplatz 1. UG, 80335 München, Mo-Sa 9.30-20 Uhr, www.ledu-dumpling.de

5. Pommesfreunde

Ein Paradies für Freunde hochwertigen Streetfoods, zum Beispiel mit der legendären Currywurst (ab 3,45 Euro). Zu der sollte man sich unbedingt auch die krossen belgischen Pommes (ab 1,95 Euro) gönnen. Neun Saucen (z.B. mit Whisky oder Kräutermajonäse) sorgen für leckere Abwechslung.

▶ Stachus Passagen, Karlsplatz 1. UG, 80335 München, Tel. +49 (0)89 54 34 43 55, Mo-Sa 10.30-20.30 Uhr, So 12-20 Uhr, www.pommes-freunde.de

6. my Indigo

„Täglich frisch, schnell, leicht, natürlich, nährstoffreich und ohne künstliche Zusatzstoffe." Das ist die Feel Good Formel von my Indigo. Ob vegetarisch, vegan, glutenfrei oder laktosefrei – bei my Indigo ist für jeden Geschmack etwas dabei: Curries, Sushi, Suppen, Salate bis hin zu Bio-Brownies oder Homemade Lemonades.

▶ Stachus Passagen, Karlsplatz 1. UG, 80335 München, Tel. +49 (0)89 23 54 36 71, Mo-Sa 10.30- 21 Uhr, So 12-20.30 Uhr, www.myindigo.com

7. Rosita's Chili

Hier gibt es köstliche Burritos – klassisch gewickelt oder als Bowl – Nachos, Quesadillas und weitere Highlights der mexikanischen Küche. Dazu sollte man unbedingt eine der hausgemachten Limonaden, z.B. mit Minze oder Maracuja-Basilikum, probieren. Morgens gibt es sogar ein spezielles Frühstücksangebot – unbedingt probieren!

▶ Stachus Passagen, Karlsplatz 1. UG, 80335 München, Tel. +49 (0)89 58 98 99 20, Mo-Fr 7-21 Uhr, Sa 10-21 Uhr www.rositas-chili.com

Schneeweinchen & Rosenbrot Haidhausen

Newcomer: Das Fei Scho hat mit seinem Ableger eine echte Lücke gefüllt. Feinstes unkompliziertes Asia-Food zu bezahlbaren Preisen. Top! Das Boulevardier ist eigentlich Mauros alter Negroni Club. Lediglich am Konzept der Bar wurde geschraubt. Und mit dem Schneeweinchen & Rosenbrot gibt es ein neues familiär geführtes Dinner-Lokal im Viertel.
Klassiker: Neben den zuvor schon erwähnten Lokalen sticht aus der gastronomischen Vielfalt des Viertels vor allem die starke Phalanx französischer Lokale ins Auge: Chez Fritz, Rue des Halles, Maison Massard, Atelier Gourmet – alle gut, alle eigen. Schönstes Café im Viertel: Das Café Noel. Bester Italiener: Dal Cavaliere. Gefragtestes Lokal: Nana („Wenn Sie mit mehr als vier Personen zu uns kommen wollen, da müssen Sie schon 14 Tage im Voraus reservieren."). Spannendste Küche: Polka. Luftigste Bar: Bar of Bel Air (Die liegt zwar über den Gleisen im Werksviertel, fühlt sich aber noch an wie Haidhausen).
Die Aussichten: Heute ein Mittagsschläfchen? Heute ein Mittagsschläfchen!

Nana Haidhausen

Neuhausen

Lage der Dinge: Neuhausen ist ja ein bisschen so etwas wie das Schwaben Münchens. Hier ist es sauber und es ist immer alles in Ordnung. Trends und das aufgeregte Sein überlässt man gern anderen Stadtteilen. Die guten Lokale verstreuen sich dann auch alle ein wenig, so dass man weite Wege zurücklegen müsste, wenn man mal in einem Lokal keinen Platz findet. Vielleicht ist ja das Fehlen genau dieser Flanierkultur der Grund dafür, dass man den Reichtum und die Vielfalt, die Neuhausen am Ende des Tages dann doch zu bieten hat, immer ein wenig unterschätzt.
Newcomer: Edi Reinbold hat sich des Löwenbräukellers angenommen. Und aus dem Ysenegger ist das frische Prinz Alfons geworden.

Prinz Alfons Neuhausen

Klassiker: Wer Lust auf gute Küche und gute Laune hat, geht in die Trattoria Bellini. Wer nur Lust auf gute Küche hat, geht ins Medici. Eine griechische Wohlfühloase ist das Cyclades. Und gäbe es das Broeding nicht, würden wir uns wahrscheinlich seit Jahren weigern, überhaupt über Neuhausen zu berichten. Na gut, es gibt auch noch das Romans mit seiner Traumterrasse, und das L'Antipasto Nuovo mit einem der lustigsten Wirte der Stadt. Wenn es mal etwas gediegener und kulinarisch sehr wertvoll sein darf, ist der Nymphenburger Hof eine sichere Bank. Und auf eine Maß in den Augustiner Keller muss jeder Münchner mindestens einmal im Jahr. So lautet das Gesetz.
Die Aussichten: Bevor i mi aufreg, isch mrs lieber egal.

BAR
&
GRILL

Best of the rest

Lage der Dinge: Giesing und die Au rocken immer mehr. Das Westend und die Schwanthaler Höhe erwachen zu neuem Leben. Und selbst auf dem Weg nach Moosach lassen sich mittlerweile wirklich schöne Lokale finden. Noch nie hat der Blick in die Stadtviertel außerhalb des Zentrums so viel Spaß gemacht wie in diesem Jahr. Und mit der Tarifreform des MVV kommt man ja neuerdings auch überall prima und günstig hin.

Newcomer: Von null auf hundert, das kann nur ein Gastro-Profi wie Thomas Hertlein, der mit seiner Weinwirtschaft Zum Schönfärber einen wunderbaren Ort geschaffen hat. Wer Hertlein noch aus der Blauen Donau kennt, und einen Abklatsch des alten Lokals erwartet, wird enttäuscht sein. Hertlein hat sich weiterentwickelt und präsentiert längst nicht mehr nur große Etiketten, sondern spannende Weine mit Charakter. Teuer dürfen die natürlich trotzdem sein. Oft genug aber sind sie es nicht. Mit dem Resihuber gibt es in Sendling endlich ein ernstzunehmendes Bio-Lokal in München, leider etwas weit ab vom Schuss. In der Osteria da Massimo hat Lieblingswirt Massimo Simone (früher Golden Twenties) am Westfriedhof ein neues Zuhause gefunden. Und das japanische Izakaya setzt die beeindruckende Entwicklung der Münchner Hotel-Gastronomie fort. Dass das Upper Eat Side nicht mehr ist, kann (und muss) man bedauern oder man lässt sich auf das neue Konzept der Macher an selber Stelle im Dantler ein. Das schmeckt nämlich genauso gut. Und dass wir mal gern in die Tegernseer Landstraße zum Craft-Bier trinken fahren, hätten wir vor Jahren nicht für möglich gehalten. Dank der Ambar ist es nun soweit. Wie genial junge Wirte Unorte der Stadt neu beleben können, beweist das Crönlein, eine Bar in einem alten Toilettenhäuschen, das seit Jahren nicht mehr genutzt wurde. Und dass die Giesinger für ein gescheites bayerisches Lokal nicht mehr in die Innenstadt müssen, sondern endlich wieder auf den Nockherberg pilgern können und dort auch noch richtig gut essen, ist eine ganz wundervolle Überraschung.

Resihuber Sendling

The Carribean Embassy Schwanthalerhöhe

Zum Schönfärber Sendling

Klassiker: Und noch ein letzter Schnelldurchlauf ... Wilde Kneipe: Attentat Griechischer Salat. Dinner for two: Marais Soir. Dessertbrettl für zwei: Wirtshaus in der Au. Tanzen auch für Ü30-People: Strom Club. Verrückt-geniale Küche: The Carribean Embassy. DER Szene-Vietnamese der Stadt: Charlie.

Die Aussichten: Läuft bei dir!

Aus und vorbei

Folgende Lokale haben leider dichtgemacht: Paisano, Miura, Rive Gauche, The Martini Club, Wood, Sarfati, Bodega Enlatado, Isses, Vu Tang Kitchen, Forum, Tenno, Porta Capuana, Mahlefitz ...

NEWS LEUTE

Gaudi von Gestern

„Aus is und gar is" heißt das Buch von Karl Stankiewitz, in dem er an vergessene Orte der Münchner Gastroszene führt. Da liest man vom Schwabylon mit seinem legendären Haifischbecken im sogenannten Yellow Submarine Club. Oder von Bierhallen wie dem Mathäserbräu. Oder vom Programmkino namens Türkendolch, das es heute wohl schon wegen seines Namens nicht mehr geben würde, wenn es nicht schon 2001 geschlossen worden wäre. Eine spannende, aufschlussreiche Zeitreise durch mehrere Jahrhunderte der Münchner Stadtgeschichte.

„Aus is und gar is"
von Karl Stankiewitz,
19,90 Euro,
erschienen bei Allitera

Hausfreund sucht Haus

Tom Novy sucht nach einer neuen Location für sein Lokal Hausfreund. Die Räumlichkeiten in der Buttermelcherstraße werden vom Juleps übernommen, das von Haidhausen ins Gärtnerplatzviertel zieht. Während das Juleps an seinem American Bar-Konzept festhalten will, überlegt Tom Novy zusammen mit seinen Partnern noch, wie der Hausfreund in Zukunft aufgestellt wird. Zur Wahl stehen die Konzepte Musikbierkneipe sowie elegantes Bar-Restaurant.

Danke, Diethard Urbansky!

Einer der wohl am meisten unterschätzten Köche der Stadt hört (vorerst) auf: Diethard Urbansky vom Restaurant Dallmayr. Zwei Sterne hat Urbansky erkocht und dabei einen betörenden Stil entwickelt, der von Weltläufigkeit und Moderne gleichermaßen geprägt war. Was Urbansky nach seiner Zeit bei Dallmayr vorhat, stand zu Redaktionsschluss ebenso wenig fest, wie der Name des neuen Küchenchefs. Wir sind gespannt.

Restaurant Dallmayr, *Dienerstr. 14-15, mehr Informationen unter www.dallmayr.de*

Irmi – Modern Munich Kitchen

Dürfen wir vorstellen: Irmi. Im Herzen der schönsten Stadt der Welt kümmert sich Irmi in ihrer „Modern Munich Kitchen" um das leibliche Wohl der Gäste. Sei es mit einer kleinen Brotzeit oder mit „was Gescheitem" – Irmis Leibspeisen stammen allesamt aus der bayerischen, genauer gesagt der Münchner Küche: Schweinsbraten mit Semmelknödel, Fisch aus den Umland-Gewässern, ofenfrischer Kaiserschmarrn, und natürlich knackige Salate mit frischen Kräutern. Dazu gibt es bei Irmi regionale Weine und immer ein frisch gezapftes Giesinger vom Fass. Manchmal verleiht das Bier aber auch den Gerichten aus Irmis Küche den letzten Schliff, so wie beim köstlichen Braumeistergulasch.

Für Irmi hat Regionalität allerhöchste Priorität. Alle Zutaten stammen aus der unmittelbaren Umgebung: Brot, Eier, Fleisch, Gemüse, Käse, Obst und Wein aus der Region, Fisch aus den Bayerischen Seen, Münchner Kindl Senf, Craft-Biere von Micro-Brauereien und eben das Giesinger. Irmi unterstützt die Locals.

Bei Irmi sollst du Dich wie zu Hause fühlen. Ob beim Stammtisch mit deinen Vereinsfreunden, bei der Schafkopfrunde mit deinen KollegInnen, bei einem Wein zum Feierabend oder bei einem frisch gezapften Giesinger einfach nur so. Bei Irmi ist immer was los, denn Irmi ist für alle da!

Vorne moderne gesellige Hochtische, Tresen, Bierglocke – hinten gemütliches Restaurant – Irmis Zuhause ist ein Wohlfühlort. Im Sommer lädt Irmi auch in ihren schönen Garten. Essen und Trinken unter weißblauem Himmel ... So mag Irmi es am liebsten.

Irmi
Modern Munich Kitchen
Goethestraße 4
Mo-So ab 17 Uhr
Neu seit Herbst 2018!
www.irmi-muenchen.de

NEWS LOKALE

Utting ahoi!

Es war die wohl abwegigste, unglaublichste, verrückteste und gleichzeitig genialste Idee eines Münchner Gastronomen der letzten Jahre: Einen ehemaligen Ausflugsdampfer – die MS Utting – mitten in der Stadt auf einer Brücke aufbocken und dort zu einer Barkneipe umzubauen, ist nun mal nach normalen Maßstäben eine Schnapsidee. Aber eben eine verdammt coole Schnapsidee. Tatsächlich hat das Betreiberteam um Daniel Hahn in monatelanger Arbeit allen Widrigkeiten getrotzt, alle Genehmigungen eingeholt und die Stadt so um eine wirklich außergewöhnliche Location bereichert. Insgesamt 400 Personen haben auf dem renovierten Restaurantschiff Platz, das zur Eröffnung feierlich auf den Namen „Alte Utting" getauft wurde. Mittags gibt's Lunch, abends ist das Schiff eine Bar und am Wochenende kann man hier auch frühstücken. „Und wenn ich nicht hier bin, bin ich auf dem Sonnendeck!" Ein solches hat die MS Utting tatsächlich.

Fisch in der Schüssel

Nach den hawaiianischen Bowls von Aloha Poké macht nun in der Reichenbachstraße auch leckerer Fisch in der Schüssel Karriere. Fishbowl heißt die kleine Poké Bar, in der man sich aus allerlei frischen Zutaten sein Gericht ganz nach Belieben selbst zusammenstellen oder aus den Vorgaben der Küche wählen kann. Zum gesunden Food gibt es Giesinger, Monaco Fizz oder Lemonaid zu trinken.
Mehr Infos unter **www.fish-bowl.de**

Der Drache fliegt endlich

Bereits im vergangenen Jahr hatten wir das Enter The Dragon als Kandidaten für eine Langkritik in die engere Auswahl genommen. Zu vielversprechend waren Lage und Konzept. Doch der Umbau der Location am Lenbachplatz verzögerte und verzögerte sich, und zwar solange, dass das Lokal es selbst in diese Ausgabe von „München geht aus" nicht mehr schaffte. Die Eröffnung des asiatischen Restaurants mit Club-Anbindung („The Drunken Monkey") erfolgte nun endlich nach Redaktionsschluss. Sobald wir uns das Lokal genauer angeschaut haben, lesen Sie bei uns ausführlich darüber.
Enter The Dragon, *Lenbachplatz 1, www.enter-the-dragon.com*

Jetzt wird's Griabig

Die Macher des Gesellschaftraums haben Nachwuchs gekommen. Gleich nebenan – ebenfalls in der Bräuhausstraße 8, erwarten nun Holger Baier und Bernd Arold im Griabig ihre Gäste. Die Wein-Bar lockt mit familiärer Atmosphäre und Kleinigkeiten (bayerische Brotzeiten oder ehrliche Gerichte von "Opa") auf der Karte. Wer mag, kann die Location auch mieten (ab 10 Personen/3 Räume). Auf Wunsch besteht dann auch die Möglichkeit eines Caterings aus der Gesellschaftsraum-Küche.
Griabig, *Bräuhausstr. 8, Di-Fr 16-23 Uhr, Sa 14-23.30 Uhr*

Lieblings-franzose

Lange Jahre war das M Belleville mit seiner feinen Bistro-Küche und den ungewöhnlichen Naturweinen einer unserer absoluten Lieblingsfranzosen. Nun haben die alten Betreiber den Kochlöffel jedoch in die Ecke gestellt. Das Aus für das M Belleville soll das wohl aber nicht bedeuten. Stammgäste, denen es wohl ebenso gut geschmeckt hat wie uns, wollen das Lokal in der Fallmerayerstraße in Schwabing übernehmen.

NEWS LOKALE

Bar 31 wird Ory

Alexander Recknagel, Maximilian Gradl und Lukas Motejzik, die man unter anderem vom Herzog oder dem Zephyr kennt, haben sich für die Bar im Mandarin Oriental ein neues Konzept ausgedacht. Möglichst bequem und kommunikativ soll die neue Bar gestaltet werden. Die Drinks stammen aus den Händen der beiden Szene-Barkeeper Simon Köster und Dietmar Petri.
Hotel Mandarin Oriental,
Neuturmstr. 1,
www.mandarinoriental.de

Bierkristall

Die meinen das wirklich ernst mit dem Bier in der neuen Valentinum Bar im Hotel Steigenberger. Also haben sie kurzerhand einen begehbaren Klimaschrank gebaut, in dem sich 50 Sorten der regionalen und internationalen Craft-Bier-Szene finden. Dazu werden sogar Bier-Pairing-Menüs angeboten, bei denen Essen und Bier aufeinander abgestimmt werden. Sitzt man am Bierkristall, kommen Gefühle auf, die man sonst bisher nur beim Wein kannte. Und so viel kosten können auch manche der Flaschen (z.B. Giesinger Lemondrop 0,33 l 9,50 Euro).
Valentinum im Hotel Steigenberger,
Berliner Str. 85, tgl. 17-1h,
www.steigernberger.com

WIRTSHAUS AYINGER IN DER AU

Braukultur

Heimatgefühl

Hopfenliebe

Mit dem neuen Ayinger in der Au ist ein junges Wirtshaus am Mariahilfplatz entstanden, in dem die Klassiker der Münchner Küche „neu interpretiert" serviert werden. Es ist ein Ort der Geselligkeit, des zünftigen Beisammenseins, eine Lokalität zum Feste feiern. **Den Mittelpunkt des lebendigen Wirtshauses bildet der kupferne Bartresen mit einer offen einsehbaren Bierfasskühlung.**

Holz- und Grüntöne dominieren die Gestaltung des Lokals, die Wände zieren klassische Lüftlmalereien. Für Münchner wie Besucher gleichermaßen bietet der Wirtsgarten direkt am Auer Mühlbach Platz, die besondere Lebensart der Stadt zu genießen. So ist ein Ort entstanden, an dem die Braukultur aus Aying, die Hopfenliebe der Münchner und die traditionelle Handwerkskunst aus der bayerischen Heimat zueinander finden.

Ayinger in der Au Mariahilfplatz 4 81541 München www.ayingerinderau.de

15 LOKALE

DIE MÜNCHEN FÜR IMMER VERÄNDERT HABEN

SEIT 15 JAHREN VERFOLGEN WIR IN „MÜNCHEN GEHT AUS" DIE ENTWICKLUNG DER GASTROSZENE DER STADT. IN DIESER ZEIT HABEN WIR MEHR ALS 900 NEUERÖFFNUNGEN DOKUMENTIERT SOWIE ZAHLREICHE LOKALE ERLEBT, DIE SCHLIESSEN MUSSTEN. UND WIR KONNTEN UNS ÜBER LOKALE FREUEN, DIE UNS ALL DIE ZEIT ÜBER BEGLEITET HABEN. ANLÄSSLICH UNSERES JUBILÄUMS HABEN WIR FÜR SIE 15 LOKALE AUSGEWÄHLT, VERFLOSSENE UND IMMER NOCH BESTEHENDE, DIE EINE GANZ BESONDERE GESCHICHTE ERZÄHLEN ODER TRENDS GESETZT HABEN, DIE MÜNCHEN FÜR IMMER VERÄNDERT HABEN

TANTRIS

(SEIT 1971)

Martin Fauster, Ali Güngörmüs, Mario Lohninger, Hans Jörg Bachmeier ... Die Liste der Köche, die im Tantris gelernt und die heute mehr als erfolgreich eigene Lokale führen, ist endlos. Was hier im Jahr 1971 unter Eckart Witzigmann begann und von Heinz Winkler und Hans Haas fortgesetzt wurde, war nichts Geringeres als der Beginn einer gastronomischen Revolution, die von München aus auf ganz Deutschland übergriff. Wie wenig München damals jedoch auf eine Küche wie die von Witzigmann vorbereitet war, zeigte sich zum Beispiel daran, wie mühsam die Suche nach den ausschließlich frischen Zutaten oft war. Brauchte Witzigmann Rucola oder Estragon, musste er ihn aus Frankreich kommen lassen, so wie auch die Crème Double oder die Crème fraîche. Um sich von dieser Abhängigkeit zu befreien, gab es schon bald einen Kräutergarten hinter dem Tantris. Und in der Bärlauch-Saison ging es ab in den Englischen Garten. Doch jede Revolution verlangt auch ihre Opfer. Im Tantris wurden sie von der Küche erbracht, wenn statt rosa gebratenem Lamm auf Wunsch eines berühmten Gastes eben doch wieder ein Geschnetzeltes in die Pfanne gehauen werden musste. Mit schön reschen Rösti. Doch die jahrelange Pionierarbeit zahlte sich aus. Wer weiß, wie wir heute essen würden, wenn es das Tantris nicht gäbe.?

SCHUMANN'S BAR

(SEIT 1982)

Im Jahr 2017 erschien der Film „Schumanns Bargespräche", in dem Charles Schumann Bars in New York, Tokio, Havanna oder Paris besucht und im Gespräch mit den dortigen Barkeepern zeigt, wie unterschiedlich und kreativ man das Thema Bar und Cocktails angehen kann. Es gibt eine Stelle in diesem Film, in der der aufmerksame Zuschauer für einen kurzen Moment erahnen kann, was Charles Schumann nicht nur in München, sondern weltweit für die Barkultur geleistet hat. Da erzählt ein junger Barkeeper aus New York nämlich von Schumanns Buch „American Bar", in dem er und seine Kollegen so oft gelesen hätten, bis die Seiten auseinanderfielen. „American Bar" erschien 1991 und gilt vielen noch immer als Bar-Bibel. Warum? Weil Schumann darin Qualitätsmaßstäbe und eine Philosophie verankert hat, durch die sich die Bar deutlich von einer Kneipe oder Trinkhalle abhebt. Fortan waren Bars eine ernstzunehmende gastronomische Größe und nicht mehr nur Orte, an denen man sich in Ruhe mit einem Whiskey betrinken konnte. Selbst den Umzug nach 22 Jahren von der Maximilianstraße an den Odeonsplatz im Jahr 2003 meisterte Schumann, ohne dass seine Bar etwas von ihrer Spannung oder ihrem besonderen Flair eingebüßt hätte. Im Gegenteil, mit diesen neuen Räumen hat Charles Schumann seine Bar sogar noch einmal neu erfinden können.

THE ATOMIC CAFÉ

(1997-2015)

Das Atomic Café war nicht einfach nur ein Liveclub in München. Es war eine Lehranstalt für die Heranwachsenden der Stadt, die nach Orientierung und Halt in ihrem Leben gesucht haben. Das erste, was einem das Atomic Café beibrachte, war, sich vernünftig anzuziehen. Dabei sollte die Kleidung keineswegs mit dem Scheckheft wedeln, sondern wenigstens in Ansätzen von einem persönlichen Stil zeugen. Wer dagegen mit einem Polohemd optisch mit der Tatsache hausieren ging, dass er BWL studiert, hatte an der eisernen Tür des Clubs keine guten Karten. Die zweite Lektion betraf die musikalische Bildung der jungen Münchner. Die wichtigste Erkenntnis dabei: Gute Musik wird mit der Hand gemacht. Gute Musik wird geschwitzt. Und drittens konnte man im Atomic Café lernen, wie man erfolgreich anbandelt: Am besten geht das nämlich mit einer guten alten Fruchtgummischlange, die nicht umsonst einer der Verkaufsschlager am Kiosk im Atomic Café war. Am 1. Januar 2015 gingen dann leider zum letzten Mal perfekt fürs Leben geschulte junge Münchner aus der Tür des Atomic in die Welt hinaus.

The Atomic Café

KUNSTPARK OST

(1996-2003)

Offiziell wurde der Kunstpark Ost 2003 geschlossen. Doch das ist nicht wahr, denn eigentlich existiert der KPO noch immer. Wie wirkmächtig das Partyareal mehrere Generationen von Münchnern geprägt hat, zeigte sich schon allein daran, dass der Nachfolger – die sogenannte Kultfabrik – noch jahrelang als Kunstpark Ost bezeichnet wurde und Taxifahrer noch heute Touristen auf ihren Wunsch hin in den Kunstpark fahren, obwohl sich heute an selber Stelle mit dem Werksviertel ein hübsches neues Stück Stadt entwickelt. Babylon, Natraj Temple, Starsky's, das Ultraschall (einer DER deutschen Techno-Clubs überhaupt!), die Milchbar oder der Raum 8 … allesamt Legenden-Clubs. Einige wie die Milchbar gibt es sogar noch heute, wenn auch an anderer Stelle. Und aus dem Ultraschall gingen zum Beispiel die Rote Sonne und das Harry Klein hervor. Letzterer gilt zurecht als einer der besten Clubs im Land.

BACKSTAGE

(SEIT 1991)

Was für ein beeindruckendes Lebenswerk. Wo andere sich seit Jahren mit Millionenbeträgen aus der Stadtkasse ein schönes Leben und nebenbei einen auf Kultur machen, ist Hans-Georg Stocker einfach nur seiner Leidenschaft gefolgt und betreibt in Eigenleistung das vielleicht wichtigste unabhängige Kulturzentrum Münchens. Der Nachtbiergarten als grüne Party-Oase, das mythische Free & Easy-Festival … ohne das Backstage wäre die Musik- und Clubszene Münchens sehr viel ärmer.

LAST SUPPER

(1999-2016)

Vielleicht war das Last Supper das erste Lokal in München überhaupt, in dem ab 1999 eine ganz neue Beziehung zwischen Wirt und Gast etabliert wurde. In dem Rock'n'Roll-Schuppen mit tätowierten Kellnern wurde den Menschen nämlich nicht unbedingt jeder Wunsch von den Augen abgelesen, sondern man musste sich mit dem zufrieden geben, was es eben gab. Überraschungsmenü und eine lebende Weinkarte, die alles besser wusste. Wer als Gast nicht den nötigen Masochismus für diese Form der Unterwerfung mitbrachte, verließ das Lokal mit gemischten Gefühlen. Alle anderen erlebten die Geburtsstunde eines vollkommen neuen Restauranttyps: das Entertainment-Lokal, in dem der Gast in erster Linie Publikum ist.

SAF IM ZERWIRK

(2005-2009)

Michi Kern ist einer der erfahrensten Gastronomen der Stadt. The Grill, The Lovelace, Café Reitschule, Pacha… Was der Mann anfasst, so scheint es, wird zu Gold. Doch ein Herzenswunsch ist dem Gastronomen bisher versagt geblieben: ein stadtbekanntes und kommerziell erfolgreiches veganes Lokal zu eröffnen. Mit dem Saf im Zerwirk unternahm er 2005 einen ersten Anlauf. Bei der Übernahme des Mövenpick 2010 am Lenbachplatz versuchte er es ein zweites Mal. Doch das Farm-Konzept mit frischer vegetarisch-veganer Küche scheiterte schnell. Und heute? Scheitert München noch immer an der lobenswerten Idee des fleischlosen Glücks. Vegane Lokale sind entweder winzig klein oder imitieren mit Sojasubstrat beliebte Klassiker der Fleischküche. Schade, da geht in Zukunft hoffentlich endlich mehr.

P1

(SEIT 1984)

Lange Jahre stand das Kürzel „P1" für ein Münchner Lebensgefühl, das geprägt war von Hedonismus, Dekadenz, der Demonstration finanzieller Potenz und einer Leberfitness, von der die heutige Bionade- und Mate-Tee-Generation nur träumen kann. In war, wer drin war und es an den ebenso geliebten wie verhassten Türstehern vorbeischaffte. Der hier gelebte Sozialdarwinismus entschied über Existenzen. Ging der Daumen des Türstehers hoch und öffneten sich für einen die Pforten zum Paradies? Oder ging der Daumen runter? In den letzten Jahren haben sich München und das Nachtleben verändert und das P1 ist in eine Art Dornröschenschlaf gefallen. Wer küsst die ruhende Schöne wieder wach?

P1 Zentrum

ZEPHYR

(2012)

Der Tag, an dem aus einem Barkeeper ein Mixologe wurde, war der Tag, an dem vor sechs Jahren das Zephyr im Glockenbachviertel eröffnete. Die junge Bar brach für den Geschmack konsequent mit Regeln. Plötzlich war Rauch eine Cocktailzutat, Zitronengras sowieso und warum nicht auch Popcorn? Von hier schwappte die Welle der neuen Trinkkultur bald nach ganz München. Ob die Garcon-Bar, das The High, oder die Bar im Herzog … Cocktails sind seitdem Kunstwerke, ähnlich einem perfekt angerichteten Teller in der Sternenküche. Und wer weiß, vielleicht war ja auch die Eröffnung des genialen Bar-in-the-Bar-Konzepts „Les Fleurs du Mal" im Schumanns durchaus auch eine Reaktion auf die neuen jungen Bars und ihre überbordende Kreativität?

BRENNER GRILL

(SEIT 2003)

In der Retrospektive scheint es so, als hätten die Gastronomen Rudi Kull und Albert Weinzierl mit dem Brenner im Jahr 2003 sämtliche Gastro-Trends der kommenden Jahre vorweggenommen. 1. Die noch immer beliebte Vermischung von Retro-Elementen mit modernem Design und Naturmaterialien. 2. Die offenen Koch-Stationen. 3. Special Cuts und Fleischspezialitäten mit besonderer Herkunft. 4. Beilagen im Baukasten-Prinzip. 5. Ein Preisniveau, an das man sich erstmal langsam gewöhnen musste. Das Brenner Grill ist schlichtweg ein großer Wurf, dessen internationales Konzept und Design stilbildend war und noch immer ist.

GERTI'S SCHOPPENSTUBEN

(1974-2013)

München ist eine Stadt, die es gerade Neuankömmlingen nicht immer leicht macht. Die Leute hier geben sich immer alle so gescheit, so geschäftig in der Arbeit und so voller Elan, dass man sich als normal verschlumpfter Mensch ohne Plan und Ambition erstmal recht fehl am Platz vorkommt. Dass man die Stadt dennoch nicht fluchtartig wieder verlassen hat, lag lange Zeit auch an Lokalen wie den Fraunhofer Schoppenstuben in der Fraunhofer Straße. Hier kümmerte sich Gerti, Wirtin und Seele der Schoppenstuben, tagaus tagein um jeden Gast, als würde er zur eigenen Familie gehören. Livemusik vom Akkordeon gab's auch und so sangen und tanzten zu später Stunde Jung und Alt zusammen, wie sonst nur auf der Wiesn nach der dritten Maß. 2013 musste der legendäre Sorgenbrecher leider schließen.

DUDU

(SEIT 2011)

Plötzlich waren sie überall, diese schnuckligen kleinen Asia-Lokale mit der unkomplizierten Einrichtung und einer frischen leichten Küche. Das Dudu im Gärtnerplatzviertel war eines von ihnen. Plötzlich aß alle Welt Nudelsuppen oder wickelte sich selbst befüllte Reispapierrollen am Tisch. Und das Preis-Leistungsverhältnis in den fernöstlichen Lokalen stimmte auch noch. „Asia-Boom – Das schmeckt immer besser" befanden wir 2012 in unserem Guide. Sechs Jahre später dürfen wir feststellen: Stimmt so noch.

Baader Café Isarvorstadt

BAADER CAFÉ

(SEIT 1985)

Wenn man ausgeht, dann in der Regel ja nicht um „Satt und glücklich" zu werden, wie so mancher immer noch irrtümlich glaubt. Es geht beim Ausgehen oft vielmehr darum, den Abend in guter Gesellschaft statt allein zu Haus zu verbringen. In München ist es sehr leicht, einen solchen Ort mit einer guten Gesellschaft zu finden, denn es gibt ja seit nunmehr 33 Jahren das Baader Café in der gleichnamigen Straße. Zitronengelbe Wände, eine Einrichtung, die keine ist, dafür aber jede Menge herrlich normaler Leute vor und hinter der Theke. Und im Gegensatz zu anderen Lokalen dürfen hier die Gespräche durchaus auch etwas mehr Tiefgang haben als ein Partyfloß, das die Isar hinunter schippert. Und Frühstück bis 16 Uhr gibt es auch.

Gerti, Fraunhofer Schoppenstuben

GAST

(SEIT 2005)

Es hat eine ganze Weile gedauert, bis wir uns mit der sogenannten Systemgastronomie angefreundet haben. Ein Lokal, in dem man wie in einer Kantine eine Chipkarte in die Hand gedrückt bekommt? Und in dem man für sein Essen anstehen muss? Ein bisschen kam uns das Konzept so vor, wie der Trick der Banken, die mit dem Online-Banking und ihren „Service"-Automaten die Arbeit ja auch lieber von den Kunden als von eigenen Angestellten erledigen lassen. Doch wenn ein Lokal so gut organisiert ist wie das Gast, mit Pasta, Pizza und Wok wirklich jeden Geschmack bedient und es dann auch noch lecker schmeckt und bezahlbar ist, lassen selbst wir uns gern in solch neue Gastro-Welten entführen. (Und hoffen dennoch inständig, dass wir in Zukunft nicht auch noch das Kochen im Lokal übernehmen müssen.)

NEKTAR

(2003-2014)

Ob es das Nektar in der Stubenvollstraße ohne das Last Supper je gegeben hätte? Im Jahr 2003 befand sich die Hörigkeit des Gastes gegenüber dem neuen gastronomischen Trend- und Unterhaltungswahn auf ihrem Höhepunkt. In Scharen strömten die Münchner in ein weißes Kellergewölbe und betteten sich auf Sofas, um im Liegen zu essen. Zwischen den einzelnen Gängen wurden sie dabei von sogenannten Hosts bespaßt, die zauberten, sangen oder einfach nur neckisch waren. Doch schon bald hatten sich die Gäste im Nektar zu Tode amüsiert. Die letzten Lebensjahre des Lokals waren ein Siechtum, das noch immer nachzuwirken scheint. Sämtliche Wiederbelebungsversuche der Location scheiterten seither.

Erleben Sie bei einer Brauereiführung die Welt des Brauens

Hofbräu München – **ein echtes Münchner Bier**

Hofbräu München bietet von Montag bis Donnerstag vormittag um 10:00 Uhr Brauereiführungen mit anschließender Brotzeit und um 13:00 Uhr Brauereiführungen ohne Brotzeit für interessierte Besucher an. Die Führung startet im Bierstüberl der Brauerei. Nach einer kurzen Vorstellung und einem ca. 10-minütigen Film starten die Teilnehmer dann zu den verschiedenen Stationen des Brauprozesses.
Los geht's am eigenen Tiefbrunnen, über die Wasseraufbereitung, das Sudhaus, den Gär- und Lagerkeller bis hin zur Abfüllung. Ein Schluck unfiltriertes Bier direkt aus dem Gärtank gehört natürlich auch zum Rundgang. Die Teilnehmeranzahl sollte zwischen 10 und 30 Personen liegen. Einzelpersonen können sich einer bestehenden Gruppe anschließen. Das Mindestalter für die Teilnahme an einer Brauereiführung ist 16 Jahre. Der Rundgang ist nicht für Rollstuhlfahrer geeignet.

Eine Anmeldung 14 Tage vorab ist unbedingt erforderlich. Führungen sind in deutscher, englischer und italienischer Sprache möglich. Im Anschluss können sich die Besucher im Bierstüberl eine bayerische Brotzeit (Wahlweise Weißwürste, Leberkäse oder Salatteller) schmecken lassen und ein gepflegtes Hofbräu-Bier trinken.

Die Kosten für die Führung betragen € 10,- ohne Brotzeit
bzw. € 15,- mit Brotzeit (jeweils pro Person).

Adresse: Hofbräuallee 1, 81829 München-Riem

Weitere Informationen / Sicherheitshinweis und eine Online-Anmeldung finden Sie unter: **https://www.hofbraeu-muenchen.de/brauerei/brauereifuehrung**

Bayerisch

Die Langkritiken

Zum Straubinger Zentrum

Königsquelle

Herzblut

Königsquelle Glockenbach

Es gibt zwei Arten von Lokalen: gute und schlechte. Doch was genau macht ein Lokal eigentlich zu einem guten? Gibt es da eine Formel? Eine Art Faustregel, die richtig angewendet, den Erfolg garantiert? Jahr für Jahr beobachten wir, wie findige Wirte und Gastronomen an neuen Ideen tüfteln. Sie versuchen mit spektakulärer Einrichtung zu verzaubern – und effektheischender Küche. Da werden Licht und Sound und jedes Detail so lange optimiert, dass man sich beinahe schon im Theater, statt in einer Gastwirtschaft wähnt. Und Jahr für Jahr, in dem wir an unserem Guide arbeiten, landen wir immer mal wieder in der Königsquelle und fragen uns, warum Gastronomen all diese Mühen auf sich nehmen. Es geht doch auch anders. Die Königsquelle ist ein Lokal, das sich in den vergangenen 25 Jahren immer treu geblieben ist. In der Eckkneipe dominieren die dunkle Holzvertäfelung, schummriges Licht und ein markantes Aquarium die Einrichtung. Hinzu kommen die mit Whiskyraritäten angefüllten, sehr hübsch beleuchteten Vitrinen. Ganz unzweifelhaft wurde hier das Lokal-Design nicht neu erfunden, dennoch fühlt man sich in diesem erwachsenen Lokal sofort wohl. Die Küche wartet mit einer handgeschriebenen Speisekarte auf, um die bayerisch-alpenländischen saisonal geprägten Gerichte zu präsentieren. Mal gibt es Spargel mit Sauce hollandaise und einem kleinen Rinderfilet, mal das berühmte Rote-Beete-Carpaccio, mal Gulasch mit Tagliatelle, mal Zürcher Geschnetzeltes. Eines darf jedoch niemals fehlen: das Wiener Schnitzel mit Kartoffel-Gurkensalat und Preiselbeeren. So gekonnt wie hier wird der Klassiker selten zubereitet. Dazu trinkt man ein Augustiner. Fertig. Aus. Auch das alles ist kein kulinarisches Wunder, nur eben verdammt gut umgesetzt. Dafür Sorge tragen nicht zuletzt der Wirt und der humorige Service, die ihrer Arbeit mit ehrlicher Freude am Gast nachgehen. Und nimmt man all das zusammen, dann dämmert einem, dass es ja vielleicht doch so etwas wie eine Erfolgsformel für Gastronomen gibt. Dass es für den Erfolg nicht unbedingt die großen Ideen und Konzepte braucht, sondern vor allem eine Leidenschaft im Inneren: Es braucht ganz einfach Herzblut. In der Königsquelle arbeitet man mit genau dieser unverzichtbaren Lokalzutat seit Jahren.

Fazit: *Geniales Unikat, das seit mehr als 25 Jahren auf beständig hohem Niveau arbeitet. Auf die alpenländische Küche ist stets Verlass (bestes Wiener Schnitzel!), der Service umsorgt die Gäste mit Herz und Persönlichkeit. Absolut stimmiges Preis-Leistungs-verhältnis. Whisky-Fans finden im Lokal eine unglaublich reichhaltige Sammlung. Wunderbar.*

★ **44** von 60 Punkten (→)

E: 14/20, T: 8/10, S: 7/10, A: 7/10, W: 8/10

Königsquelle, Glockenbach,
Baaderplatz 2, Tel. 220 071,
So-Fr 17-1h, Sa 19-1h, Küche bis 21.30h,
Kosten: M

Königsquelle Glockenbach

★: ab 42 Punkten; ☆: 38-41 Punkte **Trend zum Vorjahr:** ↗: besser; →: gleich; ↘: schlechter; –: neu aufgenommen
E: Essen; **T**: Trinken; **S**: Service; **A**: Atmosphäre; **W**: Wohl fühlen **Kosten: G**: günstig; **M**: mittel; **H**: hoch; **SH**: sehr hoch

HeimWerk Glockenbach

Knusperschnitzel

Heimwerk Glockenbach Isarvorstadt

NEU! Das HeimWerk hat mit seinem regionalen Fast-Slow-Food-Konzept expandiert. Während die Mutter-Filiale in Schwabing ordentlich aufgehübscht wurde, konnte man sich im Glockenbachviertel eine neue illustre Location sichern: das ehemalige Café Glockenbach in der Pestalozzistraße. Noch immer lebt der Raum von seiner außergewöhnlichen Architektur mit der hübsch geschwungenen Treppe, die auf eine Galerie führt. Dass er sich jedoch vollkommen anders anfühlt als früher, liegt am neuen Ambiente. Helle Massivholztische, rostiger Stahl, rote Barhocker, Filzelemente und der allgegenwärtige mit Messer und Gabel bewaffnete Gartenzwerg fügen sich zu einem modernen alpenländischen Ambiente. Am Speisenkonzept hat sich nichts geändert. Es gibt frisch zubereitetes Heimatfood ohne Zusatzstoffe. Die meisten Gerichte werden in zwei Portionsgrößen angeboten (Snack/ Mahl). Beilagen ordert man extra. Was man bestellt, wird auf eine hübsch in Filz eingebettete Karte gebucht. Und bezahlen kann man beim Verlassen des Lokals an der zentralen Kasse. Alles wie immer. Jedoch ist die Karte im letzten Jahr ordentlich gewachsen. Und das ist auch gut so. Neben dem klassischen Wiener Schnitzel (12,30 Euro) gibt es nun auch Münchner Schnitzel

(10,20 Euro), ein geniales Knusperschnitzel mit Cornflakes-Panade (10,20 Euro) oder ein Nussschnitzel (11,30 Euro), bei dem geröstete Haselnüsse in die Panade eingearbeitet sind. Als Beilagen stehen Kartoffelsalat, Gemüse, Pommes oder Bratkartoffeln oder Salat immer zur Auswahl (3,50-3,90 Euro). Auf der Saisonkarte locken jedoch auch Trüffelpommes (4,90 Euro), die durch Bergkäseflocken zu einer herrlich deftig-frischen Schweinerei werden. Vegetarier dürfen sich nun auch über ein Zucchinischnitzel (8,30 Euro) oder den Gemüse-Kartoffelpuffer freuen (7,80 Euro). Hat man sich erstmal an das Baukastensystem gewöhnt, macht es Spaß, sich mal so, mal so durch die Karte zu futtern. Wohl dem, der so schlau ist, sich etwas Futterpower für den Kirschschmarrn (ab 5,70 Euro) oder den cremigen Schokokuchen (3,90 Euro) aufzuheben. Auch am Getränkeangebot wurde ordentlich geschraubt. Unbedingt probieren sollte man den würzig-frischen Birnen-Kräuter-Spritz mit Birne, Rosmarin und Thymian (6,50 Euro). Wem nicht nach einem Augustiner ist (0,5 l 3,90 Euro), kann auch zu den Craft-Bieren von Crew Republic greifen (0,33 l ab 3,90 Euro). Auch bei den Cocktails setzt das HeimWerk schöne Akzente. Etwa mit dem gefälligen Preiselbeer-Mojito

HeimWerk Glockenbach Isarvorstadt

(9,50 Euro) oder dem fast schon gefährlich süffigen Bergsturm (9 Euro), bei dem dunkler Rum, Ginger Beer, Bierschaum, Limette, Zucker und Bitter vermixt werden. Die Cocktails sorgen dann auch dafür, dass man gerne noch ein bisschen länger sitzenbleibt. Vor allem oben auf der Galerie gibt es ein paar schöne Bänke, auf denen man es sich gut mit einem Drink bequem machen kann.

Fazit: *Regionales Slow Food, das stets frisch zubereitet wird. Tolle Schnitzelvarianten, Backhendl oder Salate auf der Karte. Die Zutatenqualität schmeckt man. Unbedingt die Bratkartoffeln probieren.*

★ **40** von 60 Punkten (-)

E: 12,5/20, T: 7,5/10, S: 6/10, A: 7/10, W: 7/10

HeimWerk Glockenbach, Isarvorstadt, Müllerstr. 49, Tel. 59 918 697, Mo-Do 11.30-24h, Fr 11.30-1h, Sa 11.30-1h, So 11.30-23h, Kosten: M

★: ab 42 Punkten; ★: 38-41 Punkte **Trend zum Vorjahr:** ↗: besser; →: gleich; ↘: schlechter; –: neu aufgenommen

E: Essen; **T**: Trinken; **S**: Service; **A**: Atmosphäre; **W**: Wohl fühlen **Kosten**: **G**: günstig; **M**: mittel; **H**: hoch; **SH**: sehr hoch

Alter Wirt Moosach

Bewährungsprobe

NEU! Eine Traditionswirtschaft zu übernehmen, ist nicht leicht. Schon gar nicht im alteingesessenen Stadtviertel Moosach. Hier ist die 575-jährige Geschichte der Gaststätte Alter Wirt förmlich zu spüren. Kartler treffen sich zum morgendlichen Stammtisch. Traditionsvereine feiern das ganze Jahr über, und Familien können es sich leisten, sonntags gemütlich Frühstücken zu gehen. Trotzdem hat es Toni Demirel im Juni 2018 gewagt und nach elf Jahren Christian Härtl im Alten Wirt abgelöst. Auch damals schon waren die Moosacher skeptisch, doch Härtl hatte die einst angestaubte Lokalität in mühevoller Kleinarbeit mit Leben gefüllt, u. a. mit einer übersichtlichen Speisekarte zu moderaten Preisen, einem Kulturprogramm und dem vergrößerten Biergartenbereich. Auch der Innenbereich wurde damals renoviert. Seither dominierten dunkel gebeizte Wandvertäfelungen und – als Kontrast für ein bisschen Gemütlichkeit – mit Trödel vollgestellte Fensterbänke. Die sind inzwischen leer geräumt, auf schnörkelige Ausstattung wird bis auf Hofbräu-Dekoration verzichtet. Ein wenig kahl wirkt die Wirtsstube nun noch, ebenso wie der Außenbereich am Haupteingang. Die gemütlichen Sitzecken auf der Sundowner-Cocktail-Terrasse sind Holztischen und -stühlen gewichen. Hier sollen schon bald jedoch noch zusätzlich eine Grillstation und ein Brunnen stehen. Mit dem Biergartenbereich vermag der Alte Wirt schon jetzt wieder zu punkten. Dieser wurde in den letzten Jahren Stück für Stück vergrößert, schön ausgeleuchtet und um einen kleinen Spielplatz bereichert. Inzwischen finden sich hier hübsche neue Biertische und -bänke. Weitere Umgestaltungen sollen folgen. Überhaupt lautet seine wichtigste Erkenntnis: Der Alte Wirt lebt nicht von den Touristen, sondern von den Menschen aus dem Stadtteil. Klingt erst mal nicht verkehrt und spiegelt sich auf den ersten Blick auf der Speisekarte mit Altbewährtem (u. a. Schweinshaxe für 15,30 Euro, Rahmschwammerl mit Semmelknödel für 9,80 Euro oder Zwiebelrostbraten für 18.75 Euro), aber auch mit neuen Gerichten wie Bayerische Tapas, Breznknödelcarpaccio (7,45 Euro), Ziegenkäse Salat mit Mango-Ingwer-Chutney (11,80 Euro) oder Kalbsleber Berliner Art mit Kartoffelstampf (12,80 Euro) wider. Die Küche zeigt sich bei Klassikern wie dem Wiener Schnitzel (17,90 Euro) oder den Käsespätzle (9,80 Euro) noch nicht wirklich in Höchstform. Positiver kommt dagegen Hausgemachtes an: Der Maracuja-Eistee (4,65 Euro) und auch die Limone-Holunder Limonade (4,85 Euro) entpuppen sich als köstliche Erfrischungen. Mehr davon! Das Servicepersonal im Alten Wirt erkennt man nun an einer hübschen Einheitskleidung (blau-weißer Bluse bzw. Hemd). Dennoch mussten wir bei unserem Besuch, obwohl nur wenig Betrieb herrschte, Geduld mitbringen. Auch das geht noch besser. Allerdings kennt man das ja von vielen Neueröffnungen. Es dauert manchmal einfach seine Zeit, bis sich das neue Team eingespielt hat. In ein paar Wochen schauen wir daher in einer der ältesten Wirtschaften der Stadt gern wieder vorbei.

Fazit: *Ein neuer Pächter im Alten Wirt. Auf der Karte locken nun bayerische Tapas, Lamm- und Kalbshaxe oder Schnitzelvarianten zu zivilen Preisen.*

★ **38** von 60 Punkten (-)
E: 12/20, T: 6/10, S: 6/10, A: 7/10, W: 7/10

Alter Wirt Moosach, Moosach, Dachauer Str. 274, Tel. 1 407 276, Mo-Fr 11-24h, Sa/So 10-24h, Küche bis 23, Kosten: G

Zum Stiftl Zentrum

Zum Stiftl

Hipp und modern

NEU! Schaut man sich derzeit in der Münchner Gastrolandschaft um, stellt man erstaunt fest, dass zahlreiche bayerische Lokale eine Renaissance erfahren oder gar vollkommen neu entstehen. Da wurde entweder mit Verve renoviert oder von Grund auf neu gebaut. Und zwar nicht nur in den Stadtvierteln, sondern sogar in bester Innenstadtlage. Stefan Stiftl, der Sohn von Wirt Lorenz Stiftl (zum Spöckmeier, Zum Stiftl-Wiesnzelt), ist mit seinem neuen Lokal „Zum Stiftl – Mein Wirtshaus" seit Juni 2018 mittendrin, statt nur dabei. Im Tal 15 lautet die illustre Adresse der Wirtschaft, und Stefan Stiftl scheint ganz offensichtlich an den Grundsatz zu glauben, dass Konkurrenz das Geschäft belebe. Immerhin gleich drei namhafte bayerische Lokale finden sich in unmittelbarer Nähe zur Stiftl-Wirtschaft. „Modern", „frech" und auch „hipp" will das neue Lokal sein. Doch wie schaut das aus? Als erstes fallen die hellen Holztische mit schwarzen Tischbeinen auf. Auf denselben Kontrast setzt man auch bei den Stühlen. Über den Tischen hängen kleine kupferfarbene Schirmlampen. Weiter hinten im Gastraum blickt man auf einen großen runden Kronleuchter mit falschen Kerzen. Wirklich modern sind die Plätze direkt am Fenster gestaltet. Hier kann man entweder auf einer langen Bank mit kleinen Zweiertischen Platz nehmen und ins Lokal blicken. Oder man sitzt auf kleinen Hockern und verfolgt das Treiben im Tal. Ein lebendiges Ambiente. Bei der Küche setzt man im Stiftl mit der eigenen Metzgerei Akzente. Die liefert unter anderem den Honigschinken zum Strammen Max (7,50 Euro) oder die Weißwürste (2,70 Euro pro Stück). Beides ist gut. Beim Strammen Max gefällt zusätzlich die ansprechende Präsentation mit Sprossen und fein gehobeltem Blaukraut. Bis 15 Uhr gibt es sogenannte Pausenbrote, unter anderem ein Avocadobrot mit Ei (6,80), das wirklich lange satt macht. Sein Brot bezieht der Stiftl von der Brotmanufaktur Schmidt. Das schmeckt man. Wirklich hip und modern kommt die Bavaria Bowl (15,80 Euro) daher. In der Schüssel sind neben Salaten Stücke vom Backhendl und Brezn-Croûtons geschichtet. Geschmacklich zusammengehalten wird das Ganze von einer Balsamico-Senf-Vinaigrette. Die Lust auf Fleisch lässt sich beim Stiftl mit einen vorzüglichen Dry Aged Entrecôte (28,50 Euro) oder einem Burger stillen (ab 14,50 Euro). Der Schweinsbraten kommt für zivile 11,50 Euro an den Tisch. Und dass es die Halbe beim Stiftl noch unter 4 Euro gibt, treibt einem beinahe Tränen des Glücks in die Augen. In dieser Form ist das neue Lokal eine absolute Bereicherung in bester Lage, zumal auch der Service seiner Arbeit engagiert nachgeht.

Fazit: *Neues Wirtshaus, das auf renommierte Erzeuger setzt und sogar über eine eigene Metzgerei verfügt. Die Speisen (z.B. Saiblingsfilet oder Sennerbratwurst) werden liebevoll präsentiert. Neben Hacker Pschorr auch Eiswerk-Biere auf der Karte.*

★ **38** von 60 Punkten (–)
E: 12/20, T: 6,5/10, S: 6,5/10, A: 6,5/10, W: 6,5/10

› Zum Stiftl, Zentrum,
Tal 15, Tel. 23 886 522, So-Do 9-1h, Fr/Sa 9-3h, Kosten: M

Xaver's

Wirtshaus 4.0

NEU! Der Nachwuchs macht auch vor den Wirtshäusern nicht Halt. Es übernehmen immer mehr junge Wirte das Ruder – ohne dabei die Tradition zu vergessen. So auch im Xaver's in der Rumfordstraße/Ecke Zwingerstraße, das nach 42 Jahren das Zwingereck beerbte. Die neuen Wirte sind die drei Geschwister Portenlänger, alle jünger als 30 Jahre und doch „alte Hasen" im Geschäft. Schließlich gehört ihren Eltern das Biohotel und Gasthaus zum Alten Wirt in Grünwald, wo die Sprösslinge die bayerische Gastronomie von klein auf erlernt haben. Nun können

★: ab 42 Punkten; ★: 38-41 Punkte **Trend zum Vorjahr:** ↗: besser; →: gleich; ↘: schlechter; –: neu aufgenommen
E: Essen; **T:** Trinken; **S:** Service; **A:** Atmosphäre; **W:** Wohl fühlen **Kosten: G:** günstig; **M:** mittel; **H:** hoch; **SH:** sehr hoch

sich Theresa, Xaver und Jakob mit ihrem ebenfalls blutjungen Team in der traditionsreichen Augustiner-Wirtschaft ums Eck vom Viktualienmarkt verwirklichen. Trotz Innenstadtlage ist es hier, von der vorbeiratternden Tram einmal abgesehen, erstaunlich ruhig. Gegen Abend füllt sich das Lokal dann auch langsam mit Hipstern, Familien und rüstigen Rentnern, die dann an großen, länglichen Tischen zusammensitzen. Neben der dunklen Holzvertäfelung überwiegt die Farbe Tannengrün – sowohl an der Wand als auch auf den samtbezogenen Hockern. Die moderne Urigkeit wird durch gedimmte Leuchter und zahlreiche Hirschgeweihe komplettiert. Im Hintergrund untermalen Andreas Gabalier, Haindling und die Spider Murphy Gang das Ambiente musikalisch. Neben Klassikern wie Wurstsalat (8,50 Euro), Wiener Schnitzel mit Röstkartoffeln (18,50 Euro) und Schweinebraten mit Kartoffelknödel und Blaukraut (12,80 Euro) wird im Xaver's ein bisschen mit der bayerischen Küche experimentiert. So finden sich Saiblings-Ceviche auf buntem Beete-Carpaccio (9 Euro) oder ein Salat mit karamellisiertem Chicorée und Granatapfelkernen (9,50) auf der klein gehaltenen Speisekarte. Zusätzlich gibt's zwei wechselnde Mittagsgerichte pro Tag. Absolut empfehlenswert: Die würzig-cremigen Käsespätzle mit reschen Zwiebeln und gemischtem Kopf-Gurken-Salat (9,50 Euro). Auf den ersten Blick mag die Portion vielleicht etwas klein wirken, doch die Emmentaler-Bergkäse-Mischung hat es in sich. Dazu ein Augustiner vom Fass (3,70 Euro), ehe es mit dem Kaiserschmarrn (10,50 Euro) weitergeht. Mit dem Hinweis „Frisch dauert's a bissl", passt die puderzuckrige goldbraune Mehlspeise nach ca. 20 Minuten Wartezeit auch wieder in den Magen. „Schmeckt's eich?", hört man Theresa über zwei Tische rufen. Freilich! Jetzt muss nur noch entschieden werden, ob es noch ein Bier oder doch lieber einen Lillet Hopster mit Holunderblütensirup, Zitrone, Minze und rosa Pfeffer (7,90 Euro) sein soll? So macht Wirtshaus 4.0 richtig Spaß!

Fazit: *Saiblings-Ceviche, geschmorte Ochsenbackerl, gebratenes Huchenfilet mit Belugalinsen … im Xaver's versucht man der bayerischen Küche einen frischen Anstrich zu verpassen. Meist gelingt das auch. Sehr stimmiges Design-Ambiente, das Moderne und Tradition perfekt verbindet.*

★ **38,5** von 60 Punkten (-)
E: 12/20, T: 6,5/10, S: 6/10, A: 7/10, W: 7/10

Xaver's, Isarvorstadt,
Rumfordstr. 35, Tel. 0157-71490313,
Di-So 11.3ß-23.45h, Kosten: M

Paulaner am Nockherberg Giesing-Au

Paulaner am Nockherberg

Cowboy-Steak

NEU! Es ist Sonntagabend gegen 19 Uhr und wir benötigen einen Tisch für vier Personen. Die ursprüngliche Überzeugung, dass man an diesem Tag zu dieser Zeit garantiert einen Platz im Paulaner am Nockherberg bekommen werde, verwandelt sich schnell in eine kribbelnde Unsicherheit. Das Lokal ist beinahe vollbesetzt, und auf den wenigen freien Tischen stehen deutlich erkennbar Reserviert-Schilder. Doch wir haben Glück und können wenig später an einem der hellen Holztische im Gastraum Platz nehmen. Das Ambiente gefällt sofort. Am Eingang verschmelzen die Höhe des Raumes und die hübsche Inszenierung der Schänke sowie der Braukessel dahinter beinahe sakral miteinander. Der Paulaner am Nockherberg inszeniert sich nach der Renovierung und dem Pächterwechsel jedoch nicht nur optisch als Bier-Kathedrale, sondern auch inhaltlich. Im Lokal wird nun selbst gebraut. Wie gut, werden wir später feststellen. Die Gasträume links und rechts vom Eingang sind durch Wände oder Raumteiler auf eine angenehme Größe reduziert worden. Die raumhohen Fenster geben den Blick auf den grünen Park entlang der Hochstraße frei. Trotz holzvertäfelter Wände herrscht im Lokal alles andere als altbayerische Gemütlichkeit. Zeitgenössische Kunst und eine raffinierte Lampenkonstruktion sorgen stattdessen für einen angenehm modernen Touch. Zeitgemäß ist auch die Karte. Salate werden etwa in zwei Portionsgrößen angeboten, so dass sie als Vor- oder Hauptspeise dienen können. Bei den Fleischgerichten soll der moderne Grillofen „Xaver" unter anderem für besonderen „Edelholzrauch-Geschmack" sorgen und dabei auch noch ressourcenschonend arbeiten und 40 Prozent weniger Kohle als ein herkömmlicher Grill verbrauchen. Ebenfalls ein interessantes Highlight auf der Karte ist das Chateaubriand in der Salzkruste. Das gibt es jedoch nur auf Vorbestellung. Wir starten unser Essen mit einem Alpen-Brotzeitbrettl (14 Euro). Die Menge an Käse, Wurst, Bratenscheiben und Schinken, die sich darauf befinden, rechtfertigt den Preis allemal. Das Brettl reicht locker als kleiner Appetitanreger für vier Personen. Zumal zu der Brotzeit auch noch ein Schälchen Obazda und ein Gläschen mit einem leckeren Kräuter-Aufstrich gehören. Dazu wählen wir eines der sogenannten Probierbrettl der Hausbrauerei, mit denen man sich in kleinen Gläsern durch die gesamte Bierpalette trinken kann (5 Gläser 7,50 Euro/10 Gläser 15 Euro). Besonders das hopfige Helle und das samtene Dunkle wissen zu gefallen. Und auch der Weizenbock rinnt sehr geschmeidig über den Gaumen. Zu den Hauptgerichten – Böfflamott und Cowboy-Steak – wechseln wir anschließend von Bier zum Wein. Der Spezieri, eine Cuvée aus der Toskana (26 Euro), erweist sich als warm und süffig. Eine schöne Qualität in dieser Preisklasse. Die Weinkarte verzeichnet jedoch auch noch hochwertigere Tropfen (bis 95 Euro).

Paulaner am Nockherberg Giesing-Au

★: ab 42 Punkten; ★: 38-41 Punkte **Trend zum Vorjahr:** ↗: besser; →: gleich; ↘: schlechter; –: neu aufgenommen
E: Essen; **T:** Trinken; **S:** Service; **A:** Atmosphäre; **W:** Wohl fühlen **Kosten: G:** günstig; **M:** mittel; **H:** hoch; **SH:** sehr hoch

Das Böfflamot (21 Euro) – 38 Stunden in Rotwein geschmort – erweist sich als äußerst saftig und geschmackvoll. Dazu haben die Beilagen wie Karotten, grüne Bohne und Blumenkohl schöne Garpunkte. Ein wenig Ingwer sorgt im Gemüse für eine schöne exotische Frische. Beim mächtigen Cowboy-Steak handelt es sich um ein mehr als 1 Kilogramm schweres Entrecôte für zwei Personen (80 Euro). Das auf den Punkt gegrillte Fleisch – Dank an „Xaver" und den Koch! – wird zusammen mit Kräuterbutter, geschmorten Zwiebeln sowie einer Beilage nach Wahl serviert – in unserem Fall mit Gemüse. Zusätzlich stellt der zu jeder Zeit kundige und aufmerksame Service auch noch ein Schälchen Fleur de Sel auf den Tisch. Eine Kleinigkeit nur, die den Genuss des Fleisches jedoch noch einmal erhöht. Das Glück wird nur noch gesteigert, als wir zwischen einigen Tranchen des Entrecôtes noch ein paar Klekse Pesto entdecken. Kompliment. Satt und zufrieden schauen wir eine halbe Stunde später aus den großen Fenstern in den Sonnenuntergang und stellen fest: Sollte das Paulaner am Nockherberg dieses Niveau halten, werden wir uns nicht einmal von der großen Baustelle drumherum abhalten lassen, hier öfter einzukehren. Zumal auch Klassiker wie der Schweinebraten (12 Euro) oder das Schnitzel Wiener Art (18 Euro) vollkommen überzeugen.

***Fazit:** Frisch renoviert glänzt das Paulaner am Nockherberg mit Bierspezialitäten aus der eigenen Brauerei, sowie einer richtig guten Küche mit einfachen Klassikern (Schweinsbraten) und Highlights wie dem Cowboy-Steak. Sympathischer Service.*

★ **42** von 60 Punkten (-)

E: 13/20, T: 7/10, S: 8/10, A: 8/10, W: 6/10

▶ Paulaner am Nockherberg, Giesing-Au, Hochstr. 77, Tel. 4 599 130, tgl. 10-1h, Kosten: M

Zum Straubinger Zentrum

Zum Straubinger

Immer wieder gut

Das Wirtshaus Zum Straubinger gibt es gefühlt seit ewigen Zeiten in der Blumenstraße. Im Jahr 2000 wurde der ehemalige Straubinger Hof umgestaltet und zeigt seither keinerlei Abnutzungserscheinungen. Im Gegenteil: Der Gastraum mit dunkler Holzvertäfelung, Ziegelsteinwänden und Kamin mit Holzscheitlager strahlt eine Behaglichkeit aus, der man sich nicht entziehen kann. Dazwischen sorgen rotweiß karierte Kissen, Platzdecken sowie schöne Blumenarrangements, liebevoll ausgesuchte Deko und der Service in Tracht für frische Farbtupfer. Obwohl zentral gegenüber der Schrannenhalle gelegen und nur einen Steinwurf vom Viktualienmarkt entfernt, ist dem Lokal jede Hektik fremd. Das gilt sogar für den kleinen Wirtsgarten, in dem man von Bäumen und einem großen Zaun schön abgeschirmt sitzt. Für die Karte sollte man sich Zeit nehmen. Schon die Auswahl der Getränke fällt schwer. Wer etwas Besonderes trinken will, greift zu den Eiswerk-Bieren der kleinen Paulaner Mikrobrauerei in der Au, etwa den Märzen oder den Weizenbock (0,33 l 7,50 Euro). Auch der Hopfensprizz (0,25 l 6,20 Euro), für den Hopfenlimonade mit grünem Tee und Prosecco aufgegossen wird, hat sich eine Empfehlung verdient. Ebenso wie die Ingwerlimonade (0,3 l 3,50 Euro) oder das erfrischende Heupferdl (0,25 l 4,50 Euro) mit Tonic Water,

★: ab 42 Punkten; ☆: 38 41 Punkte **Trend zum Vorjahr:** ↗: besser; →: gleich; ↘: schlechter; –: neu aufgenommen
E: Essen; **T:** Trinken; **S:** Service; **A:** Atmosphäre; **W:** Wohl fühlen **Kosten: G:** günstig; **M:** mittel; **H:** hoch; **SH:** sehr hoch

Hollersirup, Zitrone und Minze. Und von den Hacker-Pschorr-Bieren gefällt das naturtrübe Kellerbier (0,5 l 4,50 Euro) am besten. So ausgewogen wie die Getränkekarte ist auch die Speisekarte komponiert. Es gibt sehr schöne Salate wie den Wildkräutersalat mit hausgebeiztem Lachs (11,50 Euro) oder den Salat mit Sous-vide gegartem Roastbeef (16 Euro). Wer keinen allzu großen Hunger hat, dem reichen hier die Portionen auch als Hauptmahlzeit. Immer gut ist die Ente. Die kommt vom Lugeder und wird mit Kartoffelknödeln und Preiselbeerblaukraut serviert (ab 13,60 Euro). Wer fleischlos glücklich werden will, kann dies zum Beispiel mit Pasta, die mit Orangen-Zitronenricotta gefüllt ist (16 Euro). Preislich spürt man durchaus, dass man sich im Straubinger in Münchner Bestlage befindet. Doch die Qualität und der herzliche Service tragen dazu bei, dass man am Ende seine Rechnung gern bezahlt. Eins noch: Absolut unwiderstehlich ist der sogenannte Mandelschmarrn, ein Kaiserschmarrn mit kurz angerösteten Mandeln. Wenn er auf der Karte steht: Zugreifen!

***Fazit:** Lieblingslokal mit einer leicht gehobenen bayerischen Küche, in der die Saison das Angebot mitdiktiert. Angenehmes – auch jüngeres – Publikum. Der Service ist sehr freundlich, das Ambiente wunderhübsch dekoriert. Mit schöner Terrasse im Hof.*

★ **39,5** von 60 Punkten (→)
E: 12/20, T: 6,5/10, S: 7/10, A: 7/10, W: 7/10

Zum Straubinger, Zentrum, Blumenstr. 5, Tel. 2 323 830, Mo-Sa 10-1h, So 11-23h, Küche bis 23. Kosten: M/H

Wirtshaus Obacht

Hausmannskost

NEU! Die aus dem Stadion an der Schleißheimer Straße bekannten Wirte Holger Britzius und Michael Jachan haben ein neues Projekt gestartet: Das Obacht, eine Neuauflage der klassischen Eckkneipe, aber mit feinem Essen, offen für alle aus dem Viertel und darüber hinaus. Traditionell durfte und sollte es werden, aber bitte ohne Tand. Auf der Karte dominiert daher folgerichtig auch die süddeutsche Küche aus Bayern und Schwaben. Am Wochenende gibt es einen guten Schweinsbraten mit rescher Kruste, unter der Woche kann man sich an die feine, kurze Karte halten, auf der neben den üblichen Schmankerln auch ein Saibling, Linsen mit

Wirtshaus Obacht Maxvorstadt

Spätzle (10 Euro) und zum Beispiel ein Badischer Sauerbraten (14,50 Euro) zu finden sind. Eine Handvoll Tagesgerichte runden das Angebot ab. Unser Entrecôte vom Jungbullen (25 Euro) und die Bayerische Ceviche, roh marinierter Kabeljau (12 Euro) waren ein Fest, das Augustiner-Bier dazu gewohnt gut. Zu späterer Stunde sitzt man recht eng in dem modernen, clean gehaltenen Gastraum. Frühes Kommen – ab 17 Uhr ist geöffnet – ist also empfohlen, wenn man nicht auf einen der zahlreichen Tische draußen ausweichen kann. Auch dort sitzt man gut und gerne etwas länger. Wir fassen zusammen: Das Obacht ist die zeitgemäße Interpretation einer traditionellen Münchner Gaststube mit sehr guter Küche – eine saubere Sache, schlicht, hell und freundlich und eine echte Bereicherung für das Viertel. So wünscht man sich das.

Fazit: *Frische moderne Stadtteilwirtschaft mit bayerisch-schwäbischer Küche. Unbedingt einmal die Linsen mit Spätzle oder den Badischen Sauerbraten probieren. Hier kommt man aber auch gern nur auf ein Augustiner-Bier her.*

36,5 von 60 Punkten (-)

E: 11/20, T: 6/10, S: 6/10, A: 6,5/10, W: 7/10

Wirtshaus Obacht, Maxvorstadt, Schwindstr. 20, Tel. 23 746 328, tgl. ab 17h, Kosten: M

★: ab 42 Punkten; ★: 38-41 Punkte **Trend zum Vorjahr:** ↗: besser; →: gleich; ↘: schlechter; –: neu aufgenommen

E: Essen; **T**: Trinken; **S**: Service; **A**: Atmosphäre; **W**: Wohl fühlen **Kosten**: **G**: günstig; **M**: mittel; **H**: hoch; **SH**: sehr hoch

Italienisch

Die Langkritiken

Riva Restaurant Schwabing

Fasanerie

Aufgewacht

NEU! Die Fasanerie ist ein klassisches Ausflugslokal, das Restaurant und Biergarten in sich vereint. Zudem verfügt das idyllisch im Hartmannshofer Park gelegene Lokal über zahlreiche Räumlichkeiten für Events und private Feiern. Kulinarisch konnten die Pächter in den letzten Jahren das Versprechen, das von der schönen Location ausging, nicht immer halten. Seit Juni 2017 bespielt nun ein neues Team das Lokal. Zuvor wurde die Fasanerie jedoch komplett renoviert. Im altehrwürdigen Haus zeigt sich dem Gast nun ein traditionelles Ambiente mit modernen Elementen und – in Teilen – Mut zu einer Farbenpracht, wie man sie sonst nur in der Feder des namengebenden Vogels findet. In der Küche setzt man nun auf eine klassisch gehobene Küche, in der Genießer in Lachstartar auf Gurken-Carpaccio (12,90 Euro), Caprese di Bufala (9,50 Euro) oder schwelgen können. Es sind einfache Gerichte, die von der Qualität ihrer Zutaten leben. Und bei dieser gibt sich die Küche keine Blöße. Das gilt auch für die tadellose Tagliata di manzo (21,50 Euro) oder die Lammkoteletts (18,50 Euro), die mit Rucola und etwas Schafskäse serviert werden. Dass die Küche nicht nur die Standards beherrscht, zeigt sie im Menüs (4 Gänge 41 Euro). Beim Wildschweinschinken – mit in Ingwer und Marsala marinierten Pflaumen – verbindet sich der dunkle Schinkengeschmack wunderbar mit den süßen, belebenden Pflaumen. Auch die Heidelbeer-Maltagliati mit Rehragout überzeugen. Ebenso wie das Wildschweingulasch, dem als Beilage eine schöne Maismousse anbei gestellt wird. Gerichte mit Pfiff. Ein Lob gibt es auch für die Weinkarte, die zwar nicht besonders üppig, dafür aber umso pointierter sortiert ist. Etwa mit einem knackigen Sancerre „Les Belles Dames" des Maison Gitton (0.75 l 45 Euro). Wer mag, kann in der Fasanerie auch einfach nur eine Pizza essen (6,50-10,50 Euro). Dazu trinkt man ein Hofbräu vom Fass (0,5 l 4,30 Euro). Passt. Als Fine-Dining-Location macht die Fasanerie in unseren Augen jedoch die deutlich bessere Figur. Schön sind auch die Events wie das Jazz Dinner oder der Adventsmarkt im Biergarten. Einfach auf der Homepage schauen, wann was geboten ist.

Fazit: *Drinnen erwartet den Gast eine hübsch ins Licht gerückte gediegene Einrichtung. Sehr viel stimmungsvoller geht es auf der Terrasse zu. Die Küche interpretiert italienische Klassiker wie Trüffel-Tagliolini, Saltimbocca oder Lammkoteletts auf den Punkt. Perfekt für Familienfeiern.*

★ **38** von 60 Punkten (-)

E: 12/20, T: 6/10, S: 6/10, A: 7/10, W: 7/10

› Fasanerie, Moosach,
Hartmannshofer Str. 20,
Tel. 92 284 600, Mo-Fr 12-14.30 u. 17.30-23h, Sa/So 12-23h,
Kosten: M

Fasanerie Moosach

Mozzamo

Il principe

Bei manchen Lokalen fragt man sich ja, wohin die Leute gingen, bevor es diesen Laden gab. Das Mozzamo ist so ein Fall. Wo vorher ein trauriges Steakhaus vor sich hin vegetierte, ist mit dem Mozzamo la dolce vita eingezogen. Die namengebende Liebe zum Mozzarella und seiner Schwester, der Burrata, beschert dem Gast hier, dass er aus mehreren Varianten des leckeren Käses und diversen Beilagen seine eigene Antipasti-Platte zusammenstellen kann. Das ist besonders bei größeren Gruppen ein geselliges Unterfangen. Eventuell anwesenden kleinen Kindern wird das Warten aufs Essen erträglicher gestaltet, indem sie aus einem kleinen Klumpen Pizzateig ihren eigenen Teigfladen kneten dürfen. Das sorgt für wunderbar entspannte Familien, die sich auf das konzentrieren können, was wichtig ist: Das immer sehr gute,

★: ab 42 Punkten; ★: 38-41 Punkte **Trend zum Vorjahr:** ↗: besser; →: gleich; ↘: schlechter; –: neu aufgenommen
E: Essen; **T:** Trinken; **S:** Service; **A:** Atmosphäre; **W:** Wohl fühlen **Kosten: G:** günstig; **M:** mittel; **H:** hoch; **SH:** sehr hoch

manchmal ausgezeichnete Essen. Hausgemachte Pasta wie z.B. die Tagliolini Tartufo (16,50 Euro) und Pizza wie die Margherita Bufala (9,50 Euro) sind ideenreich und immer gut, aber das Mozzamo versucht noch mehr. Auf der Tageskarte finden sich saisonale Gerichte wie beispielsweise Wild oder Maischolle, die mit besonderen Beilagen auf dem Teller regelrecht komponiert werden. Fisch vom Grill ist im Mozzamo immer eine „sichere Bank", genauso wie der Service, der mit Erfahrung und Gefühl die Gäste charmant durch den Abend führt. Gelegentlich kann es allerdings vorkommen, dass, womöglich der absoluten Alleinherrschaft über das kulinarische Volk in Nymphenburg geschuldet, das Mozzamo-Personal sich einen gemütlichen Abend macht und vornehm zurück hält. Hier hilft Gelassenheit, denn mit Winken kommt der Gast, wir haben es erlebt, nicht schneller an sein Ziel. Immer freundlich und fix sind die Köche und Pizzaioli, deren professionelles Tun man durch die offene Küche beobachten kann. Die Weinkarte ist solide italienisch mit allem, was man braucht, der „Girofle" (0,2l 6,80 Euro) ist ein wunderbarer beeriger Rosé, der im Sommer auf der Terrasse Fisch und Fleisch gleichermaßen gut steht. „ Ein Stück Italien mitten in München, voller Geschmack in traditionellem und einfachem Essen" beschreiben die Betreiber ihre Philosophie. Wenn sie mit einfachem Essen einfach gut meinen, können wir das jederzeit unterschreiben.

Mozzamo Neuhausen

Fazit: *Moderner Italiener mit Mozzarella-Bar, an der man aus verschiedenen Mozzarella-Sorten und Beilagen wählen kann. Außerdem Pasta und eine leckere Holzofenpizza.*

★ **38** von 60 Punkten (→)
E: 12/20, T: 6/10, S: 6,5/10, A: 6/10, W: 7,5/10

› Mozzamo, Neuhausen, Gaßnerstr. 1, Tel. 17 118 313, tgl. 11-24h, Kosten: M

Osteria da Massimo

La vita è bella

NEU! Massimo Simone und seine Frau Ulrike kennt man noch aus dem Golden Twenties in Schwabing. Da den beiden dort jedoch der Pachtvertrag nicht verlängert wurde, mussten sie sich nach einem neuen Lokal umsehen und wurden in der Nähe des Dantebads fündig. Früher fand sich an dieser Stelle das Lokal Dietrich von Bern, ein Kroate. Nun hat Massimo die Räume heller und luftiger gestaltet. Charmant sind Einrichtungsideen wie die zur Vespa umfunktionierte Anrichte oder die bunten Herzen an der Wand. Sogar eine gemütliche Lounge mit Polstersesseln, Fellen und Kissen findet sich im Lokal. Perfekt, falls man mal nur auf ein Glas Wein oder einen Drink vorbeischauen möchte. Die Auswahl an letzteren ist erstaunlich groß. Im Golden Twenties wurde eine gehobene Küche an weiß eingedeckten Tischen serviert. In der Osteria da Massimo geht es dagegen deutlich lockerer zu. Es gibt eine gute Pizza (ca. 10 Euro), die aus dem eigens eingebauten Steinofen kommt. Die hausgemachte Pasta wie beispiels-

Osteria da Massimo Gern

weise die Conchiglie Carbonara (9,80 Euro) lohnt immer. Und auch bei den Hauptgerichten wie den Scampi alla Massimo (19,80 Euro) oder den Kalbsinvoltini (18,80 Euro) zeigt die Küche, dass sie etwas draufhat. In jedem Gericht steckt meist ein hübsches Detail, wie etwa die Minze im Lachstartar oder eine feine Ingwernote in der Sauce zum Fisch. Manchmal muss man mit längeren Wartezeiten rechnen. Doch der charmante von Massimo Simone angeführte Service unterhält das Lokal in der Zeit ganz wunderbar. Im Sommer kann man auch auf einer kleinen eingezäunten Terrasse unter alten Bäumen sitzen. Hier kommt, dank des Verkehrsrauschens auf der Dachauer Straße, beinahe so etwas wie Großstadtfeeling auf. Wenn man so will, ist Massimo Simone eine entspannte und etwas günstigere Version seines früheren Lokals gelungen. Kompliment!

Fazit: *Italienische Küche mit Pfiff. Wirt Massimo Simone betrieb zuvor das elegante Golden Twenties in Schwabing. In seinem neuen Lokal geht's familiärer und bodenständiger zu.*

38 von 60 Punkten (-)
E: 12/20, T: 6/10, S: 7/10, A: 6/10, W: 7/10

› Osteria da Massimo, Gern, Dietrichstr. 2, Tel. 2 717 701, Mo-Sa 11.30-23.30h, Kosten: M

Pirlo

Multitalent

NEU! Café, Bar, Studentenkneipe, Hipsterladen oder doch kleines Restaurant – so ganz weiß man es nicht, selbst wenn man mitten im neuen Lokal am Edlinger Platz/ Ecke Kolumbusstraße sitzt und alles auf sich wirken lässt. Da sind die schlichte Holzeinrichtung zu grautönigen Wänden auf der einen Seite, türkisfarbene Kacheln hinter der Bar und trendige Industrielampen auf der anderen. Modern ist es allemal und bei den Anwohnern, die sich nichts mehr als ein hippes Lokal in der Au gewünscht haben, seit der Eröffnung im März 2018 beliebt. Kein Wunder also, dass die beiden jungen in einheitlich dunkelblauem Poloshirt gekleideten Kellnerinnen, die Gäste namentlich kennen. Geduzt werden hier auch alle Neuankömmlinge, man fühlt sich gleich wohl. Die Karte spiegelt den Geschmack des gemischten Publikums wider: von Salat mit Rinderstreifen (12,90 Euro) über Pasta Arrabiata (8,50 Euro) bis hin zum Grünen Curry mit Wildreis (11,50 Euro). Wir entscheiden uns für den Flammkuchen mediterran (9,50 Euro) und die warme Bowl „Bangkok-Buddha" (ab 11,80 Euro) und hören schon kurze Zeit später, wie es aus der Küche zischt und brutzelt – die

★: ab 42 Punkten; ★: 38-41 Punkte **Trend zum Vorjahr:** ↗: besser; →: gleich; ↘: schlechter; -: neu aufgenommen
E: Essen; **T:** Trinken; **S:** Service; **A:** Atmosphäre; **W:** Wohl fühlen **Kosten: G:** günstig; **M:** mittel; **H:** hoch; **SH:** sehr hoch

größere Durchreiche an der Bar lässt uns am Küchenspaß teilhaben. Dazwischen werden Datteln im Speckmantel (5,50 Euro) als Appetizer serviert, die genau die richtige Mischung aus süß und salzig haben. Dann geht es auch schon mit der großen Suppenschüssel äh Bowl mit mildem Thai-Curry, Reis, Zuckerschoten und gewünschtem Couscous statt Kichererbsen weiter. Die nussigen kleinen Süßkartoffelstückchen stechen positiv heraus. Insgesamt jedoch nicht sonderlich aufregend im Geschmack, aber solide lecker. Die zu groß geratenen Hähnchenstreifen lassen sich wunderbar auch mit dem Löffel zerkleinern, wenn kein Messer in Sicht ist und sich der Service bei anderen Gästen verquatscht. Dagegen überzeugt der herzhafte Flammkuchen mit Feta, Kirschtomaten und frischem Rosmarin auf ganzer Linie. Und das nicht nur, weil die Portion wirklich groß ist. Der leicht sämige Belag punktet auf dem hauchdünnen, knusprigen Boden. Nebenan wird eines der hausgemachten Bauernbrote mit Avocadocreme, pochierten Eiern und frischem Koriander (8,50 Euro) nett angerichtet serviert. Avocado ist auch beim Frühstücksangebot vertreten, wie wir der Speisekarte entnehmen können. So wird das Rührei á la Mexicana (9,50 Euro) neben Brot und Butter, mit Tomatensalsa und der fettreichen Frucht gereicht. Wer es morgens herzhaft mag, greift zum Klassiker „Ist mir doch Wurst und Käse" (8,90 Euro) oder zu Eggs Benedict mit zwei pochierten Eiern, Brioche und Sauce Hollandaise (7,50 Euro). Für Schleckermäuler gibt's neben „Belle Madame" (Buttercroissant mit zweierlei Marmeladen und Butter, 3,80 Euro) auch Blaubeer-Pancakes (6,50 Euro) oder die Greek Bowl mit Joghurt (auf Wunsch auch Soja-Joghurt), Walnüssen und Honig (4,90 Euro). Humane Frühstückspreise, die jedoch als überschaubare Portionen daherkommen, wie wir uns vom Nachbartisch sagen lassen. Vom Abendessen sind wir hingegen satt. Und obwohl uns der warme Schokokuchen (4,90 Euro) anlacht, entscheiden wir uns für die Cocktailkreation „Lex", die die Zutaten Lillet, Gin, Holler- und Minzsirup sowie Russian Wild Berry (6,90 Euro) stimmig vereint. Ein bisschen stärker ist hingegen der Whiskey Clobber (8,90 Euro) geraten, wo Whiskey und Cognac den Orangenlikör übertünchen. Passend zu den Drinks wird auch das Licht gegen 22 Uhr gedimmt und die Musik ein kleines bisschen lauter.

Fazit: *Junger Italiener mit Dinkelmehl-Pizza, Bowls und Salaten im Angebot. Am Wochenende auch Frühstück!*

38 von 60 Punkten (-)
E: 12/20, T: 6/10, S: 6,5/10, A: 6,5/10, W: 7/10

Pirlo, Giesing-Au,
Edlinger Platz 4, Tel. 0174-9770230,
Di-Fr 17-1h, Sa/So 10-1h, Kosten: M

Pirlo Giesing-Au

Il Mulino Schwabing

Il Mulino

Für immer Sommer

Das Il Mulino ist ein ewig alter Klassiker in der Görresstraße. 2007 übernahm dann der bekannte Gastronom Carlo Rieder das Lokal, renovierte es gründlich und setzte in der Küche auf sein Konzept, mit dem er auch in zahlreichen anderen Lokalen Erfolg hat. Im Il Mulino wird eine klassische italienische Küche um eine saisonal geprägte Wochenkarte ergänzt. Zu den Klassikern gehört beispielsweise bei den Vorspeisen der vorzügliche lauwarme Oktopussalat mit Kartoffeln, Sellerie und Rucola (14,80 Euro). Auf der Wochenkarte findet man dagegen die sehr gelungenen mit Flusskrebsschwänzen und Ricotta gefüllten Calamari (14,80 Euro). Zusätzlich sind die Calamari auch noch auf einer süßlich-erdigen Erbsencreme drapiert. Toll. Weiter geht es dann beispielswiese mit den Spaghetti Aglio-Olio (8,20 Euro), die es hier mit Peperoncino, also als scharfe Variante gibt. Oder eben mit den deftigen Tagliatelle mit Pilzen und Bresaola (ab 9,80 Euro) von der Wochenkarte. Eben dort wartet auch ein mit Steinpilzen gefüllter Kaninchenrücken, der von einer erfrischenden Weißwein-Rosmarin-Sauce begleitet wird. Auf der Klassiker-Karte stehen wiederum eine Grigliata mista vom Fisch (24,90 Euro) oder aber Scaloppine, Saltimbocca, Fegato alla Veneziana, Filetto und und und (19,50–31,90 Euro). Wer keinen großen Hunger hat, wird im Il Mulino aber auch mit einer einfachen Pizza glücklich. Unsere Empfehlung: die Sputafuoco mit Paprika, Peperoni, Tabasco und scharfer Salami (9,20 Euro). Zur Pizza trinkt man natürlich ein Bier (3,90 Euro). Ansonsten darf man im Il Mulino auch gern mit etwas Spritzigem in den Abend starten. Der Spritz mit Ramazotti Rosé (6,40 Euro) ist eine erfrischende, nicht ganz so süße Variante des klassischen Aperol-Spritz (ebenfalls 6,40 Euro). Auf der umfangreichen Weinkarte finden sich Flaschen aus allen Regionen Italiens. Wer viel Wein fürs Geld will, greift zu einem Lagrein Pietramontis (0,75 l 29 Euro). Bei der Raritäten-Auswahl kann man es dagegen mit einem Tignanello von Antinori (0,75 l 155 Euro) richtig krachen lassen. Die große Auswahl an Magnum-Flaschen zeigt, dass das Il Mulino auch sehr gut für Familienfeiern oder Feste in größerer Runde vorbereitet ist. Erstaunlich ist, wie gut Küche und Service die Vielseitigkeit des Angebots meistern. Egal ob Bier und Pizza oder Wein mit 3-Gänge-Menü – es schmeckt und man fühlt sich absolut gut aufgehoben. Das liegt auch am sehr schön inszenierten Ambiente. Die Terrasse ist ein Traum in Grün. Man sitzt im Sommer unter alten Bäumen. Olivenbäume sorgen zusätzlich für mediterranes Flair. Drinnen lässt es sich aber auch mehr als aushalten. Vor der Bar gleich hinter dem Eingang speist man an kleinen Hochtischen. Im eigentlichen Gastraum sorgt der Kontrast von dunklem Holz und den weißen Tischdecken für italienische Grandezza. Die verschiedenen modernen goldfarbenen Leuchten tauchen die Räumlichkeiten in ein angenehm warmes Licht, als würde im Lokal immer Sommer herrschen.

Fazit: *Auf der Terrasse erlebt man wunderbare Sommerabende. Im großen Gastraum fühlen sich Familien, Pärchen und größere Runden gleichermaßen wohl. Die Küche setzt gekonnt auf klassische Gerichte gepaart mit Saisonalem. Der Service ist auf Zack. Perfekt aufgesetzter Stadtteilitaliener. Für jede Gelegenheit.*

★ **41,5** von 60 Punkten (→)

E: 13,5/20, T: 7/10, S: 7/10, A: 7/10, W: 7/10

Il Mulino, Schwabing,
Görresstr. 1, Tel. 5 233 335,
tgl. 11.30–24h,
Kosten: M

★: ab 42 Punkten; ★: 38–41 Punkte **Trend zum Vorjahr:** ↗: besser; →: gleich; ↘: schlechter; –: neu aufgenommen
E: Essen; **T:** Trinken; **S:** Service; **A:** Atmosphäre; **W:** Wohl fühlen **Kosten: G:** günstig; **M:** mittel; **H:** hoch; **SH:** sehr hoch

Riva Restaurant

Pinsa mit Stil

Die erste wichtige Entscheidung im Riva in Schwabing lautet: Terrasse oder Lokal? Wer sich für die Terrasse entscheidet, sitzt luftig und mit Blick auf eine begrünte Hauswand. Wer sich fürs Lokal entscheidet, kommt dagegen in den Genuss eines modernen urbanen Ambientes, das Stil und Design mit einer anregenden Lebendigkeit verbindet. Wer das alte Riva noch kennt, wird sogleich bemerken, dass das Lokal nach der Renovierung kleiner geworden ist. Große Spiegel an den Wänden plustern die Größe des langgestreckten Gastraums jedoch optisch angenehm auf. Und was kann die Küche? Die Speisekarte lockt neben Pizza und Pasta vor allem mit Pinsa. Dabei handelt es sich um eine Art Urform der Pizza, mit einem besonders raffinierten Teig. Dieser wird im Riva aus Hartweizengrieß sowie Soja- und Reismehl geknetet und muss 72 Stunden lang gehen, bevor er verarbeitet werden kann. Was nach Feinschmecker-Bohai klingt, schmeckt jedoch fantastisch und liegt tatsächlich nicht so schwer im Magen wie eine klassische Pizza. Besonders zu empfehlen ist die Pinsa mit Tintenfisch-Carpaccio und Grillgemüse. Mit 16,50 Euro ist sie allerdings auch die teuerste Pinsa auf der Karte. Die Variante mit Ziegenkäsecreme, Blaubeeren und

Riva Restaurant Schwabing

Ofenpaprika kostet 14,50 Euro. Zur Pizza oder Pinsa trinkt der Italiener eigentlich Bier. Das macht im Riva kaum jemand. Stattdessen finden sich vor allem Aperol Sprizz, Hugo Nero (beide 6,50 Euro) oder Wein wie der Sardische Vermentino von Argiolas (34 Euro) oder Nero d'Avola von Gulfi (42 Euro) auf den Tischen. Die für eine Pizzeria eher gehobenen Preise würden in anderen Vierteln vielleicht kurz irritieren, in Schwabing zahlt man sie mit einem Lächeln. Ältere Paare, in den frühen Abendstunden auch zahlreiche Familien, Arbeitskollegen oder Freunde fühlen sich im Riva sichtlich wohl. Der Service, der zum Teil schon seit Jahren hier arbeitet, kennt die meisten Gäste eh persönlich. Und so muss man hier auch nicht – wie im Schwesterlokal im Tal – fürchten, dass man, sobald man aufgegessen hat, aus dem Lokal komplimentiert wird. Im Gegenteil, hier kann man bis Lokalschluss wunderbar die Zeit verratschen und danach sehen, was an der Münchner Freiheit noch alles so los ist.

Fazit: *Ein bisschen schick, absolut familienkompatibel und mit einem tadellos funktionierenden Service. Spezialität ist die Pinsa Romana, eine Art Ur-Pizza mit sehr bekömmlichem Teig. Im Sommer mit schöner Terrasse.*

41 von 60 Punkten (→)
E: 13/20, T: 7/10, S: 7/10, A: 7/10, W: 7/10

Riva Restaurant, Schwabing, Feilitzschstr. 4, Tel. 309 051 808, tgl. 11.30-1h, Küche bis 21, Kosten: M

Tambosi

Alles neu

NEU! Ugo Crocamo verortete man bisher vor allem an einem Ort in München. Am Promenadeplatz hat sich der Wirt rund um die Pizzeria H'ugo's ein kleines Gastro-Imperium mit Club, Lounge und mittlerweile auch einer Weinbar errichtet. Nun hat der umtriebige Wirt jedoch eine neue Location in der Münchner Innenstadt übernommen: das traditionsreiche Tambosi am Odeonsplatz. Ein bisschen Skepsis schwang bei der Übernahme mit, denn Crocamo versteht es – siehe H'Ugo's – wie kein zweiter, die Lebensfreude seiner Gäste anzustacheln, auf dass sich diese der Dekadenz und dem Kontrollverlust hingeben. Würde Crocamo sein neues Tambosi also in ein gastronomisches Sodom und Gomorrha für wildes Partyvolk verwandeln? Gemach, gemach ... Die radikale Umgestaltung innen hat der Lokalität absolut gutgetan. Ergattert man keinen Platz auf der Odeonsplatz-Terrasse oder dem Außenbereich im Hofgarten, sitzt man nun wieder auch drinnen im Lokal ganz wunderbar. Schachbrettboden, Design-Leuchter und die schönen Ledersessel in Grün oder Hellgrau sorgen für zeitgemäße Grandezza und modernes Kaffeehausfeeling. Die Treppe führt vom Café ins Restaurant, das im Sommer nur am Abend öffnet. Hier wurde mit warmen Farben und einer anregend-intimen Lichtstimmung gearbeitet. Besondere Hingucker sind die Tische mit den halbrunden Sofas. Hier können auch größere Runden einen schönen Abend verleben. Die Küche trägt dazu allerlei aufgemotzte italienische Klassiker bei. Den Insalata Di Caesar gibt es auch mit Scampi statt mit Hühnchen (18,90 Euro). Das Lachstartar (15,90 Euro) wird mit Avocado und einem Rote-Bete-Carpaccio verfeinert. Klassisch kann die neue Tambosi-Küche aber auch, zum Beispiel mit hausgemachten Orecchiette mit Salsiccia

Tambosi Zentrum

und Brokkoli (13,40 Euro) oder Entrecôte vom Lavasteingrill mit Rosmarinkartoffeln (29,90 Euro). Die Qualität der Speisen ist ordentlich, die Preise fürs Essen sind absolut im Rahmen. Das gilt auch für die verschiedenen Frühstücksangebote (7,90-11,90 Euro). Über die Getränkepreise lässt sich das leider nicht sagen. Ein Spritz etwa kostet hier stolze 9,50 Euro. Auch der Service unterliegt noch Schwankungen. Selbst wenn nicht viel los ist, kann es zu langen Wartezeiten kommen. Hoffentlich spielt sich das noch ein. Dann nehmen wir vielleicht auch gern auf der aufgewerteten Hofgarten-Terrasse Platz. Die hat Ugo Crocamo mit sehr schönen Möbeln und sogar einer Lounge ausgestattet. Im Sommer ein Traum.

Fazit: *Szenewirt Ugo Crocamo hat sich des ehrwürdigen Tambosi angenommen. Nun gibt es auf der Terrasse wieder Cappuccino zu trinken und Sonnenbrillen zu gucken. Im Lokal wird eine gehobene italienische Küche serviert. Die berühmte H'Ugo's-Pizza gibt es aber auch. Durchwachsener Service.*

★ **39** von 60 Punkten (-)
E: 13/20, T: 7/10, S: 6/10, A: 7/10, W: 6/10

Tambosi, Zentrum,
Odeonsplatz 18, Tel. 90 183 076,
Mo-So 8-1h,
Kosten: H

★: ab 42 Punkten; ★: 38-41 Punkte **Trend zum Vorjahr:** ↗: besser; →: gleich; ↘: schlechter; –: neu aufgenommen
E: Essen; **T:** Trinken; **S:** Service; **A:** Atmosphäre; **W:** Wohl fühlen **Kosten: G:** günstig; **M:** mittel; **H:** hoch; **SH:** sehr hoch

Französisch

Die Langkritiken

Bonjour Munich Schwabing

Café Dominique

Très français

Café Dominique Zentrum

NEU! Keine fünf Gehminuten vom Odeonsplatz entfernt liegt das Café Dominique gut versteckt in einem Innenhof. Hier bekommt man selbst auf der schönen Terrasse wenig davon mit, dass nur wenige Meter entfernt das Innenstadtherz laut schlägt. Betritt man das Dominique, fühlt man sich in ein Café versetzt, wie man ihn so auch in jeder französischen Stadt erwarten würde. Vor allem die modern interpretierte Bistromöblierung und die frankophile Musik sorgen für viel Atmosphäre. Das Publikum ist bunt gemischt. Man trifft auf Angestellte aus den umliegenden Büros, die sich ein zweites Frühstück holen oder eine entspannte Mittagspause gönnen, sowie auf Exilfranzosen, die das Dominique inzwischen als kleines Stück Heimat entdeckt haben, und so den Eindruck eines Mini-Urlaubs in Frankreich verstärken. Die schöne Gästemischung sorgt für ein kosmopolitisches Flair, wie man ihn nicht oft in München findet. Die Karte des Lokals ist wie die Einrichtung französisch-modern gehalten. Es gibt eine große Auswahl an Frühstücken (3,90 bis 28,90 Euro) und diverse Klassiker wie Flammkuchen (um 8 Euro) oder Croque Monsieur (6,50 Euro), aber auch Salate, etwa mit Beeren, Nüssen und Kräutern (7,90 Euro). Unwiderstehlich ist die Auswahl an Tartes und Eclairs in der großen Vitrine. Macarons in allerlei Sorten fehlen ebenfalls nicht. Doch Vorsicht, hier ist die Wahrscheinlichkeit groß, dass man mehr bestellt, als man eigentlich schafft. Der Café au Lait zu Brioche und Co. schmeckt im Dominique dann auch wie mit Blick auf den Eiffelturm. (Der sich natürlich auch als Deko-Objekt ins Lokal geschlichen hat.) Alles in allem hat die lebensfrohe Wirtin Dominika Hilger mit ihrem Café eine Innenstadtoase geschaffen, in der man für einige Zeit abschalten, ein wenig vom letzten oder schon vom nächsten Urlaub in Frankreich träumen kann oder in die man einfach geht, um am frühen Abend bei einem guten Glas Wein (um 3,50 Euro) oder Champagner den Tag ausklingen zu lassen.

Fazit: *Stilvolles modernes Café im Briennerhof. Zum Kaffee genießt man Macarons, Tartes oder Brioche. Wer Hunger auf etwas Deftiges hat, stillt ihn mit Flammkuchen, Quiche oder einem Tagesgericht.*
Ruhige Terrasse im Hinterhof.

★ **42** von 60 Punkten (–)
E: 12,5/20, T: 7/10, S: 6,5/10, A: 8/10, W: 8/10

▶ Café Dominique, Zentrum, Briennerstr. 12a, Tel. 51 110 055, Mo-Fr 9-21h, Sa 9-18h, Kosten: M

L'Atelier Art & Vin

Blitzsauber

Auf den ersten Blick wirkt das französische Lokal in der quirligen Westenrieder Straße ein wenig wie aus der Zeit gefallen. Wie kann man sich nur im Jahr 2018 diese mit Nietenbesetzten grünen Ledersessel an die Bar stellen? Ja, das Design der Barhocker im L'Atelier Art & Vin mag überholt sein, jedoch sollte man wissen, dass man in genau diesem Moment auf einen gastronomischen Schatz blickt. Die Hocker zierten nämlich bereits in Eckart Witzigmann's legendärer Aubergine die Bar. Wirt Thierry Leoncelli konnte sie seinem Freund abluchsen

★: ab 42 Punkten; ✩: 38-41 Punkte **Trend zum Vorjahr:** ↗: besser; →: gleich; ↘: schlechter; –: neu aufgenommen
E: Essen; **T**: Trinken; **S**: Service; **A**: Atmosphäre; **W**: Wohl fühlen **Kosten**: **G**: günstig; **M**: mittel; **H**: hoch; **SH**: sehr hoch

und verschaffte ihnen ein Weiterleben in seinem kleinen Lokal. Den grünen Farbton der Barhocker hat er zudem aufgegriffen. Auch die Polsterbänke an den großen Fenstern sind in einem ganz ähnlichen Ton gehalten. Dort entfaltet sich eine besonders urbane Atmosphäre, wenn das Straßenleben förmlich ins Lokal hineinzuschwappen scheint. Sehr schön gestaltet – mit Weinflaschen und alten Plakaten – ist auch das kleine Séparée weiter hinten im Lokal. Ansonsten kommt das Atelier ohne Chichi aus. Das gilt auch für das Speisenangebot. Es gibt Salade Nicoise (15,60 Euro), Escargot de Bourgogne (8,50 Euro), Bretonische Fischsuppe mit Rouille (8,10 Euro), Raie (Rochen) à la grenobloise (19,90 Euro) und Entrecôte (23,90 Euro). Die authentische Küche kommt blitzsauber an den Tisch, ohne verkünstelt zu sein. Besucht man das Lokal zwischen Mittag und Abend, kann man sich auch mit Macarons (1,50 Euro), einer ausgezeichneten Tarte Tatin (6,70 Euro) oder dem lukullischen Gateau au chocolat (5,90 Euro) und einem Kaffee stärken. Austern (6 Stück 19,20 Euro) stehen ebenfalls auf der Karte. Dazu ist ein Glas Champagner unverzichtbar. Im L'Atelier Art & Vin führt man den wundervoll frischen Ayala, der nicht so hefig ist wie andere. Überhaupt ist die Weinauswahl lobenswert. Bereits für 20 bis 35 Euro kann man sich eine schöne Flasche wie etwa den Saumur von der Domaine Langlois-Château

L'Atelier Art & Vin Zentrum

(28 Euro), ein fruchtig-kraftvoller Chenin Blanc, auf den Tisch stellen. Das Publikum ist tagsüber vor allem eine Mischung aus Touristen und Shopping-People. Abends finden dann mehr Paare oder Freundinnen, die bei einem Wein schnattern wollen, den Weg hierher. Auch Gastro-People wissen das erwachsene Lokal zu späterer Stunde zu schätzen, was ja bekanntlich immer ein gutes Zeichen ist.

Fazit: *Wunderbare Brasserie mit authentischer Küche (Escargot, Bretonische Fischsuppe, Entrecôte) toller Weinauswahl und sympathischem Service. Das tagsüber helle und frische Ambiente zeigt sich abends von einer eher elegant-romantischen Seite.*

★ **43,5** von 60 Punkten (→)
E: 13,5/20, T: 8/10, S: 8/10, A: 7/10, W: 7/10

L'Atelier Art & Vin, Zentrum, Westenriederstr. 43, Tel. 21 266 782, Mo-Sa 11.30-22h, Kosten: H

Chez Fritz Haidhausen

Chez Fritz

Wer ko, der ko

Haidhausen gehört zu den schönsten Vierteln in München. Das sogenannte Franzosenviertel gerät nicht zuletzt dank seiner schönen Plätze wie dem lauschigen Weißenburger Platz mit mächtigem Brunnen oder dem Bordeauxplatz mit schöner Baumallee zu immer mehr Berühmtheit. Wer nicht nur auf den großen, bekannten Straßen durchs Viertel wandelt, landet mit etwas Glück vielleicht auch einmal am Preysingplatz. Dieser liegt etwas versteckt zwischen Gasteig und Max-Weber-Platz und bietet der St.-Johannes-Kirche Platz und einer der schönsten Terrassen der Stadt. Gründerzeithäuser, alte Bäume und die neoromanische Backstein-Kirche sorgen hier für eine einmalige Atmosphäre. Die Terrasse gehört zur Brasserie Chez Fritz, die auch ohne die idyllischen Plätze draußen einen Besuch lohnen würde. Im langgestreckten Gastraum fügen sich nämlich eine dunkle Bar, mit rot-weißen Decken eingedeckte Tische, weiß geflieste Kachel- und Betonputzwände sowie Jugendstillampen zu einem stimmigen Ambiente, das den gehobenen Anspruch des Lokals klarmacht, dem Gast aber auch signalisiert, dass es hier keineswegs steif zugeht. Wie das Ambiente ist auch die Karte gestaltet. Die ausgezeichnete Meeresfrüchteplatte mit allerlei Krustentieren gibt es zum Beispiel wahlweise mit oder ohne Hummer (59 bzw. 36 Euro p.P.). Klassiker der französischen Küche wie Boudin Noir, Blutwurst mit Kartoffelpüree, kommen für 13,50 Euro an den Tisch. Beim Lammcarré knackt man dagegen die 30-Euro-Marke (31,50 Euro). Wer nicht immer dasselbe essen will, findet bei den Vorspeisen zum Beispiel einen ebenso gehaltvollen wie erfrischenden Salat mit Apfelstücken und Roquefortkäse (12,50 Euro). Die Bouillabaisse gibt es erfreulicherweise in Vorspeisengröße (14,50 Euro) sowie als Hauptgang (21,50 Euro). Zum vorzüglichen Essen darf ein Wein nicht fehlen. Auch hier gelingt der Karte der Spagat zwischen Luxus und guter Alltagslaune. Soll's ein großer Tropfen wie der 2001er Jahrgang des Château Palmer sein (0,75 l 499 Euro) oder hat man mit dem frechen Bad Boy von Garagenwinzer Jean-Luc Thunevin Spaß (0,75 l 57 Euro)? Der Service, in adretter Uniform, berät auch beim Wein kompetent, ohne aufdringlich zu sein. Einziger Wermutstropfen: Vor allem an den Wochenenden geht im Chez Fritz ohne Reservierung fast nichts.

Fazit: *Geschmackvoll eingerichtete Brasserie mit tadelloser Küche und tollem Weinangebot. Die Terrasse auf dem Preysingplatz ist eine Bank.*

40,5 von 60 Punkten (→)

E: 13/20, T: 6,5/10, S: 6/10, A: 8/10, W: 7/10

Chez Fritz, Haidhausen, Preysingstr. 20, Tel. 4 487 676, Di-So 17.30-1h, Kosten: H

Bonjour Munich

Modernes Kleinod

NEU! Mitten in der Parkstadt Schwabing im Norden Münchens versteckt sich dieses Kleinod mit französischem Charme. Hier lässt es sich wunderbar entspannt frühstücken und zu Mittag essen. Die Frühstückskarte ist nicht riesig, aber alle Basics von Bircher Müsli über Croissants, Rührei und belegten Baguettes sind dabei. Mittags gibt es dann Suppen, Quiches, Salate und Aufstriche. Dazu gibt es eine schöne Auswahl an frischen Säften, hervorragendem Kaffee, hochwertigem Tee und diversen Kaltgetränken. Wem der Weg hinaus in die Parkstadt zu weit ist, kann sich jedoch – und damit kommen wir zu einer Besonderheit dieses Lokals – das Frühstück auch liefern lassen. Was für Pizza und Co. längst gang und gäbe ist, versucht das Bonjour Munich auch fürs Frühstück zu etablieren. Ob für das große Bürofrühstück mit Kollegen oder den stressfreien Sonntagsbrunch daheim (Nur auf Anfrage!). Ab 40 Euro Bestellwert liefert das Lokal gegen einen zusätzlichen Obolus von 6-10 Euro Pain au Chocolat (2,10 Euro), Zimtschnecke (2,80 Euro), Madeleine (2,20 Euro) oder Früchte-Tarte (1,30 Euro) fast bis ans Bett. Von diesen Aktivitäten bekommt man im Café direkt aber kaum etwas mit. Man darf einfach sitzen, entspannen und genießen. Durch die Lage inmitten von Büros herrscht eine gewisse Business-Atmosphäre, aber ohne Stress und Hektik – Pariser „Savoir Vivre" statt Münchner Grantelei. Nicht ganz unschuldig an diesem schönen Flair sind das Personal, die gelungene moderne Einrichtung und auch die kleine mit Europaletten-Sofas bestückte Terrasse vor dem Laden schadet sicher nicht. Für Familien oder eine romantische Verabredung eignet sich das Bonjour Munich trotz des französischen Charmes eher nicht, auch den Preisen merkt man durchaus an, dass um den Laden herum viel und gut gearbeitet wird. Für ein zweites Frühstück mit der Kollegin, eine entspannte Besprechung oder ein Mittagspausen-Date findet man hingegen schwerlich besser geeignete Plätze. Noch ein Tipp: Vielleicht kombiniert man den Weg ins Bonjour Munich ja einfach auch mit einer Fahrradtour ins nördliche Münchner Umland. Mit bis zum Platzen gefüllten Kohlenhydratspeichern radelt es sich bekanntlich besser.

Bonjour Munich Schwabing

Fazit: *Lieferdienst für Frühstück und Lunch. Vor Ort genießt man eine unglaubliche Auswahl an französischem Gebäck (Macarons, Croissants, Tartes oder Pain au Chocolat). Wurst, Käse und Müsli gibt es aber auch. Modernes, l uftiges Ambiente.*

38 von 60 Punkten (-)

E: 12/20, T: 6/10, S: 6/10, A: 7/10, W: 7/10

Bonjour Munich, Schwabing, Oskar-Schlemmer-Str. 3, Tel. 41 115 073, Mo-Fr 7.30-16h, Kosten: M

International

Die Langkritiken

Zum Schönfärber Sendling

Dallmayr Bar & Grill

Lebenslust

Dallmayr Bar & Grill Zentrum

NEU! Als der kleine Zigarrenladen in der Dienerstraße für immer schloss, nutzte Dallmayr die Gunst der Stunde und übernahm die Fläche. Doch nicht etwa, um hier einen weiteren Bereich für die zahlreichen Delikatessen aus aller Welt zu schaffen, sondern um ein ambitioniertes Gastro-Projekt zu verwirklichen: Betritt man nun das Haus am Marienplatz, sieht man rechter Hand eine große Bar sowie zahlreiche Hoch- und Bistrotische – das neue Dallmayr Bar & Grill. Nimmt man hier Platz, wundert man sich, wie perfekt und selbstverständlich sich der neue Gastrobereich in das Traditionshaus einfügt. Als wäre er genau dafür gemacht worden. Tatsächlich kommt an den Tischen schnell ein lebendiges Bistrofeeling auf. Im Laden und auf der Dienerstraße, auf die man durch zwei große Fenster blicken kann, herrscht ein ständiges Kommen und Gehen. Und auch an den Tischen herrscht Betrieb. Die einen kommen, um einfach nur ein Glas Wein zu trinken, andere für ein schnelles oder ausgiebiges Mittagessen. Die Karte des neuen Lokals ist schlicht gehalten, wobei der Fokus auf Fischgerichten liegt. Die im Vergleich üppige Vorspeise Lachs Hoch 5 (22,50 Euro) präsentiert den bekannten Lachs beispielsweise in schöner Abwechslung: als Tatar, als Gravad Lax, als Lachskaviar oder etwa geräuchert. Da das neue Dallmayr Bar & Grill die ehemalige Lukullus Bar im Haus ersetzt, fehlen auch Austern nicht auf der Karte (ab 2,50 Euro). Die genießt man natürlich am besten mit einem Glas Champagner (0,1 l ab 12,50 Euro). Was für ein Vergnügen! Vergnügen bereiten auch Hauptspeisen wie der Hummerspieß mit Limette und Nussbutter (27,50 Euro) oder das Tagesspecial wie der Spargel-Wrap (22 Euro). In der offenen Küche arbeitet man übrigens mit einem japanischen Robata-Grill, der seine Fähigkeiten nicht nur beim genialen Flank Steak (29,50 Euro), sondern auch bei einer einfachen Beilage wie dem grünen Spargel (6 Euro) auszuspielen vermag, und für sehr feine Grillaromen sorgt. Wie sehr die Küche von Qualitätsdenken durchzogen ist, zeigt sich auch an der „Gegrillten Zitrone" (5 Euro). Die hausgemachte Limonade ist perfekt gemixt, nicht zu zitronig und nicht zu süß. Was für ein geniales Getränk. Charmant finden wir auch, wie der Service sich auf die unterschiedlichen Gäste einstellt und bei der bayerischen Männerrunde am Nebentisch wie selbstverständlich in einen tiefen Dialekt fällt, einen Tisch weiter auf Englisch redet und sich wenig später an unserem Tisch ehrlich freut, dass wir uns die Nachspeise am Nebentisch abgeschaut haben und zum abschließenden Espresso für eine kleine Auswahl an Petit Four entscheiden (St. 3,50 Euro). Die kleinen Pralinen sind dann auch wunderbar, der Espresso jedoch kommt einem Erweckungserlebnis gleich. Rund, intensiv, perfekt eingebundene Säure, keine aschigen Röstnoten. So muss ein Espresso sein. In einer Zeit, in der die unterschiedlichsten Kaffeekulturen um Kunden buhlen und auch in München zahlreiche Mikroröstereien schöne Akzente setzen, zeigt Dallmayr, das man auch hier noch immer Standards setzt. Die Küche des Dallmayr Bar & Grill kann man übrigens auch noch nach Ladenschluss um 20 Uhr genießen. Die Stimmung ist dann etwas ruhiger und intimer, wobei zu späterer Stunde nicht selten Ausgelassenheit und Lebenslust wieder die Überhand gewinnen. In dieser Form ist das Dallmayr Bar & Grill eine absolut empfehlenswerte Innenstadt-Location, die zwar ihren Preis hat, dafür jedoch auch kulinarische Unterhaltung auf hohem Niveau bietet.

Fazit: *Lebendiges Lokal mit Bistro-Flair, mit dem das Angebot der früheren Austernbar deutlich erweitert wird. Hier genießt man Champagner, Austern, Hummer oder Flank Steak in einem gehobenen Ambiente. Abends Fine Dining zu Elektro-Klängen.*

★ **47,5** von 60 Punkten (-)

E: 14,5/20, T: 9/10, S: 8/10, A: 8/10, W: 8/10

▶ Dallmayr Bar & Grill, Zentrum,
Dienerstr. 14-15, Tel. 2 135 112,
Mo-Do 8-23h, Fr 8-24h, Sa 9.30-24h,
Kosten: H

★: ab 42 Punkten; ★: 38-41 Punkte **Trend zum Vorjahr:** ↗: besser; →: gleich; ↘: schlechter; –: neu aufgenommen
E: Essen; **T**: Trinken; **S**: Service; **A**: Atmosphäre; **W**: Wohl fühlen **Kosten**: **G**: günstig; **M**: mittel; **H**: hoch; **SH**: sehr hoch

Beef Room 61

Golden Cut

NEU! Unweit des Elisabethplatzes hat mit dem Beef Room 61 ein Grillrestaurant eröffnet, das mit geschmackvoller Casual-Chic-Einrichtung und gekonntem Umgang mit Fleisch auf dem Grill nicht nur Steak-Liebhaber zu überzeugen weiß. Während die Fensterfront des langgestreckten Gastraums mit schweren Vorhängen und einer langen blauen Polsterbank geschmückt ist, wurde die gegenüberliegende Wand besonders aufwändig in Szene gesetzt. Der Putz an der Ziegelsteinwand ist teilweise ausgelassen. Auf diese Weise entstehen Bilder, in diesem Fall große Frauenporträts, die mit den Aussparungen an die Wand gezeichnet wurden. Eine schöne Idee. An der Decke gefällt zudem eine wellenförmige Holzinstallation. Die Karte ist preislich absolut fair gehalten. Das Mittagsangebot wird schnell serviert und liegt zwischen 10 und 16 Euro, am Abend bietet die Karte noch ausgiebigeren Grillgenuss sowie monatlich wechselnde und spannende Specials. Die einzelnen Gerichte werden eindrucksvoll auf großen schwarzen Platten serviert, auf denen z.B. das Hüftsteak (ca. 25 Euro) oder das Hanging Tender vom Black Angus (ca. 30 Euro) nicht nur optisch hervorstechen. Auch der großzügig dimensionierte „Golden Cut"-Burger vom Irischen Angus-Rind lässt in Sachen Präsentation und Geschmack keine Wünsche offen. Schön finden wir, dass man im Beef Room vom Gastraum in die Küche sehen kann. Quasi live werden dort die verschiedenen Fleischspezialitäten mit viel Liebe zum Detail auf einem Teppanyaki-Grill verarbeitet. Den Köchen sieht man die Freude an der Arbeit an, der freundliche und aufmerksame Service überträgt viel vom Enthusiasmus des Küchenteams auf den Gast. Bei unserem Besuch fühlt sich ein bunt gemischtes Publikum aus dem Viertel wirklich wohl und willkommen.

Fazit: *Eleganter Fleischtempel in der Arcisstraße. Die verschiedenen Cuts werden auf einem Teppanyaki-Grill zubereitet.*

★ **38** von 60 Punkten (–)
E: 12/20, T: 6,5/10, S: 6/10, A: 6,5/10, W: 7/10

› Beef Room 61, Schwabing, Arcisstr. 61, Tel. 32 199 101, Mo-So 12-24h, Kosten: M

Der Dantler Giesing-Au

Der Dantler

Mühelos

NEU! Wenn sich in einem Lokal in Giesing Sterneköche, Feinkosthändler und die besten Lebensmittelproduzenten der Region die Klinke in die Hand geben, muss es dafür mehrere (gute) Gründe geben. Die Grundvoraussetzung für den regelmäßigen Besuch eines so kritischen Publikums liegt in einer makellosen Qualität der verwendeten Zutaten, sowie in der Zubereitung von diesen. Direkt danach kommt das Preis-Leistungs-Verhältnis. Wenn diese Faktoren stimmen, ist schon mal viel gewonnen. Die volle Punktzahl gibt es von diesen Gästen allerdings nur, wenn auch noch das Ambiente stimmt und – zu guter Letzt – die Gastgeber ihrer Rolle gerecht werden. All das liefern Jochen Kreppel und Maximilian Süber in Ihrem Lokal Der Dantler scheinbar mühelos jeden Tag aufs Neue ab. Mit einer fast unheimlichen Leichtigkeit machen die zwei so ziemlich alles richtig, was man richtig machen kann. So sehen es ihnen die Gäste auch nach, dass sie den Dantler nur von Dienstag bis Freitag aufsperren. In dem nach der Neueröffnung (ehemals war es das Upper Eat Side) nur noch 35 Sitzplätze fassenden Lokal bestimmen Holz und Leder die schönen, hellen Räume. Hier kann man von 11.30 bis 15 Uhr einen hervorragenden Mittagstisch genießen, von dem nur die wenigsten wissen. Neben Classics wie dem Pastrami Sandwich (9,50 Euro) bietet das Lokal auch wöchentlich wechselnde Tagesgerichte. Dabei finden sich immer ein Salat (z.B. Gazpachosalat, Burrata, 10,50 Euro), eine Pasta (z.B. mit Kalbsbäckchen & Steinpilz, 12,50 Euro) und ein Catch of the day (z.B. Heilbuttfilet, Frühlingsrisotto, 13,50 Euro) auf der Karte. Bezüglich der Qualität und des oben erwähnten Preis-Leistungs-Verhältnisses gibt es München wenige Orte, die mit dem Dantler mithalten können. Wer sich mehr Zeit für die Küche nehmen möchte, kommt abends. Hier gibt es von Dienstag bis Freitag eine Auswahl verschiedener, auch wöchentlich wechselnder, kleiner Gerichte, z.B. Carpaccio – Lachs mit brauner Butter & Salzzitrone oder Hot Dog Banh mi Style – Wammerl, Koriander, Gurke & Kraut. Dass diese Teller für je 8 Euro (!) verkauft werden, ist beim näheren Hinsehen ein Geschenk der Wirte an den Gast. Vom Hot Dog Bun über das Kraut bis hin zur Gurke: Im Dantler wird alles selbst gemacht – und das wahnsinnig gut. Als Hauptgang kann man zwischen Fisch oder Fleisch wählen. So gibt es z.B. Saibling oder Ribeye ab zwei Personen – überflüssig zu erwähnen, dass auch das hervorragend ist. Im Dantler werden handwerklich makellos zubereitete Komponenten überraschend und so gekonnt miteinander kombiniert, dass man sich fragt, wie das die internationalen Restaurantführer bis heute übersehen konnten. Auch die Weinkarte mit Schwerpunkt Deutschland lässt für den Liebhaber keinen Wunsch offen und animiert durch eine fast schon kommunistisch wirkende Kalkulation (Flaschenpreis ab Weingut + 14 Euro) auch zum Trinken von Spitzenweinen. Um die Transparenz zu maximieren, darf man als Gast auch seine eigenen Flaschen mitbringen und für ein Korkgeld in Höhe von 14 Euro im Dantler trinken. Ein Lokal wie dieses gibt es in München kein zweites Mal. Hoffen wir, dass es uns lange erhalten bleibt.

Fazit: *Das Upper Eat Side ist Geschichte. Einen Hauch der früheren kulinarischen Coolness gibt es im Dantler aber noch immer. Tagsüber frisches Deli wird die Küche am Abend raffinierter. Und jeden Freitag gibt es ein Überraschungsmenü (60 Euro), für das man allerdings reservieren und im Voraus bezahlen muss. Das lohnt jedoch!*

★ **40,5** von 60 Punkten (-)

E: 13/20, T: 7/10, S: 7/10, A: 6,5/10, W: 7/10

Der Dantler, Giesing-Au, Werinherstr. 15, Tel. 39 292 689, Di-Do 11.30-15 u. 17-23h, Fr- 11.30-15 u. ab 19h (Freitagabend nur mit Ticket im Vorraus), Kosten: M

★: ab 42 Punkten; ★: 38-41 Punkte **Trend zum Vorjahr:** ↗: besser; →: gleich; ↘: schlechter; –: neu aufgenommen
E: Essen; **T**: Trinken; **S**: Service; **A**: Atmosphäre; **W**: Wohl fühlen **Kosten**: **G**: günstig; **M**: mittel; **H**: hoch; **SH**: sehr hoch

Savoy

Bocuse lässt grüßen

Savoy Schwabing

NEU! Wir sitzen im Savoy mit einem Glas Orange Crush (10 Euro), einem sommerlich-erfrischendem Aperitif, im lauschigen, teils mit rot-weißen und blau-weißen Tischtüchern gedeckten Terrassenbereich. Vor uns ein hübsches Backsteinhäuschen aus dem Jahr 1896, neben uns ein kleines Kräuterbeet, über uns Schatten spendende Kastanien, um uns herum herrliche Ruhe. Und das mitten in Schwabing, noch dazu nur einen Steinwurf entfernt von der lebhaften Leopoldstraße. Das neue Lokal in der Bismarckstraße setzt auf gehobenen Schick und eine ebensolche alpine Küche. Trotzdem findet sich auf der Karte auch ein Klassiker: Zürcher Geschnetzeltes mit Kartoffelrösti und gebackenen Champignons (19 Euro). Warum, erfahren wir wenig später vom Inhaber Stefan Schmalschläger höchstpersönlich: Es ist seine Leibspeise. Wir entscheiden uns erst mal für das „Sashimi vom Thunferkel" und werden vom fachkundigen Service aufgeklärt: Dabei handelt es sich um zwei Tage in Roter Beete mariniertes Schweinefleisch, das mit Kräutern und Erbsenkren garniert auf den Teller kommt (18 Euro). Wow! Zuvor gibt's jedoch noch einen kleinen Gruß aus der Küche: Einige Scheiben vom selbst gebackenen Brot mit Schälchen voll Griebenschmalz sowie einer leichten Paprikacreme, die eine milde Schärfe im Gaumen hinterlässt. Nach dem mehr als gelungenen Auftakt, freuen wir uns umso mehr auf den Maibockrücken (34,50 Euro). Das rosa Fleisch vom jungen Reh wird mit Pfaffenhofener Spargelragout, Brennnesselcreme und Pomme Dauphin serviert. Perfekt. Dazu trinken wir ein Gläschen vom Hauswein, ein frischer Grauburgunder (0,2 l 8 Euro). Mit der Weinkarte im Savoy könnte man gleich auf Wandertour gehen. Darin finden sich nämlich auch die Koordinaten zu den Weingebieten als nettes Gimmick. Wir schauen auch kurz im Lokal vorbei und entdecken dort eine einsehbare, blau gekachelte Küche und drei Hochtische, bevor es Richtung Bar und in den Restaurantbereich geht, in dem mintgrüne Sessel und Tische aus afrikanischem Tropenholz für Akzente sorgen. Von einer Wand grüßt ein handsigniertes Foto von Paul Bocuse, wichtigster Wegbereiter der Nouvelle Cuisine. Ums Eck gibt es einen kleineren Raum mit lederbespannten Stühlen und Vintagebildern an den Wänden. Schön! Die acht Monate

Umbau haben sich wirklich gelohnt. Zurück am Tisch warten auf uns noch die Desserts. Weiße Schokolade mit Selleriesorbet und Gurke (10,50 Euro) mag außergewöhnlich klingen, schmeckt aber himmlisch leicht. Auch der fünfteilige Käsepuzzle-Crumble aus Käsekuchencreme, Blaubeeren, Kekscrumble, weißer karamellisierter Schokolade und Blaubeerpraline ist für eine Überraschung gut. Beim Servieren werden wir darauf hingewiesen, alle fünf Komponenten zusammen auf den Löffel zu geben. Wir probieren erst einmal alles einzeln und stellen null Wow-Effekt fest. Dann befolgen wir jedoch den Hinweis des Service – und genießen eine wahre Geschmacksexplosion.

Fazit: *Schön in Szene gesetzter Alpenschick, der gut zum Anspruch des Lokals passt. Gerichte wie das Saiblingstatar, der Artischockensalat, Maibockrücken oder Hechtroulade machen einfach Spaß. Tolle Auswahl an Wein, Cocktails und Bier (unter anderem von Picon).*

★ **44** von 60 Punkten (–)

E: 14/20, T: 7/10, S: 7/10, A: 8/10, W: 8/10

▶ Savoy, Schwabing,
Bismarckstr. 21, Tel. 33 056 556,
tgl. 17-1h,
Kosten: M-H

Pfistermühle

Großer Wurf

Das Beste zuerst: Sollten Sie gern Fleisch essen, legen Sie bitte gleich unseren Guide beiseite und googeln Sie die Speisekarte der Pfistermühle. Sollte sich auf dieser noch das Ochsenfilet mit Knochenmarkkruste befinden (29,50 Euro), fahren Sie bitte umgehend in die Pfisterstraße 4, wählen Sie zum Filet ein, zwei Beilagen (ab 4,50 Euro) und gönnen Sie sich das Vergnügen. Viel besser können Sie derzeit Ihr Geld in München gastronomisch nicht anlegen. Die Pfistermühle gehört zu den hiesigen Traditionslokalen. Im vergangenen Jahr wurde das Lokal, das sich im ältestem Mühlengebäude der Stadt befindet, jedoch gründlich renoviert und zeigt sich nun absolut auf der Höhe der Zeit. Betritt man das Lokal, steht man in einem uralten Gewölbe und nimmt als Erstes eine antike Werkbank wahr. Auf der Bank sind allerlei Brote angerichtet, mit denen der Service immer wieder kleine Körbe bestückt und in den eigentlichen Gastraum trägt. Außerdem steht dort eine riesige Kühlschale, die mit zahlreichen Weinflaschen gefüllt ist. Ein Genussstileben, das Appetit auf mehr macht. Von hier aus wird man dann ins eigentliche

Pfistermühle Zentrum

Lokal geleitet. Die einzelnen Räume, von warmen Farben dominiert und ebenfalls mit Gewölbedecke versehen, strahlen allesamt eine angenehm sinnliche Eleganz und Geborgenheit aus, so dass man sich sofort wohlfühlt. Die Speisekarte wartet mit fünf, sechs Vorspeisen (ab 12,50 Euro), ein paar Suppen (ab 10,50 Euro), zwei Gerichten für Vegetarier (ab 20,50 Euro) sowie drei Fisch- und fünf Fleisch-Hauptgängen (ab 25,50 Euro) auf. Abgerundet wird das Ganze von einer ordentlichen Dessertauswahl (ab 9,50 Euro). Ein 5-Gang-

★: ab 42 Punkten; ★: 38-41 Punkte **Trend zum Vorjahr:** ↗: besser; →: gleich; ↘: schlechter; –: neu aufgenommen
E: Essen; **T:** Trinken; **S:** Service; **A:** Atmosphäre; **W:** Wohl fühlen **Kosten: G:** günstig; **M:** mittel; **H:** hoch; **SH:** sehr hoch

Pfistermühle Zentrum

Menü für 79 Euro (in der vegetarischen Variante für 52 Euro) steht ebenfalls zur Wahl. Dabei entscheidet sich die Küche für den klassischen Weg, sich von Gang zu Gang zu steigern und immer für einen markanten Akzent zu sorgen. Beim Wildkräuterpesto mit Lachsforelle stechen vor allem die Pfifferlinge hervor. Bei der geeisten Gurken-Avocado-Kaltschale sorgt ein frisches Jogurt-Basilikum-Sorbet für den gewissen Pfiff. Die Sous-vide gegarte Seeforelle trumpft mit einem feinen geräucherten Eigelb auf. Tja, und dann kommt da ja noch das Ochsenfilet, das wir ohne Probleme gegen den eigentlichen Hauptgang im Menü austauschen durften: Geniales Fleisch auf dem sich eine balsamische kurz angegrillte Knochenmarkemulsion befindet. Eigentlich braucht man danach nur noch einen Schnaps. Doch zuvor belebt einen die Pfistermühlenküche erst noch mit einem erfrischenden Champagner-Parfait mit geeistem Minzschaum, Valrhona-Schokolade, Kardamom und Mango. Dann erst verführt der Service einen zum Digestiv. Es gibt Chiemseewasser in den Variationen Marille und Williams Birne (0,4 cl 9,50 Euro). Überhaupt der Service: Unterhaltsam, fröhlich und mit Spaß bei der Sache, ohne dass es an Akkuratesse fehlt. Ein Wort noch zur Getränkeauswahl: Spritz-Liebhaber sollten unbedingt die Spatzl-Variante (8,50 Euro) probieren. Diese hat nämlich dank eines beigemischten Bitters eine schöne herbe Tiefe. Flaschenweine gibt es ab ca. 30 Euro. Wer Grünen Veltliner von seiner besten Seite kennenlernen will, greift zu einer Flasche von Franz Hirtzberger (0,75 l 85 Euro). Wie sagte ein bekannter Münchner Weinexperte einmal so schön: Das ist wie Wasser aus einem klaren Gebirgsbach trinken.

***Fazit:** Regional inspirierte Gourmetküche, die in einem modern inszenierten historischen Gewölbe serviert wird. Es gibt Sous-vide gegarte Ammerseeforelle, Allgäuer Ochsenfilet mit Knochenmarkkruste oder Holundervariationen mit Waldbeeren und Kräutereis. Sehr gut sortierte Weinkarte.*

★ **44** von 60 Punkten (–)
E: 14/20, T: 7,5/10, S: 7,5/10, A: 8/10, W: 7/10

Pfistermühle, Zentrum,
Pfisterstr. 4, Tel. 23 703 865,
Mo-Sa 17-24h, Küche bis 22,
Kosten: H

Gesellschaftsraum Zentrum

Gesell-schaftsraum

Spektakel

Gegenüber vom Mandarin Oriental in der Münchner Innenstadt gelegen, findet sich der Gesellschaftsraum. Im fast quadratischen Gastraum herrscht meist Hochbetrieb. Die Servicemitarbeiter, von denen die meisten tätowiert und gepierct sind, bleiben trotzdem ruhig und professionell. Eigentlich sollte es in der heutigen Zeit überflüssig sein, über Äußerlichkeiten des Teams zu schreiben. Im Fall des Gesellschaftsraums darf man hier jedoch eine Ausnahme machen, da es einen schönen und fröhlichen Kontrast gegenüber der sonst eher glatten Münchner Innenstadt darstellt. Die Gäste können sich das umtriebige Spektakel bequem aus ihren braunen 70er-Jahre Schalenstühlen ansehen, während sie aus der ambitionierten Karte wählen dürfen. Dass das Team rund um das Inhaber-Ehepaar Marion & Bernd Arold etwas von seinem Handwerk versteht, sieht man sofort. Gerichte wie Bratwurstkaninchen mit Gelbschwanz-Makrele, Linden-Blumenkohl und Senf-Kirschen (20 Euro) und Bayerische Entenbrust mit Lachsforelle, Artischocken, Johannisbeeren und Avocado-Flan (32 Euro) signalisieren den Anspruch des Restaurants und die berufliche Vergangenheit in der Sternegastronomie. Unverkennbares Alleinstellungsmerkmal des Gesellschaftsraums ist der Mut, eigene Wege zu gehen und den Geschmack des Gastes mit immer neuen, ungewöhnlichen Aromakombinationen herauszufordern. Langweilig? Wird es einem im Gesellschaftsraum auch auf dem Teller garantiert nicht. Vor allem, wenn man immer wieder erstaunt feststellt, wie gut die spannenden Kompositionen funktionieren. Selbst Vegetarier und Veganer werden im Gesellschaftsraum wunschlos glücklich. Für sie werden so durchdachte Variationen wie Weinbergpfirsich mit Seitangulasch, Kohlrabi und Paprika-Püree (30 Euro) ohne großes Trara auf der normalen Karte angeboten. Die handwerklich tadellos zubereiteten Gerichte rechtfertigen die gehobenen Preise ohne Probleme. Mit seiner unkonventionellen lockeren Art und den außergewöhnlich guten Speisen ist der Gesellschaftsraum nach wie vor eine willkommene Bereicherung der Münchner Gastronomielandschaft.

Fazit: *Modernes offenes Ambiente. Immer wieder unterhält Bernd Arold seine Gäste mit spannenden Geschmackskombinationen. Da gibt es Rauchmelonen-Gazpacho mit Gurkensorbet oder Entenbrust mit Saibling, Johannisbeeren, Artischocken und Avocadoflan (Menüs ab 59 Euro). Ein Tipp ist das Mittagsmenü für 18 Euro.*

★ **46,5** von 60 Punkten (→)

E: 14,5/20, T: 8/10, S: 8/10, A: 8/10, W: 8/10

Gesellschaftsraum, Zentrum, Bräuhausstr. 8, Tel. 55 077 793, Mo-Fr 11.30-15h u. 18-24h, Sa 18-24h, Küche bis 14.30, Kosten: H

Gesellschaftsraum Zentrum

★: ab 42 Punkten; ★: 38-41 Punkte **Trend zum Vorjahr:** ↗: besser; →: gleich; ↘: schlechter; –: neu aufgenommen
E: Essen; **T**: Trinken; **S**: Service; **A**: Atmosphäre; **W**: Wohl fühlen **Kosten**: **G**: günstig; **M**: mittel; **H**: hoch; **SH**: sehr hoch

Heinrich Matters

Preis-Leistungs-Sieger

NEU! Sandra und Hennig Dürr haben mit dem Fräulein Grüneis bereits bewiesen, dass sie viel Vorstellungskraft und mindestens genauso viel Talent in der tatsächlichen Umsetzung Ihrer gastronomischen Ideen haben. Nachdem sie das ehemalige Klohäuschen erfolgreich aus seinem Dornröschenschlaf erweckt haben und das Fräulein Grüneis mittlerweile nicht mehr aus dem Englischen Garten wegzudenken ist, haben sich die zwei im vergangenen Jahr einem neuen Projekt gewidmet. Dieses hat im Frühjahr 2018 eröffnet, nennt sich Heinrich Matters und ist in einer ehemaligen Pizzeria in der Luisenstraße entstanden. Hier können die zwei Gastronomen endlich auf eine richtig ausgestattete Küche und bedeutend mehr Platz, sowohl für die Gäste als auch für das Team, zurückgreifen. Es wirkt fast so, als ob sie alleine deshalb, weil es die örtlichen Verhältnisse nun zulassen, vom Frühstück über Lunch und Dinner bis hin zu Cocktails alles anbieten. Was in vielen anderen Fällen wohl eher weniger funktionieren würde, klappt hier wunderbar. So kann man in dem besonders schön und liebevoll eingerichteten Lokal morgens zwischen einer ganzen Armada an gesunden Bowls oder Eierspeisen wählen. Zusätzlich gibt es selbst gemachte Waffeln und Zimtschnecken, die von den Gästen besonders gelobt werden. Mittags gibt es eine täglich wechselnde Karte, in der neben den Classics (Krustenbrot mit Dips oder saurem Rindfleisch zu 6,50 Euro bzw. 7,50 Euro) Suppe, Salat und drei Hauptgerichte angeboten

Heinrich Matters Maxvorstadt

werden. Die Preise der sehr gut zubereiteten Gerichte sind mit 7,50 Euro bis 9,50 Euro erstaunlich günstig für die großen Portionen, bei denen, wenn nicht vegetarisch, ausschließlich Bio-Fleisch von der Metzgerei Pichler aus Gräfelfing verwendet wird. Abends geht es genauso gut weiter, die Preise bleiben im Verhältnis zur Leistung niedrig. So gibt es roh marinierten Lachs mit jungem Gemüse, Sprossen, Edamame und Papadam (13,50 Euro) oder Tagliatelle in Trüffelcreme mit

Grana Padano, Spinat und Pinienkernen (12,50 Euro). Auch hier bleiben keine Wünsche offen. Nach dem Essen kann man den Abend gemütlich an der Bar bei einem (oder mehreren) Negroni(s) ausklingen lassen und sich freuen, dass es Menschen wie Sandra und Henning gibt, die München solche wunderbaren gastronomischen Orte schenken.
Fazit: *Die Grüneis-Macher haben ein Lokal eröffnet. Und was für eins. Die zusammengewürfelte Einrichtung beweist Stil. Kulinarisch schwelgt man in den selbst gemachten Zimtschnecken oder labt sich an der abwechslungsreichen Tagesküche, die Einflüsse aus aller Welt aufgreift.*

★ **42** von 60 Punkten (-)
E: 13/20, T: 6,5/10, S: 7/10, A: 7,5/10, W: 8/10

Heinrich Matters, Maxvorstadt,
Luisenstr. 47, Tel. 23 796 673,
Di-Sa 9-24h, So 9-17h,
Kosten: M

Zum Schönfärber Sendling

Zum Schönfärber

Reiner Wein

NEU! Über drei Jahre musste sich die Anhängerschaft von Thomas Hertlein gedulden, bis „der Weinheilige" Ende 2017 eine neue Pilgerstätte für sie erschuf. Sein Restaurant im Westend kommt in einem moderneren Look daher, vereint ansonsten aber alles, was Liebhaber besonderer Tropfen an seiner Gastronomie seit jeher schätzen: Ein entspanntes Ambiente, rockige Klänge aus den Boxen und Professionalität ohne Star-Allüren. Auch der mit Bedacht gewählte Name spiegelt das Konzept wider. Im Weinwirtshaus wird gehobene, aber nicht abgehobene Küche serviert, die mit 2 Gängen für 35 Euro satt macht. Zudem durfte Dr. Schönfärber, der kultige Dampfplauderer aus der Serie Monaco Franze, Pate stehen und zeugt vom Schalk, der Hertlein auch nach seiner Gastro-Auszeit (In der er übrigens ein hübsches Wein-Büchlein geschrieben hat.) noch immer im Nacken sitzt. Vormachen kann dem Mittvierziger ohnehin keiner mehr was. Locker über eine Million Korken hat er im Laufe seiner Karriere aus den Flaschen gelupft. Seine Verkostungserfahrung sucht seinesgleichen in der Stadt. So weiß er nicht nur treffsicher den passenden Wein zum Essen zu paaren, sondern versteht es auch gekonnt, sein Publikum zu überraschen – völlig egal, mit welchem Budget und welchen Vorkenntnissen es bei ihm sitzt. Sowohl die offenen Weine (0,1l ab 6 Euro) als auch das umfangreiche Flaschen-Sortiment (30 – 150 Euro) kalkuliert er durchweg fair. Allesamt sind auf ihre Art außergewöhnlich, sei es, weil ein seltener, gereifter Jahrgang geöffnet wird, weil ein Newcomer-Winzer dahinter steht, den in München noch niemand entdeckt hat, oder weil ihm seine Machart eine ungeahnte Aromatik verpasst. Wer hätte zum Beispiel vermutet, dass ein weißer Vin Naturel aus dem Priorat genug Power hat, um einem rassigen BBQ-Rindstatar die Stirn zu bieten? Oder ein Sparkling Lambrusco perfekt mit einem confierten Rotbarsch-Filet harmoniert? Thomas Hertlein findet diese Kombinationen, nicht nur für sich, sondern vor allem für seine Gäste – individuell und auf unvergleichlich sympathisch bis schnoddrige Weise. Dass er damit auch bei manchem Besucher aneckt und Kritik erntet, entlockt ihm indes nur ein Schulterzucken. Wo er dann den Weinheiligen-Schein versteckt? Seine Gläubiger wissen's: Unter seinem Strickmützerl! In seiner ganzen Art ist die Weinwirtschaft Zum Schönfärber ein absolutes Lieblingslokal für allürenbefreite Menschen, die Freude an außergewöhnlichen Genüssen haben.
Fazit: *Stilsicher aufgesetztes Weinlokal, das vor allem in den Abendstunden unheimlich viel Atmosphäre versprüht. Highlight sind die von Thomas Hertlein ausgesuchten großartigen Weine zu fairen Preisen. Dazu gibt es Menüs (ab 35 Euro) mit einer feinen internationalen Küche.*

Zum Schönfärber Sendling

★ **47** von 60 Punkten (-)
E: 14/20, T: 9/10, S: 8/10, A: 8/10, W: 8/10

Zum Schönfärber, Sendling,
Kazmairstr. 28, Tel. 20 930 569,
Mo-Fr 18-1 Uhr,
Kosten: M-H

★: ab 42 Punkten; ★: 38-41 Punkte **Trend zum Vorjahr:** ↗: besser; →: gleich; ↘: schlechter; –: neu aufgenommen
E: Essen; **T**: Trinken; **S**: Service; **A**: Atmosphäre; **W**: Wohl fühlen **Kosten: G**: günstig; **M**: mittel; **H**: hoch; **SH**: sehr hoch

Savanna

Münchens einziges südafrikanisches Restaurant

Authentisch eingerichtete Gasträume

Die Südafrikanische Küche ist von den Einflüssen der Holländischen, Indischen, Malaiischen und Englischen Küche geprägt und profitiert dadurch von einer großen Vielfalt an verschiedenen Gewürzen und Geschmacksrichtungen. Vor allem aber findet man Leidenschaft in dieser exotischen Küche ... und die größte Leidenschaft, gleichzeitig auch die Lieblingsbeschäftigung der Südafrikaner, ist BRAAI (das Grillen) – Genau dafür steht das Savanna, Münchens einziges südafrikanisches Restaurant.

Steaks vom namibischen Rind

In den authentisch eingerichteten Räumen des Restaurants genießt man in entspannter Atmosphäre Fleisch aus dem südlichen Afrika, das wegen der Freilandhaltung der Tiere besonders geschmackvoll ist. Spezialität des Savanna ist das namibische Rind. Es gibt aber auch – für Europäer etwas ausgefallenere – exotische Tiere wie Krokodil, Zebra, Strauss und natürlich auch Antilopen wie Springbock, Kudu und Oryx.

An den neuen Geschmack der verschiedenen exotischen Fleischsorten kann man sich im Savanna entweder mit kleinen Probierhäppchen auf gemischten ADVENTURE-Platten heran trauen oder man entscheidet sich gleich für die SAFARI-Platte, um die exotischen Steaks auf den Punkt gegrillt zu genießen Auch traditionelle südafrikanische Spezialitäten wie Biltong, Bobotie, Potjie, Sosatie, hausgemachte Boerewors, Peri-Peri und Chakalaka findet man auf der Speisekarte. Fisch vom Kap darf auf der Karte nicht fehlen: zum Beispiel Kingklip und Hake.

South African Wine Night

SAFARI-Platte

Aber warum ein südafrikanisches Restaurant? Ganz einfach: Der Inhaber und Küchenchef ist selbst Südafrikaner und hat sich mit dem Savanna seinen Traum erfüllt und ein kleines Stück Südafrika nach München geholt. Das spiegelt sich auch in der Weinkarte wieder, in der ausschließlich südafrikanische Weine aufgeführt sind. In regelmäßigen Abständen sind Winzer aus Südafrika im Savanna zu Gast. Bei der „South African Wine Night" führen sie die Gäste des Lokals fachkundig durch den Abend und stellen ihre Weine selbst vor. Passend zu den Weinen wird ein Degustationsmenü serviert.

Exotische Cocktails sowie Eigenkreationen der Bar laden neben Bierspezialitäten wie Windhoek- und Castle Lager dazu ein, den kleinen kulinarischen Kurztrip nach Südafrika ausklingen zu lassen. Kleiner Tipp: Jeden Mittwoch Cocktail Night – alle Sprizz & Cocktails 5,00 €.

Das Savanna-Team freut sich auf Ihren Besuch!

Maistr. 63, 80337 München, Telefon +49 (0) 89 53 90 6363
ÖFFNUNGSZEITEN: Dienstag-Sonntag 17h-01h, Montags Ruhetag
Im Savanna kann man mit bis zu 80 Personen Geburtstage, Firmen- und Weihnachtsveranstaltungen feiern!
savanna-munich.com

Mural

Die große Stadt

Mural Zentrum

NEU! Ein ehemaliges Umspannwerk in der Hotterstraße beherbergt seit Ende 2016 das Museum of Urban and Contemporary Art, das Werke zeitgenössischer Straßen-Künstler zeigt. Ob Graffitis und Co. ein Dach über dem Kopf benötigen, darüber scheiden sich die Geister. Das Setting der angeschlossenen Gastronomie, die Brunch, Lunch, Café und Dinner bietet, präsentiert sich jedenfalls ebenso lässig und modern wie das Konzept des Museums. Betritt man das Mural, wähnt man sich fast in einer echten Metropole statt in einer verschlafenen Weltstadt mit Herz. Die coolen Räumlichkeiten versprühen großstädtischen Charme, im Hinterhof sitzt man entspannt und kann um die Mittagszeit ein paar Sonnenstrahlen genießen. Bunt wie die Ausstellungsstücke im Museum, kommt eine leckere Bowl mit hausgebeiztem Lachs, Mixed Pickles und Edamame (10,50 Euro) samt frisch gerührter Ingwer-Limonade an unseren Tisch. Am Wochenende steht Deftiges und Süßes zur Wahl. Huevos Rancheros (9,20 Euro), ein Philly Cheese Steak Sandwich (11,50 Euro) oder Pancakes mit Ahornsirup und herrlich aromatischen Himbeeren (7,50 Euro) bringen Abwechslung ins Einerlei der Münchner Brunch-Landschaft. Am Abend wird es hochkarätig, zumindest was die Preise betrifft: Ein 4-Gang-Menü für 65 Euro oder 6 Gänge für 85 Euro wecken Hoffnung auf ein Geschmacks-Highlight. Leider erfüllt hier nur die Optik der Gerichte unsere Erwartungshaltung. Die wilden Aromakombinationen hinterlassen trotz der tollen Weinbegleitung (60 Euro bei 6 Gängen) oft Fragezeichen auf unseren Gesichtern. Uns kommt beim Essen irgendwie sofort der Titel der aktuellen Street-Art-Ausstellung des Murals in den Sinn: „WAHN | SINN" heißt sie. Gut, dass die Crew der Bar Kopper, die das Mural kürzlich übernommen hat, beim Essen mit einer Kurs-Korrektur liebäugelt. Mehr Regionales und auch einzelne Gerichte statt ausschließlich Menüs sollen in Zukunft auf der Abendkarte des Restaurants stehen. Dann heißt es hoffentlich nur noch nebenan im Museum: De gustibus non est disputandum!

Fazit: *Kunst an der Wand und Kunst auf dem Teller. Und wie das mit der Kunst manchmal so ist, liegt diese halt im Auge des Betrachters beziehungsweise auf der Zunge des Gastes. Wer Gastro-Experimente mag, ist in diesem hippen Street-Art-Lokal genau richtig.*

Mural Zentrum

★ **38,5** von 60 Punkten (–)

E: 11/20, T: 6,5/10, S: 6,5/10, A: 8/10, W: 6,5/10

▶ Mural, Zentrum,
Hotterstr. 12, Tel. 23 023 186,
Mi-Sa 10-24h, So 10-19h,
Kosten: M

★: ab 42 Punkten; ★: 38-41 Punkte **Trend zum Vorjahr:** ↗: besser; →: gleich; ↘: schlechter; –: neu aufgenommen

E: Essen; **T**: Trinken; **S**: Service; **A**: Atmosphäre; **W**: Wohl fühlen **Kosten**: **G**: günstig; **M**: mittel; **H**: hoch; **SH**: sehr hoch

Grün

Die Langkritiken

SpringInsFeld Schwabing

Siggis

Tutto Bene-Bolognese

NEU! Das Siggis in der Westenriederstraße am Isartor liegt strategisch clever neben einem großen Bio-Supermarkt. Allerdings läuft man Gefahr, den Veganer mit seiner Mini-Front zu übersehen, selbst dann, wenn an schönen Tagen zwei kleine Tischchen (und ein Wassernapf für Hunde) vor der Tür stehen. Hat man das Lokal entdeckt und geht hinein, steht man zunächst vor einer großen Thekenvitrine, die den Eingangsbereich nahezu komplett ausfüllt. Sie lockt so verführerisch mit bunten Cupcakes und Kuchen, dass man hier gut hängen bleiben könnte. Auch weil man gar nicht ahnen kann, was sich da entlang des schmalen Gangs, der neben der Theke verläuft, noch so alles auftun wird. Geht man nach hinten weiter, sieht man zahlreiche Tierliebe-Bekundungen und vegane Botschaften an der Wand. Am Ende des Ganges öffnet sich jedoch plötzlich ein hübsches Gewölbe mit einem schlichten, aber urgemütlichen Raum. Serviert werden hier unter der runden Decke rechteckige, üppig gefüllte Teller. Da wäre der Salat Huge (11,90 Euro), der seinem Namen durchaus Ehre macht. Das angenehm unaufdringliche feine Cashew-Miso-Dressing verteilt sich über frische Salatblätter, Sprossen, Karotten-Spaghetti und lauwarmen Quinoa. Letzterer ist leider neutral gehalten, ein wenig Säure oder Kräuter hätten ihm gutgetan. Neben der Tutto Bene-Bolognese und der Yummy-Lasagne (Die am Nachbartisch auch tatsächlich mit „Yummy" kommentiert wird.) verspricht ein drittes Nudelgericht erfrischende Exotik: Beim Summerdreamer haben die Spaghetti das wunderbare Avocado-Limetten-Pesto genüsslich aufgesogen. Das schmeckt spannend und rund, allerdings sind die Nudeln darüber etwas weich geworden. Rustikal und raffiniert wird es hingegen beim Bavarian-Gericht (12,90 Euro). Gebratene Austernpilze und Kohlrabistückerl zieren die großzügig portionierten und (laut Karte) sauren Knödelscheiben. Die Säure auf dem Teller stammt allerdings nur vom Fenchel-Zwiebel-Salat, dem heimlichen Highlight in dieser Kombination. Trotz der einen oder anderen Nachlässigkeit in der Küche sitzen wir entspannt und zufrieden im gemütlichen Gewölbe und bestellen gern noch ein Lammsbräu. Hätten wir allerdings einen Wunsch frei, wäre er ein noch etwas mutigeres Spiel mit den Gewürzen im Siggis.

Fazit: *Strawberry Cheesecake, Hot Dog mit veganer Bolognese, Pancakes mit Schokomousse, Salat mit rohem Spargel und frischen Erdbeeren ... im Siggis im Zentrum wird die vegane Küche in all ihren Facetten zelebriert. Reservierung empfohlen!*

★ **39** von 60 Punkten (-)
E: 12,5/20, T: 6,5/10, S: 7/10, A: 6/10, W: 7/10

▶ Siggis, Zentrum,
Westenriederstr. 37, Tel. 24 292 033,
Mo-Fr 11-22h, Sa/So 10-22h,
Kosten: M

Siggis Zentrum

Mr. Nilsson

Gesundes Vergnügen

NEU! Erstmal nur mit einem Pop-Up-Lokal wollen die beiden Macher vom Mr. Nilsson die Münchner davon überzeugen, dass es zu Mittag nicht immer nur die deftige Leberkässemmel oder das schwere Schnitzel sein muss. „Healthy Pleasures" lautet das kulinarische Motto der beiden. Trotz seines Hangs zur gesunden Küche ist das Nilsson jedoch weder langweilig, noch ausschließlich ein Ort für die jüngere Generation. Zwischen Gärtnerplatz und Viktualienmarkt gelegen holen sich hier inzwischen Jung und Alt ganz selbstverständlich eine Portion gesundes Vergnügen ab. Die meisten der Gäste entscheiden sich für Bowls, also Kompositionen in Schalenform, die es entweder in süß oder salzig, mit Fisch oder als vegetarische Variante gibt (8,40 bis 9,40 Euro). Ob A ai-Beere, Baobab-Pulver oder Aronia – In den Bowls landet jede Menge Superfood sowie Gemüse, Gewürze, Kräuter und Samen. Darüber hinaus bietet Mr. Nilsson eine schöne Auswahl an frischen Smoothies, darunter auch Kombinationen, die man so noch nicht kennt (250 ml für 4,80 Euro, 500 ml für 7,60 Euro). Im Apple Bee werden beispielsweise Apfel, Birne, Kiwi, Zitrone, Ingwer und Blütenpollen vermixt. Lecker. Auch der Kaffee bei Mr. Nilsson ist hervorragend. Die große Siebträgermaschine in dem kleinen Laden war eine gute Investition (Espresso 1,90 Euro).

★: ab 42 Punkten; ★: 38-41 Punkte **Trend zum Vorjahr:** ↗: besser; →: gleich; ↘: schlechter; –: neu aufgenommen
E: Essen; **T**: Trinken; **S**: Service; **A**: Atmosphäre; **W**: Wohl fühlen **Kosten**: **G**: günstig; **M**: mittel; **H**: hoch; **SH**: sehr hoch

Mr Nilsson Isarvorstadt

Wer seinen Kaffee mit Milch trinken will, kann zwischen normaler oder laktosefreier Milch wählen oder sogar auf Kokos-, Mandel- oder Sojamilch ausweichen. Food und Drinks gibt es allesamt auch zum Mitnehmen. Ein schlechtes Gewissen braucht man deswegen nicht zu haben, denn die Verpackungen sind biologisch abbaubar. Schöner aber ist es an den Tischen drinnen und draußen, denn auch beim Mobiliar zeigt das Mr. Nilsson Geschmack. Die Atmosphäre ist modern und clean, Pflanzen und Dekoration bringen ein wenig Dschungel in den kleinen Laden. In der Rumfordstraße wird das Pop-Up-Projekt leider nicht ewig Zuhause sein. Wir sind daher gespannt, wohin es Mr. Nilsson demnächst ziehen wird und ziehen in jedem Fall mit.

Fazit: *Süße, salzige und vegetarische Bowls und gesunde Säfte und Smoothies. Hier wird alles von Hand selbst gemacht oder stammt von ausgesuchten Produzenten. Schönes Design-Ambiente.*

★ **40** von 60 Punkten (-)
E: 12/20, T: 7/10, S: 7/10, A: 7/10, W: 7/10

Mr. Nilsson, Isarvorstadt, Rumfordstr. 7, Tel. 21 550 292, Mo-Sa 10-20h, Kosten: M

Resihuber

Fine-Bio-Dining

NEU! Frische grüne Küche? In München? Während der Kosmopolit auf seinen Reisen durch die Städte der Welt schon längst auf Schritt und Tritt von einem Health Food-Imbiss in die nächste Green Smoothie-Bar stolpert, tut er sich in München noch immer schwer, wenn es um vegane, vegetarische oder wenigstens gute Bio-Küche geht. Für Letztere ist seit Neuestem das Lokal Resihuber, das direkt an der U-Bahn-Station Brudermühlstraße am Resi-Huber-Platz liegt, endlich mal wieder eine neue Anlaufstelle. Und was für eine. In der Früh gibt es entspanntes Frühstück. Mittags wird eher „normal" gekocht. Dann locken auf der Karte Sandwiches und Quiche (6-10 Euro) sowie eine kleine Auswahl an Tagesgerichten (8-18 Euro). Am frühen Abend verwandelt sich das Lokal jedoch in eine Fine-Dining-Location, in der der Beweis angetreten wird, dass Bio-Food weder langweilig noch zwanghaft alternativ, sondern einfach nur richtig lecker sein kann. Da gibt es zum Beispiel als Vorspeise Gebratene Ochsenherz-Tomate mit Burrata und Rucola (7,50 Euro). Ein erfrischender Auftakt. Oder aber einen sehr feinen Salat von grünen Bohnen, mit Tafelspitz, Crème fraîche und kleinen Kirschtomaten (7,50 Euro). Bei der Chiemsee-Renke bezaubert neben dem Fisch vor allem das Kohlrabi-Graupenrisotto (18 Euro). Für einen kurzen Moment wandern die Gedanken hin zu dem Kohlrabi, der bereits seit zwei Wochen im Kühlschrank des Testers auf seinen Verzehr wartet, weil es an einer zündenden Idee für eine mal andere Zubereitung fehlte. So ein Risotto wäre doch mal was! Als absolutes Gedicht erweist sich der Rücken vom Alpenlamm (24 Euro). Wie bei den anderen Gerichten auch macht sich hier die Zutatenqualität absolut positiv bemerkbar. Die Sorgfalt bei der Zutatenauswahl spiegelt sich auch in der Karte wider, die in kurzen Sätzen die entsprechenden Erzeuger vorstellt. Getrunken wird zum Bio-Food im Resihuber übrigens vorwiegend Wein aus ökologischem Anbau. Wer sich für das 3-Gänge-Menü (39,50 Euro) entscheidet, kann sich sogar für eine passende Weinbegleitung entscheiden (12,70 Euro). Darin finden sich dann zum Beispiel ein Rosé von Dr. Bürklin Wolf, ein Lagnusa von Feudo Montoni aus Sizilien und ein schöner Muscat de Rivesaltes von der Domaine Cazes. Wer keinen Alkohol trinken mag, kann es ja mal mit der Bergbrause (0,33 l, 3,80 Euro) versuchen, ein Gemisch auf Apfelsaftbasis und Latschenkieferaromen. Ansonsten stehen noch Lammsbräu-Biere (ab 3,60 Euro) und die Craft-Biere des Riedenburger Brauhauses (4,40 Euro) zur Wahl. Und wie sieht das Lokal eigentlich aus? Wie eine moderne Alpenhütte, mit Stil, Eleganz und einer frischen Gemütlichkeit.

Fazit: *Fein gearbeitete Design-Holzmöbel, große, halbrunde Fenster und Schwarz-Weiß-Bilder an der Wand. Das niveauvolle Ambiente des Bio-Lokals unterstreicht die Ambitionen. Hier bietet man zum Rücken vom Alpenlamm oder der gebratenen Ochsenherztomate auch gern die passende Weinbegleitung an. Absolute Empfehlung!*

40,5 von 60 Punkten (–)

E: 13/20, T: 7/10, S: 6,5/10, A: 7/10, W: 7/10

▶ Resihuber, Sendling, Resi-Huber-Platz 1, Tel. 45 201 670, Di-Sa 8-23h, Kosten: M

Resihuber Sendling

SpringInsFeld Schwabing

SpringIns-Feld

Ein Bett im Veganerhimmel

NEU! Nun ist es ja nicht so, dass man in der Türkenstraße zu verhungern droht. Es reiht sich Kult-Döner an Katzenkuschel-Café, Klassiker an Curry-Station. Dennoch, so denkt man sich nach dem Besuch, hat das kleine Lokal SpringInsFeld hier noch gefehlt. Nicht einmal, weil man sich nach veganen Speisen sehnt, sondern einfach, weil es schmeckt – und zwar sehr. Das SpringInsFeld definiert sich als veganer Fast-Food-Laden und überrascht dann tatsächlich mit einer unprätentiös-gewitzten Art. Das Design des kleinen Raums ist clean und doch warm. Vor allem die Weiß geflieste Theke mit schickem Logo ist ein Hingucker. Ansonsten beschränkt man sich auf ein paar Hochtische mit Hockern und einer Bank, darüber baumeln Pflanzen in Ampeln und aus den Boxen klingt chilliger Indie-Pop. Passend dazu kommen die Getränke von Fritz und Tilman und die Kaffeebohnen von Emilo. Bei den Speisen wählt man zwischen fünf Varianten, die es jeweils als Wrap oder Salat gibt. Als Basis der Salat-Bowls dient ein bunter, frischer Blattsalat-Mix mit Gurken, Tomaten, Sojasprossen sowie einem Nussmix und einer angenehm runden Kurkuma-Vinaigrette. Darauf häufen sich bei der Antipasti-Variante (6,90 Euro) gegrillte, gut gewürzte Pilze, Paprika und Zucchini sowie Artischocken. Besonders überzeugt auch die extrem gute Creme aus getrockneten Tomaten und das nicht minder spannende Erbsen-Mandel-Pesto. Ebenfalls tolle Akzente setzen die Erdnuss-Creme und Guacamole beim Cado (7,90 Euro) mit geschmorten Austernpilzen, Edamame und einem Lime-Säure-Kick. Als Wrap kommt der BBQ Jack (8,30 Euro) in einem dicken, frisch gebackenen Weizenfladen, der auch großen Hunger stillen dürfte. Hier dient geschmorte Jackfruit als (ausgezeichneter) Pulled Pork-Ersatz und wird sehr gut ergänzt mit karamellisierten Zwiebeln, Rotkohl, Tomaten und Salat. Egal, was serviert wird, es ist reichhaltig, es ist saftig, es ist frisch. Wer danach jedoch tatsächlich noch Platz im Magen hat, kann den garantiert mit Belgischen Waffeln (3 bis 4 Euro) aus Dinkelmehl endgültig schließen.

Fazit: *Kleines veganes Deli mit genialen Wraps und Salat-Bowls. Dazu trinkt man Ingwer-Limonade oder Smoothies. So funktioniert modernes, gesundes Fast Food.*

37,5 von 60 Punkten (–)

E: 11,5/20, T: 6/10, S: 6,5/10, A: 6,5/10, W: 7/10

▶ SpringInsFeld, Schwabing, Türkenstr. 47, Tel. , tgl. 11-23h, Kosten: M

★: ab 42 Punkten; ☆: 38-41 Punkte **Trend zum Vorjahr:** ↗: besser; →: gleich; ↘: schlechter; –: neu aufgenommen
E: Essen; **T:** Trinken; **S:** Service; **A:** Atmosphäre; **W:** Wohl fühlen **Kosten: G:** günstig; **M:** mittel; **H:** hoch; **SH:** sehr hoch

Luxus

Die Langkritiken

Schuhbecks Fine Dining Zentrum

Geisel's Werneckhof Schwabing

Geisel's Werneckhof

Wilder Fisch

Seit fünf Jahren steht Tohru Nakamura im Werneckhof an den Kochtöpfen. In dieser Zeit hat er sich zwei Michelin-Sterne und ein besonderes Renommee erkocht. Gerade mal 35 Jahre alt, verfügt er bereits jetzt über einen markanten, einprägsamen Stil. In seinen Gerichten verschmelzen die Liebe zur Natur und ihren Produkten (Was sich nicht zuletzt in der üppigen Dekoration der Teller mit Blüten ausdrückt.), ein feiner asiatischer Einschlag und die Kreativität der modernen Spitzenküche, die jeden Teller wie ein Gemälde daherkommen lässt, das man erstmal minutenlang in seiner Ästhetik bewundern möchte, bevor man zu Löffel, Gabel oder Messer greift. Was die Küche Nakamuras jedoch ganz besonders auszeichnet ist der Umgang mit Fisch. Beim Gang Balfego Tuna beispielsweise serviert er zwei Cuts des Thunfischs, Akami und Toro, die einen ob der Qualität andächtig innehalten lassen. Die wilde, natürliche Aromatik des Fisches hat man so zuvor noch nie gespürt. Das Entzücken findet seine Fortsetzung, wenn das kleine Stück Auster, das filigran in den Teller eingearbeitet wurde, plötzlich im Mund für eine zweite, erfrischende Explosion sorgt. Ob Huchen, Steinköhler oder Goldforelle … immer scheint Nakamura etwas mehr aus dem Produkt herauszuholen, als man es bisher kannte. Dass die Fleischgänge mit dieser Exzellenz nicht ganz mithalten können: Geschenkt! Wer Fisch mag, sollte den Werneckhof unbedingt auf seiner Liste haben. Bei einer Reservierung empfehlen wir, nach einem Platz im vorderen Teil des Lokals zu fragen. Dort geht es etwas lebendiger zu als im hinteren, eher nüchtern gehaltenen Raum. Beim Service, ein vorwiegend junges Team, sitzt jeder Handgriff. Charmant finden wir, dass zum Menü (5 Gänge ab 160 Euro) auch eine Sake-Begleitung (ab 85 Euro) sowie eine alkoholfreie Getränkebegleitung (ab 55 Euro) angeboten wird. Wer sich für die klassische Weinbegleitung entscheidet (ab 75 Euro), begibt sich auf eine Reise durch vollkommen unterschiedliche Weinwelten, die beim Hauptgang, dem Lamm mit Blumenkohl, Buddhas Hand und Senfjus, sogar bis nach Griechenland führt.

Fazit: *Tohru Nakamuras Kompositionen sind einmalig. Seine geniale europäisch-asiatische Küche bricht lustvoll und gekonnt mit gängigen Gourmeterfahrungen (Menüs ab 160 Euro). Und das denkmalgeschützte Ambiente? Hat was!*

★ **49** von 60 Punkten (→)
E: 17/20, T: 8/10, S: 8/10, A: 8/10, W: 8/10

▶ Geisel's Werneckhof, Schwabing, Werneckstr. 11, Tel. 38 879 568, Di-Fr 18-24h, Sa 13-16.30 u. 18-24h, Küche bis 14.30, Kosten: H

Geisel's Werneckhof Schwabing

★: ab 42 Punkten; ★: 38-41 Punkte **Trend zum Vorjahr:** ↗: besser; →: gleich; ↘: schlechter; –: neu aufgenommen
E: Essen; **T:** Trinken; **S:** Service; **A:** Atmosphäre; **W:** Wohl fühlen **Kosten: G:** günstig; **M:** mittel; **H:** hoch; **SH:** sehr hoch

Schuhbecks Fine Dining

Die Welt zu Gast in München

NEU! Es kann nur noch eine Frage der Zeit sein, bis das Platzl in der Münchner Innenstadt offiziell in „Schuhbecks Platzl" umbenannt wird. Der Koch-Tausendsassa ist hier schließlich bereits mit seinen Südtiroler Stubn, dem Orlando sowie seinen Eis-, Tee- und Gewürzläden zu Hause. Nun hat er ein weiteres Lokal am traditionsreichen Platzl übernommen. Nachdem das traditionsreiche Boettner's schloss, kümmerte sich Schuhbeck um die Neuinszenierung des Lokals. Und die hat es in sich. Das Lokal erstrahlt in einem unbeschwerten Renaissance-Chic, der zwischen verspielter Eleganz und Mondänität schwelgt. Blauer Fußboden, grüne Holzverkleidung, üppige Kronleuchter, Spiegel und hellbraune Polsterbänke sorgen für ein Ambiente, das sich ins Auge brennt. Für die Küche, die bereits mit einem Michelin-Stern dekoriert wurde, zeichnet Maurice Kriegs verantwortlich, der unter anderem bei 3-Sterne-Koch Christian Bau gearbeitet hat. Im Fine Dining serviert er den Gästen absolut souverän

Schuhbecks Fine Dining Zentrum

umgesetzte Gerichte, in denen die französische und die asiatische Küche harmonisch miteinander verschmelzen. Es gibt Gänseleber mit weißem Pfirsich, Verbene und Szechuan Pfeffer, beim Rindertartar verleihen Pomelo und Soja dem Fleisch die nötige Frische und geschmackliche Tiefe. Lediglich die Hauptgänge – wie etwa Rinderrücken mit Artischocke, Spinat und Trüffel – kommen klassisch französisch daher. Wer mag, genießt Kriegs Küche bereits ab zwei Gängen (60 Euro). Bis zu fünf Gänge (116 Euro) sind möglich. Dazu bietet man eine passende Weinbegleitung an (ab 40 Euro). Das markante Ambiente, die akzentuierte Küche und das internationale Publikum, das hier einkehrt, machen das Schuhbecks Fine Dining zu einem spannenden Lokal mit Charakter.

Fazit: *Französisch royaler Chic. Dazu bekommt man eine feine Gourmetküche mit Bernsteinmakrele, Ètouffée Taube oder Kalbsrücken und Bries serviert. Menüs gibt es bereits ab zwei Gängen (ab 60 Euro).*

★ **45** von 60 Punkten (-)
E: 16/20, T: 7/10, S: 7/10, A: 8/10, W: 7/10

› Schuhbecks Fine Dining, Zentrum, Pfisterstr. 9, Tel. 2 166 900, Di-Sa 12-14h u. ab 18h, Kosten: SH

Schuhbecks Fine Dining Zentrum

Tantris

Daheim

Was man seit Jahren am Tantris hat, wird einem oft erst bewusst, wenn man eine Weile lang nicht dort gewesen ist und sich der Neugier halber stattdessen durch die hochgelobten und hochdekorierten Teller jüngerer und moderner Spitzenköche gefuttert hat. Bei ihnen gleichen die Teller oft einem expressionistischen Kunstwerk. Jeder Soßenklecks sitzt perfekt. Jedes Salatblatt scheint wie sorgsam mit der Pinzette auf dem Teller drapiert. Eine Augenweide. Doch was diesen kunstvollen Tellern manchmal fehlt, ist Wärme. Dieses typische wohlige Gefühl, das, vom Bauch ausgehend, die gesamte Stimmung bessert und in eine entspannte Zufriedenheit mündet. Im Tantris fehlt uns genau dieses Gefühl nie. Gerichte wie der Konfierte Seewolf mit frischen Mandeln, Spinatpüree und Portwein Verjus oder die Medaillons vom Rehrücken mit Spitzkraut, Waldpilzen, Balsamico-Kirschen und Selleriepüree sind in sich wunderbar stimmig, leicht und dennoch elegant komponiert. Und dass Tantris-Koch Hans Haas dem ausgelösten Hummer – neben Räucheraal und Zitronenpüree – noch immer frische

Tantris Schwabing

Erbsen anbei stellt, mag für einige vielleicht als fantasielos gelten, aber das sind wohl Menschen, die auch Sonnenuntergänge langweilig finden, weil sie die ja schon so oft gesehen haben. Nein, das Tantris ist und bleibt ein ganz wunderbares Gasthaus, in dem das Genießen nicht mit dem Kopf, sondern mit dem Bauch besorgt wird. Dazu bei trägt auch der Service, der akkurat, aber auch mit Herz und Humor arbeitet. Neuerdings hat das Tantris nur noch an vier Tagen in der Woche – von Mittwoch bis Samstag – geöffnet. Menüs gibt es ab 190 Euro. Ein Tipp bleibt der Samstagmittag, an dem ein 4-Gänge-Menü inklusive Weinbegleitung für 170 Euro angeboten wird.

Fazit: *Immer noch Münchens bestes Lokal. Was man am Tantris hat, weiß man oft erst, wenn man all die anderen Spitzenlokale der Welt ausprobiert hat. Hier wird ein zeitlos lebendiges Ambiente mit einer leichten, bekömmlichen, Herz und Kopf gleichzeitig umgarnenden S pitzenküche gepaart. Immer ein wunderbares Erlebnis. Tipp: Das Mittags-Menü am Samstag (4 Gänge, inkl. Wein, 170 Euro).*

★ **58** von 60 Punkten (→)
E: 19/20, T: 10/10, S: 9/10, A: 10/10, W: 10/10

▶ Tantris, Schwabing,
Johann-Fichte-Str. 7, Tel. 3 619 590,
Mi-Sa 12-15h, 18.30-1h,
Kosten: SH

Garden

Grüne Küche

Das Garden Restaurant befindet sich im wohl schönsten Hinterhof Münchens. Architekt Axel Vervoordt hat hier eine Art modernen Wintergarten erschaffen. Materialien wie Holz, Beton und rostiger Stahl fügen sich trotz Industrial-Chic zu einem erstaunlich wohnlichen Ambiente. Dazu bei tragen auch die Holzjalousien, die kunstvollen Skulpturen sowie das uralte landwirtschaftliche Gerät, mit dem der große Raum gekonnt dekoriert ist. Stand das Garden in den Jahren zuvor für eine perfekt umgesetzte internationale Küche und ausgezeichnete Fleischspezialitäten aus der Rôtisserie, wurde das kulinarische Konzept jüngst erweitert. Unter dem Motto „Garden goes Green" gibt es nun auch zahlreiche Gerichte, bei denen das Hauptaugenmerk auf Leichtigkeit und Bekömmlichkeit liegt. Frische Kräuter und der weitestgehende Verzicht auf Kohlenhydrate gehören ebenfalls zum Konzept der neuen grünen Garden-Küche. Auf dem Teller äußert sich das dann zum Beispiel in einer fantastischen Tomatenconsommé mit Ziegenfrischkäse-Ravioli (14,50 Euro) oder einem herzhaften gebratenen Tintenfisch mit weißen Bohnen sowie Zitrone, Oliven und Sellerie (21 Euro). Zum poelierten Steinbutt reicht man ein pikantes Curry-Quinoa, Kohlrabipüree, Karotten und Kichererbsen (37 Euro). An Sonntagen werden ausgewählte Gerichte der „Garden Goes Green"-Reihe beim Sunday Light Lunch (3 Gänge, 48 Euro) serviert. Schön. Auf die Garden-Klassiker muss man dennoch nicht verzichten. Wiener Schnitzel (29,90 Euro) oder die im ganzen gebratene Seezunge (52 Euro) gibt es immer. Dazu liefert die Rôtisserie Roastbeef vom australischen Black Angus (45 Euro) oder am Knochen gereiftes Entrecôte (59 Euro). Ein Traum. Auf der Weinkarte werden namhafte Winzer versammelt. Fritz Haag, F.X. Pichler, Knoll oder Didier Dagueneau sind mit ihren Erzeugnissen vertreten. Um die 60 bis 70 Euro sollte man für die Flasche mindestens einplanen. Der Service funktioniert wie ein Uhrwerk und besitzt die wunderbare Gabe, immer genau dann sichtbar zu werden, wenn er gebraucht wird.

Fazit: *Ausgezeichnete Grillspezialitäten und eine internationale Küche auf höchstem Niveau. Neu sind die leichten, grünen Gerichte auf der Karte. Der perfekt organisierte Service offeriert dazu große Weine. Das elegant-natürliche, ungemein wohnliche Ambiente macht das Garden Restaurant zu einem wunderbaren Ort.*

★ **45** von 60 Punkten (→)
E: 15/20, T: 7/10, S: 8/10, A: 8/10, W: 7/10

▶ Garden, Zentrum,
Promenadeplatz 2-6, Tel. 2 120 993,
tgl. 12-15h, 18-24h, Kosten: H/SH

Garden Zentrum

Fotos: Martin Nink (1), Benjamin Monn (1)

★: ab 42 Punkten; ★: 38-41 Punkte **Trend zum Vorjahr:** ↗: besser; →: gleich; ↘: schlechter; –: neu aufgenommen
E: Essen; **T:** Trinken; **S:** Service; **A:** Atmosphäre; **W:** Wohl fühlen **Kosten: G:** günstig; **M:** mittel; **H:** hoch; **SH:** sehr hoch

brenner
München
Öffnungszeiten:
Montag - Donnerstag
8:30 Uhr - 1:00 Uhr
Freitag & Samstag
8:30 Uhr - 2:00 Uhr
Sonntag & Feiertag
9:30 Uhr - 1:00 Uhr

Mmmmh...München!
...Weitere Münchner Schmankerl gibt's bei uns:
szene münchen
Mo-Fr » 19:30
STAMMTISCH
Jetzt red´n mia
Do » 20:15 | 22:00
MÜNCHNER STADTRUNDGANG
Mo-Fr » 18:30
www.muenchen.tv
RTL MÜNCHEN live
münchen2
münchen.tv

Asiatisch

Die Langkritiken

Japatapa Noodle Man Zentrum

Japanisch

Izakaya

Hidden Room

NEU! Das im Herbst 2017 nach langer Bauzeit eröffnete Izakaya im schicken Roomers Hotel in der Landsberge Sstraße gehörte schon nach kurzer Zeit zum gastronomischen Inventar Münchens. Obwohl etwas ab vom Schuss gelegen, fühlt man sich im Izakaya ein bisschen wie in einer echten Großstadt. Man betritt die dunkel gehaltenen Räume durch die immer großzügig mit frischen Blumen ausgestattete Hotellobby und kommt nach kurzer Begrüßung der Empfangsmitarbeiter direkt an der auffallend großen, ovalen Bar des Izakaya an. Hier wird der Gast professionell mit sehr guten, ursprünglich von Weltklasse-Mixologe Dietmar Petri konzipierten, Sake-Drinks versorgt. Wie es sich für eine Hotelbar mit Anspruch gehört, bekommt man hier natürlich auch alle klassischen Drinks, sowie eine feine Auswahl an internationalen Weinen. Von der Bar aus hat man – je nach Sitzplatz – eine hervorragende Sicht über das (fast) ganze Restaurant. So sieht man von hier auch die offene Küche, in der eine beeindruckende Zahl an Mitarbeitern arbeitet. Gekocht werden asiatische Gerichte mit einem südamerikanischen Einschlag. So werden hier zum Beispiel Lachs & Avocado Ceviche, knuspriger Oktopus mit Quinoa-Salat und Wagyu Beef mit Foie gras und Trüffelsauce angeboten. Außerdem gibt es noch eine umfängliche Auswahl an Sushi und Spezialitäten vom japanischen Robata Grill. Für Vorspeisen, die gern zwischen den Gästen geteilt werden können, sind zwischen 8 und 22 Euro fällig, für die Hauptgerichte bis zu 40 Euro. Neben der Qualität der modernen Speisen rechtfertigt die urban-mondäne Atmosphäre im Lokal die Preise, die aber eigentlich eh keinen Münchner mehr überraschen. Noch ein Tipp: Das Izakaya verfügt auch über einen Hidden Room, in dem bis zu 40 Gäste ungestört feiern können.

Fazit: *Das Lokal im Hotel Roomers lohnt den Besuch. Auf der Karte finden sich allerlei Sharing-Gerichte wie Chimichurri, knuspriger Oktopus oder Königskrabbenkuchen, aber auch Sushi, Sashimi oder Spezialitäten vom Robata-Grill. Das moderne weltläufige Ambiente trägt zu einem anregenden Abend bei.*

Izakaya Westend

★ **42** von 60 Punkten (–)
E: 13,5/20, T: 7/10, S: 6,5/10, A: 8/10, W: 7/10

› Izakaya, Westend,
Landsberger Str. 68, Tel. 122 232 000,
Mo-Sa 7-10:30h, So 7-11h, Lunch:
Mo-Fr 12-14.30h, Sa 12-15h, So 12-16h
Dinner: So-Mi 18-23h, Do-So 18-23.30h,
Kosten: H

Izakaya Westend

Japatapa Noodle Man

Klassische Ramen

NEU! Sonntags und montags, wenn das Toshi Ruhetag hat, öffnen sich die Pforten des Restaurants für das Japatapa Noodle Men. Der Schwerpunkt der Küche liegt hier auf japanischen Nudelsuppen, die sich auch bei uns immer größerer Beliebtheit erfreuen. Von Udon über Ramen und Tonkotsu Ramen bis Tsukemen. Je nach Vorliebe werden die reichhaltigen Schüsseln mit unterschiedlichen hausgemachten Brühen sowie Einlagen aus Tofu, Iberico-Schweinenacken oder Kyoto-Wagyu (12-28 Euro) serviert. Daneben sind Maki Rollen (9-12 Euro) und eine feine Auswahl an kalten und warmen Kleinigkeiten (5-12 Euro) erhältlich, die man so auch in den klassischen Izakaya-Kneipen Tokios findet. Pikant eingelegter Japankohl mit Yuzugeschmack etwa, Gyoza oder köstliche Chikuwa Tempura. Und auch ein paar Highlights von der Karte der ehemaligen Sake Bar gleichen Namens am Karl-Scharnagl-Ring haben sich hinübergerettet in die Wurzerstraße. Besonders empfehlenswert und hierzulande selten zu finden: Das Kalbsleber-Sashimi mit Sesamöl und Frühlingszwiebeln. Eine größere

★: ab 42 Punkten; ★: 38-41 Punkte **Trend zum Vorjahr:** ↗: besser; →: gleich; ↘: schlechter; –: neu aufgenommen
E: Essen; **T**: Trinken; **S**: Service; **A**: Atmosphäre; **W**: Wohl fühlen **Kosten**: **G**: günstig; **M**: mittel; **H**: hoch; **SH**: sehr hoch

Runde mit japanischen Gästen frönt der Auswahl an authentischen Gerichten aus ihrer Heimat. Gerade so reicht der Platz an unserem Nachbartisch für all die liebevoll angerichteten Teller, Schälchen und Platten, in die jeder nach Herzenslust wie an einer Tapas-Tafel hineinpicken darf. Dazu trinkt man ein Bier oder wählt seinen Favoriten aus dem umfangreichen Sake-Sortiment. Aufgrund der sommerlichen Temperaturen entscheiden wir uns an diesem Abend für ein frisch gezapftes Asahi zur kalten Udon-Suppe. Die erfrischende Brühe wird separat in einer kleinen Karaffe gereicht, sodass wir sie selbst über das Arrangement aus dicken Weizennudeln, Wakame-Algen und süßlich frittierten Tofutaschen gießen dürfen. Schön, wie hier die japanische Genuss-Kultur, die alle Sinne anspricht, auch auf bodenständigem Niveau gelebt wird! Eine tolle neue Anlaufstelle zum Abendessen an den ruhigen Gastro-Tagen, wenn das Gros der Münchner Restaurants geschlossen hat.

Fazit: *Das Japatapa ist nun im Toshi in der Wurzerstraße zu Hause. Sensationelle Ramen und japanische Spezialitäten wie Gyoza oder Kalbsleber-Sashimi.*

Japatapa Noodle Man Zentrum

★ **42** von 60 Punkten (→)

E: 13,5/20, T: 8/10, S: 7/10, A: 6/10, W: 7,5/10

Japatapa Noodle Man, Zentrum, Wurzerstr. 18, Tel. 23 888 628, Mo/So 18–22h, Kosten: H

Sushiya Sansaro

Super Superfood

Das Sushiya Sansaro ist einer unserer Lieblingsjapaner, weil er es seit über zehn Jahren konstant schafft, uns nicht nur durch sein per se gesundes Superfood, sondern auch durch zwischenmenschliche „soft skills" bei jedem Besuch wieder zu überzeugen. Das Lokal, zentral in der Amalienpassage angesiedelt, besticht durch seine klassische, aber dennoch eigenständige Interpretation von japanischen Speisen. „Bei uns kann man Japan näherkommen" heißt es im Internet, und ein Blick in die Karte verrät, dass das vor allem kulinarisch gemeint ist und durchaus über die landläufig übliche Sushi- und Sashimi-Schiene hinausgeht: Wer Ankimo Ponzu (Seeteufelleber gedämpft in Ponzu-Sauce) oder Gyutan-Negi-Miso (Kalbszunge mit Miso-Lauch-Sauce) bestellt, wird garantiert ein ganz neues Geschmackserlebnis kennenlernen. Wer sich an Exotisches nicht so recht herantraut, bekommt bei den alltäglicheren Angeboten wie z.B. dem Sake Nigiri (4,90 Euro) dank der hervorragenden „Label Rouge"-Qualität des Lachses trotzdem ein Geschmackserlebnis der besonderen Güte. Besonders angetan hatte uns bei unserem letzten Besuch Tora Tataki, ein Stück fetten Thunfischs, sehr kurz angebraten und in einer köstlichen Marinade angerichtet. Der Preis von 18,90 Euro sollte – trotz des recht kleinen Stücks – nicht abschrecken, denn die Qualität der Speise ist das Geld einfach wert. Günstiger und mit anderen Lokalen in München preislich vergleichbar, sind die Sushi-Platten, die man sich durchaus auch teilen darf. Das Publikum im Lokal ist vielleicht wegen des recht breit gefächerten Speisenangebotes angenehm gemischt: von studentisch bis stylisch, von links-der-Isar bis international. Bei der Getränkekarte des Sansaro merkt man, dass sich jemand Gedanken gemacht hat und gleichfalls Übliches (z.B. Kirin Bier, 4,90 Euro) wie Ausgesuchtes anbieten möchte. „Besonders stolz sind wir auf unsere feine Auswahl seltener und begehrter japanischer Whiskey-Sorten" merkt der Betreiber in der Karte an, und dass der Whiskey ein Nationalgetränk der Japaner sei. Möglicherweise kommt man der japanischen Kultur nochmals näher, wenn man, eventuell mit Wasser verdünnt, den Whiskey als Speisebegleiter wählt. Wir werden es bei unserem nächsten Besuch, vielleicht auf der sehr schönen Terrasse des Lokals sitzend, einfach einmal ausprobieren.

Fazit: Sushi der Spitzenklasse. Die Atmosphäre im Lokal in der Amalienpassage ist geprägt von heiterer Gelassenheit. Dazu original japanische Küche (viele Bio-Zutaten) und tolle Weine. Reservieren empfohlen.

★ **44** von 60 Punkten (→)
E: 14/20, T: 7,5/10, S: 7/10, A: 7,5/10, W: 8/10

▶ Sushiya Sansaro, Maxvorstadt, Amalienstr. 89, Tel. 28 808 442, Mo-Sa 12-14 u. 18-23h, So 18-23h, Kosten: H

Sushiya Sansaro Maxvorstadt

Takumi Chicken & Veggie

Japanischer Suppenkult

NEU! Japan ist ein Land der Gegensätze – Zen-Meister und Manga-Kult, Bonsaibäumchen und Hochhausschluchten. In der Küche setzt sich dieser Reichtum der Kontrase fort. Da wäre das leichte, feine Sushi – die Geisha unter den Gerichten. Als Sumo-Ringer hingegen treten die Ramen auf. Die kräftigen Nudelsuppen hatten einst als Armeleuteessen primär die Aufgabe, zu sättigen. Nun ringen einen die Ramen-Spezialitäten im Takumi Chicken & Veggie nicht nieder, aber vor der schieren Menge in der großen Schale kann man durchaus kapitulieren. Das ist so im schweinefleischlastigen Takumi-Mutterschiff in der Heßstraße, wie auch in der neuen Filiale in der Gabelsbergerstraße. Auch hier ist das Flair so authentisch wie die Speisen. Das Interieur in dem überschaubaren Raum ist schön schlicht gehalten. Man sitzt auf Hochstühlen um die offene Küche herum, während japanische Musik aus den Lautsprechern schallt. Nett ist auch die erhöhte Terrasse vor dem Lokal, auf der es sich im Sommer richtig gut sitzen lässt. Der Service ist höflich und zuvor-

★: ab 42 Punkten; ★: 38-41 Punkte **Trend zum Vorjahr:** ↗: besser; →: gleich; ↘: schlechter; –: neu aufgenommen
E: Essen; **T**: Trinken; **S**: Service; **A**: Atmosphäre; **W**: Wohl fühlen **Kosten**: **G**: günstig; **M**: mittel; **H**: hoch; **SH**: sehr hoch

Takumi Chicken & Veggie Maxvorstadt

kommend, allerdings verhindert die Sprachbarriere eine genauere Erklärung der Speisen. Vielleicht ist das auch gewollt, schließlich ist das Rezept der stundenlang gekochten Brühe so essentiell wie individuell. Zurückhaltend, sanft-süßlich entpuppt sich die Schale Shoyu Ramen (12,80 Euro), wunderbar würzig sind die Miso Ramen (13,80 Euro), und die Hühnchen-Brühe des Noukou Tori Tan Tan Men (15,80 Euro) lässt die angenehme Schärfe sich langsam im Mundraum ausbreiten. Die Beilagen spielen hingegen eine Nebenrolle. Zwei Hühnchen-Stückchen, ein wachsweiches, halbes Ei und Frühlingszwiebeln zieren das Spezial, die Veggie-Varianten kommen mit wunderbar fluffigen, mit Gemüse angereichertem Tofu, Sprossen, Pak-Choi Blatt und einem Algenblatt als Garnitur. Die Curry-Alternativen mit Reis sieht man auf den anderen Tischen wenig – genauso wie Schalen, die tatsächlich komplett ausgelöffelt wurden.

Fazit: *Ramen-Fans können jetzt nicht mehr nur in der Heßstraße, sondern auch in der Gabelsbergerstraße Schlange stehen. Hier gibt es eine größere Auswahl vegetarischer Ramen. Unbedingt auch das Eis nach eigener Rezeptur probieren.*

★ **41** von 60 Punkten (-)
E: 13/20, T: 6/10, S: 7/10, A: 7/10, W: 8/10

› Takumi Chicken & Veggie, Maxvorstadt, Gabelsbergerstr. 77, Tel. , Di-Fr 11.45-15h u. 17-22h, Sa 11.45-22h, Kosten: M

Vietnamesisch

Chi Thu

Vietnamesisches Streetfood

NEU! Es ist noch gar nicht so lange her, da tauchte in München plötzlich eine vietnamesische Suppe auf. Und kulinarisch aufgeschlossen, wie der Isarbewohner eben so ist, wollte natürlich jeder gleich wissen, wie diese Rinderbrühe mit Sprossen, Nudeln, Koriander und einem Spritzer Limonensaft denn schmeckt. Ein paar Jahre später ist München mit einem annehmbaren Netz an Vietnamesen überzogen, und die Pho Bo ist längst kein Exot mehr in der Stadt. Im vergangenen Winter sind noch zwei Läden namens Chi Thu hinzugekommen, zuerst eröffnete einer an der Pestalozzistraße, kurz darauf dann am Isartor. Markenzeichen: knallrote Bierbänke vor der Tür! Dabei handelt es aber nicht um klassische Restaurants. Mit seinen bunten Kissen, Plastikschemeln und Schwarz-Weiß-Fotografien aus Vietnam erweist sich das Konzept eher als liebevoll eingerichteter Imbiss mit Selbstbedienung, der sich dem vietnamesischen

Streetfood verschrieben hat. Um zu verstehen, was man in Vietnam darunter versteht, reicht ein Blick auf die erfreulich übersichtlich gestaltete Karte: Ein Relikt aus der französischen Kolonialzeit in Vietnam sind die Bánh Mì, also Baguettes, die wahlweise mit Rinderhack, Schweinefleisch oder Hühnchen zu Gurken, Rettich, Koriander und Karotten gefüllt werden (6,90 Euro bis 8,90 Euro). Verlockend lesen sich auch der Papayastreifensalat mit Garnelen (8,90 Euro) oder die Reisnudelschalen (je 9,90 Euro). Wir wollen aber lieber wissen, wie vietnamesische Hausmannskost schmeckt, und bestellen krosse Chicken Wings (6,90 Euro) mit einer scharfen, hellgrünen Soße (köstlich!), dazu fünf Dumplings mit Garnelenfüllung (5,90 Euro), worunter man sich eine Art asiatische Maultauschen vorstellen darf. Unser absoluter Favorit ist aber der Bao Burger (5,90 Euro), bei dem das Rindfleischpattie mit würziger Hoisin-Sauce, Rettich, Koriander und Karotten in eine Dampfnudel gepackt wird anstelle eines Brötchens. Absolut empfehlenswert, nicht nur für Burger-Fans! Sonst noch was? Ach ja, die hausgemachte Mangolimonade (4,90 Euro) wird ganz nach Art des Zeitgeistes mit reichlich Eis im Einmachglas serviert. Aber so ein bisschen Hippness hat in München bekanntermaßen noch nie geschadet.

Fazit: *Toller Straßenimbiss, in dem man sich durch den gesamten Reichtum der vietnamesischen Küche essen kann. Es gibt Baguette, Reispapierrollen, Dumplings, Salate, Suppen oder Hausmannskost wie den gedämpften Schweinebauch. Dazu trinkt man frische Tees oder hausgemachte Limonade.*

★ **38,5** von 60 Punkten (–)
E: 12,5/20, T: 6/10, S: 6/10, A: 7/10, W: 7/10

Chi Thu, Isarvorstadt,
Pestalozzistr. 16, Tel. 21 022 200,
tgl. 11-21.30h,
Kosten: G

Chi Tu Isarvorstadt

My Tam

Hausmannskost wie in Hanoi

NEU! „Oma, wann gehen wir mal wieder ins My Tam?" Auf diese Frage der Enkelin kann die Testerin warten. Spätestens alle zwei Wochen ist es soweit. Über die Jahre haben wir uns die Speisekarte rauf und runter gegessen. Ob knusprige Ente, zartes Hühnchen, der Klassiker Cha ca, sprich Tschacka, also Seeteufel mit ordentlich viel Dill (19,50 Euro und damit das teuerste Gericht auf der Karte) oder die abwechslungsreichen Nudelschalen (ab 10,50 Euro) – jedes Gericht hat seine eigene, unverwechselbare Note. Das macht einem die Wahl nicht gerade leichter. Unbedingt probieren sollte man im My Tam die fantastische Pho Bo, auch 24-Stunden-Suppe genannt (11,50 Euro). Was aber nur bedeutet, dass man diese Sternanis-Zimt-würzige Rindssuppe mit Reisnudeln

★: ab 42 Punkten; ★: 38-41 Punkte **Trend zum Vorjahr:** ↗: besser; →: gleich; ↘: schlechter; –: neu aufgenommen
E: Essen; **T:** Trinken; **S:** Service; **A:** Atmosphäre; **W:** Wohl fühlen **Kosten: G:** günstig; **M:** mittel; **H:** hoch; **SH:** sehr hoch

und frischen Kräutern in ihrer Heimat von früh bis spät gerne isst. Gekocht wird sie immerhin so an die sieben Stunden. Wer jemals das Vergnügen hatte, privat bei einer vietnamesischen Familie zu essen, weiß die Küche des My Tam ganz besonders zu schätzen: Das Essen ist stets frisch zubereitet und weitestgehend authentisch. Je nachdem, wie viel los ist, kocht Doung Quoc Hop, der Chef, sogar selbst. Geht es ruhiger zu, unterstützt er seine bezaubernde Frau im Service. Der ist durchweg aufmerksam, wenn auch die Chefin etwas schüchtern ist. Mehr als ein zustimmendes „Za", was wohl heißen soll, „Ich habe verstanden", ist ihr selten zu entlocken. Mittags ist das Lokal meist brechend voll. Dann kommen Leute hierher, die die leichte Küche Vietnams lieben und nach dem Essen am Arbeitsplatz nicht gleich ins Fresskoma fallen wollen. Abends kann es passieren, dass man sich mit nur wenigen Tischnachbarn das Lokal teilt. Junge Pärchen trifft man dann ebenso wie betagte Freunde der cuisine vietnamienne, die auf dem Weg zum WC schon mal in den etwas ungünstig platzierten Hausaltar mit Buddha und Opfergaben tapsen. Herr Duong quittiert es allenfalls mit einem sanften Lächeln und holt den Lappen zum Aufwischen. Die Enkelin der Testerin hat im Lauf der Jahre eine besondere Strategie entwickelt: Sie isst im My Tam am liebsten vier bis fünf Vorspeisen, „weil ich dann ganz viel Verschiedenes schmecke." Sehr clever. Den Auftakt machen z. B. gebackene Wan Tans (3,80 Euro), gefolgt von Dim Sum im Körbchen (5,50 Euro), grandiosen Sommerrollen, meist mit Garnelen oder Rindfleisch gefüllt (ab 4,90 Euro) und zum Schluss eine kräftige Hühnerbrühe mit Glasnudeln oder eine Mini-Version der eingangs gepriesenen Pho Bo (je 4,90 Euro). Auch der Papayasalat mit Garnelen (8,50 Euro) ist ein Traum, ebenso der Mangosalat mit knuspriger Ente (6,50 Euro). Auch beim Mixen an der Bar hat der Chef den Bogen raus: Seine Cocktails (ab 5,50 Euro) sind herrlich fruchtig oder kokosnusscremig, weshalb wir sie gern als Dessert wählen. Als wir das erste Mal zu Gast waren, bekam die Enkelin sogar ein gratis Eis spendiert. Wie sie das angestellt hat? Nun, als Herr Doung die Rechnung brachte, meinte der Gourmetzwerg: „Schade, dass bei uns zu Hause niemand so gut kocht wie Sie." Tja, Kindermund tut Wahrheit kund. Und den Chef hat es zweifelsohne gefreut.

Fazit: *Einfache, aber authentische Küche. Auf Sonderwünsche wird gern Rücksicht genommen. Vor allem der herzliche Service, der das Interesse am Wohl des Gastes nicht vorspielt, macht den Abend im My Tam zu einem runden Erlebnis.*

★ **38,5** von 60 Punkten (-)
E: 12/20, T: 6/10, S: 6,5/10, A: 7/10, W: 7/10

My Tam, Schwabing, Schleißheimerstr. 5, Tel. 54 767 778, Mo-Fr 11.30-14.30h, Sa 18-22h, Kosten: M

Fei Scho Haidhausen

Asiatisch

Fei Scho 2

Suchtgefahr

NEU! Seit einigen Jahren ist das Fei Scho bereits im Glockenbachviertel zu Hause. Nun hat in Haidhausen in der Pariser Straße eine Dependance dieses außergewöhnlichen Asia-Lokals eröffnet. Gerade mal zehn Gerichte stehen hier auf der Karte, und die Karte wechselt nicht. Es gibt keine Tagesspecials oder saisonalen Highlights, man macht hier weder den Spargelwahnsinn noch die Pfifferlingsorgie mit. Dass man dennoch gern ins Fei Scho geht und auch wir einen Besuch unbedingt empfehlen, liegt schlicht daran, dass die Küche mit dem, was sie tut, absolut ins Schwarze trifft. Das beginnt bei den Edamame (5,50 Euro), eine herrliche, unkomplizierte Knabberei zum Wein (ab 3,50 Euro), oder dem Ingwertee (3,50 Euro).

Es geht weiter mit den Glücksrollen (2,90 Euro je Rolle), die neben der Basisfüllung zusätzlich mit Süßkartoffel, Rind, Tofu oder Bio-Omelette gefüllt werden. Die Rollen schmecken wunderbar frisch. Der dazu gereichte Erdnuss-Soja-Dip macht süchtig. Gleiches gilt auch für den Reisnudelsalat (11,90 Euro), das Curry (ab 11,20 Euro) oder die Minz-Kokos-Schale (ab 11,50 Euro). Auch hier werden Rind-, Tofu- oder Veggie-Varianten angeboten. In jedem Fall aber verleihen frische Kräuter und perfekt eingesetzte Gewürze den Gerichten eine unverkennbare Identität. Sehr gut gelungen ist auch die Pho (ab 6,20 Euro), die es als kleine oder große Portion und natürlich auch ohne Fleisch gibt. Doch es ist nicht nur der Geschmack, der im Fei Scho überzeugt. Bei allen Gerichten hat man immer auch das Gefühl, etwas zu essen, das einem guttut. Einzig die karamellisierten Schweinerippchen (12,50 Euro) mit Cole Slaw und Reis sind etwas gewöhnungsbedürftig. Das Fleisch ist zwar zart und schmackhaft, jedoch hat die Karamellsüße ordentlich gegen das konzentrierte Sojasalz zu kämpfen. Waren wir anfangs skeptisch, wie sich das reduzierte Gastrokonzept in Haidhausen schlagen würde, konnten wir gleich in den ersten Wochen feststellen, dass genau so ein Lokal im Viertel anscheinend gefehlt hat. Studenten wie Mittdreißiger oder Familien schätzen einfach die Möglichkeit, im Fei Scho für kleines Geld richtig gut und vor allem gesund zu essen. Da stört nicht einmal die gewisse Nüchternheit, die dem Gastraum anhaftet, und die gottlob etwas von der wunderbaren Papierlampen-Konstruktion an der Decke durchbrochen wird.

***Fazit:** Kleine Karte mit wenigen Gerichten (Glücksrolle, Reisnudelsalat, Curry, Rippchen und Pho), die jedoch extrem lecker sind. Spartanische Einrichtung mit einem hübschen Papierlampenwald. Unkompliziert.*

★ **38,5** von 60 Punkten (–)

E: 12/20, T: 6/10, S: 6/10, A: 6,5/10, W: 8/10

› Fei Scho, Haidhausen,
Pariser Str. 17, Tel. 46 131 533,
Di-So 17.30-23.30h, Kosten: G

Asahi Grill

Das 2-in1-Lokal

NEU! Der neue Asahi-Grill auf der Leopoldstraße wartet mit zwei vollkommen unterschiedlichen Gesichtern auf. Mittags isst man hier schnelle und einfache Gerichte vom All-You-Can-Eat-Büfett (8,50 Euro). Am Abend verwandelt sich das Lokal jedoch in ein hübsches À-la-carte-Restaurant mit einer sehr guten Auswahl an Sushi, Thaifood und Spezialitäten vom Lavasteingrill. Schon bei der Vorspeise für zwei Personen (23,90 Euro) kann man sich mit Saté-Spießen, Muscheln in Currysauce, Papayasalat mit Jakobsmuscheln, Frühlingsrollen, gegrillten Garnelen und Wan Tan durch gleich vier Länder speisen. Wer nicht so üppig starten mag, wählt seinen Favoriten aus dem reichhaltigen panasiatischen Tapas-Angebot: z.B. Salat mit Ente (6,50 Euro), Sommerrolle mit Garnele (4,90 Euro), Lachstartar mit Limettensauce (7,90 Euro) oder Seetangalgen-Salat (3,90 Euro). Normalerweise sind wir bei Asia-Lokalen, die verschiedene Küchenstile bedienen, skeptisch. Im Asahi Grill gelingt der Spagat jedoch mühelos. Die Sushi-Spezialitäten wie das Sake Sashimi mit Lachs (15,90 Euro) schmecken nicht nur frisch, sondern werden auch optisch sehr ansprechend präsentiert. Das gilt auch für die in einer Kokosnuss servierten Riesengarnelen vom Grill in Thaicurry (19,90 Euro). Zum guten Essen trinkt man entweder einen Wein (z.B. einen Chardonnay von Enate, 0,75 l 35 Euro) oder aber Cocktails wie den fruchtig-herben Florida Sling oder den tropisch-süßen Asahi-Sunrise (0,4 l je 7,90 Euro). Da sich auch die Einrichtung mit den eleganten Lampen, der Birkenholz-Dekoration und dem Kontrast zwischen hellen Holztischen und dunklen Lederstühlen wohltuend vom Leopoldstraßen-Mainstream abhebt, hat sich das Asahi eine Empfehlung absolut verdient.

***Fazit:** Asiatische Crossover-Küche. Hier werden dem Gast thailändische, vietnamesische und japanische Gerichte serviert. Während es mittags nur einfaches Büfett gibt, verwandelt sich das Lokal am Abend in einen Edelasiaten mit Sushi und Spezialitäten vom Lavasteingrill auf der Karte.*

36 von 60 Punkten (–)

E: 12/20, T: 6/10, S: 6/10, A: 6/10, W: 6/10

› Asahi Grill, Schwabing,
Leopoldstr. 76, Tel. 38 989 878,
tgl. 11.30-23h,
Kosten: M

Asahi Grill Schwabing

★: ab 42 Punkten; ★: 38-41 Punkte **Trend zum Vorjahr:** ↗: besser; →: gleich; ↘: schlechter; –: neu aufgenommen
E: Essen; **T:** Trinken; **S:** Service; **A:** Atmosphäre; **W:** Wohl fühlen **Kosten: G:** günstig; **M:** mittel; **H:** hoch; **SH:** sehr hoch

Exotisch

Die Langkritiken

Savanna Munich Isarvorstadt

Royal Healthy Slices

Herzensküche

NEU! Damit erst gar keine falschen Erwartungen aufkommen: Das Royal Healthy Slices ist kein Lokal, in das man sich setzen und fein dinieren kann. Es ist nichts weiter als ein kleiner Imbiss, der jedoch mit einer georgisch-griechischen Küche aufwartet, die den Weg an den Hohenzollernplatz lohnt. Der Imbiss ist ein Mama-Sohn-Business. Während sich Sohn Herakles rührend und mit nie enden wollender guter Laune um den Service kümmert, kocht seine Mutter fantastische Teigtaschen mit verschiedenen Toppings, Tagesgerichte wie Käse-Lasagne, gefüllte Paprika oder Ofengemüse. Kuchen, Profiterole und Muffins gibt es im Royal Slices auch. Meshkuri ist etwa ein kleines Teigbrötchen mit einer Auberginenfüllung, auf die noch ein Spiegelei kommt. Bei der Khajapuri-Variante ist das fluffige Brötchen mit Grillgemüse gefüllt. Obenauf kommt noch ein bisschen Feta. Das alles wird kurz überbacken. Fertig. Was für eine geniale Mama-Küche. Frisch zubereitet, unverfälscht und einfach lecker. Und bezahlbar ist das Ganze auch noch: Die Slices kosten um die 4 Euro, die Tagesgerichte zwischen 5 und 7 Euro. Himmlisch.

Fazit: *Bei den königlichen und gesunden Stückchen handelt es sich um griechisch-georgische Spezialitäten: Hefeteigbrote mit allerlei Füllungen. Mal mit Fleisch, mal mit Gemüse, mal mit beidem. Dazu gibt es Kuchen, Bio-Tees und fantastische Profiterole. Suchtgefahr.*

★ **38,5** von 60 Punkten (-)

E: 12/20, T: 6/10, S: 6,5/10, A: 6/10, W: 8/10

▶ Royal Healthy Slices, Schwabing, Hohenzollernplatz 4, Tel. 23 023 702, Mo-Sa 9-20h, So 12-18h, Kosten: G

Royal Healthy Slices Schwabing

Ksara

Miteinander essen

Wenn eine Freundin mit libanesischen Wurzeln in ein libanesisches Restaurant einlädt, dann kann eigentlich nichts schiefgehen. Und so viel sei schon vorweg gesagt: Bei unserem Besuch im Ksara ging auch nichts schief. Das Lokal in der Haimhauserstr. 7 gibt es schon seit ewigen Zeiten. Für arabische Verhältnisse ist das Ksara eher puristisch eingerichtet. Die dunklen Holzmöbel und die weißen Wände bilden einen schönen Kontrast, ein Stoffbild mit goldblauen Muster sorgt für arabisches Flair. Wir empfinden die Atmosphäre drinnen als sehr gemütlich. Wer einen Platz auf der schönen Terrasse ergattert, darf sich zusätzlich über eine Prise mehr Schwabinger Leben freuen. Unsere Begleitung bestellt für uns alle und entscheidet sich dabei wie im Libanon üblich für eine riesige Auswahl an Vorspeisen. Das sogenannte Masa Royal (39,50 Euro) ist laut Karte eigentlich nur für zwei Personen dimensioniert. Doch als wenig später 17 (!) Tellerchen und Schälchen auf unserem Tisch stehen, bewahrheitet sich die Versicherung unserer Freundin, dass wir zu viert von den Vorspeisen garantiert ohne Probleme satt werden. Auf den Tellern finden sich Köstlichkeiten wie Hummus, Falafel, Labneh (ein hausgemachter Quark), Fatajer (gebackene Spinat-Teigtaschen), Kibbe (Hackfleischbällchen aus Lammfleisch), Sambousek Lahme (gebackene Fleischtaschen) und Sambousek Dschibneh (gebackene Käsetaschen), natürlich auch Tabbouleh sowie Mtabbal (gegrillte pürierte Auberginen). Alles ist tadellos zubereitet. Besonderen Spaß macht jedoch die Art des Essens. Alle langen fröhlich mal auf diesen, mal auf jenen Teller. „Hast du den Spinat schon probiert?" „Sehr lecker, du musst unbedingt auch eines von diesen Hackfleischbällchen nehmen." Man isst automatisch gemeinsam, wie bei einem Picknick. Ein schönes Gefühl. Zum Essen trinken wir einen libanesischen Rotwein, den uns die zuvorkommende, freundliche Bedienung empfohlen hat. Obwohl auf der Karte auch renommiertere und wesentlich teurere Etiketten, zum Beispiel vom Chateau Heritage oder dem Chateau Musar stehen, erweist sich der KSARA Résèrve de Couvet (23 Euro) als angenehmer unkomplizierter Begleiter zum vielseitigen Essen. Nach den Vorspeisen, bei denen speziell die frischen Salatbeilagen und das

★: ab 42 Punkten; ✭: 38-41 Punkte **Trend zum Vorjahr:** ↗: besser; →: gleich; ↘: schlechter; –: neu aufgenommen
E: Essen; **T**: Trinken; **S**: Service; **A**: Atmosphäre; **W**: Wohl fühlen **Kosten**: **G**: günstig; **M**: mittel; **H**: hoch; **SH**: sehr hoch

fantastische Tabbouleh überzeugen, versucht uns der Kellner noch zum Firri (gegrillter Wachtel mit libanesischen Gewürzen und Granatapfelsirup) sowie Tawuc (gegrillte Hähnchenbrustfilets in Tomatenmark) zu überreden. Wir müssen leider passen, versprechen aber, dass wir wiederkommen und uns beim nächsten Besuch tatsächlich auch einmal auf die Hauptspeisen stürzen.
Fazit: *Traditionell eingerichtetes libanesisches Lokal (nettes Höhlenambiente). An den liebevoll eingedeckten Tischen fühlt man sich sofort wohl. Unbedingt durch die reiche Vorspeisenauswahl schlemmen.*

41 von 60 Punkten (→)
E: 12/20, T: 7/10, S: 8/10, A: 7/10, W: 7/10

Ksara, Schwabing,
Haimhauserstr. 7, Tel. 33 088 299,
tgl. 18-24h, Küche bis 24,
Kosten: M

Savanna Munich

Folge dem Elefanten

Seit sechs Jahren gibt es das Savanna Munich in der Maistraße. In dieser Zeit hat sich das südafrikanische Lokal mit dem großen Pappmaché-Elefantenkopf vor der Tür mehr als einmal in unsere Herzen gekocht und gehört zu unseren absoluten Lieblingslokalen. Eine Reservierung ist unbedingt zu empfehlen, denn selbst unter der Woche ist das Lokal meist gut besucht. Drinnen herrscht ein klassischer Kneipencharme (dunkle Holztische und Stühle) mit exotischem Touch (rote Wände und afrikanische Holzmasken-Lampen). Schwerpunkt der Karte bilden die exotischen Fisch- und Fleischgerichte. Neben verschiedenen Cuts vom namibischen Rind kann man hier nämlich auch Krokodil, Zebra, Kudu oder Springbock essen – je nach Saison. Wer erstmal seine Berührungsangst loswerden will, liegt mit der Vorspeisenplatte für zwei Personen richtig (27,50 Euro). Auf der Platte befinden sich sogenannte Bites, kleine Probierhappen, mit denen man sich an den neuen Geschmack herantasten kann. Krokodil schmeckt zum Beispiel wie dunkles Geflügel, hat aber einen festeren Biss. Auch das Zebrafleisch ist eine Wucht und erinnert von der Geschmacksintensität beinahe an eine gut gewürzte Bratwurst. Auch hier ist der Biss jedoch herrlich fest. Der hierzulande weitgehend unbekannten Kingklip, der Fisch ist vor der südafrikanischen Küste heimisch, überzeugt dagegen durch einen sehr milden und feinen Geschmack. Wer sich im Savanna geschmacklich bereits auskennt, kann die Vorspeisen auch Vorspeisen sein lassen und sich gleich der Exotischen Hauptgangplatte für zwei Personen widmen (69,50 Euro). Die kommt mit einer großen, zu einer Schnecke gerollten Bratwurst, einem Filetstück vom Namibischen Rind, einem Filet vom Krokodil sowie einem Exoten-Filet wie eben dem Zebra. Sämtliche Stücke sind auf den Punkt gegrillt. Dazu werden Steak, Pommes und Süßkartoffelpommes serviert, sowie ein sehr schön angemachter Wildblattsalat. Wer keine Lust auf die üppige Fleischorgie hat, greift zu Salaten wie dem Buschsalat mit Roter Bete und Feta (12,50 Euro) oder entscheidet sich womöglich für die Riesengarnelen vom Grill (26,50 Euro). Ein weiteres Erlebnis im Savanna ist die gut sortierte Weinkarte. Ab 30 Euro wird man fündig. Es lohnt sich aber durchaus, hier zehn oder zwanzig Euro mehr zu investieren, und sich einen großartigen Wein wie den Three von Constantia Glen aus dem Jahr 2013 auf den Tisch zu stellen (52,50 Euro). Schokolade, Kräuter und mineralische und florale Noten sorgen für jede Menge Spaß im Glas. Den hat man auch mit den Desserts, die es vor allem in flüssiger, hochprozentiger Form

Savanna Munich Isarvorstadt

gibt. Unbedingt probieren sollte man die „Schwarzwälder Kirschtorte", u.a. mit Amarula, Kaffeelikör, Schlagsahne und einer Cocktailkirsche. Es wundert, dass diese geniale Kombination in München nicht schon in jedem jungen bayerischen Wirtshaus auf der Karte steht. Neben dem guten Essen und den klasse Drinks genießen wir im Savanna übrigens vor allem auch die unaufgeregte Normalität des Lokals. Immer wieder gern!

Fazit: *Köstliche Fleischspezialitäten vom Grill, die zudem auch noch absolut bezahlbar sind. Neben Rind stehen auch Springbock, Strauß und Krokodil in diesem südafrikanischen Lokal auf der Karte. Auf die südafrikanischen Weine dazu ist Verlass. Stimmiges Ambiente und zuvorkommender Service. Immer mittwochs ist Cocktail-Night (alle Drinks 5 Euro). Top!*

★ **40,5** von 60 Punkten (→)

E: 13/20, T: 7/10, S: 6,5/10, A: 6,5/10, W: 7,5/10

▶ Savanna Munich, Isarvorstadt, Maistr. 63, Tel. 53 906 363, Di-So 17-1h, Kosten: M

Trader Vic's

Südseetraum

Das Trader Vic's gehört zu den aussergewöhnlichsten Restaurants in München. Das beginnt bei den liebevoll gestalteten Räumen im Tiki-Style, geht weiter bei der Speisekarte, die gekonnt und unheimlich vielseitig durch die verschiedensten Südseeküchen führt, und macht weiter beim Barangebot, das in unbekannten Aromen und tollen Eigenkreationen schwelgt. Doch der Reihe nach. Die Schauwerte in den verwinkelten Räumlichkeiten sind unheimlich hoch. Man schaut auf aufwändige Schnitzereien aus Tahiti und Hawaii, entdeckt Capiz-Muscheln aus den Lagunen von Luzon und handgearbeiteten Tiki-Masken aus Fidschi. Ein gemütliches,

Trader Vic's Zentrum

anregendes Flair. Die Tatsache, dass man im Trader Vic's sehr ungestört und angenehm versteckt sitzen kann, wissen auch Münchner Prominente, die keine Lust auf permanenten Selfie-Alarm haben, sehr zu schätzen. Die Küche bietet eine kulinarische Bandbreite, die von Polynesien, über China, die Mongolei, Thailand und sogar bis nach Japan reicht. Lomi Lomi kennen die meisten wahrscheinlich nur als Massageart. Der Name bezeichnet jedoch auch einen frischen Lachssalat mit Tomaten, Limette, Essig und Lauchzwiebeln (20,80 Euro), wie er in Hawaii zubereitet wird. Großes Fischkino erlebt man auch mit dem Grilled Mixed Seafood (36 Euro) mit Salzwassergarnelen, Lachs, einem Filet von der Meerbarbe. Dazu gibt es Reis mit Crevetten und eine samtene mit Dill gewürzte Hummercremesauce. Die Qualität der Zutaten ist tadellos. Die Portionen meist üppig. Auch wenn das Trader Vic's bereits zu zweit viel Spaß macht, sollte man unbedingt einmal überlegen, hier mit einer größeren Gruppe Menschen einzufallen. Dann nämlich könnte man auch Spezialitäten wie das hawaiianische Spanferkel probieren. Dabei handelt es sich um ein ganzes Spanferkel, das im chinesischen Ofen zubereitet und mit gebratener Banane sowie Ananas-Paprika-Rosinen-Reis und Wok-Gemüse zubereitet wird. Das Spanferkel reicht für 14 Personen (39,50 Euro). Um vier Tage Vorbestellung wird gebeten. Zum außergewöhnlichen Essen könnte man Wein trinken. Dann verpasst man jedoch die exotischen Cocktailkreationen der Menehune & Trader Vic's Bar. Beim Pipeline (16,80 Euro), verspricht die Karte, handelt es sich um eine Welle, auf die jeder Surfer wartet. Tatsächlich zieht einen der Drink mit Spiced Rum, Whiskeylikör und hochprozentigem Rum ganz schön mit. Wer in der Gruppe im Trader Vic's aufschlägt hat auch hier wieder den Vorteil, Dinge bestellen zu können, die für ein Paar zu viel sind. Die zeremoniellen Luau-Drinks werden traditionell im großen Topf serviert, aus dem man sich dann bedienen kann. Dieses besondere Trinkerlebnis genießt man beispielsweise mit dem Scorpion (für 4 Personen 37 Euro), in dem Rum, tropische Fruchtsäfte und Mandelaroma vermischt sind. Wen derart viel Exotik überfordert, der kann es sich hier aber auch ganz einfach mit Spring Rolls (11,30 Euro), gegrillten Garnelen (33,50 Euro) oder Pepper Beef (24 Euro), Rindfleisch mit Paprika, gemütlich machen. Wie gesagt, das Trader Vic's ist ein Lokal für zahlreiche Gelegenheiten.

Fazit: *In dem bunt eingerichteten Kellerlokal taucht man in eine eigene Welt ein. Die Speisekarte offeriert eine kulinarische Weltreise durch die asiatischen Küchen. Peking Suppe aus China, Papaya-Salat aus Thailand, Sashimi aus Japan, Kurkuma-Hähnchen aus Indonesien ... Dazu genießt man exotische Cocktails, gute Weine und erfreut sich an einer illustren Gästemischung.*

★ **40** von 60 Punkten (→)

E: 12/20, T: 7/10, S: 7/10, A: 7/10, W: 7/10

▶ Trader Vic's, Zentrum, Promenadeplatz 2-6, Tel. 2 120 995, tgl. 18-1h, Kosten: H

Foto: Benjamin Monn

★: ab 42 Punkten; ☆: 38-41 Punkte **Trend zum Vorjahr:** ↗: besser; →: gleich; ↘: schlechter; –: neu aufgenommen

E: Essen; **T:** Trinken; **S:** Service; **A:** Atmosphäre; **W:** Wohl fühlen **Kosten: G:** günstig; **M:** mittel; **H:** hoch; **SH:** sehr hoch

Mediterran

Die Langkritiken

Ola Kalá Schwabing

Amistad Maxvorstadt

Spanisch

Amistad

Ohne Folklore

NEU! In der Georgenstraße gibt es seit einiger Zeit eine junge Tapasbar, das Amistad. Betrieben wird das Lokal von den Machern der sympathischen Bar-Restaurant-Kneipe Le Florida, die sich gleich gegenüber befindet. Spanische Folklore sucht man im Amistad vergeblich. Lediglich in der blau gefliesten Bar vermag der kundige Betrachter einen dezenten Hinweis auf die Küchenart erkennen. Der Rest der Einrichtung tritt dezent in den Hintergrund, vor allem, wenn es dunkel geworden ist und durch viele Lichtspots ein wohliges Höhlenambiente im Lokal entsteht. Hat man an einem der hellen Holztische Platz genommen, stellt man beruhigt fest, dass man im Amistad nicht mit lästig-lauter Salsa- oder Partymusik beschallt wird, sondern ganz einfach essen und trinken und sich mit seinem Gegenüber unterhalten kann. Die Karte liest sich spannend. Sollen es Klassiker wie die Gambas al Ajillo (6,90 Euro), die Albondigas (5,60 Euro) oder die Pimientos de Padrón (4,20 Euro) sein? Oder doch lieber die Mousse de Sardinillas (4,80 Euro), eine sehr feine Crème aus Sardinen, oder die Ceviche de la Casa (6,80 Euro), ein Meeresfrüchtesalat in einer süßsauren Ananas-Limettensoße? Fisch, Fleisch, Gemüse ... auf der Karte findet sich genügend Auswahl. Mit drei bis vier Tapas sollte man pro Person kalkulieren. Die Portionen der in hübschen Keramikschälchen oder auf Schiefertafeln servierten Tapas sind nicht unbedingt üppig, aber angemessen. Und wie schmeckt's? Tadellos. Schön ist, dass man sich im Amistad jedoch nicht nur beim Essen, sondern auch mit der Sangría Mühe gibt. Der Wein-Frucht-Mix wird in verschiedenen Varianten, mit Weißwein, Rotwein, Cava oder sogar in einer alkoholfreien Variante angeboten (0,5 l ab 9,80 Euro). Die Weißwein-Sangría wird beispielsweise mit Gin und Zimt verfeinert. Bei der Rotwein-Sangría sorgt Muskatnuss für ein angenehm belebendes Element. Ansonsten trinkt man hier Wein, eine Flasche Cava oder ein spanisches Bier (Estrella, 0,3 l 3,50 Euro). Das Publikum ist bunt gemischt. Es kommen Leute aus dem Viertel, Studenten, Pärchen und die eine oder andere After-Work-Runde. Sie alle genießen die entspannte Stimmung in dieser unaufgeregten Tapas-Bar sichtlich.

***Fazit:** Junge Tapas-Bar mit feiner bezahlbarer Küche sowie ordentlicher Sangría- und Weinauswahl. Toll, wenn man mal mit nur kleinem Hunger niveauvoll ausgehen will. Warmes Ambiente.*

★ **42** von 60 Punkten (-)

E: 13/20, T: 7/10, S: 7/10, A: 7,5/10, W: 7,5/10

▶ Amistad, Maxvorstadt,
Georgenstr. 37, Tel. 85 633 600,
tgl. 18-1h,
Kosten: M

★: ab 42 Punkten; ☆: 38-41 Punkte **Trend zum Vorjahr:** ↗: besser; →: gleich; ↘: schlechter; –: neu aufgenommen

E: Essen; **T**: Trinken; **S**: Service; **A**: Atmosphäre; **W**: Wohl fühlen **Kosten: G**: günstig; **M**: mittel; **H**: hoch; **SH**: sehr hoch

Griechisch

Melina Merkouri

Gute Laune

Melina Merkouri Isarvorstadt

NEU! Die Taverna Melina Merkouri liegt unweit des Goetheplatzes. Früher war hier das Molos zu finden, ein gehobener Partygrieche, der vor allem auf ausgelassene Stimmung setzte, die von reichlich Ouzo befeuert wurde. Betritt man nun das Lokal, umfängt den Gast ein modern-maritimer Style und eine wundervoll warme Lichtatmosphäre, die einen an einen Sonnenuntergang am Meer denken lässt. Stimmung herrscht auch im neuen Melina Merkouri, allerdings fühlt sich das meist gut gefüllte Lokal erwachsener als früher an. Empfinden wir den Service zu Anfang noch als routiniert und etwas kühl, zeigt sich im Verlauf des Abends, dass unser Kellner sein Handwerk versteht. Die Speisen- und Weinempfehlungen sitzen, für Jacken und Taschen bekommen wir ungefragt einen Extrastuhl an den Tisch gestellt. Ist ein Glas leer, wird höflich nachgefragt, ohne je aufdringlich zu sein, ob wir noch etwas wünschen oder benötigen. Das wir uns hier schnell wohlfühlen, liegt aber auch an der guten Küche. Die Riesengarnelen vom Grill mit Aioli (19,80 Euro) überzeugen durch Frische. Klassiker wie das Moussaka (13,80 Euro) oder das Briam (11,80 Euro) – Ofengemüse mit Feta und Salat –

Melina Merkouri Isarvorstadt

sind ebenfalls absolut gelungen. Genau wie die anderen Gäste verleben wir derart gut umsorgt einen anregenden Abend, der spät mit einem Ouzo aufs Haus und guter Laune endet. Gern kommen wir wieder, allein schon, um uns einmal die Vorspeisenorgie zu gönnen, wie es größere Runden an den Nachbartischen getan haben. Den Mix aus warmen und kalten Vorspeisen gibt es für zwei oder vier Personen (21,90 bzw. 37,60 Euro), und reicht jedoch aus, um die doppelte Anzahl an Menschen satt zu machen. Im Sommer sitzt man übrigens draußen auf einer großen Terrasse unter alten Bäumen. Ebenfalls ein Traum.

Fazit: *Das wilde Molos ist Geschichte. Im neuen Lokal wird der Fokus auf einen entspannten, etwas erwachseneren Abend gelegt. Küche und Service arbeiten tadellos. Hier macht es Spaß, sich durch zahlreiche Vorspeisen oder die tollen Fischgerichte zu schlemmen.*

41 von 60 Punkten (-)

E: 13/20, T: 7/10, S: 6,5/10, A: 7,5/10, W: 7/10

Melina Merkouri, Isarvorstadt, Maistr. 26, Tel. 59 918 580, tgl. 17-1h, Kosten: M

Ola Kalá

Beim Zeus, ist das göttlich

Die griechische Küche und der Tester, das war lange Zeit keine Liebesbeziehung: Am Öl wird meist nicht gespart, dafür an dessen Qualität. Zutaten – ob Gemüse oder Hummer – sind oft so verkocht, dass man sie löffeln kann. Die herrlichen mediterranen Kräuteraromen gehen ob der Knoblauchdominanz vollkommen unter. Das mag – siehe Kreta-Diät – gesund sein, aber raffiniert geht anders. Doch dann lud eine Freundin eines Tages zum Geburtstag ins Schwabinger Ola kalá. Übersetzt heißt das „alles gut". Und das Beste daran: der Name ist Programm. Seither kommetder Tester hier immer wieder vorbei, wenn er Sehnsucht nach exzellentem, abwechslungsreichem Essen hat und für ein Stündchen vom Urlaub am Mittelmeer träumen will. Am besten reserviert man zwei Tage vorher, um einen der begehrten 50 Plätze im Inneren des Lokals zu ergattern. Im Sommer kommen 30 Außenplätze auf dem Bürgersteig der Kaiserstraße dazu. Die Terrasse ist nicht sehr lauschig, aber fröhlich-tur-

Ola Kalá Schwabing

★: ab 42 Punkten; ★: 38-41 Punkte **Trend zum Vorjahr:** ↗: besser; →: gleich; ↘: schlechter; –: neu aufgenommen
E: Essen; **T:** Trinken; **S:** Service; **A:** Atmosphäre; **W:** Wohl fühlen **Kosten: G:** günstig; **M:** mittel; **H:** hoch; **SH:** sehr hoch

Ola Kalá Schwabing

bulent. Immer wieder bleibt einer der Passanten stehen, um Wirt Panagiotis Bezas oder seiner Frau Christina zu erzählen, wie's daheim oder im Job läuft. Dabei dürfen die Versicherung, spätestens übermorgen zum Essen zu kommen, und eine schnelle Umarmung zum Abschied nie fehlen. „Bei uns sind die Gäste oft Freunde", sagt Panagiotis, „denn Gastronomie ist für uns nicht einfach nur Geld verdienen. Es ist eine Lebensart ". Übernommen hat er diese Einstellung von seinem Vater, der das legendäre „Bistro Kosta" führte, einen beliebten Künstlertreff, dessen Stammgäste auch dem Sohn die Treue hielten. Man darf aber vermuten, dass sie auch wegen des guten Essens kommen. „Wir verstehen uns ja nicht als touristische Taverne, sondern als Restaurant", so der Chef. Damit die Leute sehen, welche regionalen Spezialitäten in der Küche verwendet werden, hat die Wirtsfamilie damit das Innere des schlicht-funktionalen Lokals dekoriert. In den Regalen stehen z. B. Fava, die kleinen Ackerbohnen, würzige Honige, feinste Olivenöle und eine Weinmelange, mit der der Küchenchef die Saucen verfeinert. Alle Produkte sind von griechischen Herstellern, die sich dem Genuss mit derselben Leidenschaft verschrieben haben, wie die Wirtsleute selbst. Auch die Weine stammen aus kleinen Kellereien des Landes. Zu den täglich servierten Spezialitäten gehören köstliche Tintenfischkreationen, wie würzig mariniertes Oktopus-Carpaccio (11,90 Euro), Tintenfisch-Salat auf Linsenbett (6,90 Euro) oder, als Hauptgericht, die leckeren Baby-Calamari, wunderbar leicht in Kräutern paniert und appetitlich im Radicchio-Mantel serviert (16,50 Euro). Wer die bestellt, liegt immer richtig. Genauso wie bei den Zucchinipuffern mit Tahinisauce auf der Basis von Sesampaste. Die Gemüsebällchen sind außen kross und innen herrlich fluffig und mit 7,90 Euro für zwei Stück jeden Cent wert. Von der Tageskarte sind die Hähnchenhappen, eine feingewürzte Farce in Sesam gerollt und knusprig herausgebacken (8,90 Euro). Ein wahres Highlight: die Wildgarnelen auf Mangorisotto (22,90 Euro). Der krönende Abschluss: Cheesecake auf griechische Art, der Krümelboden mit leichter Salznote, das Topping aus Manouri-Frischkäse, die Süße liefern das rote Beeren-Coulis und die Mangosauce. So gut kann griechische Küche sein. Serviert werden die Gerichte dabei auf schönem Geschirr oder Schieferplatten. Das Essen ist hier eben der Star. Und weil das so ist, fällt das Fazit in diesem Fall sehr kurz aus: Ola kalá, alles gut. Und mehr will man doch eigentlich nicht, oder?

***Fazit:** Das schlicht-hübsche Ambiente spielt sich im Ola Kalá nicht in den Vordergrund. Dass der Besuch dennoch lohnt, liegt an ungewöhnlichen und guten Gerichten wie Baby-Calamari im Radicchio-Mantel.*

★ **40** von 60 Punkten (→)

E: 12,5/20, T: 6,5/10, S: 7/10, A: 6/10, W: 8/10

› Ola Kalá, Schwabing,
Kaiserstr. 65, Tel. 20 080 842,
tgl. ab 17h,
Kosten: M

Matiz Giesing-Au

Fotos Matiz: DNZ Networks

Mediterran

Matiz

Küche des Südens

NEU! Ein Lokal, das die kulinarischen Vorzüge des Mittelmeerraums in sich vereint? Das türkische, griechische und orientalische Einflüsse aufgreift? Das schauen wir uns doch gern an. Zumal wir den Wirt noch aus dem Alhambra in guter Erinnerung haben. Matiz heißt das neue Lokal und es liegt unweit des Candidplatzes etwas versteckt in einem Ärztehaus, das mit seiner funktionalen dunklen Siebzigerjahre-Architektur atmosphärisch eher verschreckt. Nicht so das Matiz. Zwar dominieren im Gastraum ebenfalls dunkle Farben, doch ein raffiniertes Lichtkonzept sorgt für viel Wärme und Geborgenheit. Im Sommer sitzt man auf einer überdachten Terrasse, die von erstaunlich viel Grün umgeben ist. Und was hat die „Küche des Südens", mit der das Lokal für sich selbst wirbt, zu bieten? Nun, zuerst einmal sehr leckere Vorspeisen. So eine gute Taramas (4,50 Euro), die Creme aus gesalzenem Fischrogen, haben wir lange nicht mehr gegessen. Auch das Zaziki (4,50 Euro) oder das Taboulé (4,50 Euro) sind tadellos. Beim Humus (4,50 Euro) hat sich der Koch für eine wildere, nicht vollkommen glatt passierte Variante entschieden. Ein toller Auftakt, zumal auch der Feast (23 Euro), ein Weißwein vom griechischen Produzenten Seméli, ausgezeichnet zum Essen passt. Schade, dass die Hauptgerichte anschließend nicht ganz mit den Vorspeisen mithalten können. Der Lammrücken (24,50 Euro) ist eine Idee zu durchgebraten, den Saucen fehlt es etwas an Kraft und das Gemüse ist ein wenig zu weich geraten. Alles Kleinigkeiten, die in der Summe jedoch auffallen. Dass man sich im Matiz dennoch von der ersten bis zur letzten Minute wohlfühlt, liegt auch am zuvorkommenden Service, der ohne Hektik und mit freundlicher Herzlichkeit arbeitet. Versöhnlich stimmt auch der Abschluss mit einer Vanille-Crème-Brûlée (5,90 Euro) und der Ouzo, den uns der Service mit auf den Weg nach Hause ausgibt.

***Fazit:** Mediterrane Küche (türkisch/griechisch), vor allem die Vorspeisen überzeugen. Dazu gute Weine. Hübsche Terrasse. Drinnen gefällt das moderne 1001 Nacht-Ambiente.*

37,5 von 60 Punkten (-)

E: 12/20, T: 6,5/10, S: 6/10, A: 7/10, W: 6/10

› Matiz, Giesing-Au,
Candidplz. 9, Tel. 62 230 666,
Mo-Do 11-14.30 u. 17.-1h, Fr/Sa 11-14.30 u. 17-4h, So 10-15h,
Kosten: M

Matiz Giesing-Au

★: ab 42 Punkten; ★: 38-41 Punkte **Trend zum Vorjahr:** ↗: besser; →: gleich; ↘: schlechter; –: neu aufgenommen

E: Essen; **T:** Trinken; **S:** Service; **A:** Atmosphäre; **W:** Wohl fühlen **Kosten: G:** günstig; **M:** mittel; **H:** hoch; **SH:** sehr hoch

Bars

Die Langkritiken

Mirror Munich Schwabing

Boulevardier

Best Negroni in Town

NEU! Wie bitte? Mauro's Negroni Club ist nicht mehr? Bevor jedoch nun ein großes Wehklagen einsetzt, möchten wir schnell einige Dinge richtigstellen: Bei der neuen Bar Boulevardier in der Kellerstraße handelt es sich lediglich um eine Transformation des alten Negroni Clubs, und Mauro Mahjoub ist hier auch noch immer mit an Bord. Gemeinsam mit Emanuele Ingusci (Barroom) hat er jedoch etwas am Konzept geschraubt. Die Karte ist nun nicht mehr so ausladend wie früher, sondern fokussiert noch stärker auf die Spezialität des Hauses: geniale Negroni-Drinks. Bei den sogenannten Barrel-Aged-Negronis handelt es sich tatsächlich um Cocktails, die nach dem Mixen in ein Fass abgefüllt werden und dort reifen. So wie sonst nur ein Wein oder Einzelspirituosen. Der Effekt: Die Zutaten vermischen sich auf eine ganz besondere Art und Weise. Etwa beim samtweichen Negronino (11 Euro), mit Hendrick's Gin, Campari, Cynar, Sweet Vermouth und Gurke. Ebenfalls genial ist der Tinto (11 Euro), der mit Gin, Capari, Portwein sowie Creme de Cacao zur Reife gebracht wird. Klassische Negronis, Cocktails wie der Whisky Sour oder ein Gimlet finden sich im Boulevardier auch auf der Karte. Von ihrem warmen Charme hat die Bar, die ganz in dunklem Holz gehalten ist, nichts verloren. An der Einrichtung haben Mahjoub und Ingusci nämlich nichts geändert. Zu essen gibt es im Boulevardier nun tagesfrische, vorwiegend italienische Kleinigkeiten (z.B. Bruschette, Avocado-Salat, Burger oder Pasta).

Fazit: *Mauro Mahjoub und Emanuele Ingusci haben sich zusammengetan und Mauro's Negroni Club ein neues Konzept unter neuem Namen verpasst. Geniale Negroni-Kreationen gibt es hier immer noch. Zu den Cocktails genießt man italienische Kleinigkeiten.*

★ **29** von 40 Punkten (→)
T: 8,5/10, S: 6,5/10, A: 7/10, W: 7/10

▶ Boulevardier, Haidhausen, Kellerstr. 32, Tel. 44 488 770, Mo-Sa ab 19 h (im Sommer Di Ruhetag), Kosten: M

Senatore Zentrum

Boulevardier Haidhausen

Senatore

Plüschporno

NEU! Senatore heißt die neue Bar am Sendlinger-Tor-Platz, die mit Plüsch, Pizza, Porno-Reminiszenzen und guter Musik ein junges Publikum unterhält. Für Authentizität und Patina sorgt die Einrichtung, die man weitestgehend vom Vorbesitzer übernommen hat und die einem beim ersten Besuch erstmal den Atem verschlägt. Bordeauxrote Samtvorhänge, Goldrand-Wände, Barhocker mit Flusen-Bordüre und die skurrilen Figürchen an der Wand sorgen für einen Zeitreiseflash, den man am besten mit einem nach Pornostar Rocco Siffredi benannten „Siffredi" (11 Euro) bekämpft. Der wird aus Rum, Limette, hausgemachtem Gurkensaft und – Haha! – Eiweiß gemixt. Ein MUC Mule (9,50 Euro) tut es aber auch. Dass es jedoch wirklich noch Menschen gibt, die Whisky Cola trinken (8,50 Euro), können wir gar nicht so recht glauben. Bis 22 Uhr brennt im Senatore zudem der Pizzaofen und bringt moderne Kreationen wie Pizza Claudia (10,50 Euro), mit Birne, Gorgonzola und Walnusspesto unters Volk. Gegen 23 Uhr verwandelt sich das Lokal dann in eine Tanzbar. Zu hören gibt es Funk, Soul, Electro oder Hip-Hop – Spaß soll die Musik vor allem machen. Neben der genial

★: ab 42 Punkten; ★: 38-41 Punkte **Trend zum Vorjahr:** ↗: besser; →: gleich; ↘: schlechter; –: neu aufgenommen
E: Essen; **T:** Trinken; **S:** Service; **A:** Atmosphäre; **W:** Wohl fühlen **Kosten: G:** günstig; **M:** mittel; **H:** hoch; **SH:** sehr hoch

Crönlein Giesing-Au

inszenierten Location hat das Senatore allerdings noch einen weiteren Pfeil im Köcher, mit der das Publikum garantiert erlegt werden kann: Vor der Bar gibt es eine kleine Terrasse, die unter der Woche bis nachts um 3 Uhr und an den Wochenenden sogar bis 4 Uhr geöffnet ist. Die Sommernächte in München werden auch immer besser.

Fazit: *Knuffige Italo-Bar. Hier kann man bis 3 Uhr in der Nacht auf der Terrasse sitzen oder es sich bis weit nach Mitternacht auf den samtroten Plüschsofas bequem machen.*

★ **28** von 40 Punkten (-)
T: 7/10, S: 7/10, A: 7/10, W: 7/10

▸ Senatore, Zentrum,
Sendlinger-Tor-Platz 5, Tel. 21 550 292,
So-Do 18-3h, Fr/Sa 18-4,
Kosten: M

Crönlein

Die Hobbithöhle

NEU! Das Umfunktionieren von ehemaligen Bedürfnisanstalten in gastronomische Einrichtungen hat in München ja eine gewisse Tradition. Da gibt es beispielsweise den sehr erfolgreichen Kiosk Fräulein Grüneis im Englischen Garten oder das mittlerweile geschlossene Daherkomma am Herkomerplatz. Nun haben die Macher des Riffraffs ein weiteres Toilettenhäuschen in eine schnuckelige Bar verwandelt. Das Crönlein befindet sich auf dem Weg hoch zum Nockherberg und zeugt von einer besonderen Fähigkeit junger Gastronomen, die man in München gottlob immer häufiger vorfindet: brachliegende Orte zu neuem Leben zu erwecken. Die Bar selbst ist winzig klein. Mit der halbrunden Tür und den winzigen Fenstern erinnert der Raum ein wenig an eine Hobbithöhle. Entsprechend hoch ist der Wohlfühlfaktor. Richtig genial ist jedoch die Terrasse der Bar. Die befindet sich nicht vor oder neben, sondern über dem Lokal und ist ein wunderbar urbaner Ort, den man an dieser Stelle so gar nicht vermutet hätte. Hier sitzt man mitten im Grünen unter den Bäumen des Kronenparks und hört unten die Autos an sich vorbeirauschen. Die durchaus gut gemixten Drinks (z.B. Gin Fizz 9,50 Euro) werden von einem kleinen Speisenangebot begleitet. Es gibt Waffeln (2,80 Euro) und Pizza (4,50 Euro). Ob und wie das Angebot der erst im Juni 2018 eröffneten Bar ausgebaut wird, wollen die Macher nach und nach entscheiden. Zumindest fürs Feierabendbier (3,80 Euro) ist die Bar schon jetzt in jedem Fall zu empfehlen.

Fazit: *Café-Bar in einem ehemaligen Toilettenhäuschen. Tagsüber Kaffee und Waffeln, abends Pizza und Drinks.*

★ **29** von 40 Punkten (-)
T: 7/10, S: 7/10, A: 7/10, W: 8/10

▸ Crönlein, Giesing-Au,
Am Nockherberg, Di-So 11-23h,
Kosten: M

Mirror Munich Schwabing

Mirror Munich

Instagrammable

NEU! Gleich im Eingang der Mirror Munich Bar stößt man auf den Selfie Sessel. Auf diesem sitzend können sich die überwiegend weiblichen Gäste ideal in Szene setzen und sich (und die Bar) optimal in den sozialen Medien präsentieren. Ein guter Schachzug der Betreiber. Die restliche Bar zeigt sich maximal professionell gestylt und makellos eingerichtet – hier wurde nichts dem Zufall überlassen. Natürlich fehlen auch die bei dieser Namensgebung obligatorischen Spiegel nicht. Schnell wird klar, dass dies kein Projekt eines kleinen Einzelkämpfers ist, sondern dass es hier Unterstützung gab. Diese kommt im Fall der Mirror Bar aber nicht (nur) wie üblich von den großen Getränkeherstellern, sondern vom Münchner Möbelhaus Kare, dessen Logo auch im Gastraum zu sehen ist. Dieser neue Marketingansatz von Kare hat zu einer für München neuen Bargattung geführt. Dunkles Holz, viele Jahrzehnte poliertes Messing und die letzten olfaktorischen Überreste gerauchter Zigarren sind so ziemlich das Gegenteil dieser cleanen, Instagram-optimierten Bar. Auch die Cocktails zeigen sich allesamt qualitativ gut gemacht und – wie könnte es auch anders sein – optisch einwandfrei. In der Karte finden sich eine Vielzahl an Drinks sowie eine obligatorisch große Auswahl an Gin. Die Signature Drinks Whitey Bulgar – Ron Zacapa 23, Verjus, weiße Schokolade, Mango Espuma (15,50 Euro) oder Unique Unicorn – Auchentoshan American Oak, Zitronenverbene Apfel Ferment, Pinot Grigio Cordial, Soda, Pfirsich Bitters (11,50 Euro) sind ambitioniert erdacht und ordentlich gemacht. Für den kleinen Hunger gibt es beispielsweise Mini-Burger mit Süßkartoffel-Fries (8,50 Euro) oder den Healthy Punch – halbe Avocado mit Thunfisch gefüllt + Gemüse-Fries mit Frischkäse Dip (8,50 Euro). Auch das ist einwandfrei gemacht. In dieser Form ist die Mirror Munich Bar der ideale Ort für einen netten Mädels-Abend, oder um ebendiese Mädels kennenzulernen.

Fazit: *Vintage trifft auf Design. In der modern-gemütlichen jungen Bar stehen spannende Drinks (Baby Face Nelson) und Klassiker (Boulevardier) auf der Karte. Schöne Terrasse im Sommer.*

★ **30** von 40 Punkten (-)
T: 8/10, S: 7/10, A: 8/10, W: 7/10

› Mirror Munich, Schwabing,
Occamstr. 7, Tel. 38 999 636,
Di-Do 18-1h, Fr/Sa 18-2h,
Kosten: M

Mirror Munich Schwabing

★: ab 30 Punkten; ★: ab 28 Punkten **Trend zum Vorjahr:** ↗: besser; →: gleich; ↘: schlechter; -: neu aufgenommen
E: Essen; **T:** Trinken; **S:** Service; **A:** Atmosphäre; **W:** Wohl fühlen **Kosten: G:** günstig; **M:** mittel; **H:** hoch; **SH:** sehr hoch

Salon Pitzelberger

Für Szenegänger

NEU! Benannt nach dem ersten Stück, das jemals im Gärtnerplatztheater gespielt wurde, präsentiert sich die im Gärtnerplatztheater inkludierte und im 20er-Jahre-Look frisierte Club-Bar Salon Pitzelberger nicht nur einem theaterbegeisterten Publikum, sondern eben auch jenen Nachtfaltern und Hipstern, die das überaus gehypte Plätzchen über die letzten Jahre geprägt haben. Somit findet sich hier ein buntes Panoptikum an Einkehrenden ein, die vom befrackten Theatergänger bis zum bärtigen Szenegänger reichen und passend zum mondänen Ambiente ein visuelles Potpourri an Mannigfaltigkeit garantieren. Ebenso vielfältig zeigt sich die Longdrink- und Cocktailkarte, die mit wagemutigen Variationen wie dem mit schwarzem Johannisbeersaft und geräuchertem Rosmarin verfeinerten „Salon Pitzelberger Spritz“ oder dem mit Vodka Fizz und Lavendel angereicherten „Barbara Streisand“ verwöhnten Promillegaumen neue Abenteuer auf die Zungenspitze träufeln. Salonlöwen kommen aber auch musikalisch voll auf ihre Kosten, denn Abwechslung wird hier großgeschrieben. Während man sich am Mittwoch mit feinstem Soul berieseln lassen kann, bezaubert der Donnerstag mit Jazz, Swing und einer Open Stage für Nachwuchskünstler. Freitags geht's dann unter dem Motto „Rum & Coca Cola“ vorrangig um lateinamerikanische Rhythmen und wippende Körper, bis der Samstag schließlich mit 70er- bis 90er-Funk einen verschlafenen, aber wohl verdienten Sonntag einläutet. Legendär sind übrigens jene Abende, an denen sich die Künstler des Gärtnerplatztheaters nach verdientem Feierabend noch zu spontanen Aktionen in Darstellung, Tanz- oder Trink-Performance hinreißen lassen.

Fazit: *Neue Kellerbar mit guten DJs und abwechslungsreicher Livemusik (Jazz, Swing, Latin, Soul). Viele kommunikative Sitzgelegenheiten. Zu später Stunde wird gern geflirtet. Gute bis sehr gute Drinks, je nachdem wie viel los ist.*

27 von 40 Punkten (-)

T: 7/10, S: 6/10, A: 7/10, W: 7/10

Salon Pitzelberger, Gärtnerplatz, Gärtnerplz. 3, Tel. 0176-25198465, Mi/Do 19-1h, Fr/Sa 19-3h, Kosten: M

Trisoux

Kuss zu dritt

NEU! Während die einen der Schliessung der Gay-Bar Bau hinterher weinen, freuen sich die anderen über die neue Bar Trisoux, die die Location in der Müllerstraße 41 beerbt hat. Die ist nicht nur mit großer Liebe zum Detail eingerichtet, sondern auch konzeptionell eine wahre Freude für alle Liebhaber gepflegter Drinks. In der mit unzähligen Metern Echtholz und noch mehr Moos (ja, konserviertes Moos) designten Bar, werden von bekannten Gesichtern der Münchner Barszene die ganze Woche (ohne Ruhetag) Drinks von bester Qualität gemixt. Die Namensgebung rührt von der Verschmelzung der Worte Bisoux und Trio her und bedeutet so viel wie „Kuss zu dritt". Die sich Küssenden haben Ihr Können unter anderem bereits im Electroclub Bob Beaman sowie im Herzog unter Beweis gestellt und arbeiten seit der Eröffnung des Trisoux im Herbst 2017 erfolgreich daran, dass hier ein neuer Klassiker der Münchner Barlandschaft entsteht. Dies geschieht mit äußerst gelungenen Kreationen wie beispielsweise dem Purple Dust mit Mezcal, Hibiskus, Grapefruit, Tonic oder dem Girvan Gimlet mit Hendrick's Gin, trockenem Vermouth, Gurke, Kräuter, Salz, Zitrone. Weil die Gäste noch glücklicher sind, wenn es zu so guten Drinks auch noch gutes Essen gibt, arbeitet das Trisoux mit dem nahe gelegenen Izakaya Usagi zusammen. Das passt wunderbar. Der ehemalige Darkroom im Untergeschoss wurde in ein Séparée für geschlossene Veranstaltungen umgebaut. Mit dem Trisoux hat Münchens Barlandschaft nach längerer Zeit endlich wieder niveauvollen Zuwachs bekommen. Danke dafür!

Fazit: *Die Welle aus Holzstäben an der Decke und die Pflanzenwand sind die Schau. Dazu gibt es ausgefallene Drinks, die mit Liebe gemixt und fantasievoll präsentiert werden. Food liefert das Usagi aus der Thalkirchner Straße.*

★ **28,5** von 40 Punkten (-)
T: 7/10, S: 7/10, A: 7,5/10, W: 7/10

Trisoux, Isarvorstadt, Müllerstr. 41, Di-Do 18-1h, Fr/Sa 18-3h, Kosten: M

Trisoux Isarvorstadt

Trisoux Isarvorstadt

Schumann's Bar

Mit Stil

Seit über 30 Jahren verwöhnt die lebende Legende Charles Schumann in seiner gleichnamigen Bar all jene Gaumenträger, die auf stilvolles Ambiente und qualitativ hochwertigen Geschmack stehen. Doch nicht nur die Prominenz, die Hipster und die aussagekräftigen Geschäftsleute in ihren dunkel gehaltenen Einreihern und dem polierten Schuhwerk sind hier herzlich willkommen, sondern auch der fotoknipsende Tourist, wie auch das flanierende Fußvolk – vorausgesetzt, es weiß sich zu benehmen und folgt der strikten Etikette des Gastgebers. So sollte man sich im Schumann's auf keinen Fall einfach an einen freien Platz setzen, sondern sich lieber so lange in Demut üben, bis einem, falls man Glück hat, von einem der stilgewandten Barkeeper ein Tisch zugewiesen wird. Ebenfalls sollte man auf lautstarkes Rumkrakeelen, Fingerschnippen nach den Servicekräften und Beschwerden jeglicher Art verzichten, denn dann kann es einem schon mal passieren, dass man vom boxaffinen Chef höchstpersönlich vor die Tür gesetzt wird. Wer sich dagegen im Griff hat, genießt ein zumeist in braunen

★: ab 30 Punkten; ★: ab 28 Punkten **Trend zum Vorjahr:** ↗: besser; →: gleich; ↘: schlechter; –: neu aufgenommen
E: Essen; **T**: Trinken; **S**: Service; **A**: Atmosphäre; **W**: Wohl fühlen **Kosten**: **G**: günstig; **M**: mittel; **H**: hoch; **SH**: sehr hoch

Tönen gehaltenes und atmosphärisch dichtes Ambiente, exzellente Drinks, die wohl besten Bratkartoffeln der Stadt und einen Rundumblick in die feine Münchner Gesellschaft. Stammgäste und Freunde des Hauses, werden nicht selten vom in Kochschürze aufschlagenden Chef höchstpersönlich bedient, der unter anderem auch der Erfinder des legendären Cocktails Swimmingpool ist. Um den Fokus ausschließlich auf die fabulösen Getränke, leckeren Gerichte und erheiternden Gespräche zu legen, wird hier weitgehend auf moderne Beschallung aus der Chart-Dose verzichtet und stattdessen mit aufmerksamkeitsfördernden Pianoeinheiten und koffeinfreiem Cool Jazz aufgewartet. Während an schönen Tagen die üppige Terrasse zur Hauptstraße für perfektes Spießrutenlauf-Ambiente unter argusäugiger Szenebeobachtung sorgt, erweist sich die zweite Terrasse im Hofgarten als Ruheoase des Ausharrens. Wer sich dagegen am immer überfüllten Donnerstag ins Schumann's wagt, sollte auf keinen Fall an Klaustrophobie, Berührungsintoleranz oder gar an Zeitnot leiden. ***Fazit:*** *Klasse Drinks, und zwar nicht nur gute Cocktails ... dazu isst man Steaks oder Käsebrot. Selbst Kleinigkeiten wie das Chili sind durchdrungen von Qualitätsdenken. Das bunte München-Publikum (Kreative, Business, Medien, Prominenz) findet man in dieser Mischung nirgendwo. Das Schumann's ist nicht nur eine der besten Bars der Stadt, sondern auch tolle Lunch-Location. Der Service funktioniert tadellos. Mit der Bar in der Bar im ersten Stock (siehe Les Fleurs du Mal) setzt Charles Schumann einmal mehr ein Ausrufezeichen.*

★ **35** von 40 Punkten (→)
T: 9/10, S: 9/10, A: 9/10, W: 8/10

Schumann's Bar, Zentrum, Odeonsplatz 6-7, Tel. 229 060, Mo-Fr 8-3h, Sa-So 18-3h, Kosten: H

Schumann's Bar Zentrum

Foto Schumann's: Klaus Brenninger

Wabi Sabi Shibui Zentrum

Wabi Sabi Shibui

Naokos Lächeln

NEU! Schon im Vorfeld unseres Besuchs im Wabi Sabi Shibui entfachen Diskussionen über die Namensgebung der Bar, die gleichzeitig auch Concept-Store, Cafe und Restaurant ist. Bei dem Begriff handle es sich um „ein japanisches Konzept der Ästhetik, das dazu einlädt, die Schönheit des Unperfekten auf neue Art wahrzunehmen", so die heruntergebrochene Definition einer befreundeten Künstlerin für uns Laien. Unperfekt wirkt beim Betreten hier jedoch rein gar nichts. Vom Interieur über die zum Kauf angebotenen Produkte bis hin zum Essen und den Drinks: Alles scheint minutiös inszeniert und wunderschön! Ob das dem Konzept denn nun nicht widerspräche? Eben gerade nicht, erwidert die Fachfrau augenrollend und weist auf organische Formen und Materialien sowie die schlichte Einfachheit der Raumgestaltung hin. Auch die Karte liest sich minimalistisch. Eine kleine, feine Auswahl an japanischen Speisen wie Onigiri (3,50 Euro), Dashi Gemüse (6,50 Euro) oder Ramen in selbst entwickelten Rezepturen (ab 13,50 Euro) wird offeriert. Die hochwertige Getränke-Selektion beschränkt sich auf einige wenige Drinks, anstatt mit 20 Gin-Sorten, ebenso vielen Tonics und noch mehr Kombinationen zu erschlagen. Einzigartige Cocktail-Kreationen

Wabi Sabi Shibui Zentrum

wie „Naokos Lächeln" (14,50 Euro) mit Shōchū, Salty Yuzu, Honey, Lime und Champagner laden zum Entdecken fernöstlicher Aromen im Glas ein. Dabei wird die Produktwahl, Zubereitung und Präsentation von Speisen und Getränken zelebriert und selbst zur Kunst erhoben. Allein dem Barkeeper zusehen zu dürfen, wie er hingebungsvoll mit dem Bambus-Chasen Matcha schlägt oder aus dem Ice-Shaver Eisschnee zaubert, ist einen Besuch der Location wert! Wie all das eine Hommage an Schlichtheit und Unvollkommenheit darstellen soll, verstehen wir am Endes des Abends immer noch nicht. Macht aber nichts, denn hier fühlen sich alle Ästheten wohl, die Wert auf hochklassige Produkte und eine handwerkliche Zubereitung legen – ganz gleich ob oder wie tief sie bereits in die zen-buddhistische Weltanschauung des Wabi Sabi Shibui eingestiegen sind.

Fazit: *Ambitioniertes Bar-Konzept von Klaus St. Rainer (Goldene Bar). Hier pflegt man eine Monospirituosen- und Zero-Waste-Kultur. Zu den besonderen Drinks werden japanische Speisen serviert.*

★ **33** von 40 Punkten (–)

T: 9/10, S: 7/10, A: 9/10, W: 8/10

▶ Wabi Sabi Shibui, Zentrum, Ludwigstr. 11, Mo-Fr 8-24h, Sa 10-24h, Kosten: M

Bar Centrale

Pronto

Nur einen Katzensprung vom Marienplatz entfernt, befindet man sich beim Betreten der Bar Centrale auch schon mitten in Italien ..., und zwar ohne über den Brenner zu müssen. Porzellangeklirre, zischender Dampf aus der im Stakkato arbeitenden Kaffeemaschine, lautstarke Telefonate, die mit „Pronto" beginnen und mit „Ciao Bella" enden, gehören hier genauso zum guten Ton wie die verzweifelte Suche nach einem freien Sitz- oder Stehplatz. Während sich der vordere Teil der an einen Schuhkarton erinnernden Mini-Location noch in stehfreudiger Bar-Optik präsentiert, gelangt man nach Passieren eines engmaschigen Nadelöhr-Durchgangs in einen großzügigeren loungeartigen Restaurantbereich. Wer sich hier, an den niedrigen Hobbit-Tischen ein Plätzchen zu ergattern vermag, kann dann von einer handbeschriebenen Schiefertafel perfekt durchgenudelte tagesfrische Gerichte mit dem gewissen „al dente-Faktor" ordern. Ob die geschmackvoll zubereiteten Kulinaritäten von den tiefergelegten Tellern auf den noch tiefergelegten Tischen allerdings alle im Mund landen, ist zweifelhaft, aber ein triftiger Grund, um das lebendige Bar-Happening, das man hier rund um die Uhr erlebt, mit einem fabulösen Grappa zu begießen. Demnächst wird die Bar Centrale renoviert, aber wie soll dieser besondere Ort denn eigentlich noch schöner werden?

Fazit: *Die Szene-Bar ist jeden Abend bumsvoll. Kämpft man sich durch die Massen, findet man hinten einen hübschen Lounge-Bereich, in dem auch gegessen werden kann (Salate, Pasta etc.). Zeitloses italienisches Ambiente.*

27 von 40 Punkten (→)

T: 6,5/10, S: 6,5/10, A: 7/10, W: 7/10

▶ Bar Centrale, Zentrum, Ledererstr. 23, Tel. 223 762, Mo-Sa 7.30-1h, So 9-1h, Küche bis 23.30, Kosten: M

Bar Centrale Zentrum

Kneipen

Die Langkritiken

Frisches Bier Glockenbach

Frisches Bier

Hopfenbohne

NEU! Die Münchner Bierszene ist in Bewegung. In zahllosen Getränkemärkten gibt es längst ganze Regalwände, in denen die Kreationen junger Craft-Beer-Brauer zu finden sind. Auch immer mehr Lokale setzen die etwas anderen Bierspezialitäten auf ihre Karten. Im Dreimühlenviertel, genauer gesagt in der Thalkirchnerstraße, hat nun eine der bekanntesten Münchner Craft-Beer-Brauereien eine eigene Kneipe eröffnet. Frisches Bier heißt das Lokal von Ludwig Tilman (Tilmans Biere) und Maximilian Heisler (Geyerwally). Der Name der Bar ist Programm. Aus 14 Zapfhähnen fließen Biere wie die Hopfenbohne oder der Kulturator, ein stark gehopftes Bockbier, dessen Reinerlös die Brauerei an eine Kulturstiftung spendet. Die Biere kosten ab 3,80 Euro, Spezialitäten ein paar Euro mehr. Unbedingt sollte man sich beim ersten Besuch an die Bar setzen und die liebevoll gestaltete Zapfhahnsammlung inklusive Bier-Jesus an der Wand bewundern. Aber auch an den kleinen Tischen der mit blauer Holzverkleidung und goldbraunen Wänden ansprechend gestalteten Bar sitzt man schön. Neben Tilmans Bieren gibt es auch die Kreationen anderer Craft-Beer-Brauer zu verkosten, wie zum Beispiel aus Berlin von Heiden Peters. Hier wechselt das Angebot ständig, so dass sich die Bar schnell zu einem Mekka der Münchner Craft Beer-Szene entwickeln dürfte. Neben frischem Bier gibt es auch eine überraschend frische und ehrliche Musikauswahl, die ohne Mainstream-Pop auskommt. Zum Bier liefert die Küche Kleinigkeiten wie Nackensteak, Spareribs oder Salat mit Ziegenkäse. Passt.

***Fazit:** Kleine Craft-Bier-Bar, für die Tilman Ludwig (Tilmans Biere) und Max Heisler verantwortlich zeichnen. Tolle Wohnzimmeratmosphäre und immer spannende Biere verschiedener Erzeuger.*

Frisches Bier Glockenbach

Frisches Bier Glockenbach

★ **40,5** von 60 Punkten (–)
E: 12/20, T: 7/10, S: 6,5/10, A: 7/10, W: 8/10

▶ Frisches Bier, Glockenbach,
Thalkirchnerstr. 53,
Tel. 0176-84034005,
Mo-Do 17-1h, Fr/Sa 17-2h,
Kosten: G

Ambar

Etwas weniger Realität

NEU! Stadt Stadtteilentwicklung ist in Zeiten permanenter Gentrifizierungsgefahr ein ganz heißes Eisen in München. Seit rund um den Gärtnerplatz oder auch im Glockenbachviertel die ersten Straßen bereits totsaniert wurden und sich dort das Leben, auch das gastronomische, zu verabschieden beginnt, stehen viele Neueröffnungen, die mit ihrem Konzept den Standard im Viertel deutlich heben, erstmal unter Generalverdacht. Das war auch in der neuen Ambar in Obergiesing nicht anders. So ein schickes modernes Lokal auf der Tegernseer Landstraße? Mit Craft-Bieren im Angebot? Braucht das wer? Anscheinend schon, denn die Ambar ist an den Wochenenden sowieso und meist auch unter der Woche sehr gut besucht. Kein Wunder, verbinden die Betreiber das wechselnde Craft-Bier-Angebot doch mit einer feinen Weinauswahl sowie einer authentischen neapolitanischen Küche. Da gibt es zum Beispiel einen

★: ab 42 Punkten; ★: 38-41 Punkte **Trend zum Vorjahr:** ↗: besser; →: gleich; ↘: schlechter; –: neu aufgenommen
E: Essen; **T:** Trinken; **S:** Service; **A:** Atmosphäre; **W:** Wohl fühlen **Kosten: G:** günstig; **M:** mittel; **H:** hoch; **SH:** sehr hoch

Vorspeisenteller (Pancetta, Oliven, Salami, Gemüse ... 13 Euro), der immer geht oder Gerichte wie Polpette (16 Euro), also Hackfleischbällchen in Tomatensauce, die schmecken, als hätte la Mamma sie gekocht. Dass die Betreiber die Sache mit dem Craft-Bier ernst meinen, und das Thema nicht bloß Pose ist, weil es ja jetzt jeder macht, merkt man an der herzlich-enthusiastischen Beratung des Service. Geduldig werden die Biere erklärt, ob sie nun von Tilmans, Hoppebräu, der Brauerei Krieger oder der Munich Brew Mafia stammen. Hinzu kommt das Wohlfühlambiente mit weißen Fließen und schönen Deko-Elementen. Besonders nett: Der „Etwas weniger Realität bitte"-Spruch an der Wand. Damit dürften die Macher die Stimmung vieler Gäste ganz gut eingefangen haben. Und auch wir finden: Einen sympathischeren Ort, um in die neuen Craft-Bier-Welten einzutauchen, kann man sich schwer vorstellen.

Fazit: *Knuffige kleine Bar mit Craft-Bieren, guten Weine und Italo-Food auf der Karte. Ein weiterer schöner Beitrag zur gastronomischen Aufwertung Obergiesings.*

36,5 von 60 Punkten (-)

E: 11,5/20, T: 6/10, S: 6/10, A: 6/10, W: 7/10

Ambar, Giesing-Au,
Tegernseer Landstr. 65, Tel. 95 426 658,
Mo-Sa 18-24 Uhr,
Kosten: G

Bufet

Tankbier

NEU! Das Konzept dieser wunderbaren jungen Kneipe ist ein Anachronismus in unserer effekt- und aufmerksamkeitsgetriebenen Zeit. Denn im Bufet, das sich gleich neben dem Café Kosmos befindet, gibt es tatsächlich nicht viel mehr als Bier und Wurst. Dass dieses Angebot dennoch ausreicht, um das vorwiegend junge Publikum glücklich zu machen, liegt daran, dass sich die Wirte beim Thema Bier und Wurst tatsächlich Gedanken gemacht haben. Beim Gerstensaft handelt es sich um Tankbier, das frisch gebraut innerhalb von 24 Stunden ins Bufet gebracht wird. Kein Pasteurisieren, keine externe Kohlensäure, dem Gast wird reines, frisches Bier eingeschenkt. Eine Seltenheit in München. Das Tankbier (0,4 l 2,80 Euro) ist dann auch ein extrem süffiger und geschmeidiger Stoff. Sorgfalt steckt auch in der Wurst, für die Hofmetzger Johannes aus Franken verantwortlich zeichnet. Wo andere für den guten Geschmack mit Geschmacksverstärkern nachhelfen, setzt er lieber auf eine artgerechte Tierhaltung, stressfreies Schlachten und eine gekonnte Verwurstung des Fleisches. Es gibt Rindswurst, Leberwurst oder Bratwürste (alle ca. 5 Euro), die im Bufet allerdings gebrüht werden. Da dreht sich der echte Franke

Ambar Giesing-Au

Bufet Zentrum

zwar im Grabe um. Das Ergebnis ist aber auch erstaunlich lecker. Vegetarier werden im Bufet vielleicht nicht wunschlos glücklich, können aber immerhin auf kleine Gerichte wie den Rote Bete-Apfelsalat mit Walnüssen(4,60Euro)zurückgreifen. Vorbild fürs Bufet waren übrigens die typischen Prager Bierschwemmen, die dort eben genau so heißen: Bufet. Wahrscheinlich erklärt das auch die nüchtern-sozialistische Einrichtung, die nicht wirklich schön ist. Gemütlich muss man im Bufet schon selber werden. Spätestens nach dem ersten Tankbier klappt das erstaunlich gut.

Fazit: *Ehrliche Kneipe, in der es unpasteurisiertes Frischbier von Maxlrainer sowie Wurst spezialitäten vom Hof-Metzger gibt.*

36,5 von 60 Punkten (–)

E: 11/20, T: 6/10, S: 6/10, A: 6/10, W: 7,5/10

▶ Bufet, Zentrum,
Dachauer Str. 7a, Tel. 55 275 965,
Mo-Fr 16-24h, Sa 18-1h, Kosten: G

Effinger Stüberl

Bier und Bar

NEU! Ebbt die Burgerwelle, die vor drei Jahren durch München zu schwappen begann, etwa wieder ab? Dort wo früher in der Herzogstraße die Burgerbraterei Effe & Gold zu finden war, wurde ordentlich am Konzept geschraubt. Effinger Stüberl nennt sich die neue Barkneipe, die mit den Craft-Bieren der Effinger Brauerei und einem sympathischen Rock'n'Roll-Style überzeugen will. Statt Burger blden nun Flammkuchen die Grundlage für einen entspannten Abend. Etwa in der Variante namens „Hofgarten" mit Crème fraîche, Grillgemüse und marinierten Zwiebeln (8,90 Euro) oder als frischer „Friedensengel" mit Gurken, Tomaten-Salsa und Kabanossi (9,90 Euro). Wer mag, kann sich außerdem aus neun verschiedenen Positionen (ca. 4-5 Euro) sein Brotzeitbrettl selbst zusammenstellen. Wurstsalat oder Tafelspitz? Emmentaler oder Avocadofächer? Oder beides? Eine charmante Idee. Neben den Bieren der Effinger Brauerei (2,90 Euro) lockt das neue Stüberl auch mit einem feinen Cocktail-Angebot. Niemand geringeres als Dietmar Petri sorgt donnerstags am Daiquiri Day mit seinen Kreationen für mehr Cocktail- als Biergläser auf den Tischen.

Fazit: *Leckere Flammkuchen, Brotzeitbrettl im Baukasten-Prinzip, Effinger Biere und Cocktails von Dietmar Petri. Frische Rock'n'Roll-Barkneipe in Schwabing.*

★ **38** von 60 Punkten (–)

E: 11,5/20, T: 6/10, S: 6/10, A: 6,5/10, W: 8/10

▶ Effinger Stüberl, Schwabing,
Herzogstr. 86, Tel. 39 293 922,
Do 19.30-0h, Fr/Sa 19.30-1h,
Kosten: G

Effinger Stüberl Schwabing

★: ab 42 Punkten; ★: 38-41 Punkte **Trend zum Vorjahr:** ↗: besser; →: gleich; ↘: schlechter; –: neu aufgenommen
E: Essen; **T**: Trinken; **S**: Service; **A**: Atmosphäre; **W**: Wohl fühlen **Kosten: G**: günstig; **M**: mittel; **H**: hoch; **SH**: sehr hoch

Clubs

Die Langkritiken

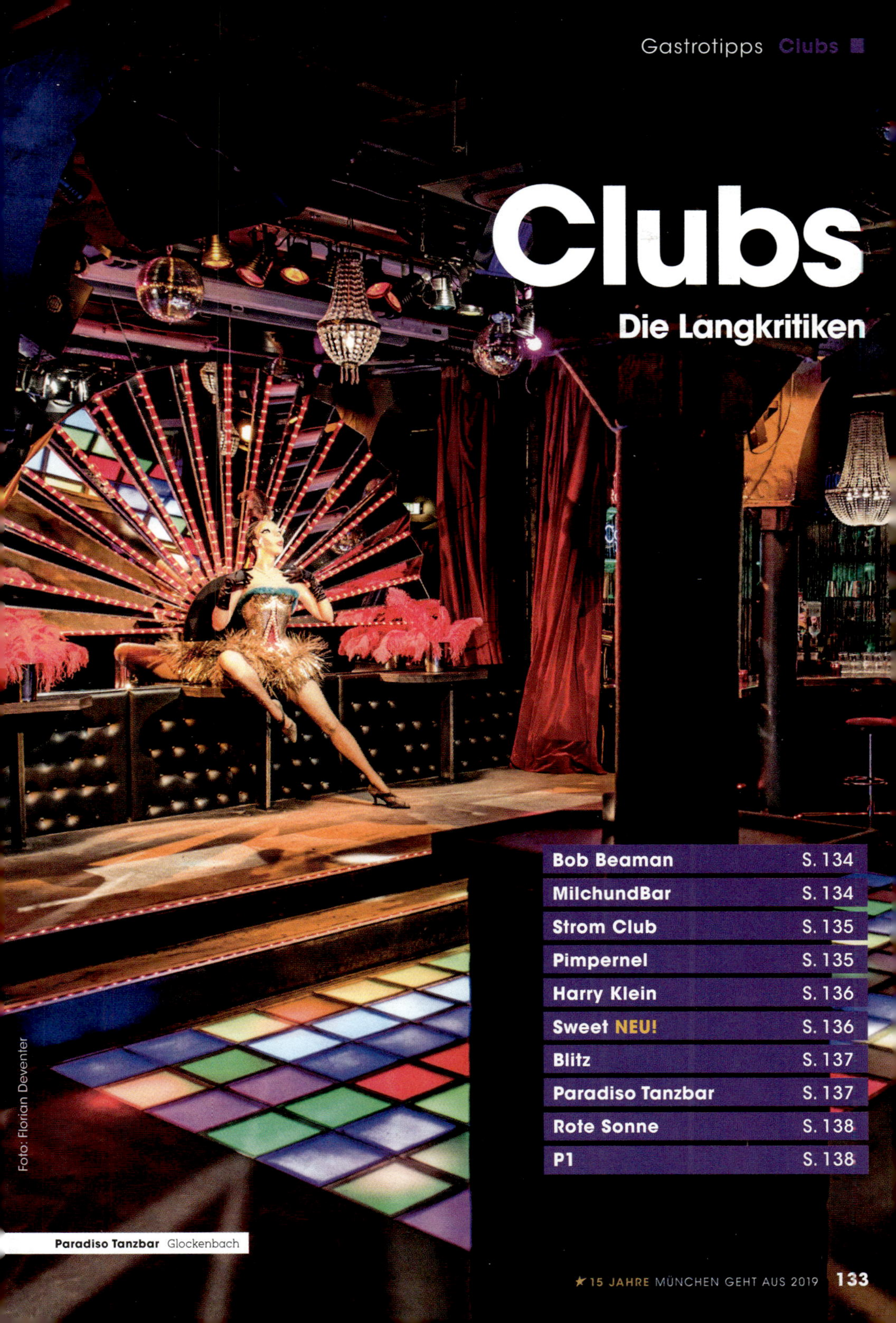

Paradiso Tanzbar Glockenbach

Foto: Florian Deventer

Bob Beaman

Sportlerball

Seit 2010 in der Maxvorstadt am Start, fasziniert die nach dem ehemaligen Weitsprung-Weltrekordhalter (1968) Bob Beamon benannte Club-Institution vor allem mit seinen DJ-Bookings und der dazu passenden, sogar für Taube nicht überhörbaren Monster-Soundanlage. Gepaart mit der facettenartig in die Decke eingelassenen Lichtinstallation, die sich virtuos zum Sound verändert, wird im Bob Beaman der Tanzflächenaufenthalt auch mal schnell zum halluzinogenen Trip ans Ende des Verstandes. Passend zu den sportlegendenaffinen Betreibern präsentiert sich das Publikum in lässiger Anti-Schick-Manier. Sneaker-, Skateboard-, Basketball- und Jogginghosenfans sind absolut willkommen. Da wundert es auch nicht, wenn sich über die elektronisch aufgeladenen House-Abende hinaus auch mal Events mit wippendem Soul, knorrigem Funk, spruchreifem Rap oder auch bouncendem Hip-Hop einschleichen. Während Stammgästen der Eintrittspreis meist erlassen wird, müssen Neuankömmlinge oder Club-Touristen bis zu 10 Euro berappen, um dem akustisch durchtrainierten Sportlerball beiwohnen zu dürfen. Dafür können sie dann aber auch die überquellende Außenterrasse mit Blick auf den Altstadtring genießen und der wartenden Menschentraube vor der Türe eine lange Nase machen.
Fazit: *Musik (House/Elektro) wird großgeschrieben: Kein Wunder, dass sich am Wochenende eine lange Schlange vor der Tür des Clubs windet, um dem Sound der internationalen DJs zu lauschen. Publikum: schräg und wunderbar unelegant.*

★ **24,5** von 30 Punkten (→)
P: 8,5/10, F: 7/10, S: 9/10

▶ Bob Beaman, Maxvorstadt, Gabelsbergerstr. 4, Tel. 0177-2547476, Fr/Sa 23-5h, Kosten: M

Bob Beaman Maxvorstadt

MilchundBar

Die Milch macht's

Seit 2013 führt die 1997 in den Feier-Äther geborene Milchbar nun schon das mannigfaltige Gastro-Universum rund um die Sonnenstraße an, und es scheint kein Ende zu geben. Ob Montag, Dienstag, Mittwoch oder Donnerstag, in der Milchbar ist anscheinend jeder Tag ein Feiertag. Und diese werden mit täglich wechselnden Mottos und einem breitspektral durchgemixten Publikum gefeiert. Ähnlich unserer allseits bekannten galaktischen Milchstraße, beherbergt auch die Milchbar eine Menge glühender Sternchen, die nur darauf warten zu erlöschen oder zumindest ihren Durst zu löschen. Vor allem am Wochenende, wenn die meisten Clubs der Stadt im Morgengrauen ihre Tore schließen, kommt der die Fettleber ankurbelnde Motor der Milchbar erst so richtig in Fahrt und offenbart der dahinschlafenden Sonnenstraße eine aufgedrehte Menschenschlange, die aus Einlass begehrenden Großstadtzombies besteht. Rezeptpflichtige Longdrinks zu moderaten Preisen und ein verwegener Sound-Mix aus Mädchenhouse, Chart-Evergreens und technobenetztem Kabumm garantieren in der Milchbar den gepflegten Absturz, der sich nicht selten in ausdrucksstarkem Mimikverfall und epileptischem Ganzkörper-Tremor niederschlägt. Einmal ins Labyrinth der zuckenden Resonanzkörper auf der Tanzfläche aufgenommen, fällt es einem hier tatsächlich schwer, den Ausgang wieder zu finden. Deshalb bitte unbedingt an das Attest denken, dass Sie sich im Falle eines nächsttägigen Arbeitsausfalles schon mal präventiv von Ihrem Arzt ausschreiben lassen sollten ... Die Milch macht's!
Fazit: *Die Münchner Party- und Anbandl-Institution auf der Sonnenstraße. Das sündig-rote Ambiente lockt Tag für Tag ein junges Publikum, das zu allem bereit ist und einfach nur Spaß haben will. Bester Abend der Woche? Alle! Seit Jahren eine Ausnahmeerscheinung im Münchner Nachtleben.*

★ **30** von 30 Punkten (→)
P: 10/10, F: 10/10, S: 10/10

▶ MilchundBar, Zentrum, Sonnenstr. 27, Tel. 4 502 880, Mo-Do 22-7h, Fr/Sa 23-9h, Kosten: M

★: ab 30 Punkten; ★: ab 28 Punkten **Trend zum Vorjahr:** ↗: besser; →: gleich; ↘: schlechter; –: neu aufgenommen
E: Essen; **T**: Trinken; **S**: Service; **A**: Atmosphäre; **W**: Wohl fühlen **Kosten: G**: günstig; **M**: mittel; **H**: hoch; **SH**: sehr hoch

Strom Club

Euphorie

Als das Crash in die Annalen der Münchner Rockkultur eingegangen, hieß das Tanzlokal an der Lindwurmstraße in den 90er Jahren noch Stromlinien-Club und glänzte als einer der ersten Live-Clubs Münchens durch sein mainstreamloses Konzept aus Alternative-, Rock- und Independentmusik. Damals spielten dort noch so unbekannte Gruppen wie die Sportfreunde Stiller, Die Ärzte und Rammstein, die es allesamt erst viel viel später zu regionalem oder gar Weltruhm bringen sollten. Doch jeder Anfang hat ein Ende, und so schloss der Club eines Tages seine Türen. Erst 2013 startete der ehemalige Betreiber des Stromlinien-Clubs Frank Bergmeyer erneut mit seinem altbewährten Konzept durch. Mit seinem Strom-Club verzückt Bergmeyer seitdem wieder all jene, die auf ehrliche Livemusik abseits des Massenkonsums stehen. Heute kredenzt das Strom feinste Britpop-, Indie- und Rockkonzerte, und gibt Lesungen und Kunstausstellungen Raum. Das alles geschieht, ohne mit der Kommerzwimper zu zucken. Die Architektur des Clubs bewegt sich zwischen spartanisch und absichtlich vergessen. Der Raum ist groß, die Decken hoch, der Steinboden von Tausenden von Stöckelschuhen zerfurcht und als Überraschung gibt es sogar einige wenige Sitzmöglichkeiten. Dennoch ist das vorwiegend um die 30 Jahre alte und völlig unprätentiöse Publikum äußerst euphorisch, wenn zu Nebelmaschine und pointierter Rotlichtanlage mal wieder Joy Division aus den Boxen hallt. Dann nämlich räkeln sich modisch desorientierte Musikliebhaber auf der Tanzfläche und freuen sich im Kollektiv über diese multifunktionale Experimentierplattform namens Strom.

Fazit: *Das Strom kredenzt Indie-, Punk- und Rockkonzerte, hält Lesungen und präsentiert Ausstellungen ... Und zuckt dabei nicht einmal mit der Kommerzwimper.*

★ **24** von 30 Punkten (→)
P: 8/10, F: 8/10, S: 8/10

Strom Club, Ludwigsvorstadt, Lindwurmstr. 88, Tel. 24 205 711, je nach Veranstaltung, Kosten: G

Pimpernel

Schlaflos in München

Das Pimpernel in der Müllerstraße vis-à-vis vom Sendlinger Tor, kann auf eine beachtliche Geschichte zurückblicken. In den 30er-Jahren war das Lokal ein Prostituiertentreff, später avancierte es zum Hotspot der Gay-Community. Das Pimpernel der Gegenwart nimmt sich mittlerweile all jener Heimatlosen an, die entweder der Sperrzeit ein Schnäppchen schlagen wollen oder in den frühen Morgenstunden noch auf der Suche nach fleischlichen, promillehaltigen oder gar synapsenverknotenden Gelüsten sind. Ob schwul, hetero oder einfach nur exzessresistent, hier versammelt sich so ziemlich alles, was entweder zu viel oder noch zu wenig in der Blutbahn hat. In einem angenehm schummrigen Ambiente provozieren handverlesene DJs mit treibenden Sounds den kollektiven Treibhauseffekt. Es ist zweifelsfrei die Publikumsmischung aus Halbwelt, Szenegängern und Musikbegeisterten, die dem recht überschaubaren Kultbetrieb die Stange hält und vor allem am Wochenende dafür sorgt, dass mindestens genauso viele Partygäste vor wie hinter der Türe ihrer Schlaflosigkeit frönen. Hat man aber erst einmal den wirklich nur Aggros und Schnapsleichen aussortierenden Türsteher überwunden, wird man sofort vom puffigen Ambiente verschluckt, und erst wieder ausgespuckt, wenn die Mittagsglocken oder die Brummschädel läuten. Die Getränkepreise sind human, die Wirkung allerdings unmenschlich. Kurzum, ein absoluter Geheimtipp für alle, die gern „Alles oder Nichts“ spielen.

Fazit: *Elektro (natürlich), Funk, Soul, Italo-House, Disco und Dance ... Das Programm im Pimpernel in der Müllerstraße ist so bunt gemischt wie das sehr entspannte Publikum. Einfach an die Tür klopfen und dabei sein. Drinnen geht's heiß zur Sache.*

21 von 30 Punkten (→)

P: 7/10, F: 7/10, S: 7/10

▶ Pimpernel, Glockenbach, Müllerstr. 56, Tel. 23 237 156, tgl. 22-6h, Kosten: M

Harry Klein

Klang-Gangbang

Mitten auf dem Präsentierteller der von diversen Clubs okkupierten Sonnenstraße hört man das Harry Klein schon von Weitem, was vermutlich nicht nur an der ausgelassenen Menschentraube vor der Eingangspassage, sondern vor allem an einer der wohl besten Musikanlagen der Stadt liegt. Unheimlich gewieft konzipiert, sorgt das ausgeklügelte Soundsystem nicht nur für bassgeschuldete Schlaganfälle, sondern für eine so dermaßen raumübergreifende Atmosphäre, dass man meinen könnte, man sei der Hauptdarsteller eines tonalen Gruppenklang-Gangbangs. Diese gigantische Schallwellenmaschine ist dann auch die Basis für ein exzellentes Musikkonzept, das vor allem auf elektrostatischen Killersound und bestaufgelegte und außergewöhnliche DJ-Bookings setzt. Dass das Innere des Harry Kleins doch ein wenig größer ist, als es der Name verspricht, erfährt man spätestens dann, wenn man auf drei Promille und mit einem halben Hörsturz seine Freundin verloren hat und auf der Suche nach ihr auch noch seinen Verstand einbüßt. Den unzähligen Pimkie-Oberteilen nach zu urteilen gibt es im Harry Klein anscheinend keinen Dresscode. Aber hier geht es ja auch hauptsächlich um die Zelebrierung von O-Tönen und nicht ums snobistische Catwalken wie in einigen anderen Clubs. Außerdem sorgen die künstlerischen Lichtinstallationen und Visuals für eine optisch ansprechende Benebelung, sodass man die vernachlässigte Kleiderunordnung gern unters Tanzparkett kehrt. Die Getränkepreise sind für Münchner Verhältnisse übrigens angenehm normal, womit schon mal gewährleistet ist, dass keiner vor dem Morgengrauen frühzeitig den Wagen holt und den kleinen Harry verlässt.

Harry Klein Zentrum

Fazit: *Durchdachtes Musikkonzept (Die Bookings sind einfach Spitze!), Sound der Extraklasse und ein Publikum mit legerer Kleiderordnung. Der Elektroclub in der Sonnenstraße hat sich nicht umsonst weltweit einen Namen gemacht.*

★ **27,5** von 30 Punkten (→)

P: 10/10, F: 7,5/10, S: 10/10

▶ Harry Klein, Zentrum, Sonnenstr. 8, Tel. 40 287 400, Mi-Do 23-5h, Fr/Sa 23-7h, Kosten: M

Sweet

Damenwahl

NEU! Nachdem in einer Nacht- und Nebelaktion die Location des ehemaligen Gecko am Maximiliansplatz übernommen wurde, verspricht nun das Sweet mit seinem lebensgroßen Fantasie-Einhorn im 1000 Quadratmeter großen Tanztempel das neue Fabelwesen der Münchner Märchenclubs zu sein. Als „süßeste Versuchung, seit es Mädchen gibt“ gehandelt, wird hier vor allem auf das Wohl des weiblichen Geschlechts geachtet, was sich sogar in einem ausschließlich für Damen betretbaren und von einer Glasscheibe abgetrennten Chill-Bereich namens „Unicorn Bar“ niederschlägt und den sabbernden Mannsbildern nur gierige Blicke und malerische Fantasien aus der Ferne erlaubt. Sobald sich die Damen aber in einen der beiden Main-Floors verirren, die abenteuerlicher Weise „Candy Club“ und „Bright Side“ getauft wurden, und in denen entweder Süßigkeiten oder Glühbirnen extrem kreativ von der Decke hängen, steht der wilden Flirterei nichts mehr im Weg. Musikalisch schwingen im Sweet vorwiegend Residents ihren musikalischen Zauberstab, was sich in Hits der 90er, Trash, House, R'n'B und Radio-Evergreens niederschlägt. Die passenden Videos, die simultan zu den Weltsongs auf modernen Screens laufen, runden dieses einmalige 1001-Nacht-Vergnügen dann auch märchengerecht ab.

Fazit: *Wo früher der Gecko Club zu finden war, sorgt nun das Sweet für musikalische Tanzveranstaltungen (R'n'B, Hip-Hop, House und Charts). Der Club ist riesig. Wenn was los ist, explodiert der Laden.*

21 von 30 Punkten (–)

P: 7/10, F: 7/10, S: 7/10

▶ Sweet, Zentrum, Maximiliansplz. 5, Tel. 55 276 694, Fr/Sa ab 22.30h, Kosten: M

Foto: Kidkutsmedia

★: ab 30 Punkten; ★: ab 28 Punkten **Trend zum Vorjahr:** ↗: besser; →: gleich; ↘: schlechter; –: neu aufgenommen

E: Essen; **T:** Trinken; **S:** Service; **A:** Atmosphäre; **W:** Wohl fühlen **Kosten: G:** günstig; **M:** mittel; **H:** hoch; **SH:** sehr hoch

Blitz

Klanggewitter

2017 als Pendant zur Berliner Absturzeinrichtung Berghain eröffnet und ebenso zickig, was das Fotografieren in den ach so ehrwürdigen Hallen betrifft, hat sich das an der Münchner Museumsinsel hingedonnerte Blitz nach gut einem Jahr als perfektes Auffanglager für vom Umland angereiste Elektro- und Technofans etabliert. Einen Ausgleich zum elektrostatisch aufgeladenen Sound bietet zudem das in morbid-fröhlichem Día-de-Muertos-Skelett-Look getauchte vegan-vegetarische Restaurant gleichen Namens. Hier serviert man mexikanisch-zentralamerikanische Gerichte mit garantiert hochpreisigem Beigeschmack. Hat man das fleischlose Essen überstanden, kann man sich langsam auf einem der zwei Dancefloors in Richtung Eskalation einstimmen. Den wahren Anhängern und Jüngern der Elektroszene ist dann auch der sogar für Münchner Verhältnisse ironische Eintritts-Obulus von bis zu 15 Euro egal. Schließlich bekommt man ja auch was geboten fürs Geld. Zum Beispiel DJ-Bookings, die exzellente Namen aus internationalen Ländern besitzen, sowie ein kostspieliges Soundsystem, das vermutlich zu den Besten der ganzen Stadt zu zählen ist. Wer auf eleganten Dresscode, Noblesse und elitäres Publikum steht, kann getrost einen Bogen ums Blitz machen, alle anderen, denen das hochnäsige Sehen-und-Gesehen-Werden zum Hals heraushängt, weil sie sich lieber von erstklassiger Musik und ausgelassener Mensaparty-Stimmung elektrifizieren lassen, die sollten schnellstens ihren inneren Akku mit genügend Starkstrom aufladen und sich blitzschnell zum einmaligen Klanggewitter im Blitz einfinden.

Fazit: *Das feine Musikprogramm (House, Dance/Elektro) lokaler und internationaler DJs lockt die Massen. Fotos im Club sind verboten. Unbeobachtet feiert es sich einfach besser.*

★ **23,5** von 30 Punkten (→)
P: 8,5/10, F: 7/10, S: 8/10

Blitz , Zentrum,
Museumsinsel 1, Fr/Sa ab 23.59h,
Kosten: M

Paradiso Tanzbar

Fallende Hüllen

Seit mittlerweile zehn Jahren bespielt der Garten Eden des Gärtnerplatzes, Paradiso genannt, mit atmosphärischer Dichte und sündigen musikalischen Äpfeln seine rastlosen Club-Schäflein rund ums Glockenbachviertel. In den Räumen des ehemaligen Travestie-Theaters Old Mrs. Henderson, das in den Achtzigerjahren einer der Hotspots der Transen-, Schwulen- und Lesbenszene war und bipolare Promis aus der ganzen Welt beheimatete, trifft sich heute ein ausgelassener Menschen-Mix aus Szenegängern, Landeiern, Anwohnern und textsicheren Charts-Hörern. Das Ambiente ist weiterhin sündig verlockend und bietet mit dem ganzen Plüsch, Samt und schummrigem Rotlicht-Ambiente die perfekte Location für das Exerzieren der sieben Sünden. Hier lässt es sich besser Flirten als auf jeder Südseeinsel. Ist der Club gut gefüllt, bewegt sich die Innentemperatur meist knapp über dem Siedepunkt. Dann sind fallende Hüllen und eine Menge Alkohol die einzig probaten Mittel, um der Dehydration Einhalt zu gebieten. Zwei schnucklige Bars, eine beleuchtete Tanzfläche und eine kleine Bühne für die atemberaubenden

Burlesque-Shows, die per Facebook-Ankündigung proklamiert werden, machen das Paradiso zur Wolke 7 aller himmlischen Absturzeinrichtungen. Obwohl die Musik aus der Dose zu kommen scheint, und meist ein kommerzielles Klangspektrum aus Schlagern, Pop, House, R'n'B und Hip-Hop geboten wird, sind auf der nahezu uneinsehbaren DJ-Kanzel über den Köpfen der Tanzenden manchmal auch Schemen eines Plattentellerjongleurs zu erkennen.

Fazit: *Tanzen, flirten, feiern ... Die Paradiso Tanzbar glänzt mit einem gefährlich guten Publikumsmix, einem leicht verruchten Ambiente und einem Soundmix, der alles wagt (Party, 80ies, Pop) und sogar die ganz harten abgenudelten Nummern bringen kann, ohne peinlich zu sein.*

★ **24,5** von 30 Punkten (→)
P: 9/10, F: 8/10, S: 7,5/10

▶ Paradiso Tanzbar, Glockenbach, Rumfordstr. 2, Tel. 263 469, Fr ab 20h, Sa ab 22h, Kosten: M

Rote Sonne

Elektroekstase

Mitten am Maximiliansplatz, gleich unterhalb der 089 Bar, befindet sich Münchens Rote Sonne, und die scheint schon seit 2005. Damals trat der Club die Nachfolge des einst ebenfalls recht bekannten Fortuna an. Kennern gilt die Rote Sonne jedoch mehr als Pendant zum legendären Techno-Club Ultraschall, obwohl an bestimmten Tagen auch Punk, Disco und Trash gespielt werden. Im Normalfall herrscht hier allerdings ein vorwiegend elektrisch aufgeladenes Techno-Regime, das der Roten Sonne vom Leserpool des Musikmagazins De:Bug in den Jahren 2005, 2007 und 2008 sogar die Auszeichnung als einer der besten Clubs Europas eingebracht hat. Neben der Tatsache, dass in der Roten Sonne auch immer wieder schräge Live-Konzerte stattfinden, ist eines absolut einzigartig: Der gesamte Club wird mit Ökostrom betrieben. Gäbe es jetzt auch noch Öko-Drogen, der Sonnenaufgang wäre kaum abzuwenden. Wer seinem tristen Schattendasein entfliehen möchte, und sich darüber hinaus nicht scheut, eine gehörige Ladung elektronischer UV-Strahlung abzubekommen, der sollte schnellstens seinen UV-Schutz auftragen und sich im gleißenden Schein der Roten Sonne ins Koma aalen.

Fazit: *Die Heimat für alle Freunde elektronischer Livemusic. Jeden Monat wartet die Rote Sonne mit starken internationalen Bookings auf. Die DJs kommen aus Spanien, Griechenland, den Niederlanden, England, aus Übersee oder heimischen Gefilden, um guten Techno, House oder einfach ordentliche Beats zum Besten zu geben.*

★ **23** von 30 Punkten (→)
P: 8/10, F: 6,5/10, S: 8,5/10

▶ Rote Sonne, Zentrum, Maximiliansplatz 5, Tel. 55 263 130, Do-Sa ab 23h (weitere Tage siehe Homepage), Kosten: M

P1

Es leuchtet

Im 34. Lebensabschnittsjahr mit dem Haus der Kunst, hat das dort ansässige P1 auch 2018 wieder mal bewiesen, dass manche Dinge trotz gastronomischem Klimawandel einfach nicht tot zu kriegen sind. Der Dauerbrenner der Münchner Nachtschattengewächse ist zwar nicht mehr der erste Name, der auf die Frage „Wohin soll's heute Nacht gehen?" fällt, doch ab und an, wenn der Club zum Terrassen-Opening oder Sommerfest bläst, enden dann doch alle wieder mal vor den Toren des ehemals härtesten Einlasspolitikums des Landes. Auch wenn man den Promifaktor im Gegensatz zu der guten alten Zeit heute an einer Hand abzählen kann, besticht das P1 immer noch mit Beständigkeit, visuellem Stil, Schweizer Getränkepreisen und der wohl schönsten Außenterrasse nördlich von Italien. Auch die neue Generation an Kreditkarten bestückten Luxus-Emporkömmlingen und volljährig werdenden Nachwuchsmodels trägt ihren Teil dazu bei, den Edel-Club auch über die nächsten Jahre mit genügend liquidem Sauerstoff zu versorgen, um das manchmal bewölkte Partyfirmament weiter am Leuchten zu halten. Musikalisch gesehen, beziehungsweise gehört, beweist das P1 weiterhin ganz schön Mut und setzt auf eine verwegene Mischung aus House, Hip-Hop und tanzförderndem Liedergut aus ausgewählter DJ-Hand. Absoluter Insidertipp ist allerdings die in den verwinkelten Katakomben versteckte Getränkeausgabe, in der sich tatsächlich noch einige Promis, Meinungsmacher, Gastronomen und Freunde des Hauses zum Ego gepuderten Stelldichein einfinden und nicht selten unter Ausschluss der Öffentlichkeit ihre Schräglage beprosten.

Fazit: *Ein Club, ohne den München einfach nicht München wäre. Traumterrasse. Die manchmal wilde Musikmischung ist mutig und mal was anderes.*

★ **28** von 30 Punkten (→)
P: 10/10, F: 10/10, S: 8/10

▶ P1, Zentrum, Prinzregentenstr. 1, Tel. 2 111 140, Mo-Sa 23-5h, Kosten: H

Rote Sonne Zentrum

Foto Rote Sonne: Bernd Bergmann

★: ab 30 Punkten; ★: ab 28 Punkten **Trend zum Vorjahr:** ↗: besser; →: gleich; ↘: schlechter; –: neu aufgenommen
E: Essen; **T:** Trinken; **S:** Service; **A:** Atmosphäre; **W:** Wohl fühlen **Kosten: G:** günstig; **M:** mittel; **H:** hoch; **SH:** sehr hoch

Cafés

Die Langkritiken

Café Franca Schwabing

Café Franca

Ganz bei sich

NEU! Im Franca wird man verwöhnt – und zwar von Franca. Das kleine Café versteckt sich in der Hiltenspergerstraße in Schwabing. Doch wer es findet, ist dem Laden schnell verfallen. Hier trifft absolute Wohlfühlatmosphäre auf selbst gemachte Kuchen und eine Besitzerin, die es mit Leichtigkeit schafft, ihre Gäste individuell zu verwöhnen. Hier ist nichts aufgesetzt oder hip. Hier ist einfach Franca. Drinnen sorgt das stilvoll kombinierte Interieur (helle Vitrinenschränke, gepolsterte Kaffeehausstühle, Sessel und Sofas, viele Bilder an der Wand) für eine persönliche Note und das Gefühl, bei guten Freunden und nicht in einem Café zu sein. Draußen auf der erstaunlich grünen Terrasse lässt es sich herrlich abschalten, genießen oder lesen. Hier verschwinden die Gäste nicht hinter ihren Laptops – es gibt ja auch kein WLan –, sondern kommen ins Gespräch. Oder auch nicht, denn im Franca darf man sein, wie man ist. Die Karte ist so wie der Laden – nicht zu groß, nicht zu klein. Es gibt Frühstück (z.B. Avocadobrot mit Spiegelei, 6,90 Euro), tolle Kuchen und wechselnde Mittagsgerichte. Alles lecker, und auch hier spürt man die individuelle Note. Fleisch hat die junge Betreiberin, eine Quereinsteigerin in der Gastronomie, gar nicht im Angebot.

Café Franca Schwabing

Das fällt aber nicht weiter auf. Und da auch der Kaffee (z.B. Latte macchiato, 3,60 Euro) hervorragend und die Teeauswahl groß ist, hat München mit diesem Café einen enormen Gewinn gemacht. Danke, Franca!

***Fazit:** Café im schnuckeligen Landhausstil. Im Sommer sitzt man zudem auf einer kleinen Terrasse. Es gibt Crêpes, Avocadobrot oder Chiapudding. Klassische Eierspeisen und Croissants kann das Franca aber auch.*

★ **38,5** von 60 Punkten (-)

E: 11,5/20, T: 6/10, S: 7/10, A: 7/10, W: 7/10

▶ Café Franca, Schwabing, Hiltenspergerstr. 24, Tel. 23 027 588, Di-So 10-18h, Kosten: M

Café Franca Schwabing

Café Puck

Wieder da!

NEU! Lange 18 Monate hat die Renovierung des Café Puck gedauert (Ein Rohrbruch während der Bauarbeiten sorgte zusätzlich für einen satten Zeitaufschlag). Für Studenten, Geschäftsleute und Familien war diese Zeit jedoch nicht lange genug, um ihr zweites Wohnzimmer im Uni-Viertel zu vergessen. Schnell wird klar: Seinen Kaffeehaus-Charakter mit den dunklen Ledersitzen hat das Lokal behalten. Auch die alte englische Bahnhofsuhr ist noch da. Der Grundriss aber hat sich verändert: Wo früher die Küche war, haben nun auch Gäste Platz. Insgesamt 150 an der Zahl. Obwohl es Wochenende ist und alle Sitzplätze restlos belegt sind, wirkt das Ambiente nicht mehr so gedrängt wie früher. Auf die lebendige Geräuschkulisse muss man sich jedoch noch einlassen. Die Einrichtung ist insgesamt eher unaufgeregt. Wir haben einen Hochtisch mit Barhockern zwischen den Säulen gewählt, der auch für ein ausgedehntes Frühstück ausreichend Platz bietet – sogar mit ausgebreiteter Zeitung, die es hier zuhauf gibt. Ein Blick in die Karte verrät, dass sich kulinarisch – zum Glück – nichts geändert hat. So hat man neben Frühstücksklassikern weiterhin zwischen Spiegelei mit Bratkartoffeln (9,60 Euro),

★: ab 42 Punkten; ☆: 38-41 Punkte **Trend zum Vorjahr:** ↗: besser; →: gleich; ↘: schlechter; –: neu aufgenommen
E: Essen; **T:** Trinken; **S:** Service; **A:** Atmosphäre; **W:** Wohl fühlen **Kosten: G:** günstig; **M:** mittel; **H:** hoch; **SH:** sehr hoch

goldbraunen Pancakes mit Rührei, Speck und frischen Heidelbeeren (8,60 Euro) oder Müsli (4,90 Euro) die Qual der Wahl. Für uns soll es das reichhaltige „Wellnessfrühstück" mit Omelette mit Ziegenkäse, Prosciutto Crudo, Bircher Müsli, frischem Obst, Honig, Butter, Brotkorb und gepresstem O-Saft (14,90 Euro) sein sowie das getoastete Bananenbrot mit Mascarponecreme und Früchten (6,90 Euro). Auch wenn es eine Wochen- sowie Lunchkarte gibt, sieht man die Großstädter im Puck wochentags von 9-17 Uhr, am Wochenende sogar bis 20 Uhr früh- oder eben spätstücken. Die Produkte sind dabei immer frisch zubereitet, die Semmeln knusprig und das Brioche fluffig. Schade eigentlich, denn so verpasst man u. a. frische Ravioli mit Basilikum-Pinienkern-Pecorino-Füllung (10,80 Euro), Falafel im Pita-Brot (8,20 Euro) oder das kurz gegrillte Thunfischfilet mit Reisnudeln (15,80 Euro). Am Sonntag wartet zudem ab 16 Uhr ein Burger-Special auch auf Vegetarier. Veggy- oder Ziegenkäse-Burger (ab 8,80 Euro) stehen hier neben dem klassischen Cheese-Burger auf der Karte. In der Hektik kann es schon mal vorkommen, dass der Service die Bestellung verwechselt und man zum Frühstück statt des Milchkaffees (4,60 Euro) ein Helles (4,10 Euro) vom Nebentisch serviert bekommt. Doch solche kleinen Versehen werden hier mit einem Lächeln sofort geklärt. Man ist ja schließlich hier zu Hause.

Fazit: *Nach der Renovierung muss man sich entscheiden. Bleibt man vorne, wo es etwas ruhiger zugeht, oder stürzt man sich in den Trubel im hinteren Teil des Lokals? Auf der Karte finden sich vor allem Klassiker, die immer gehen (Schweinsbraten oder Rinderfilet), und Saisonales (wie Spaghetti mit Feldsalatpesto).*

38 von 60 Punkten (-)

E: 12/20, T: 7/10, S: 6/10, A: 6/10, W: 7/10

Café Puck, Maxvorstadt, Türkenstr. 33, Tel. 2 802 280, tgl. 9-1h, Kosten: M

Tante Emma

Tausendsassa

NEU! Das Tante Emma in Schwabing ist wahrlich ein Tausendsassa: ob Frühstück (ab 2,50 Euro) oder Feierabend-Bier, ob mit der Freundin oder der Familie – hier kann man immer hingehen und genießt solide Qualität in lockerer Atmosphäre. Der Türgriff des Cafés in Breznform dürfte viele an ihre Kindheit erinnern. Nostalgie herrscht auch im Lokal. Die Einrichtung erinnert an die guten alten Tante-Emma-Läden aus längst vergangenen Zeiten. Blau-weiße Landhausmöbel sind mit liebevollen Details gepaart. In den großen Vorratsgläsern, in denen früher die Süßigkeiten für 10 Pfennig das Stück auf die Schulkinder gewartet haben, befindet sich heute zum Beispiel der Tee. Auf der Terrasse draußen sitzt man an hell gestrichenen Bierbänken oder zarten, hellgrünen französischen Bistrotischen. Bei aller Nostalgie und Liebe zum Detail schafft das Café es aber trotzdem, weder überladen noch kitschig zu sein – sondern einfach stimmig. Die Karte ist nicht gerade extravagant, bietet aber eine erstaunliche kulinarische Bandbreite. Es gibt Currywurst (6,50 Euro), US Beef (16,50 Euro), Grillgemüse (9,90 Euro) oder Chorizo-Omelett (8,50 Euro). Oft sind es ja die Klassiker, an denen viele scheitern. Nicht so im Emma: Was die Küche macht, macht sie richtig und mit Leidenschaft. Die Spiegeleier zum Beispiel (ab 5,20 Euro) gehören zu den

Tante Emma Schwabing

Café MoKKa Schwabing

besten, die München zu bieten hat. Wenn man mal selber nicht so genau weiß, worauf man eigentlich Lust hat, ist das Tante Emma genau das richtige Lokal: Für alle was dabei, lecker, passt.

Fazit: *Atmosphärisch schönes Shabby Chic-Café mit einem guten Frühstücksangebot, Focaccia sowie wechselnden Tagesgerichten, die auch am Abend prima satt machen.*

★ **39,5** von 60 Punkten (–)
E: 11,5/20, T: 6,5/10, S: 7/10, A: 7,5/10, W: 7/10

▶ Tante Emma, Schwabing, Destouchesstr. 63, Tel. 32 988 670, tgl. 8.30-22h, Kosten: G

Café MoKKa

Ein besonderes Plätzchen

NEU! Ein wenig Überwindung, meint der Begleiter, würde es schon kosten, als Mann das Café MoKKa zu betreten – aber bereuen, so stellt er hinterher fest, würde man den Schritt durch die Tür dann nicht. Das MoKKa zeichnet sich durch ein besonderes Konzept aus: Es kombiniert (wie der Name widerspiegelt) Mode, Kost und Kaffee. Dafür wurde ein schnuckeliges Ladencafé in das Modeatelier Hilde Polz integriert. Doch noch mehr als durch sein außergewöhnliches Konzept zeichnet sich das MoKKa durch seine besondere Lage aus. Zweigt man von der Lindwurmstraße in die Schmellerstraße ab, lässt man Gedränge und Gehupe, U-Bahn und KVR schnell hinter sich und taucht in ein fast schon verschlafenes München ein. Entspannt schlendert man an hübschen Häusern mit noch hübscheren Vorgärten vorbei. Ein besonders schöner Garten ziert dann auch das MoKKa. Nimmt man hier auf dem Bänklein vor dem Laden Platz, hat man wohl eines der schönsten Sommerplätzchen in der Münchner Café-Landschaft gefunden. Eingerahmt von Wildwuchs an der Hausmauer und einem gepflegten, bunten Blütenmeer in kleinen Blumentöpfen, lässt es sich entspannter kaum sitzen. Drin-

★: ab 42 Punkten; ★: 38-41 Punkte **Trend zum Vorjahr:** ↗: besser; →: gleich; ↘: schlechter; –: neu aufgenommen
E: Essen; **T**: Trinken; **S**: Service; **A**: Atmosphäre; **W**: Wohl fühlen **Kosten**: **G**: günstig; **M**: mittel; **H**: hoch; **SH**: sehr hoch

Café MoKKa Isarvorstadt

nen wiederum kann man an drei kleinen Tischen Platz nehmen und blickt dann entweder aus der Fensterfront auf die Blümchen im Garten oder auf die Kleidchen der Schneidermeisterin Hilde Polz, die im Nebenraum ihre Werkstatt hat. Dazwischen liegt die kleine Küche, in der eifrig und sehr gut gebacken und gekocht wird. Die meisten scheinen gezielt für die Kuchen zu kommen, die es in großer Auswahl gibt. Doch die Karte bedient nicht nur den süßen Geschmack. Lachs findet sich zum Beispiel in unterschiedlichen Varianten: im saftigen Pfannkuchen (6,90 Euro), dem Sandwich vom Grill (5,90 Euro) oder als Frühstücks-Dreierlei (9,90 Euro). Es gibt aber auch das auf schönem Tongeschirr präsentierte Herzhafte Dreierlei (9,90 Euro) mit Bergkäse, Salami, Schinken, Olivenpaste und Kapern. Wunderbar würzig zeigt sich wiederum die Fischsuppe, in der sich zwar wenig Fisch, dafür umso mehr leckeres Gemüse tummelt. Und wer es deftig mag, entscheidet sich für das ebenfalls hausgemachte Knödel-Tris auf der Tageskarte. Kein Wunder, dass sich dann auch der Mann zwischen all den Stoffballen wohlfühlt.

Fazit: *Mode und Essen kommen in diesem Café-Atelier zusammen. Schöne Atmosphäre, besonders auf der Terrasse. Abwechslungsreiche Küche mit Flammkuchen, Quiche und den liebevoll präsentierten Kuchen.*

★ **39** von 60 Punkten (-)
E: 12/20, T: 6,5/10, S: 6,5/10, A: 7/10, W: 7/10

Café MoKKa, Isarvorstadt, Schmellerstr. 13, Tel. 44 253 601, Di–Fr 9–18h, Sa 10-18h, Kosten: M

Café MoKKa Schwabing

Cotidiano am Nordbad

Director's Cut

NEU! Hätte man einen Magen wie Obelix und wollte morgens, mittags und abends ausgiebig und gut essen, das Cotidiano wäre genau der richtige Ort. Im Dezember hat in München unter dem schönen italienischen Namen – der zu Deutsch „täglich" bedeutet – der mittlerweile vierte Laden am Nordbad eröffnet, und zwar im Erdgeschoss des Karstadt. Nun sind gastronomische Konzepte in Kaufhäusern längst nichts Ungewöhnliches mehr. Doch mit Verlaub: Einen holzgetäfelten Gastraum im urbanen Landhausstil, mit Holztischen, gemütlichen Lederbänken und Lampenschirmen aus Korb, damit hätte man dann doch nicht gerechnet. Nach Feierabend treffen sich hier die Schwabinger aus der Nachbarschaft, aber auch für zwei Mittzwanzigerinnen im Selfie-Fieber und ein verliebtes Pärchen beim Händchenhalten ist das Cotidiano genau richtig. Wer das Konzept nicht kennt, wird allerdings einen Augenblick brauchen, um sich auf der mediterran-asiatisch-continental inspirierten Karte zurechtfinden. Die Auswahl ist nämlich groß: Vegetarier finden hier ebenso etwas wie Menschen mit Lebensmittelunverträglichkeiten. Wenn es etwas gibt, das alle Gerichte für den ganzen Tag verbindet, dann ist das ein besonderes Augenmerk auf die Qualität einer Küche, die sich mit viel Gemüse, Proteinen und Vollkornprodukten einer gesunden Lebensweise verschrieben hat. Unter einem „Orient Express" (10,50 Euro) darf man sich im Cotidiano eine Platte mit Humus, Taboulé, Baba Ganoush und Mango Salsa vorstellen. Auch die gerade schwer angesagte Acai Bowl (8,50 Euro) gibt es hier. Soll es lieber bodenständig sein, kann man auf ein Bircher Müsli (4,90 Euro) oder Porridge (5,50 Euro) ausweichen. Dazu bietet die Karte

Cotidiano am Nordbad Schwabing

verschiedene Omeletts und Sandwichs sowie eine schöne Auswahl an Suppen und Salaten, von denen uns besonders die „Green Power" (7,90 Euro) mit Baby Spinat und gebackenen Auberginen, Blaubeeren, Pecannüssen und Radieschen anspricht. Da wir aber großen Hunger haben, entscheiden wir uns letztlich doch für den Flammkuchen namens „Toskana" (8,90 Euro), der mit einem herrlich knusprigen Boden und reichlich Kapern, Rucola und Parmesan belegt serviert wird. Der „Director's Cut" (19,50 Euro) erweist sich dann als eine riesige Portion aus punktgenau gebratenem Rumpsteak, Lamm, Hühnchen, Gemüse und Garnelen zu Süßkartoffeln mit einem würzigen Dip. Eigentlich hätte man schon dem weisen Lächeln der Bedienung entnehmen können, dass das kaum zu schaffen ist. Überhaupt ist der Service überaus zuvorkommend, und wird nicht müde, die ausladenden Fenster zur Straße hin zu schließen, sobald ein Gast fröstelt. Und so bleibt schließlich nur eines zu bemängeln: Wer mal muss, muss die Treppe hoch zu den Toiletten im Karstadt nehmen.

Fazit: *Moderne Wohlfühloase mit einem tollen Frühstücksangebot sowie einer internationalen Küche (Salate, Pasta, Flammkuchen, Burger), mit der man locker durch den Tag und auch den Abend kommt. Für jede Gelegenheit.*

★ **41,5** von 60 Punkten (-)
E: 12,5/20, T: 7/10, S: 6/10, A: 8/10, W: 8/10

Cotidiano am Nordbad, Schwabing, Schleißheimer Str. 93, Tel. 215 436 390, Mo-Do 7.30-23h, Fr/Sa 7.30-24h, So 7.30-21h, Kosten: M

Lokal-Finder

Alle 837 Gastro-Empfehlungen auf einen Blick

Mural Zentrum

Die GastroStars®:
★: ab 42 Punkten; ☆: 38-41 Punkte

Trend zum Vorjahr:
↗ besser ↘ schlechter
→ gleich – neu dabei

Service:
Plätze
Zahlungsmittel
U U-Bahn
T Bus
S S-Bahn
BUS Bus

Ayingers Zentrum

Bayerisch

Hier finden Sie alle Gastro-Empfehlungen für Lokale mit bayerischer Küche.

★ Airbräu

Das Airbräu am Flughafen punktet mit sehr leckerem Bier aus der eigenen Brauerei sowie den zahlreichen Konzerten und Feiertags-Veranstaltungen. Grundsolide fair bepreiste bayerische Küche. Wer sich an die Klassiker, wie den Schweinsbraten (10,50 Euro) oder Wiener Schnitzel (ab 17,60 Euro) hält, macht nichts falsch.

Essen 12,5/20, Trinken 7/10, Service 6,5/10, Ambiente 6,5/10, Wohl fühlen 7/10

Wertung: 39,5 von 60 Punkten (→)

▸ München-Flughafen, Terminalstr. Mitte 18, MAC Bereich, ☎ 97 593 111, tgl. 8-1h, Kosten: M, MVG: S 1/8 Flughafen

Alter Simpl

Studentenkneipe mit zivilen Preisen, in der es auch nach Mitternacht meist noch gut zur Sache geht. Hier ratscht man stundenlang mit Freunden und kurbelt die bayerische Bierwirtschaft an. Klassisch gute Kneipenküche mit Burger, Holzfällersteak und Wiener Schnitzel.

Essen 11/20, Trinken 5/10, Service 5,5/10, Ambiente 6,5/10, Wohl fühlen 7/10

Wertung: 35 von 60 Punkten (→)

▸ Maxvorstadt, Türkenstr. 57, ☎ 2 723 083, tgl. 11-3h, Plätze 45, 40 außen, Karten EC, MC, VI, Kosten: G, MVG: U 3/6 Universität, T 27/28 Schellingstraße

★ Alter Wirt Moosach NEU!

Ein neuer Pächter im Alten Wirt. Auf der Karte locken nun bayerische Tapas, Lamm- und Kalbshaxe oder Schnitzelvarianten zu zivilen Preisen.

Essen 12/20, Trinken 6/10, Service 6/10, Ambiente 7/10, Wohl fühlen 7/10

Wertung: 38 von 60 Punkten (–)

▸ Moosach, Dachauer Str. 274, ☎ 1 407 276, Mo-Fr 11-24h, Sa/So 10-24h, Plätze 70, 125 außen, Karten EC, Kosten: G, MVG: T 20 Pelkovenstraße

Atzinger

Nürnberger Rostbratwürstl und Schweinsbraten werden ergänzt von klassischer Kneipenkost wie Burgern. Hin und wieder Specials wie die Wildwochen.

Essen 11,5/20, Trinken 5,5/10, Service 6/10, Ambiente 6,5/10, Wohl fühlen 8/10

Wertung: 37,5 von 60 Punkten (→)

▸ Maxvorstadt, Schellingstr. 9, ☎ 282 880, tgl. 9-1h, Plätze 120, 30 außen, Karten EC, MC, VI, AM, Kosten: G, MVG: U 3/6 Universität

★ Augustiner Großgaststätten

Der Klassiker in der Fußgängerzone. Bayerisch-gemütliche Bierhalle, in der sich Ur-Bayern und Touristen auf den kleinsten gemeinsamen München-Nenner einigen: ein fassfrisches Augustiner. Der wunderschön geschmückte Jugendstilhof hinten ist was für Romantiker. Und den Muschelsaal drinnen muss man auch mal gesehen haben.

Essen 13/20, Trinken 6/10, Service 6/10, Ambiente 7/10, Wohl fühlen 7/10

Wertung: 39 von 60 Punkten (→)

▸ Zentrum, Neuhauser Str. 27, ☎ 23 183 257, tgl. 10-24h, Plätze 50, 40 außen, Karten EC, MC, VI, DI, Kosten: G, MVG: S 3/4/6/8, U 4/5, T 16-21/27/28 Karlsplatz (Stachus)

★ Augustiner Keller

Restaurant mit Lagerkeller, Festsaal, Halle und Bierstüberl. Schönes Ambiente.

Essen 11,5/20, Trinken 6,5/10, Service 6,5/10, Ambiente 6,5/10, Wohl fühlen 9/10

Wertung: 40 von 60 Punkten (→)

▸ Neuhausen, Arnulfstr. 52, ☎ 594 393, tgl. 10-1h, Kosten: M, MVG: S 3/4/6/8 Hackerbrücke, T 16/17 Hopfenstraße

★ Augustiner Klosterwirt

Eines der schönsten bayerischen Wirtshäuser der Stadt. Vor allem im urigen Klosterkeller sitzt man gemütlich. Zu essen gibt es bayerische und fränkische Spezialitäten zu angemessenen Preisen.

Essen 11,5/20, Trinken 6,5/10, Service 6,5/10, Ambiente 7,5/10, Wohl fühlen 8/10

Wertung: 40 von 60 Punkten (→)

▸ Zentrum, Augustinerstr. 1, ☎ 55 054 466, tgl. 9.30-24h, Kosten: M, MVG: S 3/4/6/8, U 3/6 Marienplatz

Aumeister

Das bayerisch-bürgerliche Restaurant Aumeister zeigt sich von seiner Küche und den Räumlichkeiten her vielseitig (für kleinere und größere Gesellschaften bis 160 Personen). Zu essen gibt es Bayerisches (z.B. Wildschweingulasch) und internationale Küche (z.B. Tatar vom Räucherlachs). Schöne Terrasse!

Essen 11,5/20, Trinken 6,5/10, Service 6/10, Ambiente 6,5/10, Wohl fühlen 6,5/10

Wertung: 37 von 60 Punkten (→)

▸ Freimann, Sondermeierstr. 1, ☎ 18 931 420, tgl. 11-23h, Kosten: M, MVG: U 6 Freimann

Ayingers

Gehobene Wirtshauskultur im historischen Zentrum Münchens. Auf regionale Qualität wird großen Wert gelegt. Das Ambiente wurde aufgehübscht. Die saisonale Auswahl an Bieren gefällt. Manchmal finden sich auf der Karte Wildspezialitäten aus eigener Jagd.

Essen 12/20, Trinken 6/10, Service 6/10, Ambiente 7/10, Wohl fühlen 6/10

Wertung: 37 von 60 Punkten (↗)

▸ Zentrum, Platzl 1a, ☎ 23 703 666, tgl. 11-1h, Plätze 90, 40 außen, Karten EC, Kosten: M, MVG: S 3/4/6/8, U 3/6 Marienplatz

Bachmaier Hofbräu
Das bayerische Cocktail-Bar-Wirtshaus ist perfekt für große Runden, die Spaß haben wollen. Die Karte (im Schwerpunkt Bayerisch plus Internationale Küche) bietet für jeden Geschmack etwas. Ein Tipp sind die Steaks und Hugo's Königliche Spareribs.
Essen 10,5/20, Trinken 7/10, Service 7/10, Ambiente 6,5/10, Wohl fühlen 6,5/10
Wertung: 37,5 von 60 Punkten (→)
▶ Schwabing, Leopoldstr. 50, ☎ 3 838 680, Mo-Do 11-0.30h, Fr 11-1h, Sa 10-1h, So 10-0.30h, Kosten: M, MVG: U 3/6 Giselastraße

★ Bavarese
Italy meets Bavaria. Ein familientaugliches, schön gestaltetes Lokal, das viele Geschmäcker bedient. Entsprechend vielfältig ist das Publikum, das nicht nur aus dem Viertel kommt.
Essen 12/20, Trinken 6/10, Service 6,5/10, Ambiente 7/10, Wohl fühlen 7,5/10
Wertung: 39 von 60 Punkten (→)
▶ Isarvorstadt, Ehrengutstr. 15, ☎ 52 033 437, Mo-Sa ab 17h, So ab 10h, Kosten: M, MVG: U 3/6 Goetheplatz, BUS 131 Roecklplatz, BUS 62 Ehrengutstraße

★ Beim Sedlmayr
Eines der besten bayerischen Wirtshäuser der Stadt. Große Tische, an denen jedermann Platz findet, dazu eine meist sehr gute Küche. Im Sommer mit kleiner Terrasse!
Essen 13/20, Trinken 6/10, Service 7/10, Ambiente 8/10, Wohl fühlen 8/10
Wertung: 42 von 60 Punkten (→)
▶ Zentrum, Westenriederstr. 14, ☎ 226 219, Mo-Sa 9-23h, Kosten: M, MVG: S 3/4/6/8, U 3/6 Marienplatz

Bratwurst Herzl
Die Rostbratwürste sind der Hit. In der Grillstube mit dem offenen Buchenholzgrill herrscht urige Atmosphäre. Auf der Karte finden sich neben Klassikern auch alte bayerische Gerichte wie Wollwürste, die anderswo leider schon in Vergessenheit geraten sind. Und über allem wacht die charmante, redselige Wirtin.
Essen 11/20, Trinken 6/10, Service 6,5/10, Ambiente 6,5/10, Wohl fühlen 6,5/10
Wertung: 36,5 von 60 Punkten (→)
▶ Zentrum, Dreifaltigkeitsplatz 1, ☎ 295 113, Mo-Sa 10-23h, Kosten: G, MVG: S 3/4/6/8, U 3/6 Marienplatz

★ Der Pschorr
Schöne Terrasse mit Blick auf den Viktualienmarkt, flinke Kellner, Stangeneisgekühltes Bier (Richtig gut!!). Auf der Karte finden sich viele regionale Spezialitäten abseits der üblichen Standards.
Essen 12/20, Trinken 6,5/10, Service 6/10, Ambiente 7,5/10, Wohl fühlen 7,5/10
Wertung: 39,5 von 60 Punkten (→)
▶ Zentrum, Viktualienmarkt 15, ☎ 442 383 940, tgl. 10-23h, Kosten: H, MVG: S 3/4/6/8, U 3/6 Marienplatz

★ Donisl
In fast sakraler Atmosphäre kann man hier Schweinsbraten und Tafelspitz und natürlich das fassfrische Hacker-Pschorr anbeten. Genial: Das Tageslichtdach, das sich im Sommer ganz öffnen lässt.
Essen 12,5/20, Trinken 6/10, Service 6,5/10, Ambiente 7/10, Wohl fühlen 7/10
Wertung: 39 von 60 Punkten (→)
▶ Zentrum, Weinstr. 1, ☎ 2 429 390, tgl. 10-0h, Kosten: M, MVG: S 3/4/6/8, U 3/6 Marienplatz

★ Fiedler & Fuchs
Moderne Stadtteilwirtschaft mit frischer handgemachter Küche (Jungbullen-Tatar, Wiener Schnitzel). Schöne Terrasse.
Essen 12,5/20, Trinken 7/10, Service 7/10, Ambiente 7/10, Wohl fühlen 7,5/10
Wertung: 41 von 60 Punkten (→)
▶ Untergiesing, Voßstr. 15, ☎ 45 223 784, tgl. 11.30-1h, Kosten: M, MVG: U 1/2 Kolumbusplatz, BUS 52/58 Humboldstraße

★ Floßlände
Wirtshaus mit einem lauschigen Garten, das neben einer bayerischer Küche zu fairen Preisen auch kreative internationale Speisen serviert. Immer noch ein Geheimtipp für besondere Anlässe.
Essen 12,5/20, Trinken 7,5/10, Service 7,5/10, Ambiente 8/10, Wohl fühlen 8/10
Wertung: 43,5 von 60 Punkten (→)
▶ Thalkirchen, Zentralländstr. 30, ☎ 54 043 606, Mo-Fr ab 17h, Sa ab 15h, So ab11h, 700, 900 außen, MC, VI, AM, DI, Kosten: M, MVG: U 3 Thalkirchen

★ Fraunhofer
Lustig geht's zu im Fraunhofer. Hier treffen sich Studenten, Leute aus dem Viertel und später auch die Besucher des Fraunhofer Theaters. Das Essen ist gut, der Service arbeitet je nach Tagesform. Es ist aber nie bös gemeint und deswegen kommt man auch gerne wieder.
Essen 12,5/20, Trinken 6/10, Service 7/10, Ambiente 7/10, Wohl fühlen 7/10
Wertung: 39,5 von 60 Punkten (→)
▶ Glockenbach, Fraunhoferstr. 9, ☎ 266 460, tgl. 16.30-1h, Kosten: G, MVG: U 1/2, T 27, BUS 132 Fraunhoferstraße

★ Gasthaus Hohenwart
Auf der Karte locken Schweinsbraten, Lachsforelle oder Sellerieschnitzel. Das Traditions-Wirtshaus wurde

Der Experten-Tipp von Hans Jörg Bachmeier

Beim Sedlmayr

„Beste bayerische Küche unweit des Viktualienmarktes. Und der Rudi ist einfach mei ‚Babba'."

kulinarisch und optisch richtig auf Vordermann gebracht.
Essen 12/20, Trinken 6/10, Service 6/10, Ambiente 7/10, Wohl fühlen 7/10
Wertung: 38 von 60 Punkten (→)
Giesing-Au, Gietlstr. 15, 69 397 575, Mo-Fr ab 17, Sa/So ab 11.30h, Kosten: M, MVG: U 2, T15/25 Silberhornstraße

★ Gasthof Obermaier
Mit viel Liebe eingerichtetes Wirtshaus in Trudering. Der Schweinsbraten kommt für 11,90 Euro auf den Tisch und in die Essenz vom Tafelspitz (4,50 Euro) möchte man sich reinlegen. Im schönen Biergarten sitzt man gemütlich. Immer wieder Live-Musik und Theater auf der Kulturbühne. Toll!
Essen 13/20, Trinken 6,5/10, Service 7/10, Ambiente 6,5/10, Wohl fühlen 7/10
Wertung: 40 von 60 Punkten (→)
Trudering, Truderinger Str. 306, 424 943, tgl. 10-24h, 38, 38 außen, EC, MC, VI, AM, Kosten: M, MVG: S 4, U 2 Trudering, Bus 192/139/146 Schmuckerweg

★ Georgenhof
Traditionslokal mit historischem Flair und Traumterrasse. Zum Frühstück oder zur Brotzeit gibt es Bio-Holzofenbrot, bei Schnitzel und Schweinsbraten stimmen Qualität und Preis.
Essen 12/20, Trinken 6/10, Service 6,5/10, Ambiente 6,5/10, Wohl fühlen 7/10
Wertung: 38 von 60 Punkten (→)
Maxvorstadt, Friedrichstr. 1, 34 077 691, tgl. 10-1h, Kosten: H, MVG: U 3/6 Universität

Giesinger Bräu
Solide Küche, spannende (Craft-)Biere. Das Wirtshaus zu Münchens hippster Brauerei.
Essen 11/20, Trinken 6/10, Service 6/10, Ambiente 5/10, Wohl fühlen 5/10
Wertung: 33 von 60 Punkten (→)
Giesing-Au, Martin-Luther-Straße 2, 65 114 911, Mo-Fr 11-23h, Sa 11-24h, So 10-22h, Kosten: G, MVG: U 1/2, T 15/25 Silberhornstraße

★ Goldmarie
Tolle bayerisch-mediterrane Küche (z.B. Gebratene Kalbsleber mit Marsala und Kirschen) in gemütlich-modernem Ambiente. Im Viertel beliebt. Reservierung vor allem am Wochenende empfohlen.
Essen 13/20, Trinken 6,5/10, Service 7/10, Ambiente 7,5/10, Wohl fühlen 8/10
Wertung: 42 von 60 Punkten (→)
Sendling, Schmellerstr. 23, 51 669 272, Mo-Fr 12-15 u. 18-24h, Sa 18-24h, Kosten: M, MVG: U 3/6 Poccistraße

Großwirt Neuhausen
Moderne bayerische Wirtschaft mit Münchner Schnitzel und Steaks vom Lavasteingrill auf der Karte. Außerdem eine schöne Frühstücksauswahl (ab 4 Euro) sowie wechselnde Tagesgerichte. Samstags ist der Haxntag, sonntags die Burger Night.
Essen 11/20, Trinken 6,5/10, Service 6,5/10, Ambiente 7/10, Wohl fühlen 6/10
Wertung: 37 von 60 Punkten (→)
Neuhausen, Volkartstr. 2, 20 204 888, Mo-Do 11-24h, Fr/Sa 11-1h, So 10-24h, Kosten: M, MVG: U 1, T 12, Bus 132/133 Rotkreuzplatz

Hackerhaus
Eines der ältesten Lokale der Stadt. Die urig-verspielte Einrichtung des Lokals (mit Hirschgeweih und Jagdgewehr an der Wand) ist einzigartig. Routinierte Küche. Eher was für Touristen.
Essen 11,5/20, Trinken 6/10, Service 7/10, Ambiente 6,5/10, Wohl fühlen 6,5/10
Wertung: 37,5 von 60 Punkten (→)
Zentrum, Sendlinger Str. 14, 2 605 026, tgl. 10-24h, 480, 500 außen, EC, Kosten: H, MVG: S 3/4/6/8, U 3/6 Marienplatz

Haxnbauer
Haxn vom Schwein oder Kalb sind hier der Klassiker und werden frisch überm Buchenholz gegrillt, so müssen sie sein. Die Preise sind gehoben. Im großen Gastraum lärmt ein internationales Publikum gemeinsam mit Münchnern um die Wette.
Essen 11,5/20, Trinken 6,5/10, Service 6,5/10, Ambiente 6/10, Wohl fühlen 6/10
Wertung: 36,5 von 60 Punkten (→)
Zentrum, Sparkassenstr. 6, 2 166 540, tgl. 11-24h, 78, 150 außen, EC, MC, VI, AM, DI, Kosten: M, MVG: S 3/4/6/8, U 3/6 Marienplatz

★ HeimWerk
Nach dem Facelift zeigt sich das HeimWerk gemütlicher und wärmer. Besonders schön ist die Terrasse geworden. In der Küche setzt man weiterhin auf ein regional aufgesetztes Fast Slow Food-Konzept mit Wiener Schnitzel, Maultaschen und anderen Kleinigkeiten auf der Karte, die allesamt frisch zubereitet werden.
Essen 12/20, Trinken 8/10, Service 7,5/10, Ambiente 7,5/10, Wohl fühlen 8/10
Wertung: 43 von 60 Punkten (↗)
Schwabing, Friedrichstr. 27, 95 474 251, tgl. 11-23 Uhr, Kosten: M, MVG: U 3/6 Giselastraße

★ HeimWerk Glockenbach NEU!
Regionales Slow Food, das stets frisch zubereitet wird. Tolle Schnitzelvarianten, Backhendl oder Salate auf der Karte. Die Zutatenqualität schmeckt man. Unbedingt die Bratkartoffeln probieren.
Essen 12,5/20, Trinken 7,5/10, Service 6/10, Ambiente 7/10, Wohl fühlen 7/10
Wertung: 40 von 60 Punkten (–)
Isarvorstadt, Müllerstr. 49, 59 918 697, Mo-Do 11.30-24h, Fr 11.30-1h, Sa 11.30-1h, So 11.30-23h, Kosten: M, MVG: U 1/2/3/6, T 16/17/18/27, Bus 62 Sendlinger Tor

★ Hirschau
Auf der Karte im Restaurant stehen Klassiker wie Schweinsbraten und Wiener Schnitzel, aber auch Modernes wie der Edel-Burger vom Rinderfilet. Durchweg gut.
Essen 12,5/20, Trinken 6,5/10, Service 6/10, Ambiente 6,5/10, Wohl fühlen 6,5/10
Wertung: 38 von 60 Punkten (→)
Schwabing, Gyßlingstr. 15, 36 090 490, tgl. 11.30-23h, 90, 110 außen, Kosten: M, MVG: U 6 Dietlindenstraße, Bus 44 Osterwaldstraße

Hirschgarten
Uriges Restaurant mit klassisch bayerischer Küche sowie Pasta und Wildspezialitäten. Bei der sogenannten „Kulinarischen Reise" gibt es ein All You Can Eat-Themenbüfett für 14,80 Euro. Ein Krimi-Dinner steht ebenfalls auf dem Programm.
Essen 11,5/20, Trinken 7/10, Service 6/10, Ambiente 6/10, Wohl fühlen 7/10
Wertung: 37,5 von 60 Punkten (→)
Neuhausen, Hirschgarten 1, 17 999 119, tgl. 10-24h , Kosten: M, MVG: T 16/17 Kriemhildenstraße, Bus 51/151 Hirschgartenallee

Hofbräuhaus
Lust auf Japaner und a Gaudi? Das Hofbräuhaus ist Touri-Schwemme plus Wiesn light, kann aber auch anders. Zum Beispiel im schönen Biergarten des historischen Innenhofes oder im Saal in der ersten Etage. Jeden Tag Livemusik. Außerdem gibt es ein abwechslungsreiches Kulturprogramm. Einfach eine Institution in München.
Essen 11/20, Trinken 5/10, Service 6/10, Ambiente 7/10, Wohl fühlen 7/10
Wertung: 36 von 60 Punkten (→)
Zentrum, Platzl 9, 2 901 360, tgl. 9-23.30h, 60, 16 außen, Kosten: M, MVG: S 3/4/6/8, U 3/6 Marienplatz, T 19 Kammerspiele

Hofbräukeller
Großes und dennoch stimmungsvolles Lokal. Die klassisch-bayerische Küche hat Höhen und Tiefen, ist jedoch meistens gut. Täglich Kinderbetreuung!
Essen 10/20, Trinken 6/10, Service 7/10, Ambiente 7/10, Wohl fühlen 7/10
Wertung: 37 von 60 Punkten (→)
Haidhausen, Innere Wiener Str. 19, 4 599 250, tgl. 10-24h, 130, 60 außen, EC, Kosten: M, MVG: U 4/5, T 15/18/19/25 Max-Weber-Platz

Hofer der Stadtwirt

Ambiente und Preise sind in der Wirtschaft in Münchens ältestem Bürgerhaus gehoben. Bayerische Klassiker werden mit mediterranen Gerichten (mediterrane Aufstriche, Vitello tonnato) ergänzt.

Essen 12,5/20, Trinken 6,5/10, Service 6/10, Ambiente 7/10, Wohl fühlen 6/10

Wertung: 38 von 60 Punkten (→)

▶ Zentrum, Burgstr. 5, ☎ 24 210 444, Mo-Sa 10-24h, Kosten: M, MVG: S 3/4/6/8, U 3/6 Marienplatz

Iberl's Gasthaus

Urig eingerichtetes bayerisches Wirtshaus in Solln, in dem man nicht nur gutes Essen, sondern auch bayerisches Volkstheater genießen kann. Mit schönem Biergarten.

Essen 13/20, Trinken 6,5/10, Service 6,5/10, Ambiente 7/10, Wohl fühlen 7/10

Wertung: 40 von 60 Punkten (→)

▶ Solln, Wilhelm-Leibl-Str. 22, ☎ 74 997 221, tgl. 10.30-24h, Kosten: M, MVG: S 7 Solln

Isarthor

Eine bayerische Insel im geschäftigen Zentrum von München mit grundehrlicher Küche, die schmeckt wie bei Muttern.

Essen 13/20, Trinken 7,5/10, Service 6/10, Ambiente 7/10, Wohl fühlen 6,5/10

Wertung: 40 von 60 Punkten (→)

▶ Lehel, Kanalstr. 2, ☎ 227 753, tgl. 10-1h, Kosten: G, MVG: S 3/4/6/8, T 16/18 Isartor

Jodlerwirt

Im Jodlerwirt geht's lustig wie auf einer Almhütte zu. Dafür sorgt ein Alleinunterhalter mit seinem Akkordeon. Wer diese Gaudi erleben will, muss sich allerdings in die 1. Etage der Wirtschaft begeben. Unten trinkt man gemütlich Bier ohne bayerisch-derbes Entertainment.

Essen 10/20, Trinken 7/10, Service 6/10, Ambiente 7/10, Wohl fühlen 7/10

Wertung: 37 von 60 Punkten (→)

▶ Zentrum, Altenhofstr. 4, ☎ 221 249, Di-Sa ab 18h, 70, 40 außen, EC, MC, AM, Kosten: M, MVG: S 3/4/6/8, U 3/6 Marienplatz

Der Experten-Tipp von Hans Jörg Bachmeier

Königsquelle

„Nach der Arbeit gehe ich immer gerne auf einen Gin Tonic zu Peter und Christian ... und freilich auch auf ein Schnitzel am frühen Abend, wenn ich mal frei habe."

Kaisergarten

Eine Institution in Schwabing. Im Sommer sind die Plätze unter den Kastanien begehrt. Gehobene Küche der Stilrichtungen bayerisch, alpenländisch und mediterran. Außerdem toll zum Frühstücken am Wochenende.

Essen 12/20, Trinken 6/10, Service 6,5/10, Ambiente 6/10, Wohl fühlen 6/10

Wertung: 36,5 von 60 Punkten (→)

▶ Schwabing, Kaiserstr. 34, ☎ 34 020 203, tgl. 10-1h, 220, außen, EC, MC, VI, AM, DI, Kosten: M, MVG: U 3/6, T 23, Bus 53/59/142 Münchner Freiheit

Kini's Kitchen

Helle, jung dekorierte bayerische Wirtschaft. Die Küche dreht bayerische Klassiker immer ein bisschen weiter. So wird z.B. die Rinder-Bouillon mit Ingwer und Rote Bete-Schaum aufgepeppt.

Essen 13/20, Trinken 6/10, Service 7/10, Ambiente 6/10, Wohl fühlen 7/10

Wertung: 39 von 60 Punkten (→)

▶ Neuhausen, Dachauer Str. 185, ☎ 55 276 389, Di-Fr 11-1h, Sa/So 10-1h, Kosten: M, MVG: T 12, Bus 53 Leonrodplatz

Klinglwirt

Regionale Zutaten, Bio-Fleisch, selbst die Beilagen werden noch von Hand gemacht. Das Ergebnis ist ehrliche bayerische Hausmannskost. Die liebevolle Einrichtung des Klinglwirts hebt sich wohltuend von der Masse ab. Gute Weine!

Essen 13/20, Trinken 7/10, Service 6,5/10, Ambiente 7/10, Wohl fühlen 7,5/10

Wertung: 41 von 60 Punkten (→)

▶ Haidhausen, Balanstr. 16, ☎ 85 676 199, Mo-Sa 17-24h, So 11-23h, 70, 40 außen, EC, Kosten: M, MVG: S 3/4/6/8, T 16/18 Isartor

Königsquelle

Geniales Unikat, das seit mehr als 25 Jahren auf beständig hohem Niveau arbeitet. Auf die alpenländische Küche ist stets Verlass (bestes Wiener Schnitzel!), der Service umsorgt die Gäste mit Herz und Persönlichkeit. Absolut stimmiges Preisleistungsverhältnis. Whisky-Fans finden zudem im Lokal eine unglaublich reichhaltige Sammlung. Wunderbar.

Essen 14/20, Trinken 8/10, Service 7/10, Ambiente 7/10, Wohl fühlen 8/10

Wertung: 44 von 60 Punkten (→)

▶ Glockenbach, Baaderplatz 2, ☎ 220 071, So-Fr 17-1h, Sa 19-1h, 140, außen, Kosten: M, MVG: S 3/4/6/8, T 16/18 Isartor

Krablergarten

An jedem Tag bayerische und gutbürgerliche Küche (fleischlastig) in üppigen Portionen und zu fairen Preisen. Für ein bisschen Abwechslung sorgen rustikal interpretierte Thaigerichte. Ein schöner Biergarten gehört ebenfalls zum urgemütlichen, sympathisch aus der Zeit gefallenen Lokal.

Essen 11,5/20, Trinken 6/10, Service 6,5/10, Ambiente 6/10, Wohl fühlen 7/10

Wertung: 37 von 60 Punkten (→)

▶ Glockenbach, Thalkirchner Str. 2, ☎ 26 019 148, tgl. 10-24h, 60, 26 außen, Kosten: G, MVG: U 1/2/3/6, T 16/17/18/27, Bus 62 Sendl Tor

Lindwurmstüberl
Wenn schon Hendl, dann im Lindwurmstüberl, der ältesten Hühnerbraterei der Stadt. Am besten sind die Hendl, wenn der Laden voll ist und das Geflügel frisch vom Grill kommt. Seit der Renovierung in hellem Ambiente, der alte Charme ist dennoch nicht verloren gegangen. Tolle Dachterrasse!
Essen 10/20, Trinken 6/10, Service 7/10, Ambiente 7/10, Wohl fühlen 7/10
Wertung: 37 von 60 Punkten (→)
Ludwigsvorstadt, Lindwurmstr. 32, ☎ 534 638, tgl. 10-24h, Kosten: G, MVG: U 3/6 Goetheplatz

★ **Lohengrins**
Perlhuhnbrust, Ochsentafelspitz oder Saiblingsfilet... im Lohengrins wird ordentlich aufgekocht. Das Ambiente des Wirtshauses ist aufgeräumt-freundlich und zeigt Stil. Sehr sympathischer Service.
Essen 12/20, Trinken 7/10, Service 7/10, Ambiente 6,5/10, Wohl fühlen 7/10
Wertung: 39,5 von 60 Punkten (↗)
Oberföhring, Cosimastr. 97, ☎ 95 927 424, Mo-Sa 11-1h, So 11-24h, 200, 150 außen, EC, MC, VI, AM, Kosten: M, MVG: U 4 Arabellapark

Löwenbräukeller
Neue Pächter im Löwenbräukeller. Nun kümmert sich Edi Reinbold um die Traditionswirtschaft. Das neue Lokal konnten wir für diese Ausgabe leider noch nicht testen. Daher gibt es auch noch keine Wertung.
Ohne Wertung
Maxvorstadt, Nymphenburger Str. 2, ☎ 54 726 690, tgl. 10-24h, 3000, 500 außen, MC, VI, AM, Kosten: M, MVG: U 1, T 20/21 Stiglmaierplatz

Münchner Stubn
Frisches großes Wirtshaus, in dem man einen ordentlichen Schweinsbraten bekommt, aber auch gehobene Küche wie geschmorte Ochsenbacken in Spätburgundersauce.
Essen 11,5/20, Trinken 6/10, Service 6/10, Ambiente 7/10, Wohl fühlen 7/10
Wertung: 37,5 von 60 Punkten (→)
Zentrum, Bayerstr. 35, ☎ 551 113 330, tgl. 10-1h, Kosten: M, MVG: S 3/4/6/8, U 1/2 Hauptbahnhof

Der Experten-Tipp von Rudi Kull

Nürnberger Bratwurst Glöckl am Dom

„Die Kombination von einem Grillwürstl und einem gepflegtem Augustiner Bier ist einfach ein kulinarisches Highlight. Bayerische Tradition im Herzen von München."

★ **No Mi Ya**
Hier findet zusammen, was zusammengehört: Bayerische Herzlichkeit und japanisches Essen. Seit Jahren einer der Top-Spots in Haidhausen. Immer voll, bunt gemischtes Publikum.
Essen 13/20, Trinken 5/10, Service 7/10, Ambiente 7/10, Wohl fühlen 6/10
Wertung: 38 von 60 Punkten (→)
Haidhausen, Wörthstr. 7, ☎ 4 484 095, tgl. 18-1h, Kosten: M, MVG: S 2-8, U 5, T 19 Ostbahnhof

Nürnberger Bratwurst Glöckl am Dom
Eines der ältesten Gasthäuser Münchens, mit Terrasse zum Dom. Die Halbe Augustiner aus dem Holzfass (3,90 Euro, nur im Lokal) schmeckt richtig gut. Die legendären Bratwürste mit Sauerkraut (6 Stück 8,90 Euro), natürlich zubereitet über einem Buchenholzfeuer, ebenso.
Essen 11/20, Trinken 5/10, Service 4,5/10, Ambiente 8/10, Wohl fühlen 6/10
Wertung: 34,5 von 60 Punkten (→)
Zentrum, Frauenplatz 9, ☎ 2 919 450, Mo-Sa 10-1h, So 10-23h, Kosten: G, MVG: S 3/4/6/8, U 3/6 Marienplatz

Öeins
Anständige österreichische Küche (Fiakergulasch) mit Bistro-Charakter. Man sitzt auf Barstühlen, an der Wand die Ösi-Ikonen Falco, Hans Krankl und Sissi. Gut besucht. Feine Auswahl an Obstbränden. Besonders günstig: das Hans-Moser-Menü (3 Gänge, 9,90 Euro, 17-18.30 Uhr).
Essen 11/20, Trinken 6,5/10, Service 6,5/10, Ambiente 6,5/10, Wohl fühlen 6,5/10
Wertung: 37 von 60 Punkten (→)
Schwabing, Herzogstr. 81, ☎ 30 005 956, tgl. ab 17h, EC, MC, VI, AM, Kosten: M, MVG: T 12/27, Bus 53 Kurfürstenplatz

★ **Österia**
Tolles Speiselokal, in dem eine feine österreichische Küche, zum Beispiel Rindermaisel, Almrind oder Ragout vom Spanferkelbackerl, serviert wird. Immer montags gibt es Backhendl vom Poltinger Maishendl! Unbedingt den Weinvorschlägen Folge leisten! Auch Menüs.
Essen 12,5/20, Trinken 8/10, Service 6,5/10, Ambiente 7/10, Wohl fühlen 8/10
Wertung: 42 von 60 Punkten (→)
Giesing-Au, Taubenstr. 2, ☎ 62 489 924, Mo-Sa ab 14h, 40, 20 außen, EC, Kosten: M, MVG: U 1/2, Bus 52 Kolumbusplatz

★ **Osterwaldgarten**
In der rustikalen Stube schaffen naturbelassene Holztische und dicke Kerzen eine behagliche Atmosphäre. Draußen sitzt man schön unter Bäumen. Mit dem Riesen-Osterwalder-Butterschnitzel (13,90 Euro) macht man nichts falsch.
Essen 11,5/20, Trinken 7/10, Service 7/10, Ambiente 8/10, Wohl fühlen 7,5/10
Wertung: 41 von 60 Punkten (→)
Schwabing, Keferstr. 12, ☎ 38 405 040, tgl. 10-1h , Kosten: M, MVG: U 3/6, T 23, Bus 53/59/142 Münchner Freiheit

★ Palais Keller
Bier vom Fass, Brezn aus der Hofbäckerei und dazu ein urbayerisches Ambiente im Gewölbe von 1425. Die bayerische Küche ist gehoben. Gerichte wie das Kesselgulasch oder das tolle Wiener Schnitzel machen richtig Spaß. Demnächst wird renoviert!

Essen 12,5/20, Trinken 6,5/10, Service 6,5/10, Ambiente 6,5/10, Wohl fühlen 6,5/10

Wertung: 38,5 von 60 Punkten (→)

▶ Zentrum, Promenadeplatz 2-6, ✆ 2 120 990, tgl. 10-1h, ⑂ 16, 20 außen, 💳 EC, Kosten: M, MVG: Ⓢ 3/4/6/8, Ⓤ 3/6 Marienplatz, Ⓣ 19 Theatinerstraße

★ Park Café
Das Park Café im Alten Botanischen Garten ist eine große Wohlfühl-Location mit toller bayerisch-internationaler Küche, schöner Terrasse und viel Flair. Sonntags Frühschoppen mit Live-Musik! Ansonsten gibt es hier Speed-Dating, Grill-Workshops und sogar Kunst-Events. Definitiv eines der lebendigsten Lokale der Stadt.

Essen 11/20, Trinken 7/10, Service 7/10, Ambiente 8/10, Wohl fühlen 8/10

Wertung: 41 von 60 Punkten (→)

▶ Zentrum, Sophienstr. 7, ✆ 51 617 980, Mo-Do 11-1h, Fr 11-2h, Sa 10-2h, So 10-24h, ⑂ 24, 30 außen, 💳 EC, Kosten: M, MVG: Ⓢ 3/4/6/8, Ⓤ 4/5, Ⓣ 16-21/27/28 Karlsplatz (Stachus)

★ Paulaner am Nockherberg
NEU! Frisch renoviert glänzt das Paulaner am Nockherberg mit Bierspezialitäten aus der eigenen Brauerei, sowie einer richtig guten Küche mit einfachen Klassikern (Schweinsbraten) und Highlights wie dem Cowboy-Steak. Sympathischer Service.

Essen 13/20, Trinken 7/10, Service 8/10, Ambiente 8/10, Wohl fühlen 6/10

Wertung: 42 von 60 Punkten (–)

▶ Giesing-Au, Hochstr. 77, ✆ 4 599 130, tgl. 10-1h, ⑂ 60, 60 außen, 💳 EC, Kosten: M, MVG: Ⓣ 15/25/27 St.-Martin-Straße

★ Paulaner Bräuhaus
Das Paulaner Bräuhaus ist der Prototyp eines frischen zeitgemäßen Wirtshauses. Ordentliche Küche, die jungen Leuten ebenso schmeckt wie gesetzten Genießern. Unbedingt das Selbstgebraute probieren.

Essen 12/20, Trinken 6,5/10, Service 7/10, Ambiente 7/10, Wohl fühlen 7/10

Wertung: 39,5 von 60 Punkten (→)

▶ Isarvorstadt, Kapuzinerplatz 5, ✆ 5 446 110, tgl ab 11h, Kosten: M, MVG: Ⓤ 3/6 Goetheplatz, Ⓑ 58/62 Kapuzinerplatz

★ Paulaner im Tal
Eine richtig leckere Ente vom Lugeder, Zwiebelrostbraten vom Allgäuer Rib Eye, Omas Hackbraten und natürlich der legendäre Krustenbraten. Das Paulaner im Tal bietet beste bayerische Kulinarik für jede Gelegenheit. Lauschige Innenhofterrasse.

Essen 12,5/20, Trinken 6/10, Service 7,5/10, Ambiente 6,5/10, Wohl fühlen 8/10

Wertung: 40,5 von 60 Punkten (→)

▶ Zentrum, Tal 12, ✆ 2 199 400, tgl. 10-24h, ⑂ 60, Kosten: M, MVG: Ⓢ 3/4/6/8, Ⓤ 3/6 Marienplatz

Paulaner's Wirtshaus
Was für ein uriger Wirtsraum ... Paulaner's Wirtshaus im Hotel Westin Grand zeigt sich stilecht. Die Küche arbeitet mehr als ordentlich. Zum Lokal gehört auch ein kleiner bedienter Biergarten, der immer wieder mit Specials lockt.

Essen 12/20, Trinken 6/10, Service 6/10, Ambiente 6/10, Wohl fühlen 6/10

Wertung: 36 von 60 Punkten (→)

▶ Bogenhausen, Arabellastr. 6, ✆ 92 648 115, Mo-Fr 11-24h, Sa-So 17-24h, ⑂ 150, 40 außen, 💳 EC, Kosten: M, MVG: Ⓤ 4 Arabellapark

Prinz Alfons NEU!
Frisches bayerisches Wirtshaus, in dem Klassiker wie die Ochsenschulter angenehm zeitgemäß interpretiert werden. Jeden Sonntag Spareribs. Und für die hausgemachten Limonaden verzichtet man gern einmal aufs Feierabendbier.

Essen 12/20, Trinken 6/10, Service 6/10, Ambiente 6/10, Wohl fühlen 7/10

Wertung: 37 von 60 Punkten (–)

▶ Neuhausen, Ysenburgstr. 3, ✆ 162 791, Mo-Do 11-23h, Fr 11-1h, Sa 10-1h, So 10-23h, Kosten: M, MVG: Ⓤ 3/6, Ⓣ 23 Münchner Freiheit

★ Restaurant Laurin
Modernes alpenländisches Flair. Dazu passt die ambitionierte Regional-Küche mit Knödeltris, Schnitzel Laurin mit Südtiroler Speck oder Lauwarmer Linsensalat mit Kalbstafelspitz. Ein Lokal wie das Laurin am Viktualienmarkt hat im Zentrum gefehlt!

Essen 13/20, Trinken 7/10, Service 7/10, Ambiente 8/10, Wohl fühlen 7/10

Wertung: 42 von 60 Punkten (→)

▶ Zentrum, Heiliggeiststr. 6, ✆ 21 994 870, Mo-Sa 11-22.30h, Kosten: M, MVG: Ⓢ 3/4/6/8, Ⓤ 3/6 Marienplatz

★ Savoy NEU!
Schön in Szene gesetzter Alpenschick, der gut zum Anspruch des Lokals passt. Gerichte wie das Saiblingstatar, der Artischockensalat, Maibockrücken oder Hechtroulade machen einfach Spaß. Tolle Auswahl an Wein, Cocktails und Bier (unter anderem von Picon).

Essen 14/20, Trinken 7/10, Service 7/10, Ambiente 8/10, Wohl fühlen 8/10

Wertung: 44 von 60 Punkten (–)

▶ Schwabing, Bismarckstr. 21, ✆ 33 056 556, tgl. 17-1h, Kosten: M-H, MVG: Ⓤ 3/6, Ⓣ 23 Münchner Freiheit

★ Schneider Bräuhaus
Das urmünchnerische Ambiente, die tolle Bierauswahl und die in dieser Vielfalt einzigartige Kronfleischküche gefallen uns richtig gut. Küche und Service unterliegen der Tagesform.

Essen 11/20, Trinken 6/10, Service 6/10, Ambiente 8/10, Wohl fühlen 7/10

Wertung: 38 von 60 Punkten (→)

▶ Zentrum, Tal 7, ✆ 2 901 380, tgl. 8-0.30h, Kosten: G, MVG: Ⓢ 3/4/6/8, Ⓤ 3/6 Marienplatz

★ Schuhbecks Südtiroler Stuben
Alfons Schuhbeck ist aus der Münchner Gesellschaft einfach nicht wegzudenken. Der Tausendsassa überzeugt auch in den gediegen eingerichteten Stuben nur einen Steinwurf vom Hofbräuhaus entfernt mit hervorragendem Essen.

Essen 15/20, Trinken 7/10, Service 8/10, Ambiente 7/10, Wohl fühlen 6,5/10

Wertung: 43,5 von 60 Punkten (→)

▶ Zentrum, Platzl 6-8, ✆ 2 166 900, Mo-Sa 12-14.30h u. ab 18h, Kosten: SH, MVG: Ⓢ 3/4/6/8, Ⓤ 3/6 Marienplatz

★ Seidelei
Alpenländische Küche (z.B. Kalbsbackerl und Saiblingstatar) in einem urigen Ambiente, das dennoch in die Zeit passt. Familiärer Service!

Essen 13/20, Trinken 7/10, Service 7/10, Ambiente 7,5/10, Wohl fühlen 7/10

Wertung: 41,5 von 60 Punkten (→)

▶ Lehel, Reitmorstr. 3, ✆ 25 542 220, Mo-Fr 11.30-14.30 u. 18-24h, Sa 18-1h, Kosten: M, MVG: Ⓤ 4/5 Lehel, Ⓣ 18 Maxmonument

Sendlinger Augustiner
Küche und Service stecken ihr Herzblut in dieses Lokal. Die hausgemachten Speisen (Wiener Schnitzel, Beef Burger, Fleischpflanzerl) schmecken richtig gut. Ein Kleinod in Sendling.
Essen 11/20, Trinken 7/10, Service 6,5/10, Ambiente 7/10, Wohl fühlen 7/10
Wertung: 38,5 von 60 Punkten (→)
▶ Sendling, Alramstr. 24, ☎ 45 230 939, tgl. 11-1h, Kosten: M, MVG: U 3/6 Implerstraße

Sir Tobi
Bayerische Slowfood-Küche, in die man sich sofort verliebt. Dazu ein stimmungsvolles Ambiente und ein herzlicher Service.
Essen 13/20, Trinken 6/10, Service 7/10, Ambiente 7/10, Wohl fühlen 8/10
Wertung: 41 von 60 Punkten (→)
▶ Lehel, Sternstr. 16, ☎ 32 494 825, Mo-Fr 11.30-15 u. 17-24h, Do/Fr 17.30-0h, Kosten: M, MVG: T 18/19 Maxmonument

Spezlwirtschaft 2
Großartige Fleischgerichte (z.B. vom Milchkalb) und Flammkuchen für den kleinen Hunger. Spannende Biercocktail-Spezialitäten. Ein Helles ohne Gedöns gibt's aber auch. Prima Wirtschaft. Am Ambiente darf noch gefeilt werden.
Essen 13,5/20, Trinken 6,5/10, Service 7/10, Ambiente 6,5/10, Wohl fühlen 7,5/10
Wertung: 41 von 60 Punkten (→)
▶ Haidhausen, Pariser Str. 34, ☎ 44 992 999, tgl. ab 17h, Kosten: M-H, MVG: S 2-8, U 5, T 19 Ostbahnhof

Steinheil
Alles Schnitzel, oder was? Die liebevoll „Elefantenohren" genannten Riesenschnitzel sind längst ein gastronomisches Kulturgut in München. Dazu zwei Augustiner (die Schnitzel sind wirklich groß) und man sitzt bewegungsunfähig, aber glücklich in dieser ebenso sympathischen wie legendären Studentenkneipe.
Essen 11/20, Trinken 5,5/10, Service 7/10, Ambiente 6/10, Wohl fühlen 8/10
Wertung: 37,5 von 60 Punkten (→)
▶ Maxvorstadt, Steinheilstr. 16, ☎ 527 488, tgl. 10-1h, 22, 12 außen, EC, Kosten: G, MVG: U 2/8 Theresienstraße

Tattenbach
Wunderschöne liebevoll restaurierte Wirtschaft im Lehel. Man speist deftig bayerisch (Krustenbraten, Holzfällersteak, Wiener Riesenschnitzel), und das zu fairen Preisen.
Essen 11/20, Trinken 6,5/10, Service 6,5/10, Ambiente 7/10, Wohl fühlen 6/10
Wertung: 37 von 60 Punkten (→)
▶ Lehel, Tattenbachstr. 6, ☎ 225 268, Mo-Fr 11-1h, Sa-So 17-1h, 290, 340 außen, EC, MC, VI, AM, DI, Kosten: M, MVG: U 4/5 Lehel

Wirtshaus Obacht Maxvorstadt

Tegernseer Tal
Schönes bayerisches Lokal mit regionalster Küche (eben aus dem Tegernseer Tal). Beim Ambiente setzt man auf einen angenehmen frischen alpenländischen Touch, der Service beherrscht sein Handwerk. Mit den Fleischpflanzerln und den Burgern macht man nichts falsch.
Essen 11,5/20, Trinken 6,5/10, Service 7/10, Ambiente 7,5/10, Wohl fühlen 6,5/10
Wertung: 39 von 60 Punkten (→)
▶ Zentrum, Tal 8, ☎ 222 626, tgl. ab 9.30h, Kosten: M, MVG: S 3/4/6/8, U 3/6 Marienplatz

Trumpf oder Kritisch
Junges Wirtshaus, in dem der Trank wichtiger ist als das Speisen. Geweihwuchtiges Ambiente mit geselliger Atmosphäre.
Essen 10/20, Trinken 7/10, Service 7/10, Ambiente 6/10, Wohl fühlen 6,5/10
Wertung: 36,5 von 60 Punkten (→)
▶ Schwabing, Feilitzschstr. 14, ☎ 38 088 240, tgl. ab 17h, Kosten: M, MVG: U 3/6, T 23, Bus 53/59/142 Münchner Freiheit

Waldfee
Alpenländische Küche in einem herzallerliebst frischen Ambiente. Hierher führt man Frauen aus, die man verführen will. Die Dame wird sich mit Sicherheit nicht nur für den Kalbstafelspitz oder das Fiaker Gulasch erwärmen.
Essen 12/20, Trinken 6,5/10, Service 6,5/10, Ambiente 7/10, Wohl fühlen 6,5/10
Wertung: 38,5 von 60 Punkten (→)
▶ Schwabing, Occamstr. 13, ☎ 84 008 310, Mo-So 11-23h, Kosten: M, MVG: U 3/6, T 23, Bus 53/59/142 Münchner Freiheit

Waldwirtschaft
Beim Jazzbiergarten in der WaWi herrscht immer Stimmung. Man lässt es sich bei Kässpatz'n, Schweinsbraten und Blaubeerparfait gut gehen. Vor allem die Plätze direkt am Abgrund sind beliebt. Drinnen genießt man die täglich hausgemachten Spezialitäten in elegantem Ambiente.
Essen 12/20, Trinken 6,5/10, Service 6,5/10, Ambiente 7/10, Wohl fühlen 7/10
Wertung: 39 von 60 Punkten (→)
▶ Großhesselohe, Georg-Kalb-Str. 3, ☎ 74 994 030, tgl. 10-22.30h, Kosten: M, MVG: S 7 Großhesselohe

Weichandhof
Feine bayerische Küche und das heimelige Ambiente überzeugt. Im Hof sitzt man besonders idyllisch. Eltern freuen sich über die Outdoor-Sofas direkt neben dem Spielplatz. Ein tolles Wirtshaus!
Essen 12/20, Trinken 6,5/10, Service 6,5/10, Ambiente 6,5/10, Wohl fühlen 7/10
Wertung: 38,5 von 60 Punkten (→)
▶ Pasing-Obermenzing, Betzenweg 81, ☎ 8 911 600, tgl. 11-24h, Kosten: M, MVG: S 2 Obermenzing

Wirtshaus am Bavariapark
Frisches Wirtshaus mit gemütlichem Biergarten gleich neben der Kongressbar. Gute Küche, die neben bayerischen Klassikern (Wiener Schnitzel, Schweinsbraten) auch mediterrane Gerichte auf der Tageskarte führt. Toller Kinderspielplatz. Im Lokal gibt es eine Spielecke.
Essen 11/20, Trinken 6,5/10, Service 6/10, Ambiente 7/10, Wohl fühlen 6,5/10
Wertung: 37 von 60 Punkten (→)
▶ Westend, Theresienhöhe 15, ☎ 45 211 691, Mo-Fr 11-24h, Sa-So 10-24h, 220, 50 außen, EC, AM, Kosten: M, MVG: U 4/5, Bus 58 Schwanthalerhöhe

Wirtshaus in der Au

Tolle bayerische Wirtschaft mit leckeren Knödelspezialitäten (aber nicht nur!) und einer Dessertplatte, die der helle Wahnsinn ist. Freundliche Kellner, gesellige Atmosphäre – was will man mehr!?

Essen 12,5/20, Trinken 6,5/10, Service 7,5/10, Ambiente 7/10, Wohl fühlen 8/10

Wertung: 41,5 von 60 Punkten (→)

▶ Giesing-Au, Lilienstr. 51, ☎ 4 481 400, Mo-Fr 17-24h, Sa-So 10-24h, 45, 20 außen, Kosten: M, MVG: Bus 52 Schweigerstraße

Wirtshaus Maxvorstadt

Bayerische Tapas im Glas, gute Auswahl an vegetarischen Gerichten und natürlich alle wichtigen Klassiker auf der Karte. Unkomplizierte, absolut stimmige Stadtteilwirtschaft, in der man sich richtig wohlfühlt. Und eine Kegelbahn gibt's auch!

Essen 12/20, Trinken 6/10, Service 6,5/10, Ambiente 6,5/10, Wohl fühlen 7,5/10

Wertung: 38,5 von 60 Punkten (→)

▶ Maxvorstadt, Augustenstr. 53, ☎ 95 493 526, Mo-Fr 11.30-22h, Sa 17-1h, So 11.30-21h, Kosten: M, MVG: U 2/8 Theresienstraße

Wirtshaus Obacht NEU!

Frische moderne Stadtteilwirtschaft mit bayerisch-schwäbischer Küche. Unbedingt einmal die Linsen mit Spätzle oder den Badischen Sauerbraten probieren. Hier kommt man auch gern nur auf ein Bier her.

Essen 11/20, Trinken 6/10, Service 6/10, Ambiente 6,5/10, Wohl fühlen 7/10

Wertung: 36,5 von 60 Punkten (–)

▶ Maxvorstadt, Schwindstr. 20, ☎ 23 746 328, tgl. ab 17h, Kosten: M, MVG: U 2 Theresienstraße, T 27/28 Schellingstraße

Wirtshaus z. Schweinsbräu

Auf dem Gut Herrmannsdorf im Osten Münchens werden nach ökologischen Grundsätzen Schweine gezüchtet und Lebensmittel hergestellt, die das Wirtshaus zum Schweinsbräu sehr gekonnt verwertet. Wirklich tolle Regionalküche. Das Ambiente gefällt.

Essen 13/20, Trinken 8/10, Service 7,5/10, Ambiente 7/10, Wohl fühlen 7,5/10

Wertung: 43 von 60 Punkten (→)

▶ Glonn, Herrmannsdorf 7, ☎ (08093) 909 445, Mo-Sa 11-22h, So 11-18h, Kosten: H, MVG: S 5 Grafing-Bahnhof, Bus 440 Westerndorf

Wirtshaus zum Isartal

Umtriebiges Wirtshaus, das neben bodenständiger vielseitiger Küche (bayerisch-international) allerlei Veranstaltungen bietet (Essen im Dunkeln, Kabarett). Das Ambiente pendelt zwischen schräg, skurril und überladen.

Essen 10,5/20, Trinken 5,5/10, Service 6/10, Ambiente 6,5/10, Wohl fühlen 8/10

Wertung: 36,5 von 60 Punkten (→)

▶ Sendling, Brudermühlstr. 2, ☎ 772 121, Mo-Fr 11-1h, Sa-So 10-1h, 650, 250 außen, EC, MC, VI, AM, DI, Kosten: G, MVG: U 3 Brudermühlstraße

Wirtshaus zur Brez'n

Eines der Highlights auf der Leopoldstraße. Tagsüber kommt die Brezn als perfekt aufgesetztes bayerisches Wirtshaus daher. Abends kann man zum Schweinsbraten ruhig auch einen Sprizz trinken. Motiviert-flinker Service!

Essen 11,5/20, Trinken 6/10, Service 6,5/10, Ambiente 7/10, Wohl fühlen 7/10

Wertung: 38 von 60 Punkten (→)

▶ Schwabing, Leopoldstr. 72, ☎ 390 092, So-Mi 10-1h, Do-Sa 10-3h, Kosten: M, MVG: U 3/6, T 23, Bus 53/59/142 Münchner Freiheit

Wirtshaus zur Marienburg

Unkompliziertes bayerisch-internationales Restaurant mit schönem Biergarten. Die Tageskarte sorgt mit Gerichten wie dem Zwiebelrostbraten oder Backgiggerl für kulinarische Abwechslung.

Essen 11/20, Trinken 6/10, Service 7/10, Ambiente 7/10, Wohl fühlen 6/10

Wertung: 37 von 60 Punkten (→)

▶ Denning, Hohensalzaer Str. 1, ☎ 93 932 239, tgl. 11.30-1h, Kosten: M, MVG: S 8 Daglfing, Bus 188 Marienburger Straße

Xaver's NEU!

Saiblings-Ceviche, geschmorte Ochsenbackerl, gebratenes Hühnchenfilet mit Belugalinsen ... im Xaver's versucht man der bayerischen Küche einen frischen Anstrich zu verpassen. Meist gelingt das auch. Sehr stimmiges Design-Ambiente, das Moderne und Tradition perfekt verbindet.

Essen 12/20, Trinken 6,5/10, Service 6/10, Ambiente 7/10, Wohl fühlen 7/10

Wertung: 38,5 von 60 Punkten (–)

▶ Isarvorstadt, Rumfordstr. 35, ☎ 0157-71490313, Di-So 11.3ß-23.45h, Kosten: M, MVG: S 1-8, T 16/17/19/37 Isartor

Zum alten Markt

In der 400 Jahre alten Ratsherrenstube wird eine gehobene bayerische Küche (gesottenes Bürgermeisterstück, Seesaibling) serviert. Das Ambiente verbindet bayerischen Barock (viel Holz) mit feiner Tischkultur (weiße Decken und Stoffservietten).

Essen 12,5/20, Trinken 7/10, Service 6,5/10, Ambiente 7,5/10, Wohl fühlen 6,5/10

Wertung: 40 von 60 Punkten (→)

▶ Zentrum, Dreifaltigkeitsplatz 3, ☎ 299 995, Mo-Sa 11-24h, 180, 60 außen, EC, MC, VI, Kosten: M, MVG: S 3/4/6/8, U 3/6 Marienplatz

Zum Dürnbräu

Das Dürnbräu gehört zu den gemütlichen Vertretern bayerischer Lokale. Man genießt in Ruhe eine klassische bayerische Küche.

Essen 10,5/20, Trinken 6,5/10, Service 7,5/10, Ambiente 7/10, Wohl fühlen 8/10

Wertung: 39,5 von 60 Punkten (→)

▶ Zentrum, Dürnbräugasse 2, ☎ 222 195, tgl. 10-24h, 80, 80 außen, EC, MC, VI, AM, Kosten: M, MVG: S 3/4/6/8, U 3/6 Marienplatz

Zum Franziskaner

Sobald Weißwurscht und Weißbier auf dem Tisch stehen, soll die Bedienung doch ruhig granteln. Wen schert's. Stimmungsvolle und traditionell eingerichtete Bierhalle.

Essen 13,5/20, Trinken 6/10, Service 5/10, Ambiente 6,5/10, Wohl fühlen 7/10

Wertung: 38 von 60 Punkten (→)

▶ Zentrum, Residenzstr. 9, ☎ 2 318 120, Mo-Sa 9-24h, So 10-24h, 70, 150 außen, EC, AM, Kosten: M, MVG: S 3/4/6/8, U 3/6 Marienplatz, T 19 Nationaltheater

Zum Spöckmeier

Unweit des Marienplatzes gelegenes Wirtshaus mit klassisch bayerischer Küche. Eine charmante Idee auf der Karte sind die bayerischen Tapas, bei denen man sich in kleinen Portionen durch die bayerische Küche futtern kann. Donnerstags bis samstags bekommt man hier noch bis 3 Uhr nachts etwas zu Essen.

Essen 11,5/20, Trinken 6/10, Service 6/10, Ambiente 7/10, Wohl fühlen 7/10

Wertung: 37,5 von 60 Punkten (→)

▶ Zentrum, Rosenstr. 9, ☎ 268 088, So-Mi 9-1h, Do-Sa 9-3h, Kosten: M, MVG: S 3/4/6/8, U 3/6 Marienplatz

Wirtshaus z. Schweinsbräu Glonn

Foto Wirtshaus z. Schweinsbräu: Vivi D'Angelo

Zum Stiftl NEU!
Neues Wirtshaus, das auf renommierte Erzeuger setzt und sogar über eine eigene Metzgerei verfügt. Die Speisen (z.B. Saiblingsfilet oder Sennerbratwurst) werden liebevoll präsentiert. Neben Hacker Pschorr auch Eiswerk-Biere auf der Karte.
Essen 12/20, Trinken 6,5/10, Service 6/10, Ambiente 6,5/10, Wohl fühlen 6,5/10
Wertung: 37,5 von 60 Punkten (–)
Zentrum, Tal 15, 23 886 522, So-Do 9-1h, Fr/Sa 9-3h, Kosten: M, MVG: S 1/2/3/4/6/7/8, U 3/6 Marienplatz

Zum Straubinger
Lieblingslokal mit einer leicht gehobenen bayerischen Küche, in der die Saison das Angebot mitdiktiert. Angenehmes – auch jüngeres – Publikum. Der Service ist sehr freundlich, das Ambiente wunderhübsch dekoriert. Mit schöner Terrasse im Hof. Rundum ein Lokal zum Wohlfühlen.
Essen 12/20, Trinken 6,5/10, Service 7/10, Ambiente 7/10, Wohl fühlen 7/10
Wertung: 39,5 von 60 Punkten (→)
Zentrum, Blumenstr. 5, 2 323 830, Mo-Sa 10-1h, So 11-23h, 70, 50 außen, EC, MC, VI, Kosten: M, MVG: U 1/2/3/6, T 16/17/18/27, Bus 62 Sendlinger Tor

Zwickl
Das Lokal am Viktualienmarkt überzeugt mit einem aufgeräumt-warmen Ambiente. Spezialität des Hauses sind die Fleischpflanzerl, die es hier sogar als Seeteufel-Garnelen- oder Backhenderl-Pflanzl gibt und die mit spannenden Beilagen wie Kartoffel-Birnenragout serviert werden. Wiener Schnitzel und Schweinebraten kann die Zwickl-Küche aber auch.
Essen 12,5/20, Trinken 6,5/10, Service 7/10, Ambiente 7/10, Wohl fühlen 6,5/10
Wertung: 39,5 von 60 Punkten (→)
Zentrum, Dreifaltigkeitsplatz 2, 46 228 833, Mo-Sa 10-23h, 60, 15 außen, Kosten: M, MVG: S 3/4/6/8, U 3/6 Marienplatz

Schapeau Zentrum

Bürgerlich

Hier finden Sie alle Gastro-Empfehlungen für Lokale mit bürgerlicher Küche.

Alter Hof
Restaurant mit fränkischer Küche in einem zeitgemäßen Ambiente. An der Weinbar protzt man mit dem besten, was die Weinregion Franken zu bieten hat. Im Sommer auch mit lauschigem Weingarten.
Essen 12,5/20, Trinken 7,5/10, Service 7/10, Ambiente 7/10, Wohl fühlen 6,5/10
Wertung: 40,5 von 60 Punkten (→)
Zentrum, Alter Hof 3, 24 243 733, Mo-Sa 11.30-23h (Weinbar Do-Sa ab 17h), 65, 40 außen, EC, Kosten: M, MVG: S 3/4/6/8, U 3/6 Marienplatz

Gutshof Menterschwaige
Gehobene bayerisch-alpenländische Küche zu ebensolchen Preisen. Man sitzt in einem hellen schön dekorierten Gewölbe oder natürlich draußen auf der schönen Terrasse. Toller (frisch renovierter) Spielplatz im Biergarten.
Essen 12,5/20, Trinken 6,5/10, Service 6/10, Ambiente 7/10, Wohl fühlen 7/10
Wertung: 39 von 60 Punkten (→)
Harlaching, Menterschwaigstr. 4, 640 732, tgl. 11-24h, Kosten: H, MVG: T 25 Menterschwaige

Halali
Kalbskopf, Rehrücken, gegrillte Edelfische oder Loup de Mer. Im Halali wird richtig gut aufgekocht (Und zwar nicht mehr nur Wildspezialitäten!). Im traditionell-gehobenen Ambiente mit den schön eingedeckten Tischen fühlt man sich wohl.
Essen 14/20, Trinken 7/10, Service 7/10, Ambiente 7/10, Wohl fühlen 7/10
Wertung: 42 von 60 Punkten (→)
Maxvorstadt, Schönfeldstr. 22, 285 909, Mo-Fr 12-14h, Mo-Sa 18-22h, Kosten: H, MVG: U 3/4/5/6 Odeonsplatz

Harlachinger Jagdschlössl
Der Prototyp eines gutbürgerlichen Lokals. Hier genießt man Rib-Eye vom Bayerischen Weideochsen (31,50 Euro), Zanderfilet mit Gremolata (19,50 Euro) und bayerische Klassiker. Schön sind die Tische, an denen man sein Bier selber zapfen kann. Im Sommer sitzt man im Biergarten unter alten Bäumen. An heißen Tagen unbedingt mal die Bier-Sprizzer probieren!
Essen 12/20, Trinken 6,5/10, Service 6,5/10, Ambiente 7/10, Wohl fühlen 7/10
Wertung: 39 von 60 Punkten (→)
Harlaching, Geiselgasteigstr. 153, 30 906 760, Mo-Fr 11-24h, Sa-So 10-24h, 660, 180 außen, EC, MC, VI, Kosten: M, MVG: T 15/25 Klinikum Harlaching

Michaeligarten
Idyllisch gelegenes Wirtshaus, in dem eine gute Küche (Wiener Schnitzel, Lammhaxe, Kalbsleber) zu fairen Preisen serviert wird. Auf der großen Terrasse genießt man den Blick auf den See im Ostpark und bereits ab Mittag die wärmenden Sonnenstrahlen. Alpenländisch-modernes Ambiente.
Essen 11,5/20, Trinken 6/10, Service 7/10, Ambiente 7,5/10, Wohl fühlen 7/10
Wertung: 39 von 60 Punkten (→)
▶ Ramersdorf-Perlach, Feichtstr. 10, ☎ 43 552 424, Mo-Fr ab 11h, Sa-So ab 10h, Kosten: M, MVG: U 5, Bus 195/199 Michaelibad

Nymphenburger Hof
Klingt edel, ist edel (allerdings nicht überkandidelt). Internationale Küche mit starken regionalen Akzenten (Lammschulter, Bachsaibling) sowie ausgezeichnete Weine aus Österreich. Tolle Lokation, um Frauen auszuführen.
Essen 13/20, Trinken 6,5/10, Service 7/10, Ambiente 7/10, Wohl fühlen 6,5/10
Wertung: 40 von 60 Punkten (→)
▶ Neuhausen, Nymphenburger Str. 24, ☎ 1 233 830, Di-Fr 12-15h, Di-Sa 18-1h, 371, 156 außen, EC, MC, VI, AM, Kosten: H, MVG: U 1, T 20/21 Stiglmaierplatz

Restaurant am Chinesischen Turm
Gutbürgerliche Küche in gutbürgerlichem Ambiente. Ideal als Abrundung des Sonntags-Spaziergangs mit den Eltern. Die Terrasse ist und bleibt ein Traum! Gutes Preisleistungsverhältnis.
Essen 13/20, Trinken 7/10, Service 8/10, Ambiente 7/10, Wohl fühlen 6/10
Wertung: 41 von 60 Punkten (→)
▶ Schwabing, Englischer Garten 3, ☎ 38 387 327, tgl. ab 10h, Kosten: M, MVG: T 17 Tivolistraße, Bus 54/154 Chinesischer Turm

Sankt Emmeramsmühle
Auf der Karte findet man eine gehobene Küche mit leckeren Gerichten wie Barbarie Entenbrust auf Pilzgröstl. Urig-gediegenes Ambiente. Charmant: der Picknickkorb-Service mit Bollerwagen zum Transport.
Essen 12/20, Trinken 6,5/10, Service 7/10, Ambiente 7/10, Wohl fühlen 7/10
Wertung: 39,5 von 60 Punkten (→)
▶ Oberföhring, St. Emmeram 41, ☎ 953 971, Mo-Sa 11-1h, So 10-1h, 40, 80 außen, EC, MC, VI, AM, Kosten: H, MVG: T 16/18 St. Emmeram

Schapeau
Das eher kühle Jugendstilambiente ist nicht jedermanns Sache, doch Küche (bayerisch, regional, gehoben) und Service (fachkundig souverän) machen das Schapeau besonders. Hin und wieder Brunch mit Musik.
Essen 14/20, Trinken 7/10, Service 7/10, Ambiente 7/10, Wohl fühlen 7/10
Wertung: 42 von 60 Punkten (→)
▶ Zentrum, Tal 41, ☎ 24 234 400, tgl. 7-23.30h, Kosten: M, MVG: S 3/4/6/8, T 16/18 Isartor

Der Experten-Tipp von Hans Jörg Bachmeier

Steirer am Markt

Foto Steirer am Markt: Kitchenkiss Photography

„Sommer wie Winter eine Wohlfühloase am Viktualienmarkt."

Schlosswirtschaft Schwaige
Hausgemachte Rindsrouladen, Pulled Duck Burger ... die gehobene Küche mit modernem Einschlag passt zum königlichen Ambiente. Auf der Terrasse im Innenhof erholt man sich bei einer der Bierspezialitäten wie dem Bier des Monats vom Parkspaziergang.
Essen 13/20, Trinken 6,5/10, Service 6,5/10, Ambiente 6,5/10, Wohl fühlen 7/10
Wertung: 39,5 von 60 Punkten (→)
▶ Neuhausen, Schloß Nymphenburg 30, ☎ 12 020 890, tgl. 11-24h, 60, 15 außen, EC, MC, VI, Kosten: H, MVG: T 17, Bus 51/151 Schloss Nymphenburg

Spatenhaus
Im Erdgeschoss serviert man eine gehoben interpretierte bayerische Küche. Im Obergeschoss wählt man Gerichte von einer internationalen Karte mit regionalem Einschlag. Wunderschön eingerichtetes Gewölbe unten. Oben in der Opernstube barocker Flair.
Essen 12/20, Trinken 6/10, Service 6,5/10, Ambiente 8/10, Wohl fühlen 7/10
Wertung: 39,5 von 60 Punkten (→)
▶ Zentrum, Residenzstr. 12, ☎ 2 907 060, tgl. EG 9.30-0.30h, OG 11.30-1h, 140, 140 außen, EC, MC, VI, DI, Kosten: H, MVG: S 3/4/6/8, U 3/6 Marienplatz

Steirer am Markt
Hübsches alpenländisches Ambiente. Gespeist werden Rinderfilet oder gebratene Jakobsmuscheln, aber auch Backhendl und Tafelspitz. Dazu trinkt man einen guten Wein aus Österreich (große Auswahl!) oder – ganz klassisch – ein Augustiner Bier.
Essen 12/20, Trinken 6,5/10, Service 6,5/10, Ambiente 7,5/10, Wohl fühlen 6/10
Wertung: 38,5 von 60 Punkten (→)
▶ Zentrum, Dreifaltigkeitsplatz 4, ☎ 255 491 510, Mo-Sa 10-1h, Kosten: H, MVG: S 3/4/6/8, U 3/6 Marienplatz

Weinhaus Neuner
Wieder da. Die Les Deux-Macher Johann Rappenglück und Fabrice Kieffer haben das ehrwürdige Gewölbe kulinarisch in der Heimat belassen und dennoch ins 21. Jahrhundert geholt. Für diese Qualität auf dem Teller zahlt man gern.
Essen 14/20, Trinken 7,5/10, Service 7/10, Ambiente 7/10, Wohl fühlen 7,5/10
Wertung: 43 von 60 Punkten (→)
▶ Zentrum, Herzogspitalstr. 8, ☎ 2 603 954, Mo-So 12-24h, Kosten: H, MVG: S 3/4/6/8, U 4/5, T 16-21/27/28 Karlsplatz (Stachus)

Bar Giornale Schwabing

Italienisch

Hier finden Sie alle Gastro-Empfehlungen für Lokale mit italienischer Küche.

★ Acetaia
Ein Klassiker, der mit einer modernen italienischen Gourmet-Küche aufwartet. Man isst Seeteufel mit Topinambur oder Rinderfilet mit Zucchiniblüten und genießt dazu große Weine.
Essen 14/20, Trinken 7/10, Service 8/10, Ambiente 7/10, Wohl fühlen 7/10
Wertung: 43 von 60 Punkten (→)
▶ Neuhausen, Nymphenburgerstr. 215, ☎ 13 929 077, Mo-Fr/So 12-14.30h, 18.30-22.30h, Sa 18.30-22.30h, ⑂ 100, 750 außen, ▣ EC, MC, VI, Kosten: H, MVG: Ⓤ 1, Ⓣ 12, Ⓑ 132/133 Rotkreuzplatz

★ Acquarello
Eine Münchner Legende. Mario Gambas Cucina del Sole zelebriert die klassische italienische Küche, fügt jedem Gericht jedoch immer auch einen gewissen Dreh hinzu. Großartig.
Essen 16/20, Trinken 8/10, Service 7/10, Ambiente 7/10, Wohl fühlen 7,5/10
Wertung: 45,5 von 60 Punkten (→)
▶ Bogenhausen, Mühlbaurstr. 36, ☎ 4 704 848, Di-Fr 12-14.30h, Di-So 18.30-23h, ⑂ 80, 30 außen, ▣ EC, MC, VI, Kosten: SH, MVG: Ⓤ 4 Böhmerwaldplatz

Adria
Bar-Lounge, die ganz an die Bedürfnisse des jungen Partypublikums auf der Leo angepasst ist. Pizza (8-19 Euro) gibt es hier bis drei Uhr! Im Sommer ist die große Terrasse eine Bank.
Essen 11/20, Trinken 6/10, Service 6/10, Ambiente 6,5/10, Wohl fühlen 6,5/10
Wertung: 36 von 60 Punkten (→)
▶ Schwabing, Leopoldstr. 18, ☎ 330 349 864, tgl. 11-3h, ⑂ 90, 12 außen, ▣ EC, MC, VI, AM, DI, Kosten: M, MVG: Ⓤ 3/6 Giselastraße

★ Al Paladino
Die perfekte Dinner for two-Location für Romantik-Fans. Der italienische Barock und die gute Küche sorgen für ganz viel Gefühl.
Essen 12,5/20, Trinken 6,5/10, Service 6/10, Ambiente 7/10, Wohl fühlen 7/10
Wertung: 39 von 60 Punkten (→)
▶ Westend, Heimeranplatz 1, ☎ 5 025 657, Mo-Sa 11.30-14.30 u. 18-23h, Kosten: M, MVG: Ⓢ 7, Ⓤ 4/5 Heimeranplatz

Alla Famiglia
Familien-Italiener im Dreimühlenviertel, der mit Herzlichkeit und guter Küche (Pizza und Pasta) überzeugt.
Essen 11/20, Trinken 6/10, Service 7/10, Ambiente 6/10, Wohl fühlen 7/10
Wertung: 37 von 60 Punkten (→)
▶ Glockenbach, Ehrengutstr. 27, ☎ 74 118 010, tgl. 11.30-23h, ⑂ 50, 40 außen, ▣ EC, AM, Kosten: H, MVG: Ⓑ 58/132 Baldeplatz

Anema e Core
Ein elegantes Lokal mit einem Service der alten Schule. Die Küche spielt gekonnt mit Klassikern. Ein Blick in die Fischvitrine lohnt immer. Lauschiger Wintergarten. Trotz abseitiger Lage ein Tipp!
Essen 13/20, Trinken 7/10, Service ,5/10, Ambiente 6/10, Wohl fühlen 7/10
Wertung: 33,5 von 60 Punkten (→)
▶ Bogenhausen, Lohengrinstr. 11, ☎ 90 955 626, So-Fr 11.30-23h, ⑂ 70, 60 außen, ▣ EC, AM, Kosten: M, MVG: Ⓑ 188 Lohengrinstraße

★ Arte in tavola
Ein elegantes Lokal mit eher schickem Publikum. Hier isst man leckere Pasta und trinkt guten Wein. Sehr persönliche Atmosphäre.
Essen 12,5/20, Trinken 6,5/10, Service 6,5/10, Ambiente 6,5/10, Wohl fühlen 7/10
Wertung: 39 von 60 Punkten (→)
▶ Maxvorstadt, Schellingstr. 51, ☎ 285 136, Mo-Fr 11.30-15h, Mo-Sa 17-1h, ⑂ 130, 20 außen, ▣ EC, MC, VI, AM, DI, Kosten: M, MVG: Ⓤ 2 Josephsplatz, Ⓑ 154 Schellingstraße

★ Bagutta
Pizza und Pasta zu moderaten Preisen. Überraschend warmes Ambiente (viel edles Holz!). Der Blick in die offene Küche offenbart ehrliches Handwerk. Vor allem Kinder finden das „Restaurantkino" klasse. Geburtstags-Pizza-Party für Kinder!
Essen 12,5/20, Trinken 6/10, Service 6/10, Ambiente 7,5/10, Wohl fühlen 7/10
Wertung: 39 von 60 Punkten (→)
▶ Flughafen, Flughafen Terminal 2, Ebene 05 , ☎ 9 785 005, tgl. 7-22h, ⑂ 60, 60 außen, ▣ EC, MC, VI, Kosten: M, MVG: Ⓢ 1/8 Flughafen

★ Bar Centrale
20 Jahre! Kleine Aperitivo-Karte mit Bruschetta, dazu Pasta und Salate. Szene-Publikum. Immer Stimmung.
Essen 12,5/20, Trinken 6,5/10, Service 6,5/10, Ambiente 7/10, Wohl fühlen 7/10
Wertung: 39,5 von 60 Punkten (→)
▶ Zentrum, Ledererstr. 23, ☎ 223 762, Mo-Sa 7.30-1h, So 9-1h, ⑂ 50, 50 außen, ▣ EC, Kosten: M, MVG: Ⓢ 3/4/6/8, Ⓤ 3/6 Marienplatz

★ Bar Comercial
Tolle Steinofenpizza, zum Beispiel mit Trüffel. Dazu gibt es noch Toast, Tramezzini und Sandwiches.
Essen 10/20, Trinken 6,5/10, Service 6,5/10, Ambiente 8/10, Wohl fühlen 7/10
Wertung: 38 von 60 Punkten (→)
▶ Zentrum, Theatinerstr. 16 (in den Fünf Höfen), ☎ 2 070 066, Mo-Sa 9-1h, So 12-24h, ⑂ 70, 40 außen, ▣ EC, MC, VI, Kosten: M, MVG: Ⓤ 3/4/5/6 Odeonsplatz

★ Bar Giornale
Ein Lokal, das durchdrungen ist von Klasse und Stil. Tolle italienische Küche (Pasta, Pesce, Carne). Die Bar Giornale ist zudem auch Bar und (Frühstücks-)Café. Hübsche, beinah versteckt gelegene Terrasse an der Leopoldstraße.
Essen 13,5/20, Trinken 7,5/10, Service 7/10, Ambiente 8,5/10, Wohl fühlen 8/10
Wertung: 44,5 von 60 Punkten (→)
▶ Schwabing, Leopoldstr. 7, ☎ 332 000, Mo-Fr 8-23.30h, Sa 9-23.30h, So 9-18h, ⑂ 30, 15 außen, ▣ EC, MC, VI, AM, Kosten: H, MVG: Ⓤ 3/6 Giselastraße

★ Baricentro
Die Lage am Sebastiansplatz mit großer Terrasse ist perfekt. Küche mal so, mal so. Guter Kaffee!
Essen 12/20, Trinken 7/10, Service 6,5/10, Ambiente 6,5/10, Wohl fühlen 7/10
Wertung: 39 von 60 Punkten (→)
▶ Zentrum, Sebastiansplatz 5, ☎ 23 259 980, Mo-Sa 9-22h, ⑂ 70, 30 außen, ▣ EC, Kosten: M, MVG: Ⓤ 1/2/3/6, Ⓣ 16/17/18/27, Ⓑ 62 Sendlinger Tor

★ Bibulus
Im Sommer sitzt man auf der kleinen Piazza vor dem Lokal unter Bäumen besonders schön. Doch auch drinnen weiß das frische und dennoch

herzliche Ambiente zu gefallen. Man genießt eine gehoben interpretierte Landhausküche mit Gerichten wie Lammrücken mit Honig-Senf-Kruste oder Garnelenschwänze mit Spitzkohl. Unsteifer Service.
Essen 13,5/20, Trinken 7,5/10, Service 7,5/10, Ambiente 7,5/10, Wohl fühlen 7,5/10
Wertung: 43,5 von 60 Punkten (→)
Schwabing, Siegfriedstr. 11, 396 447, Mo-Fr 12-15h u. 18.30-23h, Sa 18-23h, EC, MC, VI, Kosten: M, MVG: U 3/6, T 23, Bus 53/59/142 Münchner Freiheit

Bruno NEU!
Antonio Bruno ist aus der Pestalozzistraße in die Dreimühlenstraße gezogen. Auch im neuen Lokal wird eine ehrliche italienische Küche serviert (z.B. Spaghetti Frutti di Mare oder Scaloppina al Limone). Und seine leckere Pizza gibt es hier natürlich auch.
Essen 12/20, Trinken 6/10, Service 6/10, Ambiente 6/10, Wohl fühlen 7/10
Wertung: 37 von 60 Punkten (–)
Isarvorstadt, Dreimühlenstr. 30, 74 409 365, Di-Fr 11.30-14.30h u. 18-22.30h, Sa 18-22.30h, So 10-17h , Kosten: M, MVG: Bus 132 Roecklplatz, Bus 62 Zenettistraße

★ Bucci Bar
Stimmungsvolles, mit Leidenschaft geführtes Bar-Restaurant. Im Viertel sind die Bucci-Brüder keine Unbekannten. Klassische, sehr gut umgesetzte Küche. Gute Weine.
Essen 12,5/20, Trinken 6/10, Service 7/10, Ambiente 6/10, Wohl fühlen 7,5/10
Wertung: 39 von 60 Punkten (→)
Schwabing, Occamstr. 9, 92 772 603, Mo-Sa 16-24h, Kosten: M, MVG: U 3/6, T 23, Bus 53/59/142 Münchner Freiheit

★ Café Morso
Tolles italienisches Tagescafé, in dem man sich sofort wohlfühlt und vom Service perfekt mit den Kleinigkeiten von der Tageskarte umsorgt wird.
Essen 12,5/20, Trinken 7/10, Service 7/10, Ambiente 8/10, Wohl fühlen 8/10
Wertung: 42,5 von 60 Punkten (→)
Maxvorstadt, Nordendstr. 17 , 0171 -3075466, Mo-Fr 8-20h, Sa 9-20h, Kosten: M, MVG: T 27/28 Nordendstraße

★ Ciao Ragazzi
Die Pizza aus Mehrkornteig schmeckt lecker. Das lässig-moderne Ambiente zielt gekonnt auf ein junges studentisches Publikum.
Essen 11,5/20, Trinken 6/10, Service 7/10, Ambiente 7/10, Wohl fühlen 7/10
Wertung: 38,5 von 60 Punkten (→)
Maxvorstadt, Schellingstr. 27, 28 803 795, tgl. 11.30-22.30h, Kosten: M, MVG: U 3/6 Universität

★ Cleopatra
Die Einrichtung mit den Wandmalereien verströmt einen altbackenen Charme, aber mit kunstvoll zubereiteten Gerichten wie Paccheri mit Auberginen und Schwertfisch und rosa gebratener Rinderlende mit Pfifferlingen machen Küche und Service dieses Manko locker weg.
Essen 12/20, Trinken 7/10, Service 7/10, Ambiente 5/10, Wohl fühlen 7/10
Wertung: 38 von 60 Punkten (→)
Pasing-Obermenzing, Landsberger Str. 317, 564 610, Di-So 12-14.30h u. 18-22h, Kosten: M, MVG: S 2/3/4/6/8 Pasing, T 19 Am Knie

Corretto Untermenzing

Cooperativa
Solide italienische Hausmannskost. Keine Reservierung und Kartenzahlung möglich. Man wird (charmant) zusammengerückt! Gesellig.
Essen 11/20, Trinken 5,5/10, Service 6,5/10, Ambiente 5,5/10, Wohl fühlen 7,5/10
Wertung: 36 von 60 Punkten (→)
Glockenbach, Jahnstr. 35, 20 207 620, tgl. 17-1h, Kosten: G, MVG: T 17/18 Müllerstraße U 1/2/3/6, T 16/17/18/27 Sendlinger Tor

★ Corretto
Die beliebte Pizzeria im Münchner Westen ist in einem eleganten Werkstatt-Ambiente gehalten. Die Küche ist klassikerlastig, aber eben auch richtig gut. Im Sommer gibt es leckeres Eis aus eigener Produktion. Meist gut besucht, besser reservieren!
Essen 11,5/20, Trinken 6,5/10, Service 6,5/10, Ambiente 6,5/10, Wohl fühlen 7/10
Wertung: 38 von 60 Punkten (→)
Untermenzing, Haldenbergerstr. 28, 14 348 143, Di-So 11.30-24h, 120, außen, EC, MC, VI, AM, Kosten: M, MVG: Bus 165 Waldhornstraße

★ Corso
Unheimlich vielseitiges Lokal, das gekonnt morgens, mittags und abends durch den Tag führt. Tolle italienische Küche, die neben den Klassikern auch zahlreiche saisonale Gerichte bietet. Das Ambiente (mit genialer Deko-Tapete) steht dem Niveau der Küche in nichts nach.
Essen 13/20, Trinken 7/10, Service 7/10, Ambiente 8/10, Wohl fühlen 8/10
Wertung: 43 von 60 Punkten (–)
Dachau, Konrad-Adenauer Str. 24, 08131-2973040, Do-Di 8.30-1h, Kosten: M, MVG: S 2 Dachau

★ Dal Cavaliere
Großartige hausgemachte Pasta und tolle Steakauswahl. Die Terrasse in der Fußgängerzone zwischen Rosenheimer und Weißenburger Platz ist im Sommer stets gut besucht. Drinnen ein eher betagtes und dennoch gemütliches Ambiente.
Essen 13/20, Trinken 7/10, Service 7/10, Ambiente 6/10, Wohl fühlen 7/10
Wertung: 40 von 60 Punkten (→)
Haidhausen, Weißenburgerstr. 3, 488 388, tgl. 11.30-0.30h, 250, 30 außen, EC, MC, VI, AM, Kosten: H, MVG: S 3/4/6/8, T 15/25 Rosenheimer Platz

Due Passi
Der kleine Tages-Italiener in einem ehemaligen Milchladen trumpft mit viel Atmosphäre und einfacher, aber sehr guter Küche auf. Tolle Pasta.
Essen 11,5/20, Trinken 6/10, Service 6/10, Ambiente 6,5/10, Wohl fühlen 7,5/10
Wertung: 37,5 von 60 Punkten (→)
Zentrum, Ledererstr. 11, 224 271, Mo-Fr 10-17h, Sa 12-17h, Kosten: M, MVG: S 3/4/6/8, U 3/6 Marienplatz

Ella
Das Lokal am Lenbachhaus überzeugt mit abwechslungsreicher italienischer Küche (z.B. getrüffelte Kartoffel-Millefoglie) auf ganzer Linie. Die Terrasse hin zum Königsplatz ist vor allem abends ein Traum. Am puristischen Designambiente scheiden sich die Geister.
Essen 12,5/20, Trinken 6,5/10, Service 6,5/10, Ambiente 7/10, Wohl fühlen 7/10
Wertung: 39,5 von 60 Punkten (→)
Maxvorstadt, Luisenstr. 33, 70 088 177, Di-Sa 9-1h, Sa 9-21h, Kosten: M, MVG: U2 Theresienstraße

Emporio Italiano
Im Viertel beliebter Italiener, der trotz seines schönen, beinahe edlen Ambientes niemals aufgesetzt wirkt. Tadellose Küche und spannende Weine.
Essen 12,5/20, Trinken 6,5/10, Service 6,5/10, Ambiente 6,5/10, Wohl fühlen 7/10
Wertung: 39 von 60 Punkten (→)
Neuhausen, Volkartstr. 16, 12 555 666, Mo-Fr 11.30-15h u. 17.30-22h, Sa 11.30-22h, EC, Kosten: M, MVG: U 1, T 12, Bus 132/133 Rotkreuzplatz

Fasanerie NEU!
Drinnen erwartet den Gast eine hübsch ins Licht gerückte gediegene Einrichtung. Sehr viel stimmungsvoller geht es auf der Terrasse zu. Die Küche interpretiert italienische Klassiker wie Trüffel-Tagliolini, Saltimbocca oder Lammkoteletts auf den Punkt. Perfekt für Familienfeiern.
Essen 12/20, Trinken 6/10, Service 6/10, Ambiente 7/10, Wohl fühlen 7/10
Wertung: 38 von 60 Punkten (–)
Moosach, Hartmannshofer Str. 20, 92 284 600, Mo-Fr 12-14.30 u- 17.30-23h, Sa/So 12-23h, Kosten: M, MVG: Bus 162/163 Untermenzinger Straße

Fedora
Stimmungsvoll eingerichtetes Gewölbe. Da dürfen die rotweißkarierten Decken auf den Tischen nicht fehlen. Küche und Service überzeugen. An manchen Tagen legen in der lässigen Location DJs auf. Sonntags und zu später Stunde nur Pizza.
Essen 12,5/20, Trinken 7/10, Service 7/10, Ambiente 7,5/10, Wohl fühlen 7,5/10
Wertung: 41,5 von 60 Punkten (→)
Zentrum, Ledererstr. 3, 45 209 833, Mo-Do 11-23h, Fr/Sa 11.30-2h, So 17-22h, 75, 50 außen, EC, MC, VI, AM, Kosten: M, MVG: S 3/4/6/8, U 3/6 Marienplatz

Friulana
Ehrliches Ambiente (Oldschool-Italiener.), ehrliche Küche (So gut kann einfach sein.). Das Friulana ist schon so manchem Gast ans Herz gewachsen. Seit 40 Jahren im Viertel!
Essen 11,5/20, Trinken 6,5/10, Service 7/10, Ambiente 6/10, Wohl fühlen 6,5/10
Wertung: 37,5 von 60 Punkten (→)
Isarvorstadt, Zenettistr. 43, 766 709, Mo-Fr 11-14.30h, 18-1h, Sa 18-1h, 140, 160 außen, EC, MC, VI, AM, DI, Kosten: M, MVG: U 3/6 Poccistraße

Fugazi No. 15
Modern-plüschiger Design-Italiener mit Antipasti, Pasta, Pizza, Fisch, Fleisch und Frühstück im Angebot. Das Fritto Misto (9,50 Euro) geht immer. Freitags und samstags Clubbing.
Essen 12,5/20, Trinken 6/10, Service 7/10, Ambiente 7,5/10, Wohl fühlen 7/10
Wertung: 40 von 60 Punkten (→)
Isarvorstadt, Wittelsbacherstr. 15, 2 010 059, Mo-Sa 10-1h, So 9-24h, 32, 10 außen, EC, Kosten: M, MVG: Bus 58/131 Baldeplatz

Il Gattopardo Schwabing

Garbo
Die Pizzen sind hervorragend. Pesce und Carne vom Grill gibt's auch. Das moderne nüchterne Ambiente scheidet die Geister.
Essen 12,5/20, Trinken 7/10, Service 7/10, Ambiente 6/10, Wohl fühlen 6/10
Wertung: 38,5 von 60 Punkten (→)
Schwabing, Kaiserstr. 67, 349 359, So-Mi 11-1h, Do-Sa 11-2h, 50, 30 außen, EC, MC, VI, Kosten: M, MVG: U 2 Hohenzollernplatz, T 12/27, Bus 53 Kurfürstenplatz

Gast
Pizza, Pasta, Wok - alles aus der offenen Küche. Das Gast ist tagsüber ein sympathisches Café, abends eine stilvolle Lounge mit riesiger Terrasse am Gasteig! Das funktionale Ambiente hat dennoch seine Qualitäten.
Essen 12,5/20, Trinken 6,5/10, Service 4/10, Ambiente 7/10, Wohl fühlen 8/10
Wertung: 38 von 60 Punkten (→)
Haidhausen, Rosenheimer Str. 5, 480 982 720, Mo-Fr 11-1h, Sa-So 10-1h, 430, 330 außen, EC, MC, VI, AM, DI, Kosten: G, MVG: S 3/4/6/8, T 15/25 Rosenheimer Platz

Hippocampus
Seit Jahren gut! Die hervorragende italienische Küche von Mimmo Ruggiero, der zurückhaltend umsichtige Service um Sergio Artiaco und ein dezent elegantes Ambiente zeichnen dieses Lokal in Bogenhausen aus. Im Sommer mit wunderschönem Garten. Menü ab 59,50 Euro.
Essen 14,5/20, Trinken 7,5/10, Service 7/10, Ambiente 7/10, Wohl fühlen 7/10
Wertung: 43 von 60 Punkten (→)
Bogenhausen, Mühlbaurstr. 5, 475 855, Di-So 12-16h u. 18.30-1h, Kosten: H, MVG: U 4 Prinzregentenplatz

Hostaria Fratelli
Die Stimmung im Lokal ähnelt jeden Abend der einer Familienfeier, die etwas lätschern beginnt, aber wenn erstmal jeder etwas zu Essen und zu Trinken hat, geht's plötzlich ganz lustig zu. Familiärer Edel-Italiener, in dem Küche und Service ihr Handwerk beherrschen.
Essen 13/20, Trinken 7/10, Service 7,5/10, Ambiente 6,5/10, Wohl fühlen 7,5/10
Wertung: 41,5 von 60 Punkten (→)
Haidhausen, Steinstr. 9, 20 354 767, Mo-Fr 12-14.30h, Mo-Sa 18-24h, 40, 15 außen, EC, MC, VI, AM, DI, Kosten: H, MVG: U 4 Wiener Platz

Hostaria Rò E Buni
(Endlich mal wieder) Authentische italienische Küche (Biofleisch, hausgemachte Pasta) in einem stimmig umgesetzten rustikalen Landhaus-Ambiente. Perfekt für Familienessen, aber auch für eine schnelle Pasta und ein Glas Wein.
Essen 12/20, Trinken 6,5/10, Service 6,5/10, Ambiente 8/10, Wohl fühlen 7,5/10

Isardoro Bogenhausen

Wertung: 40,5 von 60 Punkten (→)
▶ Schwabing, Kaiserstr. 55, ☎ 335 380,
Mo-Do 18-23.30h, Fr/Sa 18-24h, So 18-23h,
20, 20 außen, EC, Kosten: M,
MVG: T 12/27, BUS 53/144 Kurfürstenplatz

★ H'ugo's

Szene-Pizzeria mit hohem Promifaktor und einem feierwilligen Promi-Publikum, das gemeinsam mit der Service-Crew ordentlich für Stimmung sorgt. Gute Stimmung herrscht auch nebenan im Barclub Hugo's Tresor Lounge sowie in der Weinbar, die Wirt Ugo Crocamo auch noch eröffnet hat.

Essen 12/20, Trinken 6,5/10, Service 6/10, Ambiente 7/10, Wohl fühlen 7/10

Wertung: 38,5 von 60 Punkten (→)
▶ Zentrum, Promenadeplatz 1-3, ☎ 221 270,
Mo-Mi u. So 11-1h, Do-Sa 11.30-3h,
250, 160 außen, EC, MC, VI, AM, Kosten: H,
MVG: S 3/4/6/8, U 3/6 Marienplatz, T 19 Theatinerstraße

★ Il Borgo

Elegant-gediegener, etwas versteckt am Ende der Georgenstraße gelegener Traditionsitaliener. Korrekter Service, der kompetent berät. Viele Stammgäste.

Essen 12,5/20, Trinken 6,5/10, Service 7/10, Ambiente 6/10, Wohl fühlen 7/10

Wertung: 39 von 60 Punkten (→)
▶ Schwabing, Georgenstr. 144, ☎ 1 292 119,
Mo-Fr 11.30-14.30h, Mo-Sa 18-23.30h,
160, 140 außen, EC, MC, VI, Kosten: H,
MVG: BUS 154 Winzererstraße, U 2 Josephsplatz

★ Il Gattopardo

Klassischer Wohlfühlitaliener, der sich für gesellige Runden ebenso eignet wie fürs Dinner for two. Richtig gute, authentische Küche und ein Service der alten Schule.

Essen 14/20, Trinken 7/10, Service 7/10, Ambiente 7/10, Wohl fühlen 8/10

Wertung: 43 von 60 Punkten (→)
▶ Schwabing, Nordendstr. 58, ☎ 24 290 450,
Di-Sa 12-14 u. 18-23.30h, So 18-23.30h, Kosten: M,
MVG: T 27/28 Elisabethmarkt

Il Melograno

Die klassische Küche mit Penne all' Arrabbiata oder Saltimbocca ist top. Etwas eng gestellte Tische. Gemütliche Terrasse.

Essen 13/20, Trinken 6,5/10, Service 5/10, Ambiente 6/10, Wohl fühlen 7/10

Wertung: 37,5 von 60 Punkten (→)
▶ Neuhausen, Blutenburgstr. 37, ☎ 18 999 330,
Di-So 11.30-23h, Kosten: M,
MVG: U 1/7 Mailingerstraße

★ Il Mulino

Auf der Terrasse erlebt man wunderbare Sommerabende. Im großen Gastraum fühlen sich Familien, Pärchen und größere Runden gleichermaßen wohl. Die Küche setzt gekonnt auf klassische Gerichte gepaart mit Saisonalem. Der Service ist auf Zack. Perfekt aufgesetzter Stadtteilitaliener. Für jede Gelegenheit.

Essen 13,5/20, Trinken 7/10, Service 7/10, Ambiente 7/10, Wohl fühlen 7/10

Wertung: 41,5 von 60 Punkten (→)
▶ Schwabing, Görresstr. 1, ☎ 5 233 335,
tgl. 11.30-24h, 100, 155 außen, EC,
Kosten: M, MVG: U 2 Josephsplatz

★ Il Piccolo Principe

Kleiner Italiener mit perfekter Küche und herzlichem Service. Nicht ganz so günstig, aber jeden Cent wert. In die Antipasti-Theke möchte man sich am liebsten reinlegen.

Essen 12,5/20, Trinken 7/10, Service 6/10, Ambiente 6,5/10, Wohl fühlen 7/10

Wertung: 39 von 60 Punkten (→)
▶ Isarvorstadt, Kapuzinerstr. 48, ☎ 7 213 450,
Mo-Sa 11.30-15h, Mo-Fr. 8-22h, 1300, 200 außen,
Kosten: M, MVG: U 3/6 Goetheplatz,
BUS 58/62 Kapuzinerplatz

★ Isardoro

Perfekt geführter, gehobener Stadtteil-Italiener, der allerdings auch nicht vor Pizza zurückschreckt. Im Isardoro kann man daher richtig gut essen (z.B. Kalbsnieren in Cognac-Pfeffer-Sauce oder Hirsch-Straccetti) und dennoch Spaß haben.

Essen 13/20, Trinken 7/10, Service 7/10, Ambiente 7/10, Wohl fühlen 8/10

Wertung: 42 von 60 Punkten (→)
▶ Bogenhausen, Ismaninger Straße 48,
☎ 41 073 153, Mo- Fr 11.30-14.30 u. 18-23h,
Sa 18-23h, Kosten: M, MVG: T 16,
BUS 100 Friedensengel/Villa Stuck

★ Kurfürst Maximilian

Rustikal-elegantes Ambiente mit Stuckdecken. Gekocht wird klassisch italienisch (z.B. Involtini di Vitello, Scampi San Daniele oder Gamberoni alla Griglia). Sehr beliebt im Viertel, man fühlt sich wohl. Lauschiger Garten.

Essen 12/20, Trinken 6,5/10, Service 7/10, Ambiente 6/10, Wohl fühlen 7/10

Wertung: 38,5 von 60 Punkten (→)
▶ Neuhausen, Waisenhausstr. 63, ☎ 1 571 058,
tgl. 11.30-24h, 150, 200 außen, EC,
Kosten: M, MVG: U 1 Gern

★ La Cucina Trattoria
Klassische italienische Zutaten-Küche. Das Ambiente ist modern, unaufgeregt und dennoch mit Stil. Das gediegene Publikum ist oft steifer als das Lokal selbst. Im Sommer lockt eine Traumterrasse.
Essen 14,5/20, Trinken 7,5/10, Service 7/10, Ambiente 7/10, Wohl fühlen 7/10
Wertung: 43 von 60 Punkten (→)
▶ Bogenhausen, Neherstr. 9, ☎ 471 983, tgl. 12-23.30h, Kosten: H, MVG: U 4 Prinzregentenplatz, T 18 Friedensengel

★ La Fattoria
Kreative italienische Küche in stimmungsvollem und schlichtem Ambiente. Auch bei offenen Weinen wird die Flasche am Tisch belassen und fair nach Verbrauch abgerechnet. Unbedingt reservieren!
Essen 14/20, Trinken 7/10, Service 6/10, Ambiente 8/10, Wohl fühlen 7/10
Wertung: 42 von 60 Punkten (→)
▶ Giesing-Au, Schlotthauerstr. 16, ☎ 62 231 496, tgl. 18-1h, Kosten: M, MVG: U 1/2, BUS 52 Kolumbusplatz

★ La Sophia
Junger unkomplizierter Stadtteil-Italiener, der mit einfachen, aber guten Pasta-Gerichten sowie Pizza überzeugt. Lässig-schräges Ambiente.
Essen 12/20, Trinken 6,5/10, Service 6,5/10, Ambiente 6,5/10, Wohl fühlen 7/10
Wertung: 38,5 von 60 Punkten (→)
▶ Au, Kolumbusstr. 1, ☎ 20 089 038, Mo-Fr ab 11.30h, Sa/So ab 10h, Kosten: M, MVG: U 1/2/7, BUS 58 Kolumbusplatz

La Stanza
Nicht wundern, wenn's im italienischen Wohnzimmer am St. Anna-Platz mal wieder fröhlich lärmt. Manchmal leidet der Service unter dem Ansturm. Dennoch toll zum Frühstücken, Mittag- und Abendessen oder auf ein Stück Kuchen am Nachmittag.
Essen 11/20, Trinken 6/10, Service 7/10, Ambiente 7/10, Wohl fühlen 6/10
Wertung: 37 von 60 Punkten (→)
▶ Lehel, St.-Anna-Str. 13, ☎ 25 542 393, Mo-Sa 8-1h, So 10-1h, EC, MC, VI, Kosten: M, MVG: U 4/5, T 18 Lehel

★ La Stella
Eine Institution im Viertel, immer gut besucht. Helles Ambiente: Weiße Wände, Gewölbe, Backsteinbögen. Auf die Küche ist immer Verlass.
Essen 12,5/20, Trinken 6,5/10, Service 6,5/10, Ambiente 7/10, Wohl fühlen 7/10
Wertung: 39,5 von 60 Punkten (→)
▶ Schwabing, Hohenstaufenstr. 2, ☎ 341 779, Di-Fr 12-16h, 18-24h, Sa-So 12-24h, EC, MC, VI, DI, Kosten: M, MVG: U 3/6 Giselastraße, T 27 Nordendstraße

Der Experten-Tipp von Carlo Rieder

La Cucina Trattoria

„In der Cucina schmeckt alles super lecker. Vor allem der Blick auf die sehr abwechslungsreiche Tageskarte lohnt sich."

La Tazza D'Oro
Sympathisches Lokal auf der Hohenzollernstraße mit klassischer Küche (z.B. Vitello tonnato, Tagliatelle mit Trüffeln). Mittelaltes, typisch Schwabinger Publikum, herzlicher Service.
Essen 11/20, Trinken 6/10, Service 6/10, Ambiente 7/10, Wohl fühlen 7/10
Wertung: 37 von 60 Punkten (→)
▶ Schwabing, Hohenzollernstr. 13, ☎ 333 837, tgl. 11-23h, Kosten: M, MVG: U 2 Hohenzollernplatz, T 12/27, BUS 53 Kurfürstenplatz

★ La Trattoria
Lebendige Trattoria (enge Tische, Kommen und Gehen), die mit einer erstaunlich ordentlichen Küche (Pasta, Risotto, Pesce, Carne) aufwartet.
Essen 12/20, Trinken 7/10, Service 6/10, Ambiente 6,5/10, Wohl fühlen 6,5/10
Wertung: 38 von 60 Punkten (→)
▶ Zentrum, Viktualienmarkt 15, ☎ 0151-66236585, Mo-Do 11.30-15h u. 18-23h, Fr/Sa 11.30-23h, Sa 11.30-22.30h, Kosten: M, MVG: S 3/4/6/8, U 3/6 Marienplatz

La Vecchia Masseria
Was hier abgeht, muss man erlebt haben. Im Lokal herrscht ausgelassene Stimmung und es geht hoch her. Die Qualität des Essens (viele vorbereitete Menüs stehen zur Auswahl) ist angesichts der günstigen Preise erstaunlich. Die eng gestellten Tische gehören hier zum Konzept.
Essen 10,5/20, Trinken 7/10, Service 7/10, Ambiente 6/10, Wohl fühlen 6/10
Wertung: 36,5 von 60 Punkten (→)
▶ Zentrum, Mathildenstr. 3, ☎ 5 509 090, tgl. 11.30-00.30h, ⑂ 250, EC, MC, VI, AM, Kosten: G, MVG: U 1/2/3/6, T 16/17/18/27, BUS 62 Sendlinger Tor

Langolo della Pizza
Die Pizza aus dem Steinofen ist fantastisch, das Lokal meist bis zum Anschlag gefüllt. Warten lohnt.
Essen 12,5/20, Trinken 6/10, Service 4/10, Ambiente 7/10, Wohl fühlen 5/10
Wertung: 34,5 von 60 Punkten (→)
▶ Haidhausen, Breisacher Str. 30, ☎ 4 488 979, Mo-Fr 11.30-14h, 17.30-0.30h, Sa-So 16-0.30h, ⑂ 28, 16 außen, Kosten: M, MVG: S 2-8, U 5, T 19 Ostbahnhof

★ L'Antipasto Nuovo
Ungekünstelte Küche. Das Lokal im Hinterhof in der Sandstraße gehört seit Jahren zu den empfehlenswertesten Adressen der Stadt. Sehr italienische Kellner. Tolle Terrasse im Sommer. Spät am Abend Tanz und andere Events wie Feste oder Lesungen.
Essen 12/20, Trinken 6,5/10, Service 6,5/10, Ambiente 6,5/10, Wohl fühlen 7/10
Wertung: 38,5 von 60 Punkten (→)
▶ Neuhausen, Sandstr. 33, ☎ 52 300 824, Mo-Fr 11-1h, Sa 18-1h, Kosten: M, MVG: U 1 Maillingerstraße

★ Laurus
Schmuckes Lokal in Gräfelfing. Hingucker ist der riesige Kronleuchter inmitten des Saales. Auf die Küche ist Verlass. Hier kann man beruhigt auch Dinge probieren, die man zuvor noch nie gegessen hat.
Essen 12/20, Trinken 6,5/10, Service 6/10, Ambiente 6,5/10, Wohl fühlen 7/10
Wertung: 38 von 60 Punkten (→)
▶ Gräfelfing, Maria-Eich-Str. 67, ☎ 89 899 998, Di-Sa 12-14.30h u. 18-22h, So 12-22h, ⑂ 70, 120 außen, EC, MC, VI, Kosten: M, MVG: S 6 Gräfelfing

Limoni
Edel-Italiener, der ohne Promi-Chi Chi auskommt und bei den Preisen Maß hält. Stilvoll eingerichtet, auch wenn man etwas eng sitzt. Hervorragende klassische Küche. Der Service agiert umsichtig und mit kraftvoll-sympathischer Persönlichkeit. Perfekt.
Essen 14/20, Trinken 7,5/10, Service 7/10, Ambiente 7/10, Wohl fühlen 7,5/10
Wertung: 43 von 60 Punkten (→)
▶ Maxvorstadt, Amalienstr. 38, ☎ 28 806 029, Mo-Sa 18.30-1h, 100, 200 außen, ▣ EC, MC, VI, AM, DI, Kosten: H, MVG: U 3/6 Universität

Lo Studente
Satt werden für kleines Geld – dieses Konzept wird hier gekonnt und charmant umgesetzt. Leckere Pizza mit dünnem Teig und üppigem Belag, Pasta, Salate, selbst Fisch- und Fleischgerichte bleiben zumeist unter der 10-Euro-Marke. Mittags und abends immer voll.
Essen 11/20, Trinken 6,5/10, Service 6,5/10, Ambiente 6/10, Wohl fühlen 8/10
Wertung: 38 von 60 Punkten (→)
▶ Maxvorstadt, Schellingstr. 30, ☎ 27 375 447, tgl. 11-24h, Kosten: G, MVG: U 3/6 Universität

L'Osteria
Laut, lebhaft, L'Osteria. Für einen Happen nach der Shoppingtour oder während des Wartens auf den Zug aufgrund der ordentlichen Portionen zu fairen Preise das Richtige.
Essen 12/20, Trinken 6/10, Service 6/10, Ambiente 6/10, Wohl fühlen 6/10
Wertung: 36 von 60 Punkten (→)
▶ Zentrum, Arnulfstr. 1, ☎ 5 490 710, tgl. 11-24h, Kosten: M, MVG: S 3/4/6/8, U 1/2 Hauptbahnhof

L'Osteria Gasteig
Wagenradgroße Pizzen – kleine Tische: Es ist bewundernswert mitanzusehen, wie dem Service allabendlich die Quadratur des Kreises hier doch immer wieder gelingt. Das Osteria-Konzept funktioniert auch am Gasteig. Der Laden ist immer voll.
Essen 12/20, Trinken 6,5/10, Service 6,5/10, Ambiente 7/10, Wohl fühlen 6,5/10
Wertung: 38,5 von 60 Punkten (→)
▶ Haidhausen, Innere Wiener Str. 2, ☎ 622 328 051, Mo-Sa 11-1h, So 12-24h, 180, 200 außen, ▣ EC, MC, VI, AM, DI, Kosten: G, MVG: S 3/4/6/8, T 15/25 Rosenheimer Platz

L'Osteria Künstlerhaus
Mittags viel Business-Publikum, abends Szenevolk, das hier die Grundlage für einen langen Abend in den nahen Clubs legt. Die Einrichtung drinnen ist vor allem dank des venezianischen Salons sehr stimmungsvoll. Schöne Terrasse mit Sonne ab Mittag.
Essen 11,5/20, Trinken 6,5/10, Service 7/10, Ambiente 8,5/10, Wohl fühlen 7/10
Wertung: 40,5 von 60 Punkten (→)
▶ Zentrum, Lenbachplatz 8, ☎ 99 019 810, Mo-Sa 11-24h, So 12-24h, 36, 20 außen, Kosten: G, MVG: T 19 Lenbachplatz, S1-8, U 1/2 Karlsplatz

Mangia e Bevi
Liebevoll eingerichtete Trattoria, in der eine einfache, aber leckere Küche (Pasta, Pizza, wenige Fleisch- und Fischgerichte) serviert wird. Der Service und die Wohlfühlstimmung überzeugen. Reelle Preise.
Essen 11,5/20, Trinken 6,5/10, Service 7/10, Ambiente 7/10, Wohl fühlen 7/10
Wertung: 39 von 60 Punkten (→)
▶ Haidhausen, Balanstr. 47, ☎ 44 454 504, Mo-Fr 11.30h-14.30h, Mo-Do 17.30-22.30, Fr 17.30-23h, Sa 17-23h, Kosten: M, MVG: S 2-8, U 5, T 19 Ostbahnhof

Master's Home
Speziell: Das Lokal ist eingerichtet wie ein englischer Herrenclub, in dem die eine oder andere Safaritrophäe aufgebahrt wurde. Die Küche bietet auf der täglich neuen Karte ein italienisches Degustationsmenü: Dabei entscheidet der Gast Dauer und Umfang seines Menüs (8,50 Euro pro Gang). Die Einrichtung der Nebenräume (Schlaf- und Badezimmer) ist der Hit.
Essen 13/20, Trinken 7/10, Service 7/10, Ambiente 8/10, Wohl fühlen 7/10
Wertung: 42 von 60 Punkten (→)
▶ Zentrum, Frauenstr. 11, ☎ 229 909, tgl. ab 18h, 70, 50 außen, ▣ EC, Kosten: M, MVG: S 3/4/6/8, U 3/6 Marienplatz

Medici
Die moderne Kühle, die dieses Lokal mit den Bullaugenfenstern ausstrahlt, findet man selten in München. Den Gästen gefällt der diskrete Charme, zumal Gerichte wie die Seewolffilets in Zucchinikruste (19,50 Euro) oder mit Mozzarella gefüllte Perlhuhnbrust (18,50 Euro) einfach gut sind. Tolles Preisleistungsverhältnis.
Essen 12,5/20, Trinken 6,5/10, Service 6,5/10, Ambiente 7,5/10, Wohl fühlen 6/10
Wertung: 39 von 60 Punkten (→)
▶ Neuhausen, Nymphenburgerstr. 70, ☎ 12 738 766, tgl. 11.30-14.30h, 18-22.30h, Kosten: H, MVG: U 1 Mailingerstraße

Mangia e Bevi Haidhausen

Menzingers
Ein Ort, an dem man sich wohl fühlt. Nicht umsonst ist das Menzingers eine Institution im Viertel. Tolles Ambiente und tadellose Küche (z.B. marinierte Flusskrebse mit Mango-Büffelmozzarella oder Schweinefilet im Honig-Speckmantel mit Rotweinlinsen). Angenehmer Service.
Essen 12,5/20, Trinken 6,5/10, Service 6,5/10, Ambiente 7/10, Wohl fühlen 7/10
Wertung: 39,5 von 60 Punkten (→)
▶ Pasing-Obermenzing, Menzingerstr. 123, ☎ 89 161 941, Mi-Mo 11.30-23.30h, Kosten: M, MVG: Bus 165 Allach

Mezza Via
Lebendiger Italiener (manchmal singt der Wirt!). Ordentliche Küche.
Essen 11,5/20, Trinken 7/10, Service 7/10, Ambiente 6/10, Wohl fühlen 6/10
Wertung: 37,5 von 60 Punkten (→)
▶ Lehel, Sternstr. 21, ☎ 22 846 634, Mo-Do 11.30-1h, Fr 11.30-2.30h, Sa 18-2h, Kosten: M, MVG: U 4/5 Lehel

Master's Home Zentrum

Mezzodi
Dauerbrenner! In dem winzigen italienischen Ecklokal genießt man seinen Feierabend-Sprizz oder einen sensationellen Hugo. Die kleinen Gerichte von der Tageskarte (Käsefondue!) sind okay. Im Sommer federt die Terrasse den großen Ansturm gottlob etwas ab.
Essen 12,5/20, Trinken 6,5/10, Service 7/10, Ambiente 6/10, Wohl fühlen 7/10
Wertung: 39 von 60 Punkten (→)
Haidhausen, Steinstr. 57, 484 950, Mo 16-22h, Di-So 10.30-22h, Kosten: M, MVG: S 3/4/6/8, T 15/25 Rosenheimer Platz

Mimmo e Co.
Fantastische Pizza, auf die man gern auch mal etwas länger wartet. Das Ambiente wirkt wie von vorvorgestern, doch der Wohlfühlstimmung tut das absolut keinen Abbruch. Die Küche liefert auch gute Pasta sowie einige Secondi.
Essen 12/20, Trinken 6/10, Service 6/10, Ambiente 6/10, Wohl fühlen 8/10
Wertung: 38 von 60 Punkten (→)
Isarvorstadt, Kapuzinerstr. 6, 76 701 545, Di-Fr 11.30-15 u. 18-23h, Sa/So 18-23h, Kosten: M, MVG: U 3/6 Goetheplatz

Mozzamo
Moderner Italiener mit Mozzarella-Bar, an der man aus verschiedenen Mozzarella-Sorten und Beilagen wählen kann. Außerdem Pasta und eine leckere Holzofenpizza.
Essen 12/20, Trinken 6/10, Service 6,5/10, Ambiente 6/10, Wohl fühlen 7,5/10
Wertung: 38 von 60 Punkten (→)
Neuhausen, Gaßnerstr. 1, 17 118 313, tgl. 11-24h, Kosten: M, MVG: T 12/16/17, Bus 51/151 Romanplatz

Nero
Die Pizza im Nero – ob mit Trüffelcreme, Oktopus oder Vitello tonnato – ist meist klasse. Die Steakspezialitäten (Sous vide gegart!) lassen sich vor allem im Dining-Bereich oben auf der Galerie genießen. Oft voll, oft laut.
Essen 13/20, Trinken 6/10, Service 8/10, Ambiente 8/10, Wohl fühlen 7/10
Wertung: 42 von 60 Punkten (→)
Glockenbach, Rumfordstr. 34, 21 019 060, Mo-Sa 12-1h, So 10-1h, 30, 20 außen, Kosten: M, MVG: S 3/4/6/8 Isartor, T 16/18 Reichenbachplatz

Nudo
Frische Italo-Küche in Meister Eders Werkstatt serviert. Unkompliziert und gut.
Essen 12/20, Trinken 6/10, Service 7/10, Ambiente 7/10, Wohl fühlen 7/10
Wertung: 39 von 60 Punkten (→)
Maxvorstadt, Amalienstr. 53, 55 060 019, Mo-Fr 17.30-23h, Sa 17.30-23h, Kosten: M, MVG: U 3/6 Universität, T 27/28 Schellingstraße

Nuovo Casale
Feine italienische Küche und fair gepreiste Weine. Unspektakuläres Ambiente. Der gehobene Für-jeden-Tag-Italiener (mit Pizza!) passt perfekt nach Bogenhausen.
Essen 15/20, Trinken 9/10, Service 8/10, Ambiente 7/10, Wohl fühlen 8/10
Wertung: 47 von 60 Punkten (→)
Bogenhausen, Holbeinstr. 18, 936 268, Mo-Fr 12-14.30h, 18-23h, So 18-23h, Kosten: H, MVG: U 4 Arabellapark

OhJulia
Altes Backhandwerk trifft auf durchgestylten Marketing-Glanz, Pane, Pasta und Pizza auf schnelle Bestell-Praxis. Die Neuinterpretation der Italo-Gastro funktioniert erstaunlich gut.
Essen 11/20, Trinken 6/10, Service 5/10, Ambiente 6/10, Wohl fühlen 7/10
Wertung: 35 von 60 Punkten (→)
Zentrum, Sendlinger Str. 12a, 215 524 620, Mo-Sa 10-23h, So 11.30-22h, Kosten: M, MVG: U 1/2/3/6, T 16/17/18/27, Bus 62 Sendlinger Tor

Nero Glockenbach

Osteria Italiana Maxvorstadt

Oliveto
Der Innenhof mit alten Olivenbäumen gleicht einem mediterranen Garten. Vor allem am Abend sehr stimmungsvoll. Die richtig guten Pizzen kosten zwischen 9 und 14 Euro. Pasta gibt es auch (10-14 Euro).
Essen 12,5/20, Trinken 6,5/10, Service 6/10, Ambiente 7/10, Wohl fühlen 7/10
Wertung: 39 von 60 Punkten (→)
Isarvorstadt, Häberlstr. 9, 59 993 913, tgl. 11.30-15h u. 17.30-23h, Kosten: M, MVG: U 3/6 Goetheplatz

Osteria da Massimo NEU!
Italienische Küche mit Pfiff. Wirt Massimo Simone betrieb zuvor das elegante Golden Twenties in Schwabing. In seinem neuen Lokal geht's familiärer und bodenständiger zu.
Essen 12/20, Trinken 6/10, Service 7/10, Ambiente 6/10, Wohl fühlen 7/10
Wertung: 38 von 60 Punkten (–)
Gern, Dietrichstr. 2, 2 717 701, Mo-Sa 11.30-23.30h, Kosten: M, MVG: T 20/21, U 1/7 Westfriedhof

Osteria Italiana
Uralte Trattoria, in der man sich vor allem auf die älteren Stammgäste konzentriert. Exzellente Küche und Weinauswahl. Gehobene Preise.
Essen 15/20, Trinken 8/10, Service 6/10, Ambiente 6,5/10, Wohl fühlen 6,5/10
Wertung: 42 von 60 Punkten (→)
Maxvorstadt, Schellingstr. 62, 2 720 717, Mo-Sa 12-14.30h, 18.30-23h, Kosten: H, MVG: U 3/6 Universität, T 27/28 Schellingstraße

Osteria Malandra
Dank der Osteria Malandra müssen die Ismaninger für hervorragende italienische Küche (z.B. Carpaccio vom Seeteufelfilet mit Avocadotatar und Blaubeerdressing) nicht mehr nach München fahren. Schlichtes Ambiente. Sonst rundum gelungen.
Essen 15/20, Trinken 8/10, Service 8/10, Ambiente 6/10, Wohl fühlen 7/10
Wertung: 44 von 60 Punkten (→)
Ismaning, Schloßstr. 17, 99 628 695, So-Fr 12-14h u. 18-22h, Kosten: H, MVG: S 8 Ismaning

Foto Nero: Biliana de Giglio

★ Osteria Veneta
Ein einfacher kleiner Familienbetrieb, in dem täglich frisch aufgekocht wird. Das Ambiente mit Malereien an den Wänden ist heimelig, der Service zuvorkommend und freundlich. Ein Schatz!
Essen 13/20, Trinken 7,5/10, Service 7,5/10, Ambiente 6/10, Wohl fühlen 8/10
Wertung: 42 von 60 Punkten (→)
▶ Glockenbach, Utzschneiderstr. 4, ☎ 26 022 093, Mo-Sa ab 18h, Kosten: H, MVG: S 3/4/6/8, U 3/6 Marienplatz

Passaparola
Hier gibt es eine wirklich gute Pizza (der Holzofen thront mitten im Lokal) und dazu eine klassische, ungekünstelte italienische Küche. Im Sommer gibt es zudem ein paar Plätze im lauschigen Innenhof. Obacht: Das Lokal schließt um 22 Uhr!
Essen 12/20, Trinken 6/10, Service 5,5/10, Ambiente 6/10, Wohl fühlen 7/10
Wertung: 36,5 von 60 Punkten (→)
▶ Schwabing, Kaiserstr. 47, ☎ 38 889 590, Mo-Fr 12-15h, So-Fr 18-22h, Kosten: M, MVG: T 12/27, Bus 53 Kurfürstenplatz

★ Perazzo
Ein Edel-Italiener ohne Allüren und mit einem stimmigen Preis-Leistungs-Verhältnis. Die frische Küche überzeugt vollkommen, die Weinkarte lässt keine Wünsche offen und der Service geht seinem Handwerk akkurat und mit Freude nach. Für besondere Anlässe.
Essen 14/20, Trinken 7,5/10, Service 7/10, Ambiente 7/10, Wohl fühlen 7,5/10
Wertung: 43 von 60 Punkten (→)
▶ Maxvorstadt, Oskar-von-Miller-Ring 36, ☎ 28 986 090, Mo-Fr 11.30-14.30h, 18.30-23.30h, Sa 18.30-23.30h, ⑁ 50, 50 außen, Kosten: M, MVG: U 3/4/5/6 Odeonsplatz

Primafila Laim

Foto Primafila: Sonja Sindlhauser

★ Pirlo NEU!
Junger Italiener mit Dinkelmehl-Pizza, Bowls und Salaten im Angebot. Am Wochenende auch Frühstück!
Essen 12/20, Trinken 6/10, Service 6,5/10, Ambiente 6,5/10, Wohl fühlen 7/10
Wertung: 38 von 60 Punkten (–)
▶ Giesing-Au, Edlinger Platz 4, ☎ 0174-9770230, Di-Fr 17-1h, Sa/So 10-1h, Kosten: M, MVG: U 1/2 Kolumbusplatz

★ Pizzeria Enzo
Klasse bezahlbare Pizzen (8-12 Euro). Das Ambiente ist einfach, man fühlt sich dennoch wohl. Charmanter Service.
Essen 12/20, Trinken 6/10, Service 6,5/10, Ambiente 6,5/10, Wohl fühlen 7,5/10
Wertung: 38,5 von 60 Punkten (→)
▶ Maxvorstadt, Nordendstr. 24, ☎ 27 371 594, Di-So 17.30-24h, Kosten: G, MVG: U 3/6 Giselastraße, T 27 Nordendstraße

★ Pizzeria Grano
Kleines italienisches Retro-Café mit rustikaler Pasta- und Pizzaküche. Sehr faire Preise und das in malerischer Lage in einem kleinen Gässchen am Sebastiansplatz. Toll!
Essen 11/20, Trinken 6/10, Service 6,5/10, Ambiente 6,5/10, Wohl fühlen 8/10
Wertung: 38 von 60 Punkten (→)
▶ Zentrum, Sebastiansplatz 3, ☎ 23 269 939, Mo-Sa 10.30-23h, ⑁ 60, 50 außen, Kosten: G, MVG: S 3/4/6/8, U 3/6 Marienplatz, T 16/18, Bus 52/62 Reichenbachplatz

★ Pizzesco
Wirkt von außen wie ein Pizza-Imbiss, ist aber ein gemütliches kleines Lokal mit tollen, ständig wechselnden Pizza-a-taglio-Angeboten. Und die sind richtig lecker. Spezialitäten: Ein-Meter-Pizza, laktose- und glutenfreie Pizza sowie Pizza mit Kammut- oder Dinkelteig.
Essen 12/20, Trinken 5,5/10, Service 6/10, Ambiente 7/10, Wohl fühlen 7,5/10
Wertung: 38 von 60 Punkten (→)
▶ Haidhausen, Rosenheimerstr. 12, ☎ 67 972 812, Mo-Fr 12-14.30h u. ab 17h, Sa ab 14.30h, So ab 17h, Kosten: G, MVG: S 3/4/6/8, T 16/18 Isartor

★ Primafila
Modernes Lounge-Ambiente. Gekocht wird klassisch italienisch. Im Primafila kann man auch gut nur einen Drink und eine Kleinigkeit genießen. Für Kinder gibt es eine Spielecke. Fair gepreiste und unkomplizierte Weinkarte. Große Terrasse.
Essen 12,5/20, Trinken 7,5/10, Service 7/10, Ambiente 7,5/10, Wohl fühlen 7/10
Wertung: 41,5 von 60 Punkten (→)
▶ Laim, Margarethe-Danzi-Str. 25, ☎ 10 119 400, Di-So 11.30-24h, ⑁ 36, 30 außen, EC, MC, VI, AM, Kosten: M, MVG: S 3/4/6/8 Laim

Romans Neuhausen

Quattro Tavoli NEU!
Junger Wohlfühlitaliener. Dass die Crew liebt, was sie macht, spürt und schmeckt man. Unkomplizierte, aber gute Küche. Und zu jedem Gericht wird eine Portion Lebensfreude kostenlos dazu serviert.
Essen 12/20, Trinken 6/10, Service 6/10, Ambiente 6/10, Wohl fühlen 7/10
Wertung: 37 von 60 Punkten (–)
Isarvorstadt, Dreimühlenstr. 10, 74 118 157, Mo-Do 12-23.30h, Fr 12-1.30h, Sa 18-1.30h, Kosten: M, MVG: 62 Kapuzinerstraße, 132 Roecklplatz

Restaurant Kleines Max NEU!
Gebackenes Zicklein, Gnocchi mit Walnusspesto, Fisch in der Salzkruste – im Restaurant des Hotels Maximilian wird eine wunderbare italienische Küche serviert. Schöne Terrasse.
Essen 12/20, Trinken 7/10, Service 7/10, Ambiente 7/10, Wohl fühlen 7/10
Wertung: 40 von 60 Punkten (–)
Giesing-Au, Hochbrückenstr. 18, 24 258 195, Frühstück: Mo-Fr 7-10h, Sa/So 7-11h, Lunch: Mo-Fr 12-14h, Abend: Mo-Sa 18-22h, Kosten: M, MVG: T 19 Kammerspiele

Riva Bar
Das Klassenfahrt-Ambiente ist nicht jedermanns Sache. Aber die Pizza hier ist genauso klasse wie die Stimmung. Wir kommen gern hierher.
Essen 12/20, Trinken 5/10, Service 4/10, Ambiente 7/10, Wohl fühlen 7/10
Wertung: 35 von 60 Punkten (→)
Zentrum, Tal 44, 220 240, Mo-Sa 8-1h, So 12-1h, 35, außen, EC, Kosten: M, MVG: S 3/4/6/8, U 3/6 Marienplatz

Riva Restaurant
Ein bisschen schick, absolut familienkompatibel und mit einem tadellos funktionierenden Service. Spezialität ist die Pinsa Romana, eine Art Ur-Pizza mit sehr bekömmlichem Teig. Im Sommer mit schöner Terrasse.
Essen 13/20, Trinken 7/10, Service 7/10, Ambiente 7/10, Wohl fühlen 7/10
Wertung: 41 von 60 Punkten (→)
Schwabing, Feilitzschstr. 4, 309 051 808, tgl. 11.30-1h, 30, 20 außen, Kosten: M, MVG: U 3/6, T 23, 53/59/142 Münchner Freiheit

Romans
Gekonnt positioniert sich das Romans optisch, vom Speiseangebot und preislich zwischen gewöhnlichem Stadtteil- und Edelitaliener und ist somit eine Klasse für sich. Im Sommer mit traumhafter Terrasse. Die Romans Alm, ein separater Raum in rustikal-alpenländischen Stil, eignet sich perfekt für kleinere Feiern.
Essen 13/20, Trinken 6,5/10, Service 8/10, Ambiente 8/10, Wohl fühlen 8/10
Wertung: 43,5 von 60 Punkten (→)
Neuhausen, Romanstr. 1, 1 689 888, tgl. 11-24h, Kosten: M, MVG: U 1, T 12, 132/133 Rotkreuzplatz

Rossini
Fabrizio Cereghini wurde mit dem Romagna Antica berühmt. Nun residiert er mit dem Rossini in der Türkenstraße. Beliebt bei Film-, Funk- und Fernsehprominenz.
Essen 13/20, Trinken 7,5/10, Service 7,5/10, Ambiente 8/10, Wohl fühlen 7,5/10
Wertung: 43,5 von 60 Punkten (→)
Maxvorstadt, Türkenstr. 76, 33 094 270, Mo-Sa 12-15h, 18.30-24h, Kosten: H, MVG: U 3/6 Universität, T 27/28 Schellingstraße

Ruffini
Das Ruffini ist eine Institution. Frühstück auf der Dachterrasse, tolle Kuchen und eine feine italienische Küche am Abend machen das Café zum perfekten Allrounder. Entspannte Atmosphäre. Lesungen und Konzerte gibt es im Ruffini auch.
Essen 11,5/20, Trinken 6/10, Service 6/10, Ambiente 7/10, Wohl fühlen 8/10
Wertung: 38,5 von 60 Punkten (→)
Neuhausen, Orffstr. 22, 161 160, Di-So 10-24h, 100, 150 außen, EC, MC, VI, AM, DI, Kosten: M, MVG: U 1, T 12, 132/133 Neuhausen

Salò NEU!
Das neue Salò-Team serviert nun an weiß eingedeckten Tischen eine klassische italienische Küche (z.B. Pasta aus dem Parmesanlaib). Pizza gibt es aber auch.
Essen 13/20, Trinken 7/10, Service 7/10, Ambiente 7/10, Wohl fühlen 7/10
Wertung: 41 von 60 Punkten (–)
Maxvorstadt, Schraudolphstr. 44, 27 374 000, Di-Sa 17-1h, Kosten: M, MVG: T 27 Nordendstraße, U 3/6 Universität

Santo Anger
Rock'n'Roll-Pizzeria. Hier ist nicht nur der eine oder andere Kellner tätowiert, auch die Wände sind entsprechend verziert. Gute Pizza! Am Wochenende legen DJs auf und man guckt Tatort.
Essen 11,5/20, Trinken 6/10, Service 6,5/10, Ambiente 6,5/10, Wohl fühlen 7/10
Wertung: 37,5 von 60 Punkten (→)
Zentrum, Blumenstr. 25, 25 547 688, So-Do 17.30-1h, Fr/Sa 17.30-3h, 220, 120 außen, EC, MC, VI, Kosten: M, MVG: U 1/2/3/6, T 16/17/18/27, 62 Sendlinger Tor

Schmauserei
Italienisches Café in der Westenriederstraße. Ab 8 Uhr Frühstück, sonst frische wechselnde Tagesgerichte,

Riva Restaurant Schwabing

Rossini Maxvorstadt

dazu gute Weine. Atmosphärisch sehr dicht eingerichtet.

Essen 12,5/20, Trinken 6,5/10, Service 6,5/10, Ambiente 7,5/10, Wohl fühlen 7/10

Wertung: 40 von 60 Punkten (→)

Zentrum, Westenriederstr. 21, 24 224 370, Mo-Sa 8-20h, Kosten: M, MVG: S 3/4/6/8, U 3/6 Marienplatz

Seerose

Birreria und Trattoria in einem. An den Tischen mit den klassischen rotweiß karierten Decken fühlt man sich wie in der nördlichsten Stadt Italiens. Anständige hausgemachte Pasta (ab 13,50 Euro). Am Wochenende mit Frühstück! Die gemütlich-rustikale Einrichtung macht das Lokals besonders.

Essen 11/20, Trinken 6,5/10, Service 7/10, Ambiente 6/10, Wohl fühlen 6,5/10

Wertung: 37 von 60 Punkten (→)

Schwabing, Feilitzschstr. 32, 461 334 120, So-Do 12-24h, Sa-So 12-1h, Kosten: M, MVG: U 3/6, T 23, Bus 53/59/142 Münchner Freiheit

Solo Pizza

Im Solo Pizza wird eine richtig gute Pizza serviert. Entgegen dem Namen des Lokals kann man aber auch Pasta sowie Fisch- und Fleischgerichte bestellen. Das junge, gesellige Ambiente gefällt. Stimmungsvoll.

Essen 12/20, Trinken 6/10, Service 5,5/10, Ambiente 7,5/10, Wohl fühlen 7/10

Wertung: 38 von 60 Punkten (→)

Giesing-Au, Bereiteranger 18, 67 972 900, Mo-Fr 17-1h, Sa/So 12-1h, 200, 700 außen, EC, Kosten: M, MVG: T 27 Eduard-Schmidt-Str.

Spago NEU!

Ziegelsteinwand + weiße Säulenbögen = heimelige Eleganz. Im Spago setzt man auf eine im besten Sinne Old School-Küche mit bekannten Klassikern und Heimatgerichten wie Kalbsleber mit Feigen oder Perlhuhnbrust mit Parmesan-Kürbis-Risotto.

Essen 12/20, Trinken 6/10, Service 6/10, Ambiente 7/10, Wohl fühlen 7/10

Wertung: 38 von 60 Punkten (–)

Zentrum, Pettenkoferstr. 1, 4 489 205, Mo-Sa 11.30-14.30 u. 17.30-22.30h, Kosten: M, MVG: U 1/2, T 16717/18/19/27/28, Bus 62 Sendlinger Tor

Speisemeisterei La Trattoria

Die Speisemeisterei strahlt herzliche Grandezza aus, im lauschigen Garten (mit Kinderspielplatz!) fühlt man sich wohl. Feine italienische Küche (Pasta und Pizza).

Essen 12/20, Trinken 6/10, Service 6,5/10, Ambiente 6/10, Wohl fühlen 6,5/10

Wertung: 37 von 60 Punkten (→)

Pasing-Obermenzing, Westerholzstr. 1, 882 901, tgl. 11.30-24h, 170, EC, MC, Kosten: M, MVG: S 3/4/6/8 Pasing

Storia

Ristorante, Pizzeria, Bar. Das La Storia will alles und kann alles. Abends wirkt das Wow-Ambiente besonders stimmungsvoll. Lebendige Stadt-Terrasse.

Essen 12,5/20, Trinken 6,5/10, Service 6,5/10, Ambiente 7/10, Wohl fühlen 7,5/10

Wertung: 40 von 60 Punkten (→)

Maxvorstadt, Karlstr. 47a, 51 519 696, tgl. 8-1h, Kosten: M, MVG: U 2/8 Königsplatz

Tambosi NEU!

Szenewirt Ugo Crocamo hat sich des ehrwürdigen Tambosi angenommen. Nun gibt es auf der Terrasse wieder Cappuccino zu trinken und Sonnenbrillen zu gucken. Im Lokal wird eine gehobene italienische Küche serviert. Die berühmte H'Ugo's-Pizza gibt es aber auch. Durchwachsener Service.

Essen 13/20, Trinken 7/10, Service 6/10, Ambiente 7/10, Wohl fühlen 6/10

Wertung: 39 von 60 Punkten (–)

Zentrum, Odeonsplatz 18, 90 183 076, Mo-So 8-1h, Kosten: H, MVG: U 4/5 Odeonsplatz

The Italian Shot

Statt der traditionellen Quattro Stagioni kommt hier „Die glorreiche Vier" mit Rote Beete, Rucola, Feige und Feta in Balsamicoessig auf den Tisch. Eine Pizzeria so spannend wie ein Italo-Western! Neu: Filiale in der Theresienstr. 40.

Essen 12/20, Trinken 7/10, Service 7/10, Ambiente 7/10, Wohl fühlen 7/10

Wertung: 40 von 60 Punkten (→)

Gärtnerplatz, Holzstr. 25, 45 214 977, tgl. ab 18h, Kosten: M, MVG: U 1/2/3/6, T 16/17/18/27, Bus 62 Sendlinger Tor

Tira tardi

Dezenter Luxus. Wenn überall im Lokal die Kerzen brennen und exquisite Gerichte serviert werden, fühlt man sich wohl. Charmanter italienischer Service.

Essen 13/20, Trinken 7/10, Service 6,5/10, Ambiente 6,5/10, Wohl fühlen 7/10

Wertung: 40 von 60 Punkten (→)

Schwabing, Kurfürstenstr. 41, 2 774 455, Mo-Fr 11.30-14.30h, 18-23.30h, Sa-So 18-23.30h, Kosten: M, MVG: U 3/6 Universität, T 27 Nordendstraße

Der Experten-Tipp von Putzi Holenia

Trattoria Seitz

„Hier gibt's ein Gericht, das heißt Fregola Sarda. Der Wahnsinn, vor allem mit Vongole. Dahinter verbirgt sich die typische sardische Pasta aus Hartweizengrieß."

Trattoria Alba

Gediegenes Lokal, in dem sich Münchens Prominenz zu Recht wohlfühlt. Klassisch umgesetzte italienische Küche in Perfektion, starker Service.

Essen 14,5/20, Trinken 7/10, Service 6,5/10, Ambiente 6,5/10, Wohl fühlen 7/10

Wertung: 41,5 von 60 Punkten (→)

▶ Bogenhausen, Oberföhringer Str. 44, ☎ 985 353, Mo-Fr 12-14.30h, 18-23h, Sa 18-23h, Kosten: H, MVG: U 4 Arabellapark, T 17/18 Effnerplatz

Trattoria Bellini

Der Prototyp eines Nachbarschaftsitalieners. Klassische unkomplizierte Küche, Kellner mit Persönlichkeit, ehrliches Ambiente. Immer gut. Mittags und Abends sehr beliebt. Im Sommer mit schöner Terrasse.

Essen 13/20, Trinken 6,5/10, Service 7/10, Ambiente 7/10, Wohl fühlen 7,5/10

Wertung: 41 von 60 Punkten (→)

▶ Neuhausen, Nymphenburgerstr. 120, ☎ 12 739 037, tgl. 11.30-23.30h, Kosten: M, MVG: U 1/7 Mailingerstraße

Trattoria da Fausto

Das italienische Vintage-Ambiente mit schönen Fresken verströmt einen liebenswerten Charme. Die klassische Küche mit modernen Einschlägen überzeugt.

Essen 13,5/20, Trinken 7/10, Service 6/10, Ambiente 6/10, Wohl fühlen 7/10

Wertung: 39,5 von 60 Punkten (→)

▶ Schwabing, Helmtrudenstr. 1, ☎ 32 705 553, Mo-Sa 11.30-14.30h u. 17.30-23.30h, ⑁ 15, 15 außen, Kosten: M, MVG: U 6 Dietlindenstraße

Trattoria da Paolo

Irrsinnig schön dekoriertes Lokal mit viel italienischem Charme. Und auch die Küche mit sardischem Einschlag (z.B. Spaghetti Bottarga oder Porcheddu) überzeugt vollkommen.

Essen 12/20, Trinken 6,5/10, Service 6/10, Ambiente 7/10, Wohl fühlen 7/10

Wertung: 38,5 von 60 Punkten (→)

▶ Sendling, Schmied-Kochel-Str. 6, ☎ 72 949 883, Mo-Sa 18-24h, Mo-Do 11.30-14h, ⑁ 400, 350 außen, MC, VI, AM, DI, Kosten: M, MVG: U 3/6 Implerstraße

Trattoria Lindengarten

Lieblingsitaliener in Laim. Das luftig-leichte und dennoch gediegene Ambiente ist toll. Im Sommer sitzt man im Garten tatsächlich unter Linden. Auf die Küche ist immer Verlass.

Essen 13/20, Trinken 7/10, Service 6/10, Ambiente 7/10, Wohl fühlen 7/10

Wertung: 40 von 60 Punkten (→)

▶ Laim, Agnes-Bernauer-Str. 115, ☎ 564 452, tgl. 11.30-24h, ⑁ 68, 48 außen, EC, Kosten: M, MVG: T 19 Agnes-Bernauer-Platz

Trattoria Seitz

Die Farben Rot, Schwarz und Weiß dominieren das gehobene, aber auch gesellige Ambiente. Auf der Karte Gerichte wie wildgefangener Seewolf in der Salzkruste. Top.

Essen 13/20, Trinken 7/10, Service 6,5/10, Ambiente 7/10, Wohl fühlen 7/10

Wertung: 40,5 von 60 Punkten (→)

▶ Lehel, Seitzstr. 12, ☎ 23 232 649, Mo-Fr 11.30-23h, Sa-So 18-23h, ⑁ 150, außen, Kosten: M, MVG: U 4/5, T 18 Lehel

Vinaiolo

Edel-Italiener in Haidhausen. Die Einrichtung mit den alten, hübsch beleuchteten Vitrinen sorgt für eine wohlige Atmosphäre und eignet sich perfekt für romantische Dates.

Essen 14/20, Trinken 7,5/10, Service 7,5/10, Ambiente 7/10, Wohl fühlen 7/10

Wertung: 43 von 60 Punkten (→)

▶ Haidhausen, Steinstr. 42, ☎ 48 950 356, So-Fr 12-15h, tgl. 18.30-1h, ⑁ 120, 70 außen, EC, MC, VI, Kosten: H, MVG: S 3/4/6/8, T 15/25 Rosenheimer Platz

Vino e Gusto

Stilsicher aufgesetzter Italiener. Hier schwelgt man in Gerichten von der Wochenkarte wie den Zitronen-Linguine mit weißen Venus-Muscheln oder genießt Klassiker wie das Filetsteak vom argentinischen Weiderind. Kompetent-herzlicher Service. Im Sommer sind die Plätze auf dem Trottoir ein Traum.

Essen 13/20, Trinken 7/10, Service 7/10, Ambiente 7/10, Wohl fühlen 7/10

Wertung: 41 von 60 Punkten (→)

▶ Zentrum, Herrnstr. 52, ☎ 210 288 388, Mo-Sa 11.30-23.30h, So 17.30-22.30h, Kosten: H, MVG: S 3/4/6/8, U 3/6 Marienplatz

Vinpasa

Ein in allen Belangen (Ambiente, Essen, Wein) geschmackvoller Italiener. In dem kleinen Lokal fühlen sich Couples ebenso wohl, wie kleinere Geburtstagsgesellschaften. Aufmerksamer Service. Die Küche setzt gekonnt auf italienische Klassiker (Wolfsbarsch, Thunfischsteak, Lammkoteletts).

Essen 13/20, Trinken 7/10, Service 8/10, Ambiente 8/10, Wohl fühlen 8/10

Wertung: 44 von 60 Punkten (→)

▶ Schwabing, Isabellastr. 47, ☎ 27 373 511, Mo-Sa 18-23.30h, ⑁ 90, 40 außen, EC, MC, VI, AM, Kosten: M, MVG: T 12/27, Bus 53 Kurfürstenplatz

Viva Maria

Heimelig-lässig-modernes Ambiente. Die Service-Crew sorgt (wieder) für gute Laune und auch die Küche (Pizza + Pasta + Tagesspecials) zaubert dem Gast ein Lächeln ins Gesicht. Große Terrasse.

Essen 12,5/20, Trinken 6,5/10, Service 7/10, Ambiente 8/10, Wohl fühlen 7,5/10

Wertung: 41,5 von 60 Punkten (→)

▶ Isarvorstadt, Rothmundstr. 5, ☎ 535 015, tgl. 9-24h, Kosten: M, MVG: U 1/2/3/6, T 16/17/18/27 Sendlinger Tor

Foto Trattoria Seitz: P. Ledényi

Blauer Bock Zentrum

Französisch

Hier finden Sie alle Gastro-Empfehlungen für Lokale mit französischer Küche.

L'Atelier Art & Vin

Wunderbare Brasserie mit authentischer Küche (Escargot, Bretonische Fischsuppe, Entrecôte), toller Weinauswahl und sympathischem Service. Das tagsüber helle und frische Ambiente zeigt sich abends von einer eher elegant-romantischen Seite.

Essen 13,5/20, Trinken 8/10, Service 8/10, Ambiente 7/10, Wohl fühlen 7/10

Wertung: 43,5 von 60 Punkten (→)

Zentrum, Westenriederstr. 43, 21 266 782, Mo-Sa 11.30-22h, 150, 82 außen, Kosten: H, MVG: S 3/4/6/8, T 16/18 Isartor

Atelier Gourmet

Die Küche besticht durch fantasievolle Kreationen und kraftvolle Aromen. Dazu gibt es gute Weine! Der Service führt unaufgeregt und freundlich durch den Abend. Absolute Wohlfühl-Location.

Essen 13/20, Trinken 8/10, Service 7/10, Ambiente 7/10, Wohl fühlen 8/10

Wertung: 43 von 60 Punkten (→)

Haidhausen, Rablstr. 37, 487 220, Mo-Sa 18-1h, 35, 40 außen, EC, MC, VI, Kosten: H, MVG: -8, T 15/25 Rosenheimer Platz

Benko

Das Benko ist ein individuelles Lokal, geprägt von der französischen joie de vivre des Inhabers. Fisch, Fleisch, Pasta werden mit Leidenschaft und lautem Lachen zubereitet und serviert.

Essen 12/20, Trinken 7/10, Service 7/10, Ambiente 6,5/10, Wohl fühlen 7/10

Wertung: 39,5 von 60 Punkten (→)

Maxvorstadt, Nordendstr. 7a, 20 183 903, Mo-Sa 18-23h, Kosten: M, MVG: T 27/28 Nordendstraße

Blauer Bock

Lieblingslokal in der Innenstadt. Das anregend kunstvolle Ambiente mit Mut zur Farbe gefällt. Die Küche ist mit Gerichten wie dem Kalbstafelspitz oder dem Chateaubriand mit Belgischen Fritten über jeden Zweifel erhaben. Auf dem Teller findet man kulinarischen Luxus, der nicht wie Luxus daherkommt und preislich absolut im Rahmen liegt. Spitze!

Essen 17/20, Trinken 8,5/10, Service 8/10, Ambiente 8,5/10, Wohl fühlen 9,5/10

Wertung: 51,5 von 60 Punkten (→)

Zentrum, Sebastiansplatz 9, 45 222 333, Di-Sa 12-15 u. 18.30-1h, Kosten: H, MVG: S 3/4/6/8, U 3/6 Marienplatz, T 16/18, Bus 52/62 Reichenbachplatz

Bonjour Munich NEU!

Lieferdienst für Frühstück und Lunch. Vor Ort genießt man eine unglaubliche Auswahl an französischem Gebäck (Macarons, Croissants, Tartes oder Pain au Chocolat). Wurst, Käse und Müsli gibt es aber auch. Modernes, luftiges Ambiente.

Essen 12/20, Trinken 6/10, Service 6/10, Ambiente 7/10, Wohl fühlen 7/10

Wertung: 38 von 60 Punkten (–)

Schwabing, Oskar-Schlemmer-Str. 3, 41 115 073, Mo-Fr 7.30-16h, Kosten: M, MVG: U 3/6 Alte Heide, T 23 Anni-Albers-Straße

Brasserie Colette

Eben mal (gefühlt) nach Paris und die Geschmacksnerven verwöhnen – dafür ist ein Besuch in der Brasserie Colette ideal. Zu den französischen Klassikern gesellen sich asiatische Aromen, ein wirklich gelungener Mix. Und als Generationen-Restaurant hat dieses Lokal Zusatzpunkte verdient.

Essen 14,5/20, Trinken 7,5/10, Service 7/10, Ambiente 8/10, Wohl fühlen 8/10

Wertung: 45 von 60 Punkten (→)

Glockenbach, Klenzestr. 72, 23 020 555, Mi-So 12-15h u. 18-22h, Kosten: M, MVG: U 1/2, T 27, Bus 132 Fraunhoferstraße

Buffet Kull

Ein Klassiker in der Innenstadt, der durch eine ungezwungene Wohlfühl-Atmosphäre überzeugt. Das New York-Steak ist Legende ebenso wie das Seafood-Arrangement für zwei Personen (mit Hummer, Thunfisch, Jakobsmuscheln und und und). Reservierung empfohlen.

Essen 13/20, Trinken 7/10, Service 7/10, Ambiente 7/10, Wohl fühlen 6/10

Wertung: 40 von 60 Punkten (→)

Zentrum, Marienstr. 4, 221 509, tgl. 18-1h, Kosten: H, MVG: S 3/4/6/8, U 3/6 Marienplatz

Chez Fritz

Geschmackvoll eingerichtete Brasserie mit tadelloser Küche und schöner Weinauswahl. Die Terrasse auf dem Preysingplatz ist eine Bank.

Essen 13/20, Trinken 6,5/10, Service 6/10, Ambiente 8/10, Wohl fühlen 7/10

Wertung: 40,5 von 60 Punkten (→)

Haidhausen, Preysingstr. 20, 4 487 676, Di-So 17.30-1h, Kosten: H, MVG: S 3/4/6/8, T 15/25 Rosenheimer Platz

Délice La Brasserie

Modern interpretierte französische Küche (z.B. Boeuf Bourgouignon oder Lammrücken mit Frühlingskräutern) in einem weltläufigen luxuriösen Ambiente. Ansprechende Weinkarte mit Raritäten, die auch glasweise ausgeschenkt werden. Hübsche Terrasse.

Essen 14/20, Trinken 8/10, Service 8/10, Ambiente 8/10, Wohl fühlen 7/10

Wertung: 45 von 60 Punkten (→)

Zentrum, Bayerstr. 12, 599 482 962, tgl. 11-23h, Kosten: H, MVG: S 3/4/6/8, U 1/2 Hauptbahnhof

Die Brasserie

Die Einrichtung hat ihren eigenen Charakter, der Service arbeitet freundlich, kompetent und aufmerksam, die Karte ist nicht zu groß, es findet sich aber alles drauf, was man braucht und das zu absolut fairen Preisen. Ein toller Franzose!

Essen 13/20, Trinken 7/10, Service 8/10, Ambiente 7/10, Wohl fühlen 8/10

Wertung: 43 von 60 Punkten (→)

Nymphenburg, Hirschgartenallee 41, 174 232, Mi-Sa 18-24h, So 12-15h u. 18-24h, Kosten: M, MVG: T 17 Romanplatz, Bus 51/151 Hirschgartenallee

Brasserie Colette Glockenbach

Foto Brasserie Colette: Joerg Lehmann

Grüne Gans
Mahagoni-Holz, dick gepolsterte grüne Sitzbänke, Promi-Bilder an der Wand. Jüngere Gäste begeben sich in der Grünen Gans nicht nur kulinarisch auf eine Zeitreise zu den Anfängen der Haute Cuisine in München. Seit mehr als 40 Jahren kocht hier Inge Stollberg auf. Ein liebenswertes Kleinod.
Essen 13,5/20, Trinken 7/10, Service 7/10, Ambiente 6,5/10, Wohl fühlen 7/10
Wertung: 41 von 60 Punkten (→)
Zentrum, Am Einlass 4, 266 228, Mo-Sa 19-1h, Kosten: H, MVG: T 17/18 Müllerstraße, U 1/2/3/6, T 16/17/18/27 Sendlinger Tor

La Bouche
Etwas kühles Ambiente, aber der Service im markanten Streifen-Look und das formidable Essen (Zwiebelsuppe, Austern, Flusskrebsplätzchen) sorgen für Herzenswärme.
Essen 14/20, Trinken 7,5/10, Service 7/10, Ambiente 7/10, Wohl fühlen 7/10
Wertung: 42,5 von 60 Punkten (→)
Schwabing, Haimhauserstr. 8, 265 626, Mo-Sa ab 17h, EC, Kosten: M, MVG: U 3/6, T 23, Bus 53/59/142 Münchner Freiheit

L'Adresse 37
Loïc Cantegrel ist mit seinem Lokal ins Westend gezogen. Die raffinierte Küche immer noch top und das Ambiente gefällt nicht zuletzt wegen der offenen Küche noch ein bisschen besser. Zu späterer Stunde oft ausgelassene Stimmung.
Essen 12,5/20, Trinken 6,5/10, Service 6,5/10, Ambiente 7,5/10, Wohl fühlen 7/10
Wertung: 40 von 60 Punkten (→)
Westend, Tulbeckstr. 9, 62 232 119, tgl. 18-0.30h, 54, 25 außen, EC, MC, VI, AM, Kosten: H, MVG: S 3/4/6/8, T 15/25 Rosenheimer Platz

La Bouche Schwabing

Der Experten-Tipp von Hans Jörg Bachmeier

Grüne Gans

„Ein Dankeschön an Inge und Julius für ein gefühltes Jahrhundert beste Gastronomie. Gerne noch ein zweites ... “

Le Berlü
Mediterrane Fusionküche (im Schwerpunkt französisch-spanisch). In dem luftig-leichten Ambiente sitzt man sich gern mit einem der fair gepreisten Weine fest.
Essen 12/20, Trinken 6/10, Service 7/10, Ambiente 8/10, Wohl fühlen 9/10
Wertung: 42 von 60 Punkten (→)
Isarvorstadt, Wittelsbacher Str. 16, 74 747 750, Mo-Fr 11.30-14.30h, Mo-Sa 18.30-24h, Kosten: M, MVG: Bus 58 Baldeplatz

Le Cézanne
Klassischer Familienbetrieb mit urfranzösischem Flair, in das man sich sofort verliebt. Das ältere, genussfreudige Publikum fühlt sich hier sichtlich wohl und labt sich an französischen Klassikern wie Thunfisch, Froschschenkel, Taube, Wachtel oder Lamm.
Essen 13/20, Trinken 7/10, Service 7/10, Ambiente 6/10, Wohl fühlen 6,5/10
Wertung: 39,5 von 60 Punkten (→)
Schwabing, Konradstr. 1, 391 805, Di-So ab 18.30h, Kosten: M, MVG: U 3/6 Giselastraße, T 27 Nordendstraße

Le Faubourg
Der Klassiker unter den französischen Lokalen in Haidhausen. Hier genießt man das Leben in vollen Zügen. Lebhafte Stimmung. Es kann eng werden.
Essen 14/20, Trinken 7,5/10, Service 7/10, Ambiente 7,5/10, Wohl fühlen 7/10
Wertung: 43 von 60 Punkten (→)
Haidhausen, Kirchenstr. 5, 475 533, Mo-Sa 18-1h, Kosten: H, MVG: U 4/5, T 15/18/19/25 Max-Weber-Platz

Le Refuge
Entrecôte mit Gratin Dauphinois, Ratatouille und Lammcarré – dazu noch ein paar raffinierte Tagesgerichte. Fertig ist der unkomplizierte und gar nicht mal so teure Franzose. Immer freitags Bouillabaisse.
Essen 13/20, Trinken 7/10, Service 6,5/10, Ambiente 6/10, Wohl fühlen 6,5/10
Wertung: 39 von 60 Punkten (→)
Maxvorstadt, Neureutherstr. 8, 20 061 110, Di-So 18-1h, Kosten: M, MVG: T 27/28 Nordendstraße

Le Stollberg
Uneingeschränkt zu empfehlen. Hier lenkt nichts von der raffinierten französischen Küche ab. Geniale Gerichte wie Jakobsmuscheln mit Lardo oder Kalbstartar mit Senfmarinade sowie roten Zwiebeln mit Himbeeressig und Meerrettichcreme machen einfach Spaß.
Essen 15/20, Trinken 7/10, Service 8/10, Ambiente 6/10, Wohl fühlen 8/10
Wertung: 44 von 60 Punkten (→)
Zentrum, Stollbergstr. 2, 24 243 450, Mo-Fr 11.30-14.30h, 18-23h, Sa 12-23h, 50, 19 außen, Kosten: H, MVG: S 3/4/6/8, T 16/18 Isartor, T 19 Kammerspiele

Les Cuisiniers
Viel gelobter Franzose, der auch illustres Publikum anzieht. Küche und Weine sind top, der Service arbeitet mit ruhiger Freundlichkeit. Wechselnde Kunstausstellungen im Lokal.
Essen 13/20, Trinken 7,5/10, Service 7/10, Ambiente 6,5/10, Wohl fühlen 7,5/10

Wertung: 41,5 von 60 Punkten (→)
Lehel, Reitmorstr. 21, 23 709 890, Mo-Fr 12-15h, Mo-Sa 18-23h, 70, 20 außen, EC, Kosten: H, MVG: U 4/5, T 18 Lehel

Les Deux
Unten Brasserie mit kleinen Gerichten und Gebäck. Oben Restaurant mit einer sterneprämierten, frisch aufgesetzten Gourmetküche. Gastgeber Fabrice Kieffer und Koch Johann Rappenglück sind eine absolute gastronomische Bereicherung der Innenstadt.
Essen 16/20, Trinken 8/10, Service 8/10, Ambiente 7/10, Wohl fühlen 8/10
Wertung: 47 von 60 Punkten (→)
Zentrum, Maffeistr. 3a, 710 407 373, Mo-Sa 12-13.30h u. 18-21h, 70, 100 außen, EC, MC, VI, Kosten: SH, MVG: S 3/4/6/8, U 3/6 Marienplatz, T 19 Theatinerstraße

Louis Cuisine
Wildgefangener Steinbutt mit Morcheln und Erbsen, Lammrücken mit Spitzkohlgemüse ... die Gerichte im Louis in der Tattenbachstraße sind stets auf den Punkt komponiert. Dazu große Weine. Top!
Essen 14,5/20, Trinken 7,5/10, Service 6,5/10, Ambiente 6,5/10, Wohl fühlen 8/10
Wertung: 43 von 60 Punkten (→)
Lehel, Tattenbachstr. 1, 44 141 910, Mo-Fr 12-14h u. 18.30-24h, 29, 25 außen, EC, MC, VI, Kosten: H, MVG: U 4/5, T 18 Lehel

M Belleville
Jahrelang stand das M Belleville für eine ungekünstelte Bistro-Atmosphäre und eine ebensolche Küche. Dazu genoß man Naturweine, die nach alten Methoden gekeltert werden. Im Herbst 2018 geht das Lokal in neue Hände über. Wie dann das Konzept aussieht, steht noch nicht fest. Daher gibt es diesmal keine Wertung.
Ohne Wertung
Schwabing, Fallmerayerstr. 16, 30 747 611, Di-Fr 11.30-14.30h, Di-Sa ab 18h, Kosten: M, MVG: U 2 Hohenzollernplatz, T 12/27, BUS 53 Kurfürstenplatz

Maison Massard
Aus dem Le Bousquérey ist an neuer Stelle das Maison Massard geworden. Das Kochen hat die Crew nicht verlernt und auch das helle neue Ambiente gefällt.
Essen 14/20, Trinken 7,5/10, Service 7/10, Ambiente 7/10, Wohl fühlen 7,5/10
Wertung: 43 von 60 Punkten (→)
Haidhausen, Bazeillestr. 5, 44 419 962, Mo-Sa 18-1h, Kosten: M, MVG: S 3/4/6/8, T 15/25 Rosenheimer Platz

Makassar
Cajun Küche in elegantem Ambiente. Nicht jedem gefällt es, dass die Tische hier sehr eng stehen, andere schätzen gerade die daraus resultierende Lebendigkeit des Lokals. Ein familiär geführter Klassiker.
Essen 14/20, Trinken 7/10, Service 7/10, Ambiente 7/10, Wohl fühlen 7,5/10
Wertung: 42,5 von 60 Punkten (→)
Isarvorstadt, Dreimühlenstr. 25, 776 959, Mo-Sa 18-1h, Kosten: H, MVG: BUS 62 Ehrengutstraße

Rue des Halles
Ein Lokal von leichter Eleganz mit älterem (Business-)Publikum. Gute Fischgerichte.
Essen 13/20, Trinken 6,5/10, Service 9/10, Ambiente 7/10, Wohl fühlen 6,5/10
Wertung: 42 von 60 Punkten (→)
Haidhausen, Steinstr. 18, 485 675, tgl. 18-1h, Kosten: M, MVG: S 3/4/6/8, T 15/25 Rosenheimer Platz

Saint Laurent NEU!
Ein Klassiker, der im Glockenbachviertel ein neues Zuhause gefunden hat. Es gibt Austern, Schnecken, Ziege oder Lamm. Service alter Schule.
Essen 13/20, Trinken 6,5/10, Service 6,5/10, Ambiente 6/10, Wohl fühlen 6/10
Wertung: 38 von 60 Punkten (–)
Isarvorstadt, Ickstattstr. 13, 47 084 000, Di/Do 11.30-14.30h, Di-So 18-1h, Kosten: M, MVG: U 1/2/3/6, T 16/17/18/27, BUS 62 Sendl. Tor

L'Adresse 37 Westend

Sophia's
Im The Charles Hotel: Die moderne französische Küche mit Gerichten wie Octopus mit Gurke, Wassermelone und Minze funktioniert immer. Das elegant-mondäne Ambiente des hohen Raumes mit Blick in den Alten Botanischen Garten sorgt für eine anregende Wohlfühlatmosphäre. Highlight: Die monatlich aufgelegten Menüs internationaler Gastköche.
Essen 14/20, Trinken 7/10, Service 7,5/10, Ambiente 8/10, Wohl fühlen 7,5/10
Wertung: 44 von 60 Punkten (→)
Zentrum, Sophienstr. 28, 5 445 551 200, tgl. 6.30-10.30h, 12-14.30h, 18-23h, Kosten: H, MVG: U 1/2 Königsplatz

Tantris
Immer noch Münchens bestes Lokal. Was man am Tantris hat, weiß man oft erst, wenn man all die anderen Spitzenlokale der Welt ausprobiert hat. Hier wird ein zeitlos lebendiges Ambiente mit einer leichten, bekömmlichen Herz und Kopf gleichzeitig umgarnenden Spitzenküche gepaart. Immer ein wunderbares Erlebnis. Tipp: Das Mittags-Menü am Samstag (4 Gänge, inkl. Wein, 170 Euro).
Essen 19/20, Trinken 10/10, Service 9/10, Ambiente 10/10, Wohl fühlen 10/10
Wertung: 58 von 60 Punkten (→)
Schwabing, Johann-Fichte-Str. 7, 3 619 590 Mi-Sa 12-15h, 18.30-1h, Kosten: SH, MVG: U 6 Dietlindenstraße

Sophia's Zentrum

Burger & Lobster Bank Zentrum

International

Hier finden Sie alle Gastro-Empfehlungen für Lokale mit internationaler Küche.

55 Eleven

Sandwiches, Salate, Smoothies, Shakes, Burger … Mit seiner frischen Fusion-Küche kriegt das 55 Eleven jeden Gast locker satt. Abends eher junge Bar als Lokal.

Essen 12/20, Trinken 7/10, Service 6/10, Ambiente 6/10, Wohl fühlen 7/10

Wertung: 38 von 60 Punkten (→)

Maxvorstadt, Amalienstr. 55, 20 076 834, Mo-Do 11-1h, Fr 11-1h, Sa 10-3h, So 10-1h, Kosten: M, MVG: U 3/6 Universität

Atelier

Jan Hartwig hat sich in nur wenigen Jahren drei Michelin-Sterne erkocht. Gemeinsam mit seinem Team entzückt er im Hotel Bayerischer Hof mit modern interpretierten Gerichten wie Rehrücken vom Poltinger Lamm mit Wirsingsalat, Petersilienwurzel, Herzkirsche und Schwarzem Pfeffer oder einem Dim Sum mit geschmortem Ochsenschwanz, Knollensellerie, Nashi, Pekannüssen und Markbrühe. Höchste Kochkunst in einem warmen Wohlfühlambiente. Dazu große Weine.

Essen 19,5/20, Trinken 10/10, Service 9/10, Ambiente 8/10, Wohl fühlen 9,5/10

Wertung: 56 von 60 Punkten (→)

Zentrum, Promenadeplatz 2-6, 2 120 743, Di-Sa 19-24h, 30, 22 außen, EC, Kosten: SH, MVG: S 3/4/6/8, U 3/6 Marienplatz, T 19 Theatinerstraße

Atlantik Fisch

Für Fisch und Wein eine der ersten Adressen der Stadt. Vom unprätentiösen Ambiente darf man sich nicht täuschen lassen. Thunfisch, Jakobsmuscheln, Hummer und Austern kommen in Topqualität auf den Tisch. Wirt Peter Feigl ist nicht nur im Schlachthofviertel eine Legende. Hinten im Wintergarten geht's meist noch lustiger zu als vorne im legeren Bistro-Bereich. Manchmal gibt es stimmungsvolle Party-Events. Einfach auf die Homepage schauen!

Essen 15/20, Trinken 8,5/10, Service 6,5/10, Ambiente 6/10, Wohl fühlen 8,5/10

Wertung: 44,5 von 60 Punkten (→)

Isarvorstadt, Zenettistr. 12, 74 790 610, Di-Fr 12-15h, Di-Sa ab 19h, 120, 35 außen, EC, MC, VI, AM, DI, Kosten: H, MVG: U 3/6 Goetheplatz

Bavarie Brasserie in der BMW Welt

Stilvolles Lokal in der BMW Welt. Auf der Karte Heilbutt mit Hummerkruste, geschmorte Lammkeule oder Wiener Schnitzel. Perfekt, um auch einfach nur auf einen Drink vorbeizuschauen. Im Sommer gibt es immer freitags bayerisches BBQ mit Fisch und Fleisch aus dem Smoker und Live-DJ! Und das auf einer der schönsten Terrassen der Stadt mit Blick auf den Olympiapark.

Essen 12/20, Trinken 6,5/10, Service 6,5/10, Ambiente 7,5/10, Wohl fühlen 7/10

Wertung: 39,5 von 60 Punkten (→)

Milbertshofen, Am Olympiapark 1, 358 991 818, Mo-Sa 11-23h, So 11-18h, 350, 100 außen, MC, VI, Kosten: H, MVG: U 3 Olympiazentrum, BUS 50/51 Eissportstadion

Beach 38

Lässige „Strand"-Bar in der dazugehörigen Beachvolleyball-Anlage. Das Ambiente mit Liegestühlen und viel Grün gefällt. Und die Küche kann auch was. Es gibt tolle Burger, Toast Hawaii oder Sandwich mit gegrilltem Halloumi-Käse. Unbedingt probieren sollte man das hausgebraute Bier. Die Cocktailkarte lohnt aber auch. Unser Lieblingsdessert in flüssiger Form: der Frozen Cappucino Shake.

Essen 11/20, Trinken 6/10, Service 6/10, Ambiente 6,5/10, Wohl fühlen 8/10

Wertung: 37,5 von 60 Punkten (→)

Haidhausen, Friedenstr. 22c, 63 899 510, Di-Fr 17-1h, Sa 11-1h, So 11-18h, 100, 10000 außen, EC, MC, VI, AM, Kosten: M, MVG: S 2-8, U 5, T 19 Ostbahnhof

Beef Room 61 NEU!

Wo früher das Golden Twenties zu finden war, gibt es nun einen eleganten Fleischtempel in der Arcisstraße. Die verschiedenen Cuts werden gekonnt auf einem Teppanyaki-Grill zubereitet.

Der Experten-Tipp von Putzi Holenia

Blauer Bock

„Immer gut. Am besten verlässt man sich auf die Empfehlungen des Küchenchefs. Dann verpasst man auch nicht Gerichte wie die fantastische Entenleber mit Marille."

Essen 12/20, Trinken 6,5/10, Service 6/10, Ambiente 6,5/10, Wohl fühlen 7/10

Wertung: 38 von 60 Punkten (–)

Schwabing, Arcisstr. 61, 32 199 101, Mo-So 12-24h, Kosten: M, MVG: T 27/28 Nordendstraße, U 2 Josephsplatz

Bikini Mitte

Hippes Ambiente. Zu essen gibt es Bowls und Kleinigkeiten. Der Kaffee kommt von Man vs. Machine. Abends kann man hier schön bei einem Drink abhängen. Am Wochenende DJs.

Essen 11/20, Trinken 6/10, Service 7/10, Ambiente 7/10, Wohl fühlen 7/10

Wertung: 38 von 60 Punkten (→)

Zentrum, Sonnenstr. 17, 0176-77221019, Mo-Mi 10-24h, Do 10-2h, Fr/Sa 10-3, Kosten: M, MVG: U 1/2/3/6, T 16/17/18/27, BUS 62 Sendl. Tor

Blauer Bock

Lieblingslokal in der Innenstadt. Das anregend kunstvolle Ambiente mit Mut zur Farbe gefällt. Die Küche ist mit Gerichten wie dem Kalbstafelspitz oder dem Chateaubriand mit Belgischen Fritten über jeden Zweifel erhaben. Auf dem Teller findet man kulinarischen Luxus, der nicht wie Luxus daherkommt und preislich absolut im Rahmen liegt. Spitze!

Essen 17/20, Trinken 8,5/10, Service 8/10, Ambiente 8,5/10, Wohl fühlen 9,5/10

Wertung: 51,5 von 60 Punkten (→)

Zentrum, Sebastiansplatz 9, 45 222 333, Di-Sa 12-14 u. 18.30-1h, Kosten: H, MVG: S 3/4/6/8, U 3/6 Marienplatz, T 16/18, BUS 52/62 Reichenbachplatz

Blue Spa Bar

Feine internationale Küche (z.B. Dry Aged Roastbeef, Thai-Curry oder Seeteufel mit Blumenkohl-Quinoa) in einem traumhaften Ambiente mit Blick über München.

Essen 13/20, Trinken 7/10, Service 7/10, Ambiente 8/10, Wohl fühlen 7,5/10

Wertung: 42,5 von 60 Punkten (→)

Zentrum, Promenadeplatz 2-6, 2 120 875, tgl. 8-22.30h, 45, außen, EC, VI, Kosten: H, MVG: S 3/4/6/8, U 3/6 Marienplatz, T 19 Theatinerstraße

Bogenhauser Hof

Hier wird die bayerische Gemütlichkeit in der Variante edel inszeniert. Schöner Garten. Die Küche (z.B. Kalbsbries auf Trüffelschaum) ist top.

Essen 11,5/20, Trinken 6,5/10, Service 6,5/10, Ambiente 6,5/10, Wohl fühlen 6/10

Wertung: 37 von 60 Punkten (→)

Bogenhausen, Ismaninger Str. 85, 985 586, Mo-Sa 12-16h u. 18-1h, Kosten: H, MVG: T 18 Ismaninger Straße

Box Kitchen

Erst unten im Boxring schwitzen, dann oben die Muskeln mit Kalbstafelspitz oder US Lende wachsen lassen.

Essen 12/20, Trinken 6/10, Service 6,5/10, Ambiente 7/10, Wohl fühlen 6/10

Wertung: 37,5 von 60 Punkten (→)

Maxvorstadt, Rundfunkplatz 4, 189 310 720, Mo-Fr 10-1h, Sa 18-1h, Kosten: M, MVG: S 3/4/6/8; U 2/3/4/5, T 16/17/18/19 Hauptbahnhof

Brenner Grill

Pulsierendes Lokal an der Maximilianstraße. Die aufregende Architektur verbindet das historische Gewölbe perfekt mit modernen Elementen. Im Sommer ist die Terrasse zum Marstall hin der Hit. Kein Wunder, dass sich hier auch viele Münchner Promis wohl fühlen. Tadellose internationale Küche.

Essen 12/20, Trinken 7/10, Service 6/10, Ambiente 8/10, Wohl fühlen 6,5/10

Wertung: 39,5 von 60 Punkten (→)

Zentrum, Maximilianstr. 15, 4 522 880, Mo-Do 8.30-1h, Fr/Sa 8.30-2h, So 9.30-1h, Kosten: H, MVG: S 3/4/6/8, U 3/6 Marienplatz, T 19 Nationaltheater

Broeding

Hier wird eine regional aufgehängte Spitzenküche (täglich wechselnde Menüs, 5 Gänge ab 76 Euro) serviert. Dabei baut das Team die Zutaten zum Teil selbst an. Mehr Produktqualität geht nicht. Zu den Gerichten werden auf Wunsch hervorragende Weine aus Österreich kombiniert, die man im Broeding Laden (ab 15 Uhr) auch kaufen kann. Hingehen und genießen!

Essen 14,5/20, Trinken 8/10, Service 8/10, Ambiente 8/10, Wohl fühlen 8/10

Wertung: 46,5 von 60 Punkten (→)

Neuhausen, Schulstr. 9, 164 238, Mo-Sa 18-24h, 55, 22 außen, EC, MC, VI, AM, Kosten: H, MVG: U 1, T 12, BUS 132/133 Rotkreuzplatz

Burger & Lobster Bank

Bar-Restaurant für anspruchsvolle Gäste, die gerne in gleichermaßen schicker wie hipper Atmosphäre Hummer- und andere Burger essen. Donnerstags bis samstags ab 22 Uhr Live-DJs.

Essen 14/20, Trinken 7/10, Service 8/10, Ambiente 6/10, Wohl fühlen 7/10

Wertung: 42 von 60 Punkten (→)

Zentrum, Prannerstr. 11, 15 227 272 782, Mo-Sa ab 18h, Kosten: H, MVG: U 4/5 München

Café Cord

Mittags trifft man im lässig-schicken Café Cord Shopper und Businesspeople beim Lunch, nachmittags Muttis mit Kindern bei Café und Kuchen und abends ein bunt gemischtes Szenevolk, das sich mit guten Cocktails auf die Nacht einstimmt. Zu essen gibt es eine abwechslungsreiche Crossover-Küche.

Essen 12/20, Trinken 6/10, Service 7/10, Ambiente 7,5/10, Wohl fühlen 8/10

Wertung: 40,5 von 60 Punkten (→)

Zentrum, Sonnenstr. 19, 54 540 780, Mo-Sa ab 11h, 60, 60 außen, EC, MC, VI, AM Kosten: M, MVG: U 1/2/3/6, T 16/17/18/27, BUS 62 Sendlinger Tor

Cafe Luitpold

Tagsüber ein stilvolles Kaffeehaus, trumpft das Luitpold am Abend mit einer richtig guten internationalen Küche auf! Dann gibt es z.B. einen Brioche Burger mit Ochsenfetzen, Lammragout, ein ausgezeichnetes Wiener Schnitzel oder hausgemachte Limonaden. Im Winter samstags Käse- und Fleischfondue. Schön sind auch die Events wie der Tangoabend oder der Apéro francais mit Live-DJ.

Essen 14/20, Trinken 7/10, Service 7/10, Ambiente 7,5/10, Wohl fühlen 8/10

Wertung: 43,5 von 60 Punkten (→)

Zentrum, Brienner Str. 11, 2 428 750, Mo 8-19h, Di-Sa 8-23h, So 9-19h, 160, 350 außen, EC, MC, VI, AM, Kosten: M, MVG: U 3/4/5/6 Odeonsplatz

Café Reitschule

Gute internationale Küche mit Klassikern (Wiener Schnitzel) und schönen Tagsgerichten (z.B. gefüllte Zucchiniblüten).

Essen 12,5/20, Trinken 6,5/10, Service 6,5/10, Ambiente 7,5/10, Wohl fühlen 7/10

Wertung: 40 von 60 Punkten (→)

Schwabing, Königinstr. 34, 3 888 760, Mo-Sa 9-1h, So 9-20h, 70, 90 außen, EC, MC, VI, AM, DI, Kosten: M, MVG: U 3/6 Giselastraße, BUS 54 Thiemestraße

Champions Sportsbar
Internationales Publikum, internationale Küche mit Pasta, Burgern, Wraps, Nachos oder Dry Aged Roastbeef. Charmantes Highlight auf der Karte: der Sample Tower für 2-3 Personen (45 Euro).
Essen 11,5/20, Trinken 6,5/10, Service 6,5/10, Ambiente 7/10, Wohl fühlen 6,5/10
Wertung: 38 von 60 Punkten (→)
▸ Schwabing, Berliner Str. 93, ☎ 360 020, tgl. 17-1h (bei BuLiga Sa-So ab 15h), ⑁ 60, 20 außen, EC, Kosten: M, MVG: U 6 Nordfriedhof

Conti Restaurant
Internationale Küche mit Pfiff. Gerichte wie das gegrillte Iberico-Schwein mit Datteln, der Thunfisch mit Limette, Erdnuss und Koriander oder Vitello Funghi haben immer einen gewissen Twist. Dazu genießt man eine Flasche der gut sortierten und bezahlbaren Weinkarte. Immer wieder stimmungsvolle Abende, an denen es neben einem guten Essen auch Kunst und Musik zu genießen gibt.
Essen 14,5/20, Trinken 7/10, Service 7/10, Ambiente 7/10, Wohl fühlen 8/10
Wertung: 43,5 von 60 Punkten (↗)
▸ Maxvorstadt, Max-Joseph-Str. 5, ☎ 55 178 546, Mo-Fr 10-1h, Sa 17-1h, ⑁ 70, außen, EC, VI, AM, Kosten: G-M, MVG: U 3/4/5/6 Odeonsplatz

Conviva
Gebackene Blutwurst oder Tagliata vom Weiderind: Im Conviva im Blauen Haus der Kammerspiele wird eine ebenso abwechslungsreiche wie kreative mediterrane Küche serviert. Lebhafte Atmosphäre, durch die das Lokal dem selbst gegebenen Beinamen „Das etwas andere Restaurant" gerecht wird.
Essen 12,5/20, Trinken 6,5/10, Service 8/10, Ambiente 7/10, Wohl fühlen 8/10
Wertung: 42 von 60 Punkten (→)
▸ Zentrum, Hildegardstr. 1, ☎ 23 336 977, Mo-Sa 11-1h, So 17-1h, Kosten: M, MVG: T 19 Schauspielhaus, S 3/4/6/8 Isartor

Dallmayr Bar & Grill NEU!
Lebendiges Lokal mit Bistro-Flair, mit dem das Angebot der früheren Austernbar deutlich erweitert wird. Hier genießt man Champagner, Austern, Hummer oder Flank Steak in einem gehobenen Ambiente. Abends Fine Dining zu Elektro-Klängen.
Essen 14,5/20, Trinken 9/10, Service 8/10, Ambiente 8/10, Wohl fühlen 8/10
Wertung: 47,5 von 60 Punkten (–)
▸ Zentrum, Dienerstr. 14-15, ☎ 2 135 112, Mo-Do 8-23h, Fr 8-24h, Sa 9.30-24h, Kosten: H, MVG: S 1/2/3/4/6/7/8, U 3/6 Marienplatz

Das Edelweiß
Mal regionale, mal internationale Küche in einem schmucken Ambiente. Dazu trinkt man Giesinger Bräu und das tolle Weißbier von Hopf. Und Events, wie etwa mit Münchner Liedermachern, stellt man auch auf die Beine. Lässig!
Essen 12/20, Trinken 6,5/10, Service 6,5/10, Ambiente 6,5/10, Wohl fühlen 7,5/10
Wertung: 39 von 60 Punkten (→)
▸ Ramersdorf-Perlach, Edelweißstr. 10, ☎ 64 913 780, Mo-Fr 11-24h, Sa-So 10-24h, ⑁ 120, 40 außen, EC, MC, VI, AM, Kosten: G, MVG: U 1/2, BUS 52 Kolumbusplatz

Der Dantler NEU!
Das Upper Eat Side ist Geschichte. Einen Hauch der früheren kulinarischen Coolness gibt es im Dantler aber noch immer. Tagsüber frisches Deli wird die Küche am Abend raffinierter. Und jeden Freitag gibt es ein Überraschungsmenü (60 Euro), für das man allerdings reservieren und im Voraus bezahlen muss. Das lohnt jedoch!
Essen 13/20, Trinken 7/10, Service 7/10, Ambiente 6,5/10, Wohl fühlen 7/10
Wertung: 40,5 von 60 Punkten (–)
▸ Giesing-Au, Werinherstr. 15, ☎ 39 292 689, Di-Do 11.30-15 u. 17-23h, Fr- 11.30-15 u. ab 19h (Freitagabend nur mit Ticket im Voraus), Kosten: M, MVG: T 15/25 Silberhornstraße, U 2/7/8 Untersbergstraße

Dallmayr Bar & Grill Zentrum

Die Waldmeister
Eine kleine Oase, die optisch wie geschmacklich in die Maxvorstadt lockt! Unter dem Motto „klein und fein" werden nur regionale und im Einklang mit der Natur erzeugte Lebensmittel verwendet, von denen Wirt Martin Peter weiß, wo sie herkommen.
Essen 13/20, Trinken 7/10, Service 6,5/10, Ambiente 7,5/10, Wohl fühlen 7/10
Wertung: 41 von 60 Punkten (→)
▸ Maxvorstadt, Barerstr. 74, ☎ 18 946 956, Mo-Fr 8-18h, Kosten: M, MVG: U 3/6 Universität, T 27/28 Schellingstraße

El Gaucho
Steaks in allen denkbaren Cuts, dazu aber auch eine richtig gute internationale Küche, die tolle Beilagen und Saucen zum Fleisch liefert. Ordentlicher Service, gute Weine und ein intim-elegantes Ambiente runden das Gesamtbild positiv ab.
Essen 13,5/20, Trinken 7/10, Service 6,5/10, Ambiente 7,5/10, Wohl fühlen 7,5/10
Wertung: 42 von 60 Punkten (→)
▸ Zentrum, Frauenstr. 7-9, ☎ 24 224 104, Mo-Fr 17-1h, Sa 12-1h, So 12-23, Kosten: M, MVG: S 3/4/6/8, U 3/6 Marienplatz

Essence
Eine Überraschung in Pasing. In dem stilvoll eingerichteten Lokal wird eine anspruchsvolle internationale Küche serviert. Gerichte wie Kalbsschwanz auf Selleriepüree oder Schwertfisch auf Dillsauce gibt es hier im Menü ab 42 Euro und à la carte. In der Lounge trifft man sich auch nur auf einen Cocktail oder ein Glas Wein.
Essen 13/20, Trinken 7/10, Service 7/10, Ambiente 7,5/10, Wohl fühlen 7/10
Wertung: 41,5 von 60 Punkten (→)
▸ Pasing-Obermenzing, Gottfried-Keller-Str. 35, ☎ 80 040 025, Di-Fr 12-24h, Sa 18-24h, So 12-24h, Kosten: M, MVG: S 2/3/4/6/8 Pasing

Esskapade
Klassisch aufgesetztes Speiselokal mit Niveau! Gradlinige internationale Küche und eine Weinkarte mit einigen Entdeckungen junger Winzer.
Essen 13,5/20, Trinken 7/10, Service 7/10, Ambiente 6,5/10, Wohl fühlen 6,5/10
Wertung: 40,5 von 60 Punkten (→)
▸ Neuhausen, Volkartstr. 70, ☎ 20 201 838, Di-Fr 12-14.30, 18-24h, Sa 18-24h, Kosten: M, MVG: U 1, BUS 132/133 Rotkreuzplatz, T 12 Fasaneriestraße

Esszimmer in der BMW Welt
Gastronomische Champions League. In Bobby Bräuers „Wohnzimmer" in der BMW Welt genießt man eine ebenso exquisite wie überraschende Gourmet-Küche (im Menü ab 135 Euro, vegetarisches Menü ab 110 Euro). Das warme elegante Loft-Ambiente ist einmalig schön. Für jeden Anlass.
Essen 17/20, Trinken 9/10, Service 8/10, Ambiente 10/10, Wohl fühlen 9/10

Wertung: 53 von 60 Punkten (→)
Milbertshofen, Am Olympiapark 1, 358 991 814, Di-Sa ab 19h, 60, 50 außen, EC, MC, VI, Kosten: SH, MVG: U 3 Olympiazentrum, Bus 50/51 Eissportstadion

Filmcasino
Lunch, Dinner, Bar und Club - das frühere Kino bringt die Themen Essen, Trinken und Tanzen unter einen Hut. Szeniges Publikum, gehobene Preise. Das Art déco-Ambiente ist mal etwas Anderes. Das Essen geht hier nahtlos in den Partybetrieb über.
Essen 11,5/20, Trinken 6,5/10, Service 6/10, Ambiente 6,5/10, Wohl fühlen 6,5/10
Wertung: 37 von 60 Punkten (→)
Zentrum, Odeonsplatz 8, 220 818, Mi-Do 18-2h, Fr/Sa 18-5h, 45, außen, EC, VI, AM, DI, Kosten: H, MVG: U 3/4/5/6 Odeonsplatz

★ Gabelspiel
Die französische Küche bildet die Basis für die (gelungenen) kulinarischen Ausflüge in die ganze Welt. Konfierter Rochen, Fregola Sarda oder Onglet vom Rind gibt es im Menü ab 4 Gängen (58 Euro).
Essen 13/20, Trinken 6,5/10, Service 7/10, Ambiente 6/10, Wohl fühlen 7/10
Wertung: 39,5 von 60 Punkten (→)
Giesing-Au, Zehentbauerstr. 20, 12 253 940, Di-Sa 18-1h, Kosten: M, MVG: U 2 Silberhornstraße

★ Gandl
Gehobene mediterrane Küche (am Abend klassisch französisch, am Mittag italienisch leicht) in kolonialem Ambiente. Das Gandl wird gleichermaßen frequentiert von elegantem Publikum aus dem Viertel, Businessleuten und Touristen. Die Lage am St.-Anna-Platz ist traumhaft. Ob auf der Terrasse oder drinnen am Kamin – man fühlt sich rundum wohl.
Essen 14/20, Trinken 7/10, Service 6,5/10, Ambiente 7/10, Wohl fühlen 7/10
Wertung: 41,5 von 60 Punkten (→)
Lehel, St.-Anna-Platz 1, 29 162 525, Mo 9.30-17h, Di-Sa 9.30-1h, Kosten: M, MVG: U 4/5, T 17 Lehel, T 19 Maxmonument

★ Garden
Ob zum Geschäftsessen, einer Feier in geselliger Runde oder zu einem entspannten Abend mit den Liebsten – uneingeschränkt können wir das Garden Restaurant aufgrund seines außergewöhnlichen Ambientes (Landhaus meets Industrial), der hervorragenden internationalen Küche (mit Schwerpunkt auf ausgezeichneten Grillspezialitäten) und dem traumwandlerisch sicheren Service empfehlen.
Essen 15/20, Trinken 7/10, Service 8/10, Ambiente 8/10, Wohl fühlen 7/10
Wertung: 45 von 60 Punkten (→)
Zentrum, Promenadeplatz 2-6, 2 120 993, tgl. 12-15h, 18-24h, 210, außen, EC, MC, VI, AM, DI, Kosten: H, MVG: S 3/4/6/8, U 3/6 Marienplatz, T 19 Theatinerstraße

Der Experten-Tipp von Putzi Holenia

Gandl

„Psst, hier gibt es die besten Spaghetti aus dem Parmesanlaib der Stadt. Der Rest der Karte lohnt aber auch. Und das ehrwürdige Ambiente hat auch was."

Foto Gandl: Anastasia Petrakova

★ Gärtnerplatz-Alm
Tischgrill-Spaß im Sommer, Fondue-Wärme im Winter. Und gute Steaks und Salate gehen ja sowieso immer. Frisches Konzept, das im Viertel ankommt.
Essen 13/20, Trinken 7/10, Service 7/10, Ambiente 7,5/10, Wohl fühlen 7/10
Wertung: 41,5 von 60 Punkten (→)
Gärtnerplatz, Corneliusstr. 16, 37 957 908, Di-Do 18-23h, Fr/Sa 18-1h, Kosten: M, MVG: U 1/2, T 27, Bus 132 Fraunhoferstraße

★ Gast
Pizza, Pasta, Wok - alles aus der offenen Küche. Das Gast ist tagsüber ein sympathisches Café, abends eine stilvolle Lounge mit riesiger Terrasse am Gasteig! Das Ambiente wurde aufgehübscht (viel Grün).
Essen 12,5/20, Trinken 6,5/10, Service 4/10, Ambiente 7/10, Wohl fühlen 8/10
Wertung: 38 von 60 Punkten (→)
Haidhausen, Rosenheimer Str. 5, 480 982 720, Mo-Fr 11-1h, Sa-So 10-1h, 430, 330 außen, EC, MC, VI, AM, DI, Kosten: G, MVG: S 3/4/6/8, T 15/25 Rosenheimer Platz

★ Geisel's Vinothek
Man sitzt an kleinen Tischen umgeben von Weinregalen unter einer bemalten Gewölbedecke. Sehr stimmungsvoll! Die Weinauswahl ist exzellent, das Roastbeef wird zu Recht gerühmt. Aber auch die Tageskarte mit einer feinen internationalen Küche (z.B. Kalbstafelspitz mit glasierten Gartengurken) überzeugt.
Essen 14/20, Trinken 10/10, Service 7,5/10, Ambiente 7/10, Wohl fühlen 8/10
Wertung: 46,5 von 60 Punkten (→)
Zentrum, Schützenstr. 11, 55 137 140, Mo-Sa 12-1h, So 18-1h, Kosten: M, MVG: S 3/4/6/8 U 4/5, T 16-21/27/28 Karlsplatz (Stachus)

★ Geisel's Werneckhof
Tohru Nakamuras Kompositionen sind einmalig. Seine geniale europäisch-asiatische Küche bricht lustvoll und gekonnt mit gängigen Gourmeterfahrungen (Menüs ab 160 Euro). Und das denkmalgeschützte Ambiente? Hat was!
Essen 17/20, Trinken 8/10, Service 8/10, Ambiente 8/10, Wohl fühlen 8/10
Wertung: 49 von 60 Punkten (→)
Schwabing, Werneckstr. 11, 38 879 568, Di-Fr 18-24h, Sa 13-16.30 u. 18-24h, 30, 20 außen, Kosten: H, MVG: U 3/6, T 23, Bus 53/59/142 Münchner Freiheit

★ Gesellschaftsraum
Modernes, offenes Ambiente. Immer wieder unterhält Bernd Arold seine Gäste mit spannenden Geschmackskombinationen. Da gibt es Rauchmelonen-Gazpacho mit Gurkensorbet oder Entenbrust mit Saibling, Johannisbeeren, Artischocken und Avocadoflan (Menüs ab 59 Euro). Ein Tipp ist das Mittagsmenü für 18 Euro.
Essen 14,5/20, Trinken 8/10, Service 8/10, Ambiente 8/10, Wohl fühlen 8/10
Wertung: 46,5 von 60 Punkten (→)
Zentrum, Bräuhausstr. 8, 55 077 793, Mo-Fr 11.30-15h u. 18-24h, Sa 18-24h, 35, 20 außen, EC, MC, VI, AM, Kosten: H, MVG: S 3/4/6/8, U 3/6 Marienplatz

Glockenspiel

Eine Münchner Café-Institution mit den Qualitäten einer Eier legenden Wollmilchsau. Frühstück, Lunch, Abendessen, Frühstücksterrasse, Cocktailbar, Restaurant: anything goes. Und dann dieser Blick von der Dachterrasse in den Münchner Himmel. Beinahe hat man hier oben das Gefühl, das man den Rathausturm mit der Hand berühren könnte.

Essen 12/20, Trinken 6,5/10, Service 7/10, Ambiente 6,5/10, Wohl fühlen 7/10

Wertung: 39 von 60 Punkten (→)

▸ Zentrum, Marienplatz 28, ☎ 264 256, Mo-Do 9-24h, Fr/Sa 9-1h, So 10-19h, Kosten: M, MVG: S 3/4/6/8, U 3/6 Marienplatz

Grill & Grace

Hier kann man seine Steaks selber auf dem Lavasteingrill zubereiten, während sich die Küche um Saucen und Beilagen kümmert. Frisches, aufgeräumtes Ambiente. Lebendiges Cocktail-Publikum. Filiale im Westend in der Guldeinstr. 50.

Essen 12,5/20, Trinken 6,5/10, Service 6/10, Ambiente 7/10, Wohl fühlen 7/10

Wertung: 39 von 60 Punkten (→)

▸ Maxvorstadt, Gabelsbergerstr. 97, ☎ 522 297, So-Do 17.30-23h, Fr/Sa 17.30-1h, Kosten: M, MVG: U 2/8 Theresienstraße

grill 93

Im Grill 93 im Münchner Marriott Hotel kommen gutes Fleisch (z.B. ein Dry Aged Roastbeef von John Stone) und guter Fisch (z.B. Forelle und Hummer) auf den Grill. Besonders genial ist das Fisch-Special für 2 Personen (89 Euro). Zum Abschluss ist der Key Lime Pie ein Muss. Wirklich tolle Küche. Der Weg hierher lohnt sich nicht nur für Familienfeiern.

Essen 12,5/20, Trinken 6,5/10, Service 7/10, Ambiente 6,5/10, Wohl fühlen 6,5/10

Wertung: 39 von 60 Punkten (→)

▸ Schwabing, Berliner Str. 93, ☎ 360 020, Mo-Sa 12-14.30h u. 17.30-22.30h, Kosten: M, MVG: U 6 Nordfriedhof

Heart

Hot-Spot. Das Heart ist Restaurant, Bar und Club in einem und überzeugt mit internationaler Küche (Beeftartar, Lammkarree), guten Drinks und dem urbanen Ambiente. Und das Beste: Auf der Terrasse direkt am Lenbachplatz kann man dienstags bis samstags bis spät in der Nacht sitzen und feiern. Immer dienstags ist Meat day (100 Gramm Fleisch für 12,50 Euro). Saulecker.

Essen 13/20, Trinken 7/10, Service 6,5/10, Ambiente 8/10, Wohl fühlen 7,5/10

Wertung: 42 von 60 Punkten (→)

▸ Zentrum, Lenbachplatz 2a, ☎ 0160-90900224, Mo-Mi 11-3h, Do-Sa 11-5h, So 11-17h, Kosten: H, MVG: S 3/4/6/8, U 4/5, T 16-21/27/28 Karlsplatz (Stachus)

Helene

Kleines Lokal mit Club-Anbindung. Neuerdings liebt die Helene das laotische Food aus der verflossenen Vu Tang Kitchen. Das Crossover aus fernöstlicher Küche und Hausmannskost funktioniert erstuanlich gut. Elegant, entspannt und abwechslungsreich. Im Sommer mit genialer Terrasse.

Essen 12,5/20, Trinken 7/10, Service 7,5/10, Ambiente 7/10, Wohl fühlen 7/10

Wertung: 41 von 60 Punkten (→)

▸ Schwabing, Occamstr. 5, ☎ 74 035 209, Mo-So 18-24h, Kosten: M, MVG: U 3/6, T 23, Bus 53/59/142 Münchner Freiheit

Herzog

Selbstbewusstes Design-Lokal. Der Innenstadt-Hotspot überzeugt in allen Belangen. Aromenstarke, abwechslungsreiche Küche, aufmerksamer Service, starke Drinks. Und dann erst die hübsche Terrasse. Beste kulinarische Unterhaltung den ganzen Tag und zu gucken gibt es inmitten eines illustren Publikums auch immer was.

Essen 14/20, Trinken 8/10, Service 8/10, Ambiente 9/10, Wohl fühlen 7/10

Wertung: 46 von 60 Punkten (→)

▸ Zentrum, Maxburgstr. 4, ☎ 29 161 029, Mo-Mi 10-1h, Do 10-2h, Fr/Sa 10-3h, Kosten: M, MVG: T 19 Lenbachplatz, S1-8, U 1/2 Karlsplatz

Hoiz

Blitzsauber aufgesetzte internationale Küche (z.B. Steak Frites mit Entrecôte vom Allgäuer Weideochsen, Spare Ribs vom Thüringer Duroc Schwein oder Burrata mit Weinbergpfirsich und Pinienkernpesto). Bodenständiges holzdominiertes Ambiente, das dennoch eine gewisse Eleganz ausstrahlt.

Essen 14/20, Trinken 7/10, Service 7/10, Ambiente 7/10, Wohl fühlen 7/10

Wertung: 42 von 60 Punkten (→)

▸ Zentrum, Karlsstr. 10, ☎ 28 808 809, Mo-Fr 11.30-15h, Di-Sa 17-1 h, Kosten: M, MVG: T 27/28 Ottostraße

Hunsinger

Werner Hunsinger steht wie kein Zweiter in München für guten Fisch (z.B. Atlantikzunge oder St. Pierre, allesamt wild gefangen). Fleisch kann Hunsinger aber auch. Idyllisches Ambiente, vor allem auf der Terrasse. Tagsüber feine Bistro-Küche, am Abend auch Menü. 2019 steht für den Maestro jedoch ein Umzug an.

Essen 15/20, Trinken 8/10, Service 8/10, Ambiente 7/10, Wohl fühlen 7/10

Wertung: 45 von 60 Punkten (→)

▸ Maxvorstadt, Barer Str. 29, ☎ 24 290 204, Mo/Mi-Sa 11-24h, So 11-17.30h, Kosten: H, MVG: U 3/6 Universität, T 27/28 Schellingstraße

Inszenario

Das Ambiente ist von vorgestern, die Küche aber von morgen. Abseits aller Lauflagen glänzt das Inszenario mit verspielt-kreativen und perfekt inszenierten Speisen mit molekularem Einschlag. Engagierter Service + zahlreiche Events. Ein absolut unterschätzter Geheimtipp.

Essen 16/20, Trinken 7/10, Service 8,5/10, Ambiente 5/10, Wohl fühlen 7,5/10

Wertung: 44 von 60 Punkten (→)

▸ Haidhausen, Rablstr. 10, ☎ 66 616 348, Mo-Sa 17-24h, 60, 60 außen, EC, MC, VI, Kosten: H, MVG: S 1-8, T 25 Rosenheimer Straße

Käfer-Schänke

Das luftig-gehobene Ambiente der Käfer-Schänke gefällt. Neu sind die Vitrinen, in denen sich der Gast Fisch, Fleisch oder Käse selbst aussuchen kann. Die Zutaten stammen meist von Erzeugern aus der Region, kleinen Manufakturen oder aus dem Käfer Feinkostladen. Ansonsten schwelgt man in Austern, Kaviar und Hummer, oder genießt Klassiker wie das Wiener Schnitzel oder die Bauernente.

Essen 15/20, Trinken 8/10, Service 7,5/10, Ambiente 7/10, Wohl fühlen 6,5/10

Wertung: 44 von 60 Punkten (→)

▸ Bogenhausen, Prinzregentenstr. 73, ☎ 4 168 247, Mo-Sa 11.30-23h, 70, 50 außen, EC, MC, VI, AM, Kosten: H, MVG: T 18 Friedensengel, U 4/5 Max-Weber-Platz

★ Kochspielhaus
Café im Landhausstil mit einer tollen mediterranen Küche. An der großen Theke machen allerlei Kuchen Appetit und der Service kümmert sich rührend um die Gäste. Kompliment.
Essen 13,5/20, Trinken 7/10, Service 7,5/10, Ambiente 8/10, Wohl fühlen 8/10
Wertung: 44 von 60 Punkten (→)
Zentrum, Rumfordstr. 5, ☎ 54 802 738, So-Mo 7-20h, Di-Sa 6.30-22h, Kosten: H, MVG: S 3/4/6/8 Isartor, T 16/18 Reichenbachplatz

★ Kopper
Am großen Kupfertresen werden ausgezeichnete Drinks (z.B. der Shizo mit Bourbon, Yuzo, Avocado-Honig und Islay-Nebel) serviert. Zu essen gibt es eine durchweg gelungene internationale Fusion-Küche (z.B. Kabeljau mit Süßkartoffel und Mezcal Agua). Ein spannendes Lokal.
Essen 13/20, Trinken 8/10, Service 7/10, Ambiente 7,5/10, Wohl fühlen 7/10
Wertung: 42,5 von 60 Punkten (→)
Maxvorstadt, Theresienstr. 1, ☎ 27 373 380, Mo-Do 11.30-1h, Fr 11.30-3h, Sa 18-3h , Kosten: M, MVG: U 3/6 Universität

★ Kuffler Grill
Gekonnter mondäner Schick plus Kunst – diese Mischung findet man in München selten. Auf dem Teller: eine Südstaaten-Küche mit internationalem Einschlag. Es gibt Crab Cakes, eine tolle Steakauswahl, aber auch Burger sowie eine Lobster Poke Bowl. Dazu genießt man tolle Weine und Drinks. Die Terrasse direkt gegenüber der Residenz ist der Hit. Am Wochenende Brunch.
Essen 14/20, Trinken 7,5/10, Service 7/10, Ambiente 8/10, Wohl fühlen 7,5/10
Wertung: 44 von 60 Punkten (→)
Zentrum, Hofgraben 9, ☎ 24 224 840, tgl. 10-1h, 65, 16 außen, EC, MC, VI, Kosten: H, MVG: S 3/4/6/8, U 3/6 Marienplatz

★ KVR - Kapitales vom Rind
Modern-gemütliches Grillrestaurant mit dem Charme einer Stadtteilwirtschaft. Das Fleisch – vorwiegend stammt es aus der Region – kann man sich in der Vitrine selber aussuchen. Passt!
Essen 11,5/20, Trinken 7/10, Service 7/10, Ambiente 7/10, Wohl fühlen 6,5/10
Wertung: 39 von 60 Punkten (→)
Schwabing, Viktoriastr. 23, ☎ 44 237 736, Mo-Fr 11.30-0h, Sa 16-0h, So 11.30-0h, 40, 20 außen, EC, Kosten: M, MVG: U 3 Bonner Platz

★ La Bohème
Das Lokal am Schwabinger Tor umgibt sich mit französischem Flair, serviert jedoch vorwiegend eine richtig gute internationale Küche. Die Vorspeisen (Austern, Beef Tatar, Flammkuchen...) werden im Sharing-Prinzip angeboten. Seine Steak-Cuts kann man sich am Tisch aussuchen. Das tolle Design-Ambiente und der akkurate Service betonen die Ambitionen des Lokals. Manchmal Live-Musik.
Essen 13/20, Trinken 8/10, Service 7/10, Ambiente 8/10, Wohl fühlen 7/10
Wertung: 43 von 60 Punkten (→)
Schwabing, Leopoldstr. 180, ☎ 23 761 792, Mo-Fr 11.30-14.30 u. 18-24h, Sa 18-24h, So 11.30-15 u. 18-24h, Kosten: M, MVG: T 23, Bus 140/141 Parzivalplatz

★ L'Amar
Organic heißt das Zauberwort in der L'Amar-Küche. Hier setzt man ausschließlich auf biologische Zutaten. Die Bio-Küche mit ihrem mediterranen und französischen Einschlag gefällt. Einladendes Ambiente.
Essen 12,5/20, Trinken 6,5/10, Service 6,5/10, Ambiente 7/10, Wohl fühlen 7/10
Wertung: 39,5 von 60 Punkten (→)
Glockenbach, Pestalozzistr. 28, ☎ 54 892 327, Mo-Sa 9-23h, So 10-23h, Kosten: M, MVG: U 1/2/3/6, T 16/17/18/27, Bus 62 Sendl. Tor

★ Landersdorfer & Innerhofer
Seit Jahren eine der ersten Adressen in München, wenn es um gehobene Küche geht. Serviert wird jeden Tag ein 4-gängiges-Überraschungsmenü. Dazu gibt es große Weine. Toll sind auch die Weinabende, bei denen es ein Menü zu den Weinen eines bestimmten Erzeugers gibt.
Essen 15/20, Trinken 8/10, Service 6,5/10, Ambiente 7/10, Wohl fühlen 7,5/10
Wertung: 44 von 60 Punkten (→)
Zentrum, Hackenstr. 6-8, ☎ 26 018 637, Mo-Fr 11.30-15h u. 18-1h, Kosten: H, MVG: U 1/2/3/6, T 16/17/18/27, Bus 62 Sendl. Tor

★ Landhaus Vogelbauer
Der Vogelbauer bietet dem Ausflügler eine gehobene Küche, die sich deutlich von der Qualität herkömmlicher Landgasthöfe abhebt. Toll.
Essen 13/20, Trinken 7/10, Service 7/10, Ambiente 7,5/10, Wohl fühlen 8/10
Wertung: 42,5 von 60 Punkten (→)
Neufahrn bei Egling, Schanzenstr. 4, ☎ 817 129 063, Di-Sa 17-1h, So 12-1h, Kosten: H,

Kopper Maxvorstadt

★ Le Florida
Verspielt stylische Kneipe (Tischlampen an der Wand!), die im Viertel beliebt ist. Perfekt für ein Feierabendbier (Tegernseer) oder ein paar gut gemixte Long Drinks. Essen kann man im Le Florida auch. Es gibt klassisches Bar-Food (Burger, Pasta, Salat) mit asiatischem Einschlag zu moderaten Preisen. Doch eigentlich sitzt man eher mit Freunden rum und quatscht. Gute Stimmung, netter Service.
Essen 11,5/20, Trinken 7/10, Service 7/10, Ambiente 6/10, Wohl fühlen 7/10
Wertung: 38,5 von 60 Punkten (→)
Schwabing, Georgenstr. 48, ☎ 44 429 555, tgl. 18-1h, Kosten: M, MVG: U 3/6 Giselastraße, T 27 Nordendstraße

★ Leger am Dom NEU!
Trüffel-Linguini, Burrata, Kalbsrücken im Kräutermantel, Petersilienwurzelsuppe und Backhendl. Das Leger am Dom schlägt eine Brücke zwischen alpenländischer und mediterraner Küche. Dank der riesigen Fensterfront entsteht im und um das Lokal eine sehr anregende Atmosphäre.
Essen 12/20, Trinken 6/10, Service 6,5/10, Ambiente 6,5/10, Wohl fühlen 7/10
Wertung: 38 von 60 Punkten (–)
Zentrum, Kaufinger Str. 24, ☎ 21 020 530, Mo-Sa 10.30-24h, Kosten: M, MVG: S 1/2/3/4/6/7/8, U 3/6 Marienplatz

★ Lehel
Tagsüber Café und schnelle stilvolle Lunch-Location verwandelt sich das Lehel am Abend in ein Restaurant mit feiner internationaler Küche im Baukastenprinzip und à la carte (Rib-Eye-Steak, Lammnuss, Riesengarnelen). Dienstags heißt es Meet the Beef (100 g Fleisch ab 5,50 Euro). Donnerstags bis samstags legen im Lehel außerdem ab 23 Uhr DJs auf (Soul-, Funk-, Elektro- oder House-Sets).
Essen 13/20, Trinken 7/10, Service 6,5/10, Ambiente 7/10, Wohl fühlen 7/10
Wertung: 40,5 von 60 Punkten (→)
Lehel, Karl-Scharnagl-Ring 6, ☎ 21 111 760, Mo-Sa 11-3h, 100, 80 außen, EC, Kosten: M, MVG: U 4/5, T 18 Lehel

Little London Zentrum

★ Little London
Hier werden die Steaks auf einem Montague-Grill zubereitet. Die Fleischqualität ist toll, der Service sehr erklärungsfreudig. Passt.

Essen 13/20, Trinken 6,5/10, Service 6,5/10, Ambiente 6/10, Wohl fühlen 6/10

Wertung: 38 von 60 Punkten (→)

▶ Zentrum, Tal 31, ☎ 122 239 470, Mo-Do 17-1h, Fr 17-2h, Sa 12-2h, So 17-1h, Kosten: H, MVG: S 3/4/6/8, U 3/6 Marienplatz

★ Lux
Großartiges Bar-Restaurant im Hotel Lux. Hier kann man nach Champagner klingeln. Das Ambiente hat wie die meisten Gäste Stil. Die Küche liefert täglich inspirierte internationale Gerichte. Immer lecker: die Flammkuchen.

Essen 12,5/20, Trinken 8/10, Service 8/10, Ambiente 8/10, Wohl fühlen 8,5/10

Wertung: 45 von 60 Punkten (→)

▶ Zentrum, Ledererstr. 13, ☎ 45 207 300, Mo-Mi u. So 8-1h, Do 8-2h, Fr/Sa 8-3h, Kosten: H, MVG: S 1-8, U 3/6 Marienplatz

★ Malzraum
Stadtteilkneipe mit einer überraschend guten deutschen Küche (Münchner Schnitzel, Wiener Schnitzel, Currywurst). Spannende Craftbiere auf der Karte. Manchmal Live-Musik.

Essen 12,5/20, Trinken 6/10, Service 6,5/10, Ambiente 6,5/10, Wohl fühlen 7/10

Wertung: 38,5 von 60 Punkten (→)

▶ Neuhausen, Artilleriestr. 5, ☎ 187 997, Mo-Fr 11-15 u. 18-1, Sa 18-1h, So 18-23h, Kosten: M, MVG: T 12, Bus 53 Albrechtstraße

★ Marais Soir
Kreative Mittelmeerküche (z.B. Gebratene Babycalamari mit Bulgur und Curryschaum oder Rinderroulade vom Angus-Rind). Schönes elegantes Bistro-Ambiente.

Essen 12,5/20, Trinken 7/10, Service 7,5/10, Ambiente 7/10, Wohl fühlen 8/10

Wertung: 42 von 60 Punkten (→)

▶ Westend, Schwanthalerstr. 131, ☎ 62 838 662, Mo-Sa 18-1h, ⑁ 80, außen, Kosten: M, MVG: U 4/5 Schwanthalerhöhe, T 18 Holzapfelstraße

★ Meschugge
Crossover-Küche mit nahöstlichem Einschlag (Pasta, Burger, Salate, Tajine, Meze). Königsberger Klopse finden sich aber auch auf der Karte.

Essen 12,5/20, Trinken 6,5/10, Service 6/10, Ambiente 6,5/10, Wohl fühlen 6,5/10

Wertung: 38 von 60 Punkten (→)

▶ Maxvorstadt, Brienner Str. 50, ☎ 57 877 859, Mo-Fr 11.30-1h, Sa-So 17.30-1h, Kosten: M, MVG: U 1, T 20/21 Stiglmaierplatz

Mittendrin
Kleiner sympathischer Familienbetrieb. Zu essen gibt es eine gekonnt umgesetzte internationale Küche mit Gerichten wie Fischragout in Tomatensugo, Kalbshüftsteak oder Spaghetti Scampi. Dazu tolle Weine.

Essen 12,5/20, Trinken 6,5/10, Service 6,5/10, Ambiente 6/10, Wohl fühlen 6/10

Wertung: 37,5 von 60 Punkten (→)

▶ Zentrum, Ruppertstr. 22, ☎ 74 118 451, Mo-Fr 11.30-14.30h, Mi-So 18-23h, ⑁ 24, 23 außen, Kosten: M, MVG: U 3/6 Poccistraße

★ Moritz
Tagsüber ist hier das Miss Lilly's zu Hause, abends übernimmt das Moritz und macht aus dem Café ein spannendes Restaurant mit Gin-Tastings, Burgern, Bavarian Tapas oder der Beef Experience (verschiedene Cuts, 59 Euro p.P.). Aber auch die Standardkarte macht mit Gerichten wie Tiroler Bergsalat, Rote Bete-Knödel oder Phili-Steakburger Spaß.

Essen 12/20, Trinken 7/10, Service 7/10, Ambiente 7/10, Wohl fühlen 7/10

Wertung: 40 von 60 Punkten (→)

▶ Giesing-Au, Oefelestr. 12, ☎ 55 062 195, Mo-Sa 9-24h, So 9-18h, ⑁ 50, 50 außen, Kosten: M, MVG: U 1/2, Bus 52 Kolumbusplatz

★ Mural NEU!
Kunst an der Wand und Kunst auf dem Teller. Und wie das mit der Kunst manchmal so ist, liegt diese halt im Auge des Betrachters, beziehungsweise auf der Zunge des Gastes. Wer Gastro-Experimente mag, ist in diesem hippen Street Art-Lokal genau richtig.

Essen 11/20, Trinken 6,5/10, Service 6,5/10, Ambiente 8/10, Wohl fühlen 6,5/10

Wertung: 38,5 von 60 Punkten (–)

▶ Zentrum, Hotterstr. 12, ☎ 23 023 186, Mi-Sa 10-24h, So 10-19h, Kosten: M, MVG: S 1/2/3/4/6/7/8, U 3/6 Marienplatz

★ Nage & Sauge
Laut und lustig geht's zu im Nage & Sauge. Da kann es manchmal etwas länger dauern. Trotzdem immer voll! Frische Küche, die sogar mit Salaten rockt.

Essen 12/20, Trinken 6,5/10, Service 6/10, Ambiente 7/10, Wohl fühlen 7/10

Wertung: 38,5 von 60 Punkten (→)

▶ Lehel, Mariannenstr. 2, ☎ 298 803, Mo-Sa 17.15-1h, So 17.15-24h, ⑁ 150, 140 außen, EC, MC, VI, AM, DI, Kosten: M, MVG: S 3/4/6/8 Isartor, T 19 Maxmonument

★ Noun
Ein Abend im Noun ist wie eine Einladung bei stilbewussten Freunden, die richtig gut kochen können. Hier fühlt man sich wohl und herzlich umsorgt.

Essen 13/20, Trinken 7/10, Service 7/10, Ambiente 7/10, Wohl fühlen 7/10

Wertung: 41 von 60 Punkten (→)

▶ Isarvorstadt, Buttermelcherstr. 6, ☎ 23 232 680, Mo-Sa 18-24h, Kosten: M, MVG: S 3/4/6/8, T 16/18 Isartor

★ Occam Deli
Wunderschönes Lokal mit toller internationaler Küche (z.B. Kokos-Tuna, Sesam-Pumpernickel mit Avocado oder Rindertatar mit Teriyaki, Cashew und Shitake-Pilzen). Es gilt das Sharing-Prinzip. Man bestellt am besten drei, vier Gerichte und isst von allem.

Essen 12,5/20, Trinken 6,5/10, Service 7/10, Ambiente 8,5/10, Wohl fühlen 8/10

Wertung: 42,5 von 60 Punkten (→)

▶ Schwabing, Feilitzschstr. 15, ☎ 38 346 346, Mo-Fr ab 8h, Sa-So ab 9, Kosten: H, MVG: U 3/6, T 23, Bus 53/59/142 Münchner Freiheit

Mural Zentrum

Orlando
Münchner Barock am Platzl. Ein Lokal mit hohen Schauwerten. Die Crossover-Küche (Rostbratwürste, Thaicurry, Spaghetti aglio olio) bedient jeden Geschmack und schmeckt.
Essen 12/20, Trinken 6,5/10, Service 6,5/10, Ambiente 6,5/10, Wohl fühlen 6,5/10
Wertung: 38 von 60 Punkten (→)
Zentrum, Platzl 4, ☎ 216 690 330, tgl. 9-24h, 135, außen, EC, MC, VI, AM, DI, Kosten: M, MVG: S 3/4/6/8, U 3/6 Marienplatz; T Nationaltheater

Oskar Maria
Kosmopolitisches Flair und eine Küche, die neugierig macht (Regionales + Fisch und Meeresfrüchte). Das Oskar Maria im Literaturhaus hält gekonnt die Balance zwischen Moderne und Tradition.
Essen 12/20, Trinken 6,5/10, Service 5,5/10, Ambiente 7/10, Wohl fühlen 6/10
Wertung: 37 von 60 Punkten (→)
Zentrum, Salvatorplatz 1, ☎ 29 196 029, Mo-Sa 10-24h, So 10-19h, 120, 100 außen, EC, MC, VI, AM, DI, Kosten: M, MVG: U 3/4/5/6 Odeonsplatz

P.Korn
Klasse Steaks, ein ausgesprochen höflicher und aufmerksamer Service. Nur die Einrichtung irritiert. Dennoch ist das Pfefferkorn ein absolut empfehlenswertes Lokal für Fleisch-Fans.
Essen 12,5/20, Trinken 6,5/10, Service 6,5/10, Ambiente 5/10, Wohl fühlen 7/10
Wertung: 37,5 von 60 Punkten (→)
Neuhausen, Gabrielenstr. 6, ☎ 99 930 319, Di-So 17-23h, Kosten: M, MVG: U 1/7 Mailingerstraße

Pageou
Ali Güngörmüs liefert seinen Gästen lässige Spitzengastronomie mit schönem Unterhaltungsfaktor. Helles, sehr stimmiges Ambiente.
Essen 14/20, Trinken 7/10, Service 7/10, Ambiente 7/10, Wohl fühlen 7/10
Wertung: 42 von 60 Punkten (→)
Zentrum, Kardinal-Faulhaber-Str. 10, ☎ 24 231 310, Di-Fr 12-14.30 u 18.30-22h, Sa 12-15 u. 18.30-22h, Kosten: SH, MVG: S 3/4/6/8, U 3/6 Marienplatz, T Theatinerstraße

Panther Grill
Das Grill-Restaurant paart urbanen Schick mit einer gewissen Eleganz. Die Küche setzt auf Steak-Spezialitäten (Rib-Eye, Filet) und Fisch vom Grill (Languste mit Thymian-Nussbutter!). Für exzellente Qualität bürgen die neuerdings sogar diplomierten Fleischsommeliers des Lokals.
Essen 14/20, Trinken 7,5/10, Service 6,5/10, Ambiente 7,5/10, Wohl fühlen 7,5/10
Wertung: 43 von 60 Punkten (→)
Schwabing, Franz-Joseph-Str. 45, ☎ 27 372 750, tgl. 17-1h, Kosten: M, MVG: T 27/28 Elisabethplatz

Pescheria
Die Auswahl an Fischen wechselt täglich und ist top. Wer mag, wählt seinen Fisch an der Vitrine aus. So hochwertig der Fisch ist, so unprätentiös ist das Ambiente. Das Publikum feiert durchaus gern ausgelassen.
Essen 13,5/20, Trinken 6/10, Service 6/10, Ambiente 7/10, Wohl fühlen 7,5/10
Wertung: 40 von 60 Punkten (→)
Glockenbach, Fraunhoferstr. 13, ☎ 24 214 027, tgl. 11.30-15h, 18-1h, 40, außen, MC, VI, AM, DI, Kosten: M, MVG: U 1/2, T 27, Bus 132 Fraunhoferstr.

Pfistermühle NEU!
Regional inspirierte Gourmetküche, die in einem modern inszenierten historischen Gewölbe serviert wird. Es gibt Sous-vide gegarte Ammerseeforelle, Allgäuer Ochsenfilet mit Knochenmarkkruste oder Holundervariationen mit Waldbeeren und Kräutereis. Sehr gut sortierte Weinkarte.
Essen 14/20, Trinken 7,5/10, Service 7,5/10, Ambiente 8/10, Wohl fühlen 7/10
Wertung: 44 von 60 Punkten (–)
Zentrum, Pfisterstr. 4, ☎ 23 703 865, Mo-Sa 17-24h, Kosten: H, MVG: S 3/4/6/8, U 3/6 Marienplatz

Polka
Kreative saisonal geprägte Küche (z.B. Bratwurst vom Zicklein oder Belugalinsen mit Erdbeeren, Schafskäse und Radieschen). Stimmungsvolle Terrasse. In der Kellerbar gleich neben dem Lokal gibt es zudem Konzerte und Lesungen. Die Polka ist eine absolute Bereicherung fürs Viertel.
Essen 13/20, Trinken 7/10, Service 6/10, Ambiente 7/10, Wohl fühlen 7/10
Wertung: 40 von 60 Punkten (→)
Haidhausen, Pariser Str. 38, ☎ 89 068 391, Di-Sa 18-24h, Kosten: H, MVG: S 2-8, U 5, T 19 Ostbahnhof

Pommesboutique
Bio-Würste von den Herrmannsdorfer Landwerkstätten, dicke belgische Bio-Pommes und eine große Auswahl an Saucen (mehr als 20!). Fastfood-Herz, was willst du mehr? Das Ambiente kombiniert Almhüttenflair mit Popdesign. Nette Idee: Die Pommes-Rabatt-Streifenkarte im MVG-Look.
Essen 11,5/20, Trinken 6/10, Service 6/10, Ambiente 6,5/10, Wohl fühlen 7/10
Wertung: 37 von 60 Punkten (→)
Maxvorstadt, Amalienstr. 46, ☎ 95 473 312, Mo-Sa 10-22h, So 12-20h, Kosten: G, MVG: U 3/6 Universität

Preysinggarten
Die Plätze draußen unter den grünen Bäumen im Garten sind bei Sonnenschein stets voll besetzt. Sehr gute internationale Küche, prima Frühstück. Drinnen gefällt das hübsche Jugendstilambiente.
Essen 12/20, Trinken 6/10, Service 6,5/10, Ambiente 6,5/10, Wohl fühlen 7/10
Wertung: 38 von 60 Punkten (→)
Haidhausen, Preysingstr. 69, ☎ 6 886 722, tgl. 9-1.30h, EC, Kosten: M, MVG: U 4/5 Max-Weber-Platz, T 15/18/19/25 Wörthstraße

Ratskeller
Riesiges, uriges Gewölbe mit vollkommen unterschiedlich gestalteten Sälen und Stuben. Im Lokal hat man sich darauf spezialisiert, die unterschiedlichsten Wünsche der einheimischen und internationalen Gäste erfüllen zu können (Salat, Fisch, Steak). Und das gelingt meist sogar richtig klasse!
Essen 11,5/20, Trinken 6,5/10, Service 5/10, Ambiente 7,5/10, Wohl fühlen 6,5/10
Wertung: 37 von 60 Punkten (→)
Zentrum, Marienplatz 8, ☎ 2 199 890, tgl. 10-24h, Kosten: H, MVG: S 3/4/6/8, U 3/6 Marienplatz

Restaurant 181
Das kulinarische Niveau hoch oben im Olympiaturm überzeugt. Feine internationale Küche. Ein Tipp ist das Sunset-Menü für 54 Euro (18-20 Uhr). Das Ambiente mit spektakulärer Aussicht ist einmalig in München.
Essen 15/20, Trinken 7/10, Service 8/10, Ambiente 8/10, Wohl fühlen 7/10
Wertung: 45 von 60 Punkten (→)
Milbertshofen, Spiridon-Louis-Ring 7, ☎ 30 668 585, tgl. 11-16.30h, 18-1h, Kosten: H, MVG: U 3 Olympiazentrum, Bus 50/51 Eissportstadion

Restaurant Huber
Neue deutsche Küche gepaart mit internationalen Einflüssen. Michael Huber konzentriert sich ganz aufs Kochen und den Gast, egal ob Promi oder nicht. Ein kulinarisches Kleinod in Alt-Bogenhausen.
Essen 14/20, Trinken 7,5/10, Service 7,5/10, Ambiente 6,5/10, Wohl fühlen 7/10
Wertung: 42,5 von 60 Punkten (→)
Bogenhausen, Newtonstr. 13, ☎ 985 152, Mi-Sa 11.30-14.30h, Di-Sa 18.30-24h, Kosten: H, MVG: T 17/18 Herkomerplatz

Restaurant Olympiasee

Bei schönem Wetter gibt es nichts Besseres, als auf der großen Terrasse zu sitzen, während die Kinder im Olympiapark toben können. Doch auch drinnen im Restaurant Olympiasee lässt es sich sehr gut speisen. Das luftige Loft-Werkstatt-Ambiente gefällt.

Essen 12,5/20, Trinken 6,5/10, Service 6/10, Ambiente 7,5/10, Wohl fühlen 7,5/10

Wertung: 40 von 60 Punkten (→)

▶ Milbertshofen, Spiridon-Louis Ring 7, ☎ 350 948 540, tgl. 11-21h (im Winter bis 18h), Kosten: M, MVG: U 3 Olympiazentrum, BUS 50/51 Eissportstadion

Rocca Riviera

Wie kann das sein? Das Ambiente hier ist elegant, aufregend und entspannend zugleich. Ein Lokal voller positiver Energie. Die Küche vereint das Beste, was Italien und Frankreich zu bieten haben (Limousin Filet, Bistecca Fiorentina) und fügt hier und da internationale Anleihen (Humus mit Falafel und Granatapfel) hinzu.

Essen 14/20, Trinken 7/10, Service 7/10, Ambiente 9/10, Wohl fühlen 8/10

Wertung: 45 von 60 Punkten (→)

▶ Zentrum, Wittelsbacherpl. 2, ☎ 28 724 421, Mo-Fr 11.30-15h u. 18-24h, Sa 18-24h, Kosten: H, MVG: U 3/4/5/6 Odeonsplatz

Roecklplatz

Als Ausbildungsrestaurant konzipiertes junges Lokal, das Jugendlichen aus schwierigem sozialen Umfeld eine berufliche Perspektive bieten soll. Darüber, dass es richtig gut schmeckt, wacht Kochprofi Martin Baudrexl. Tolles Konzept, tolles Lokal.

Essen 12/20, Trinken 6/10, Service 6,5/10, Ambiente 6/10, Wohl fühlen 7/10

Wertung: 37,5 von 60 Punkten (→)

▶ Isarvorstadt, Isartalstr. 26, ☎ 45 217 129, Mo-Sa 17.30-1h, 100, 330 außen, EC, MC, VI, AM, DI, Kosten: M, MVG: U 3/6 Goetheplatz, BUS 131 Roecklplatz, BUS 62 Ehrengutstraße

Salzkruste

Hier landet Salz im Säckchen am Tisch zum Spiel mit den Aromen. Im Schwerpunkt mediterrane Küche, die richtig Spaß macht.

Essen 14/20, Trinken 9/10, Service 7/10, Ambiente 7/10, Wohl fühlen 8/10

Wertung: 45 von 60 Punkten (→)

▶ Maxvorstadt, Georgenstr. 45, ☎ 24 290 953, Mo-Do 18-24h, Fr/Sa 18-1h, Kosten: M, MVG: T 27/28 Nordendstraße

Schneeweinchen & Rosenbrot
NEU!

Sympathisches Weinlokal im Romantiklook mit vielen Kleinigkeiten zum Wein auf der Karte (z.B. Süppchen im Shotgläschen, Flammkuchen, frisch aufgeschnittenen Schinken), aber auch Tagesgerichte wie Kalbsrücken oder gebratener Lachs.

Essen 12,5/20, Trinken 6/10, Service 6,5/10, Ambiente 6,5/10, Wohl fühlen 7/10

Wertung: 38,5 von 60 Punkten (–)

▶ Haidhausen, Elsässer Str. 23, ☎ 37 915 767, Di-Do 17-24h, Fr 17-1h, Sa 10-15h u. 17-1h, So 10-15h , Kosten: M, MVG: S 2-8, U 5, T 19 Ostbahnhof

Schumann's Bar

Klasse Drinks, und zwar nicht nur gute Cocktails – dazu isst man Steaks oder Käsebrot. Selbst Kleinigkeiten wie das Chili sind durchdrungen von Qualitätsdenken. Das bunte München-Publikum (Kreative, Business, Medien, Prominenz) findet man in dieser Mischung nirgendwo. Das Schumann's ist nicht nur eine der besten Bars der Stadt, sondern auch tolle Lunch-Location. Der Service funktioniert tadellos. Mit der Bar in der Bar im ersten Stock (siehe Les Fleurs du Mal) setzt Charles Schumann einmal mehr ein Ausrufezeichen.

Essen 14/20, Trinken 9/10, Service 9/10, Ambiente 9/10, Wohl fühlen 8/10

Wertung: 49 von 60 Punkten (→)

▶ Zentrum, Odeonsplatz 6-7, ☎ 229 060, Mo-Fr 8-3h, Sa-So 18-3h, Kosten: H, MVG: U 3/4/5/6 Odeonsplatz

Schwarzreiter

Dank der konsequenten Umsetzung des Mottos Young Bavarian Cuisine ist das Hotelrestaurant Schwarzreiter eine echte Bereicherung für Freunde der gehobenen Gastronomie. Der überaus kompetente und freundliche Service lässt nichts vermissen.

Essen 16/20, Trinken 9/10, Service 9/10, Ambiente 6,5/10, Wohl fühlen 7,5/10

Wertung: 48 von 60 Punkten (→)

▶ Zentrum, Maximilianstr. 17, ☎ 21 252 125, Di-Sa 18.30-23h, Kosten: SH, MVG: T 19 Kammerspiele

Seehaus

Es soll ja Menschen geben, die das Seehaus am Englischen Garten mitsamt Biergarten doof finden. Wegen überbordenden Schickimickitums und der extrem hohen Chanel- und Prada-Sonnenbrillendichte. Die haben ja keine Ahnung. Was hier abgeht, ist einfach eine ganz große Show. Und München halt. Im Restaurant: Gehobene Küche. Das Ambiente eignet sich perfekt für romantische Dinner oder Familienfeiern.

Essen 13/20, Trinken 6,5/10, Service 7/10, Ambiente 7/10, Wohl fühlen 7/10

Wertung: 40,5 von 60 Punkten (→)

▶ Schwabing, Kleinhesselohe 3, ☎ 3 816 130, tgl. 10-1h, Kosten: H, MVG: U 3/6, T 23, BUS 53/59/142 Münchner Freiheit

Shane's Restaurant

Überraschungsmenüs in einem tough durchdesignten und dennoch ansprechenden Ambiente. Shane McMahon hat ein wunderbar modernes Restaurant mit ebensolcher Küche geschaffen. Im Sommer BBQ. Unbedingt auf einen Absacker in Shane's Bar vorbeischauen!

Essen 15/20, Trinken 7,5/10, Service 8/10, Ambiente 8/10, Wohl fühlen 8/10

Wertung: 46,5 von 60 Punkten (→)

▶ Isarvorstadt, Geyerstr. 52, ☎ 74 646 820, Di-Sa 18-23h, Kosten: H, MVG: BUS 58/131 Baldeplatz

Rocca Riviera Zentrum

Showroom
Detailverliebte Spitzenküche. Dominik Käppeler kocht im Showroom groß auf. Menü ab 115 Euro. Das kleine Lokal verfügt über nur wenige Plätze. Unbedingt reservieren.
Essen 16/20, Trinken 8/10, Service 8/10, Ambiente 6/10, Wohl fühlen 8/10
Wertung: 46 von 60 Punkten (→)
Giesing-Au, Lilienstr. 6, 44 429 082, Mo-Fr 18-1h, Kosten: SH, MVG: S 3/4/6/8 Isartor, T 18 Deutsches Museum

Sparkling Bistro NEU!
Da staunt der Münchner: bezahlbare Gourmetküche (Sterneniveau) in einem unkomplizierten Ambiente. Geht doch!
Essen 14,5/20, Trinken 7/10, Service 7/10, Ambiente 6,5/10, Wohl fühlen 8/10
Wertung: 43 von 60 Punkten (–)
Schwabing, Amalienstr. 89, 46 138 267, Mo 18.30-21.30h, Di-Fr 12-14.30h u. 18.30-21.30h, Sa 18.30-22h, Kosten: M-H, MVG: U 3/6 Universität

Speiselokal Lenz
Wunderschönes, mit viel Kunst liebevoll geschmücktes Café im Westend. Für alle Gelegenheiten. Solide Crossover-Küche (Rinderlende, Spaghetti Scampi, Thai Curry).
Essen 11/20, Trinken 6/10, Service 7/10, Ambiente 7/10, Wohl fühlen 6/10
Wertung: 37 von 60 Punkten (→)
Zentrum, Pettenkoferstr. 48, 55 239 771, tgl. 10-1h, Kosten: M, MVG: U 5 Theresienwiese

Tabacco
Klassische American Bar, eher für Männer und Couples. Exzellente Drinks und Weine (die Barkeeper sind seit Jahren im Laden), leckeres Bar-Food (Das Filetsteak ist ein Muss!) und sehr guter Service. Das Tabacco bleibt sich seit jeher treu.
Essen 12/20, Trinken 8/10, Service 6/10, Ambiente 8/10, Wohl fühlen 8/10
Wertung: 42 von 60 Punkten (→)
Zentrum, Hartmannstr. 8, 227 216, Mo-Sa 17-3h, 300, 300 außen, EC, MC, VI, AM, DI, Kosten: M, MVG: U 3/4/5/6 Odeonsplatz

Tassilogarten
Eine Institution in Haidhausen. Drinnen genießt man das gekonnt inszenierte südländische Ambiente. Draußen sitzt man schön unter Bäumen. Die Speisekarte wartet neben der Vielzahl an mediterranen Gerichten auch mit Elsässer Flammkuchen in allerlei Varianten auf. Gleich über die Straße ist ein Spielplatz mit großer Wiese. Sonntags Brunch.
Essen 11,5/20, Trinken 6/10, Service 7/10, Ambiente 6/10, Wohl fühlen 7/10
Wertung: 37,5 von 60 Punkten (→)
Haidhausen, Auerfeldstr. 18, 4 480 022, tgl. ab 10h, 200, 150 außen, EC, MC, VI, Kosten: M, MVG: S 3/4/6/8, T 15/25 Rosenheimer Platz

The Grill
Das Lokal im Obergeschoss des Künstlerhauses verführt mit Sylt-Austern, Hummer und erlesenen Grillspezialitäten (Wagyu, John Stone, Bison Filet) zu Dekadenz und Genuss. Das hat seinen Preis. Tolle Terrasse zum Innenhof!
Essen 14/20, Trinken 7,5/10, Service 6/10, Ambiente 8/10, Wohl fühlen 8/10
Wertung: 43,5 von 60 Punkten (→)
Zentrum, Lenbachplatz 8, 452 059 520, Mo-Do 18-24h, Fr/Sa 18-1h, 600, 150 außen, Kosten: H, MVG: S 3/4/6/8, U 4/5, T 16-21/27/28 Karlsplatz (Stachus)

Theresa
Der Theresa-Grill ist ein Garant für einen schönen Abend – egal, ob zu zweit oder in größerer Gruppe. Schick (Fancy-Berlin-Flohmarkt-Style), gut gelegen aber nicht gerade leise und mit einer interessanten Fleischauswahl. Zurecht extrem angesagt, besser reservieren.
Essen 15/20, Trinken 6,5/10, Service 7/10, Ambiente 7,5/10, Wohl fühlen 7/10
Wertung: 43 von 60 Punkten (→)
Maxvorstadt, Theresienstr. 29, 28 803 301, Mo-Fr 11-15h, 18-1h, Sa 12-1h, So 10-1h, 40, EC, Kosten: H, MVG: U 3/6 Universität, T 27 Pinakotheken

Walter & Benjamin
Weinhandlung mit Wohlfühl-Bistro im Glockenbachviertel. Die Küche ist exzellent, die charakterstarken Weine ebenso. Der irre freundliche Service berät gerne und gut, ohne abgehoben zu sein. So macht Wein Spaß.
Essen 12,5/20, Trinken 8/10, Service 6,5/10, Ambiente 6,5/10, Wohl fühlen 7/10
Wertung: 40,5 von 60 Punkten (→)
Glockenbach, Rumfordstr. 1, 26 024 174, Di-Sa 18-23h, Kosten: M, MVG: S 3/4/6/8 Isartor, T 16/18 Reichenbachplatz

Westend Factory
Stark aufgesetztes Hotelrestaurant, das durch regionale Fisch- und Fleischspezialitäten, Sharing-Prinzip, einer guten Wein-Auswahl und einen warm inszenierten Industriecharme besticht.
Essen 12/20, Trinken 7/10, Service 7/10, Ambiente 7/10, Wohl fühlen 7/10
Wertung: 40 von 60 Punkten (→)
Westend, Garmischer Str. 2, 5 196 711, Mo-Sa 12-14.30 u. 18-22.30h, Kosten: M, MVG: S 7, U 4/5 Heimeranplatz

Zauberberg
Jeden Tag wird hier ein neues Menü angeboten (bis zu 6 Gänge), wahlweise mit korrespondierenden Weinen (drei Gänge ab 52 Euro, mit Wein 76 Euro). Frisches Ambiente, im Sommer ist die kleine Terrasse sehr romantisch. Ein in vielerlei Hinsicht perfektes Restaurant.
Essen 14/20, Trinken 8/10, Service 7/10, Ambiente 6,5/10, Wohl fühlen 7/10
Wertung: 42,5 von 60 Punkten (→)
Neuhausen, Hedwigstr. 14, 1 899 917, Di-Sa 18.30-1h, 15, 15 außen, Kosten: M, MVG: U 1 Maillingerstraße

Zimmes und Zores
Ein feines Speiselokal, eher nüchtern mit einigen Farbtupfern eingerichtet. Kreative und abwechslungsreiche Küche für kulinarisch aufgeschlossene Menschen. Nachmittags Kuchen. Am Wochenende bleibt das Zimmes & Zores zu.
Essen 14/20, Trinken 7,5/10, Service 7,5/10, Ambiente 7/10, Wohl fühlen 8/10
Wertung: 44 von 60 Punkten (→)
Giesing-Au, Warngauerstr. 17, 55 064 970, Mo-Fr 11-14.30h u. 17.30-23h, Kosten: M, MVG: U 2 Untersbergstraße

Zum goldenen Kalb
Hightech-Grill in der Küche, Reifeschrank mit erlesenen Fleischstücken im Lokal – im goldenen Kalb dreht sich (fast) alles ums Fleisch. Die Stimmung ist kurzweilig, das Publikum bunt gemischt. Vor allem am Wochenende platzt der Laden aus allen Nähten.
Essen 13/20, Trinken 7/10, Service 7,5/10, Ambiente 7,5/10, Wohl fühlen 7/10
Wertung: 42 von 60 Punkten (→)
Zentrum, Utzschneiderstr. 1, 23 542 290, Mo-Sa 12-1h, 90, 150 außen, EC, Kosten: H, MVG: S 3/4/6/8, U 3/6 Marienplatz

Zum Schönfärber NEU!
Stilsicher aufgesetztes Weinlokal, das vor allem in den Abendstunden unheimlich viel Atmosphäre versprüht. Highlight sind die von Thomas Hertlein ausgesuchten großartigen Weine zu fairen Preisen. Dazu gibt es Menüs (ab 35 Euro) mit einer feinen internationalen Küche.
Essen 14/20, Trinken 9/10, Service 8/10, Ambiente 8/10, Wohl fühlen 8/10
Wertung: 47 von 60 Punkten (–)
Sendling, Kazmairstr. 28, 20 930 569, Mo-Fr 8-1 Uhr, Kosten: M-H, MVG: U 5, Bus 53/153 Schwanthalerhöhe

Deli

Hier finden Sie eine Auswahl an Imbissen und kleinen Bistros, die besonders gutes Streetfood servieren

★ Beirut Beirut
Kleiner libanesischer Imbiss, in dem ausgezeichnete Gerichte wie Falafel, Taboulé oder Baba Ganoush serviert werden. Immer von einer Menschentraube umlagert. Bei schönem Wetter auch Tische draußen.
Essen 12,5/20, Trinken 6/10, Service 6/10, Ambiente 7,5/10, Wohl fühlen 7,5/10
Wertung: 39,5 von 60 Punkten (→)
Sendling, Valleystr. 28, 52 036 916, Mo-Sa 11.30-20h, Kosten: M, MVG: U 3/6 Implerstraße

★ Burrito Company
Mächtige Burritos (z.B. mit Chicken, Beef oder Veggie-Füllung), die es auch als Burrito Bowl (in der Schale mit Reis) oder als Salatvariante gibt. Bei der gefälligen Einrichtung wurde mit wenig Mitteln viel erreicht.
Essen 12/20, Trinken 6/10, Service 6/10, Ambiente 7/10, Wohl fühlen 7/10
Wertung: 38 von 60 Punkten (→)
Maxvorstadt, Augustenstr. 74, 1 965 986, Mo-So 11.30-21.30h, Kosten: M, MVG: U 2/8 Theresienstraße

★ Caspar Plautz NEU!
Neuer Stand am Viktualienmarkt, der sich ganz der Kartoffel verschrieben hat. Hier kann man alte Sorten entdecken und endlich mal wieder Kartoffeln essen, die so gut wie früher von Oma sind.
Essen 12/20, Trinken 6/10, Service 6/10, Ambiente 6/10, Wohl fühlen 8/10
Wertung: 38 von 60 Punkten (–)
Zentrum, Viktualienmarkt Abt. III Stand 38, Mo-Sa 8-18h, Kosten: G, MVG: S 1/2/3/4/6/7/8, U 3/6 Marienplatz

Condesa
Wild buntes Ambiente in knallrot, türkis, gelb oder pink. Die Küche wartet mit Tacos, Quasadillas und Burritos auf, die die Bezeichnung „Gourmet" tatsächlich verdient haben.
Essen 12/20, Trinken 6/10, Service 5/10, Ambiente 6/10, Wohl fühlen 7/10
Wertung: 36 von 60 Punkten (→)
Schwabing, Münchner Freiheit 6, 0176-20227136, Mo-Fr 11-22h, Sa 12-22h, So 12-21h, Kosten: M, MVG: U 3/6, T 23, BUS 53/59/142 Münchner Freiheit

★ Delidosa
Tages-Deli der Picnic-Macher. Auf der Karte gesunde Salate, bekömmliche Dals und Pots mit Reis. Alles richtig lecker.
Essen 12/20, Trinken 6/10, Service 6/10, Ambiente 7/10, Wohl fühlen 7/10
Wertung: 38 von 60 Punkten (→)
Maxvorstadt, Barer Str. 48, 20 061 014, Mo-Sa 12-17h, So 13-19h, Kosten: G, MVG: T 27/28 Pinakotheken

Der Experten-Tipp von Rudi Kull

Mark's Feinkost

„Endlich gibt es im Stadtteil Bogenhausen ein Lokal, das gekonnt Bar, Café und Restaurant in einem ist und zudem noch gut geführt wird. Eine Belebung fürs Viertel."

Erbil's Orient Lounge
Megaleckere Veggie-Döner. Dazu vegane Pide und allerlei Vorspeisen. Im Lokal herrscht kunterbunte Gemütlichkeit.
Essen 11,5/20, Trinken 6/10, Service 6/10, Ambiente 6/10, Wohl fühlen 7/10
Wertung: 36,5 von 60 Punkten (→)
Haidhausen, Breisacherstr. 13, 45 240 024, tgl. 10.30-20.30h, Kosten: M, MVG: S 2-8, U 5, T 19 Ostbahnhof

La Taqueria
Real Mexican Food: Klasse Burritos, Enchilladas und Quesadillas. Dazu gute Drinks wie die Horchata oder der Wassermelonensaft. Genial buntes Ambiente.
Essen 11/20, Trinken 6,5/10, Service 5/10, Ambiente 8/10, Wohl fühlen 7/10
Wertung: 37,5 von 60 Punkten (→)
Zentrum, Zweibrückenstr. 9, 55 276 787, Mo-So 10-22h, Kosten: G, MVG: S 3/4/6/8, T 16/18 Isartor

★ Mark's Feinkost
Der Prototyp eines lebendigen Bistros mit frischer Tagesküche. Im angeschlossenen Supermarkt kann man sich mit allerlei Leckereien für zu Hause versorgen. Das Mark's führt vom Frühstück bis zum Abendessen perfekt durch den Tag.
Essen 13/20, Trinken 7/10, Service 6,5/10, Ambiente 7,5/10, Wohl fühlen 7/10
Wertung: 41 von 60 Punkten (→)
Bogenhausen, Kufsteiner Platz 3, 984 784, Mo-Fr 9.30-20h, Sa 8-14h, Kosten: H, MVG: BUS 187 Kufsteiner Platz

Ringlers
Star im Ringlers ist die legendäre Ochsenfetzensemmel. So gut und lecker kann Streetfood sein. Die vegetarische Variante und die Semmel mit Salsiccia sind aber auch nicht zu verachten. Wer es nicht in die Sendlinger Straße schafft, zu dem kommt das Ringlers auch mit eigenem Foodtruck.
Essen 12/20, Trinken 6/10, Service 6/10, Ambiente 6/10, Wohl fühlen 7/10
Wertung: 37 von 60 Punkten (→)
Zentrum, Sendlinger Str. 45, 265 549, Mo-Fr 8-18h, Sa 10-18h, Kosten: M, MVG: U 1/2/3/6, T 16/17/18/27, BUS 62 Sendlinger Tor

Royal Veggie Döner
Hier ist der fleischlose Döner der Renner. Döner geht dank Seitan nämlich auch vegetarisch oder gar vegan.
Essen 10/20, Trinken 5/10, Service 5/10, Ambiente 5/10, Wohl fühlen 7/10
Wertung: 32 von 60 Punkten (→)
Zentrum, Arnulfstr. 5, 23 542 924, Mo-Sa 10-22h, Kosten: G, MVG: S 3/4/6/8, U 1/2 Hauptbahnhof

Sababa
Falafel-Fans aufgepasst! Wer das Sababa am Viktualienmarkt noch nicht kennt, sollte sich hier unbedingt einmal durch die reichhaltige Auswahl schlemmen.
Essen 12/20, Trinken 6/10, Service 5/10, Ambiente 6/10, Wohl fühlen 6/10
Wertung: 35 von 60 Punkten (→)
Zentrum, Westenriederstr. 9, 23 237 881, Mo-Sa 10-19h, Kosten: M, MVG: S 3/4/6/8, U 3/6 Marienplatz

Grün

Hier finden Sie alle Gastro-Empfehlungen für Lokale, die vollständig oder teilweise Bio kochen.

Basic Buffet

Tagsüber ist das Basic Buffet ein Bio-Bistro mit tollen Säften und wirklich guten Pasta-, Curry- oder Gemüsegerichten, die man bis 21 Uhr genießen kann.
Essen 12/20, Trinken 7/10, Service 6/10, Ambiente 6/10, Wohl fühlen 6/10
Wertung: 37 von 60 Punkten (→)
Schwabing, Herzogstr. 129, 30 765 676, Mo-Sa 8-21h, Kosten: M, MVG: U 2 Hohenzollernplatz, T 27 Herzogstraße

★ Blitz

Die aromastarke vegetarische Küche (z.B. Quesadillas mit Sojachili) lohnt den Besuch. Tolle Terrasse. Am Wochenende geht's nach dem Essen in den Club nebenan.
Essen 12/20, Trinken 7/10, Service 5,5/10, Ambiente 6,5/10, Wohl fühlen 7/10
Wertung: 38 von 60 Punkten (→)
Giesing-Au, Museumsinsel 1, 0176-70643806, Di-Sa 18-1h, Kosten: M, MVG: S 3/4/6/8 Isartor, T 18 Deutsches Museum

★ Bodhi

Die vegane Kneipe kommt mit einer liebevoll-kreativen Küche daher. Hier gibt's Schnitzel, Burger und Kaiserschmarrn auf Sojabasis.
Essen 12/20, Trinken 6,5/10, Service 7/10, Ambiente 7/10, Wohl fühlen 6,5/10
Wertung: 39 von 60 Punkten (→)
Westend, Ligsalzstr. 23, 41 142 458, Mo-Fr+So 11.30-14, Mo-So 17-24h, Kosten: G, MVG: U 4/5 Schwanthalerhöhe

Café Ignaz

Vegetarisches und veganes Café mit einer sehr guten Auswahl an Kuchen, Quiches und Pasta.
Essen 12/20, Trinken 8/10, Service 6/10, Ambiente 6/10, Wohl fühlen 5/10
Wertung: 37 von 60 Punkten (→)
Schwabing, Georgenstr. 67, 2 716 093, Mo/Mi-Fr 11-22.30h, Sa/So 9-22.30h, 65, 20 außen, EC, Kosten: G, MVG: U 2 Josephsplatz, T 27 Elisabethplatz

Dean & David

Im Dean & David wird gesundes Fast Food (Salate, Currys, Sandwiches und Suppen) in guter Qualität angeboten. Junges, hippes Publikum. Tolle Lage am Sebastiansplatz. Mittlerweile gibt es zahlreiche Filialen in der Stadt.
Essen 11/20, Trinken 6/10, Service 6/10, Ambiente 7/10, Wohl fühlen 7/10
Wertung: 37 von 60 Punkten (→)
Zentrum, Sebastiansplatz 6, 33 098 318, Mo-Sa 10-21h, So 12-18h, 200, 3000 außen, EC, MC, VI, AM, DI, Kosten: G, MVG: S 3/4/6/8, U 3/6 Marienplatz

LAX Eatery Maxvorstadt

★ Die Waldmeister

Eine kleine Oase, die optisch wie geschmacklich in die Maxvorstadt lockt! Unter dem Motto „klein und fein" werden nur regionale und im Einklang mit der Natur erzeugte Lebensmittel verwendet, von denen Wirt Martin Peter weiß, wo sie herkommen.
Essen 13/20, Trinken 7/10, Service 6,5/10, Ambiente 7,5/10, Wohl fühlen 7/10
Wertung: 41 von 60 Punkten (→)
Maxvorstadt, Barerstr. 74, 18 946 956, Mo-Fr 9-20h, Kosten: M, MVG: U 3/6 Universität, T 27/28 Schellingstraße

★ lunu

Kleines Ladencafé, das mittlerweile aus dem Viertel nicht mehr wegzudenken ist. Vor allem mittags lassen sich Müßiggänger und Selbstständige die leckere vegane Küche (z.B. Fenchel-Karotten-Curry) schmecken.
Essen 12/20, Trinken 6/10, Service 7/10, Ambiente 7/10, Wohl fühlen 7/10
Wertung: 39 von 60 Punkten (→)
Haidhausen, Wörthstr. 10, 54 809 498, Mo-Fr 9-17h, Kosten: M, MVG: S 2-8, U 5, T 19 Ostbahnhof

★ L'Amar

Organic heißt das Zauberwort in der L'Amar-Küche. Hier setzt man ausschließlich auf biologische Zutaten. Die Bio-Küche mit ihrem mediterranen und französischen Einschlag gefällt. Einladendes Ambiente.
Essen 12,5/20, Trinken 6,5/10, Service 6,5/10, Ambiente 7/10, Wohl fühlen 7/10
Wertung: 39,5 von 60 Punkten (→)
Glockenbach, Pestalozzistr. 28, 54 892 327, Mo-Sa 9-23h, So 10-23h, Kosten: M, MVG: U 1/2/3/6, T 16/17/18/27, BUS 62 Sendlinger Tor

★ LAX Eatery

Avocado-Brot, Chia Pudding oder Overnight Oats (Haferflocken mit Früchten) - im Lax wird das Clean Eating-Konzept mit kalifornischer Lässigkeit umgesetzt.
Essen 12/20, Trinken 6/10, Service 7/10, Ambiente 6,5/10, Wohl fühlen 7/10
Wertung: 38,5 von 60 Punkten (→)
Maxvorstadt, Neureutherstr. 1, 24 400 444, Di-Fr 9-16h, Sa/So 9.30-17h, Kosten: M, MVG: T 27/28 Nordendstraße

★ Max Pett

Im Max Pett inspiriert Tierliebe zu kreativen, frischen Speisen. Die vegane Küche zeigt sich erstaunlich abwechslungsreich – obendrein gibt es hier wohl Münchens größte Auswahl an alkoholfreien Bieren und Weinen.
Essen 12,5/20, Trinken 6/10, Service 6,5/10, Ambiente 6/10, Wohl fühlen 7/10
Wertung: 38 von 60 Punkten (→)
Isarvorstadt, Pettenkoferstr. 8, 55 869 119, Mo-So 10-23h, 50, außen, EC, MC, VI, AM, Kosten: M, MVG: U 1/2/3/6, T 16/17/18/27, BUS 62 Sendlinger Tor

★ Milch Häusl

An schönen Wochenenden hoffnungslos überlaufene Einkehr am Englischen Garten. Aber wer einen Spielplatz direkt hinterm Häusl hat und dann auch noch leckere kleine Bio-Schmankerl (Würstl, Sandwiches, Kuchen) kocht, der muss natürlich damit rechnen, dass sie einem die Bude einrennen. Der Service arbeitet mit unendlicher Geduld!

Essen 11,5/20, Trinken 6,5/10, Service 7,5/10, Ambiente 6/10, Wohl fühlen 7,5/10

Wertung: 39 von 60 Punkten (→)

▶ Maxvorstadt, Königinstr. 6, ☎ 517 297 180, tgl. 10-22h, ⑁ 40, 30 außen, ▣ EC, AM, Kosten: M, MVG: Ⓤ 3/6 Universität

★ Mr. Nilsson NEU!

Süße, salzige und vegetarische Bowls und gesunde Säfte und Smoothies. Hier wird noch alles von Hand selbst gemacht oder stammt von ausgesuchten Produzenten. Schönes Design-Ambiente.

Essen 12/20, Trinken 7/10, Service 7/10, Ambiente 7/10, Wohl fühlen 7/10

Wertung: 40 von 60 Punkten (–)

▶ Isarvorstadt, Rumfordstr. 7, ☎ 21 550 292, Mo-Sa 10-20h, Kosten: M, MVG: Ⓣ 16/17/19 Reichenbachplatz

★ Ooh Baby I Like It Raw

In dem süßen kleinen Café gibt es eine gesunde Wohlfühlküche mit Gerichten wie Gebackene Süßkartoffel auf Wildkräutersalat oder Zucchini-Auberginen-Couscous.

Essen 12/20, Trinken 6,5/10, Service 7/10, Ambiente 6,5/10, Wohl fühlen 7/10

Wertung: 39 von 60 Punkten (→)

▶ Isarvorstadt, Rumfordstr. 39, ☎ 89 052 339, Di-Fr 10-19h, Sa 10-22h, So 10-18h, Kosten: M, MVG: Ⓢ 3/4/6/8 Isartor

ÖQ Herrmannsdorfer

Kleines Bistro der Münchner Bio-Marke, die konsequent auf Öko-Qualität setzt. Die Speisekarte wechselt täglich. Vor allem mittags ist der Ansturm groß. Wer einen Platz ergattert hat, weiß nach ein paar Bissen, warum das so ist.

Essen 12/20, Trinken 5/10, Service 6/10, Ambiente 5/10, Wohl fühlen 6/10

Wertung: 34 von 60 Punkten (→)

▶ Zentrum, Frauenstr. 6, ☎ 263 525, Mo-Fr 9–18.30h, Sa 8-16h, Kosten: M, MVG: Ⓢ 3/4/6/8, Ⓤ 3/6 Marienplatz

ÖQ Herrmannsdorfer

Die Münchner Bio-Marke setzt konsequent auf Öko-Qualität. Fisch-, Fleisch- und vegetarische Gerichte sind hier richtig lecker! Mittags immer voll.

Essen 12/20, Trinken 5/10, Service 6/10, Ambiente 5/10, Wohl fühlen 6/10

Wertung: 34 von 60 Punkten (→)

▶ Zentrum, Bülowstr. 3, ☎ 98 109 614, Mo-Fr 8.30-18.30h, Sa 8-13h, Kosten: M, MVG: Ⓢ 3/4/6/8, Ⓤ 3/6 Marienplatz

Picnic

Das Picnic ist ein junges Indie-Bar-Restaurant. Das leckere Essen (Wraps, Salate, Potts) mit Bio-Fleisch und frischen Zutaten schmeckt richtig gut.

Essen 11/20, Trinken 7/10, Service 7/10, Ambiente 6/10, Wohl fühlen 6/10

Wertung: 37 von 60 Punkten (→)

▶ Maxvorstadt, Barer Str. 48, ☎ 20 061 014, Mo-Mi 11-23h, Do-Fr 11-24h, Sa 12-24h, ⑁ 60, 18 außen, Kosten: M, MVG: Ⓣ 27/28 Pinakotheken

Prinz Myshkin

Vegetarisches Restaurant in der Hackenstraße. Erstaunlich, wie man das Thema Salat auch umsetzen kann.

Vegane Gerichte sind extra in der Karte verzeichnet. Der große Gewölbesaal lässt das Lokal sehr lebendig wirken.

Essen 11/20, Trinken 6/10, Service 7/10, Ambiente 6,5/10, Wohl fühlen 7/10

Wertung: 37,5 von 60 Punkten (→)

▶ Zentrum, Hackenstr. 2, ☎ 265 596, tgl. 11-0.30h, ⑁ 45, 45 außen, ▣ EC, MC, VI, Kosten: M, MVG: Ⓢ 3/4/6/8, Ⓤ 3/6 Marienplatz

★ Prinz Myshkin Garden

Das Hotel-Restaurant zelebriert vegetarisches und veganes Kochen auf höchstem Niveau. Auch das klare Design-Ambiente überzeugt auf der ganzen Linie. Im Sommer sitzt man idyllisch auf einer großen Terrasse.

Essen 13,5/20, Trinken 7/10, Service 7/10, Ambiente 7/10, Wohl fühlen 7/10

Wertung: 41,5 von 60 Punkten (→)

▶ Obermenzing, Menzinger Str. 103, ☎ 8 111 001, Mo-Fr 6.30-10h, 12-14.30h, 18-22h, Sa-So 7-11h, 12-22h, Kosten: H, MVG: Ⓢ 2 Obermenzing

Rebella Bex

Kleines, veganes Yoga-Café in einem Hinterhof der Sonnenstraße. Hier gibt es erfrischende Mischungen in der Bowl und spannende Trunk-Kreationen im Glas.

Essen 12/20, Trinken 6,5/10, Service 6/10, Ambiente 6/10, Wohl fühlen 6/10

Wertung: 36,5 von 60 Punkten (→)

▶ Zentrum, Sonnenstr. 23, ☎ 54 880 888, Mo-Fr 9-17h, Sa 10-17h, Kosten: M, MVG: Ⓤ 1/2/3/6, Ⓣ 16/17/18/27, BUS 62 Sendl. Tor

★ Resihuber NEU!

Fein gearbeitete Design-Holzmöbel, große, halbrunde Fenster und Schwarzweiß-Bilder an der Wand. Das niveauvolle Ambiente des Bio-Lokals unterstreicht die Ambitionen. Hier bietet man zum Rücken vom Alpenlamm oder der gebratenen Ochsenherztomate auch gern die passende Weinbegleitung an. Absolute Empfehlung!

Essen 13/20, Trinken 7/10, Service 6,5/10, Ambiente 7/10, Wohl fühlen 7/10

Wertung: 40,5 von 60 Punkten (–)

▶ Sendling, Resi-Huber-Platz 1, ☎ 45 201 670, Di-Sa 8-23h, Kosten: M, MVG: Ⓤ 3, BUS 54 Brudermühlstraße

Resihuber Sendling

Springinsfeld Schwabing

Essen 12,5/20, Trinken 6,5/10, Service 7/10, Ambiente 6,5/10, Wohl fühlen 7/10
Wertung: 39,5 von 60 Punkten (→)
▸ Lehel, Thomas-Wimmer-Ring 16, ☎ 28 806 836 Mo-Sa ab 18h, Di-Do 12-14h, Kosten: M, MVG: S 3/4/6/8, T 16/18 Isartor

★ Schnelle Liebe
Bio-Fastfood. Auf der Karte stehen Focaccia, Salate und Burger. Der Laden ist winzig, und später am Abend immer voll. Dann dauert alles etwas länger. Am Wochenende bis 3 Uhr geöffnet.
Essen 12,5/20, Trinken 6,5/10, Service 6/10, Ambiente 6,5/10, Wohl fühlen 7/10
Wertung: 38,5 von 60 Punkten (→)
▸ Glockenbach, Thalkirchnerstr. 12, ☎ 21 578 752, Mo-Mi 17.30-1h, Do-Sa 17.30-2h, So 16.30-1h, Kosten: M, MVG: U 1/2/3/6, T 16/17/18/27, BUS 62 Sendlinger Tor

★ Siggis NEU!
Strawberry Cheesecake, Hot Dog mit veganer Bolognese, Pancakes mit Schokomousse, Salat mit rohem Spargel und frischen Erdbeeren… im Siggi's im Zentrum wird die vegane Küche in all ihren Facetten zelebriert. Reservierung empfohlen!
Essen 12,5/20, Trinken 6,5/10, Service 7/10, Ambiente 6/10, Wohl fühlen 7/10
Wertung: 39 von 60 Punkten (–)
▸ Zentrum, Westenriederstr. 37, ☎ 24 292 033, Mo-Fr 11-22h, Sa/So 10-22h, Kosten: M, MVG: S 1-8, T 16/17/19/37 Isartor, BUS 132 Tal

Springinsfeld NEU!
Kleines veganes Deli mit genialen Wraps und Salat-Bowls. Dazu trinkt man Ingwer-Limonade oder Smoothies. So funktioniert modernes, gesundes Fast Food.
Essen 11,5/20, Trinken 6/10, Service 6,5/10, Ambiente 6,5/10, Wohl fühlen 7/10
Wertung: 37,5 von 60 Punkten (–)
▸ Schwabing, Türkenstr. 47, tgl. 11-23h, Kosten: M, MVG: T 27/28 Schellingstraße, U 3/6 Universität

★ Tian
Vegetarisches Lokal der Spitzenklasse, in dem erlebbar wird, wie aromastark die fleischlose Küche sein kann. Gemütlich-gehobenes Ambiente.
Essen 14/20, Trinken 7/10, Service 8/10, Ambiente 8/10, Wohl fühlen 8/10
Wertung: 45 von 60 Punkten (→)
▸ Zentrum, Frauenstr. 4, ☎ 885 656 712, Mo 18-24, Di-Sa 12-24h, Kosten: M, MVG: S 3/4/6/8, U 3/6 Marienplatz

★ Vegelangelo
Genussvegetarier mit abwechslungsreicher Karte und fairen Preisen. Das heimelig-plüschige Wohnzimmerambiente gefällt. Bitte unbedingt reservieren! Der Anteil an Bio-Zutaten in der Küche liegt saisonabhängig bei 50 bis 80 Prozent. Freitags und samstags auch Menü.

Siggis Zentrum

Wagners Juicery
Im Bowl-Business findet man in München inzwischen einige Spieler, doch das Wagners ist hier sicherlich führend: Nah der Isar gibt es super Bowls und satt machende Salate zu fairen Preisen.
Essen 12/20, Trinken 7/10, Service 7/10, Ambiente 6/10, Wohl fühlen 5,5/10
Wertung: 37,5 von 60 Punkten (→)
▸ Isarvorstadt, Fraunhoferstr. 43, ☎ 0176-36235039, Mo/Mi-Fr 8-18.30h, Sa/So 10-17h, Kosten: M, MVG: U 1/2, T 27, BUS 132 Fraunhoferstraße

★ Wirtshaus z. Schweinsbräu
Auf dem Gut Herrmannsdorf im Osten Münchens werden nach ökologischen Grundsätzen Schweine gezüchtet und Lebensmittel hergestellt, die das Wirtshaus zum Schweinsbräu sehr gekonnt verwertet. Das offene luftige Ambiente gefällt.
Essen 13/20, Trinken 8/10, Service 7,5/10, Ambiente 7/10, Wohl fühlen 7,5/10
Wertung: 43 von 60 Punkten (→)
▸ Glonn, Herrmannsdorf 7, ☎ (08093)909445, Mo-Sa 11-22h, So 11-18h, Kosten: H, MVG: S 5 Grafing-Bahnhof, BUS 440 Westerndorf

★ Zum Kloster
Gemütliches Lokal. Dank der Terrasse inmitten des Haidhausener Herbergsviertels eine fast dörfliche Atmosphäre. Viel Stammpublikum.
Essen 12,5/20, Trinken 6,5/10, Service 6,5/10, Ambiente 6/10, Wohl fühlen 8/10
Wertung: 39,5 von 60 Punkten (→)
▸ Haidhausen, Preysingstr. 77, ☎ 4 470 564, Mo-Sa 10-1h, So 17-24h, 170, 70 außen, EC, MC, VI, DI, Kosten: M, MVG: S 2-8, U 5, T 19 Ostbahnhof

Luxus

Hier finden Sie alle Gastro-Empfehlungen für Lokale, in denen man unvergessliche Abende erleben kann.

★ Acquarello

Eine Münchner Legende. Mario Gambas Cucina del Sole zelebriert die klassische italienische Küche, fügt jedem Gericht jedoch immer auch einen gewissen Dreh hinzu. Großartig.

Essen 16/20, Trinken 8/10, Service 7/10, Ambiente 7/10, Wohl fühlen 7,5/10

Wertung: 45,5 von 60 Punkten (→)

Bogenhausen, Mühlbaurstr. 36, 4 704 848, Di-Fr 12-14.30h, Di-So 18.30-23h, 80, 30 außen, EC, MC, VI, Kosten: SH, MVG: U 4 Böhmerwaldplatz

★ Atelier

Jan Hartwig hat sich in nur wenigen Jahren drei Michelin-Sterne erkocht. Gemeinsam mit seinem Team entzückt er im Hotel Bayerischer Hof mit modern interpretierten Gerichten wie Rehrücken vom Poltinger Lamm mit Wirsingsalat, Petersilienwurzel, Herzkirsche und Schwarzem Pfeffer oder einem Dim Sum mit geschmortem Ochsenschwanz, Knollensellerie, Nashi, Pekannüssen und Markbrühe. Höchste Kochkunst in einem warmen Wohlfühlambiente. Dazu große Weine.

Essen 19,5/20, Trinken 10/10, Service 9/10, Ambiente 8/10, Wohl fühlen 9,5/10

Wertung: 56 von 60 Punkten (→)

Zentrum, Promenadeplatz 2-6, 2 120 743, Di-Sa 19-24h, 30, 22 außen, EC, Kosten: SH, MVG: S 3/4/6/8, U 3/6 Marienplatz, T 19 Theatinerstraße

★ Atlantik Fisch

Für Fisch und Wein eine der ersten Adressen der Stadt. Vom unprätentiösen Ambiente darf man sich nicht täuschen lassen. Thunfisch, Jakobsmuscheln, Hummer und Austern kommen in Topqualität auf den Tisch. Wirt Peter Feigl ist nicht nur im Schlachthofviertel eine Legende. Hinten im Wintergarten geht's meist noch lustiger zu als vorne im legeren Bistro-Bereich. Immer wieder gibt es auch stimmungsvolle Musik- und Party-Events. Einfach auf die Homepage schauen!

Essen 15/20, Trinken 8,5/10, Service 6,5/10, Ambiente 6/10, Wohl fühlen 8,5/10

Wertung: 44,5 von 60 Punkten (→)

Isarvorstadt, Zenettistr. 12, 74 790 610, Di-Fr 12-15h, Di-Sa ab 19h, 120, 35 außen, EC, MC, VI, AM, DI, Kosten: H, MVG: U 3/6 Goetheplatz

★ Broeding

Hier wird eine regional aufgehängte Spitzenküche (täglich wechselnde Menüs, 5 Gänge ab 76 Euro) serviert. Dabei baut das Team die Zutaten zum Teil selbst an. Mehr Produktqualität geht nicht. Zu den Gerichten werden auf Wunsch hervorragende Weine aus Österreich kombiniert, die man im Broeding Laden (ab 15 Uhr) auch kaufen kann. Hingehen und genießen!

Essen 14,5/20, Trinken 8/10, Service 8/10, Ambiente 8/10, Wohl fühlen 8/10

Wertung: 46,5 von 60 Punkten (→)

Neuhausen, Schulstr. 9, 164 238, Mo-Sa 18-24h , 55, 22 außen, EC, MC, VI, AM, Kosten: H, MVG: U 1, T 12, BUS 132/133 Rotkreuzplatz

★ Délice La Brasserie

Modern interpretierte französische Küche (z.B. Boeuf Bourgignon oder Lammrücken mit Frühlingskräutern) in einem weltläufigen luxuriösen Ambiente. Ansprechende Weinkarte mit Raritäten, die auch glasweise ausgeschenkt werden. Hübsche Terrasse.

Essen 14/20, Trinken 8/10, Service 8/10, Ambiente 8/10, Wohl fühlen 7/10

Wertung: 45 von 60 Punkten (→)

Zentrum, Bayerstr. 12, 599 482 962, tgl. 11-23h, Kosten: H, MVG: S 3/4/6/8, U 1/2 Hauptbahnhof

★ Emiko

Japanische Haute Cuisine sowie ausgezeichnete Fleischgerichte (u.a. echtes Kobe!) im Restaurant des Hotel Louis. Das Sushi ist klasse, doch Gerichte wie die Schweinebauchwürfel einfach spannender. Vor allem an Wochenenden sehr gut besucht, besser man reserviert. Im Sommer Dinner auf der Dachterrasse.

Essen 14,5/20, Trinken 7/10, Service 7/10, Ambiente 6,5/10, Wohl fühlen 7/10

Wertung: 42 von 60 Punkten (→)

Zentrum, Viktualienmarkt 6, 4 111 908 111, tgl. 18-1h, 32, 4 außen, EC, MC, VI, AM, DI, Kosten: H, MVG: S 3/4/6/8, U 3/6 Marienplatz

★ Esszimmer in der BMW Welt

Gastronomische Champions League. In Bobby Bräuers „Wohnzimmer" in der BMW Welt genießt man eine ebenso exquisite wie überraschende Gourmet-Küche (im Menü ab 135 Euro, vegetarisches Menü ab 110 Euro). Das warme, elegante Loft-Ambiente ist einmalig schön. Für jeden Anlass.

Essen 17/20, Trinken 9/10, Service 8/10, Ambiente 10/10, Wohl fühlen 9/10

Wertung: 53 von 60 Punkten (→)

Milbertshofen, Am Olympiapark 1, 358 991 814, Di-Sa ab 19h, 60, 50 außen, EC, MC, VI, Kosten: SH, MVG: U 3 Olympiazentrum, BUS 50/51 Eissportstadion

★ Garden

Ausgezeichnete Grillspezialitäten und eine internationale Küche auf höchsten Niveau. Der perfekt organsierte Service offeriert dazu große Weine. Das elegant-natürliche ,ungemein wohnliche Ambiente macht das Garden-Restaurant zu einem wunderbaren Ort.

Essen 15/20, Trinken 7/10, Service 8/10, Ambiente 8/10, Wohl fühlen 7/10

Wertung: 45 von 60 Punkten (→)

Zentrum, Promenadeplatz 2-6, 2 120 993, tgl. 12-15h, 18-24h, 210, außen, EC, MC, VI, AM, DI, Kosten: H, MVG: S 3/4/6/8, U 3/6 Marienplatz, T 19 Theatinerstraße

★ Geisel's Vinothek

Man sitzt an kleinen Tischen umgeben von Weinregalen unter einer bemalten Gewölbedecke. Sehr stimmungsvoll! Die Weinauswahl ist exzellent, das Roastbeef wird zu Recht

Der Experten-Tipp von Rudi Kull

Atelier im Bayerischen Hof

„Endlich gibt es in München ein 3-Sterne-Restaurant! Jan Hartwig und sein Team sollten unbedingt unterstützt werden."

La Bohème Schwabing

gerühmt. Aber auch die Tageskarte mit einer feinen internationalen Küche (z.B. Kalbstafelspitz mit glasierten Gartengurken) überzeugt.
Essen 14/20, Trinken 10/10, Service 7,5/10, Ambiente 7/10, Wohl fühlen 8/10
Wertung: 46,5 von 60 Punkten (→)
Zentrum, Schützenstr. 11, 55 137 140, Mo-Sa 12-1h, So 18-1h, Kosten: M, MVG: S 3/4/6/8, U 4/5, T 16-21/27/28 Karlsplatz (Stachus)

Geisel's Werneckhof
Tohru Nakamuras Kompositionen sind einmalig. Seine geniale europäisch-asiatische Küche bricht lustvoll und gekonnt mit gängigen Gourmeterfahrungen (Menüs ab 160 Euro). Und das denkmalgeschützte Ambiente? Hat was!
Essen 17/20, Trinken 8/10, Service 8/10, Ambiente 8/10, Wohl fühlen 8/10
Wertung: 49 von 60 Punkten (→)
Schwabing, Werneckstr. 11, 38 879 568, Di-Fr 18-24h, Sa 13-16.30 u. 18-24h, 30, 20 außen, Kosten: H, MVG: U 3/6, T 23, BUS 53/59/142 Münchner Freiheit

Gesellschaftsraum
Modernes, offenes Ambiente. Immer wieder fordert Bernd Arold seine Gäste mit mutigen Kombinationen wie Litschi-Lorbeer-Sorbet oder Erbsen-Vanille-Shake heraus (Menüs ab 59 Euro). Ein Tipp ist das Mittagsmenü für 18 Euro.
Essen 14,5/20, Trinken 8/10, Service 8/10, Ambiente 8/10, Wohl fühlen 8/10
Wertung: 46,5 von 60 Punkten (→)
Zentrum, Bräuhausstr. 8, 55 077 793, Mo-Fr 11.30-15h u. 18-24h, Sa 18-24h, 35, 20 außen, EC, MC, VI, AM, Kosten: H, MVG: S 3/4/6/8, U 3/6 Marienplatz

Grüne Gans
Mahagoni-Holz, dick gepolsterte grüne Sitzbänke, Promi-Bilder an der Wand. Jüngere Gäste begeben sich in der Grünen Gans nicht nur kulinarisch auf eine Zeitreise zu den Anfängen der Haute Cuisine in München. Seit mehr als 40 Jahren kocht hier Inge Stollberg auf. Ein liebenswertes Kleinod.
Essen 13,5/20, Trinken 7/10, Service 7/10, Ambiente 6,5/10, Wohl fühlen 7/10
Wertung: 41 von 60 Punkten (→)
Zentrum, Am Einlass 4, 266 228, Mo-Sa 19-1h, Kosten: H, MVG: T 17/18 Müllerstraße, U 1/2/3/6, T 16/17/18/27 Sendlinger Tor

Hippocampus
Seit Jahren gut! Die hervorragende italienische Küche von Mimmo Ruggiero, der zurückhaltend umsichtige Service um Sergio Artiaco und ein dezent elegantes Ambiente zeichnen dieses Lokal in Bogenhausen aus. Im Sommer mit wunderschönem Garten. Menü ab 59,50 Euro.
Essen 14,5/20, Trinken 7,5/10, Service 7/10, Ambiente 7/10, Wohl fühlen 7/10
Wertung: 43 von 60 Punkten (→)
Bogenhausen, Mühlbaurstr. 5, 475 855, Di-So 12-16h u. 18.30-1h, Kosten: H, MVG: U 4 Prinzregentenplatz

Käfer-Schänke
Das luftig-gehobene Ambiente der Käfer-Schänke gefällt. Neu sind die Vitrinen, in denen sich der Gast Fisch, Fleisch oder Käse selbst aussuchen kann. Die Zutaten stammen meist von Erzeugern aus der Region, kleinen Manufakturen oder aus dem Käfer Feinkostladen. Ansonsten schwelgt man in Austern, Kaviar und Hummer, oder genießt Klassiker wie das Wiener Schnitzel oder die Bauernente.
Essen 15/20, Trinken 8/10, Service 7,5/10, Ambiente 7/10, Wohl fühlen 6,5/10
Wertung: 44 von 60 Punkten (→)
Bogenhausen, Prinzregentenstr. 73, 4 168 247, Mo-Sa 11.30-23h, 70, 50 außen, EC, MC, VI, AM, Kosten: H, MVG: T 18 Friedensengel, U 4/5 Max-Weber-Platz

La Bohème
Das Lokal am Schwabinger Tor umgibt sich mit französischem Flair, serviert jedoch vorwiegend eine richtig gute internationale Küche. Die Vorspeisen werden im Sharing-Prinzip angeboten. Seine Steak-Cuts kann man sich am Tisch aussuchen. Das tolle Design-Ambiente und der akkurate Service betonen die Ambitionen des Lokals. Manchmal Live-Musik.
Essen 13/20, Trinken 8/10, Service 7/10, Ambiente 8/10, Wohl fühlen 7/10
Wertung: 43 von 60 Punkten (→)
Schwabing, Leopoldstr. 180, 23 761 792, Mo-Fr 11.30-14.30 u. 18-24h, Sa 18-24h, So 11.30-15 u. 18-24h, Kosten: M, MVG: T 23, BUS 1140/141 Parzivalplatz

Landersdorfer & Innerhofer
Seit Jahren eine der ersten Adressen in München, wenn es um gehobene Küche geht. Serviert wird jeden Tag ein 4-gängiges-Überraschungsmenü. Dazu gibt es große Weine. Toll sind die Weinabende, bei denen es ein Menü zu Weinen eines bestimmten Erzeugers gibt
Essen 15/20, Trinken 8/10, Service 6,5/10, Ambiente 7/10, Wohl fühlen 7,5/10
Wertung: 44 von 60 Punkten (→)
Zentrum, Hackenstr. 6-8, 26 018 637, Mo-Fr 11.30-15h u. 18-1h, Kosten: H, MVG: U 1/2/3/6, T 16/17/18/27, BUS 62 Sendl.Tor

Matsuhisa Munich
Geniale Fusionküche (japanisch-peruanisch) von Nobuyuki Matsuhisa in einem edlen, lebendigen Ambiente.
Essen 17/20, Trinken 7/10, Service 6/10, Ambiente 7/10, Wohl fühlen 8/10
Wertung: 45 von 60 Punkten (→)
Zentrum, Neuturmstr. 1, 290 981 875, Mo-Sa 18-22.30h, So 18-22h, Kosten: M, MVG: S 3/4/6/8, U 3/6 Marienplatz, T 19 Kammerspiele

Schuhbecks Fine Dining Zentrum

★ Mun

Fusionküche, die das Beste aus Japan, Korea oder China auf den Teller zaubert (z.B. Sushi oder Filet Mignon an Sojasoße). Perfekt in Szene gesetztes Gewölbe. Lässiger Service und spannende Weine runden das Angebot ab.

Essen 14,5/20, Trinken 7,5/10, Service 7/10, Ambiente 8/10, Wohl fühlen 8/10

Wertung: 45 von 60 Punkten (→)

Haidhausen, Innere Wiener Str. 18, ☎ 62 309 520, So/Di-Do 17.30-23h, Fr/Sa 17:30-24h, Kosten: H, MVG: U 4/5 Max-Weber-Platz, T 16 Wiener Platz

★ Pageou

Ali Güngörmüs liefert seinen Gästen lässige Spitzengastronomie mit schönem Unterhaltungsfaktor.

Essen 14/20, Trinken 7/10, Service 7/10, Ambiente 7/10, Wohl fühlen 7/10

Wertung: 42 von 60 Punkten (→)

Zentrum, Kardinal-Faulhaber-Str. 10, ☎ 24 231 310, Di-Fr 12-14.30 u 18.30-22h, Sa 120-15 u. 18.30-22h, Kosten: SH, MVG: S 3/4/6/8, U 3/6 Marienplatz, T Theatinerstraße

★ Rocca Riviera

Wie kann das sein. Das Ambiente hier ist elegant, aufregend und entspannend zugleich. Ein Lokal voller positiver Energie. Die Küche vereint das beste, was Italien und Frankreich zu bieten haben (Limousin Filet, Bistecca Fiorentina) und fügt hier und da internationale Anleihen (Humus mit Falafal und Granatapfel) hinzu.

Essen 14/20, Trinken 7/10, Service 7/10, Ambiente 9/10, Wohl fühlen 8/10

Wertung: 45 von 60 Punkten (→)

Zentrum, Wittelsbacherpl. 2, ☎ 28 724 421, Mo-Fr 11.30-15h u. 18-24h, Sa 18-24h, Kosten: H, MVG: U 3/4/5/6 Odeonsplatz

★ Schubecks Fine Dining NEU!

Französisch royaler Chic. Dazu bekommt man eine feine Gourmetküche mit Bernsteinmakrele, Ètouffée Taube oder Kalbsrücken und Bries serviert. Menüs gibt es bereits ab zwei Gängen (ab 60 Euro).

Essen 16/20, Trinken 7/10, Service 7/10, Ambiente 8/10, Wohl fühlen 7/10

Wertung: 45 von 60 Punkten (–)

Zentrum, Pfisterstr. 9, ☎ 2 166 900, Di-Sa 12-14h u. ab 18h, Kosten: SH, MVG: S 1/2/3/4/6/7/8, U 3/6 Marienplatz

★ Schuhbecks Südtiroler Stuben

Alfons Schuhbeck ist aus der Münchner Gesellschaft einfach nicht wegzudenken. Der Tausendsassa überzeugt auch in den gediegen eingerichteten Stuben, nur einen Steinwurf vom Hofbräuhaus entfernt, mit hervorragendem Essen.

Essen 15/20, Trinken 7/10, Service 8/10, Ambiente 7/10, Wohl fühlen 6,5/10

Wertung: 43,5 von 60 Punkten (→)

Zentrum, Platzl 6-8, ☎ 2 166 900, Mo-Sa 12-14.30h u. ab 18h, Kosten: SH, MVG: S 3/4/6/8, U 3/6 Marienplatz

★ Schwarzreiter

Dank der konsequenten Umsetzung des Mottos Young Bavarian Cuisine ist das Hotelrestaurant Schwarzreiter weiterhin eine echte Bereicherung für Freunde der gehobenen Gastronomie. Der überaus kompetente und freundliche Service lässt nichts vermissen.

Essen 16/20, Trinken 9/10, Service 9/10, Ambiente 6,5/10, Wohl fühlen 7,5/10

Wertung: 48 von 60 Punkten (→)

Zentrum, Maximilianstr. 17, ☎ 21 252 125, Di-Sa 18.30-23h, Kosten: SH, MVG: T 19 Kammerspiele

★ Shane's Restaurant

Überraschungsmenüs in einem tough durchdesignten und dennoch ansprechenden Ambiente. Shane McMahon hat ein wunderbar modernes Restaurant mit ebensolcher Küche geschaffen. Im Sommer BBQ. Unbedingt auf einen Absacker in Shane's Bar vorbeischauen!

Essen 15/20, Trinken 7,5/10, Service 8/10, Ambiente 8/10, Wohl fühlen 8/10

Wertung: 46,5 von 60 Punkten (→)

Isarvorstadt, Geyerstr. 52, ☎ 74 646 820, Di-Sa 18-23h, Kosten: H, MVG: BUS 58/131 Baldeplatz

★ Showroom

Detailverliebte Spitzenküche. Dominik Käppeler kocht im Showroom groß auf. Menü ab 115 Euro. Das kleine Lokal verfügt über nur wenige Plätze. Unbedingt reservieren.

Essen 16/20, Trinken 8/10, Service 8/10, Ambiente 6/10, Wohl fühlen 8/10

Wertung: 46 von 60 Punkten (→)

Giesing-Au, Lilienstr. 6, ☎ 44 429 082, Mo-Fr 18-1h, Kosten: SH, MVG: S 3/4/6/8 Isartor, T 18 Deutsches Museum

★ Tantris

Immer noch Münchens bestes Lokal. Was man am Tantris hat, weiß man oft erst, wenn man all die anderen Spitzenlokale der Welt ausprobiert hat. Hier wird ein zeitlos lebendiges Ambiente mit einer leichten, bekömmlichen, Herz und Kopf gleichzeitig umgarnenden Spitzenküche gepaart. Immer ein wunderbares Erlebnis. Tipp: Das Mittags-Menü am Samstag (4 Gänge, inkl. Wein, 170 Euro).

Essen 19/20, Trinken 10/10, Service 9/10, Ambiente 10/10, Wohl fühlen 10/10

Wertung: 58 von 60 Punkten (→)

Schwabing, Johann-Fichte-Str. 7, ☎ 3 619 590, Mi-Sa 12-15h, 18.30-1h, Kosten: SH, MVG: U 6 Dietlindenstraße

Atlantik Fisch Isarvorstadt

Fisch

Hier finden Sie alle Gastro-Empfehlungen für Lokale mit toller Fischküche.

Atlantik Fisch

Für Fisch und Wein eine der ersten Adressen der Stadt. Vom unprätentiöse Ambiente darf man sich nicht täuschen lassen. Thunfisch, Jakobsmuscheln, Hummer und Austern kommen in Topqualität auf den Tisch. Wirt Peter Feigl ist nicht nur im Schlachthofviertel eine Legende. Hinten im Wintergarten geht's meist noch lustiger zu, als vorne im legeren Bistro-Bereich. Immer wieder gibt es auch stimmungsvolle Musik- und Party-Events. Einfach auf der Homepage schauen!

Essen 15/20, Trinken 8,5/10, Service 6,5/10, Ambiente 6/10, Wohl fühlen 8,5/10

Wertung: 44,5 von 60 Punkten (→)

Isarvorstadt, Zenettistr. 12, 74 790 610, Di-Fr 12-15h, Di-Sa ab 19h, 120, 35 außen, EC, MC, VI, AM, DI, Kosten: H, MVG: U 3/6 Goetheplatz

Cevicheria Pez NEU!

Kleines, aber feines Lokal, in dem leckere Ceviche-Variationen und andere Fischgerichte serviert werden.

Essen 13/20, Trinken 6/10, Service 7/10, Ambiente 6,5/10, Wohl fühlen 7/10

Wertung: 39,5 von 60 Punkten (–)

Schwabing, Occamstr. 26, 82 969 652, Mo/Mi-Fr 12-14.30h u. 18-23h, Sa/So 17-23h, Kosten: M, MVG: U 3/6, T 23, Bus 53/59/142 Münchner Freiheit

Fischtaverne Papazof's

Tolle Auswahl an Fisch, die ihresgleichen in München sucht (viel Wildfang!). Dazu lässiger griechischer Service und gute Weine. Ein Muss für Fischliebhaber trotz Lagerhaus-Lage und nüchternem Ambiente.

Essen 13/20, Trinken 6,5/10, Service 6,5/10, Ambiente 6,5/10, Wohl fühlen 7,5/10

Wertung: 40 von 60 Punkten (→)

Isarvorstadt, Zenettistr. 11, 729 894 520, tgl. 11-15 u. 18-23h, Kosten: M, MVG: U 3/6 Poccistraße

Hunsinger

Werner Hunsinger steht wie kein Zweiter in München für guten Fisch (z.B. Atlantikzunge oder St. Pierre, allesamt wild gefangen). Fleisch kann Hunsinger aber auch. Idyllisches Ambiente, vor allem auf der Terrasse. Tagsüber feine Bistro-Küche, am Abend auch Menü.

Essen 15/20, Trinken 8/10, Service 8/10, Ambiente 7/10, Wohl fühlen 7/10

Wertung: 45 von 60 Punkten (→)

Maxvorstadt, Barer Str. 29, 24 290 204, Mo/Mi-Sa 11-24h, So 11-17.30h, Kosten: H, MVG: U 3/6 Universität, T 27/28 Schellingstraße

Kalypso

Moderner Grieche mit wunderschöner Wohlfühlatmosphäre. Unbedingt den im Ganzen in der Salzkruste zubereiteten Fisch probieren. Aber auch die Fleischgerichte sind klasse.

Essen 12,5/20, Trinken 6,5/10, Service 7/10, Ambiente 7/10, Wohl fühlen 7/10

Wertung: 40 von 60 Punkten (→)

Schwabing, Agnesstr. 8, 20 038 686, tgl. ab 17h (im Sommer auch mittags geöffnet), 70, 60 außen, EC, MC, VI, AM, DI, Kosten: M, MVG: U 2 Josephsplatz

Pardi

Steinwände mit eingelassenem Kamin, dezent orientalisch gemusterte Lampen – das Pardi hat sich richtig schön herausgeputzt. Die türkische Küche ist immer gut und manchmal sogar richtig klasse.

Essen 11,5/20, Trinken 6/10, Service 6,5/10, Ambiente 8/10, Wohl fühlen 7/10

Wertung: 39 von 60 Punkten (→)

Neuhausen, Volkartstr. 24, 131 850, tgl. 9-1h, 45, 35 außen, EC, MC, VI, AM, Kosten: M, MVG: U 1, T 12, Bus 132/133 Rotkreuzplatz

Paros

Hier lockt die Speisekarte mit guten Fisch- und Fleischgerichten: Einfach gegrillt, fertig, lecker. Immer mittwochs gibt es ein günstiges Fischmenü. Montags ist Weinfest (All you can drink, 6 Euro) Am Wochenende geht ohne Reservierung nichts. Im Lokal herrscht dann Hochbetrieb.

Essen 13,5/20, Trinken 6,5/10, Service 7/10, Ambiente 5,5/10, Wohl fühlen 8/10

Wertung: 40,5 von 60 Punkten (→)

Haidhausen, Kirchenstr. 27, 4 702 995, tgl. 17-1h, Kosten: M, MVG: U 4/5, T 15/18/19/25 Max-Weber-Platz

Pescheria

Die Auswahl an Fischen wechselt täglich und ist top. Wer mag, wählt seinen Fisch an der Vitrine aus. So hochwertig der Fisch ist, so unprätentiös ist das Ambiente. Das Publikum feiert durchaus gern ausgelassen.

Essen 13,5/20, Trinken 6/10, Service 6/10, Ambiente 7/10, Wohl fühlen 7,5/10

Wertung: 40 von 60 Punkten (→)

Glockenbach, Fraunhoferstr. 13, 24 214 027 tgl. 11.30-15h, 18-1h, 40, MC, VI, AM, DI, Kosten: M, MVG: U 1/2, T 27, Bus 132 Fraunhoferstraße

Paros Haidhausen

Amistad Maxvorstadt

Mediterran

Hier finden Sie alle Gastro-Empfehlungen für Lokale mit griechischer, spanischer oder türkischer Küche.

Spanisch

★ Amistad NEU!

Junge Tapas-Bar mit feiner bezahlbarer Küche sowie ordentlicher Sangría- und Weinauswahl. Toll, wenn man mal mit nur kleinem Hunger niveauvoll ausgehen will. Warmes Ambiente.

Essen 13/20, Trinken 7/10, Service 7/10, Ambiente 7,5/10, Wohl fühlen 7,5/10

Wertung: 42 von 60 Punkten (–)

▸ Maxvorstadt, Georgenstr. 37, ☎ 85 633 600, tgl. 18-1h, Kosten: M, MVG: U 3/6 Giselastraße, T 27 Nordendstraße

Bodega Dali

Spanisches Lokal mit authentisch-rustikaler Keller-Atmosphäre. Man genießt Tapas und Wein. Letzterer ist wirklich gut.

Essen 10/20, Trinken 7/10, Service 7/10, Ambiente 7/10, Wohl fühlen 6/10

Wertung: 37 von 60 Punkten (→)

▸ Maxvorstadt, Tengstr. 6, ☎ 27 779 696, tgl. 18-1h, Plätze 120, 20 außen, Karten EC, MC, VI, AM, DI, Kosten: M, MVG: U 2 Josephsplatz, Bus 53, T 12/27 Hohenzollernplatz

Centro Español

Ältester Spanier der Stadt. Das lebendige Lokal überzeugt immer wieder, vor allem mit seiner ausgezeichneten Paella. Manchmal gibt es live Gitarrenmusik.

Essen 11,5/20, Trinken 6,5/10, Service 6,5/10, Ambiente 6,5/10, Wohl fühlen 6,5/10

Wertung: 37,5 von 60 Punkten (→)

▸ Sendling, Daiserstr. 20, ☎ 763 653, Mo-Sa 17-1h, Kosten: G, MVG: U 3/6 Implerstraße

★ Cordo Bar

Spanisches Lokal mit klassischer Tapas-Auswahl (3-12 Euro) und feinen Weinen. Aber auch Hauptgerichte wie Thunfisch-Steak oder Lammhüfte gefallen. Das Ambiente ist sehr stimmig, der Service müht sich im meist gut besuchten Lokal. Keine Tapas-Theke, man bestellt à la carte.

Essen 11,5/20, Trinken 6,5/10, Service 7/10, Ambiente 8/10, Wohl fühlen 7,5/10

Wertung: 40,5 von 60 Punkten (→)

▸ Glockenbach, Ickstattstr. 2, ☎ 603 202, Mo-Do 16-1h, Fr/Sa 16-2h, So 16-24h, Kosten: M, MVG: U 1/2, T 27, Bus 132 Fraunhoferstraße

★ El Español

Sympathischer Spanier im Viertel. Die Tapas-Auswahl ist gut, die Küche arbeitet ordentlich. Meist gut besucht, die Gäste fühlen sich wohl. Viele Specials (Paella, Flamenco etc.).

Essen 13/20, Trinken 6/10, Service 6/10, Ambiente 7/10, Wohl fühlen 6/10

Wertung: 38 von 60 Punkten (→)

▸ Haidhausen, Pariserstr. 46, ☎ 488 496, Mo-Sa ab 15h, So ab 14h, Plätze 350, außen, Karten EC, MC, VI, AM, DI, Kosten: G, MVG: S 2-8, U 5, T 19 Ostbahnhof

★ El Perro y el Griego

Auf den schönen Lounge-Sofas, die vor dem Lokal stehen, machen es sich junge Haidhauser (vor allem Pärchen) gern bei einem Cocktail bequem. Dabei sitzt man drinnen sogar noch ein wenig romantischer.

Essen 13/20, Trinken 6/10, Service 6/10, Ambiente 7/10, Wohl fühlen 6/10

Wertung: 38 von 60 Punkten (→)

▸ Haidhausen, Belfortstr. 14, ☎ 482 553, Mo-Fr 12-1h, Sa 16-1h, Plätze 50, 70 außen, Karten EC, Kosten: M, MVG: S 2-8, U 5, T 19 Ostbahnhof

★ Itxaso

Die kleine spanische Tapas-Bar besticht durch Flair, Herzlichkeit und eine feine Küche. Tapas und Pinchos wie Chorizo, Miesmuscheln, Datteln mit Speck kosten ab 3 Euro.

Essen 11/20, Trinken 6,5/10, Service 7/10, Ambiente 7/10, Wohl fühlen 7/10

Wertung: 38,5 von 60 Punkten (→)

▸ Isarvorstadt, Pestalozzistr. 7, ☎ 23 708 048, Mo-Fr 17-24h, Sa 12-1.30h, Kosten: G, MVG: U 1/2/3/6, T 16/17/18/27, Bus 62 Sendl.Tor

★ La Tasca nueva

Sympathische Tapasbar, die ihre Kernkompetenzen (richtig gut kochen) nie aus dem Blick lässt. Die Auswahl an warmen und kalten Tapas ist ebenso groß wie lecker und wird immer wieder saisonal ergänzt. Tolles authentisches Ambiente mit schöner grüner Terrasse. An manchen Abenden Tanz und Live-Musik bei der Fiesta Española.

Essen 13/20, Trinken 7/10, Service 7/10, Ambiente 7/10, Wohl fühlen 8/10

Wertung: 42 von 60 Punkten (→)

▸ Neuhausen, Mettinghstr. 2, ☎ 37 419 075, tgl. 17.30-24h, Plätze 200, 800 außen, Karten EC, MC, VI, Kosten: M, MVG: T 17 Burghausenerstraße

Lisboa Bar

Die Lisboa Bar ist im Viertel beliebt. Man kann Fußball gucken, Cocktails oder Bier trinken. Montags und dienstags ist Weinfest (Wein bis zum Abwinken für 5,90 Euro p.P.). Mittwochs gibt's das Fest mit Bier. Sonntags Brunch von 10 bis 13 Uhr und am Abend Live-Musik.

Essen 11,5/20, Trinken 6/10, Service 6/10, Ambiente 6,5/10, Wohl fühlen 7,5/10

Wertung: 37,5 von 60 Punkten (→)

▸ Haidhausen, Breisacher Str. 22, ☎ 4 482 274, Mo-Sa 17-1h, So 10-1h, Plätze 100, 300 außen, Karten EC, MC, VI, AM, Kosten: G, MVG: S 2-8, U 5, T 19 Ostbahnhof

Teatro Tapas

Lebendige Tapas-Bar mit großer Auswahl. Zu späterer Stunde wummert basslastige Musik aus den Boxen, während das Publikum an Cocktails nippt und mit den Füßen wippt.

Essen 11,5/20, Trinken 6/10, Service 6,5/10, Ambiente 6,5/10, Wohl fühlen 7/10

Wertung: 37,5 von 60 Punkten (→)

▸ Haidhausen, Balanstr. 23, ☎ 48 004 284, tgl. 17-1h, Plätze 48, 16 außen, Karten EC, MC, VI, Kosten: M, MVG: S 3/4/6/8, T 15/25 Rosenheimer Platz

El Perro y el Griego Haidhausen

Cyclades Neuhausen

Volkart
Beinahe elegante Tapas-Bar mit viel Kunst im Gastraum. Hübsch.
Essen 11/20, Trinken 6/10, Service 6,5/10, Ambiente 7/10, Wohl fühlen 6,5/10
Wertung: 37 von 60 Punkten (→)
Neuhausen, Volkartstr. 15, 21 969 883, Mo-Sa 17-24h, Kosten: M, MVG: U 1/7 Rotkreuzplatz

Griechisch

★ Ammos Taverna
Old-School-Grieche mit Fischernetz-Deko, deftig-guter Küche und einem sangesfreudigen Wirt in Spendierlaune.
Essen 12,5/20, Trinken 6/10, Service 7/10, Ambiente 6/10, Wohl fühlen 7/10
Wertung: 38,5 von 60 Punkten (→)
Giesing-Au, Pilgersheimerstr. 60, 44 488 758, tgl. 11-1h, Kosten: M, MVG: U 1 Candidplatz

Anti
Ein Klassiker. Glockenbach-Style sucht man hier vergebens. Das Anti ist ein ehrlicher Grieche mit bodenständiger Küche und ebensolchem Service. Die bewährte Ouzo-Taktik sticht.
Essen 10/20, Trinken 5/10, Service 6/10, Ambiente 5/10, Wohl fühlen 7/10
Wertung: 33 von 60 Punkten (→)
Glockenbach, Jahnstr. 36, 268 337, tgl. 17-1h, 160, außen, EC, Kosten: G, MVG: U 1/2, T 27, Bus 132 Fraunhoferstraße

★ Apostel's
Moderner Grieche in der Au, der durch eine feine Küche und das hübsch aufgeräumte Ambiente im großen Gastraum überzeugt. Unbedingt das Gyros probieren.
Essen 11,5/20, Trinken 6/10, Service 6,5/10, Ambiente 7,5/10, Wohl fühlen 7/10
Wertung: 38,5 von 60 Punkten (→)
Giesing-Au, Schweigerstr. 10, 67 972 740, tgl. 11.30-15h, 17.30-24h, Kosten: M, MVG: Bus 52 Schweigerstraße

★ Cyclades
Der große Gastraum ist mit einem wunderschönen Lichtkonzept in Szene gesetzt. Küche und Service funktionieren tadellos. Allein die gemischten Vorspeisen lohnen den Besuch. So muss ein moderner Grieche sein.
Essen 13/20, Trinken 7/10, Service 7/10, Ambiente 8/10, Wohl fühlen 7/10
Wertung: 42 von 60 Punkten (→)
Neuhausen, Frundsbergstr. 46, 13 958 187, tgl. 17-1h, Kosten: M, MVG: U 1, T 12, Bus 132/133 Rotkreuzplatz

★ Elia
Grieche, der ohne Tavernenkitsch auskommt. Man setzt lieber auf Stil und Qualität, auch in der Küche (unbedingt die Vorspeisen probieren). Der Service hat sich eine ehrliche Bodenständigkeit bewahrt, der die Anbiederung an den Gast fremd ist. Leicht gehobene Preise.
Essen 12,5/20, Trinken 6,5/10, Service 6/10, Ambiente 7/10, Wohl fühlen 7/10
Wertung: 39 von 60 Punkten (→)
Schwabing, Herzogstr. 90, 36 035 455, Mo-Fr 12-1h, Sa 17- ??, So 12-1h, 110, 110 außen, Kosten: M, MVG: U 2, T 12/27, Bus 53 Hohenzollernplatz

★ Fischtaverne Papazof's
Tolle Auswahl an Fisch, die ihresgleichen in München sucht (viel Wildfang!). Dazu lässiger griechischer Service und gute Weine. Ein Muss für Fischliebhaber trotz Lagerhaus-Lage und nüchternem Ambiente.
Essen 13/20, Trinken 6,5/10, Service 6,5/10, Ambiente 6,5/10, Wohl fühlen 7,5/10
Wertung: 40 von 60 Punkten (→)
Isarvorstadt, Zenettistr. 11, 729 894 520, tgl. 11-15 u. 18-23h, Kosten: M, MVG: U 3/6 Poccistraße

Kalami
Schmuckloses Restaurant. Die Küche ist einfach, lässt aber hier und da Raffinesse aufblitzen. Im Viertel wegen der entspannten Atmosphäre und der zivilen Preise zurecht beliebt.
Essen 12/20, Trinken 6/10, Service 6/10, Ambiente 6/10, Wohl fühlen 7/10
Wertung: 37 von 60 Punkten (→)
Haidhausen, Kellerstr. 45, 487 282, tgl. 17-1h, EC, MC, VI, Kosten: G, MVG: S 3/4/6/8, T 15/25 Rosenheimer Platz

★ Kalypso
Moderner Grieche mit wunderschöner Wohlfühlatmosphäre. Unbedingt den im Ganzen in der Salzkruste zubereiteten Fisch probieren. Aber auch die Fleischgerichte sind klasse.
Essen 12,5/20, Trinken 6,5/10, Service 7/10, Ambiente 7/10, Wohl fühlen 7/10
Wertung: 40 von 60 Punkten (→)
Schwabing, Agnesstr. 8, 20 038 686, tgl. ab 17h (im Sommer auch mittags geöffnet), 70, 60 außen, EC, MC, VI, AM, DI, Kosten: M, MVG: U 2 Josephsplatz

★ Limani
Freundlich, eher modern eingerichtetes Lokal, mit sehr guter Küche. Vor allem die Fischgerichte stechen hervor.
Essen 12,5/20, Trinken 7/10, Service 7/10, Ambiente 7/10, Wohl fühlen 7/10
Wertung: 40,5 von 60 Punkten (→)
Untergiesing, Rotdornstr. 2, 69 804 072, tgl. 17-1h, So/feiertags 11.30-14.30h, Kosten: M, MVG: U 1 Mangfallplatz

Lucullus
Stimmungsvoller Grieche. Die Portionen sind riesig, die Preise günstig, das Ambiente verlebt. Hier geht's mehr um den Spaß- und Erlebnisfaktor, als um kulinarische Offenbarungen.
Essen 10,5/20, Trinken 5,5/10, Service 5/10, Ambiente 6/10, Wohl fühlen 6,5/10
Wertung: 33,5 von 60 Punkten (→)
Giesing-Au, Birkenau 31, 662 951, Mo-Sa 17-1h, So 12-1h, 340, 1000 außen, EC, MC, VI, AM, Kosten: G, MVG: U 1/2, Bus 52 Kolumbusplatz

★ Melina Merkouri NEU!
Das wilde Molos ist Geschichte. Im neuen Lokal wird der Fokus auf einen entspannten, etwas erwachseneren Abend gelegt. Küche und Service arbeiten tadellos. Hier macht es Spaß, sich durch zahlreiche Vorspeisen oder die tollen Fischgerichte zu schlemmen.
Essen 13/20, Trinken 7/10, Service 6,5/10, Ambiente 7,5/10, Wohl fühlen 7/10
Wertung: 41 von 60 Punkten (–)
Isarvorstadt, Maistr. 26, 59 918 580, tgl. 17-1h, Kosten: M, MVG: U 3/6 Goetheplatz, Bus 62/68 Kapuzinerstraße

★ Ola Kala
Das schlicht-hübsche Ambiente spielt sich im Ola Kala nicht in den Vordergrund. Dass der Besuch dennoch lohnt, liegt an ungewöhnlichen und guten Gerichten wie dem mit Cranberrys gefülltem Lamm oder dem Kalb mit Mavrodafni-Sauce (aus einem griechischen Süßwein gekocht).
Essen 12,5/20, Trinken 6,5/10, Service 7/10, Ambiente 6/10, Wohl fühlen 8/10
Wertung: 40 von 60 Punkten (→)
Schwabing, Kaiserstr. 65, 20 080 842, tgl. ab 17h, Kosten: M, MVG: T 12/27/28, B 53/59 Kurfürstenplatz

★ Opson NEU!
Stilvoller Grieche, der unaufgeregt eine pointierte Fisch- und Fleischküche serviert. Freitags und samstags wird es zu späterer Stunde gern etwas lauter im Lokal. Mit einem klassischen Partygriechen hat das Opson jedoch nichts gemein.
Essen 13/20, Trinken 7/10, Service 6,5/10, Ambiente 7/10, Wohl fühlen 7/10
Wertung: 40,5 von 60 Punkten (–)
Westend, Trappentreustr. 33, 21 751 215, Mo-Sa 17-1h, So 11-1h, Kosten: M, MVG: U 4/5 München Heimeranplatz, T 18/19 Trappentreustraße

Der Experten-Tipp von Carlo Rieder

Keko

„Das türkische Lokal am Mariahilfplatz ist schon lange kein Geheimtipp mehr. Hier haben es mir vor allem die traumhaften vegetarischen Vorspeisen angetan."

★ Paros

Hier lockt die Speisekarte mit guten Fisch- und Fleischgerichten: Einfach gegrillt, fertig, lecker. Immer mittwochs gibt es ein günstiges Fischmenü. Montags ist Weinfest (All You Can Drink, 6 Euro) Am Wochenende geht ohne Reservierung nichts. Im Lokal herrscht dann Hochbetrieb.

Essen 13,5/20, Trinken 6,5/10, Service 7/10, Ambiente 5,5/10, Wohl fühlen 8/10

Wertung: 40,5 von 60 Punkten (→)

▶ Haidhausen, Kirchenstr. 27, ☎ 4 702 995, tgl. 17-1h, Kosten: M, MVG: U 4/5, T 15/18/19/25 Max-Weber-Platz

★ Taverne Georgios

Lieblingsgrieche in der Schleißheimer Straße. Davon, dass den Köchen ihre Arbeit sichtlich Spaß macht, kann sich jeder Gast dank der offenen Küche selbst überzeugen. Ein Tipp sind die Fischplatten.

Essen 12/20, Trinken 6/10, Service 6/10, Ambiente 6,5/10, Wohl fühlen 7,5/10

Wertung: 38 von 60 Punkten (→)

▶ Schwabing, Schleißheimerstr. 188, ☎ 3 089 396, tgl. 17.30-1h, ⑂ 180, 200 außen, EC, MC, VI, DI, Kosten: M, MVG: T 27 Herzogstraße

Troja

Dieser Grieche hat Pfiff. Klassische Karte, als Beilage zu Fisch oder Fleisch unbedingt die leckeren Bratkartoffeln probieren. Manchmal Live-Musik!

Essen 12/20, Trinken 6/10, Service 6/10, Ambiente 6,5/10, Wohl fühlen 6/10

Wertung: 36,5 von 60 Punkten (→)

▶ Laim, Stürzerstr. 38, ☎ 562 470, Mo-Fr 17-1h, Sa-So 11.30-1h, ⑂ 200, 120 außen, EC, MC, VI, AM, Kosten: G, MVG: T 18 Ammerseestraße

Türkisch

★ Dilân

Tolles türkisches Lokal, in dem man zwanglos trinken und sich durch die vielfältige Auswahl an Meze, türkischen Vorspeisen, essen kann. Unbedingt die gefüllten Weinblätter probieren. Herzlicher Service, faire Preise!

Essen 12,5/20, Trinken 6,5/10, Service 6,5/10, Ambiente 6,5/10, Wohl fühlen 7/10

Wertung: 39 von 60 Punkten (→)

▶ Au, Gebsattelstr. 15, ☎ 15 900 097, Mo-Fr 11.30-14.30h u. 17-1h, Sa 17-1h, So 10-15h u. 17-1h, ⑂ 38, 38 außen, Kosten: G, MVG: T 25 Regerplatz

Lezizel Manti

Das Lezizel serviert handgefertigte türkische Teigtaschen mit leckerer, kreativer Begleitung – eine hervorragend frische Alternative zum gewöhnlichen Pasta-Teller.

Essen 11,5/20, Trinken 6,5/10, Service 6,5/10, Ambiente 5,5/10, Wohl fühlen 5,5/10

Wertung: 35,5 von 60 Punkten (→)

▶ Isarvorstadt, Thalkirchner Str. 129, ☎ 76 703 733, Mo-Fr 12-21h, Sa 12-22h, So 14-20h, Kosten: G, MVG: U 3/6 Implerstraße

Matiz NEU!

Mediterrane Küche (türkisch/griechisch), vor allem die Vorspeisen überzeugen. Dazu gute Weine. Hübsche Terrasse. Drinnen gefällt das moderne 1001 Nacht-Ambiente.

Essen 12/20, Trinken 6,5/10, Service 6/10, Ambiente 7/10, Wohl fühlen 6/10

Wertung: 37,5 von 60 Punkten (–)

▶ Giesing-Au, Candidplz. 9, ☎ 62 230 666, Mo-Do 11-14.30 u. 17.-1h, Fr/Sa 11-14.30 u. 17-4h, So 10-15h, Kosten: M, MVG: U 1 Candidplatz

★ Myra

Für viele DER Türke in München. Das Ambiente ist sehr geschmack- und stimmungsvoll. Im Sommer mit schönem Biergarten. Manchmal kann es ein wenig dauern.

Essen 12/20, Trinken 6,5/10, Service 6,5/10, Ambiente 8/10, Wohl fühlen 7/10

Wertung: 40 von 60 Punkten (→)

▶ Thalkirchen, Thalkirchnerstr. 145, ☎ 26 018 384, tgl. 10-1h, Kosten: M, MVG: U 3/6 Implerstraße, Bus 62 Ehrengutstraße

★ Pardi

Steinwände mit eingelassenem Kamin, dezent orientalisch gemusterte Lampen – das Pardi hat sich richtig schön herausgeputzt. Die türkische Küche ist immer gut und manchmal sogar richtig klasse.

Essen 11,5/20, Trinken 6/10, Service 6,5/10, Ambiente 8/10, Wohl fühlen 7/10

Wertung: 39 von 60 Punkten (→)

▶ Neuhausen, Volkartstr. 24, ☎ 131 850, tgl. 9-1h, ⑂ 45, 35 außen, EC, MC, VI, AM, Kosten: M, MVG: U 1, T 12, Bus 132/133 Rotkreuzplatz

★ Taverna Keko

Die Vorspeisen im Keko sind richtig lecker, danach genießt man eine klassisch-gute Grillküche. Der Service ist kompetent und auf Zack. Im Viertel sehr beliebt. Neu: der Sonntagsbrunch ab 10 Uhr.

Essen 12,5/20, Trinken 7/10, Service 7/10, Ambiente 7/10, Wohl fühlen 8,5/10

Wertung: 42 von 60 Punkten (→)

▶ Giesing-Au, Mariahilfstr. 24, ☎ 659 969, Mo-Sa 17-1h, So 10-14.30h u. 17-1h, ⑂ 24, 18 außen, Kosten: M, MVG: T 27, Bus 52 Schweigerstraße

★ Yol

Dem gemütlichen Gastraum haftet eine verbindende Atmosphäre an. Kein Wunder, dass sich die Leute aus dem Viertel - vor allem seit der alte Besitzer wieder an Bord ist - hier so wohl fühlen. Solide türkische Küche sowie ein herzlicher Service, der nicht immer mit dem Ansturm mitkommt.

Essen 12/20, Trinken 6/10, Service 6,5/10, Ambiente 6/10, Wohl fühlen 8/10

Wertung: 38,5 von 60 Punkten (→)

▶ Isarvorstadt, Ehrengutstr. 21, ☎ 74 118 285, tgl. 17-1h, ⑂ 100, 100 außen, EC, MC, VI, Kosten: G, MVG: U 3/6 Goetheplatz, Bus 131 Roecklplatz, Bus 62 Ehrengutstraße

Asiatisch

Hier finden Sie alle Gastro-Empfehlungen für Lokale mit fernöstlicher Küche.

Thailändisch

Be Thai Style

Traditionell thailändische Küche trifft auf moderne Kochkunst. Das schmeckt, kostet aber auch ein wenig. Verspieltes Drumherum (Orchideen-Deko, Service in traditionellen Fischerhosen).

Essen 12/20, Trinken 6/10, Service 6/10, Ambiente 6/10, Wohl fühlen 6/10

Wertung: 36 von 60 Punkten (→)

Schwabing, Herzogstr. 44, 74 689 139, Mo-Fr 11.30-14.30h, Mo-So 17-24h, Kosten: H, MVG: 53/59 Bismarckstraße

Khanittha 3

Sehr gute Thaiküche von Münchens Thai-Altmeisterin Khanittha in eher unspektakulärem Ambiente. Neue Filiale im Werksviertel.

Essen 12,5/20, Trinken 6/10, Service 5,5/10, Ambiente 5,5/10, Wohl fühlen 6/10

Wertung: 35,5 von 60 Punkten (→)

Haidhausen, Kirchenstr. 96, 54 804 766, tgl. 11.30-14.30h, 18-1h, 60, 20 außen, Kosten: G, MVG: S 2-8, U 5, T 19 Ostbahnhof

★ Kun-Tuk

Kuscheliger und dennoch stimmungsvoller Thai in der Amalienstraße. Küche, Service und Ambiente stimmen. Besser reservieren. Das Lokal ist im Viertel beliebt.

Essen 12,5/20, Trinken 6/10, Service 6,5/10, Ambiente 6,5/10, Wohl fühlen 7/10

Wertung: 38,5 von 60 Punkten (→)

Maxvorstadt, Amalienstr. 81, 283 700, tgl. 18-1h, Mo-Fr 11.30-17h, 180, 100 außen, EC, MC, VI, AM, DI, Kosten: M, MVG: U 3/6 Universität, T 27/28 Schellingstraße

Lemon Trees

Drinnen ist das Thai-Lokal hübsch geschmückt. Umfangreiche Karte, auf der man immer etwas findet.

Essen 12,5/20, Trinken 6,5/10, Service 6,5/10, Ambiente 6/10, Wohl fühlen 6/10

Wertung: 37,5 von 60 Punkten (→)

Laim, Planegger Str. 9a, 88 952 227, Di-So 17-23h, Kosten: M, MVG: T 19 Rathaus Pasing

★ Longgrain

Die Thaiküche setzt auf authentische Gerichte wie den Salat aus Flügelbohnen, Garnelen und mit gerösteter geriebener Kokosnuss. Der Mut zur Exotik wird von den Gästen belohnt. Am Wochenende unbedingt reservieren.

Essen 13/20, Trinken 7/10, Service 7/10, Ambiente 7/10, Wohl fühlen 7/10

Wertung: 41 von 60 Punkten (→)

Schwabing, Belgradstr. 45, 32 667 582, Mo-Di 17.30-23h, Mi-Sa 11.30-14.30 u. 17.30-23h, Kosten: M, MVG: U 3 Bonner Platz

Lotus Lounge

Ambiente top, Essen sehr gut (Sogar Strauß und Krokodil auf der Karte). Ein zu Recht seit Jahren beliebter Thai in der Hans-Sachs-Straße.

Essen 12,5/20, Trinken 6/10, Service 6/10, Ambiente 6/10, Wohl fühlen 7/10

Wertung: 37,5 von 60 Punkten (→)

Glockenbach, Hans-Sachs-Str. 10, 21 899 755, Mo-Fr ab 12h, Sa/So 17h, 30, 90 außen, EC, Kosten: M, MVG: T 17/18 Müllerstraße, U 1/2/3/6, T 16/17/18/27 Sendlinger Tor

★ Mangostin

Das Ambiente ist ein Traum, vor allem die Terrasse! Die Küche arbeitet ambitioniert. Es gibt z.B. Wagyu Carpaccio und eine tolle Seafood-Auswahl. Montags Lobster-Special (1 1/2 Lobster 69 Euro). Klasse sind auch Events wie das Sushi & Sax.

Essen 12/20, Trinken 7/10, Service 7/10, Ambiente 8/10, Wohl fühlen 6/10

Wertung: 40 von 60 Punkten (→)

Thalkirchen, Maria-Einsiedel-Str. 2, 7 232 031, Mo-Sa 11.30-14.30h, 18-24h, So 11-24h, 350, 1750 außen, EC, MC, VI, AM, DI, Kosten: H, MVG: U 3 Thalkirchen

Nam Nam

Das Tuktuk im Laden ist der Hingucker. Die Küche serviert gutes Thaifood in eher kleinen Portionen. Den Thailändischen Eiskaffee muss man mal probiert haben. Ab 22 Uhr Cocktail-Happy Hour (4,90 Euro).

Essen 11,5/20, Trinken 5,5/10, Service 7/10, Ambiente 6/10, Wohl fühlen 7/10

Wertung: 37 von 60 Punkten (→)

Maxvorstadt, Amalienstr. 25, 28 755 875, tgl. 10-1h, Kosten: M, MVG: U 3/6 Universität

★ Plaa Uan

Im „Dicken Fisch" finden ein modern-minimalistisches Ambiente und eine gelungene thailändische Küche zueinander. Am Wochenende besser reservieren!

Essen 12/20, Trinken 7/10, Service 8/10, Ambiente 7/10, Wohl fühlen 7/10

Wertung: 41 von 60 Punkten (→)

Maxvorstadt, Theresienstr. 134, 51 877 846, Mo-Fr 11.30-16h u. 17-23h, Sa 18-23h, Kosten: M, MVG: U 2/8 Theresienstraße

★ Rabiang Thai

Sehr geschmackvoll eingerichtet, aufs Essen wartet man manchmal etwas länger. Doch die frische Thaiküche ist es wert.

Essen 12,5/20, Trinken 6,5/10, Service 6/10, Ambiente 8/10, Wohl fühlen 7/10

Wertung: 40 von 60 Punkten (→)

Milbertshofen, Georgenschwaigstr. 25, 3 507 304, Di-Fr 11.30-14.30 u. 17.30-23h, Sa 17.30-23h, Kosten: M, MVG: U 2 Frankfurter Ring

Rainbow

Im Rainbow wird den Gästen gute Thaiküche und Sushi serviert. Schlichte Einrichtung (typischer Asia-Kitsch), man fühlt sich trotzdem wohl. Recht beliebt, vor allem am Wochenende sollte man reservieren.

Essen 11,5/20, Trinken 6/10, Service 7/10, Ambiente 6/10, Wohl fühlen 7/10

Wertung: 37,5 von 60 Punkten (→)

Glockenbach, Corneliusstr. 1, 23 032 346, tgl. 18-24h, Mo-Sa 12-15h, 80, 80 außen, EC, MC, VI, AM, Kosten: M, MVG: S 3/4/6/8 Isartor, T 16/18 Reichenbachplatz

★ Ratchada

Thailändisches Karaoke-Bar-Restaurant mit klasse Küche, schlichtem Ambiente und ungewöhnlicher Atmosphäre. Sehr guter Tipp auch fürs Dinner nach Mitternacht (geöffnet täglich bis um 4 Uhr).

Essen 13,5/20, Trinken 7/10, Service 7/10, Ambiente 5/10, Wohl fühlen 7/10

Wertung: 39,5 von 60 Punkten (→)

Westend, Schwanthalerstr 8, 4 317 859, tgl. 15-4h, 37, 30 außen, EC, MC, VI, AM, Kosten: M, MVG: U 1/2/4/5, S 3/4/6/8 Hauptbahnhof

Rüen Thai

Ein Nobel-Thai, vor allem wegen des Essens (das Ambiente ist etwas altbacken), und der tollen Auswahl an großen Weinen (vor allem Franzosen!). Kenner sind zu Recht über das Rüen Thai begeistert.

Essen 12,5/20, Trinken 9/10, Service 6,5/10, Ambiente 5/10, Wohl fühlen 6/10

Wertung: 39 von 60 Punkten (→)

Westend, Kazmairstr. 58, 503 239, tgl. 18-24h, Mo-Mi 12-14.30h, 160, außen, EC, MC, VI, AM, DI, Kosten: H, MVG: S 7, U 4/5 Heimeranplatz

Spicery

Stilsicher eingerichteter Nobel-Thai mit einer frischen Küche. Unkomplizierte Weine und sehr hoher Wohlfühlfaktor. Im Sommer schöne Terrasse mit Blick auf den Brunnen am Weißenburger Platz.

Essen 13/20, Trinken 7/10, Service 6/10, Ambiente 8/10, Wohl fühlen 8/10

Wertung: 42 von 60 Punkten (→)

Haidhausen, Weißenburger Platz 3, 67 972 680, tgl. 18-1h, Kosten: H, MVG: S 3/4/6/8 Rosenheimer Straße

Tem

Ob zum ersten oder zweiten Date, in größerer Gruppe oder wenn man einfach nur Lust auf eine große Portion guten thailändischen Essens hat. Das mehr orientalisch als Thai eingerichtete Tem macht Spaß, selbst, wenn man etwas eng sitzt und es mal wieder lauter wird.

Essen 13,5/20, Trinken 6/10, Service 7/10, Ambiente 6,5/10, Wohl fühlen 6,5/10

Wertung: 39,5 von 60 Punkten (→)

Schwabing, Kurfürstenplatz 2, 33 038 520, tgl. ab 17.30h, Kosten: M, MVG: T 12/27, Bus 53 Kurfürstenplatz

Thailand

Alteingesessener Thai in Altschwabing. Zum Essen trinkt man einen der gut gemixten Mai Thais. Der Service ist herzlich, gelegentlich empfiehlt es sich, etwas Zeit mitzubringen.

Essen 13/20, Trinken 5/10, Service 7/10, Ambiente 5,5/10, Wohl fühlen 7/10

Wertung: 37,5 von 60 Punkten (→)

Schwabing, Hesseloher Str. 7, 346 830, Mo-Do 12-14h, 18-23h, Fr/Sa 18-23h, 30, 45 außen, EC, MC, VI, Kosten: M, MVG: U 3/6, T 23, Bus 53/59/142 Münchner Freiheit

Yum

Das wildromantische Asia-Ambiente sucht seinesgleichen. Leider führt die Beliebtheit des Lokals dazu, dass man recht eng sitzt und im Lokal ein aufgeregtes Kommen und Gehen herrscht.

Essen 14/20, Trinken 6,5/10, Service 6/10, Ambiente 8/10, Wohl fühlen 6,5/10

Wertung: 41 von 60 Punkten (→)

Zentrum, Utzschneiderstr. 6, 23 230 660, tgl. 18-1h, Kosten: H, MVG: S 3/4/6/8, U 3/6 Marienplatz

Yum 2 Take

Frische Thaiküche. Man kocht mit Hermannsdorfer Bio-Fleisch. Mittags und abends ist die kleine Garküche meist hoffnungslos überfüllt.

Essen 12/20, Trinken 6,5/10, Service 7/10, Ambiente 6,5/10, Wohl fühlen 6/10

Wertung: 38 von 60 Punkten (→)

Zentrum, Sebastiansplatz 8, 66 063 613, Mo-Sa 11-23h, So 15-23h, 150, 120 außen, EC, AM, Kosten: M, MVG: S 3/4/6/8, U 3/6 Marienplatz, T 16/18, Bus 52/62 Reichenbachplatz

Yum 2 Take 2

Selbstbedienungslokal mit preiswerter Thaiküche. Das auf edel getrimmte Ambiente überzeugt. Vor dem Lokal gibt es eine große Terrasse. Drinnen herrscht an den Hochtischen eine gesellige Atmosphäre.

Essen 12,5/20, Trinken 6/10, Service 6/10, Ambiente 7/10, Wohl fühlen 7/10

Wertung: 38,5 von 60 Punkten (→)

Schwabing, Hohenzollernplatz 1, 32 199 106, Mo-Sa 11-23h, So 15-23h, 40, außen, EC, MC, VI, AM, Kosten: M, MVG: U 2 Hohenzollernplatz, T 12/27, Bus 53 Kurfürstenplatz

Izakaya Westend

Japanisch

Bentobox

Mit seinem urbanen Ambiente hebt sich die Bentobox wohltuend von anderen Lokalen auf der Leo ab. Die Küche - zur Wahl stehen Sushi, Suppen und traditionelle japanische Hauptgerichte - arbeitet gut und kommt zu fairen Preisen an den Tisch oder per Lieferservice nach Hause. Die große Terrasse ist der Hit!

Essen 12/20, Trinken 6/10, Service 7/10, Ambiente 7/10, Wohl fühlen 7/10

Wertung: 39 von 60 Punkten (→)

Schwabing, Leopoldstr. 42, 33 036 812, Mo-Do 11.30-23h, Fr 11.30-23.30h, Sa 12-23.30h, So 12-22h, 50, 16 außen, EC, MC, VI, AM, DI, Kosten: M, MVG: U 3/6 Giselastraße

Campanula NEU!

Wer Lust hat, die japanische Küche abseits von Sushi zu entdecken, ist in dem kleinen, unprätentiös eingerichteten Lokal genau richtig.

Essen 13/20, Trinken 6/10, Service 6/10, Ambiente 6/10, Wohl fühlen 7/10

Wertung: 38 von 60 Punkten (–)

Maxvorstadt, Gabelsbergerstr. 46, 522 783, Di-Fr 12-14.30h u. 18-23h, Sa/So 18-23h, Kosten: M, MVG: T 20/21/22/28 Sandstraße, U 2/8 Therensienstraße

Emiko

Japanische Haute Cuisine sowie ausgezeichnete Fleischgerichte (u.a. echtes Kobe!) im Restaurant des Hotel Louis. Das Sushi ist klasse, doch Gerichte wie die Schweinebauchwürfel einfach spannender. Vor allem an Wochenenden sehr gut besucht, besser man reserviert. Im Sommer Dinner auf der Dachterrasse.

Essen 14,5/20, Trinken 7/10, Service 7/10, Ambiente 6,5/10, Wohl fühlen 7/10

Wertung: 42 von 60 Punkten (→)

Zentrum, Viktualienmarkt 6, 4 111 908 111, tgl. 18-1h, 32, 4 außen, EC, MC, VI, AM, DI, Kosten: H, MVG: S 3/4/6/8, U 3/6 Marienplatz

Haguruma

Sehr gutes Sushi (einzeln oder im Menü) und Klassiker der japanischen Küche wie Edamame oder Fleisch-Fondue. Schön: Das Lokal bietet auch Kochkurse.

Essen 13/20, Trinken 6,5/10, Service 6/10, Ambiente 7/10, Wohl fühlen 7/10

Wertung: 39,5 von 60 Punkten (→)

Isarvorstadt, Baaderstr. 62, 2 016 911, Mo-Sa 12-15 u. 18-23h, Kosten: H, MVG: U 1/2 Fraunhoferstraße

Izakaya NEU!

Das Lokal im Hotel Roomers lohnt den Besuch. Auf der Karte finden sich allerlei Sharing-Gerichte wie Chimichurri, knuspriger Octopus oder Königskrabbenkuchen, aber auch

Mitani Haidhausen

Sushi, Sashimi oder Spezialitäten vom Robata-Grill. Das moderne weltläufige Ambiente trägt zu einem anregenden Abend bei.
Essen 13,5/20, Trinken 7/10, Service 6,5/10, Ambiente 8/10, Wohl fühlen 7/10
Wertung: 42 von 60 Punkten (–)
Westend, Landsberger Str. 68, 122 232 000, Mo-Sa 7-10:30h, So 7-11h, Lunch: Mo-Fr 12-14.30h, Sa 12-15h, So 12-16h Dinner: So-Mi 18-23h, Do-So 18-23.30h, Kosten: H, MVG: T 18/19 Schrenkstraße, S 1/2/3/4/6/7/8 Donnersbergerbrücke

Japatapa Noodle Man NEU!
In der Maximilianstraße wird umgebaut, daher ist das Japatapa zeitweise im Toshi in der Wurzerstraße zu Hause. Sensationelle Ramen und japanische Spezialitäten wie Gyoza oder Kalbsleber-Sashimi.
Essen 13,5/20, Trinken 8/10, Service 7/10, Ambiente 6/10, Wohl fühlen 7,5/10
Wertung: 42 von 60 Punkten (→)
Zentrum, Wurzerstr. 18, 23 888 628, Mo/So 18-22h, Kosten: H, MVG: S 3/4/6/8, U 3/6 Marienplatz, T 19 Nationaltheater

J-Bar
Rustikale Japan-Bar in der Maistraße, in der es jeden Abend einige wenige ausgefallene einfache Gerichte zu essen gibt. Mit dem Sake fährt man besser als mit dem Wein.
Essen 12/20, Trinken 6,5/10, Service 6/10, Ambiente 6/10, Wohl fühlen 7/10
Wertung: 37,5 von 60 Punkten (→)
Isarvorstadt, Maistr. 28, 51 469 983, Di-Fr 12-14h, Mo-Sa 18.30-23.30h, Kosten: M, MVG: U 1/2/3/6, T 16/17/18/27, Bus 62 Sendl. Tor

Jin
Aufregende panasiatische Küche in elegant-nüchternem Ambiente. Unbedingt das Degustationsmenü von Küchenchef Hao Jin probieren (96 Euro). Unter den Asiaten in München reiht sich dieses Lokal ganz weit vorne ein.
Essen 15/20, Trinken 8/10, Service 6/10, Ambiente 7/10, Wohl fühlen 7/10
Wertung: 43 von 60 Punkten (→)
Lehel, Kanalstr. 14, 21 949 970, Di-So 12-14.30 u. 18-23.30h, 65, 20 außen, Kosten: SH, MVG: S 3/4/6/8, T 16/18 Isartor

Kaito
Traditionelle japanische Küche. Seit Jahren auf konstant hohem Niveau. Sushi und Sashimi gehören mit zum Besten, was man in München finden kann. Die Einrichtung (viel dunkles Holz, warmes Licht) ist gemütlich, allerdings etwas in die Jahre gekommen. Gehobene Preise.
Essen 14/20, Trinken 7/10, Service 6/10, Ambiente 6/10, Wohl fühlen 7/10
Wertung: 40 von 60 Punkten (→)
Maxvorstadt, Gabelsbergerstr. 85, 52 059 455, Mo-Sa 17-23.30h, 60, 40 außen, EC, Kosten: H, MVG: T 20/21 Sandstraße

Koi
Wunderschönes japanisches Lokal mit toller Terrasse am Wittelsbacher Platz. Offene Küche, in der Spezialitäten am Robata Grill und sehr gutes Sushi zubereitet werden. Oben auf der Galerie gibt es eine schöne Lounge mit Bar.
Essen 14,5/20, Trinken 7/10, Service 7,5/10, Ambiente 9/10, Wohl fühlen 7/10
Wertung: 45 von 60 Punkten (→)
Zentrum, Wittelsbacherplatz 1, 89 081 926, Mo-Sa 11-15 u. 18-24h, Feiertags 18-24h, Kosten: H, MVG: U 3/4/5/6 Odeonsplatz

Kushi-Tei of Tokyo
Tokioter Alltagsküche in München: Große Auswahl an Kushi-Yaki-Spießen (Aubergine, Lamm, Hühnchen, Hummerschwanz …). Das Ambiente ist spartanisch, der Service herzlich.
Essen 12/20, Trinken 6,5/10, Service 6,5/10, Ambiente 5/10, Wohl fühlen 7/10
Wertung: 37 von 60 Punkten (→)
Maxvorstadt, Arcisstr. 39, 27 374 274, tgl. 18-23.30h, Mo-Fr 12-14.30h, Kosten: M, MVG: U 3/6 Universität

Maria Passagne
Von außen unscheinbare (schwarze Tür, blickdichtes Fenster) Bar mit liebenswerter Wohnzimmeratmosphäre. Das Sushi und die Thaigerichte sind lecker. Kleine Innenhofterrasse!
Essen 10/20, Trinken 8/10, Service 6,5/10, Ambiente 7/10, Wohl fühlen 7,5/10
Wertung: 39 von 60 Punkten (→)
Haidhausen, Steinstr. 42, 486 167, Mo-Do 19-1h, Fr/Sa 19-2h, Kosten: M, MVG: S 3/4/6/8 Rosenheimer Platz, T 18 Wienerplatz

Mitani
Geschmackvolles Mobiliar, gedämpftes Licht und Bambus-Elemente verleihen dem zweigeteilten Gastraum ein edel-asiatisches Flair. Viele Spezialitäten auf der Karte. Einen schönen Eindruck von der Vielfalt der japanischen Küche liefert das Koyuki-Menü.
Essen 14,5/20, Trinken 7/10, Service 6/10, Ambiente 8/10, Wohl fühlen 8/10
Wertung: 43,5 von 60 Punkten (→)
Haidhausen, Rablstr. 45, 4 489 526, Mi-Sa 12-14.30h, Di-So 18-23.30h, Kosten: M, MVG: S 3/4/6/8, T 15/25 Rosenheimer Platz

Sasou
Winziges Self-Service-Lokal im Wallpaper-Look am Marienplatz. Beim Zubereiten der Speisen kann man zusehen, man isst gutes Sushi oder Suppe. Der Ingwer-Tee stärkt für weitere Shoppingtouren.
Essen 11/20, Trinken 5/10, Service 6/10, Ambiente 7/10, Wohl fühlen 7/10
Wertung: 36 von 60 Punkten (→)
Zentrum, Marienplatz 28, 263 701, Mo-Sa 11-22h, 30, 5 außen, EC, Kosten: M, MVG: S 3/4/6/8, U 3/6 Marienplatz

Sushi & Soul
Modernes lebendiges Sushi-Lokal, in dem man Cocktails zum Sushi trinkt. Es geht meist lebhafter zu. Außerdem kann man hier Sushi-Kurse belegen oder aber Whisky-, Wein- und Rum-Tastings besuchen.
Essen 12,5/20, Trinken 6/10, Service 6/10, Ambiente 7/10, Wohl fühlen 7/10
Wertung: 38,5 von 60 Punkten (→)
Glockenbach, Klenzestr. 71, 2 010 992, tgl. 18-24h, EC, MC, VI, AM, Kosten: M, MVG: U 1/2, T 27, Bus 132 Fraunhoferstraße

Sushibar
Wer Sushi und japanisches Essen mag, kommt in München an der Sushibar nicht vorbei! Tolle, oft exklusive Produkte. Dazu eine Weinkarte, die es in sich hat. Das schlichte Ambiente, des mit Licht geschmückten Lokals gefällt. Für besondere Abende.
Essen 14/20, Trinken 8/10, Service 7/10, Ambiente 7/10, Wohl fühlen 7/10
Wertung: 43 von 60 Punkten (→)
Schwabing, Marschallstr. 2, 3 005 150, Mo-Fr 11-14.30h, Mo-Sa 17.30-22h, So 17-22h, 130, 50 außen, EC, MC, VI, AM, DI, Kosten: H, MVG: U 3/6, T 23, Bus 53/59/142 Münchner Freiheit

Sushiya Sansaro
Sushi der Spitzenklasse. Die Atmosphäre im Lokal in der Amalienpassage ist geprägt von heiterer Gelassenheit. Dazu original japanische Küche (viele Bio-Zutaten), tolle Weine und japanischer Whisky. Reservieren empfohlen.
Essen 14/20, Trinken 7,5/10, Service 7/10,

Der Experten-Tipp von Hans Jörg Bachmeier

Toshi

„Hier startet man in der Münchner Innenstadt auf einen kurzweiligen Ausflug in japanische Geschmackswelten. Die traumhaften Gerichte werden nicht nur auf dem Teller, sondern auch in der Sake Holzbox serviert."

Ambiente 7,5/10, Wohl fühlen 8/10

Wertung: 44 von 60 Punkten (→)

Maxvorstadt, Amalienstr. 89, 28 808 442, Mo-Sa 12-14 u. 18-23h, So 18-23h, 50, 2500 außen, EC, MC, VI, AM, DI, Kosten: H, MVG: U 3/6 Universität, T 27/28 Schellingstraße

Takumi

Spezialität des Asia-Lokals sind Ramen, traditionelle japanische Nudelsuppen. Ein Traum. Doch auch die anderen Gerichte auf der Karte lohnen. Am Wochenende kann es passieren, dass man ohne Reservierung vorm Lokal Schlange steht!

Essen 14,5/20, Trinken 6/10, Service 6/10, Ambiente 6/10, Wohl fühlen 6/10

Wertung: 38,5 von 60 Punkten (→)

Schwabing, Heßstr. 71, 528 599, Mo-Fr 12-15h, 17-22h, Sa 12-22h, So 12-21h, Kosten: H, MVG: U 2/8 Theresienstraße

Takumi Chicken & Veggie NEU!

Ramen-Fans können jetzt nicht mehr nur in der Heßstraße, sondern auch in der Gabelsbergerstraße Schlange stehen. Hier gibt es eine größere Auswahl vegetarischer Ramen. Unbedingt auch das Eis nach eigener Rezeptur probieren.

Essen 13/20, Trinken 6/10, Service 7/10, Ambiente 7/10, Wohl fühlen 8/10

Wertung: 41 von 60 Punkten (–)

Maxvorstadt, Gabelsbergerstr. 77, Di-Fr 11.45-15h u. 17-22h, Sa 11.45-22h, Kosten: M, MVG: U 2 Theresienstraße, T 20/ 21/22/28 Sandstraße

Tenmaya

Japanisches Lokal an der Luisenstraße, das von Running-Sushi über Mittags-Lunch und traditionelle Gerichte alles anbietet. Toll sind die Zashiki, kleine Privatzimmer, in denen man ungestört dinieren kann. Perfekt für ein romantisches Essen zu zweit.

Essen 12/20, Trinken 5,5/10, Service 6/10, Ambiente 7/10, Wohl fühlen 7/10

Wertung: 37,5 von 60 Punkten (→)

Maxvorstadt, Theresienstr. 43, 57 933 130, tgl. 11.30-15h, 17.30-23.30h, 40, 16 außen, EC, MC, VI, Kosten: M, MVG: U 2, Bus 100 Theresienstraße

Tokami

Eines der besten Sushi-Restaurants in München (mit den entsprechenden Preisen). Mittlerweile ein Klassiker. Auch die Einrichtung gefällt. Zurückhaltend ruhiger Service.

Essen 14/20, Trinken 7/10, Service 5/10, Ambiente 7/10, Wohl fühlen 7/10

Wertung: 40 von 60 Punkten (→)

Maxvorstadt, Theresienstr. 54, 28 986 760, tgl. 12-14.30h, 18-23h, 55, 25 außen, EC, MC, VI, AM, Kosten: M, MVG: U 2/8 Theresienstraße

Toshi

Im Toshi lässt sich die Vielfalt der japanischen Küche auf höchstem Niveau erleben. Die hohe Qualität des Lokals ist seit Jahren beständig. Tolles Sushi. Unbedingt sollte man auch die Spezialitäten vom Teppanyaki-Grill probieren oder sich durch das fantastische Menü (5 Gänge, 80 Euro) schlemmen.

Essen 16/20, Trinken 7/10, Service 8/10, Ambiente 7/10, Wohl fühlen 6/10

Wertung: 44 von 60 Punkten (→)

Zentrum, Wurzerstr. 18, 25 546 942, Di-Fr 12-14h, Mo-Sa 18-22h, 70, 30 außen, EC, MC, VI, AM, DI, Kosten: H, MVG: S 3/4/6/8, U 3/6 Marienplatz

Usagi

Japanische Esskultur in Reinform (viele Kleinigkeiten zum Teilen), ein ländliches holzbetontes Ambiente und lustige Manga-Häschen an der Wand. Fertig ist der coole Japaner für ein entspanntes Publikum.

Essen 12,5/20, Trinken 6,5/10, Service 6,5/10, Ambiente 7/10, Wohl fühlen 7/10

Wertung: 39,5 von 60 Punkten (→)

Glockenbach, Thalkirchnerstr. 10, 55 293 581, Mo-Fr 11.30-14.30h, Mo-Do 17.30-24h, Fr/Sa 17.30-1.30h, Kosten: M, MVG: U 1/2/3/6, T 16/17/18/27, Bus 62 Sendlinger Tor

Yuzumuk

Spartanische und dennoch stimmige Einrichtung. Klasse Sushi. Spezialität sind jedoch die Ramen, japanische Nudelsuppen.

Essen 12,5/20, Trinken 6,5/10, Service 7/10, Ambiente 7/10, Wohl fühlen 7/10

Wertung: 40 von 60 Punkten (→)

Zentrum, Westenrieder Str. 8, 12 739 374, Mo-Sa 11.30-21.30h, Kosten: M, MVG: S 3/4/6/8, U 3/6 Marienplatz

Vietnamesisch

An Nam

Sehr ordentliche Küche mit frischen Zutaten, vor allem die Reispapierrollen zum selber Wickeln sind beliebt. Im Sommer mit großer Terrasse.

Essen 12/20, Trinken 6/10, Service 6/10, Ambiente 7/10, Wohl fühlen 7/10

Wertung: 38 von 60 Punkten (→)

Isarvorstadt, Pestalozzistr. 32, 24 203 499, tgl. 11-15h, 18-23.30h, 130, 300 außen, EC, VI, AM, DI, Kosten: M, MVG: U 1/2/3/6, T 16/17/18/27, Bus 62 Sendlinger Tor

Anh Thu

Das stilvoll eingerichtete Lokal ist ob des guten Essens (vietnamesische Küche mit modernem Einschlag) schwer angesagt. Ohne Reservierung geht fast nichts. Großartige Weine.

Essen 13/20, Trinken 7/10, Service 7/10, Ambiente 7/10, Wohl fühlen 6,5/10

Wertung: 40,5 von 60 Punkten (→)

Schwabing, Kurfürstenstr. 31, 27 374 117, Mo-Do 11.30-14 u. 18.23.30h, Fr-So 18-23.30h, 65, 20 außen, EC, Kosten: H, MVG: U 3/6 Universität, T 27 Nordendstraße

AoDai
Stilvoller Vietnamese mit frischer Küche. Im Sommer sitzt man schön auf der Terrasse an der kleinen Piazza. Zuvorkommender Service.
Essen 12/20, Trinken 6,5/10, Service 7,5/10, Ambiente 6,5/10, Wohl fühlen 7/10
Wertung: 39,5 von 60 Punkten (→)
Glockenbach, Kapuzinerstr. 25b, 46 137 987, tgl. 11.30-14.30h u. 17.30h -23.30h, Kosten: M, MVG: U 3/6 Goetheplatz, BUS 58/62 Kapuzinerplatz

Bami House
Eine asiatische Villa Kunterbunt. Zu essen gibt es eine authentische vietnamesische Straßenküche mit Bánh Mi (Baguette), Xôi (Reis) und natürlich Pho (Suppe). Filialen in der Schelling- und Leopoldstraße.
Essen 12/20, Trinken 6/10, Service 6/10, Ambiente 8/10, Wohl fühlen 7/10
Wertung: 39 von 60 Punkten (→)
Maxvorstadt, Türkenstr. 21, 51 110 232, tgl. 10-22h, Kosten: G, MVG: U 3/6 Universität

Banyan
Das ansprechende Design und das unkomplizierte Essen machen im Banyan Freude. Eher schickes Publikum.
Essen 13,5/20, Trinken 7/10, Service 7/10, Ambiente 9/10, Wohl fühlen 8/10
Wertung: 44,5 von 60 Punkten (→)
Westend, Goethestr. 68, 5 309 321, Mo-Sa 11.30-14.30h u. 18-24h, So 18-24h, 120, 120 außen, EC, MC, VI, Kosten: H, MVG: U 3/6 Goetheplatz

Bonjour Vietnam
Modern eingerichtetes Lokal mit frischer Hanoi-Küche. Unbedingt die im Tontopf gegarten Spezialitäten probieren. Die Speisen werden liebevoll präsentiert. Die Qualität der Küche stimmt.
Essen 12,5/20, Trinken 6/10, Service 6,5/10, Ambiente 7/10, Wohl fühlen 7/10
Wertung: 39 von 60 Punkten (→)
Schwabing, Fallmerayerstr. 28, 28 788 978, Mo-Fr 11.30-14.30h u. 17.30-23h, Sa-So 17.30-23h, 95, 75 außen, EC, MC, VI, AM, Kosten: M, MVG: U 2, T 12/27, BUS 53 Hohenzollernplatz

Cam Ly
Die Einrichtung ist gewöhnungsbedürftig, das Essen jedoch überzeugt. Ein unkomplizierter Vietnamese.
Essen 10,5/20, Trinken 6/10, Service 6,5/10, Ambiente 6,5/10, Wohl fühlen 7/10
Wertung: 36,5 von 60 Punkten (→)
Sendling, Pfeufferstr. 33, 74 790 884, Mo-So 11-14.30h, 17-23h, Sa 17-23h, 80, 40 außen, EC, MC, VI, AM, DI, Kosten: G, MVG: BUS 132/134 Herzog-Ernst-Platz

Charlie
Ein Szene-Vietnamese mit sehr guter Küche (Feuertopf, Glücks- und Frühlingsrollen). Da kommen sogar Leute aus dem Glockenbachviertel nach Untergiesing. Samstags mit Clubanbindung.
Essen 14/20, Trinken 6/10, Service 6,5/10, Ambiente 7/10, Wohl fühlen 7/10
Wertung: 40,5 von 60 Punkten (→)
Untergiesing, Schyrenstr. 8, 48 058 244, Di-Sa 18-1h, So 17-23h, 330, 200 außen, EC, MC, VI, AM, DI, Kosten: M, MVG: U 1/2, BUS 52 Kolumbusplatz

Chi Thu NEU!
Toller Straßenimbiss, in dem man sich durch den gesamten Reichtum der vietnamesischen Küche essen kann. Es gibt Baguette, Reispapierrollen, Dumplings, Salate, Suppen oder Hausmannskost wie den gedämpften Schweinebauch. Dazu trinkt man frische Tees oder hausgemachte Limonade. Filiale in der Morassistr. 2.
Essen 12,5/20, Trinken 6/10, Service 6/10, Ambiente 7/10, Wohl fühlen 7/10
Wertung: 38,5 von 60 Punkten (–)
Isarvorstadt, Pestalozzistr. 16, 21 022 200, tgl. 11-21.30h, Kosten: G, MVG: BUS 62 Stephanplatz, T 18 Müllerstraße

ChuChin
Wunderbares vietnamesisches Lokal. Das ChuChin ist der dritte Streich der Anh Thu- und Cochinchina-Macher. Die bewährten Zutaten (edles Ambiente, frische Gewürzküche, überraschende Drinks, tadelloser Service) funktionieren auch in Bogenhausen perfekt. Für Genießer mit Anspruch.
Essen 14/20, Trinken 8/10, Service 7/10, Ambiente 8/10, Wohl fühlen 8/10
Wertung: 45 von 60 Punkten (→)
Bogenhausen, Ismaninger Str. 61, 47 027 428, tgl. 11.30-14.30 u. 18-23.30h, Kosten: H, MVG: U 4/5, T 15/18/19/25 Max-Weber-Platz

ChuChin Bogenhausen

Cochinchina
Wunderschön eingerichtetes Lokal in der Kaiserstraße, in dem man eine frische vietnamesische Küche mit chinesischem Einschlag genießt. Hier kommt man aber gerne auch nur auf ein gutes Glas Wein her und macht es sich in der Lounge mit Polstersesseln gemütlich. Place to be.
Essen 13,5/20, Trinken 8/10, Service 7/10, Ambiente 9/10, Wohl fühlen 8/10
Wertung: 45,5 von 60 Punkten (→)
Schwabing, Kaiserstr. 28, 38 989 577, tgl. 11.30-14.30h u. 18-24h, Kosten: M, MVG: U 3/6, T 23, BUS 53/59/142 Münchner Freiheit

Cyclo
Die authentisch vietnamesische Küche im Cyclo wird zu Recht gelobt. Der Service arbeitet beflissen sympathisch. Kein Wunder, dass sich die Gäste in dem liebevoll eingerichteten Lokal sichtlich wohlfühlen.
Essen 12/20, Trinken 5,5/10, Service 7/10, Ambiente 7/10, Wohl fühlen 7/10
Wertung: 38,5 von 60 Punkten (→)
Maxvorstadt, Theresienstr. 70, 28 808 390, Di-So 12-15 u. 18-24h, 150, 120 außen, EC, MC, VI, AM, DI, Kosten: G, MVG: T 17 Theresienstraße

Dudu
Frische vietnamesische Kräuterküche in einem unspektakulären ehrlichen Ambiente. Im Sommer mit offener Fensterfront! Im Viertel sehr beliebt.
Essen 13,5/20, Trinken 6/10, Service 7/10, Ambiente 5,5/10, Wohl fühlen 8/10
Wertung: 40 von 60 Punkten (→)
Isarvorstadt, Augsburgerstr. 1, 12 286 480, Mo-Sa 11.30-14.30h, 18-23h, So 17-22h, Kosten: M, MVG: U 1/2/3/6, T 16/17/18/27, BUS 62 Sendlinger Tor

Fei Scho
Hübsch aufgemotzer Asia-Imbiss mit kleiner aber feiner Karte. Die Bio-Küche ist richtig gut. Junges studentisches Publikum.
Essen 12/20, Trinken 6/10, Service 7/10, Ambiente 6/10, Wohl fühlen 7/10
Wertung: 38 von 60 Punkten (→)
Glockenbach, Kolosseumstr. 6, 55 062 299, Mo-Fr 11.30-22h, Sa 13-22h, 60, 25 außen, EC, VI, AM, Kosten: G, MVG: U 1/2, T 27, BUS 132 Fraunhoferstraße

Fei Scho 2 NEU!
Kleine Karte mit wenigen Gerichten (Glücksrolle, Reisnudelsalat, Curry, Rippchen und Pho), die jedoch extrem lecker sind. Spartanische Einrichtung mit einem hübschen Papierlampen-

Shami Schwabing

wald. Unkompliziert.
Essen 12/20, Trinken 6/10, Service 6/10, Ambiente 6,5/10, Wohl fühlen 8/10
Wertung: 38,5 von 60 Punkten (–)
Haidhausen, Pariserstr. 17, 46 131 533, Di-So 17.30-23.30h, Kosten: G, MVG: S 1/2/3/4/6/7/8 Rosenheimer Platz, U5 Ostbahnhof

Hanoi
Solide Küche in einem sympathischen Familienbetrieb. Die Portionen sind üppig, man kann sich bereits an den Vorspeisen satt essen. Toll: die hausgemachten Eistees im Sommer.
Essen 13/20, Trinken 6/10, Service 7/10, Ambiente 6/10, Wohl fühlen 7/10
Wertung: 39 von 60 Punkten (→)
Giesing-Au, Humboldtstr. 5, 67 973 954, Mo-Sa 11-15h, 17.30-23h, So 11-23h, 6, 50 außen, MC, VI, AM, DI, Kosten: M, MVG: U 1/2, Bus 52 Kolumbusplatz

Jack Glockenbach
Das Restaurant bietet vietnamesische Küche, kreativ umgesetzt und mit einer witzigen Karte präsentiert. Der herzliche Hausherr plaudert dazu gerne aus dem Nähkästchen.
Essen 12/20, Trinken 6/10, Service 6,5/10, Ambiente 6,5/10, Wohl fühlen 7/10
Wertung: 38 von 60 Punkten (→)
Isarvorstadt, Thalkirchner Str. 3, 23 076 788, Mo-Fr 11.30-14.30 u. 17.30-23h, Sa 17.30-23h, So 17-22h, Kosten: M, MVG: U 1/2/3/6, T 16/17/18/27, Bus 62 Sendlinger Tor

Jasmin Asia Cuisine
Charmant-elegantes Lokal mit einigen echten Highlights wie den Glücksrollen oder den gefüllten Betelblättern auf der Karte. Hoher Wohlfühlfaktor.
Essen 12,5/20, Trinken 6,5/10, Service 6,5/10, Ambiente 6,5/10, Wohl fühlen 7,5/10
Wertung: 39,5 von 60 Punkten (→)
Isarvorstadt, Lindwurmstr. 167, 76 775 712, Mo-Fr 11-15 u. 18-23h, Sa/So 18-23h, Kosten: M, MVG: U 3/6 Poccistraße

Koriander
Das winzige Lokal kommt frisch daher (helle Holzmöbel, zartgrüne Wände). Die Suppen sind der Hit. Den sauertöpfischen Blick der Kellner darf man nicht persönlich nehmen. Die gucken immer so.
Essen 10/20, Trinken 6,5/10, Service 6,5/10, Ambiente 7,5/10, Wohl fühlen 7,5/10
Wertung: 38 von 60 Punkten (→)
Schwabing, Nordendstr. 64, 28 805 582, Mo-So 12-15h, 17.30-22.30h, Kosten: G, MVG: T 12/27, Bus 53 Kurfürstenplatz

Koriander 2
Dunkelgrüne Wände, Korblampen sowie schöne helle Holztische machen das Koriander Plus zu einem Ort, an dem man gern verweilt. Die auf den Punkt gewürzte Küche tut ihr übriges. Großartige Suppen.
Essen 11,5/20, Trinken 6/10, Service 6/10, Ambiente 6,5/10, Wohl fühlen 7/10
Wertung: 37 von 60 Punkten (→)
Haidhausen, Einsteinstr. 113, 45 709 107, Mo-Sa 11.30-14.30h, 18-23.30h, Kosten: M, MVG: U 4/5, T 16 Max-Weber-Platz

Lu Bu
Hinter dem sogenannten Soulfood verbirgt sich eine kulinarische gelungene Mischung aus Sushi und vietnamesischen Klassikern.
Essen 13,5/20, Trinken 6/10, Service 7/10, Ambiente 5/10, Wohl fühlen 7/10
Wertung: 38,5 von 60 Punkten (→)
Lehel, Christophstr. 7a, 20 042 507, Mo-Fr 12-15h u. 17.30-22h, Sa 17.30-22h, Kosten: M, MVG: U 4/5 Lehel

My Tam NEU!
Einfache, aber authentische Küche. Auf Sonderwünsche wird gerne Rücksicht genommen. Vor allem der herzliche Service, der das Interesse am Wohl des Gastes nicht vorspielt, macht den Abend im My Tam zu einem runden Erlebnis.
Essen 12/20, Trinken 6/10, Service 6,5/10,

Ambiente 7/10, Wohl fühlen 7/10
Wertung: 38,5 von 60 Punkten (–)
Schwabing, Schleißheimerstr. 5, 54 767 778, Mo-Fr 11.30-14.30h, Sa 18-22h, Kosten: M, MVG: U 1/7, T 20/21/22/28 Stiglmaierplatz

Nam Giao 31
Das Lokal erstrahlt in freundlichem Grün. Die Tische sind liebevoll eingedeckt. Dieses vietnamesische Speiselokal hebt sich in Qualität und Ambiente wohltuend von der Masse der Asia-Lokale ab. Unbedingt die Suppen probieren.
Essen 12,5/20, Trinken 6,5/10, Service 7/10, Ambiente 7/10, Wohl fühlen 7/10
Wertung: 40 von 60 Punkten (→)
Glockenbach, Maistr. 31, 59 988 033, tgl. 17.30-23h, Mo-Fr 11.30-15, Kosten: M, MVG: U 3/6 Goetheplatz

Nguyen
Schöner, eleganter Vietnamese mit guter Weinkarte und ausgezeichneten Enten-Gerichten. Liebevolle Details (wie etwa die tollen Saucen am Tisch) heben den positiven Gesamteindruck.
Essen 13/20, Trinken 6,5/10, Service 7/10, Ambiente 6,5/10, Wohl fühlen 7/10
Wertung: 40 von 60 Punkten (→)
Schwabing, Georgenstr. 67, 28 803 451, Mo-Fr 12-14.30 u. 18-23h, Sa/FT 18-23h, Kosten: H, MVG: U 2/8 Josephsplatz

Quán Com
Großes Lokal, das am Abend dank stimmiger Lichtakzente sehr stimmungsvoll daherkommt. Die frischen authentischen Gerichte werden in einer offenen Küche zubereitet. Sehr gute Auswahl an Tees.
Essen 12/20, Trinken 6/10, Service 6/10, Ambiente 7/10, Wohl fühlen 7/10
Wertung: 38 von 60 Punkten (→)
Neuhausen, Wendl-Dietrich-Str. 4, 12 022 167, Di-Fr 11-15 u. 17-23.30h, Sa 12-23.30h, So 11-15 u. 17-23h, Kosten: M, MVG: U 1 Rotkreuzplatz

Lu Bu Lehel

The Drunken Dragon Bar Isarvorstadt

Shami

Frische Zutaten: Check! Kompetenter, freundlicher Service: Check! Cooles Ambiente: Check! Das junge Asia-Lokal mit im Schwerpunkt vietnamesischer Küche ist ein Volltreffer.

Essen 12/20, Trinken 6/10, Service 7/10, Ambiente 9/10, Wohl fühlen 9/10

Wertung: 43 von 60 Punkten (→)

Schwabing, Marktstr. 6, 20 937 595, Mo-Fr 11-14.30 u. 17.30-23h, Sa 17-23h, So 13-22h, Kosten: M, MVG: U 3/6, T 23, Bus 53/59/142 Münchner Freiheit

Shimai NEU!

Die Shami-Macher erobern nach Schwabing auch die Maxvorstadt. Die Mischung aus jungem Design und frischer im Schwerpunkt vietnamesischer Küche zündet auch hier.

Essen 13,5/20, Trinken 6/10, Service 6,5/10, Ambiente 7,5/10, Wohl fühlen 7,5/10

Wertung: 41 von 60 Punkten (–)

Maxvorstadt, Theresienstr. 87, 66 549 268, Mo-Fr 11.30-14h u. 17.30-0h, Sa 17.30-0h, So 15-23h, Kosten: M, MVG: U 2 Theresienstraße

Soumi

Geniale vietnamesische Baguettes, aber auch die Salate, Suppen und Currys schmecken hier richtig gut. Ehrliches Streetfood.

Essen 12/20, Trinken 6/10, Service 6/10, Ambiente 5/10, Wohl fühlen 7/10

Wertung: 36 von 60 Punkten (→)

Zentrum, Sendlingerstr. 7, 25 549 169, Mo-Sa 11-22h, Kosten: G, MVG: U 1/2/3/6, T 16/17/18/27, Bus 62 Sendlinger Tor

Thao

Authentisch, abwechslungsreich, ambitioniert: Kein Wunder, dass das versteckt gelegene Thao über die Viertelgrenzen hinaus beliebt ist.

Essen 12,5/20, Trinken 7/10, Service 7/10, Ambiente 6,5/10, Wohl fühlen 6,5/10

Wertung: 39,5 von 60 Punkten (→)

Bogenhausen, Lucile-Grahn-Str. 36a, 55 297 171, Di-So 11.30-15h, 18-23h, Kosten: M, MVG: U 4, Bus 54/100 Prinzregentenplatz

Thúy

Tolle vietnamesische Küche: die köstlichen Rollen (14-17 Euro) wickelt man selbst, die Spezialitäten aus dem Tontopf (13-15 Euro) überzeugen. Schnuckeliges Asia-Ambiente, herzlicher Service.

Essen 13/20, Trinken 6/10, Service 6,5/10, Ambiente 6/10, Wohl fühlen 7/10

Wertung: 38,5 von 60 Punkten (→)

Sendling, Senserstr. 2, 776 410, tgl. 11.30-14.30h, 17.30-23h, 30, 12 außen, EC, MC, VI, AM, Kosten: M, MVG: U 3/6 Poccistraße

Zoe's

Stimmungsvoller Vietnamese in Bogenhausen. Die Küche überzeugt mit Gerichten wie Thunfischsteak oder Oktopussalat. Schöner Garten.

Essen 12/20, Trinken 6/10, Service 6,5/10, Ambiente 7/10, Wohl fühlen 7/10

Wertung: 38,5 von 60 Punkten (→)

Bogenhausen, Cosimastr. 133, 956 030, Di-So 12-15h, 18-23.30h, 45, 20 außen, EC, MC, VI, Kosten: M, MVG: Bus 59 Salzsenderweg

Chinesisch

Chi Hongkong Cuisine

Hongkong-Küche, mit einem ganz eigenen Stil. Es gibt im Ganzen gedämpften Loup de Mer, kurz gebratenes Entrecôte, tolle Nudelsuppen und leckere Dim Sums. Das schummerige Ambiente mit leicht edlem Touch macht das Chi zu einer guten Date-Location.

Essen 12,5/20, Trinken 6/10, Service 7/10, Ambiente 7/10, Wohl fühlen 6,5/10

Wertung: 39 von 60 Punkten (→)

Glockenbach, Rumfordstr. 14, 43 571 281, Mo-Sa 12-14.30h, 18-23.30h, Kosten: M, MVG: S 3/4/6/8 Isartor, T 16/18 Reichenbachplatz

Fire Dragon Lounge

Gastronomische Champions League. In Bobby Bräuers „Wohnzimmer" in der BMW Welt genießt man eine ebenso exquisite wie überraschende Gourmet-Küche (im Menü ab 135 Euro, vegetarisches Menü ab 110 Euro). Das warme elegante Loft-Ambiente ist einmalig schön. Für jeden Anlass.

Essen 13,5/20, Trinken 6/10, Service 5/10, Ambiente 7/10, Wohl fühlen 7/10

Wertung: 38,5 von 60 Punkten (→)

Westend, Paul-Heyse-Str. 29, 59 988 466, Di-So 11.30-15h, Di-Do 17.30-23h, Fr-Mo 17.30-5h, EC, MC, VI, AM, DI, Kosten: G, MVG: U 1/2/4/5, S 3/4/6/8 Hauptbahnhof

Frau Li

Das Frau Li ist einerseits Museum für Lampendesign und Möbelkunst (die Einrichtung ist wirklich die Schau), andererseits asiatisches Speiselokal mit einer schönen Auswahl an Salaten, vegetarischen Gerichten und sowie Fisch- und Fleischgerichten ohne Nummer vor dem Namen. Gelungen!

Essen 11,5/20, Trinken 6,5/10, Service 6,5/10, Ambiente 7,5/10, Wohl fühlen 6,5/10

Wertung: 38,5 von 60 Punkten (→)

Westend, Franziska-Bilek-Weg 1, 50 073 298, Mo-Fr 10-23h, Sa-So 12-23h, 60, 40 außen, EC, MC, Kosten: M, MVG: U 4/5 Schwanthalerhöhe

Gyoza Bar

Meist vollgestecktes, entsprechend lautes Lokal - die Gyoza hier sind einfach zu lecker. Schlichtes, aber durchaus gefälliges Ambiente.

Essen 12/20, Trinken 6/10, Service 6/10, Ambiente 6/10, Wohl fühlen 7/10

Wertung: 37 von 60 Punkten (→)

Maxvorstadt, Augustenstr. 47, 20 346 647, tgl. 11-22h, Kosten: M, MVG: U 2/8 Theresienstraße

Kam Yi

Wenig einladende Fassade (im Motorama an der Rosenheimer Straße) und drinnen ist es auch nicht wirklich hübsch. Allerdings verdient die Küche das Prädikat authentisch und ist durchweg gut. Einer der besten Chinesen in München. Die Dim-Sum-Spezialitäten sind beliebt.

Essen 13/20, Trinken 5/10, Service 7/10, Ambiente 5/10, Wohl fühlen 6/10

Wertung: 36 von 60 Punkten (→)

Haidhausen, Rosenheimer Str. 30, 4 481 366, tgl. 11.30-24h, Kosten: G, MVG: S 3/4/6/8, T 15/25 Rosenheimer Platz

Man Fat

Chinas Küche in der Barer Straße. Die kitschige Einrichtung funktioniert in diesem Lokal erstaunlicherweise. Freundlicher Service, die Küche überzeugt.

Essen 11,5/20, Trinken 6,5/10, Service 7/10, Ambiente 6,5/10, Wohl fühlen 6,5/10

Wertung: 38 von 60 Punkten (→)

Schwabing, Barer Str. 53, 2 720 962, tgl. 11.30-15h, 17.30-23.30h, Kosten: G, MVG: U 3/6 Universität, T 27/28 Schellingstraße

The Drunken Dragon Bar

Bar-Restaurant der Hutong Club-Macher. Aufregendes Ambiente, Sharing-Kitchen auf hohem Niveau und eine Cocktail-Auswahl, die mit Drinks wie dem Panda Beer oder dem China Doll erfreulich eigene Wege geht.

Essen 13/20, Trinken 7,5/10, Service 7/10, Ambiente 7,5/10, Wohl fühlen 7/10

Wertung: 42 von 60 Punkten (→)

Isarvorstadt, Müllerstr. 51, 24 216 115, So-Do 18-1h, Fr/Sa 18-2h, Kosten: M, MVG: T 17/18 Müllerstraße, U 1/2/3/6, T 16/17/18/27 Sendlinger Tor

The Hutong Club

Chinese mit internationalem Flair und einer schön zugespitzten eigenen Küche (Unbedingt die Dumplings probieren!). Toller Hotspot in Schwabing.

Essen 13/20, Trinken 7/10, Service 7/10, Ambiente 8/10, Wohl fühlen 7/10

Dhaba Schwabing

Wertung: 42 von 60 Punkten (→)
▸ Schwabing, Franz-Joseph-Str. 30, ☎ 38 380 343, tgl. 18.30-1h, Kosten: H, MVG: U 3/6 Giselastraße

★ Yi Nong
Luftiges Lokal, in dem eine sehr gute Shanghai- und Szechuan-Küche serviert wird.
Essen 12/20, Trinken 6/10, Service 7/10, Ambiente 6/10, Wohl fühlen 7/10
Wertung: 38 von 60 Punkten (→)
▸ Maxvorstadt, Amalienstr. 53, ☎ 99 937 912, Mo-Fr 11.30-15.30 u. 18-23h, Sa/So 12-22h, Kosten: M, MVG: U 3/6 Universität

Indisch

★ Dhaba
Mannshohe Statuen, Neonlicht an der Bar, rote Ledersessel – das modern interpretierte Ambiente steht diesem Inder ausgezeichnet zu Gesicht. Auf der Karte findet man abseits bekannter Klassiker auch ein paar außergewöhnliche Kreationen. Filiale in der Herzogstraße 1b.
Essen 12,5/20, Trinken 7,5/10, Service 7,5/10, Ambiente 8/10, Wohl fühlen 7/10
Wertung: 42,5 von 60 Punkten (→)
▸ Schwabing, Belgradstr. 16, ☎ 38 367 771, Mo-Fr 11.30-14.30h u. 17.30-23.30h, Sa 17.30-23.30h, So 12-23h, ⑂ 65, außen, ▣ EC, MC, VI, AM, Kosten: M, MVG: T 12/27, BUS 53 Kurfürstenplatz

★ Ganga
Sympathischer Inder, der vor allem mit seinem Service (eher persönlich, nicht so arg routiniert) und mit seiner geselligen Atmosphäre (entspannt-fröhlich) punktet.
Essen 11,5/20, Trinken 6,5/10, Service 7/10, Ambiente 6/10, Wohl fühlen 7/10
Wertung: 38 von 60 Punkten (→)
▸ Glockenbach, Baaderstr. 11, ☎ 2 016 465, tgl. 17.30-24h, Mo-Fr 11.30-15h, ⑂ 100, 60 außen, ▣ EC, Kosten: M, MVG: S 3/4/6/8, T 16/18 Isartor

★ Goa
Endlich mal ein Inder, bei dem auch das Ambiente stimmt. Aufgeräumt, dezent dekoriert, einfach hübsch. Dazu eine gute bis sehr gute Küche. Im Sommer zur Straße hin komplett offen!
Essen 12/20, Trinken 6,5/10, Service 7/10, Ambiente 6,5/10, Wohl fühlen 7/10
Wertung: 39 von 60 Punkten (→)
▸ Lehel, Thierschstr. 8, ☎ 21 111 789, Mo-Fr u. So 11.30-14.30h, tgl. 17.30-23.30h, ⑂ 35, 24 außen, ▣ EC, Kosten: M, MVG: S 3/4/6/8, T 16/18 Isartor

Natraj
Das Lokal ist von außen so unscheinbar, dass man beim Spaziergang auf der Nymphenburger Straße fast immer daran vorbeiläuft. Ein Besuch lohnt sich jedoch, vor allem wegen des herzlichen Service und der feinen indischen Küche. Ein Klassiker.
Essen 12/20, Trinken 5/10, Service 8/10, Ambiente 5/10, Wohl fühlen 6/10
Wertung: 36 von 60 Punkten (→)
▸ Neuhausen, Nymphenburger Str. 26, ☎ 12 001 262, tgl. 11.30-14.30h, 17.30-24h, Kosten: M, MVG: U 1 Maillingerstraße

Safran
Heller, großer, aber irgendwie schmuckloser Gastraum. Was dem Lokal an Flair fehl, reißt die pointierte Küche jedoch wieder raus. Tolle Tandooris, sehr gute Currys.
Essen 13/20, Trinken 6/10, Service 5,5/10, Ambiente 6/10, Wohl fühlen 7/10
Wertung: 37,5 von 60 Punkten (→)
▸ Haidhausen, Steinstr. 79, ☎ 61 468 781, Mo-Sa 11.30-14.30h, 17.30-24h, So 11.30-24h, Kosten: M, MVG: U 4/5, T 17 Lehel

★ Sangeet
Sehr stilvoll eingerichtetes indisches Lokal im Arco-Palais an der Brienner Straße. Die gute Küche rechtfertigt die etwas gehobenen Preise.
Essen 13/20, Trinken 7/10, Service 7/10, Ambiente 7/10, Wohl fühlen 7/10
Wertung: 41 von 60 Punkten (→)
▸ Zentrum, Brienner Str. 10, ☎ 28 674 557, tgl. 11.30-24h, ⑂ 60, 60 außen, ▣ EC, Kosten: M, MVG: U 3/4/5/6 Odeonsplatz

Sitar
Das Lokal verströmt einen bunten Hauch Bollywood. Auf die Küche ist Verlass, vor allem die Mittagsangebote sind beliebt.
Essen 11,5/20, Trinken 6/10, Service 6/10, Ambiente 6/10, Wohl fühlen 7/10
Wertung: 36,5 von 60 Punkten (→)
▸ Lehel, Robert-Koch-Str. 4, ☎ 21 112 361, tgl. 11.30-14.30h u. 17.30-1h, Kosten: M, MVG: U 4/5, T 17 Lehel

Swagat
Weiträumiges Kellerlokal. Das Bogenhausener Publikum schätzt das Swagat seit Jahren. Dass man etwas eng sitzt, wirkt sich positiv auf die Stimmung im Lokal aus. Die Speisen sind klassisch. Zu loben ist die kleine, aber gut sortierte Weinkarte.
Essen 12/20, Trinken 6,5/10, Service 5,5/10, Ambiente 6/10, Wohl fühlen 6/10
Wertung: 36 von 60 Punkten (→)
▸ Bogenhausen, Prinzregentenplatz 13, ☎ 47 084 844, tgl. 11.30-14.30h, 17.30-1h, ⑂ 300, 80 außen, Kosten: M, MVG: U 4 Prinzregentenplatz

Taj-Mahal
Beliebter Inder in Neuhausen. Die Küche arbeitet genau wie der Service richtig ordentlich. Beide geraten selbst, wenn das Lokal mal wieder richtig voll ist, selten aus dem Takt. Im Sommer mit belebter Terrasse.
Essen 12,5/20, Trinken 6/10, Service 6,5/10, Ambiente 6/10, Wohl fühlen 6/10
Wertung: 37 von 60 Punkten (→)
▸ Neuhausen, Nymphenburgerstr. 145, ☎ 12 007 050, Mo-Sa 11.30-14.30h, 17.30-24h, So 11.30-24h, ⑂ 120, 30 außen, ▣ EC, MC, VI, AM, Kosten: M, MVG: U 1, T 12, BUS 132/133 Rotkreuzplatz

★ The Indian Affaiirr
Edel-Inder, der die südasiatische Küche optisch und geschmacklich auf hohem Niveau zelebriert. Allein das Ambiente lohnt den Besuch.
Essen 13/20, Trinken 7/10, Service 7/10, Ambiente 8/10, Wohl fühlen 7/10
Wertung: 42 von 60 Punkten (→)
▸ Zentrum, Maximiliansplatz. 9, ☎ 39 298 801, Mo-Sa 12-15 u. 18-24h, So 18-24h, Kosten: H, MVG: U 3/4/5/6 Odeonsplatz

Asiatisch

Akuo
Kleiner Taiwanese im Univiertel mit schöner Auswahl an Baozhi und Jiaozhi (verschieden gefüllte Teigtaschen, gedämpft oder gebraten) auf der Karte. Zweckmäßige Einrichtung.
Essen 12/20, Trinken 6/10, Service 6,5/10, Ambiente 5/10, Wohl fühlen 8/10
Wertung: 37,5 von 60 Punkten (→)
▸ Maxvorstadt, Adalbertstr. 32, ☎ 39 299 006, Mo-Fr 11-21h, So 12-21h, Kosten: M, MVG: U 3/6 Universität

★ Anna Restaurant
Schwerpunkt der Karte bilden die Dim Sums (gedämpft, gebacken, gebraten). Ansonsten gibt es eine reichhaltige Auswahl an Salaten, Sandwiches und kleinen Vorspeisen (alles mit Asia-Einschlag). Dazu trinkt man spannend gemixte, teils saisonale Cocktails und ausgezeichnete Weine.
Essen 12,5/20, Trinken 8/10, Service 6,5/10, Ambiente 8/10, Wohl fühlen 7/10
Wertung: 42 von 60 Punkten (→)
▸ Zentrum, Schützenstr. 1, ☎ 599 940, tgl. 7-1h, Kosten: H, MVG: S 3/4/6/8, U 4/5, T 16-21/27/28 Karlsplatz (Stachus)

Asahi Grill NEU!

Asiatische Crossover-Küche. Hier werden dem Gast thailändische, vietnamesische und japanische Gerichte serviert. Während es mittags nur einfaches Büfett gibt, verwandelt sich das Lokal am Abend in einen Edelasiaten mit Wagyu und Hummer auf der Karte.

Essen 12/20, Trinken 6/10, Service 6/10, Ambiente 6/10, Wohl fühlen 6/10

Wertung: 36 von 60 Punkten (–)

▸ Schwabing, Leopoldstr. 76, ☎ 38 989 878, tgl. 11.30-23h, Kosten: M, MVG: U 3/6, T 23 Münchner Freiheit

★ Chang

In Grünwald und Solln sind die Chang-Lokale Institutionen. Jetzt genießt man den genialen Mix aus Asiens Küchen (Thai-Currys, Sushi, Kobe-Beef) auch in der Sporerstraße im Zentrum.

Essen 13/20, Trinken 7/10, Service 7/10, Ambiente 7/10, Wohl fühlen 7/10

Wertung: 41 von 60 Punkten (→)

▸ Zentrum, Sporerstr. 2, ☎ 25 544 100, Mo-Sa 11.30-24h, Kosten: M, MVG: S 3/4/6/8, U 3/6 Marienplatz

★ Gast

Pizza, Pasta, Wok - alles aus der offenen Küche. Das Gast ist tagsüber ein sympathisches Café, abends eine stilvolle Lounge mit riesiger Terrasse am Gasteig! Das Ambiente wurde aufgehübscht (viel grün).

Essen 12,5/20, Trinken 6,5/10, Service 4/10, Ambiente 7/10, Wohl fühlen 8/10

Wertung: 38 von 60 Punkten (→)

▸ Haidhausen, Rosenheimer Str. 5, ☎ 480 982 720, Mo-Fr 11-1h, Sa-So 10-1h, ⑁ 430, 330 außen, ▣ EC, MC, VI, AM, DI, Kosten: G, MVG: S 3/4/6/8, T 15/25 Rosenheimer Platz

Matsuhisa Munich Zentrum

★ LeDu

Leckere Dumplings (gedämpfte Teigtaschen) im Baukastensystem. Und die Zutaten sind auch noch bio! Moderne-minimalistische Einrichtung. Schöne Tee-Auswahl. Filiale in der Klenzestraße.

Essen 12/20, Trinken 6/10, Service 6/10, Ambiente 7/10, Wohl fühlen 7/10

Wertung: 38 von 60 Punkten (→)

▸ Maxvorstadt, Theresienstr. 18, ☎ 95 898 460, Mo-Do 11.30-21.30h, Fr 11.30-22h, Sa 12-22h, So 12-21.30h, Kosten: M, MVG: U 3/6 Universität

★ Madame Hu

Klein, lässig und dennoch kulinarisch wertvoll. Sehr bekömmliche Asia-Küche, die von frischen Kräutern dominiert wird.

Essen 12,5/20, Trinken 6/10, Service 6,5/10, Ambiente 7/10, Wohl fühlen 7/10

Wertung: 39 von 60 Punkten (→)

▸ Westend, Gollierstr. 20, ☎ 45 217 272, Mo-Sa 11-15 u. 17-22h, So 17-22h, Kosten: M, MVG: U 4/5 Schwanthalerhöhe

★ Matsuhisa Munich

Das Lokal im Hotel Mandarin Oriental: Geniale Fusionküche (japanisch-peruanisch) von Starkoch Nobuyuki Matsuhisa in einem edlen, lebendigen Ambiente.

Essen 17/20, Trinken 7/10, Service 6/10, Ambiente 7/10, Wohl fühlen 8/10

Wertung: 45 von 60 Punkten (→)

▸ Zentrum, Neuturmstr. 1, ☎ 290 981 875, Mo-Sa 18-22.30h, So 18-22h, Kosten: M, MVG: S 3/4/6/8, U 3/6 Marienplatz, T 19 Kammerspiele

Mongo's

Im Mongo's stellt man sich sein Essen aus Zutaten wie Lamm, Lachs, Känguru sowie Gemüse und Marinaden selbst zusammen. Das Ausgewählte wird dann in der Küche frisch zubereitet. Der Service im Mongo's verdient ein großes Lob, da er selbst im komplett gefüllten Lokal nicht aus dem Takt gerät. Sonntags Asia-Brunch (allerdings nur im Winter).

Essen 10,5/20, Trinken 6/10, Service 7/10, Ambiente 6/10, Wohl fühlen 6/10

Wertung: 35,5 von 60 Punkten (→)

▸ Zentrum, Oberanger 28, ☎ 23 225 800, So-Do 17-24h, Fr/Sa 17-1h, ⑁ 50, 24 außen, ▣ EC, Kosten: M, MVG: U 1/2/3/6, T 16/17/18/27, BUS 62 Sendlinger Tor

★ Mun

Fusionküche, die das Beste aus Japan, Korea oder China auf den Teller zaubert (z.B. Sushi oder Filet Mignon an Sojasoße). Perfekt in Szene gesetzten Gewölbe. Lässiger Service und spannende Weine runden das Angebot ab.

Essen 14,5/20, Trinken 7,5/10, Service 7/10, Ambiente 8/10, Wohl fühlen 8/10

Wertung: 45 von 60 Punkten (→)

▸ Haidhausen, Innere Wiener Str. 18, ☎ 62 809 520,

Peony Lounge Schwabing

So/Di-Do 17.30-23h, Fr/Sa 17:30-24h, Kosten: H, MVG: U 4/5 Max-Weber-Platz, T 16 Wiener Platz

★ Peony Lounge

Die Peony Lounge ergänzt die vietnamesische Küche um Gerichte aus Thailand und setzt dabei auf frische Zutaten und Originalrezepte. Außen unspektakulär, drinnen überrascht den Gast ein edles Feng-Shui-Ambiente.

Essen 12,5/20, Trinken 7,5/10, Service 9/10, Ambiente 7/10, Wohl fühlen 8/10

Wertung: 44 von 60 Punkten (→)

▸ Schwabing, Hörwarthstr. 4, ☎ 30 669 891, Mo-So 18-23.30h, Kosten: M, MVG: T 23, BUS 144 Potsdamer Straße

★ Trader Vic's

In dem bunt eingerichteten Kellerlokal taucht man in eine eigene Welt ein. Die Speisekarte offeriert eine kulinarische Weltreise durch die asiatischen Küchen. Peking Suppe aus China, Papaya Salat aus Thailand, Sashimi aus Japan, Kurkuma-Hähnchen aus Indonesien ... Dazu genießt man exotische Cocktails, gute Weine und erfreut sich an der illustren Gästemischung.

Essen 12/20, Trinken 7/10, Service 7/10, Ambiente 7/10, Wohl fühlen 7/10

Wertung: 40 von 60 Punkten (→)

▸ Zentrum, Promenadeplatz 2-6, ☎ 2 120 995, tgl. 18-1h, ⑁ 18, 22 außen, ▣ EC, Kosten: H, MVG: S 3/4/6/8, U 3/6 Marienplatz, T 19 Theatinerstraße

The Spice Bazaar Zentrum

Exotisch

Hier finden Sie alle Gastro-Empfehlungen für Lokale mit exotischer Küche.

★ Aloha Poke
Hawaiianisches Deli mit einer spannenden Küche (viel Gemüse, viele Nüsse, viele Gewürze, viel Superfood). Neue Filiale im Werksviertel.
Essen 12/20, Trinken 6/10, Service 6/10, Ambiente 7/10, Wohl fühlen 7/10
Wertung: 38 von 60 Punkten (→)
Maxvorstadt, Türkenstr. 80, 85 634 893, Mo-Sa 11-22h, So 12-22h, Kosten: M, MVG: U 3/6 Universität

Arabesk
Authentisch-orientalisches Ambiente, das etwas in die Jahre gekommen ist. Die Tanzdarbietungen sind klasse, ebenso wie die traditionelle Wasserpfeife, die man sich nach dem Essen gönnen kann. Manchmal gemächlicher Service.
Essen 11/20, Trinken 6,5/10, Service 6,5/10, Ambiente 6/10, Wohl fühlen 7/10
Wertung: 37 von 60 Punkten (→)
Schwabing, Kaulbachstr. 86, 333 738, Mo-Fr 12-15h, So-Do 18-23h, Fr/Sa 18-0.30h, Kosten: M, MVG: U 3/6 Universität

★ Baalbek
Die libanesische Küche von ihrer besten Seite. Vielfältige Vorspeisenauswahl und große Weine!
Essen 13/20, Trinken 6,5/10, Service 6,5/10, Ambiente 7/10, Wohl fühlen 7/10
Wertung: 40 von 60 Punkten (→)
Maxvorstadt, Karlstr. 27, 21 931 908, tgl. 15-24h, Kosten: H, MVG: T 27/28 Ottostraße

★ Bamyan Narges
Hübsch eingerichteter Afghane im Glockenbachviertel mit einer gewürzdominierten, spannenden Küche und tollen Drinks. Unbedingt den Fisch vom Lavasteingrill probieren. Oft voll. Zum Glück gibt es ganz in der Nähe (Klenzestr. 47) noch einen Bamyan Narges-Ableger.
Essen 11,5/20, Trinken 7/10, Service 6,5/10, Ambiente 6,5/10, Wohl fühlen 6,5/10
Wertung: 38 von 60 Punkten (→)
Glockenbach, Hans-Sachs-Str. 3, 23 888 878, Mo-Sa 11.30-1h, So 17-24h, EC, MC, VI, AM, DI, Kosten: M, MVG: T 17/18 Müllerstraße, U 1/2/3/6, T 16/17/18/27 Sendlinger Tor

★ Blue Nile
Seit Jahren ein Aushängeschild der afrikanischen Küche. Hauptgerichte werden ohne Besteck gegessen, die Speisen wickelt man einfach in die dazu gereichten Ingera-Fladen ein! Zum Essen trinkt man am besten Honigwein. Warme Wohlfühl-Atmosphäre, herzlicher Service.
Essen 12,5/20, Trinken 5/10, Service 7/10, Ambiente 8/10, Wohl fühlen 9/10
Wertung: 41,5 von 60 Punkten (→)
Schwabing, Siegesstr. 22a, 342 389, Mo-Sa 18-24h, Kosten: M, MVG: U 3/6, T 23, Bus 53/54/142/144 Münchner Freiheit

★ Champor
Ausgezeichnete malaysische Küche mit exotischen Gerichten wie Cleypot Beef Curry oder Nyonya Prawn Petai. Immer wieder gibt es verschiedene Aktionen und Probier-Menüs.
Essen 14/20, Trinken 7/10, Service 8/10, Ambiente 7/10, Wohl fühlen 7/10
Wertung: 43 von 60 Punkten (→)
Denning, Warthestr. 5, 99 317 764, Mo-Fr 11.30-14.30h u. 18-23.30h, Sa 18-24h, Kosten: M, MVG: S 8 Daglfing

De Afric
Köstlichkeiten wie eritreischer Linseneintopf oder Lammfleisch an Berber-Sauce locken in diesem Lokal, in dem die Küche Äthiopiens und Eritreas auf den Tisch kommt. Was der Einrichtung an Wärme fehlt, fängt der Service mit Herzlichkeit gekonnt auf.
Essen 12/20, Trinken 6/10, Service 7/10, Ambiente 5/10, Wohl fühlen 7/10
Wertung: 37 von 60 Punkten (→)
Maxvorstadt, Theresienstr. 146, 51 300 185, So-Do 12-15 u. 17-0h, Fr/Sa 17-5h, Kosten: M, MVG: U 2/8 Theresienstraße

★ Deeba
Seit Jahren eine Bank, wenn es um pakistanische Küche geht. Tolle Curry-Spezialitäten sowie exotische Fleisch- oder Fisch-Kreationen. Am Wochenende unbedingt reservieren.
Essen 12/20, Trinken 6/10, Service 6,5/10, Ambiente 8/10, Wohl fühlen 7/10
Wertung: 39,5 von 60 Punkten (→)
Maxvorstadt, Barer Str. 42, 283 407, So-Fr 11.30-15h u. 18-24h, Sa 18-24h, Kosten: M, MVG: U 3/6 Universität, T 27 Pinakotheken

★ Freiraum
Das Freiraum punktet mit fairen Preisen und familiärem Flair. Die argentinische Küche ist angenehm schlicht, könnte jedoch ruhig ein wenig mehr Temperament vertragen. Die Steaks allerdings sind große klasse.
Essen 13/20, Trinken 5,5/10, Service 6,5/10, Ambiente 6/10, Wohl fühlen 7/10
Wertung: 38 von 60 Punkten (→)
Glockenbach, Pestalozzistr. 8, 2 607 749, Mo-Sa ab 17h, Kosten: M, MVG: U 1/2/3/6, T 16/17/18/27, Bus 62 Sendlinger Tor

★ Ksara
Traditionell eingerichtetes libanesisches Lokal (nettes Höhlenambiente). An den liebevoll eingedeckten Tischen fühlt man sich sofort wohl. Unbedingt durch die reiche Vorspeisenauswahl schlemmen.
Essen 12/20, Trinken 7/10, Service 8/10, Ambiente 7/10, Wohl fühlen 7/10
Wertung: 41 von 60 Punkten (→)
Schwabing, Haimhauserstr. 7, 33 088 299, tgl. 18-24h, 50, 20 außen, EC, Kosten: M, MVG: U 3/6, T 23, Bus 53/59/142 Münchner Freiheit

Lemar
Der Klassiker in München für afghanische Küche. Ambiente und Essen: sehr geschmackvoll. Zeit mitbringen! Hier gehen die Uhren etwas langsamer. Ableger des Lokals gibt es im Zentrum sowie im Lehel.
Essen 12/20, Trinken 6/10, Service 5/10, Ambiente 8/10, Wohl fühlen 6,5/10
Wertung: 37,5 von 60 Punkten (→)
Schwabing, Viktor-Scheffel-Str. 23, 397 677, tgl. 17-1h, 75, 50 außen, EC, MC, VI, Kosten: M, MVG: U 2 Hohenzollernplatz, T 12/27, Bus 53 Kurfürstenplatz

Manouche
Charmant in einer Seitenstraße gelegen überzeugt dieser Imbiss durch die konsequente Verwendung von Zutaten aus ökologischer Herkunft, sympathischen Mitarbeitern und strikter Authentizität. Die Spezialität des Hauses heißt (und quasi das einzige, was hier angeboten wird): Manouche - und ist ein dünnes (frisch gebackenes!) libanesisches Fladenbrot, das mit verschiedenen Belägen gereicht wird.
Essen 12/20, Trinken 6/10, Service 6/10, Ambiente 6/10, Wohl fühlen 6/10
Wertung: 36 von 60 Punkten (→)
▶ Sendling, Valleystr. 19, ☎ 52 036 916, Mo-Sa 9-22h, Kosten: G, MVG: U 3/6 Implerstraße

Nana
Das israelische Lokal brummt. Man isst Meze (z.B. Rote-Bete-Salat mit Bulgur) und kleine Gerichte wie Gemüseragout mit Lammhack. Internationale Weinauswahl.
Essen 12,5/20, Trinken 7/10, Service 7/10, Ambiente 6,5/10, Wohl fühlen 7/10
Wertung: 40 von 60 Punkten (→)
▶ Haidhausen, Metzstr. 15, ☎ 44 499 633, Di-Sa 12-0h, So 10-18h, Kosten: M, MVG: S 3/4/6/8, T 15/25 Rosenheimer Platz

Nasca
Die peruanisch ausgelegte Küche im Nasca ist ein Erlebnis. Die Einrichtung des Lokals ist – trotz der Lage im Univiertel – erwachsen, sehr stilvoll. Brauntöne herrschen vor, die Lampen spenden warmes Licht. Schön!
Essen 12/20, Trinken 6,5/10, Service 6/10, Ambiente 7/10, Wohl fühlen 7/10
Wertung: 38,5 von 60 Punkten (→)
▶ Maxvorstadt, Enhuberstr. 1, ☎ 52 310 594, Di-Do 18-23h, Fr/Sa 18-1h, So 13-23h, Kosten: M, MVG: U 2/8 Theresienstraße

Savanna Munich Isarvorstadt

Foto Trader Vic's: Andreas Grieger

Nigin
Lauschiges Plätzchen abseits der gängigen Szeneläden. Zu essen gibt es Linsen-Hackfleischsuppe oder Auberginen mit Quarkdip. Die Lammgerichte haben eine besondere Empfehlung verdient.
Essen 14/20, Trinken 7/10, Service 6,5/10, Ambiente 7/10, Wohl fühlen 8/10
Wertung: 42,5 von 60 Punkten (→)
▶ Zentrum, Neuhauserstr. 15, ☎ 24 215 300, Mo-Sa 12-24h, So 17-24h, Kosten: G, MVG: U 1/2/3/6, T 16/17/18/27, Bus 62 Sendl. Tor

Pacific Times
Stimmiges Bar-Restaurant mit einer exotischen Crossover-Speisekarte (Wer einmal die mit Oliven gefüllten Datteln im Speckmantel gegessen hat, will nichts Anderes mehr!), kolonialem Touch und einem Service der alten Schule. Für jede Gelegenheit.
Essen 13/20, Trinken 8/10, Service 7,5/10, Ambiente 6/10, Wohl fühlen 8/10
Wertung: 42,5 von 60 Punkten (→)
▶ Glockenbach, Baaderstr. 28, ☎ 20 239 470, Mo-Do 18-1h, Fr/Sa 18-2h, Kosten: M, MVG: S 3/4/6/8, T 16/18 Isartor

Royal Healthy Slices NEU!
Bei den königlichen und gesunden Stückchen handelt es sich um griechisch-georgische Spezialitäten: Hefeteigbrote mit allerlei Füllungen. Mal mit Fleisch, mal mit Gemüse, mal mit beidem. Dazu gibt es Kuchen, Bio-Tee und fantastische Profiteroles.
Essen 12/20, Trinken 6/10, Service 6,5/10, Ambiente 6/10, Wohl fühlen 8/10
Wertung: 38,5 von 60 Punkten (–)
▶ Schwabing, Hohenzollernplatz 4, ☎ 23 023 702, Mo-Sa 9-20h, So 12-18h, Kosten: G, MVG: U 2/8, T 12/27/28, Bus 27/53/59, Hohenzollernplatz

Savanna Munich
Köstliche Fleischspezialitäten vom Grill, die zudem auch noch absolut bezahlbar sind. Neben Rind stehen auch Springbock, Strauß und Krokodil in diesem südafrikanischen Lokal ebenfalls auf der Karte. Auf die südafrikanischen Weine dazu ist Verlass. Stimmiges Ambiente und zuvorkommender Service. Immer mittwochs ist Cocktail-Night (alle Drinks 5 Euro). Top!
Essen 13/20, Trinken 7/10, Service 6,5/10, Ambiente 6,5/10, Wohl fühlen 7,5/10
Wertung: 40,5 von 60 Punkten (→)
▶ Isarvorstadt, Maistr. 63, ☎ 53 906 363, Di-So 17-1h, Kosten: M, MVG: U 3/6 Goetheplatz, Bus 58 Kapuzinerstraße

The Carribean Embassy
Gute karibische Küche in einer außergewöhnlichen Location (ein meterhoher Raum, in dem sogar ausgewachsene Palmen Platz haben). Dazu tolle Events wie Fischbüfett, Rumtastings oder Cocktailkurse. Im Sommer mit großer Terrasse.
Essen 13/20, Trinken 7/10, Service 7/10,

Trader Vic's Zentrum

Ambiente 7/10, Wohl fühlen 8/10
Wertung: 42 von 60 Punkten (→)
▶ Schwanthalerhöhe, Ganghoferstr. 68, ☎ 54 030 615, Di-Do 18-1h, Fr/Sa 18-3h, Kosten: M, MVG: U 4/5 Schwanthaler Höhe

The Spice Bazaar
Eine mediterran-orientalische Küche verwöhnt hier den Gaumen, fordert ihn aber manchmal auch. Für Menschen, die gern ihren kulinarischen Horizont erweitern. Ambiente: 1001 Nacht.
Essen 13/20, Trinken 7/10, Service 7/10, Ambiente 8/10, Wohl fühlen 7/10
Wertung: 42 von 60 Punkten (→)
▶ Zentrum, Marstallpl. 3, ☎ 25 547 777, Mo-Fr 11-30-15h, Sa 10.30-1h, So 10.30-22h, Kosten: H, MVG: U 3/4/5/6 Odeonsplatz

Trader Vic's
In dem bunt eingerichteten Kellerlokal taucht man in eine eigene Welt ein. Die Speisekarte offeriert eine kulinarische Weltreise durch die asiatischen Küchen. Peking Suppe aus China, Papaya Salat aus Thailand, Sashimi aus Japan, Kurkuma-Hähnchen aus Indonesien ... Dazu genießt man exotische Cocktails, gute Weine und erfreut sich an der illustren Gästemischung.
Essen 12/20, Trinken 7/10, Service 7/10, Ambiente 7/10, Wohl fühlen 7/10
Wertung: 40 von 60 Punkten (→)
▶ Zentrum, Promenadeplatz 2-6, ☎ 2 120 995, tgl. 18-1h, ⌿ 18, 22 außen, EC, Kosten: H, MVG: S 3/4/6/8, U 3/6 Marienplatz, T 19 Theatinerstraße

VIB Grill & Lounge
Das brasilianisches Grill-Restaurant ist in die Leopoldstraße gezogen. Von der Stimmung her passt das prächtig. Noch immer säbeln einem die Kellner Fleisch von Spießen (Rodizio), bis man platzt (41 Euro). Dazu gibt es eine gute Auswahl brasilianischer Weine und Cocktails.
Essen 12,5/20, Trinken 6,5/10, Service 6,5/10, Ambiente 7/10, Wohl fühlen 8/10
Wertung: 40,5 von 60 Punkten (→)
▶ Schwabing, Leopoldstr. 42, ☎ 89 866 801, Di-Fr 11.30-15 u. 17.30-23h, Sa 17.30-23h, So 12-23h, Kosten: M, MVG: S 3/4/6/8, T 15/25 Rosenheimer Platz

Bar of Bel Air Haidhausen

Bars

Hier finden Sie alle Gastro-Empfehlungen für Münchens beste Bars.

★ Anna Restaurant
Asiatisch angehauchte Cocktails wie der Green Dragon, schöne Eigenkreationen (z.B. der Prime-Thyme) und Klassiker wie der Negroni, die immer gehen. Lebendige Atmosphäre.
Trinken 9/10, Service 6/10, Ambiente 8/10, Wohl fühlen 7/10
Wertung: 30 von 40 Punkten (→)
Zentrum, Schützenstr. 1, 599 940, tgl. 7-1h, Kosten: M, MVG: S 3/4/6/8, U 4/5, T 16-21/27/28 Karlsplatz (Stachus)

★ Auroom
Der Barkeeper ist tot. Es lebe der Mixologe! Ausgefallenen Drinks (Nutella Martini!) und starke Klassiker. Zu essen gibt es Kleinigkeiten wie Datteln im Speckmantel oder Saté-Spieße.
Trinken 7,5/10, Service 7/10, Ambiente 6,5/10, Wohl fühlen 7/10
Wertung: 28 von 40 Punkten (→)
Glockenbach, Hans-Sachs-Str. 20, 20 009 090, Mo-Do 18-24h, Fr/Sa 18-3h, 150, EC, Kosten: M, MVG: T 17/18 Müllerstraße, U 1/2/3/6, T 16/17/18/27 Sendlinger Tor

Bar 31
Bar im Mandarin Oriental. Elegantes, internationales Club-Ambiente. Dazu ausgefallene und klassische Drinks. Donnerstags Live-Musik.
Trinken 7/10, Service 7/10, Ambiente 6/10, Wohl fühlen 7/10
Wertung: 27 von 40 Punkten (→)
Zentrum, Neuturmstr. 1, 29 098 831, So-Do 18-1h, Fr/Sa 18-2h, Kosten: SH, MVG: S 3/4/6/8, U 3/6 Marienplatz, T 19 Kammerspiele

Bar Centrale
Die Szene-Bar ist jeden Abend bumsvoll. Kämpft man sich durch die Massen, findet man hinten einen hübschen Lounge-Bereich, in dem auch gegessen werden kann (Salate, Pasta etc.). Zeitloses italienisches Ambiente.
Trinken 6,5/10, Service 6,5/10, Ambiente 7/10, Wohl fühlen 7/10
Wertung: 27 von 40 Punkten (→)
Zentrum, Ledererstr. 23, 223 762, Mo-Sa 7.30-1h, So 9-1h, 50, 50 außen, EC, Kosten: M, MVG: S 3/4/6/8, U 3/6 Marienplatz

★ Bar Comercial
Schöne Bar in den Fünf Höfen. Das Ambiente hat Klasse. Die Pizza aus dem Steinofen bildet die perfekte Grundlage für die gut gemixten Cocktails und Weine. Außerdem auf der Karte: Pasta, Salate und Snacks. Samstags mit Live-DJ ab 20h.
Trinken 6,5/10, Service 6,5/10, Ambiente 8/10, Wohl fühlen 7/10
Wertung: 28 von 40 Punkten (→)
Zentrum, Theatinerstr. 16 (in den Fünf Höfen), 2 070 066, Mo-Sa 9-1h, So 12-24h, 70, 40 außen, EC, MC, VI, Kosten: M, MVG: U 3/4/5/6 Odeonsplatz

★ Bar dell Osteria
Gehobene italienischen Bar von den Osteria-Machern mit großen Weinen, Snacks (Oliven, Käse, Schinken) und sehr guten Speisen. Signature Dish: die Rinderlende in der Salzkruste!
Trinken 8/10, Service 7/10, Ambiente 8/10, Wohl fühlen 7/10
Wertung: 30 von 40 Punkten (→)
Schwabing, Schellingstr. 60, 28 673 670, tgl. 11-24h, Kosten: H, MVG: U 3/6 Universität, T 27/28 Schellingstraße

★ Bar Färber
Urbane Bar in der Klenzestraße, die ein entspanntes, eher erwachsenes Publikum anlockt. Manchmal legen DJs auf. Klassische Drinks, einfaches Barfood, z.B. Steak-Sandwich.
Trinken 7/10, Service 7/10, Ambiente 7/10, Wohl fühlen 7/10
Wertung: 28 von 40 Punkten (→)
Glockenbach, Corneliusstr. 34, 20 180 713, Mi-Do 20-2h, Fr/Sa 20-3h, 100, 100 außen, EC, MC, VI, AM, Kosten: M, MVG: U 1/2, T 27, Bus 132 Fraunhoferstraße

★ Bar Gabányi
Eine Bar, wie sie sein soll, ein Ort für Kultur und Trinkkult. Aufmerksamer, netter Service, und ein nur selten gestresster (dann aber bärbeißig wirkender) Wirt. Moderate Preise, ein Ort zum Wohlfühlen.
Trinken 9/10, Service 8,5/10, Ambiente 8/10, Wohl fühlen 8/10
Wertung: 33,5 von 40 Punkten (→)
Ludwigsvorstadt, Beethovenplatz 2, 51 701 805, Mi-Do 18-3h, Fr/Sa 20-5h, So 18-4h, Kosten: H, MVG: U 1/2/3/6, T 16/17/18/27, Bus 62 Sendl. Tor

★ Bar Garçon
Hippe Bar mit präzise gemixten außergewöhnlichen Drinks. Für Anderstrinker.
Trinken 8/10, Service 7/10, Ambiente 7/10, Wohl fühlen 7/10
Wertung: 29 von 40 Punkten (→)
Isarvorstadt, Utzschneiderstr. 4, Di-Do 18-1h, Fr 18-2, Sa 19-2h, Kosten: M, MVG: T 16/18 Reichenbachplatz

Bar Longitude 11°
Tagsüber lässige Cafélounge (mit Frühstück!). Abends prägt die urban-intime Atmosphäre die Stimmung. Gute Auswahl an klassischen Cocktails sowie erfrischenden Eigenkreationen wie dem Aged Negroni.
Trinken 7/10, Service 7/10, Ambiente 6,5/10, Wohl fühlen 6,5/10
Wertung: 27 von 40 Punkten (→)
Zentrum, Bayerstr. 41, 24 220, Mo-Fr. 7-1h, Sa/So 7.30-1h, 40, 40 außen, EC, MC, VI, Kosten: M, MVG: S 3/4/6/8, U 1/2 Hauptbahnhof

★ Bar of Bel Air
Wer hätte je gedacht, dass Sonnenuntergänge über dem Ostbahnhof so schön sein können. Vom Ambiente her eine der coolsten Bars der Stadt. Dazu ordentliche Drinks, vor allem, wenn Neville hinter dem Tresen steht.
Trinken 7/10, Service 7/10, Ambiente 9/10, Wohl fühlen 9/10
Wertung: 32 von 40 Punkten (→)
Haidhausen, Atelierstr. 4, 0172-8661686, So-Do 12-1h, Fr/Sa 12-3h, Kosten: M, MVG: S 2-8, U 5, T 19 Ostbahnhof

Barista
Bar-Restaurant mit exklusivem Ambiente (neun Meter hohe Wände). Weine und Cocktails sind top, die Speisen gut.
Trinken 7,5/10, Service 6,5/10, Ambiente 7/10, Wohl fühlen 6,5/10
Wertung: 27,5 von 40 Punkten (→)
Zentrum, Kardinal-Faulhaber-Str. 11, 20 802 180, Mo-Do 11-1h, Fr/Sa 11-2h, Kosten: M, MVG: S 3/4/6/8, U 3/6 Marienplatz, T 19 Maffeistraße

Bar Gabányi Ludwigvorstadt

Barschwein
Partybar mit günstigen Getränkepreisen. Da freut sich ein vor allem jüngeres durstiges Publikum. Wechselnde DJs. Ausgelassene Stimmung.
Trinken 5/10, Service 6,5/10, Ambiente 6,5/10, Wohl fühlen 8/10
Wertung: 26 von 40 Punkten (→)
Schwabing, Franzstr. 3, 1 728 311 939, tgl. ab 18h (Jul-Sep ab 19h), 100, 30 außen, EC, MC, VI, AM, DI, Kosten: G, MVG: U 3/6, T 23, BUS 53/59/142 Münchner Freiheit

Ben's Bar
Kubanische Bar, die Spaß macht. Die bunten Wände und vielen Couchen sowie der Latino-Sound, der aus den Boxen perlt, sorgen für gute Stimmung.
Trinken 6,5/10, Service 6/10, Ambiente 7/10, Wohl fühlen 7/10
Wertung: 26,5 von 40 Punkten (→)
Schwabing, Clemensstr. 7, 28 970 919, Di-Do 18-1h, Fr/Sa 18-3h, 270, 150 außen, EC, MC, VI, AM, Kosten: M, MVG: U 3/6, T 23, BUS 53/59/142 Münchner Freiheit

Beverly Kills
Bar-Club in der Müllerstraße. Im Beverly Kills haben die Mädels noch flache Schuhe, Jeans und T-Shirt an und sind weit weg von der gängigen Münchner Swarovski-Kultur. Fast könnte man meinen, dass aus der Klimaanlage ein Berliner Lüftchen unters Underground-Volk geblasen wird.
Trinken 7/10, Service 6/10, Ambiente 6,5/10, Wohl fühlen 7,5/10
Wertung: 27 von 40 Punkten (→)
Glockenbach, Müllerstr. 43, 0176-63032244, Mo-Sa ab 20h, Kosten: M, MVG: U 1/2, T 27, BUS 132 Fraunhoferstraße

Blue Spa Bar
Bar im Spa des Bayerischen Hofs. Die Terrasse mit Blick über die Dächer Münchens ist ein Traum. Viele Wellness-Drinks auf der Karte, aber auch die Klassiker fehlen nicht. Im Sommer BBQ. Perfekt, um sich selbst zu verwöhnen.
Trinken 7/10, Service 7/10, Ambiente 8/10, Wohl fühlen 7,5/10
Wertung: 29,5 von 40 Punkten (→)
Zentrum, Promenadeplatz 2-6, 2 120 875, tgl. 8-22.30h, 45, außen, EC, VI, Kosten: H, MVG: S 3/4/6/8, U 3/6 Marienplatz, T 19 Theatinerstraße

Boulevardier NEU!
Mauro Mahjoub und Emanuele Ingusci haben sich zusammengetan und Mauro's Negroni Club ein neues Konzept unter neuem Namen verpasst. Geniale Negroni-Kreationen gibt es hier immer noch. Zu den Cocktails genießt man italienische Kleinigkeiten.
Trinken 8,5/10, Service 6,5/10, Ambiente 7/10, Wohl fühlen 7/10
Wertung: 29 von 40 Punkten (→)
Haidhausen, Kellerstr. 32, 44 488 770, Mo-Sa ab 19 h (im Sommer Di Ruhetag), Kosten: M, MVG: S 3/4/6/8, T 15/25 Rosenheimer Platz

Der Experten-Tipp von Damir Fister

Blue Spa Bar

„Die bei Vollmond stattfindende Luna Party im Bayerischen Hof lockt vor allem bissfeste Damen und betagte Party-Werwölfe wie mich an. Rrrrhhh."

Café Bangkok
Bar mit hohem Spaß- und Unterhaltungsfaktor. Man kann, muss aber nicht tanzen. In den Séparées kann man prima flirten.
Trinken 6/10, Service 7/10, Ambiente 7,5/10, Wohl fühlen 7,5/10
Wertung: 28 von 40 Punkten (→)
Schwabing, Leopoldstr. 49, 0170-7138141, Mi/Do 19-2h, Fr/Sa 19-4h, Kosten: M, MVG: U 3/6 Giselastraße

Café Cord
Tolle Location, um für die Nacht auf der Sonnenstraße vorzuglühen. Entweder sitzt man gemütlich auf der Terrasse oder drinnen auf der Galerie.
Trinken 6/10, Service 7/10, Ambiente 7,5/10, Wohl fühlen 8/10
Wertung: 28,5 von 40 Punkten (→)
Zentrum, Sonnenstr. 19, 54 540 780, Mo-Sa ab 11h, 60, 60 außen, EC, MC, VI, AM, Kosten: M, MVG: U 1/2/3/6, T 16/17/18/27, BUS 62 Sendlinger Tor

Café Kosmos
Jemand schrieb mal, das Kosmos sei das Schumann's der Alternativen in München. Da ist was dran. Immer wieder unglaublich, wie gut der Service den Laden trotz permanenter Überfüllung im Griff hat. Unverputzte Wände und der Retro-Used-Look haben das Kosmos zu einer extrem beliebten Location gemacht. Oder liegt's etwa doch nur an den fairen Getränkepreisen? Das Café für junge Leute beim Innenstadtshopping, zum Vorglühen für die Clubnight oder gleich ganz durchfeiern.
Trinken 6,5/10, Service 7/10, Ambiente 7/10, Wohl fühlen 8/10
Wertung: 28,5 von 40 Punkten (→)
Maxvorstadt, Dachauerstr. 7, 0175-3748756, Mo-Fr 12-1h, Sa/So 14-3h, Kosten: M, MVG: U 1/2/4/5, S 3/4/6/8 Hauptbahnhof

Café Reitschule
Schicke Bar, schickes Publikum.
Trinken 6,5/10, Service 6,5/10, Ambiente 7,5/10, Wohl fühlen 7/10
Wertung: 27,5 von 40 Punkten (→)
Schwabing, Königinstr. 34, 3 888 760, Mo-Sa 9-1h, So 9-20h, 70, 90 außen, EC, MC, VI, AM, DI, Kosten: M, MVG: U 3/6 Giselastraße, BUS 54 Thiemestraße

Call Soul NEU!
Hier werden Drinks angezündet (Burning Man) oder aus Affenköpfen geschlürft (Affenliebe). Die Mixologen gehen ihrer Leidenschaft mit Akribie nach, ohne jedoch den Gast aus den Augen zu verlieren. Dazu serviert man frisches Barfood (vorwiegend Pasta und Salate). Am Wochenende sollte man für das Bar-Entertainment unbedingt reservieren.
Trinken 8/10, Service 7/10, Ambiente 7,5/10, Wohl fühlen 8/10
Wertung: 30,5 von 40 Punkten (–)
Schwabing, Biedersteiner Str. 6, 45 206 655, Mo-Do 18-23h, Fr/Sa 18-2h, Kosten: M-H, MVG: U 3/6, T 23 Münchner Freiheit

Der Experten-Tipp von Damir Fister

Die goldene Bar

„Die Goldene Bar ist vor allem für jene Goldkehlchen, die noch schätzen, was ihnen als Cocktail den Gaumen hinunterläuft."

Champions Sportsbar
DIE Sportsbar in München. Auf den 15 Flatscreens und der HD Wall in der Bar im Marriott-Hotel gibt's natürlich vor allem Fußball, aber auch internationale Sportevents zu sehen. Gute Küche mit American Food wie Nachos, Burger, Wings oder Steak. Dazu trinkt man heimische oder internationale Biere oder die guten Cocktails.
Trinken 6,5/10, Service 6,5/10, Ambiente 7/10, Wohl fühlen 6,5/10
Wertung: 26,5 von 40 Punkten (→)
▶ Schwabing, Berliner Str. 93, ☎ 360 020, tgl. 17-1h (bei BuLiga Sa-So ab 15h), 60, 20 außen, EC, Kosten: M, MVG: U 6 Nordfriedhof

Cole & Porter
Hausbrandt Kaffee, selbstgemachte Limonaden, Tegernseer, Craft Biere und eine feine Gin-Auswahl in lässig-jazzigem Ambiente. Das Cole & Porter in der Hofstatt lohnt nicht nur für die Shoppingpause, sondern auch bis spät in die Nacht, vor allem am Wochenende.
Trinken 7/10, Service 7/10, Ambiente 7/10, Wohl fühlen 7/10
Wertung: 28 von 40 Punkten (→)
▶ Zentrum, Sendlinger Str. 10 (Hofstatt), ☎ 81 893 854, Mo-Mi 10-1h, Do 10-2h, Fr 10-3h, Sa 10-4h, Kosten: M, MVG: S 3/4/6/8, U 3/6 Marienplatz

Crönlein NEU!
Café-Bar in einem ehemaligen Toilettenhäuschen. Tagsüber Kaffee und Waffeln, abends Pizza und Drinks.
Trinken 7/10, Service 7/10, Ambiente 7/10, Wohl fühlen 8/10
Wertung: 29 von 40 Punkten (–)
▶ Giesing-Au, Am Nockherberg, Di-So 11-23h, Kosten: M, MVG: U 1/2 Kolumbusplatz

Cucurucu
Musikalisch wertvolle Bar, deren Einrichtung auf das Wesentliche beschränkt ist (mal grüne, mal schwarze, mal unverputzte Wände). Das eher junge Publikum labt sich gern an ginhaltigen In-Getränken.
Trinken 6,5/10, Service 6/10, Ambiente 6,5/10, Wohl fühlen 7/10
Wertung: 26 von 40 Punkten (→)
▶ Zentrum, Elisenstr. 5, Mo-Do 17-1h, Fr 17-4h, Sa 18-4h , Kosten: M, MVG: S 3/4/6/8; U 2/3/4/5, T 16/17/18/19 Hauptbahnhof

Das Labor
Junge Bar auf der Sonnenstraße, in der die Drinks im Reagenzglas serviert werden. Die Betreiber (Selbstreferenz: „Die Gastro-Klitschkos") sorgen hier für einen angenehmen Trash-Faktor.
Trinken 6/10, Service 6/10, Ambiente 7/10, Wohl fühlen 7/10
Wertung: 26 von 40 Punkten (→)
▶ Zentrum, Sonnenstr. 9, ☎ 0177-7999909, Di-So 20-3h, Kosten: M, MVG: S 3/4/6/8, U 4/5, T 16-21/27/28 Karlsplatz (Stachus)

Déjà bù
Eine große Auswahl an offenen Weinen (Glas, 0,1l ab 3,40), dazu Frankreich-Klassiker wie Quiche oder Parmentier de boudin (Blutwurst-Auflauf) zum Essen.
Trinken 5/10, Service 6/10, Ambiente 7/10, Wohl fühlen 8/10
Wertung: 26 von 40 Punkten (→)
▶ Isarvorstadt, Buttermelcherstr. 2a, ☎ 0174-7048807, Mo-Mi 18-24h, Do-Sa 18-1h, Kosten: M, MVG: S 3/4/6/8 Isartor, T 16/18 Reichenbachplatz

Die Goldene Bar
Die Goldene Bar ist Bar am Abend, Café und Bistro (fast schon Restaurant) am Tag und in allem gut. Sehr lässig-versierte Service-Crew. Ein Tipp ist der Thursday Hideout mit den angesagtesten DJs der Stadt. Und natürlich der Sunday Sundowner im Sommer. Nicht umsonst gehört die Goldene Bar zu den Top 50 der besten Bars der Welt.
Trinken 7,5/10, Service 9/10, Ambiente 8/10, Wohl fühlen 7/10
Wertung: 31,5 von 40 Punkten (→)
▶ Zentrum, Prinzregentenstr. 1, ☎ 54 804 777, Mo-Sa 10-2h, So 10-20h, Kosten: M, MVG: T 17 Nationalmuseum, BUS 53 Königinstraße

Distillers Bar
Die Bar der Monaco Vodka-Macher, des ersten in München destillierten Wodkas. Das Ambiente entspricht der alpenländisch-münchnerischen Interpretation einer American Bar. Mit dem Rivers machen die Distillers auch noch leckeren bayerischen Rum.
Trinken 7,5/10, Service 7/10, Ambiente 7,5/10, Wohl fühlen 8,5/10
Wertung: 30,5 von 40 Punkten (→)
▶ Schwabing, Occamstr. 2, ☎ 336 900, Di-Do 19-1h, Fr/Sa 19-3h, 50, 50 außen, Kosten: M, MVG: U 3/6, T 23, BUS 53/59/142 Münchner Freiheit

Ducktails
Bei 160 Cocktails im Barbuch, das allein schon ein Erlebnis ist, fällt die Auswahl schwer. Die Signature Drinks wie der Golden Biscuit Crusta verdienen besondere Beachtung.
Trinken 7/10, Service 6,5/10, Ambiente 6/10, Wohl fühlen 6/10
Wertung: 25,5 von 40 Punkten (→)
▶ Bogenhausen, Arabellastr. 6, ☎ 92 648 120, tgl. 18-2h, 65, 4 außen, EC, MC, VI, AM, Kosten: M, MVG: U 4 Arabellapark

Eat the Rich
Der Partybar-Klassiker! Ein bisschen teurer, ein bisschen dekadenter. Aber gut. Es kann richtig eng werden, was das Anbandeln erfreulich erleichtert.
Trinken 8/10, Service 7/10, Ambiente 6/10, Wohl fühlen 6/10
Wertung: 27 von 40 Punkten (→)
▶ Maxvorstadt, Heßstr. 90, ☎ 185 982, Mi-Do 19-1h, Fr/Sa 19-4h, 80, außen, Kosten: M, MVG: U 2/8 Theresienstraße

Escobar
Keine Angst, das Knastambiente der Escobar spiegelt nicht die Qualität des Publikums wider. Gute Cocktails (dienstags bis samstags Happy Hour 17-21 und ab 23 Uhr). Die Burger sind legendär. Im Sommer sitzt man auf der umzäunten Terrasse besonders schön.
Trinken 6/10, Service 6/10, Ambiente 6,5/10, Wohl fühlen 7/10
Wertung: 25,5 von 40 Punkten (→)

▶ Haidhausen, Breisacher Str. 19, ☎ 485 137, Mo-Fr u. So 17-1h, Sa 17-3h, ⑁ 110, 45 außen, EC, Kosten: M, MVG: S 2-8, U 5, T 19 Ostbahnhof

Falk's Bar
Falk's Bar im Hotel Bayerischer Hof besitzt eine ganz eigene Aura: Im historischen Spiegelsaal herrscht nicht zuletzt dank des internationalen Publikums ein unnachahmlich kosmopolitisches Flair. Die Barkeeper verstehen nicht nur ihr Handwerk, sondern auch den perfekten Umgang mit den Gästen. Tolle Eigenkreationen und Klassiker auf der Karte.
Trinken 6/10, Service 7/10,
Ambiente 8/10, Wohl fühlen 6,5/10
Wertung: 27,5 von 40 Punkten (→)
▶ Zentrum, Promenadeplatz 2-6, ☎ 2 120 956, tgl. 11-2h, ⑁ 140, 120 außen, EC, MC, VI, AM, Kosten: H, MVG: S 3/4/6/8, U 3/6 Marienplatz, T 19 Theatinerstraße

Favorit Bar
In ist, wer drin ist. In München steht man eben auch in der Mutter aller ehrlichen Underground-Bars vorm Türsteher und hofft auf Einlass. Bitte vor der Bar leise sein!! Manchmal coole Tagesevents wie der Schallplattenflohmarkt.
Trinken 6/10, Service 6,5/10,
Ambiente 6/10, Wohl fühlen 7/10
Wertung: 25,5 von 40 Punkten (→)
▶ Zentrum, Damenstiftstr. 12, ☎ 263 391, tgl. 20.30-2h, Kosten: M, MVG: U 1/2/3/6, T 16/17/18/27, BUS 62 Sendlinger Tor

★ **Ferdings**
Wärmende Bademäntel für die Raucher. Barkeeper, die ihrer Arbeit mit Liebe zum Detail nachgehen. Dazu wechselnde Tagesgerichte und Tapas.
Trinken 7/10, Service 8/10,
Ambiente 7/10, Wohl fühlen 7/10
Wertung: 29 von 40 Punkten (→)
▶ Gärtnerplatz, Klenzestr. 43, ☎ 54 847 145, Di-Do 18-1h, Fr/Sa 18-3h, Kosten: M, MVG: U 1/2 Fraunhoferstraße

Flushing Meadows
Im Winter bitte einen Punkt aufs Ambiente draufschlagen. Im Sommer wird es in der angesagten Bar richtig heiß. Wohl dem, der einen Platz auf der kleinen Dachterrasse ergattert hat. Sensationeller Blick über die Dächer der Stadt.
Trinken 6/10, Service 5/10,
Ambiente 6/10, Wohl fühlen 6/10
Wertung: 23 von 40 Punkten (→)
▶ Gärtnerplatz, Fraunhoferstr. 32, ☎ 55 279 170, tgl. 7-2h (Terrasse bis 22h), Kosten: M, MVG: U 1/2 Fraunhoferstraße

★ **Fox**
Junge Bar mit lässigem Wohlfühl-Abriss-Charme. Auf der Karte: Bier, klassische Drinks plus einige leckere Haus-Specials wie die Blutgrätsche. Entspanntes Publikum.
Trinken 7/10, Service 7/10,
Ambiente 6,5/10, Wohl fühlen 8/10
Wertung: 28,5 von 40 Punkten (→)
▶ Maxvorstadt, Barerstr. 47, Mo-Sa ab 19h , Kosten: M, MVG: U 3/6 Universität, T 27 Barer Straße

★ **FRANK Weinbar NEU!**
Kleine Bar in der Residenz mit einem ständig wechselnden Angebot fränkischer Weine. Dazu gibt es Tatar und Brotzeitbrettl oder aber Spezialitäten wie Ochsenmaul und Garnelen-Carpaccio. Sympathisch-kundiger Service.
Trinken 7/10, Service 7/10,
Ambiente 7/10, Wohl fühlen 7/10
Wertung: 28 von 40 Punkten (–)
▶ Zentrum, Residenzstr. 12, ☎ 23 237 492, Mo-Fr 8.30-0.30h, Sa 11-0.30h, So 11-23h, Kosten: M, MVG: U 4/5 Odeonsplatz, T 19 Nationaltheater

★ **Frau Bartels**
Gemütliche, angenehm unangestrengte Bar, in der man nicht den Connaisseur mimen muss, sondern mit Freunden abhängt, flirtet oder einfach nur eine gute Zeit erlebt.

Fox Maxvorstadt

Trinken 6,5/10, Service 7/10,
Ambiente 7/10, Wohl fühlen 8/10
Wertung: 28,5 von 40 Punkten (→)
▶ Isarvorstadt, Klenzestr. 51, ☎ 90 164 147, Mo-Do ab 18h, Fr/Sa ab 19h, Kosten: M, MVG: U 1/2, T 27, BUS 132 Fraunhoferstraße

Frauen NEU!
Das Frauen 26 ist in die Reichenbachstr. 22 gezogen und heißt demzufolge nur noch Frauen. Dort brummt der gemütliche Wohnzimmer-Barclub (Kerzenbeleuchtung!) an guten Tagen noch immer ordentlich, und das bis spät in die Nacht.
Trinken 7/10, Service 6/10,
Ambiente 7/10, Wohl fühlen 7/10
Wertung: 27 von 40 Punkten (–)
▶ Isarvorstadt, Reichenbachstr. 22, Mi/Fr/Sa 20-4h, Kosten: M, MVG: T 16/17/19 Reichenbachplatz

★ **Freebird**
Gemütliche, erwachsene Bar mit Flowerpower-Tapeten und falschem Kamin in Schwabing. Mit kleiner, feiner Weinkarte und leckerem Bar-Food (mediterran-international). Vor allem bei Damen beliebt. Wegen der netten Atmosphäre .
Trinken 7/10, Service 6,5/10,
Ambiente 7/10, Wohl fühlen 8/10
Wertung: 28,5 von 40 Punkten (→)
▶ Maxvorstadt, Nordendstr. 12, ☎ 27 374 520, Mo-Sa 18-1h, Kosten: M, MVG: T 27 Nordendstraße, U 3/6 Universität

Für Freunde
Indie-Musik-Bar im Retro-Wohnzimmerlook. Extra Aufbrezeln muss man sich für das Für Freunde nicht! Zugesperrt wird hier, wenn's aus ist. Wechselnde DJs.
Trinken 5,5/10, Service 6,5/10,
Ambiente 7/10, Wohl fühlen 7/10
Wertung: 26 von 40 Punkten (→)
▶ Glockenbach, Reichenbachstr. 33, ☎ 20 206 495, Di/Mi 20-1h, Do 20-2h, Fr/Sa ab 20h, Kosten: M, MVG: U 1/2, T 27, BUS 132 Fraunhoferstraße

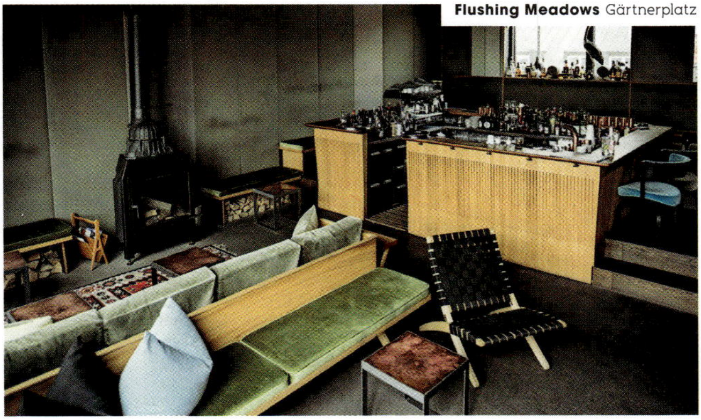
Flushing Meadows Gärtnerplatz

Gamsbar
Bayerisch-moderner Schick, der eine angenehme Gemütlichkeit ausstrahlt. Am Mittag Lunch, nachmittags Kaffee und Kuchen, abends gute Drinks. (Unbedingt den Hauscocktail „Gamserl" probieren).
Trinken 7/10, Service 7/10, Ambiente 7/10, Wohl fühlen 7/10
Wertung: 28 von 40 Punkten (→)
Zentrum, Briennerstr. 10, 225 004, Di-Sa 11-22h, Kosten: H, MVG: U 3/4/5/6 Odeonsplatz

Geyerwally
Ewig alte und dennoch junggebliebene Kneipe, in der man internationale Bierspezialitäten und Spirituosen verköstigen kann. Allein der im Lokal und an der Bar verteilte Deko-Krimskrams lohnt den Besuch.
Trinken 7/10, Service 7/10, Ambiente 7/10, Wohl fühlen 8/10
Wertung: 29 von 40 Punkten (→)
Isarvorstadt, Geyerstr. 17, 0176-84034005, Mo-Mi 19-24h, Do 19-2h, Fr/Sa 19-3h, Kosten: M, MVG: Bus 58 Baldeplatz

Ginger
DJ-Bar mit guten Cocktails und Asia-Food auf der Karte. Einrichtung: viel Rot!
Trinken 7/10, Service 8/10, Ambiente 7/10, Wohl fühlen 7/10
Wertung: 29 von 40 Punkten (→)
Maxvorstadt, Augustenstr. 56, 58 989 998, Mo-Fr 11.30-1h, Sa 18-1h, So 17-24h, 300, EC, MC, VI, Kosten: G, MVG: U 2/8 Theresienstraße

Grapes
No Wine. No Way. Die Weine, die Sommelier Markus Hirschler im Grapes serviert, sollen nicht nur schmecken, sondern manchmal auch mit ihrer Extravaganz herausfordern. Das gelingt. Immer wieder Specials, bei denen spannende Winzer ihre Weine präsentieren.
Trinken 8/10, Service 7/10, Ambiente 8/10, Wohl fühlen 7/10
Wertung: 30 von 40 Punkten (→)
Zentrum, Ledererstr. 8, 242 249 504, Mo-Fr 17.30-1h, Sa 15-1h, Kosten: M, MVG: S 3/4/6/8, U 3/6 Marienplatz

Havana Club
Mehr als 20 Jahre klassische Bartradition mit kubanischem Flair. Ohne Einschränkung zu empfehlen.
Trinken 8/10, Service 7/10, Ambiente 7/10, Wohl fühlen 7/10
Wertung: 29 von 40 Punkten (→)
Zentrum, Herrnstr. 30, 291 884, Mo-Do 18-1h, Fr/Sa 18-3h, So 19-1h, 120, außen, Kosten: M, MVG: U 3/4/5/6 Odeonsplatz

Heiliggeist 1
Kristalllüster, Baumstamm-Tische, Holzbänke und Ziegelwand fügen sich zu einem bayerisch-modernen Ambiente zusammen. Hierher kommt man gern auf einen Kaffee, ein Bier oder ein

Josefa Bar Zentrum

tolles Eis!
Trinken 6,5/10, Service 7/10, Ambiente 7,5/10, Wohl fühlen 7/10
Wertung: 28 von 40 Punkten (→)
Zentrum, Heiliggeiststr. 1, 297 233, Mo-Sa 9-22h, So 11-22h, Kosten: M, MVG: S 3/4/6/8, U 3/6 Marienplatz

Holy Home
In den heiligen Hallen ein Bier zu trinken und zu sehen, dass München auch anders als glatt und clean sein kann, tut immer wieder gut. Meist sehr voll. Ambiente mit Patina. Sehr viel Patina.
Trinken 6/10, Service 6/10, Ambiente 5/10, Wohl fühlen 6/10
Wertung: 23 von 40 Punkten (→)
Glockenbach, Reichenbachstr. 21, 2 014 546, So-Mi 19-1h, Do-Sa 19-2h, Kosten: G, MVG: S 3/4/6/8 Isartor, T 16/18 Reichenbachplatz

Home
Oma-Plüsch trifft auf Industrie-Charme. Hippe kleine Bar mit ebensolchem Publikum.
Trinken 7/10, Service 7/10, Ambiente 7/10, Wohl fühlen 7/10
Wertung: 28 von 40 Punkten (→)
Maxvorstadt, Amalienstr. 23, 45 246 140, Mi 18-1h, Do 18-2h, Fr/Sa 18-3h, Kosten: M, MVG: U 3/6 Universität

Jaded Monkey
Aus frischen Früchten, Gemüse, hausgemachten Sirups und Likören, Infusions, Bitters und Premium-Spirituosen zaubern Bill Fehn und sein Team klassische wie überraschende Drinks in Perfektion.
Trinken 9/10, Service 8/10, Ambiente 6/10, Wohl fühlen 8/10
Wertung: 31 von 40 Punkten (→)
Zentrum, Herzog-Wilhelm-Str. 25, 26 949 401, Mo 19-1h, Di-Sa 20-3h, Kosten: M, MVG: U 1/2/3/6, T 16/17/18/27, Bus 62 Sendl. Tor

James T. Hunt
Bar der Bob Beaman-Macher. Cooles junges Publikum. Perfekt zum Vor- und Verglühen.
Trinken 6,5/10, Service 7/10, Ambiente 6,5/10, Wohl fühlen 7,5/10
Wertung: 27,5 von 40 Punkten (→)
Maxvorstadt, Schellingstr. 32, 27 373 038, Mo-So 17.30-2h, 42, 25 außen, EC, MC, VI, AM, Kosten: M, MVG: U 3/6 Universität, Bus 154 Türkenstraße

J-Bar
Rustikale Japan-Bar in der Maistraße, in der es jeden Abend einige wenige ausgefallene einfache Gerichte zu essen gibt. Mit dem Sake fährt man besser als mit dem Wein.
Trinken 6,5/10, Service 6/10, Ambiente 6/10, Wohl fühlen 7/10
Wertung: 25,5 von 40 Punkten (→)
Isarvorstadt, Maistr. 28, 51 469 983, Di-Fr 12-14h, Mo-Sa 18.30-23.30h, Kosten: M, MVG: U 1/2/3/6, T 16/17/18/27, Bus 62 Sendlinger Tor

Josefa Bar & Kaffee
Erwachsene Bar, die tagsüber als Café (mit Bio-Tees und Röstungen von Dinzler) fungiert. Hier genießt man den legendären Spatzl-Cocktail oder einen anderen der markanten Signature Drinks.
Trinken 7/10, Service 7/10, Ambiente 7/10, Wohl fühlen 7/10
Wertung: 28 von 40 Punkten (→)
Zentrum, Sparkassenstr. 10, 237 030, Mo-Do 11-22h, Fr 11-18h, Kosten: H, MVG: S 3/4/6/8, U 3/6 Marienplatz

Juleps
Starke eigene Cocktailkreationen. Das warme Ambiente der klassischen New York Bar weiß auch zu gefallen.
Trinken 7,5/10, Service 8/10, Ambiente 6/10, Wohl fühlen 6/10
Wertung: 27,5 von 40 Punkten (→)
Haidhausen, Breisacher Str. 18, 4 480 044, So-Do 17-1h, Fr/Sa 17-3h, 200, 100 außen, EC, MC, VI, AM, Kosten: M, MVG: S 2-8, U 5, T 19 Ostbahnhof

★ Karree Boden & Bar NEU!
Wundervoll begrünte Freiluftbar am Platzl, in der man auf einen Champagner oder Cocktails vorbeischauen kann und dazu feine Speisen wie die Currywurst vom bayerischen Wagyu-Rind, lauwarmes Roastbeef vom Ox oder den Käseteller der Naturkäserei Tegernseer Land genießt.
Trinken 7/10, Service 7/10,
Ambiente 8/10, Wohl fühlen 7/10
Wertung: 29 von 40 Punkten (–)
▸ Zentrum, Sparkassenstr. 12, ☎ 237 030, tgl. 16-23h, im Sommer bis 24h, Kosten: M, MVG: S 1/2/3/4/6/7/8, U 3/6 Marienplatz

★ Kilombo
Ein Kneipenklassiker, in dem das soziale Miteinander beim Trinken weit über dem Entertainment steht. Essen kann man sich liefern lassen.
Trinken 7/10, Service 8/10,
Ambiente 6/10, Wohl fühlen 8/10
Wertung: 29 von 40 Punkten (→)
▸ Westend, Gollierstr. 14a, ☎ 95 455 938, Mo-Sa 19-2h, Kosten: M, MVG: U 4/5, Bus 53/133 Schwanthalerhöhe

★ Kismet
Orientalisch angehauchtes Restobar-Konzept. Schöne Drinks wie der Beirut Punch aus Pine Nuts Infused Rhum, Grilled Lime, Honig und einem Hauch Muskat oder der Istanbul Fizz mit seiner leichten Sesamnote.
Trinken 8/10, Service 6/10,
Ambiente 9/10, Wohl fühlen 8/10
Wertung: 31 von 40 Punkten (→)
▸ Zentrum, Löwengrube 10, ☎ 220 352, Restaurant: Di-Sa 11.30-14.30h u. 18-0h, Bar Do-Sa 20-2h, Kosten: M, MVG: S 3/4/6/8, U 3/6 Marienplatz

Kiss
Orientalische Bar (viele Rakis und exotische Drinks, Bio-Champagner gibt's aber auch). Einrichtung: 1001 wunderschöne Nacht.
Trinken 6/10, Service 8/10,
Ambiente 6/10, Wohl fühlen 7/10
Wertung: 27 von 40 Punkten (→)
▸ Schwanthalerhöhe, Landwehrstr. 44, ☎ 59 989 795, Di-Sa 12-15h u. 18-2h, Kosten: M, MVG: S 3/4/6/8; U 2/3/4/5, T 16/17/18/19 Hauptbahnhof

★ Klementis NEU!
Die Fantom Bar war gestern. Nun findet sich am Maximiliansplatz die Bar Klementis. Zu den ordentlichen Drinks wird sehr gutes Sushi serviert. Am Wochenende manchmal Livemusik. Hinter der Bar steht ein engagierter Wirt, der sich herzlich um jeden Gast kümmert.
Trinken 7,5/10, Service 7/10,
Ambiente 8/10, Wohl fühlen 7/10
Wertung: 29,5 von 40 Punkten (–)
▸ Zentrum, Maximiliansplz. 9, ☎ 01525-3636487, Mo 19-2h, Di-Sa 18-2h, Kosten: M, MVG: T 19 Lenbachplatz

★ Kongressbar
Klassische Cocktailbar im Stil der 50er Jahre. An ausgewählten Abenden unter der Woche und regelmäßig am Wochenende gibt es Veranstaltungen wie die Bluesverschwörung, Jam Sessions oder die legendären Hit, Git, Split Rockabilly-Swing-Abende. Im Sommer mit großer Terrasse.
Trinken 7/10, Service 6,5/10,
Ambiente 7,5/10, Wohl fühlen 7/10
Wertung: 28 von 40 Punkten (→)
▸ Westend, Theresienhöhe 15, ☎ 45 211 700, Di-Do 17-1h, Fr/Sa 17-2h, 320, außen, EC, MC, VI, AM, Kosten: M, MVG: U 4/5, Bus 53/133 Schwanthalerhöhe

Kooks
Bar mit Wohnzimmer-Flohmarkt-Charme, die im Viertel ziemlich angesagt ist. Der Laden ist so cool, dass sogar Hipster sich entspannen.
Trinken 6/10, Service 7/10,
Ambiente 7/10, Wohl fühlen 7/10
Wertung: 27 von 40 Punkten (→)
▸ Isarvorstadt, Geyerstr. 18, Mo-Do 19-1h, Fr/Sa 19-3h, Kosten: M, MVG: Bus 58 Baldeplatz

★ Ksar
Barclub, der zu „früher" Stunde oft schon gesteckt voll ist. Junges Publikum, das sich an guten Cocktails labt und lässig zum Sound der wechselnden DJs wippt. Gute Flirtlocation.
Trinken 7,5/10, Service 8/10,
Ambiente 8/10, Wohl fühlen 7/10
Wertung: 30,5 von 40 Punkten (→)
▸ Glockenbach, Müllerstr. 31, ☎ 55 298 479, Mi-Sa ab 20h, 60, 30 außen, EC, Kosten: M, MVG: T 17/18 Müllerstraße, U 1/2/3/6, T 16/17/18/27 Sendlinger Tor

La Stanza
Nicht wundern, wenn's im italienischen Wohnzimmer am St. Anna-Platz mal wieder fröhlich lärmt. Manchmal leidet der Service unter dem Ansturm.
Trinken 6/10, Service 7/10,
Ambiente 7/10, Wohl fühlen 6/10
Wertung: 26 von 40 Punkten (→)
▸ Lehel, St.-Anna-Str. 13, ☎ 25 542 393, Mo-Sa 8-1h, So 10-1h, EC, MC, VI, Kosten: M, MVG: U 4/5, T 18 Lehel

Le Florida
Verspielt stylische Kneipe (Tischlampen an der Wand!), die im Viertel sehr beliebt ist. Perfekt für ein Feierabendbier (Tegernseer) oder ein paar gut gemixte Long Drinks. Essen kann man im Le Florida auch. Es gibt klassisches Bar-Food (Burger, Pasta, Salat) mit asiatischem Einschlag zu moderaten Preisen. Doch eigentlich sitzt man eher mit Freunden rum und quatscht. Gute Stimmung, netter Service.
Trinken 7/10, Service 7/10,
Ambiente 6/10, Wohl fühlen 7/10
Wertung: 27 von 40 Punkten (→)
▸ Schwabing, Georgenstr. 48, ☎ 44 429 555, tgl. 18-1h, Kosten: M, MVG: U 3/6 Giselastraße, T 27 Nordendstraße

Kongressbar Westenc

Lehel
Tagsüber Café und schnelle stilvolle Lunch-Location verwandelt sich das Lehel am Abend in ein Bar-Restaurant mit feiner internationaler Küche im Baukastenprinzip und à la carte (Rib-Eye-Steak, Lammnuss, Riesengarnelen). Donnerstags bis samstags legen im Lehel außerdem ab 23 Uhr DJs auf (Soul-, Funk-, Elektro- oder House-Sets).
Trinken 7/10, Service 6,5/10, Ambiente 7/10, Wohl fühlen 7/10
Wertung: 27,5 von 40 Punkten (→)
Lehel, Karl-Scharnagl-Ring 6, 21 111 760, Mo-Sa 11-3h, 100, 80 außen, EC, Kosten: M, MVG: U 4/5, T 18 Lehel

Lenbachs & Söhne
Goldene Tapeten an der Wand, verquere Songs aus der Jukebox, Tischtelefone zum Flirten. Das Lenbachs & Söhne hat mit der alten Edel-Boazn nicht mehr viel gemein und ist zum place to be geworden.
Trinken 7/10, Service 6,5/10, Ambiente 8/10, Wohl fühlen 7/10
Wertung: 28,5 von 40 Punkten (→)
Zentrum, Maximiliansplatz 18, 0174-2109468, Mo-Do 20-5h, Fr/Sa 20-7h, 35, 20 außen, Kosten: M, MVG: S 3/4/6/8, U 4/5, T 16-21/27/28 Karlsplatz (Stachus)

Les Fleurs du Mal
Mit dem Bar-in-der-Bar-Konzept im 1. Stock bereichert Charles Schumann seine weltläufige Bar am Hofgarten. Während unten das Leben wogt, zählt im Les Fleurs du Mal nur eines: volle Konzentration auf richtig gute Drinks.
Trinken 9/10, Service 9/10, Ambiente 8/10, Wohl fühlen 8/10
Wertung: 34 von 40 Punkten (→)
Zentrum, Odeonsplatz 6-7, 229 060, Mo-Mi 19-1.30h, Do-Sa 19-3h, Kosten: M, MVG: U 3/4/5/6 Odeonsplatz

Mirror Munich Schwabing

Lola
Lässiger Wohnzimmer-Hang Out in der Ickstattstraße. Hin und wieder legen DJs auf. Dann tanzt hier sogar das entspannte Publikum, das sich sonst auf den zusammengewürfelten Sitzgelegenheiten fläzt.
Trinken 6,5/10, Service 6,5/10, Ambiente 6,5/10, Wohl fühlen 7,5/10
Wertung: 27 von 40 Punkten (→)
Glockenbach, Ickstattstr. 2a, 0151-25246498, Di-Sa ab 20h, 40, außen, Kosten: M, MVG: U 1/2, T 27, Bus 132 Fraunhoferstraße

Loretta
Knuffige Café-Bar in der Müllerstraße, in der es auch Panini und Kuchen zu essen gibt. Die Auswahl an Säften ist toll. Abends genießt man hier zudem auch richtig gute Weine!
Trinken 6,5/10, Service 7/10, Ambiente 6,5/10, Wohl fühlen 7/10
Wertung: 27 von 40 Punkten (→)
Glockenbach, Müllerstr. 50, 23 077 370, Mo-Do 8-1h, Fr 8-3h, Sa 9-3h, So 10-20h, 40, 15 außen, Kosten: M, MVG: T 17/18 Müllerstraße, U 1/2/3/6, T 16/17/18/27 Sendlinger Tor

Lucky Who
Angesagte Bar, in der man mittlerweile auch richtig gut essen kann (z.B. Trüffel-Tagliolini oder Ceviche von der Lachsforelle). Die geniale Terrasse sowie die abgeschiedene schöne Lage im Palais Almeida tun ihr Übriges. Stylisches junges Publikum. Meist bumsvoll.
Trinken 7,5/10, Service 6,5/10, Ambiente 7,5/10, Wohl fühlen 7/10
Wertung: 28,5 von 40 Punkten (→)
Zentrum, Briennerstr. 14, 20 922 071, Do-Sa 19.30-3h, Kosten: M, MVG: U 3/4/5/6 Odeonsplatz

M.C. Mueller
DJs plus leckere, kreativ umgesetzte Bio-Burger. Dem Nachtvolk gefällt das simple Konzept seit Jahren. Im Innenhof gibt es außerdem eine sehr heimelige Terrasse. Die Mutter aller Münchner Burger-Läden.
Trinken 6/10, Service 6/10, Ambiente 6,5/10, Wohl fühlen 7,5/10
Wertung: 26 von 40 Punkten (→)
Glockenbach, Fraunhoferstr. 2, 18 910 039, Mo-Sa ab 18h, 120, 120 außen, EC, MC, VI, AM, Kosten: M, MVG: T 17/18 Müllerstraße, U 1/2/3/6, T 16/17/18/27 Sendlinger Tor

Maria Passagne
Von außen unscheinbare (schwarze Tür, blickdichtes Fenster) Bar mit liebenswerter Wohnzimmeratmosphäre. Gute Drinks und relaxte Atmosphäre. Zu essen gibt es Sushi und Thaigerichte. Kleine Innenhofterrasse!
Trinken 8/10, Service 6,5/10, Ambiente 7/10, Wohl fühlen 7,5/10
Wertung: 29 von 40 Punkten (→)
Haidhausen, Steinstr. 42, 486 167, Mo-Do 19-1h, Fr/Sa 19-1h, Kosten: M, MVG: S 3/4/6/8 Rosenheimer Platz, T 18 Wienerplatz

Master's Home
Speziell: Das Lokal ist eingerichtet wie ein englischer Herrenclub, in dem so manche Safaritrophäe hängt. Die Küche bietet auf der täglich neuen Karte ein italienisches Degustationsmenü: Dabei entscheidet der Gast Dauer und Umfang seines Menüs (8,50 Euro pro Gang). Die Einrichtung der Nebenräume (Schlaf- und Badezimmer) ist der Hit.
Trinken 7/10, Service 7/10, Ambiente 8/10, Wohl fühlen 7/10
Wertung: 29 von 40 Punkten (→)
Zentrum, Frauenstr. 11, 229 909, tgl. ab 18h, 70, 50 außen, EC, Kosten: M, MVG: S 3/4/6/8, U 3/6 Marienplatz

Mezzanotte
Erwachsene Weinbar. Das Ambiente ist unspektakulär, die Qualität der angebotenen Tropfen ist klasse. So kennt man es ja auch vom im Viertel sehr beliebten Schwesterlokal Mezzodi, nur 60 Meter weit entfernt.
Trinken 7,5/10, Service 6,5/10, Ambiente 6/10, Wohl fühlen 7/10
Wertung: 27 von 40 Punkten (→)
Haidhausen, Kellerstr. 29, 99 948 296, Di-Do 18-1h, Fr/Sa 18-3h, Kosten: M, MVG: S 3/4/6/8, T 15/25 Rosenheimer Platz

Mirror Munich NEU!
Vintage trifft auf Design. In der modern-gemütlichen jungen Bar stehen spannende Drinks (Baby Face Nelson) und Klassiker (Boulevardier) auf der Karte. Schöne Terrasse im Sommer.
Trinken 8/10, Service 7/10, Ambiente 8/10, Wohl fühlen 7/10
Wertung: 30 von 40 Punkten (–)
Schwabing, Occamstr. 7, 38 999 636, Di-Do 18-1h, Fr/Sa 18-2h, Kosten: M, MVG: U 3/6, T 23 Münchner Freiheit

Moejo 91
Schräges Gold-Ambiente, Handgranaten-Stamperl, Cocktails in Milchflaschen, am Wochenende feine Musik (House, Elektro) - das Moejo 91 besitzt alle Voraussetzungen, um ein junges, hippes Publikum glücklich zu machen.
Trinken 7/10, Service 6,5/10, Ambiente 7/10, Wohl fühlen 7/10
Wertung: 27,5 von 40 Punkten (→)
Maxvorstadt, Schellingstr. 91, 20 090 691, Do 19-1h, Fr/Sa 20-3h, Kosten: M, MVG: U 2/8 Theresienstraße, T 27/28 Schellingstraße

Mr. Mumble's
Clayton Gilles Gomes setzt in seiner Bar auf erstklassige Cocktails in zwangloser, jazziger Atmosphäre. Empfehlung: Die Südstaaten-Drinks aus New Orleans sind mal was Anderes.
Trinken 8/10, Service 8/10, Ambiente 7/10, Wohl fühlen 7/10
Wertung: 30 von 40 Punkten (→)
Glockenbach, Klenzestr. 5, 95 441 617, Mo-Do 20-2h, Fr/Sa 20-3h, 30, 16 außen, EC, MC, Kosten: M, MVG: S 3/4/6/8, U 3/6 Marienplatz, T 16/18 Reichenbachplatz

Mr.Mumble's Glockenbach

Pomp
DIE Partybar in Schwabing: Ein bisschen wild, ein bisschen dekadent, und irgendwann hemmungslos. Das Pomp liefert donnerstags bis samstags großes Bar-Entertainment und legendäre Nächte, an die man sich hinterher oft nicht erinnern kann, aber gerne erinnern würde.
Trinken 6,5/10, Service 7/10, Ambiente 8/10, Wohl fühlen 8/10
Wertung: 29,5 von 40 Punkten (→)
Schwabing, Georgenstr. 50, 2 711 889, Do-Sa 21-5h, Kosten: M, MVG: U 3/6 Giselastraße, T 27 Nordendstraße

München 72
Entspannte Bar-Kneipe, in der man auf die folgenden Wohlfühlzutaten setzt: Burger, Tatort gucken, Astra Knolle. Im Winter Fondue.
Trinken 6,5/10, Service 6,5/10, Ambiente 7/10, Wohl fühlen 7/10
Wertung: 27 von 40 Punkten (→)
Glockenbach, Holzstr. 16, 97 343 785, Mo-Do 17-1h, Fr 17-3h, Sa 10-3h, So 10-23h, 30, 25 außen, EC, VI, DI, Kosten: M, MVG: S 3/4/6/8, T 16/18 Isartor

Nachtbad
Bar-Club, in dem zwar auch DJs auflegen, in dem es aber vordergründig um den gepflegten Absturz geht. Das immer noch ein bisschen verruchte Ambiente (früher befand sich hier ein Saunaclub), hilft beim Entspannen.
Trinken 6/10, Service 6/10, Ambiente 7/10, Wohl fühlen 7/10
Wertung: 26 von 40 Punkten (→)
Glockenbach, Müllerstr. 54, 0172-1066687, Do-Sa 20-5h, Kosten: M, MVG: T 17/18 Müllerstraße, U 1/2/3/6, T 16/17/18/27 Sendlinger Tor

Negroni
Mischung zwischen American und italienischer Bar mit guten Cocktails. Perfekt aber auch für ein Glaserl Wein und eine schnelle Pasta.
Trinken 7/10, Service 6/10, Ambiente 7/10, Wohl fühlen 7/10
Wertung: 27 von 40 Punkten (→)
Haidhausen, Sedanstr. 9, 48 950 154, Mo-Sa 18-1h, 35, 16 außen, EC, MC, VI, DI, Kosten: M, MVG: S 3/4/6/8, T 15/25 Rosenheimer Platz

Niederlassung
Sympathische Barkneipe mit einer runden Auswahl an Gin, Cider, heimischen Bieren und einem exotischen Bier des Monats. Täglich Happy Hour von 19-21 und ab 24 Uhr! Es gibt DJ-Abende, Lesungen und sonntags wird gemeinsam Tatort geguckt. Das Ambiente mit gemütlichen Sofas und mächtiger Bücherwand gefällt.
Trinken 6,5/10, Service 6,5/10, Ambiente 7/10, Wohl fühlen 7/10
Wertung: 27 von 40 Punkten (→)
Glockenbach, Buttermelcherstr. 6, 32 600 307, Di-Do 19-1h, Fr/Sa 19-3h, So 19-24h, Kosten: M, MVG: S 3/4/6/8 Isartor, T 16/18 Reichenbachplatz

Night Club Bayerischer Hof
Abwechslungsreiches Veranstaltungsprogramm mit internationalen Musikern. Hier trifft sich außerdem zu später Stunde alles, was im Jazz Rang und Namen hat. In der übrigen Zeit eine klassische Hotelbar.
Trinken 7/10, Service 7/10, Ambiente 7/10, Wohl fühlen 6/10
Wertung: 27 von 40 Punkten (→)
Zentrum, Promenadeplatz 2-6, 2 120 994, tgl. 22-3h, Kosten: M, MVG: S 3/4/6/8, U 3/6 Marienplatz, T 19 Theatinerstraße

Pacific Times
Stimmiges Bar-Restaurant mit einer exotischen Crossover-Speisekarte, kolonialem Touch und einem Service der alten Schule. Gute Cocktails und Weine. Für jede Gelegenheit.
Trinken 8/10, Service 7,5/10, Ambiente 6/10, Wohl fühlen 8/10
Wertung: 29,5 von 40 Punkten (→)
Glockenbach, Baaderstr. 28, 20 239 470, Mo-Do 18-1h, Fr/Sa 18-2h, Kosten: M, MVG: S 3/4/6/8, T 16/18 Isartor

Padres
Tolle Cocktail-Kreationen (Damen schwören auf die Mozart Colada), Fußball auf der Leinwand, samstags sorgt ein DJ für guten Sound. Ein Münchner Bar-Klassiker.
Trinken 6/10, Service 6/10, Ambiente 6/10, Wohl fühlen 6/10
Wertung: 24 von 40 Punkten (→)
Glockenbach, Blumenstr. 43, 264 263, Mo-Do 19-3h, Fr/Sa 19-4h, Kosten: M, MVG: U 1/2/3/6, T 16/17/18/27, Bus 62 Sendl. Tor

Palau
Konzept-Import aus Barcelona. Im Palau gibt es Steaksemmeln und Schaumwein (oder Bier). Ein Mittelding zwischen Imbiss und Bar. Unkompliziert, aber gut.
Trinken 6/10, Service 7/10, Ambiente 7/10, Wohl fühlen 8/10
Wertung: 28 von 40 Punkten (→)
Isarvorstadt, Thalkirchner Str. 16, 0152-59589137, Mo-Do 11.30-14.30h u. 17-23.30, Fr 11.30-14.30 u. 17-1h, Sa 17-1h, So 17-22.30h, Kosten: G, MVG: U 1/2/3/6, T 16/17/18/27, Bus 62 Sendlinger Tor

Pussers
Perfekt aufgestellter Klassiker in der Innenstadt. Eine sehr männliche Bar, aber gerade deshalb auch für Frauen interessant.
Trinken 8,5/10, Service 7/10, Ambiente 5/10, Wohl fühlen 6/10
Wertung: 26,5 von 40 Punkten (→)
Zentrum, Falkenturmstr. 9, 220 500, Mo-Sa 18-3h, So 19-3h, Kosten: M, MVG: S 3/4/6/8, U 3/6 Marienplatz, T 19 Nationaltheater

Robinson's Bar
Einer DER Hotspots am Gärtnerplatz. Das Ambiente der Bar von Robinson Kuhlmann ist unspektakulär dennoch spürt man das Herzblut, mit der die Macher ihre Bar betreiben. Ausgehkultur deluxe.
Trinken 7/10, Service 6,5/10, Ambiente 6,5/10, Wohl fühlen 8/10
Wertung: 28 von 40 Punkten (→)
Isarvorstadt, Corneliusstr. 14, 0172-8661686, So-Mi 19-3h, Do 19-4h, Fr/Sa 19-5h, Kosten: M, MVG: U 1/2, T 27, Bus 132 Fraunhoferstraße

Rockbox
Lässige Bar im Tal, in der es abends richtig abgeht. Vor allem, wenn freitags und samstags die Munich Allstars das Elektrokarussell zum Drehen bringen.
Trinken 6,5/10, Service 6,5/10, Ambiente 6/10, Wohl fühlen 8/10
Wertung: 27 von 40 Punkten (→)
Zentrum, Tal 15, 0176-64825227, Mo-Sa ab 15h, So ab 19h, Kosten: M, MVG: S 3/4/6/8, U 3/6 Marienplatz

Roosevelt

Große Auswahl an Rum (über 100 Sorten, darunter auch sehr seltene). Eine Bar im klassischen Sinn, in der es vor allem ums stilvolle Trinken geht.
Trinken 8/10, Service 7/10,
Ambiente 6/10, Wohl fühlen 6,5/10
Wertung: 27,5 von 40 Punkten (→)
▶ Lehel, Thierschplatz 5, ☎ 21 578 300, Mo-Do 18-1h, Fr/Sa 18-2h, 100, 120 außen, EC, MC, VI, AM, Kosten: M, MVG: U 4/5, T 17 Lehel

Ruby Lilly

Das anregende Ambiente wagt viel. Bei Drinks und Weinen wandelt man auf eher klassischen Pfaden.
Trinken 6/10, Service 7/10,
Ambiente 8/10, Wohl fühlen 6,5/10
Wertung: 27,5 von 40 Punkten (→)
▶ Zentrum, Dachauer Str. 37, ☎ 954 570 820, Mo-Fr 6.30-4h, Sa/So 7-4h, Kosten: H, MVG: T 20/21/22 Stiglmaierplatz

Salon Irkutsk

Wenn dieser Stadt etwas gefehlt hat, dann ja wohl ein Abendbistro für franko-slawophiles Trinkvergnügen. Außerdem im Salon Irkutsk: Musik und Kunst und gute Cocktails.
Trinken 7/10, Service 6,5/10,
Ambiente 6,5/10, Wohl fühlen 7/10
Wertung: 27 von 40 Punkten (→)
▶ Schwabing, Isabellastr. 4, ☎ 0162-7495905, tgl. ab 17h, Kosten: M, MVG: U 2 Josephsplatz

Salon Pitzelberger NEU!

Neue Kellerbar mit guten DJs und abwechslungsreicher Livemusik (Jazz, Swing, Latin, Soul). Viele kommunikative Sitzgelegenheiten. Zu später Stunde wird gern geflirtet. Gute bis sehr gute Drinks, je nachdem, wie viel los ist.
Trinken 7/10, Service 6/10,
Ambiente 7/10, Wohl fühlen 7/10
Wertung: 27 von 40 Punkten (–)
▶ Gärtnerplatz, Gärtnerplz. 3, ☎ 0176-25198465, Mi/Do 19-1h, Fr/Sa 19-3h, Kosten: M, MVG: U 1/2/7 Fraunhoferstraße

The High Isarvorstadt

Der Experten-Tipp von Damir Fister

Schumann's

„Vor allem im Sommer bietet die Terrasse des Schumann's eine perfekte Aussichtsplattform auf die dezent dekadent eintrudelnde Münchner Gesellschaft."

★ Schorsch Bar

Entspannte und irgendwie improvisiert wirkende Wohnzimmer-Bar mit einem Publikum, das ohne Bling-Bling auskommt.
Trinken 6,5/10, Service 7/10,
Ambiente 7/10, Wohl fühlen 8/10
Wertung: 28,5 von 40 Punkten (→)
▶ Maxvorstadt, Georgenstr. 119, ☎ 0178-2667050, Mi/Do ab 20h, Fr/Sa ab 21h, Kosten: M, MVG: T 20/21/22 Lothstraße

★ Schumann's Bar

Klasse Drinks, und zwar nicht nur gute Cocktails – dazu isst man Steaks oder Käsebrot. Selbst Kleinigkeiten wie das Chili sind durchdrungen von Qualitätsdenken. Das bunte München-Publikum (Kreative, Business, Medien, Prominenz) findet man in dieser Mischung nirgendwo sonst. Das Schumann's ist nicht nur eine der besten Bars der Stadt, sondern auch tolle Lunch-Location. Der Service funktioniert tadellos. Mit der Bar in der Bar im ersten Stock (siehe Les Fleurs du Mal) setzt Charles Schumann einmal mehr ein Ausrufezeichen.
Trinken 9/10, Service 9/10,
Ambiente 9/10, Wohl fühlen 8/10
Wertung: 35 von 40 Punkten (→)
▶ Zentrum, Odeonsplatz 6-7, ☎ 229 060, Mo-Fr 8-3h, Sa-So 18-3h, Kosten: H, MVG: U 3/4/5/6 Odeonsplatz

★ Schumann's Tagesbar

Illustres Business-, Shopping- und Touristenpublikum. An der Qualität von Bar, Kaffee und Küche gibt es erwartungsgemäß nichts auszusetzen. Zum Glück braucht es manchmal eben nicht viel mehr als einen perfekten Schinken-Käse-Toast. Tolles Frühstück.
Trinken 9/10, Service 8/10,
Ambiente 8/10, Wohl fühlen 7/10
Wertung: 32 von 40 Punkten (→)
▶ Zentrum, Maffeistr. 6, ☎ 24 217 700, Mo-Fr 8-21h, Sa 9-19h, 60, 32 außen, EC, MC, VI, Kosten: M, MVG: S 3/4/6/8, U 3/6 Marienplatz, T 19 Theatinerstraße

Schwabinger 7

Die Schwabinger 7 ist tot. Es lebe die Schwabinger 7. Wer einen Ort sucht, an dem er entspannt ein Bier trinken, über die Welt sinnieren, mit Freunden quatschen, feiern, coole Konzerte hören oder einfach nur ganz er selbst sein kann, der hat ihn hiermit gefunden.
Trinken 6,5/10, Service 6,5/10,
Ambiente 6,5/10, Wohl fühlen 7/10
Wertung: 26,5 von 40 Punkten (→)
▶ Schwabing, Feilitzschtr. 15, ☎ 348 470, tgl. ab 21h, Kosten: G, MVG: U 3/6, T 23, Bus 53/59/142 Münchner Freiheit

★ Schwarzer Hahn

Authentische Indie-Rock-Kneipe in der Au. Normales Publikum, das jedoch nicht auf den Kopf gefallen ist. Hier kann man zu guter Musik, die von

Resident-DJs aufgelegt wird, ein, zwei oder auch drei Bier trinken.
Trinken 6/10, Service 7/10,
Ambiente 7/10, Wohl fühlen 8/10
Wertung: 28 von 40 Punkten (→)
Giesing-Au, Ohlmüllerstr. 8, 0173-3619237, Mo-Do 20-1h, Fr/Sa 20-3h, Kosten: M, MVG: U 1/2, T 27, BUS 132 Fraunhoferstraße

Sehnsucht
Rock'n'Roll Bar, in der die Damen mit ihrem BH bezahlen können. Nostalgisch-wildes, sehr lässiges Ambiente mit Motorblick-Tischen oder einem Motorrad an der Wand. Do-Sa mit DJs.
Trinken 6/10, Service 7/10,
Ambiente 8/10, Wohl fühlen 8/10
Wertung: 29 von 40 Punkten (→)
Schwabing, Amalienstr. 26, 28 755 088, Di-Sa 19-2h, Kosten: M, MVG: U 3/6 Universität, T 27/28 Schellingstraße

Senatore NEU!
Knuffige Italo-Bar. Hier kann man bis 1 Uhr in der Nacht auf der Terrasse sitzen oder bis weit nach Mitternacht auf samtroten Plüschsofas chillen.
Trinken 7/10, Service 7/10,
Ambiente 7/10, Wohl fühlen 7/10
Wertung: 28 von 40 Punkten (–)
Zentrum, Sendliner-Tor-Platz 5, 21 550 292, So-Do 18-3h, Fr/Sa 18-4, Kosten: M, MVG: U 1/2/3/6, T 16/17/18/27, BUS 62 Sendl. Tor

Tabacco
Klassische American Bar, eher für Männer und Couples. Exzellente Drinks und Weine (die Barkeeper sind seit Jahren im Laden), leckeres Bar-Food (Das Filetsteak ist ein Muss!) und sehr guter Service. Das Tabacco bleibt sich treu.
Trinken 8/10, Service 6/10,
Ambiente 8/10, Wohl fühlen 8/10
Wertung: 30 von 40 Punkten (→)
Zentrum, Hartmannstr. 8, 227 216, Mo-Sa 17-3h, 300, 300 außen, EC, MC, VI, AM, DI, Kosten: M, MVG: U 3/4/5/6 Odeonsplatz

The High
Vorwiegend Highballs auf der Karte ... und was für welche. Drinks wie der Basilisk können die Sicht auf die Welt verändern.
Trinken 8/10, Service 7/10,
Ambiente 7/10, Wohl fühlen 7/10
Wertung: 29 von 40 Punkten (→)
Isarvorstadt, Blumenstr. 15, Di-Do 20-1h, Fr/Sa 20-3h, Kosten: M, MVG: T 17/18 Müllerstraße, U 1/2/3/6, T 16/17/18/27 Sendlinger Tor

The Wedding Chappel
Die Einrichtung der ehemaligen Gay-Boazn ist geblieben. Ansonsten werden gute Drinks zu fairen Preisen angeboten. Meist ausgelassene Stimmung.
Trinken 6,5/10, Service 6/10,
Ambiente 7/10, Wohl fühlen 7/10
Wertung: 26,5 von 40 Punkten (→)
Glockenbach, Thalkirchner Str. 12, Do-Sa 20-3h, Kosten: M, MVG: U 1/2/3/6, T 16/17/18/27, BUS 62 Sendlinger Tor

Theresa Bar
Viel Plüsch, viel Holz, wunderschöne Lampen - die Bar im modernen 70ies-Style setzt auf eine elegante, gedämpfte Atmosphäre. Sehr gutes Barfood (z.B. Salzwiesenlamm) zu starken Weinen und Drinks.
Trinken 7,5/10, Service 7,5/10,
Ambiente 8,5/10, Wohl fühlen 8/10
Wertung: 31,5 von 40 Punkten (→)
Maxvorstadt, Theresienstr. 31, 28 807 538, Mo-Do 18-1h, Fr/Sa 18-2h, Kosten: H, MVG: BUS 100 Amalienstraße

Tresznjewski
Klassische Cocktails, Ayinger Bier, einfache Weine .. Als Bar lebt das Tresznjewski vor allem von der schönen Atmosphäre.
Trinken 9/10, Service 6/10,
Ambiente 6/10, Wohl fühlen 7/10
Wertung: 28 von 40 Punkten (→)
Maxvorstadt, Theresienstr. 72, 282 349, So-Do 8-24h, Fr/Sa 8-2h, 500, 150 außen, EC, MC, VI, AM, Kosten: M, MVG: U 3/6 Universität, T 27 Pinakotheken

Trisoux NEU!
Die Welle aus Holzstäben an der Decke und die Pflanzenwand sind die Schau. Dazu gibt es ausgefallene Drinks, die mit Liebe gemixt und fantasievoll präsentiert werden. Food liefert das Usagi aus der Thalkirchnerstraße.
Trinken 7/10, Service 7/10,
Ambiente 7,5/10, Wohl fühlen 7/10
Wertung: 28,5 von 40 Punkten (–)
Isarvorstadt, Müllerstr. 41, Di-Do 18-1h, Fr/Sa 18-3h, Kosten: M, MVG: T 18 Müllerstraße, U 1/2/7 Sendlinger Tor

Unter Deck
Bar des Holy Home-Chefs Tobias Lintz. Die per Beamer in Bilderrahmen (!) projizierten Visuals sind der Hit. Dazu guter Sound (auch live). Was zu trinken gibt's natürlich auch.
Trinken 7/10, Service 6,5/10,
Ambiente 8,5/10, Wohl fühlen 7/10
Wertung: 29 von 40 Punkten (→)
Zentrum, Oberanger 26, 24 293 711, Mi-Sa 20-3h, Kosten: M, MVG: U 1/2/3/6, T 16/17/18/27, BUS 62 Sendl. Tor

Ver-o-Peso
Brasilbar mit einer exzellenten Auswahl an Cachacas. Die über 40 Sorten sind allesamt handgebrannt. Hemdsärmeliger Service.
Trinken 7/10, Service 7/10,
Ambiente 6/10, Wohl fühlen 7/10
Wertung: 27 von 40 Punkten (→)
Haidhausen, Rosenheimerstr. 14, 44 499 790, Di-Sa ab 18h, 180, 160 außen, EC, AM, Kosten: M, MVG: S 3/4/6/8, T 15/25 Rosenheimer Platz

Wabi Sabi Shibui NEU!
Ambitioniertes Bar-Konzept von Klaus St. Rainer (Goldene Bar). Hier pflegt man eine Monospirituosen- und Zero-Waste-Kultur. Zu den besonderen Drinks werden japanische Speisen serviert.
Trinken 9/10, Service 7/10,
Ambiente 9/10, Wohl fühlen 8/10
Wertung: 33 von 40 Punkten (–)
Zentrum, Ludwigstr. 11, Mo-Fr 8-24h, Sa 10-24h, Kosten: M, MVG: U 3/4/5/6 Odeonsplatz

Zephyr
Eine klasse, eher junge Bar für Menschen, die gerne abseits ausgetretener Cocktailpfade trinken. Zum Beispiel den Zephyr Ice Tea aus Blended Scotch, Overproof Rum, dunklen Beeren, Pfefferminze und Nelkenrauch. Dem Gin-Hype wird ebenfalls gefrönt. An den Wochenenden gesteckt voll.
Trinken 9/10, Service 7/10,
Ambiente 5,5/10, Wohl fühlen 6,5/10
Wertung: 28 von 40 Punkten (→)
Glockenbach, Baaderstr. 68, 21 754 695, Mo-Do 20-1h, Fr/Sa 20-3h, 200, außen, Kosten: M, MVG: U 1/2 Fraunhoferstraße, T 17/18/27 Müllerstraße

Wabi Sabi Shibui Zentrum

Café Mozart Zentrum

Kneipen

Hier finden Sie alle Gastro-Empfehlungen für Münchens beste Kneipen.

Agnes Neun
Knoblauchhuhn, Hackepeter-Brot mit Gurke, Kassler, Labskaus. Ehrliche Küche gepaart mit stilvollem Wohnzimmer-Ambiente. Ein Unikum, in dem sich nicht nur die die zahlreichen Stammgäste wohlfühlen.
Essen 12/20, Trinken 7/10, Service 7/10, Ambiente 6,5/10, Wohl fühlen 8/10
Wertung: 40,5 von 60 Punkten (→)
Schwabing, Agnesstr. 9, 2 711 995, tgl. ab 17h, 60, 50 außen, Kosten: M, MVG: U 2 Josephsplatz, T 27 Elisabethplatz

Ambar NEU!
Knuffige kleine Bar mit Craft-Bieren, guten Weine und Italo-Food auf der Karte. Ein weiterer schöner Beitrag zur gastronomischen Aufwertung Obergiesings.
Essen 11,5/20, Trinken 6/10, Service 6/10, Ambiente 6/10, Wohl fühlen 7/10
Wertung: 36,5 von 60 Punkten (–)
Giesing-Au, Tegernseer Landstr. 65, 95 426 658, Mo-Sa 18-24 Uhr, Kosten: G, MVG: T 15/25 Ostfriedhof, U 2/7/8 Silberhornstr.

Attentat Griechischer Salat
In der Kneipe mit Zebra spielen Salate die kulinarische Hauptrolle. Gimmicks wie die Hähnchenspieße zum Selber-grillen am Tisch machen dem eher alternativen und jungen Publikum und Leuten aus der Nachbarschaft Spaß. Dazu kriminell gut gemixte Cocktails und feine Weine.
Essen 10/20, Trinken 6,5/10, Service 6,5/10, Ambiente 7/10, Wohl fühlen 7/10
Wertung: 37 von 60 Punkten (→)
Giesing-Au, Zugspitzstr. 10, 856 635 381, tgl. 17.30-1h, Kosten: M, MVG: U 2, T 25 Silberhornstraße

Atzinger
Eine schöne Mischung aus Bierhalle und Bar. Die Küche spielt ihre vom meist studentischen Publikum genau so gewollten Qualitäten (Sattmachen für wenig Geld) gekonnt aus.
Essen 11,5/20, Trinken 5,5/10, Service 6/10, Ambiente 6,5/10, Wohl fühlen 8/10
Wertung: 37,5 von 60 Punkten (→)
Maxvorstadt, Schellingstr. 9, 282 880, tgl. 9-1h, 120, 30 außen, EC, MC, VI, AM, Kosten: G, MVG: U 3/6 Universität

Bergwolf
Im Bergwolf beim U-Bahnhof sind alle immer extrem relaxt. Die Gäste, das Publikum und manchmal sogar der Koch in der Küche. An manchen Tagen jedoch sind Currywurst und Pommes die besten der Welt. Immer gute Stimmung.
Essen 11/20, Trinken 6/10, Service 6/10, Ambiente 7/10, Wohl fühlen 6,5/10
Wertung: 36,5 von 60 Punkten (→)
Glockenbach, Fraunhoferstr. 17, 23 259 858, Mo-Do 12-15h u. 18-2h, Fr 12-15 u. 18-4h, Sa 12-4h, So 17-22h, Kosten: G, MVG: U 1/2, T 27, Bus 132 Fraunhoferstraße

Bufet NEU!
Ehrliche Kneipe, in der es unpasteurisiertes Frischbier von Maxlrainer sowie Wurstspezialitäten vom Hof-Metzger gibt.
Essen 11/20, Trinken 6/10, Service 6/10, Ambiente 6/10, Wohl fühlen 7,5/10
Wertung: 36,5 von 60 Punkten (–)
Zentrum, Dachauer Str. 7a, 55 275 965, Mo-Fr 16-24h, Sa 18-1h, Kosten: G, MVG: S 1-8, U 1/2/4/5/7/8 Hauptbahnhof

Cabane
Eine Bar-Institution in der Maxvorstadt. Perfekt für einen lässigen Abend. Bis das Kompetenz-Team hinter der Bar Feierabend macht.
Essen 12/20, Trinken 7/10, Service 7/10, Ambiente 8/10, Wohl fühlen 8/10
Wertung: 42 von 60 Punkten (→)
Maxvorstadt, Theresienstr. 40, 283 134, Mo-Sa ab 18h, 70, 80 außen, EC, MC, VI, AM, Kosten: M, MVG: U 3/6 Universität, Bus 100 Theresienstraße

Café Glück
Über das Viertel hinaus beliebtes Café in der Palmstraße. Schwule und Heteros fühlen sich im schummerig-schönen-Ambiente des Cafés gleichermaßen wohl. Herzlicher Service, viele Bio-Gerichte, guter Kaffee. Ein Ort, an dem man die Seele baumeln lassen kann. Unter der Woche Kuchen- und Bier-Happy-Hour. Samstags gibt's die Cocktails für 5 Euro.
Essen 11,5/20, Trinken 6,5/10, Service 7/10, Ambiente 6/10, Wohl fühlen 8/10
Wertung: 39 von 60 Punkten (→)
Glockenbach, Palmstr. 4, 2 011 673, Di-Fr 17-1h, Sa-So 10-1h, 25, 15 außen, EC, Kosten: M, MVG: U 1/2, T 27, Bus 132 Fraunhoferstraße

Café Mozart
Café, Restaurant und Bar in einem. Früher ein Oma-Café, heute labt sich ein jüngeres Publikum unter den altmodischen Kronleuchtern an XXL-Burgern und Riesenschnitzel. Vor allem im hinteren Raum mit den Bücherregalen ist es sehr heimelig.
Essen 12/20, Trinken 6/10, Service 6/10, Ambiente 6,5/10, Wohl fühlen 8/10
Wertung: 38,5 von 60 Punkten (→)
Zentrum, Pettenkoferstr. 2, 594 190, So-Do 10-1h, Fr/Sa 10-3h, 100, 40 außen, EC, MC, VI, DI, Kosten: M, MVG: U 1/2/3/6, T 16/17/18/27, Bus 62 Sendlinger Tor

Champions Sportsbar
Hier machte man schon leckere Burger, lange bevor es alle anderen auch versuchen. Ebenfalls auf der Karte: Wraps, Wings, Pasta und Steaks. Legenden-Gerichte: das Pulled Pork-Sandwich (9 €) oder der Nacho Table Tower für 4 Personen (40 €).
Essen 11,5/20, Trinken 6,5/10, Service 6,5/10, Ambiente 7/10, Wohl fühlen 6,5/10
Wertung: 38 von 60 Punkten (→)
Schwabing, Berliner Str. 93, 360 020, tgl. 17-1h (bei BuLiga Sa-So ab 15h), 60, 20 außen, EC, Kosten: M, MVG: U 6 Nordfriedhof

Cooperativa
Die italienische Variante einer Kneipe mit solider italienischer Hausmannskost. Keine Reservierung und Kartenzahlung möglich. Bei Überfüllung wird man (charmant) zusammengerückt!
Essen 11/20, Trinken 5,5/10, Service 6,5/10, Ambiente 5,5/10, Wohl fühlen 7,5/10
Wertung: 36 von 60 Punkten (→)
Glockenbach, Jahnstr. 35, 20 207 620, tgl. 17-1h, Kosten: G, MVG: T 17/18 Müllerstraße, U 1/2/3/6, T 16/17/18/27 Sendlinger Tor

Couch Club
Gemütliche junge Kneipe mit vielen Sofas und Kicker. Der Gin-Manie kann auch hier gefrönt werden. Es gibt sogar extra Tastings. Tatort wird auch geguckt.
Essen 10,5/20, Trinken 6,5/10, Service 6,5/10, Ambiente 6,5/10, Wohl fühlen 7,5/10
Wertung: 37,5 von 60 Punkten (→)
Zentrum, Klenzestr. 89, 12 555 778, Di-Do 19-1h, Fr/Sa 19-3h, EC, MC, VI, Kosten: M, MVG: U 1/2, T 27, Bus 132 Fraunhoferstraße

Effinger Stüberl NEU!
Statt Burger gibt es nun Flammkuchen und natürlich die Craft-Biere von Effinger. Außerdem gute Cocktail von Dietmar Petri.
Essen 11,5/20, Trinken 6/10, Service 6/10, Ambiente 6,5/10, Wohl fühlen 8/10
Wertung: 38 von 60 Punkten (–)
Schwabing, Herzogstr. 86, 39 293 922, tgl. 16-22h, Kosten: G, MVG: T 12/27/28 Clemensstraße, U 2/8 Hohenzollernplatz

El Patio
Urgemütliche Kneipe mit authentischer mexikanischer Küche (kein Texmex!) und einer hervorragenden Tequila-Auswahl. Gute Cocktails. Am späteren Abend herrscht ausgelassene Stimmung, die aber nicht ins Ordinäre umschlägt.
Essen 11,5/20, Trinken 7/10, Service 8/10, Ambiente 6/10, Wohl fühlen 8/10
Wertung: 40,5 von 60 Punkten (→)
Schwabing, Herzogstr. 88, 32 388 586, Di-Sa 17-1h, So 17-23h, Kosten: M, MVG: U 2, T 12/27, Bus 53 Hohenzollernplatz

Escobar
Keine Angst, das Knastambiente der Escobar spiegelt nicht die Qualität des Publikums wider. Gute Cocktails (dienstags bis samstags Happy Hour 17-21 und ab 23 Uhr). Die Burger sind legendär. Im Sommer sitzt man auf der umzäunten Terrasse besonders schön.
Essen 11/20, Trinken 6/10, Service 6/10, Ambiente 6,5/10, Wohl fühlen 7/10
Wertung: 36,5 von 60 Punkten (→)
Haidhausen, Breisacher Str. 19, 485 137, Mo-Fr u. So 17-1h, Sa 17-3h, 110, 45 außen, EC, Kosten: M, MVG: S 2-8, U 5, T 19 Ostbahnhof

Faun
Das Jugendstil-Lokal im Glockenbachviertel ist immer bumsvoll. Kein Wunder, der Service ist meist fix, die Portionen sind üppig. Wegen Lautheit nichts für Romantiker!
Essen 11/20, Trinken 6,5/10, Service 6,5/10, Ambiente 6/10, Wohl fühlen 7/10
Wertung: 37 von 60 Punkten (→)
Glockenbach, Hans-Sachs-Str. 17, 263 798, Mo-Fr 10-1h, Sa-So 9-1h, Kosten: M, MVG: T 17/18 Müllerstraße, U 1/2/3/6, T 16/17/18/27 Sendlinger Tor

Fraunhofer
Lustig geht's zu im Fraunhofer. Hier treffen sich Studenten, Leute aus dem Viertel und später auch die Besucher des Fraunhofer Theaters. Das Essen ist gut, der Service arbeitet je nach Tagesform. Es ist aber nie bös gemeint und deswegen kommt man auch gerne wieder.
Essen 12,5/20, Trinken 6/10, Service 7/10, Ambiente 7/10, Wohl fühlen 7/10
Wertung: 39,5 von 60 Punkten (→)
Glockenbach, Fraunhoferstr. 9, 266 460, tgl. 16.30-1h, Kosten: G, MVG: U 1/2, T 27, Bus 132 Fraunhoferstraße

Frida
Junge Kneipe. Die Küche serviert Burger und allerlei Vegetarisches. In der Frida kann man gemütlich Wein, Bier oder Cocktails trinken. Unbedingt einen Blick in „Fridas Kammer" werfen!
Essen 12/20, Trinken 6,5/10, Service 6,5/10, Ambiente 6,5/10, Wohl fühlen 7,5/10
Wertung: 39 von 60 Punkten (→)
Maxvorstadt, Steinheilstr. 10, 85 679 075, So/Mo 18-24h, Di-Sa 18-1h, 180, 30 außen, EC, MC, AM, Kosten: M, MVG: U 2/8 Theresienstraße

Frisches Bier Glockenbach

Frisches Bier NEU!
Kleine Craft-Bier-Bar, für die Tilman Ludwig (Tilmans Biere) und Max Heisler verantwortlich zeichnen. Tolle Wohnzimmeratmosphäre und immer spannende Biere verschiedener Erzeuger.
Essen 12/20, Trinken 7/10, Service 6,5/10, Ambiente 7/10, Wohl fühlen 8/10
Wertung: 40,5 von 60 Punkten (–)
Glockenbach, Thalkirchnerstr. 53, 0176-84034005, Mo-Do 17-1h, Fr/Sa 17-2h, Kosten: G, MVG: U 3/6 Poccistraße, Bus 62/132 Lagerhausstraße

Gute Nacht Wurst
Currywurst-Enklave, die erfolgreich versucht in München Hauptstadt-Flair zu verbreiten. Geniale Idee: der Schärfegrad-Contest (Wurst bis zum Abwinken, bei der jedes Mal der Schärfegrad erhöht wird).
Essen 11,5/20, Trinken 6/10, Service 6/10, Ambiente 7/10, Wohl fühlen 8/10
Wertung: 38,5 von 60 Punkten (→)
Isarvorstadt, Klenzestraße 32, 2 608 700, Mo-Do 17-0h, Fr 17-4h, Sa 12-4h, So 12-0h, Kosten: M, MVG: U 1/2 Fraunhoferstraße

Hard Rock Café
Klassiker am Platzl: Es gibt Burger, Steaks und Sandwiches. Internationales Publikum. Das Live-Musikprogramm kann sich hören lassen.
Essen 10/20, Trinken 5/10, Service 5/10, Ambiente 6/10, Wohl fühlen 6/10
Wertung: 32 von 60 Punkten (→)
Zentrum, Platzl 1, 2 429 490, So-Do 12-24h, Fr/Sa 12-2h, 60, 60 außen, Kosten: M, MVG: S 3/4/6/8, U 3/6 Marienplatz, T 19 Kammerspiele

Hey Luigi
Typischer Glockenbach-Charme, viel junges Publikum (mal alternativ, mal aufgedressed). Guter Hang out. Aufs Essen wartet man gerne länger, da der Laden meist sehr voll ist.
Essen 12,5/20, Trinken 6,5/10, Service 6,5/10, Ambiente 8/10, Wohl fühlen 7,5/10
Wertung: 41 von 60 Punkten (→)
Glockenbach, Holzstr. 29, 46 134 741, Mo-Fr 12-1h, Sa 17-1h, So 17-24h, 60, 60 außen, EC, Kosten: G, MVG: T 17/18 Müllerstraße, U 1/2/3/6, T 16/17/18/27 Sendlinger Tor

Holy Burger
Winzig kleiner, aber umso geselligerer Laden. Junges, entspanntes Publikum. Und die Burger? Absolut in Ordnung.
Essen 12/20, Trinken 5,5/10, Service 5,5/10, Ambiente 6/10, Wohl fühlen 7/10
Wertung: 36 von 60 Punkten (→)
Haidhausen, Wörthstr. 7, 46 229 355, Mo-Sa 11-24h, So 13-23h, Kosten: M, MVG: U 5 Ostbahnhof, T 19 Wörthstraße

Holzkranich
Retrodeko + Moderne ergeben ein eigenwilliges und dennoch stimmiges Ambiente. Zu essen gibt es Fleischpflanzerl, Brotzeitbrettl, Couscous oder Wurstsalat. Eine Kneipe mit Niveau und lustigen Comedy-Abenden im Keller.
Essen 11/20, Trinken 6,5/10, Service 7/10, Ambiente 8/10, Wohl fühlen 7/10
Wertung: 39,5 von 60 Punkten (→)
Maxvorstadt, Georgenstr. 105, 12 259 071, Mo-Sa ab17h, Kosten: M, MVG: U 1/2 Josephsplatz

★ Juleps
Auf der Karte stehen Rindertatar, Roastbeef Salat, Burger, Steak sowie starke eigenen Cocktailkreationen. sonntags Burger und Steak Special. Die Atmosphäre ist warm und am Wochenende sehr gesellig. Demnächst stehr ein Umzug in die Buttermelcherstraße an! Daher in diesem Jahr keine Wertung.

Ohne Wertung

▶ Haidhausen, Breisacher Str. 18, ☎ 4 480 044, So-Do 17-1h, Fr/Sa 17-3h, 100, 40 außen, EC, MC, VI, AM, Kosten: M, MVG: S 2-8, U 5, T 19 Ostbahnhof

★ Katopazzo & die Totem Bar
Junge Kneipe mit Crossover-Küche (Saibling-Ceviche, Tandoori-Chicken-Pizza, Green Hornet-Bowl) auf der Karte. An der (eher lauten) Ausgehstimmung gibt es nichts zu meckern. Zum Lokal gehört auch noch eine Bar mit Mezcal-Spezialitäten.

Essen 12/20, Trinken 6/10, Service 6/10, Ambiente 7/10, Wohl fühlen 7/10

Wertung: 38 von 60 Punkten (→)

▶ Schwabing, Amalienstr. 87, ☎ 44 387 114, Mo-Do 17-1h, Fr/Sa 17-2h, Kosten: M, MVG: U 3/6 Universität, T 27/28 Schellingstraße

★ Kennedy's
Irische Gastfreundschaft trifft bayerische Gemütlichkeit. Eine perfekte Mischung. Prima zum Spaß haben, Sport gucken, Leute kennenlernen.

Essen 11,5/20, Trinken 6/10, Service 6/10, Ambiente 6,5/10, Wohl fühlen 8/10

Wertung: 38 von 60 Punkten (→)

▶ Zentrum, Sendlinger-Tor-Platz 11, ☎ 59 988 460, Mo-Do 11-2h, Fr/Sa 11-3h, So 12-1h, Kosten: M, MVG: U 1/2/3/6, T 16/17/18/27, Bus 62 Sendl. Tor

Klenze 17
Der Klassiker in der Klenzestraße zeigt, wie lebendig das Konzept Kneipe noch immer sein kann. Seit Äonen ernähren sich hier Studenten von Pommes, Burgern und gutem Augustiner Bier. Die Tageskarte lockt mit internationalen Gerichten. Samstags wird Fußball geschaut, sonntags der Tatort. Hin und wieder legen DJs auf.

Essen 12/20, Trinken 5/10, Service 6,5/10, Ambiente 6,5/10, Wohl fühlen 7/10

Wertung: 37 von 60 Punkten (→)

▶ Glockenbach, Klenzestr. 17, ☎ 25 544 277, Mo-Do 17-1h, Fr/Sa 17-2h, So 17-24h, Kosten: M, MVG: U 1/2, T 27, Bus 132 Fraunhoferstraße

★ Korner
Im Korner wird die Reduktion auf das Wesentliche zur gastronomischen Kunstform. Helles, Weißbier, Zwickl, Pils, zwei Rot- und zwei Weißweine, Gin Tonic .. mehr braucht es nicht, um den Durst zu stillen. Das Ergebnis ist eine Kneipe, die die Leute nicht unterhält, sondern in der die Leute sich unterhalten.

Essen 10/20, Trinken 6/10, Service 7/10, Ambiente 7/10, Wohl fühlen 9/10

Wertung: 39 von 60 Punkten (→)

▶ Zentrum, Westermühlstr. 10, ☎ 0172-5631493, Mo-Sa ab 17h, Kosten: M, MVG: U 1/2 Fraunhoferstraße

Krambambuli
Stadtteilwirtschaft mit Kaminlounge. Unaufgeregte internationale Küche, ob man nun frühstückt oder nur auf eine Pizza vorbeischaut. Sonntags Brunch.

Essen 11/20, Trinken 6/10, Service 6,5/10, Ambiente 7,5/10, Wohl fühlen 6,5/10

Wertung: 37,5 von 60 Punkten (→)

▶ Sendling, Waldfriedhofstr. 90, ☎ 7 144 026, Mo-Mi 9-24h, Do-Sa 9-00.30h, So 10-24h, 230, 220 außen, EC, MC, VI, AM, Kosten: G, MVG: U 6 Holzapfelkreuth

★ La Kaz
Ein guter Allrounder. Hier genießt man vom Fleischpflanzerl über Pulled Pork bis zum Hummus eine abwechslungsreiche internationale Küche. Die spartanische Einrichtung wirkt dank des schönen Lichts vor allem abends schön.

Essen 12/20, Trinken 6/10, Service 7/10, Ambiente 6/10, Wohl fühlen 7/10

Wertung: 38 von 60 Punkten (→)

▶ Westend, Ligsalzstr. 38, ☎ 76 990 710, Mo-Fr 12-14.30 u. 17.30-24, Sa 17.30-1h, So 16.30-23h, Kosten: M, MVG: U 4/5 Schwanthalerhöhe

★ Le Florida
Verspielt stylische Kneipe (Tischlampen an der Wand!), die im Viertel sehr beliebt ist. Perfekt für ein Feierabendbier (Tegernseer) oder ein paar gut gemixte Long Drinks. Essen kann man im Le Florida auch. Es gibt klassisches Bar-Food (Burger, Pasta, Salat) mit asiatischem Einschlag zu moderaten Preisen. Doch eigentlich sitzt man eher mit Freunden rum und quatscht. Gute Stimmung, netter Service.

Essen 11,5/20, Trinken 7/10, Service 7/10, Ambiente 6/10, Wohl fühlen 7/10

Wertung: 38,5 von 60 Punkten (→)

▶ Schwabing, Georgenstr. 48, ☎ 44 429 555, tgl. 18-1h, Kosten: M, MVG: U 3/6 Giselastraße, T 27 Nordendstraße

Leo's Lounge
Die Karte hier wartet mit einem Texmex-Mix sowie Burgern auf. Es gibt viele Aktionstage (Schnitzel, Pasta, Burger). Das jüngere Publikum weiß auch die Cocktails zu schätzen. Der Sonntagsbrunch für 16,50 Euro ist beliebt!

Essen 11/20, Trinken 6/10, Service 6/10, Ambiente 5/10, Wohl fühlen 6/10

Wertung: 34 von 60 Punkten (→)

▶ Haidhausen, Rosenheimerstr. 98, ☎ 48 953 050, Mo-Do 11-1h, Fr/Sa 11-2h, So 10-24h, Kosten: G, MVG: S 3/4/6/8, T 15/25 Rosenheimer Platz

Lindwurmstüberl
Wenn schon Hendl, dann im Lindwurmstüberl, der ältesten Hühnerbraterei der Stadt. Am besten sind die Hendl, wenn der Laden voll ist und das Geflügel frisch vom Grill kommt. Seit der Renovierung in hellem Ambiente, der alte Charme ist dennoch nicht verloren gegangen. Tolle Dachterrasse!

Essen 10/20, Trinken 6/10, Service 7/10, Ambiente 7/10, Wohl fühlen 7/10

Wertung: 37 von 60 Punkten (→)

▶ Ludwigsvorstadt, Lindwurmstr. 32, ☎ 534 638, tgl. 10-24h, Kosten: G, MVG: U 3/6 Goetheplatz

★ Little Wolf
Grillen war gestern, heute wird gesmoked. In diesem winzigen Lokal gibt es niedrigtemperaturgegarte Rippchen, Rinderbrust oder Pastrami. Lecker!

Essen 13/20, Trinken 7/10, Service 7/10, Ambiente 7/10, Wohl fühlen 7/10

Wertung: 41 von 60 Punkten (→)

▶ Isarvorstadt, Pestalozzistr. 9, ☎ 85 636 152, Di-Sa 17-22h, Kosten: M, MVG: U 1/2/3/6, T 16/17/18/27, Bus 62 Sendlinger Tor

Max Emanuel Brauerei
Beliebte Wirtschaft mit Biergarten im Univiertel. Vorwiegend studentisches Publikum genießt hier die bodenständige Küche (Schinkennudeln) und die wechselnden Events (Salsa, Rock'n'Roll, MJive). An einem speziellen Tisch im Biergarten können die Gäste ihr Bier selber zapfen (Obacht, die Hälfte des Biergartens ist kein echter. Sprich: Speisen kann man dort keine mitbringen.)

Essen 10/20, Trinken 6,5/10, Service 6/10, Ambiente 5,5/10, Wohl fühlen 7/10

Wertung: 35 von 60 Punkten (→)

▶ Maxvorstadt, Adalbertstr. 33, ☎ 2 715 158, tgl. 11-1h (Nov-Mrz 17-1h), 25, 12 außen, EC, Kosten: M, MVG: U 3/6 Universität

★ Meisterstück
Hier kann man sich durch zahlreiche Craft Biere trinken (z.B. Hopfenhacker, Tillmanns Biere, Isar Bier). Zu essen gibt es Brote mit Aufstrich sowie Grillwurst- und Fleischspezialitäten. Riesenterrasse. Drinnen ist es aber auch ganz hübsch. Filiale in der Weißenburger Straße.

Essen 12/20, Trinken 6,5/10, Service 6/10,

Ambiente 7/10, Wohl fühlen 7/10

Wertung: 38,5 von 60 Punkten (→)

Pasing-Obermenzing, Kaflerstr. 16, 30 905 137, Mo-Do 12-24h, Fr/Sa 12-1h, So 10-24h, Kosten: M, MVG: S 2/3/4/6/8 Pasing

Munich Tap-House

200 Craft Biere (Fass und Flasche) auf der Karte. Da bleiben bei jedem Bierfan weder Auge noch Kehle trocken. Dazu deftige Küche, bei der sogar das Chili mit Bier verfeinert wird.

Essen 11/20, Trinken 8,5/10, Service 7/10, Ambiente 6/10, Wohl fühlen 7/10

Wertung: 39,5 von 60 Punkten (→)

Haidhausen, Rosenheimer Str. 108, 62 231 187, Mo-Mi 18-1h, Do-Sa 18-2h, Kosten: M, MVG: S 2-8, U 5 Ostbahnhof, Bus 54/55/63 Orleansstraße

Nage & Sauge

Laut und lustig geht's zu im Nage & Sauge. Da kann es manchmal etwas länger dauern. Trotzdem immer voll! Frische Küche, die sogar mit ihren Salaten rockt.

Essen 12/20, Trinken 6,5/10, Service 6/10, Ambiente 7/10, Wohl fühlen 7/10

Wertung: 38,5 von 60 Punkten (→)

Lehel, Mariannenstr. 2, 298 803, Mo-Sa 17.15-1h, So 17.15-24h, 150, 140 außen, EC, MC, VI, AM, DI, Kosten: M, MVG: S 3/4/6/8 Isartor, T 19 Maxmonument

No Mi Ya

Hier findet zusammen, was zusammengehört: Bayerische Herzlichkeit und japanisches Essen. Seit Jahren einer der Top-Spots in Haidhausen. Immer voll, bunt gemischtes Publikum.

Essen 13/20, Trinken 5/10, Service 7/10, Ambiente 7/10, Wohl fühlen 6/10

Wertung: 38 von 60 Punkten (→)

Haidhausen, Wörthstr. 7, 4 484 095, tgl. 18-1h, Kosten: M, MVG: S 2-8, U 5, T 19 Ostbahnhof

Pappasito's

Das Pappasito's ist eine Bank, wenn es um wilde Texmex-Sausen mit Tanz auf den Tischen oder einen ausgelassenen Junggesellen-Abschied geht.

Essen 10,5/20, Trinken 6/10, Service 7/10, Ambiente 6/10, Wohl fühlen 7/10

Wertung: 36,5 von 60 Punkten (→)

Westend, Erika-Mann-Str. 60, 2 721 346, Di-Do 18-1h, Fr/Sa ab 18h, Kosten: M, MVG: S 3/4/6/8 Donnersberger Brücke, T 18/19 Trappentreustraße

Platt & belegt

Schnitzel mit genialen Toppings (z.B. Rucola/Parmesan, Rahmchampignons, Käse). Dazu lässt man sich Bratkartoffeln oder Süßkartoffelpommes schmecken. Bier oder Cocktails? Hier geht beides.

Essen 11,5/20, Trinken 6,5/10, Service 7/10, Ambiente 7/10, Wohl fühlen 7/10

Wertung: 39 von 60 Punkten (→)

Westend, Kazmaierstr. 47, So-Do 11-24h, Fr/Sa 11-1h, Kosten: M, MVG: U 4/5 Schwanthaler Höhe

Red Pepper

Lustiger Allrounder (Frühstück, Pizza, Texmex), bei dem vom Ambiente über den Service bis zum Essen alles stimmig aufgesetzt ist. Entspanntes Westend-Publikum.

Essen 10,5/20, Trinken 5/10, Service 7/10, Ambiente 6/10, Wohl fühlen 7/10

Wertung: 35,5 von 60 Punkten (→)

Westend, Guldeinstr. 35, 50 080 255, So-Fr 10-1h, Sa 17-1h, 50, 70 außen, EC, MC, VI, Kosten: M, MVG: U 4/5 Heimeranplatz

Rusticana

Seit über 40 Jahren werden im Rusticana Steaks und Spareribs gegrillt. Letztere sind legendär. Doch auch die Steaks (bis 500 Gramm!) überzeugen. Zünftiges Ambiente, hemdsärmelige Stimmung.

Essen 12,5/20, Trinken 6/10, Service 6,5/10, Ambiente 6,5/10, Wohl fühlen 7/10

Wertung: 38,5 von 60 Punkten (→)

Haidhausen, Grillparzerstr. 5, 4 703 887, tgl. ab 17h, Kosten: M, MVG: S 2-8, U 5, T 19 Ostbahnhof

Sausalitos

Hier gibt es etwas mehr Platz als in der Filiale im Tal. Konzept: Feier-Mexikaner. Qualität Essen: guter Durchschnitt. Qualität Cocktails: Hochprozentig.

Essen 8/20, Trinken 5/10, Service 6/10, Ambiente 5,5/10, Wohl fühlen 6/10

Wertung: 30,5 von 60 Punkten (→)

Maxvorstadt, Türkenstr. 50, 281 594, Mo-Do 12-1h, Fr 12-2h, Sa 17-2h, So 17-1h, 380, 400 außen, Kosten: M, MVG: U 3/6 Universität, T 27/28 Schellingstraße

Sausalitos 2

Hierher kommen die Gäste vor allem, um ordentlich abzufeiern. Im Gewusel findet man immer jemanden zum Flirten. Die Plätze draußen sind immer belegt.

Essen 8/20, Trinken 5/10, Service 6/10, Ambiente 5,5/10, Wohl fühlen 5,5/10

Wertung: 30 von 60 Punkten (→)

Zentrum, Tal 16, 24 295 494, Mo-Sa ab 12h, So ab 16h, 60, 60 außen, EC, MC, VI, AM, Kosten: M, MVG: S 3/4/6/8, U 3/6 Marienplatz

Sax

Ins Sax kann man getrost zu jeder Tageszeit und in jeder Gemütsverfassung gehen – und wird bestens umsorgt. Ob zum Frühstücken, Ratschen, Cocktails trinken oder Fußball gucken. Solide Küche mit dem einen oder anderen Highlight.

Essen 11/20, Trinken 6,5/10, Service 6,5/10, Ambiente 6/10, Wohl fühlen 7/10

Wertung: 37 von 60 Punkten (→)

Glockenbach, Hans-Sachs Str. 5, 268 835, So-Do 9-1h, Fr/Sa 9-3h, Kosten: M, MVG: U 1/2, T 27, Bus 132 Fraunhoferstraße

Schall & Rauch

Klassisches Studentencafé, das sich so durch den Tag träumt, um sich abends in eine gute Feierabendbier-Cocktail-Location zu verwandeln.

Essen 11/20, Trinken 6/10, Service 6/10, Ambiente 6/10, Wohl fühlen 7/10

Wertung: 36 von 60 Punkten (→)

Maxvorstadt, Schellingstr. 22, 28 809 577, Mo-Do/So 10-1h, Fr/Sa 10-3h, Kosten: M, MVG: U 3/6 Universität

Scheidegger

Typische Münchner Bierwirtschaft, in der sich Gott und die Welt versammeln. Man fühlt sich wohl.

Essen 11/20, Trinken 6,5/10, Service 8/10, Ambiente 6/10, Wohl fühlen 6/10

Wertung: 37,5 von 60 Punkten (→)

Schwabing, Bauerstr. 16, 2 714 828, tgl. 10-1h, Kosten: M, MVG: U 2 Hohenzollernplatz, T 12/27, Bus 53 Kurfürstenplatz

Schelling-Salon

Wer den Schelling nicht kennt, kennt München nicht. Einzigartige Mischung aus Billard spielendem Jungvolk und Backgammon zockenden Serbo-Kroaten in leicht vergilbtem Wiener Caféhaus-Charme mit gutbürgerlicher, preiswerter Küche.

Essen 8/20, Trinken 6/10, Service 6/10, Ambiente 9/10, Wohl fühlen 9/10

Wertung: 38 von 60 Punkten (→)

Maxvorstadt, Schellingstr. 54, 2 720 788, Do-Mo 10-1h, Kosten: G, MVG: U 3/6 Universität, T 27/28 Schellingstraße

Schwabinger Wassermann

Der Schwabinger Wassermann strahlt nicht nur optisch. Auch Gerichte wie Sashimi vom Lachs oder Irisches Rib Eye gelingen hier richtig gut. Doch keine Sorge, das legendäre Wiener Schnitzel steht auch immer noch auf der Karte! Dazu mixen die lässigen Barkeeper am Abend gute Drinks.

Essen 12,5/20, Trinken 6,5/10, Service 6,5/10, Ambiente 7/10, Wohl fühlen 7/10

Wertung: 39,5 von 60 Punkten (→)

Schwabing, Herzogstr. 82, 32 388 020, Mo-Sa 10-1h, So 9.30-1h, Kosten: M, MVG: U 2, T 12/27, Bus 53 Hohenzollernplatz

Spezlwirtschaft

Altes Gemäuer, uriges Umfeld, junges Trendvolk: Hier treffen sich die szenigen Spezln vor dem Crux-Gang und speisen bayerisch-internationale Schmankerl (Steak, Kässpatzn, Tatar).

Essen 11,5/20, Trinken 6/10, Service 6/10, Ambiente 6,5/10, Wohl fühlen 7/10

Wertung: 37 von 60 Punkten (→)

Zentrum, Ledererstr. 3, 23 232 973, tgl. ab 18h, 50, 40 außen, EC, MC, VI, AM, Kosten: M, MVG: S 3/4/6/8, U 3/6 Marienplatz

Stadion

Hier wird das Konzept Fußballkneipe auf die Spitze getrieben - mit Salatteller Meisterschale oder Langos (ein Hefefladen) à la Zidane. Toll sind die vielen Fußballdevotionalien, mit denen das Lokal geschmückt ist. Immer wieder spannende Events zur

Fußballkultur.
Essen 10/20, Trinken 5/10, Service 7/10, Ambiente 4/10, Wohl fühlen 5/10
Wertung: 31 von 60 Punkten (→)
Maxvorstadt, Schleißheimerstr. 82, 529 736, Mo-Do ab 19h, Fr ab 18h, Sa ab 12.30h, So ab 13h, 140, 80 außen, EC, MC, VI, AM, DI, Kosten: M, MVG: U 2/8 Theresienstraße

Steinheil
Alles Schnitzel, oder was? Die liebevoll „Elefantenohren" genannten Riesenschnitzel sind längst ein gastronomisches Kulturgut in München. Dazu zwei Augustiner (die Schnitzel sind wirklich groß) und man sitzt bewegungsunfähig, aber glücklich in dieser ebenso sympathischen wie legendären Studentenkneipe.
Essen 11/20, Trinken 5,5/10, Service 7/10, Ambiente 6/10, Wohl fühlen 8/10
Wertung: 37,5 von 60 Punkten (→)
Maxvorstadt, Steinheilstr. 16, 527 488, tgl. 10-1h, 22, 12 außen, EC, Kosten: G, MVG: U 2/8 Theresienstraße

Stragula
In der Realwirtschaft gibt's eine richtig ordentliche internationale Küche mit Wildschweinwürstchen, Veggie-Burger oder Currywurst mit geheimer Sauce. Der Service ist auf zack. Es gibt regelmäßig Fußball und Lesungen.
Essen 9/20, Trinken 5/10, Service 6/10, Ambiente 4/10, Wohl fühlen 7/10
Wertung: 31 von 60 Punkten (→)
Westend, Bergmannstr. 66, 507 743, Mo-Fr 11.30-14.30, 17-1h, Sa 18-1h , Kosten: G, MVG: U 4/5 Heimeranplatz

Substanz
Das Heim der Münchner Indie- und Undergroundszene. In der Musik- und Fußballkneipe fühlen sich junge Münchner seit Jahren wohl. Musikalisch anspruchsvoll.
Essen 5/20, Trinken 6/10, Service 7/10, Ambiente 7/10, Wohl fühlen 8,5/10
Wertung: 33,5 von 60 Punkten (→)
Isarvorstadt, Ruppertstr. 28, 7 212 749, So-Di 20-1h, Mi-Do 20-2h, Fr/Sa 20-3h, Kosten: G, MVG: U 3/6 Poccistraße

Südstadt
Urige Musikkneipe mit Live-DJs (Rock, Punk, Dunkelbuntes), Kulturprogramm (Comedy, Lesungen) und guter Kulinarik. Salat und Schnitzel werden in Bioqualität aufgetischt. Dazu gibt's auch vegetarische und vegane Küche und natürlich einen Kickertisch und Darts.
Essen 10/20, Trinken 5,5/10, Service 6/10, Ambiente 7/10, Wohl fühlen 6/10
Wertung: 34,5 von 60 Punkten (→)
Glockenbach, Thalkirchner Str. 29, 7 250 152, Mo-Do 18-1h, Fr/Sa 20-3h, Kosten: G, MVG: U 3/6 Goetheplatz, BUS 131 Roecklplatz, BUS 62 Ehrengutstraße

★ The Potting Shed
Spannende Tapas- & Burger-Küche in entspannter Atmosphäre. Gebraten wird ausschließlich Biofleisch. Auch die Getränkekarte kann sich sehen und schmecken lassen. Ein lässig-entspannter Rückzugsort für den Weltbürger mitten in Schwabing.
Essen 13/20, Trinken 7/10, Service 6,5/10, Ambiente 6,5/10, Wohl fühlen 6,5/10
Wertung: 39,5 von 60 Punkten (→)
Schwabing, Occamstr. 11, 34 077 284, Di-Sa ab 18h, 60, 20 außen, Kosten: M, MVG: U 3/6, T 23, BUS 53/59/142 Münchner Freiheit

★ Türkenhof
Hier lernt man schräge Leute kennen, isst leckere Kleinigkeiten für kleines Geld, macht Kaffeekränzchen, Univorlesungen, man kickert, schaut Fußball oder spielt Karten. Das Maxvorstädter Leben in all seinen Facetten. Man fühlt sich wohl.
Essen 11/20, Trinken 6/10, Service 7/10, Ambiente 6,5/10, Wohl fühlen 9/10
Wertung: 39,5 von 60 Punkten (→)
Maxvorstadt, Türkenstr. 78, 2 800 235, So-Do 11-1h, Fr/Sa 11-2h, 40, 10 außen, EC, MC, VI, Kosten: M, MVG: U 3/6 Universität, T 27/28 Schellingstraße

Valentin Stueberl
Barstüberl im Schlachthofviertel mit jüngerem Publikum. Hier geht's meist lustig zur Sache. Für den passenden Sound sorgen DJs oder fein selektierte Tonträger.
Essen 8/20, Trinken 5/10, Service 5/10, Ambiente 7/10, Wohl fühlen 8/10
Wertung: 33 von 60 Punkten (→)
Isarvorstadt, Dreimühlenstr. 28, 76 757 058, Mo-Do 18-1h, Fr/Sa 18-2h, 58, 8 außen, EC, Kosten: M, MVG: BUS 62 Ehrengutstraße

★ Vereinsheim
Gemütliche Kneipe für Fußball und Kultur in Schwabing. Wenn die Bayern nicht gerade nach Pokalen jagen, treten Lokalmatadoren der schreibenden oder muszierenden Zunft sowie Nachwuchstalente im Vereinsheim auf. Highlights: montags der Blickpunkt Spot, sonntags die Schwabinger Schaumschläger Show.
Essen 10,5/20, Trinken 6,5/10, Service 6,5/10, Ambiente 7/10, Wohl fühlen 7,5/10
Wertung: 38 von 60 Punkten (→)
Schwabing, Occamstr. 8, 33 088 655, tgl. ab 18h, Kosten: G, MVG: U 3/6, T 23, BUS 53/59/142 Münchner Freiheit

★ Vivo
Betritt man das Vivo, ist es, als würde man in das faltige Gesicht eines alten Mannes schauen, der mit sich und der Welt im Reinen ist. Riesige Bierauswahl (teilweise international), klassische Kneipenküche (Schnitzel, Burger, Currywurst), entspanntes Publikum und ein ebensolcher Service. Hin und wieder Lesungen!
Essen 10,5/20, Trinken 7/10, Service 6,5/10, Ambiente 6/10, Wohl fühlen 8/10
Wertung: 38 von 60 Punkten (→)
Haidhausen, Lothringerstr. 11, 4 485 035, tgl. ab 18h, 25, 15 außen, EC, Kosten: G, MVG: S 3/4/6/8, T 15/25 Rosenheimer Platz

★ Vogler
In dieser Wein- und Jazzbar steckt Herzblut drin. Und zwar das von Thomas Vogler. Das Live-Programm (Musik und Lesungen) kann sich definitiv hören lassen. Fürs leibliche Wohl wird gesorgt (Spezialität des Hauses sind Spaghetti mit Pesto).
Essen 11/20, Trinken 6,5/10, Service 6/10, Ambiente 7/10, Wohl fühlen 8/10
Wertung: 38,5 von 60 Punkten (→)
Glockenbach, Rumfordstr. 17, 294 662, Mo-Sa ab 19h, feiertags geschlossen, Kosten: M, MVG: S 3/4/6/8 Isartor, T 16/18 Reichenbachplatz, U 1/2 Fraunhoferstraße

★ Wuid
Junge Barwirtschaft mit Pfiff. Hier hat man aus dem Schweinsbraten einen leckeren Pulled Pork-Burger gemacht oder serviert ein Weißwurst-Breznknödel-Carpaccio. Nette Specials wie das Gin Tasting (immer dienstags). Burger und Bier gibt es fürs Isarpicknick auch to go. Das Lokal passt perfekt zum sich wandelnden Viertel.
Essen 12/20, Trinken 6,5/10, Service 6,5/10, Ambiente 6,5/10, Wohl fühlen 7,5/10
Wertung: 39 von 60 Punkten (↗)
Untergiesing, Humboldtstr. 20, 46 138 164, Mo-Do 17-1h, Fr/Sa ab 17h, Kosten: M, MVG: U 1/2, BUS 52 Kolumbusplatz

Zapata
Ein gemütlicher Mexikaner mit guter Stimmung, in dem nicht zwingend zu später Stunde auf den Tischen getanzt wird.
Essen 11,5/20, Trinken 6/10, Service 6,5/10, Ambiente 6,5/10, Wohl fühlen 6,5/10
Wertung: 37 von 60 Punkten (→)
Neuhausen, Wilderich-Lange-Str. 4, 1 665 822, tgl. ab 16h, 5, außen, EC, MC, VI, Kosten: M, MVG: T 16, BUS 53 Donnersbergerstraße

Zum roten Knopf
Mitten in Haidhausen findet sich mit dem Roten Knopf eine entspannte, unkomplizierte Nachbarschafts- und Feierabendkneipe mit gutem Essen, guten Gesprächen und guter Musik.
Essen 10,5/20, Trinken 6/10, Service 6,5/10, Ambiente 6/10, Wohl fühlen 7/10
Wertung: 36 von 60 Punkten (→)
Haidhausen, Steinstr. 63, 95 455 938, Mo-Do 17.30-2h, Fr/Sa 17.30-3h, Kosten: M, MVG: S 3/4/6/8, T 15/25 Rosenheimer Platz

M.C.Mueller Glockenbach

Burger

Hier finden Sie alle Gastro-Empfehlungen für Münchens beste Burger-Lokale.

Burger & Bier

Entspannte Stimmung, außer beim Fußball. Gute Burger, sehr gute Pommes. Besteck gibt es keines. Das junge Publikum trinkt hier entgegen der Implikation des Lokalnamens auch gern Cocktails zu den Fleischklopsen.

Essen 11,5/20, Trinken 6/10, Service 6,5/10, Ambiente 6/10, Wohl fühlen 7,5/10

Wertung: 37,5 von 60 Punkten (→)

▶ Isarvorstadt, Klenzestr. 40, ☎ 72 632 644, Mo-Do 17-22h, Fr/Sa 17-23h, So 17-21h, Kosten: G, MVG: U 1/2 Fraunhoferstraße, T 17/18/27 Müllerstraße

★ Burger House

Wenn Burger, dann hier. Die Mutter aller Burger-Lokale mit Niveau. Mittlerweile fünf Filialen in der Stadt.

Essen 13/20, Trinken 6,5/10, Service 7/10, Ambiente 6,5/10, Wohl fühlen 7/10

Wertung: 40 von 60 Punkten (→)

▶ Haidhausen, Lothringerstr. 7, ☎ 88 903 550, Mo-Fr 12-15h u. 17-22h, Sa 12-22h, So 14-21h, Plätze 420, 170 außen, Karten EC, MC, VI, AM, DI, Kosten: M, MVG: S 3/4/6/8, T 15/25 Rosenheimer Platz

Ca-Ba-Lu

Burger-Bar, die mit dem Kahuna-Burger, dem Honolulu-Burger oder dem Tingel Tangel Bob-Burger auch ein paar schöne Exoten auf der Karte hat.

Essen 12/20, Trinken 6/10, Service 6/10, Ambiente 6/10, Wohl fühlen 7/10

Wertung: 37 von 60 Punkten (→)

▶ Lehel, Thierschplatz 5, ☎ 94 508 840, Mo-Fr 12-14h u. 18-1h, Sa 18-1hr, Kosten: M, MVG: U 4/5 Lehel

Cosmogrill

Edel-Fastfood: z.B. Bison-Burger, Wasabi Tuna Burger oder Currywurst mit Roggenbrot. Versteckt in einer Seitengasse der Maximilianstraße gelegen. Freitags und samstags sogar bis 6 Uhr in der Früh.

Essen 12,5/20, Trinken 6/10, Service 6/10, Ambiente 7/10, Wohl fühlen 6/10

Wertung: 37,5 von 60 Punkten (→)

▶ Zentrum, Maximilianstr. 10 Rgb., ☎ 89 059 696, Mo-Mi 12-24h, Do 12-3h, Fr/Sa 12-6h, So 15-21h, Plätze 45, 35 außen, Karten EC, MC, VI, Kosten: M, MVG: S 3/4/6/8, U 3/6 Marienplatz, T 19 Kammerspiele

Drunken Cow

Die betrunkene Kuh serviert Burger und Steaks. Das Fleisch dafür bezieht man direkt von einem Züchter aus Uruguay. Jüngeres Cocktail-Publikum.

Essen 12/20, Trinken 6/10, Service 6/10, Ambiente 6/10, Wohl fühlen 7/10

Wertung: 37 von 60 Punkten (→)

▶ Maxvorstadt, Gabelsbergerstr. 58 , ☎ 54 356 230, Di-Fr 12-15 u. ab 18h, Sa ab 18h, Kosten: M, MVG: U 2/8 Theresienstraße

Hamburgerei

Franzose, Inder, Trojaner, Bayer oder Mexikaner .. die Burger in der Hamburgerei kommen international und sehr mächtig daher. Buntes Ambiente, schöne Terrasse. Filiale in der Einsteinstraße.

Essen 12/20, Trinken 6/10, Service 6/10, Ambiente 6/10, Wohl fühlen 7/10

Wertung: 37 von 60 Punkten (→)

▶ Zentrum, Brienner Str. 49, ☎ 20 092 015, So-Do 11.30-22h, Fr/Sa 11.30-23h, Kosten: M, MVG: U 3/4/5/6 Odeonsplatz

Hans im Glück

Ob Avocado- oder Chili-Burger, das Hans im Glück legt in Sachen Burger richtig gut vor. Dazu passt das lindgrüne Ambiente mit Birkenstämmen, die bis an die Decke wachsen. Sehr schön ist die Vielzahl an Saucen am Tisch zum Ausprobieren. Mittlerweile stolpert man überall in München über HIG-Filialen.

Essen 13/20, Trinken 5/10, Service 6/10, Ambiente 6,5/10, Wohl fühlen 6/10

Wertung: 36,5 von 60 Punkten (→)

▶ Neuhausen, Nymphenburger Str. 69, ☎ 64 299 982, tgl. ab 11h, Kosten: M, MVG: U 1 Maillingerstraße

★ Jones

Original Diner mit rotweißen Lederbänken und einer deftigen amerikanischen Burger-Wings-Sandwich-Küche. Der Laden macht Spaß.

Essen 12/20, Trinken 6/10, Service 6/10, Ambiente 7/10, Wohl fühlen 8/10

Wertung: 39 von 60 Punkten (→)

▶ Maxvorstadt, Karlsstr. 5, ☎ 54 544 777, Mo-Fr 11-15 u. 18-22h, Sa 17-22h, Kosten: M, MVG: T 17/20/21/22 Karlstraße

★ M.C. Mueller

DJs plus leckere, kreativ umgesetzte Bio-Burger. Dem Nachtvolk gefällt das simple Konzept seit Jahren. Im Innenhof gibt es außerdem eine sehr heimelige Terrasse. Die Mutter aller Münchner Burger-Läden.

Essen 12/20, Trinken 6/10, Service 6/10, Ambiente 6,5/10, Wohl fühlen 7,5/10

Wertung: 38 von 60 Punkten (→)

▶ Glockenbach, Fraunhoferstr. 2, ☎ 18 910 039, Mo-Sa ab 18h, Plätze 120, 120 außen, Karten EC, MC, VI, AM, Kosten: M, MVG: T 17/18 Müllerstraße, U 1/2/3/6, T 16/17/18/27 Sendlinger Tor

Rotkäppchen

Eine richtig gute Burger-Braterei. Hier gibt es die Fleischklopse sogar mit Trüffelpesto oder Mango und Kokos. 17-20 Uhr Cocktail-Happy Hour. Einrichtung: Ich glaub, ich sitz im Wald.

Essen 11/20, Trinken 6/10, Service 6/10, Ambiente 6,5/10, Wohl fühlen 7/10

Wertung: 36,5 von 60 Punkten (→)

▶ Isarvorstadt, Lindwurmstr 139a, ☎ 41 144 273, Mo-Sa 17-21h, Kosten: M, MVG: U 3/6 Poccistraße

Ruff's Burger

Leckere Burger zu zivilen Preisen. Ein Extralob verdienen sich die belgischen Pommes. Ambiente: clean, aber dennoch gemütlich. Mittlerweile auch Filialen in der Türkenstr. 63, in der Müllerstr. 56 und am Rindermarkt 6.

Essen 11/20, Trinken 6/10, Service 6/10, Ambiente 7/10, Wohl fühlen 7/10

Wertung: 37 von 60 Punkten (→)

▶ Schwabing, Occamstr. 4, ☎ 12 598 616, tgl. 17-24h, Kosten: G, MVG: U 3/6, T 23, Bus 53/59/142 Münchner Freiheit

★ Schnelle Liebe

Winzige Barkneipe. Wenn's voll ist, muss man viel Zeit für seinen Burger mitbringen.

Essen 12,5/20, Trinken 6,5/10, Service 6/10, Ambiente 6,5/10, Wohl fühlen 7/10

Wertung: 38,5 von 60 Punkten (→)

▶ Glockenbach, Thalkirchnerstr. 12, ☎ 21 578 752, Mo-Mi 17.30-1h, Do-Sa 17.30-2h, So 16.30-1h, Kosten: M, MVG: U 1/2/3/6, T 16/17/18/27, Bus 62 Sendlinger Tor

Bob Beaman Maxvorstadt

Clubs

Hier finden Sie alle Gastro-Empfehlungen für Münchens beste Clubs.

★ 089 Bar
Dienstags bis samstags drängt sich in der 089 Bar ein junges Publikum, das an Abenden wie dem Love-Tuesday oder beim Bingo Spaß haben will. Chartlastige Musik, der Wodka-Bull-Preis kratzt an der 10-Euro-Marke. Nett um zu quatschen, Leute zu gucken und im Takt der Musik zu wippen. Am Wochenende wird bis 7 Uhr in der Früh gefeiert.

Party 8/10, Flirten 8/10, Sound 7/10,
Wertung: 23 von 30 Punkten (→)
Zentrum, Maximiliansplatz 5, 0175-598998, Di-Sa ab 21h, EC, MC, VI, Kosten: M, MVG: S 3/4/6/8, U 4/5, T 16-21/27/28 Karlsplatz (Stachus)

8Below
Sympathischer Indie-Club, in dem mal ein anspruchsvoller Bandcontest steigt und dann wieder trashige Neon-Partys gefeiert werden.

Party 7/10, Flirten 7/10, Sound 7/10,
Wertung: 21 von 30 Punkten (→)
Zentrum, Schützenstr. 8, 40 268 571, Di/Fr/Sa ab 21h, 95, 45 außen, EC, MC, VI, AM, Kosten: G, MVG: S 3/4/6/8, U 4/5, T 16-21/ 27/ 28 Karlsplatz (Stachus)

Americano's
Imposanter, mit viel Holz eingerichteter Kellerbar-Club, in dem ein gemischtes Publikum entspannt feiert.

Party 7/10, Flirten 7/10, Sound 8/10,
Wertung: 22 von 30 Punkten (→)
Haidhausen, Atelierstr. 12, 0172-8670007, Fr/Sa ab 21.45h, Kosten: M, MVG: S 2-8, U 5, T 19 Ostbahnhof

Americanos City
Partybar für junge Leute. Auf dem Programm: 2 für 1 Specials, die Rock University für Studenten und das Saturday Night Fever mit Party-Klassikern.

Party 5/10, Flirten 6/10, Sound 5/10,
Wertung: 16 von 30 Punkten (→)
Zentrum, Hochbrückenstr. 3, 0172-8844611, Mi 20-3h, Fr/Sa 20-5h, 45, 45 außen, EC, MC, VI, AM, Kosten: G, MVG: S 3/4/6/8, U 3/6 Marienplatz

Ampere
Poetry Slam, Ü30- und Panda Party sowie Konzerte von Indie-Musikern - das Ampere wartet mit einem abwechslungsreichen Musik- und Club-Programm für viele Altersklassen auf.

Party 5/10, Flirten 6/10, Sound 6/10,
Wertung: 17 von 30 Punkten (→)
Haidhausen, Zellstr. 4, 45 875 010, nur an Veranstaltungstagen geöffnet (i.d.R. eine Stunde vor Veranstaltungsbeginn), Kosten: M, MVG: S 3/4/6/8 Isartor, T 18 Deutsches Museum

Backstage
Neun Leben hat die Katze und schaut neidisch aufs Backstage, das mindestens doppelt so viele hat. Seit Jahren ist das Backstage das Refugium für die Münchner Indie-Szene und Subkultur. Jede Menge Live-Acts unterschiedlicher Musikrichtungen (Metal, Indie, Rap) im Monat. Im Sommer mit schickem Nachtbiergarten und dem legendären Free&Easy-Festival mit dutzenden Konzerten for free!

Party 8/10, Flirten 6/10, Sound 8/10,
Wertung: 22 von 30 Punkten (→)
Neuhausen, Reitknechtstr. 6, 1 266 100, tgl. ab 19h, 130, 24 außen, EC, MC, VI, AM, Kosten: G, MVG: T 18/19 Lautensackstraße, T 16/17 Steubenplatz, Bus 183 Wilhelm-Hale-Straße

★ Beverly Kills
Bar-Club in der Müllerstraße, der sich musikalisch auf einem hohen (Indie-)Niveau bewegt.

Party 7,5/10, Flirten 8,5/10, Sound 8/10,
Wertung: 24 von 30 Punkten (→)
Glockenbach, Müllerstr. 43, 0176-63032244, Mo-Sa ab 20h, Kosten: M, MVG: U 1/2, T 27, Bus 132 Fraunhoferstraße

★ Blitz
Das feine Musikprogramm (House, Dance/Elektro) lokaler und internationaler DJs lockt die Massen. Fotos im Club sind verboten. Unbeobachtet feiert es sich einfach besser.

Party 8,5/10, Flirten 7/10, Sound 8/10,
Wertung: 23,5 von 30 Punkten (→)
Zentrum, Museumsinsel 1, Fr/Sa ab 23.59h, Kosten: M, MVG: S 3/4/6/8 Isartor, T 18 Deutsches Museum

★ Blue Spa Bar
Die Luna Party auf der Dachterrasse der Blue Spa Bar gehört zu den stimmungsvollsten und erwachsensten Parties der Stadt (Info: www.luna-party.com)

Party 8/10, Flirten 8/10, Sound 8/10,
Wertung: 24 von 30 Punkten (→)
Zentrum, Promenadeplatz 2-6, 2 120 875, tgl. 8-22.30h, 45, außen, EC, VI, Kosten: H, MVG: S 3/4/6/8, U 3/6 Marienplatz, T 19 Theatinerstraße

★ Bob Beaman
Musik (House/Elektro) wird großgeschrieben: Kein Wunder, dass sich am Wochenende eine lange Schlange vor der Tür des Clubs windet, um dem Sound der internationalen DJs zu lauschen. Publikum: Schräg und wunderbar unelegant.

Party 8,5/10, Flirten 7/10, Sound 9/10,
Wertung: 24,5 von 30 Punkten (→)
Maxvorstadt, Gabelsberger Str. 4, 0177-2547476, Fr/Sa 23-5h, 120, 25 außen, EC, Kosten: M, MVG: U 3/6 Universität, T 27 Pinakotheken

★ Call Me Drella
Kreativität, Selbstdarstellung und Sündenerlass sind die Zutaten,

mit denen im Call Me Drella eine heiße Nightlifesuppe gekocht wird. Musik: Disco, Funk, Soul, Old School Hip-Hop und früher Elektrosound der 80er und 90er Jahre.

Party 8/10, Flirten 8/10, Sound 8/10,

Wertung: 24 von 30 Punkten (→)

Zentrum, Maximiliansplatz 5, 0174-6119999, Do-Sa 22-6h, 220, 300 außen, EC, MC, VI, AM, Kosten: M, MVG: S 3/4/6/8, U 4/5, T 16-21/27/28 Karlsplatz (Stachus)

★ Cord

Abwechslungsreiches Musikprogramm, die legendäre Open Stage und ein einmaliger Blick auf die Sonnenstraße machen diesen Indie-Club zu etwas Besonderem.

Party 8/10, Flirten 7/10, Sound 8/10,

Wertung: 23 von 30 Punkten (→)

Zentrum, Sonnenstr. 18, Mi-Fr ab 20.30h, Sa ab 22h, Kosten: M, MVG: U 1/2/3/6, T 16/17/18/27, Bus 62 Sendlinger Tor

Corleone

Das Corleone ist Anlaufstelle für Kreative und Künstler im Zentrum. Wechselndes Musikprogramm mit DJs und Bands aus aller Welt.

Party 7/10, Flirten 6/10, Sound 8/10,

Wertung: 21 von 30 Punkten (→)

Zentrum, Sendlinger-Tor-Platz 7, 0178-7888220, Mo-Do 16-1h, Fr 17-3h, Sa 20-3h, Kosten: M, MVG: U 1/2/3/6, T 16/17/18/27, Bus 62 Sendlinger Tor

Crash

Diesen Club gab es bereits, als die Oldies noch gar keine Oldies waren und der Rock'n'Roll in den Kinderschuhen steckte. Trotzdem lebt der Laden! Vom Alter her sehr gemischtes Publikum.

Party 6,5/10, Flirten 7/10, Sound 6/10,

Wertung: 19,5 von 30 Punkten (→)

Schwabing, Ainmillerstr. 10, 391 640, Do 20-1h, Fr/Sa ab 21-4h, 120, AM, Kosten: M, MVG: U 3/6 Giselastraße

Crowns Club

Der Crowns Club an der Rosenheimer Straße protzt mit dicker Terrasse! Im Sommer der absolute Hit. DER Laden in München für alle Baseballkappen- und Baggypant-Träger mit entsprechender Gangsterattitüde.

Party 7/10, Flirten 8/10, Sound 7/10,

Wertung: 22 von 30 Punkten (→)

Haidhausen, Rosenheimer Str. 145, 666 176 712, Do u. Sa ab 23h (Restaurant ab 19h), Kosten: M, MVG: U 2 Karl Preis Platz

Crux

Ungefährliche Türpolitik, breitspektraler Sound (Elektro, Hip-Hop, Black Beat) – dementsprechend gepimpt zeigt sich auch das Publikum.

Party 6/10, Flirten 6/10, Sound 6,5/10,

Wertung: 18,5 von 30 Punkten (→)

Zentrum, Lederstr. 3, 23 239 191, Fr/Sa ab 23h, Kosten: M, MVG: S 3/4/6/8, U 3/6 Marienplatz

Der Experten-Tipp von Damir Fister

Heart

„Das Heart steuere ich vornehmlich an, um mir die extrem herzliche und an bestes Kabarett erinnernde Türpolitik anzuschauen."

★ Eddy's Rock Club

Ehrliche handgemachte Musik (Rock, Metal ... am Wochenende oft live) und zivile Preise. Eddy's Rock Club im keller des WERK3 im neuen Werksviertel bleibt DIE Anlaufstelle in München für alle, die bei einem Riff nicht zuerst ans Schwimmen denken.

Party 8/10, Flirten 8/10, Sound 8/10,

Wertung: 24 von 30 Punkten (→)

Haidhausen, Atelierstr. 12, 0160-1728050, Do ab 20h, Fr/Sa ab 21.30h, Kosten: M, MVG: S 2-8, U 5, T 19 Ostbahnhof

Feierwerk

Das Feierwerk ist aus der Hansastraße nicht mehr wegzudenken und Heimat für ein junges, eher alternatives Publikum. Zum Veranstaltungskonglomerat gehören mehrere Locations: Im Hansa 39, der Kranhalle und dem Sunny Red wird ein abwechslungsreiches Musikprogramm geboten: Rock, Jazz, Reggae, Trance...

Party 6/10, Flirten 6/10, Sound 6/10,

Wertung: 18 von 30 Punkten (→)

Sendling, Hansastr. 39, 724 880, Opening je nach Event, 80, 40 außen, EC, MC, VI, DI, Kosten: M, MVG: Bus 131/132 Hansapark

★ Harry Klein

Einer der besten Clubs der Stadt, wenn nicht sogar des Landes. Das liegt unter anderem an einem durchdachten Musikkonzept (Die Bookings sind einfach spitze!), einem Sound der Extraklasse (Was für eine Anlage!) und einem Publikum, das eine legere Kleiderordnung pflegt. Mit dieser exklusiven Mischung hat es der Elektroklub in der Sonnenstraße geschafft, selbst international auf sich aufmerksam zu machen.

Party 10/10, Flirten 7,5/10, Sound 10/10,

Wertung: 27,5 von 30 Punkten (→)

Zentrum, Sonnenstr. 8, 40 287 400, Mi-Do 23-5h, Fr/Sa 23-7h, 250, 4 außen, EC, Kosten: M, MVG: S 3/4/6/8, U 4/5, T 16-21/27/28 Karlsplatz (Stachus)

★ Heart

Das Heart ist Restaurant, Bar und Club in einem und überzeugt mit internationaler Küche (Beeftatar, Lammkarree), guten Drinks und einem urbanen Ambiente. Im Members-Club über dem Lokal geht es besonders exklusiv zu. Noch immer überzeugt das Multifunktionskonzept, auch wenn die Konkurrenz nicht schläft.

Party 9/10, Flirten 7/10, Sound 8/10,

Wertung: 24 von 30 Punkten (→)

Zentrum, Lenbachplatz 2a, 0160-90900224, Mo-Mi 11-3h, Do-Sa 11-5h, So 11-17h, Kosten: H, MVG: S 3/4/6/8, U 4/5, T 16-21/27/28 Karlsplatz (Stachus)

Helene

Club unterm Restaurant. Das Pop-Art-Ambiente überzeugt.

Party 7/10, Flirten 7/10, Sound 7/10,

Wertung: 21 von 30 Punkten (→)

Schwabing, Occamstr. 5, 74 035 209, Do-Sa 23.30-4h , Kosten: M, MVG: U 3/6, T 23, Bus 53/59/142 Münchner Freiheit

Kiddo

Der Kiddo Club kommt irgendwie nett und harmlos daher, weiß aber durch gute DJs und eine entspannte

Lucky Who Zentrum

Türpolitik zu überzeugen. Irgendwann packt der geniale Sound hier jeden. Abzappeln!
Party 7/10, Flirten 8/10, Sound 7/10,
Wertung: 22 von 30 Punkten (→)
▶ Isarvorstadt, Thalkirchnerstr. 2, ☎ 0177-7529017, Fr/Sa 23-5h, Kosten: M, MVG: T 17/18 Müllerstraße, U 1/2/3/6, T 16/17/18/27 Sendlinger Tor

★ Lenbachs & Söhne
Goldene Tapeten an der Wand, verquere Songs aus der Jukebox, Tischtelefone zum Flirten. Das Lenbachs & Söhne hat mit der alten Edel-Boazn nicht mehr viel gemein und ist zum place to be geworden.
Party 7/10, Flirten 9/10, Sound 7/10,
Wertung: 23 von 30 Punkten (→)
▶ Zentrum, Maximiliansplatz 18, ☎ 0174-2109468, Mo-Do 20-5h, Fr/Sa 20-7h, 35, 20 außen, Kosten: M, MVG: S 3/4/6/8, U 4/5, T 16-21/27/28 Karlsplatz (Stachus)

★ Lucky Who
Bar-Club, der richtig brummt und ein junges, stylisches Publikum anlockt. Toll durchdesignte, aber keineswegs kühle Location.
Party 8/10, Flirten 8/10, Sound 8/10,
Wertung: 24 von 30 Punkten (→)
▶ Zentrum, Briennerstr. 14, ☎ 20 922 071, Do-Sa 19.30-3h, Kosten: M, MVG: U 3/4/5/6 Odeonsplatz

★ MilchundBar
Die Münchner Party- und Anbandl-Institution auf der Sonnenstraße. Das sündig-rote Ambiente lockt Tag für Tag ein junges Publikum, das zu allem bereit ist und einfach nur Spaß haben will. Bester Abend der Woche? Alle! Seit 20 Jahren eine Ausnahmeerscheinung im Münchner Nachtleben.
Party 10/10, Flirten 10/10, Sound 10/10,
Wertung: 30 von 30 Punkten (→)
▶ Zentrum, Sonnenstr. 27, ☎ 4 502 880, Mo-Do 22-7h, Fr/Sa 23-9h, 95, 30 außen, EC, MC, VI, AM, DI, Kosten: M, MVG: S 3/4/6/8, U 4/5, T 16-21/27/28 Karlsplatz (Stachus)

Milla
Ein langgestreckter Raum, eine Bar, eine Bühne, Flohmarkmöbel (Sofas, Tische, Stühle), mehr braucht es nicht für die Clubkneipe der Macher des Millaphon-Labels. Sehr entspannt und ein bisschen schräg.
Party 7/10, Flirten 7/10, Sound 8,5/10,
Wertung: 22,5 von 30 Punkten (→)
▶ Glockenbach, Holzstr. 28, ☎ 18 923 101, tgl. 0-24h, Kosten: M, MVG: T 17/18 Müllerstraße, U 1/2/3/6, T 16/17/18/27 Sendlinger Tor

Mint
Wuchtige Kronleuchter, stylische Loungen, edelste Verkleidungsmaterialien und eine Sound- und Lichtanlage, die einem die Sinne verdoppelt. Im Mint Club setzte man ganz auf Glamour.
Party 7/10, Flirten 7/10, Sound 7/10,
Wertung: 21 von 30 Punkten (→)
▶ Schwabing, Leopoldstr. 25, ☎ 0176-99935207, Do-Sa ab 22h Club, davor Café, Kosten: G, MVG: U 3/6 Giselastraße

Nachtgalerie
Unkaputtbarer Dauerbrenner der Münchner Hallendiscokultur. Ob Volle Pulle 90er oder 2000er-Party: hier findet jeder, wonach er sucht. Sehr günstige Preise. Im Nachtwerk Club Rock und Ü40-Partys.
Party 7,5/10, Flirten 7,5/10, Sound 6/10,
Wertung: 21 von 30 Punkten (→)
▶ Laim, Landsbergerstr. 185, ☎ 32 455 595, Fr/Sa 22.30-5h, 34, 60 außen, EC, MC, VI, Kosten: G, MVG: T 18/19 Barthstraße

Nerodom
Hinter der Bar des schwarzen Gothic Clubs steht nicht nur der Barkeeper, sondern auch ein Sensenmann. Die Feierei ist entspannt. Auf dem Programm stehen unter anderem die Dark Night, die Vampyr-Night und Bondage-Events.
Party 5/10, Flirten 5/10, Sound 5/10,
Wertung: 15 von 30 Punkten (→)
▶ Westend, Ganghoferstr. 74, ☎ 776 262, Di 19-24h, Fr/Sa 20-4.30h, 70, 70 außen, EC, MC, VI, DI, Kosten: G, MVG: Bus 53/134 Ganghofer Brücke

Neuraum
Breitspektraler Sound auf drei Areas plus einem chilligen Café. Immer mal wieder wird mit extravaganten Events und guten DJ Bookings frischer Wind in die Clubhallen gepustet. Zivile Getränkepreise.
Party 7,5/10, Flirten 7/10, Sound 7/10,
Wertung: 21,5 von 30 Punkten (→)
▶ Zentrum, Arnulfstr. 17, ☎ 59 989 640, Fr/Sa ab 22.30h, 65, 14 außen, Kosten: M, MVG: S 3/4/6/8; U 2/3/4/5, T 16/17/18/19 Hauptbahnhof

★ P1
Breitspektrale Chartphilosophie, aufgedonnerte Gäste, die hübschesten Mädchen der Stadt und eine Terrasse wie ein Sommernachtstraum. Mittlerweile eher chillige Türpolitik. Ein Club, ohne den München nicht München wäre.
Party 10/10, Flirten 10/10, Sound 8/10,

Der Experten-Tipp von Damir Fister

MilchundBar

„Die Milchbar ist eigentlich immer einen Besuch wert, vor allem wenn man seinen Rausch ausschlafen möchte oder sich einen neuen antrinken will.“

Wertung: 28 von 30 Punkten (→)
Zentrum, Prinzregentenstr. 1, ☎ 2 111 140, Mo-Sa 23-5h, 70, 16 außen, EC, MC, VI, Kosten: H, MVG: T 17 Nationalmuseum, BUS 53 Königinstraße

Pacha

Der Dauerbrenner housegemachter Nächte zeigt sich in einem gefälligen urbanen Ambiente. Vor allem auf der Terrasse fühlt man sich im Sommer tatsächlich ein bisschen wie in Ibiza. Immer donnerstags Juke and Joy Clubbing.
Party 7/10, Flirten 7/10, Sound 7/10,
Wertung: 21 von 30 Punkten (→)
Zentrum, Maximiliansplatz 5, ☎ 309 050 850, Do 19-6h, Fr/Sa 23-6h, 150, 80 außen, EC, MC, VI, AM, DI, Kosten: H, MVG: S 3/4/6/8, U 4/5, T 16-21/27/28 Karlsplatz (Stachus)

Palais

Kleines, ein wenig verruchtes Elektro-Haus an der Arnulfstraße. Ungezwungen-entspanntes Ambiente. Hier dauern die Partys gern länger.
Party 7/10, Flirten 7/10, Sound 7/10,
Wertung: 21 von 30 Punkten (→)
Zentrum, Arnulfstr. 16-18, ☎ 50 073 131, Fr/Sa 0-24h, Kosten: M, MVG: S 3/4/6/8; U 2/3/4/5, T 16/17/18/19 Hauptbahnhof

★ Paradiso Tanzbar

Tanzen, flirten, feiern .. Die Paradiso Tanzbar glänzt mit einem gefährlich guten Publikumsmix, einem leicht verruchten Ambiente und einem Soundmix, der alles wagt (Party, 80ies, Pop) und sogar die ganz harten abgenudelten Nummern bringen kann, ohne peinlich zu sein.
Party 9/10, Flirten 8/10, Sound 7,5/10,
Wertung: 24,5 von 30 Punkten (→)
Glockenbach, Rumfordstr. 2, ☎ 263 469, Fr ab 20h, Sa ab 22h, 150, 50 außen, EC, MC, VI, AM, Kosten: M, MVG: U 1/2/3/6, T 16/17/18/27, BUS 62 Sendlinger Tor

Park Café

Freitags und samstags wird ab 21 Uhr im Park Café zum Sound wechselnder DJs oder Live-Bands getanzt. Bunt gemischtes Publikum.
Party 6,5/10, Flirten 8/10, Sound 6,5/10,
Wertung: 21 von 30 Punkten (→)
Zentrum, Sophienstr. 7, ☎ 51 617 980, Mo-Do 11-1h, Fr 11-2h, Sa 10-2h, So 10-24h, 24, 30 außen, EC, Kosten: M, MVG: S 3/4/6/8, U 4/5, T 16-21/27/28 Karlsplatz (Stachus)

Pimpernel

Elektro (natürlich), Funk, Soul, Italo-House, Disco und Dance ... Das Programm im Pimpernel in der Müllerstraße ist so bunt gemischt wie das sehr entspannte Publikum. Einfach an die Tür klopfen und dabei sein. Drinnen geht's heiß zur Sache.
Party 7/10, Flirten 7/10, Sound 7/10,
Wertung: 21 von 30 Punkten (→)
Glockenbach, Müllerstr. 56, ☎ 23 237 156,

Paradiso Tanzbar Glockenbach

tgl. 22-6h, 80, 80 außen, EC, MC, VI, AM, Kosten: M, MVG: T 17/18 Müllerstraße, U 1/2/3/6, T 16/17/18/27 Sendlinger Tor

★ Rodman Bar

Bar-Club der James T-Hunt & Co. Macher. Musikalisch junggebliebene Ü30er freuen sich über guten HipHop und gute Drinks.
Party 8/10, Flirten 7/10, Sound 8/10,
Wertung: 23 von 30 Punkten (→)
Isarvorstadt, Rumfordstr. 2, Fr/Sa ab 20h, Kosten: M, MVG: S 3/4/6/8, T 16/18 Isartor

★ Rote Sonne

Die Heimat für alle Freunde elektronischer Live-Music. Jeden Monat wartet die Rote Sonne mit starken internationalen Bookings auf. Die DJs kommen aus Spanien, Griechenland, den Niederlanden, England, aus Übersee oder heimischen Gefilden, um guten Techno, House oder einfach ordentliche Beats zum Besten zu geben.
Party 8/10, Flirten 6,5/10, Sound 8,5/10,
Wertung: 23 von 30 Punkten (→)
Zentrum, Maximiliansplatz 5, ☎ 55 263 130, Do-Sa ab 23h (weitere Tage siehe Homepage), Kosten: M, MVG: S 3/4/6/8, U 4/5, T 16-21/27/28 Karlsplatz (Stachus)

★ Sauna

Partyhits der 70er bis 90er, auf den Toiletten läuft Werbung aus den 80ern. Das mit Europaletten kopierte Saunaambiente ist die Schau. Unbedingt mal auf der Homepage reinhören www.s-a-u-n-a.de.
Party 8/10, Flirten 8/10, Sound 7/10,
Wertung: 23 von 30 Punkten (→)
Zentrum, Marsstr. 22, ☎ 0170-4712311, Mi-Sa ab 22h, Kosten: M, MVG: S 3/4/6/8; U 2/3/4/5, T 16/17/18/19 Hauptbahnhof

★ Strom Club

Das Strom kredenzt Indie-, Punk- und Rockkonzerte, hält Lesungen und präsentiert Ausstellungen... Und zuckt dabei nicht einmal mit der Kommerzwimper.
Party 8/10, Flirten 8/10, Sound 8/10,
Wertung: 24 von 30 Punkten (→)
Ludwigsvorstadt, Lindwurmstr. 88, ☎ 24 205 711, je nach Veranstaltung, Kosten: G, MVG: U 3/6 Poccistraße

Sweet NEU!

Wo früher der Gecko Club zu finden war, sorgt nun das Sweet für musikalische Tanzveranstaltungen (RnB, Hiphop, House und Charts). Der Club ist riesig. Wenn was los ist, explodiert der Laden.
Party 7/10, Flirten 7/10, Sound 7/10,
Wertung: 21 von 30 Punkten (–)
Zentrum, Maximiliansplz. 5, ☎ 55 276 694, Fr/Sa ab 22.30h, Kosten: M, MVG: T 27/28 Ottostraße, T 19 Lenbachplatz

Willenlos

Im Willenlos im Werksviertel sorgen vor allem die günstigen Cocktailpreise dafür, dass der Name des Clubs bei den Gästen schnell Programm wird. Sound am Wochenende: House, Charts Party. Im Sommer mit Terrasse.
Party 7/10, Flirten 7/10, Sound 6/10,
Wertung: 20 von 30 Punkten (→)
Haidhausen, Grafingerstr. 6, ☎ 189 579 940, Mo-Sa ab 22h, 50, 15 außen, EC, MC, VI, AM, D, Kosten: G, MVG: S 2-8, U 5, T 19 Ostbahnhof

Zehner NEU!

Neuer Live-Club des Konzertveranstalters Polarkonzerte. Oben Bar, unten Club. Zu hören gibt es Indie-Bands und Songwriter.
Party 7/10, Flirten 7/10, Sound 7/10,
Wertung: 21 von 30 Punkten (–)
Isarvorstadt, Thalkirchnerstr. 10, Di-Do 18-24h, Fr/Sa 18-3h, Kosten: M, MVG: U 1/2/3/6, T 16/17/18/27, BUS 62 Sendlinger Tor

Benko Café Maxvorstadt

Cafés

Hier finden Sie alle Gastro-Empfehlungen für Münchens beste Cafés.

Amici Vinothek Café

Hier kann man sich tagsüber mit den wechselnden Mittagsgerichten, Panini und Tramezzini stärken. Kleine Kuchenauswahl. Perfekt umgesetztes italienisches Café.
Essen 11,5/20, Trinken 6,5/10, Service 6/10, Ambiente 6/10, Wohl fühlen 7/10
Wertung: 37 von 60 Punkten (→)
Glockenbach, Rumfordstr. 6, 23 888 896, Mo 12-22h, Di-Sa 10-22h, 200, 200 außen, EC, MC, VI, AM, Kosten: M, MVG: S 3/4/6/8, U 3/6 Marienplatz, T 16/18, Bus 52/62 Reichenbachplatz

Aroma Kaffeebar

Unbequeme Stühle, viel zu viele Menschen auf engstem Raum, guter Kaffee. Die Aroma Kaffeebar ist eine kleine Villa Kunterbunt, die vor allem im Sommer, wenn die Vorderfront des Cafés offen steht, the place to be im Viertel ist. Keine Reservierungen!
Essen 9/20, Trinken 6,5/10, Service 6/10, Ambiente 6,5/10, Wohl fühlen 6/10
Wertung: 34 von 60 Punkten (→)
Glockenbach, Pestalozzistr. 24, 26 949 249, Mo-Fr 7-20h, Sa/So 9-20h, 180, 300 außen, EC, Kosten: H, MVG: U 1/2/3/6, T 16/17/18/27, Bus 62 Sendlinger Tor

★ Arts 'n' Boards

Frisches Lokal mit Surfambiente und Niveau. Kunstausstellungen sowie Musik-Newcomer bei der Open Stage sorgen für Abwechslung. Lauschiger Garten im Innenhof. Gute internationale Küche.
Essen 12/20, Trinken 6,5/10, Service 6,5/10, Ambiente 7/10, Wohl fühlen 7/10
Wertung: 39 von 60 Punkten (→)
Schwabing, Belgradstr. 9, 30 658 490, Mo-Mi 10-24h, Do-Sa 10-1h, So Brunch 10-16h, EC, MC, VI, Kosten: M, MVG: T 12/27, Bus 53 Kurfürstenplatz

Baader Café

Café-Klassiker! Das Lokal bleibt sich seit 28 Jahren treu. Die Pluspunkte: faire Preise, abwechslungsreiche Musik im Hintergrund, lässiges Ambiente. Erfreulich geringe Hipster-Quote. Prima Frühstück!
Essen 10/20, Trinken 6/10, Service 6,5/10, Ambiente 7/10, Wohl fühlen 8/10
Wertung: 37,5 von 60 Punkten (→)
Glockenbach, Baaderstr. 47, 2 010 638, So-Do 9.30-1h, Fr/Sa 9.30-2h, Kosten: M, MVG: U 1/2 Fraunhoferstraße, T 17/27, Bus 52/62 Baaderstraße

★ Barer 61

Was für ein Saftladen! Im wahrsten Sinne des Wortes. Entspanntes Lieblingscafé mit toller Auswahl an frisch gepressten Säften und vielen kleinen Snacks. Im Viertel sehr beliebt.
Essen 11/20, Trinken 6/10, Service 7/10, Ambiente 8/10, Wohl fühlen 8/10
Wertung: 40 von 60 Punkten (→)
Maxvorstadt, Barer Str. 61, 32 602 496, tgl. 7-22h, Kosten: G, MVG: U 3/6 Universität, T 27/28 Schellingstraße

★ Bellevue

Das Café mit Galerie am Nordbad setzt auf zeitgemäßen Schick und eine abwechslungsreiche Speisekarte (Frühstück, Pasta, Salat und Kleinigkeiten), mit der man locker durch den ganzen Tag kommt. Der Hit ist jedoch die große Sundowner-Terrasse, auf der sich an schönen Tagen halb Schwabing an Spritz und Cocktails labt.
Essen 12/20, Trinken 6/10, Service 6/10, Ambiente 7/10, Wohl fühlen 8/10
Wertung: 39 von 60 Punkten (→)
Schwabing, Schleißheimerstr. 142a, 12 700 433, 7.30-1h, Kosten: M, MVG: T 12 Nordbad

★ Bellevue di Monaco NEU!

Café des Wohn- und Kulturzentrums für Geflüchtete in der Müllerstraße. Spannende internationale Karte und ein Programm, das Menschen unterschiedlicher Kulturen zusammenbringt. Hingehen und sich selbst einbringen.
Essen 11/20, Trinken 6/10, Service 7/10, Ambiente 7/10, Wohl fühlen 7/10
Wertung: 38 von 60 Punkten (–)
Isarvorstadt, Müllerstr. 6, 55 057 755, Di 11-17h, Mi 11-18h (Open-House bis 22h) Do/Fr 11-22h, Sa 11-20h, Kosten: M, MVG: Bus 52/62 Blumenstraße, T 16/17/18/19 Blumenstraße

Benko Café

Junges Tagescafé mit aufgeräumt modernem Ambiente. Sehr guter Kaffee! Zu essen gibt es Kuchen, Sandwiches, Salate und Tagesgerichte.
Essen 11/20, Trinken 6/10, Service 6,5/10, Ambiente 7/10, Wohl fühlen 7/10
Wertung: 37,5 von 60 Punkten (→)
Maxvorstadt, Luisenstr. 41, 12 765 804, Mo-Fr 7.30-18h, Sa 9-16h, Kosten: G, MVG: U 2/8 Theresienstraße

Bohne & Malz

Neue Leitung. Das klassische Kaffeehaus an der Sonnenstraße/Ecke Herzogspitalstraße überzeugt mit einem tollen Frühstücksangebot und sowie allerlei internationalen und regionalen Schmankerln (Burger, Bratwurst, Schnitzel).
Essen 11/20, Trinken 6/10, Service 6/10, Ambiente 6,5/10, Wohl fühlen 6,5/10
Wertung: 36 von 60 Punkten (→)
Zentrum, Sonnenstr. 11, 557 179, So-Mi 9-0h, Do-Sa 9-1h, 250, 76 außen, EC, MC, VI, AM, DI, Kosten: G, MVG: S 3/4/6/8, U 4/5, T 16-21/27/28 Karlsplatz (Stachus)

CadU

DAS Studentencafé an der Uni. Die Schinkennudeln gehen immer. Drinnen ist es etwas dunkel, aber trotzdem gemütlich. Die große Terrasse an der Ludwigstraße ist meist gut besucht. Wechselhafter Service.
Essen 10/20, Trinken 6/10, Service 6/10, Ambiente 7/10, Wohl fühlen 6/10
Wertung: 35 von 60 Punkten (→)
Maxvorstadt, Ludwigstr. 24, 28 986 600, Mo-Fr 8-1h, Sa-So 9-1h, 70, 40 außen, EC, MC, VI, AM, Kosten: G, MVG: U 3/6 Universität

★ Café am Beethovenplatz

Café- und Brunch-Klassiker, der mächtig Patina angesetzt hat, atmosphärisch jedoch tadellos funktioniert. Umfangreiches Live-Musik-Programm (Jazz, Klassik, Tango, Swing etc.).
Essen 11,5/20, Trinken 6/10, Service 7/10, Ambiente 7,5/10, Wohl fühlen 8/10
Wertung: 40 von 60 Punkten (→)
Isarvorstadt, Goethestr. 51, 5 529 100, tgl. 9-1h, 80, 40 außen, EC, MC, VI, AM, DI, Kosten: M, MVG: U 3/6 Goetheplatz, Bus 58 Beethovenplatz

★ Café Arzmiller

Wunderschön im idyllischen Theatinerhof gelegenes Kaffeehaus, dass sich sein traditionelles Flair auf charmante Weise bewahrt hat. Allein die Terrasse lohnt den Besuch.

Unbedingt probieren sollte man die legendären Strudel-Spezialitäten (z.B. Apfel- oder Topfenstrudel) oder aber den Gugelhupf (z.B. mit Mohn oder Schokolade).
Essen 12/20, Trinken 6,5/10, Service 6/10, Ambiente 7/10, Wohl fühlen 6,5/10
Wertung: 38 von 60 Punkten (→)
▶ Zentrum, Salvatorstr. 2, ☎ 294 273, Mo-Sa 8.30-18.30h, So 10.30-18h, Kosten: G, MVG: U 3/4/5/6 Odeonsplatz

Café Blá
Isländisches Café, in dem man Schoko-Lakritz-Kuchen oder den herrlich frischen Kuchen aus Skyr bekommt. Zimtschnecken für weniger Experimentierfreudige gibt's aber auch. Regelmäßig Lesungen.
Essen 11/20, Trinken 6,5/10, Service 6,5/10, Ambiente 6/10, Wohl fühlen 7/10
Wertung: 37 von 60 Punkten (→)
▶ Giesing-Au, Lilienstr. 34, ☎ 12 263 037, Mo-Fr 9-18h, Sa/So 9.30-18h, Kosten: M, MVG: S 3/4/6/8 Isartor, T 18 Deutsches Museum

★ Café Dominique NEU!
Stilvolles modernes Café im Briennerhof. Zum Kaffee genießt man Macarons, Tartes oder Brioche. Wer Hunger auf etwas Deftiges hat, stillt ihn mit Flammkuchen, Quiche oder einem Tagesgericht. Ruhige Terrasse im Hinterhof.
Essen 12,5/20, Trinken 7/10, Service 6,5/10, Ambiente 8/10, Wohl fühlen 8/10
Wertung: 42 von 60 Punkten (–)
▶ Zentrum, Briennerstr. 12a, ☎ 51 110 055, Mo-Fr 9-21h, Sa 9-18h, Kosten: M, MVG: U 4/5 Odeonsplatz, Bus 58/100 Oskar-von-Miller-Ring

★ Café Exponat
Postkartengleiche Altstadtidylle am Jakobsplatz. Eine Oase für Vorbeischlenderer und Shoppingmüde mit sehr schöner Terrasse. Urbanes Ambiente.
Essen 11/20, Trinken 6,5/10, Service 6,5/10, Ambiente 7/10, Wohl fühlen 7/10
Wertung: 38 von 60 Punkten (→)
▶ Zentrum, St.-Jakobs-Platz 16, ☎ 25 547 799, Di-So 10-18h, ⑁ 80, 40 außen, EC, MC, VI, AM, DI, Kosten: M, MVG: S 3/4/6/8, U 3/6 Marienplatz

Café Fortuna
Seit Jahren genießt das alternative Haidhauser Publikum die lässig-ruhige Atmosphäre im Café Fortuna. Toll ist der Aperitivo zu dem Cicchetti gereicht werden (im Sommer 17-20 Uhr). Sonntags Brunch (außer Juni-August).
Essen 11/20, Trinken 6/10, Service 6,5/10, Ambiente 6/10, Wohl fühlen 7/10
Wertung: 36,5 von 60 Punkten (→)
▶ Haidhausen, Sedanstr. 18, ☎ 18 922 823, Mo-Fr 8-22h, Sa 9-19h, So 10-18h, ⑁ 70, 60 außen, Kosten: M, MVG: S 3/4/6/8, T 15/25 Rosenheimer Platz

★ Café Franca NEU!
Café im schnuckeligen Landhausstil. Im Sommer sitzt man zudem auf einer kleinen Terrasse. Es gibt Crêpes, Avocadobrot oder Chiapudding. Klassische Eierspeisen und Croissants kann das Franca aber auch.
Essen 11,5/20, Trinken 6/10, Service 7/10, Ambiente 7/10, Wohl fühlen 7/10
Wertung: 38,5 von 60 Punkten (–)
▶ Schwabing, Hiltenspergerstr. 24, ☎ 23 027 588, Di-So 10-18h, Kosten: M, MVG: U 2/8, T 12/27/28, Bus 27/53/59, Hohenzollernplatz

★ Café Fräulein
Zuckerbäckerei oder doch ein Café? Das Fräulein ist einfach süß. Highlight hier sind die Zimtschnecken und Kuchen aus der Giesinger Zimtschneckenfabrik. Einrichtung: herzallerliebst. Service: witzig.
Essen 12/20, Trinken 6,5/10, Service 5,5/10, Ambiente 7/10, Wohl fühlen 7/10
Wertung: 38 von 60 Punkten (→)
▶ Zentrum , Frauenstr. 11, ☎0177-6721090, Mo-Sa 9-18h, So 10-18h, ⑁ 400, 100 außen, Kosten: M, MVG: S 3/4/6/8, U 3/6 Marienplatz

Café Hüller
Unkompliziertes kleines Café im Retrolook. Die ideale Einkehr nach einem Isarspaziergang. Spezialität des Hauses sind die leckeren Pfannkuchen.
Essen 12/20, Trinken 6/10, Service 6,5/10, Ambiente 6/10, Wohl fühlen 7/10
Wertung: 37,5 von 60 Punkten (→)
▶ Giesing-Au, Eduard-Schmid-Str. 8, ☎ 18 938 713, Mo-Fr 11-23h, Sa 10-23h, So 10-22h, Kosten: M, MVG: U 1/2/7/8 Fraunhoferstraße

Café Ignaz
Café mit sehr guter Auswahl an veganen Kuchen, vegetarischen Quiches, hausgemachten Limonaden sowie Pasta von der Tageskarte.
Essen 12/20, Trinken 8/10, Service 6/10, Ambiente 6/10, Wohl fühlen 5/10
Wertung: 37 von 60 Punkten (→)
▶ Schwabing, Georgenstr. 67, ☎ 2 716 093, Mo/Mi-Fr 11-22.30h, Sa/So 9-22.30h, ⑁ 65, 20 außen, EC, Kosten: G, MVG: U 2 Josephsplatz, T 27 Elisabethplatz

Café Jasmin
Das Café mit dem unverwechselbaren 50er-Jahre Ambiente ist etwas in die Jahre gekommen. Jüngeres Publikum, das am Abend auf einen Cocktail vorbeischaut.
Essen 11/20, Trinken 6/10, Service 7/10, Ambiente 6/10, Wohl fühlen 6/10
Wertung: 36 von 60 Punkten (→)
▶ Maxvorstadt, Steinheilstr. 20, ☎ 45 227 406, tgl. 10-1h, ⑁ 45, 36 außen, EC, MC, VI, AM, DI, Kosten: M, MVG: U 2/8 Theresienstraße

Café Katzentempel
Café, in dem Mensch und ausgesetzte Stubentiger zusammenfinden sollen. Eine schöne Idee, die weltweit Schule macht. Zu essen gibt es Veganes und Vegetarisches.
Essen 11/20, Trinken 6,5/10, Service 6,5/10, Ambiente 6/10, Wohl fühlen 7/10
Wertung: 37 von 60 Punkten (→)
▶ Maxvorstadt, Türkenstr. 29 , ☎ 20 061 249, Mo-Fr 11-20h, Sa 10-20h, So 10-18h, Kosten: G, MVG: U 3/6 Universität, T 27/28 Schellingstraße

★ Café Kunsthalle
Frühstück ab 6,50 Euro (inkl. Kaffee), täglich wechselnde Lunch-Angebote und ein weltläufiges Ambiente. Am Nachmittag schlemmt man sich durch Leckereien aus der Käfer-Patisserie oder stimmt sich mit einem Glas Wein auf den Abend ein.
Essen 12,5/20, Trinken 7/10, Service 6/10, Ambiente 7/10, Wohl fühlen 7/10
Wertung: 39,5 von 60 Punkten (→)
▶ Zentrum, Theatinerstr. 8, ☎ 4 168 981, tgl. 10-20h, Kosten: M, MVG: S 3/4/6/8, U 3/6 Marienplatz, T 19 Theatinerstraße

Café Dominique Zentrum

Café MoKKa Isarvorstadt

Café Lotti

Das Lotti setzt auf Prinzessinnen-Ambiente, heimische Produkte und der Gast dankt es! Neben den Oberpfälzer Schmankerln überzeugen der freundliche Service und die familiäre Atmosphäre.

Essen 12,5/20, Trinken 6,5/10, Service 8/10, Ambiente 7,5/10, Wohl fühlen 8,5/10

Wertung: 43 von 60 Punkten (→)

Maxvorstadt, Schleißheimer Str. 13, 61 519 197, Mo-Fr 10-17h, Sa/So 10-18h, Kosten: M, MVG: U 1, T 20/21 Stiglmaierplatz

Café Ludwig

Reduziertes, modernes Design. Vor allem die Terrasse gefällt. Die Küche setzt auf internationale Klassiker plus Saisonales.

Essen 10/20, Trinken 5,5/10, Service 5/10, Ambiente 7,5/10, Wohl fühlen 6/10

Wertung: 34 von 60 Punkten (→)

Schwabing, Klopstockstr. 10, 32 211 766, Mo-Mi 10-23h, Do-Sa 10-1h, So 10-23h, Kosten: M, MVG: U 2 Milbertshofen

Cafe Luitpold

Kaffee und Kuchen im Palmengarten, oder eine paar Pralinen aus eigener Herstellung: Nicht nur, wenn die Eltern mal wieder zu Besuch sind, ist das Luitpold ein Muss! Charmante Geschenk-Idee für sich selbst oder Freunde: ein Pralinen-Workshop im Luitpold.

Essen 14/20, Trinken 7/10, Service 7/10, Ambiente 7,5/10, Wohl fühlen 8/10

Wertung: 43,5 von 60 Punkten (→)

Zentrum, Brienner Str. 11, 2 428 750, Mo 8-19h, Di-Sa 8-23h, So 9-19h, 160, 350 außen, EC, MC, VI, AM, Kosten: M, MVG: U 3/4/5/6 Odeonsplatz

Café Marais

Ladencafé in einem ehemaligen Textilwarenhaus. Einmaliges Ambiente. Die Küche ist top. Der Service an manchen Tagen überlastet. Unbedingt auch das Schwester-Restaurant Marais Soir gegenüber ausprobieren.

Essen 13/20, Trinken 6,5/10, Service 6,5/10, Ambiente 7/10, Wohl fühlen 7/10

Wertung: 40 von 60 Punkten (→)

Westend, Parkstr. 2, 50 094 552, Di-Sa 8-20h, So 10-18h, 52, 42 außen, EC, Kosten: M, MVG: U 4/5, BUS 53/133 Schwanthalerhöhe

Café MoKKa NEU!

Mode und Essen kommen in diesem Café-Atelier zusammen. Schöne Atmosphäre, besonders auf der Terrasse. Abwechslungsreiche Küche mit Flammkuchen, Quiche und den liebevoll präsentierten Kuchen.

Essen 12/20, Trinken 6,5/10, Service 6,5/10, Ambiente 7/10, Wohl fühlen 7/10

Wertung: 39 von 60 Punkten (–)

Isarvorstadt, Schmellerstr. 13, 44 253 601, Di-Fr 9-18h, Sa 10-18h, Kosten: M, MVG: U 3/6 Poccistraße, BUS 62 Tumblingerstraße

Café Mozart

Café, Restaurant und Bar in einem. Früher ein Oma-Café, heute labt sich ein jüngeres Publikum unter den altmodischen Kronleuchtern an XXL Burgern und Riesenschnitzel. Prima auch zum Frühstücken (bis 16 Uhr). Vor allem im hinteren Raum mit den Bücherregalen ist es sehr heimelig.

Essen 12/20, Trinken 6/10, Service 6/10, Ambiente 6,5/10, Wohl fühlen 8/10

Wertung: 38,5 von 60 Punkten (→)

Zentrum, Pettenkoferstr. 2, 594 190, So-Do 10-1h, Fr/Sa 10-3h, 100, 40 außen, EC, MC, VI, DI, Kosten: M, MVG: U 1/2/3/6, T 16/17/18/27, BUS 62 Sendlinger Tor

Café Münchner Freiheit

Eine Institution. Das hausgemachte Konditoreis ist super, die Quiche lecker, die Melange auch. Großer Kinderspielplatz direkt nebenan. Frühstück bis 14 Uhr. Am Abend serviert die Küche internationale Klassiker.

Essen 10,5/20, Trinken 6/10, Service 5,5/10, Ambiente 6,5/10, Wohl fühlen 6,5/10

Wertung: 35 von 60 Punkten (→)

Schwabing, Münchner Freiheit 20, 33 007 990, tgl. 7-21h (im Winter bis 18h), 55, 40 außen, EC, MC, VI, AM, Kosten: M, MVG: U 3/6, T 23, BUS 53/59/142 Münchner Freiheit

Café Neuhausen/Das Neuhausen

Angus Beef Burger, Getrüffeltes Waldpilzrisotto, Flank Steak, dazu eine umfangreiche Spirituosenauswahl – das Café Neuhausen buhlt mit einem breiten Angebot um Kunden im Viertel. Das Konzept geht auf, ein bunt gemischtes Publikum hat hier seinen Spaß.

Essen 11,5/20, Trinken 6/10, Service 6,5/10, Ambiente 6/10, Wohl fühlen 6/10

Wertung: 36 von 60 Punkten (→)

Neuhausen, Blutenburgstr. 106, 18 975 570, tgl. 9-1h, 50, 60 außen, EC, MC, VI, Kosten: M, MVG: U 1 Maillingerstraße

Café Noel

Ein wunderbares Café, in dem man sich dank der herzlichen Besitzer sofort willkommen fühlt. Frisch zubereitetes Frühstück, dazu Piadina und Gebäck. Tolle Teeauswahl.

Essen 11/20, Trinken 7/10, Service 7/10, Ambiente 6,5/10, Wohl fühlen 7,5/10

Wertung: 39 von 60 Punkten (→)

Haidhausen, Metzstr. 8, Mo-Fr 8-20h, Sa-So 9-19h, Kosten: M, MVG: S 3/4/6/8, T 15/25 Rosenheimer Platz

Café Puck NEU!

Nach der Renovierung muss man sich entscheiden. Bleibt man vorne, wo es etwas ruhiger zu geht, oder stürzt man sich in den Trubel im hinteren Teil des Lokals? Auf der Karte finden sich vor allem Klassiker (Schweinsbraten oder Rinderfilet) und Saisonales (wie Spaghetti mit Feldsalatpesto).

Essen 12/20, Trinken 7/10, Service 6/10, Ambiente 6/10, Wohl fühlen 7/10

Wertung: 38 von 60 Punkten (–)

Maxvorstadt, Türkenstr. 33, 2 802 280, tgl. 9-1h, Kosten: M, MVG: U 3/6 Universität

Café Reitschule

Die Reitschule zeigt sich in einem modern designten Café-Restaurant-Gewand. Die Speisekarte erfüllt von früh bis spät alle Wünsche. Abends herrscht im Bar-Restaurant Partystimmung.

Essen 12,5/20, Trinken 6,5/10, Service 6,5/10, Ambiente 7,5/10, Wohl fühlen 7/10

Wertung: 40 von 60 Punkten (→)

Schwabing, Königinstr. 34, 3 888 760, Mo-Sa 9-1h, So 9-20h, 70, 90 außen, EC, MC, VI, AM, DI, Kosten: M, MVG: U 3/6 Giselastraße, BUS 54 Thiemestraße

Café Schneller

Hier werden die Kuchen mit Liebe gemacht und wir verspeisen sie liebend gern, denn sie sind einfach fantastisch. Studentisches Publikum wird bedient von altbayerischem Personal. Meist gut besucht.

Essen 12,5/20, Trinken 6,5/10, Service 7/10, Ambiente 5/10, Wohl fühlen 7/10

Wertung: 38 von 60 Punkten (→)

Maxvorstadt, Amalienstr. 59, 281 124, Mo-Fr 9-19h, Sa 9-17h, 32, außen, Kosten: G, MVG: U 3/6 Universität

Café Wiener Platz
Viele Stammgäste. Klassische Frühstücksangebote. Toll ist die Auswahl an Toast und Salaten. N.Y.-Steak und Wiener Schnitzel stillen den Hunger auf Fleisch. Das schummrige Ambiente gefällt vor allem abends.
Essen 12/20, Trinken 6/10, Service 5/10, Ambiente 5/10, Wohl fühlen 6/10
Wertung: 34 von 60 Punkten (→)
▶ Haidhausen, Innere-Wiener-Str. 48, ☎ 4 489 494, tgl. 8-1h, ⑁ 45, 32 außen, ▣ EC, MC, VI, AM, DI, Kosten: M, MVG: U 4/5, T 15/18/19/25 Max-Weber-Platz

★ Café Zimt
Schön eingerichtetes Café mit eigener Bäckerei. Vor allem die Auswahl an Kuchen überzeugt. Außerdem wechselnde Tageskarte mit Crossover-Küche.
Essen 12/20, Trinken 6,5/10, Service 6,5/10, Ambiente 7/10, Wohl fühlen 7,5/10
Wertung: 39,5 von 60 Punkten (→)
▶ Giesing-Au, Ehrengutstr. 9, ☎ 45 229 588, Mo-Fr 7-20h, Sa-So 8-20h (im Winter kürzer), Kosten: M, MVG: U 3/6 Goetheplatz, BUS 131 Roecklplatz, BUS 62 Ehrengutstraße

★ Catwalk
Crossover-Küche mit Standard- und Tageskarte. Drinnen gibt es dank der großen Fenster viel Licht. Im Sommer frühstückt man auf der großen Terrasse auf dem Trottoir. Gelungen!
Essen 12/20, Trinken 6,5/10, Service 6,5/10, Ambiente 6/10, Wohl fühlen 7/10
Wertung: 38 von 60 Punkten (→)
▶ Bogenhausen, Mauerkircherstr. 2, ☎ 985 881, tgl. 9-1h, Kosten: M, MVG: T 17 Mauerkirchnerstr.

★ Cotidiano
Der rustikale Landhausschick ist die Schau. Die Küche wartet mit vorwiegend französischen Spezialitäten (Croissants, Tartes, Quiche) und richtig guten Frühstücksangeboten auf. Filialen in Schwabing und am Promenadeplatz.
Essen 12/20, Trinken 7/10, Service 6/10, Ambiente 6/10, Wohl fühlen 7/10
Wertung: 38 von 60 Punkten (→)
▶ Glockenbach, Gärtnerplatz 6, ☎ 242 078 610, Mo-Do 7.30-23h, Fr/Sa 7.30-1h, So 7.30-21h, ⑁ 34, 12 außen, ▣ EC, MC, VI, DI, Kosten: M, MVG: U 1/2, T 27, BUS 132 Fraunhoferstraße

★ Cotidiano am Nordbad NEU!
Moderne Wohlfühloase mit einem tollen Frühstücksangebot sowie einer internationalen Küche (Salate, Pasta, Flammkuchen, Burger), mit der man locker durch den Tag sowie den Abend kommt. Für jede Gelegenheit.
Essen 12,5/20, Trinken 7/10, Service 6/10, Ambiente 8/10, Wohl fühlen 8/10
Wertung: 41,5 von 60 Punkten (–)
▶ Schwabing, Schleißheimer Str. 93, ☎ 215 436 390, Mo-Do 7.30-23h, Fr/Sa 7.30-24h, So 7.30-21h, Kosten: M, MVG: U 2/8, T 12/27, BUS 27/53/59 Hohenzollernplatz

Daddy Longlegs
Café, das sich ganz der brasilianischen Acai-Powerbeere und anderen Superfoods wie Chia-Samen, Hanf oder Maca-Pulver widmet.
Essen 11/20, Trinken 6/10, Service 6/10, Ambiente 6/10, Wohl fühlen 6/10
Wertung: 35 von 60 Punkten (→)
▶ Maxvorstadt, Barer Str. 42, ☎ 80 994 361, Mo-Fr 8-19h, Sa 10-19h, So 10-19h, Kosten: M, MVG: T 27/28 Theresienstraße

★ Dallmayr Café-Bistro
Perfekt geschulter Service, weltläufiges Kaffeehausambiente und Kaffee kann Dallmayr natürlich mit links. Mittags Bistro mit anspruchsvoller Küche (z.B. Hummer, Maispoularde oder Tatar vom Saibling)! Obwohl mittendrin in der Stadt ist das Bistro ein netter Hideout.
Essen 13/20, Trinken 6/10, Service 7/10, Ambiente 7,5/10, Wohl fühlen 7,5/10
Wertung: 41 von 60 Punkten (→)
▶ Zentrum, Dienerstr. 14-15, ☎ 2 135 110, Mo-Sa 9.30-19h, ⑁ 30, 35 außen, Kosten: H, MVG: S 3/4/6/8, U 3/6 Marienplatz

★ Das neue Kubitschek
Frech, clever und lecker: Das neue Kubitschek läutet in trendiger Westend-Manier zur Tortenschlacht: Punk-Attitüde, lautmalerisches Marketing (Fuck The Backmischung!) – aber auch ein hoher qualitativer Anspruch an Getränke und Speisen. Vor allem die Tortenkreationen für Partys (z.B. mit einer Barbie im Sarg) sind einzigartig.
Essen 12/20, Trinken 7/10, Service 6,5/10, Ambiente 6,5/10, Wohl fühlen 6,5/10
Wertung: 38,5 von 60 Punkten (→)
▶ Westend, Gollierstr. 14, ☎ 72 669 222, Mo-Fr 9-20h, Sa-So 10-20h, Kosten: M, MVG: U 4/5, BUS 53/133 Schwanthalerhöhe

★ Del Fiore
Italienisches Café mit großer Bar. Die Gärtnerplatz-Terrasse ist eine Wucht. Zum Essen gibt es Pasta, Panini vom Grill, Salate, Kuchen und ein wirklich gutes hausgemachtes Eis! Wein und Feinkost kann man hier auch kaufen.
Essen 12/20, Trinken 7/10, Service 7/10, Ambiente 7,5/10, Wohl fühlen 7/10
Wertung: 40,5 von 60 Punkten (→)
▶ Isarvorstadt, Gärtnerplatz 1, ☎ 2 021 649, tgl. 11-18h, Kosten: M, MVG: U 1/2, T 27, BUS 132 Fraunhoferstraße

★ Der Laden
In diesem Café mit frischer Tageskarte (Suppen, Pasta, Salat) spürt man die Liebe zum Detail. Die nüchtern relaxte Atmosphäre und die beinahe keuschen Preise machen das Vergnügen perfekt.
Essen 12/20, Trinken 6/10, Service 6,5/10, Ambiente 7/10, Wohl fühlen 8/10
Wertung: 39,5 von 60 Punkten (→)
▶ Maxvorstadt, Türkenstr. 37, ☎ 18 904 247, Mo-Fr 10-22h, Sa-So 10-20h, Kosten: M, MVG: U 3/6 Universität

★ Di Rosa 2 Bar
Espressobar - früher in der Westenriederstraße zu Hause - mit Livemusik, gutem Café und ganz viel italienischem Gefühl. Am Abend perfekter Aperitivo!
Essen 12/20, Trinken 7/10, Service 7/10, Ambiente 7/10, Wohl fühlen 7/10
Wertung: 40 von 60 Punkten (→)
▶ Gärtnerplatz, Reichenbachstr. 2, ☎ 264 776, Mo-Sa 10-1h, Kosten: M, MVG: T 16/18 Reichenbachplatz

★ Dinatale Café NEU!
Perfekter Kaffee, toller Kuchen und ausgezeichnete italienische Snacks. Und der herzliche Service tut sein Übriges. Perfekt für nach dem Spaziergang im Englischen Garten. Filialen in der Amalienstr. 71 und der Elisabethstr. 2.
Essen 12/20, Trinken 7/10, Service 7/10, Ambiente 7/10, Wohl fühlen 7/10
Wertung: 40 von 60 Punkten (–)
▶ Maxvorstadt, Veterinärstr. 4, ☎ 32 499 966, Mo-Sa 7-18h, Sa 8-18h, Kosten: M, MVG: U 3/6 Universität

Dinatale Café Maxvorstadt

Dukatz
In dem kleinen Café kann man unaufgeregt Frühstücken oder mittags ein Baguette essen. Kuchen wie die fantastische Tarte au citron aus der eigene Patisserie gehen immer. Filialen in Schwabing und im Glockenbach.
Essen 12/20, Trinken 6/10, Service 6/10, Ambiente 6/10, Wohl fühlen 7,5/10
Wertung: 37,5 von 60 Punkten (→)
▶ Lehel, St.-Anna-Str. 11, ☎ 20 062 893, Mo-Fr 7.30-19h, Sa 8-19h, So 9.30-12.30h, Kosten: M, MVG: U 4/5, T 18 Lehel, T 19 Maxmonument

★ Emilo
Sehr guter Kaffee aus der eigenen Münchner Rösterei, dazu leckerer Kuchen. Mehr braucht es nicht, um in diesem winzigen Ladencafé die Menschen glücklich zu machen. Die Filiale am Odeonsplatz wurde geschlossen.
Essen 11/20, Trinken 7/10, Service 7/10, Ambiente 6/10, Wohl fühlen 7/10
Wertung: 38 von 60 Punkten (→)
▶ Isarvorstadt, Buttermelcherstr. 5 (Eingang Klenzestraße), ☎ 67 971 220, Mo-Fr 7-18h, Sa 9-18h, Kosten: M, MVG: U 1/2, T 27, Bus 132 Fraunhoferstr.

★ Frenzy
Neues Konzept: Statt Tagescafé ist das Frenzy nun eine junge Bar mit netter Fusionküche. Das warme Ambiente gefällt.
Essen 12/20, Trinken 6,5/10, Service 6,5/10, Ambiente 6,5/10, Wohl fühlen 7,5/10
Wertung: 39 von 60 Punkten (→)
▶ Glockenbach, Fraunhoferstr. 20, ☎ 20 232 686, Mo-So ab 16h, ⑁ 80, 36 außen, EC, MC, VI, Kosten: M, MVG: U 1/2, T 27, Bus 132 Fraunhoferstr.

Gang und Gäbe
(Laden-)Café und Rösterei in einem. Hier gibt es selbstgeröstete Spitzenkaffees aus Guatemala, Äthiopien oder Ecuador. Dazu Gebäck und Kuchen. Manchmal Musikevents.
Essen 10/20, Trinken 7/10, Service 7/10, Ambiente 6/10, Wohl fühlen 7/10
Wertung: 37 von 60 Punkten (→)
▶ Isarvorstadt, Kapuzinerstr. 12, ☎ 55 278 343, Mo/Mi/Do 8-17h, Di/Fr 12-17h, Kosten: M, MVG: U 3/6 Goetheplatz

★ Gartensalon
Ein gastronomischer Glanzpunkt in der Amalienpassage. Die Küche liefert neben sensationellen Kuchen auch Deftiges wie Quiches, Nudelauflauf oder Suppen. Schönes Frühstücksangebot. Außerdem zauberhafte Abende mit live dargebotener Salonmusik und guten Drinks!
Essen 12/20, Trinken 6,5/10, Service 7/10, Ambiente 8/10, Wohl fühlen 9/10
Wertung: 42,5 von 60 Punkten (→)
▶ Maxvorstadt, Türkenstr. 90/Amalienpassage, ☎ 28 778 604, Di-Sa 9-19h, So 10-19h, Kosten: M, MVG: U 3/6 Universität, T 27/28 Schellingstraße

Gerner's
Klassisches Kaffeehaus, das mit einer ordentlichen Küche durch den Tag führt. Der Service umsorgt die Gäste zuvorkommend. Schöne Terrasse!
Essen 12/20, Trinken 6/10, Service 6/10, Ambiente 6,5/10, Wohl fühlen 7/10
Wertung: 37,5 von 60 Punkten (→)
▶ Neuhausen, Dantestr. 33, ☎ 15 925 174, tgl. 9-1h, Kosten: M, MVG: U 1, T 21 Westfriedhof

★ Glockenspiel
Eine Münchner Café-Institution mit den Qualitäten einer Eier legenden Wollmilchsau. Frühstück, Lunch, Abendessen, Frühstücksterrasse, Cocktailbar, Restaurant: anything goes. Und dann dieser Blick von der Dachterrasse in den Münchner Himmel.
Essen 12/20, Trinken 6,5/10, Service 7/10, Ambiente 6,5/10, Wohl fühlen 7/10
Wertung: 39 von 60 Punkten (→)
▶ Zentrum, Marienplatz 28, ☎ 264 256, Mo-Do 9-24h, Fr/Sa 9-1h, So 10-19h, Kosten: M, MVG: S 3/4/6/8, U 3/6 Marienplatz

GötterSpeise
Für Schokoladefans gilt: Allem kann ich widerstehen, nur der Versuchung in der Götterspeise nicht. Sympathisches Café, in dem man auch entspannt frühstücken kann. Klasse Auswahl an Trinkschokoladen. Es gibt immer wieder Schoko-Neuheiten aus aller Welt zu entdecken.
Essen 11,5/20, Trinken 6/10, Service 7/10, Ambiente 6/10, Wohl fühlen 7/10
Wertung: 37,5 von 60 Punkten (→)
▶ Glockenbach, Jahnstr. 30, ☎ 23 887 374, Mo-Fr 9-17h, EC, Kosten: M, MVG: U 1/2, T 27, Bus 132 Fraunhoferstraße

★ Heinrich Matters NEU!
Die Grüneis-Macher haben ein Lokal eröffnet. Und was für eins. Die zusammengewürfelte Einrichtung beweist Stil. Kulinarisch schwelgt man in den selbstgemachten Zimtschnecken oder labt sich an der abwechslungsreichen Tagesküche, die Einflüsse aus aller Welt aufgreift.
Essen 13/20, Trinken 6,5/10, Service 7/10, Ambiente 7,5/10, Wohl fühlen 8/10
Wertung: 42 von 60 Punkten (–)
▶ Maxvorstadt, Luisenstr. 47, ☎ 23 796 673, Di-Sa 9-24h, So 9-17h, Kosten: M, MVG: U 2/8 Theresienstraße, T 27/28 Pinakotheken

Hoover & Floyd
Sehr gelungene Wohnzimmeratmosphäre (riesiger Esstisch in der Mitte des Lokals, Ohrensessel in den Ecken). Zu essen gibt es Kleinigkeiten wie Sandwiches, Salate oder Pasta. Die Küche kann nicht immer mit dem lässig-stilvollen Ambiente mithalten.
Essen 10/20, Trinken 6/10, Service 7/10, Ambiente 7/10, Wohl fühlen 6,5/10
Wertung: 36,5 von 60 Punkten (→)
▶ Glockenbach, Ickstattstr. 2, ☎ 26 949 015, Mo-Fr 9-1h, Sa 10-1h, So 10-23h, Kosten: M, MVG: U 1/2, T 27, Bus 132 Fraunhoferstraße

Hungriges Herz
Tummelplatz mitten im Bummelherzen Münchens mit großem Frühstücksangebot sowie Burger, Pasta und Bowls. Bei so viel Trubel und Ansturm, kommen Service und Küche nicht immer hinterher. Das gemütliche Ambiente gefällt, die leckere Steinofenpizza geht immer.
Essen 11/20, Trinken 6/10, Service 5,5/10, Ambiente 6,5/10, Wohl fühlen 6/10
Wertung: 35 von 60 Punkten (→)
▶ Glockenbach, Fraunhoferstr. 42, ☎ 20 201 515, Mo 8-19h, Di-Do 8-22.30h, Fr 8-23h, 9-23h, So 9-19h, Kosten: M, MVG: U 1/2 Fraunhoferstraße, T 17/18/27 Müllerstraße

Heinrich Matters Maxvorstadt

★ Johannis Café
Der Café-Klassiker in Haidhausen. Hier scheint die Zeit stehen geblieben zu sein. Wirt Olaf und die Gäste kümmern sich liebevoll um ihr schrullig-schönes Café.
Essen 10/20, Trinken 5/10, Service 8/10, Ambiente 9/10, Wohl fühlen 9/10
Wertung: 41 von 60 Punkten (→)
▶ Haidhausen, Johannisplatz 15, ☎ 4 801 240, Mi-Mo ab 11h, Kosten: G, MVG: U 4/5, T 15/18/19/25 Max-Weber-Platz

Joon
Hier isst man kreativ (z.B. Couscous mit Mango, Hähnchen, Rucola und Joghurtdip). Hippes Ambiente, hippes Publikum. Relaxter Service.
Essen 12/20, Trinken 6,5/10, Service 5/10, Ambiente 6,5/10, Wohl fühlen 6/10
Wertung: 36 von 60 Punkten (→)
▶ Maxvorstadt, Theresienstr. 114, ☎ 41 550 941, Mo-Di 9-23h, Mi-Sa 9-1h, So 9-18h, Kosten: M, MVG: U 2/8 Theresienstraße

Josefa
Café und Bar in einem. Ebenso hipp wie gemütlich. Morgens lecker Frühstück, mittags italienische Snacks, nachmittags Kuchen (selbstgemacht) und abends wieder Snacks. Dazu guter Wein. Zivile Preise.
Essen 11,5/20, Trinken 6,5/10, Service 5,5/10, Ambiente 6,5/10, Wohl fühlen 7/10
Wertung: 37 von 60 Punkten (→)
▶ Westend, Westendstr. 29, ☎ 28 979 183, Mo-Fr 9-23h, So 10-17h, Kosten: M, MVG: S 3/4/6/8 Hackerbrücke, T 19 Holzapfelstr.

★ Kaffee Espresso Kolonial
Café mit Charme, in dem es neben allerlei Dekoration auch aufregende Kaffees zu entdecken gibt. Fachsimpeln mit den Baristas ist dabei ausdrücklich erwünscht.
Essen 11/20, Trinken 7/10, Service 7/10, Ambiente 7/10, Wohl fühlen 7/10
Wertung: 39 von 60 Punkten (→)
▶ Neuhausen, Donnersbergerstr. 39, ☎ 20 060 566, Mo-Fr 7-19h, Sa 9-18h, Kosten: M, MVG: U 1 Rotkreuzplatz, T 16/17 Donnersbergerstraße

Kaffeehaus Altschwabing
Ein Tipp, um im Univiertel gut und günstig essen zu gehen. Nicht vom altmodischen Ambiente (Stuckdecke, Kronleuchter) abschrecken lassen, das Publikum ist eher jung. Türkische und deutsche Küche wechseln sich auf der Karte ab.
Essen 10/20, Trinken 6,5/10, Service 7/10, Ambiente 6/10, Wohl fühlen 7/10
Wertung: 36,5 von 60 Punkten (→)
▶ Schwabing, Schellingstr. 56, ☎ 2 731 022, tgl. 8-2h, Kosten: G, MVG: U 3/6 Universität

★ Kaffeerösterei VogelMaier
Tagescafé mit eigener Rösterei und herzlichem Service. Der Kaffee ist Spitzenklasse, dazu genießt man Zimtschnecken oder Kuchen. Ab mittags

Kaffee Espresso Kolonial Neuhausen

Sandwiches und andere Kleinigkeiten.
Essen 11/20, Trinken 7/10, Service 8/10, Ambiente 6/10, Wohl fühlen 8/10
Wertung: 40 von 60 Punkten (→)
▶ Haidhausen, Einsteinstr. 125, ☎ 23 747 050, Di-Fr 8-18h, Sa 9-14h, Kosten: M, MVG: T 15/25 Grillparzerstraße

★ Königin 43
Wohltuend ungezwungen trotz Bestlage am Englischen Garten. Ordentliche Crossover-Küche und ein erstaunlich freundlicher Service.
Essen 11,5/20, Trinken 6,5/10, Service 7/10, Ambiente 7/10, Wohl fühlen 8/10
Wertung: 40 von 60 Punkten (→)
▶ Maxvorstadt, Königinstr. 43, ☎ 331 262, Mo-Sa 8-23h, So 8-20h, Kosten: M, MVG: U 3/6 Universität

★ Lehel
Tagsüber Café und schnelle stilvolle Lunch-Location verwandelt sich das Lehel am Abend in ein Restaurant mit feiner internationaler Küche im Baukastenprinzip und à la carte. Immer donnerstags bis samstags legen im Lehel außerdem DJs auf (Soul-, Funk-, Elektro- oder House-Sets).
Essen 13/20, Trinken 7/10, Service 6,5/10, Ambiente 7/10, Wohl fühlen 7/10
Wertung: 40,5 von 60 Punkten (→)
▶ Lehel, Karl-Scharnagl-Ring 6, ☎ 21 111 760, Mo-Sa 11-3h, 100, 80 außen, EC, Kosten: M, MVG: U 4/5, T 18 Lehel

★ Loretta
Knuffige Café-Bar in der Müllerstraße, in der es auch Panini und Kuchen zu essen gibt. Die Auswahl an Säften ist toll. Abends genießt man hier zudem auch richtig gute Weine!
Essen 11/20, Trinken 6,5/10, Service 7/10, Ambiente 6,5/10, Wohl fühlen 7/10
Wertung: 38 von 60 Punkten (→)
▶ Glockenbach, Müllerstr. 50, ☎ 23 077 370, Mo-Do 8-1h, Fr 8-3h, Sa 9-3h, So 10-20h, 40, 15 außen, Kosten: M, MVG: T 17/18 Müllerstraße, U 1/2/3/6, T 16/17/18/27 Sendlinger Tor

★ Man vs. Machine
Hier gibt es Light Roast Kaffee, der neue Geschmackserlebnisse garantiert und schon so manchen Italo-Kaffeetrinker bekehrt hat. Kuchen und Croissants in Bio-Qualität.
Essen 10/20, Trinken 8/10, Service 7/10, Ambiente 8/10, Wohl fühlen 8/10
Wertung: 41 von 60 Punkten (→)
▶ Isarvorstadt, Müllerstr. 23, ☎ 80 046 681, Mo-Fr 8-18h, Sa 9-19h, Kosten: M, MVG: T 16/18/27 Müllerstraße

Maria
Die Entdeckung der Langsamkeit. In diesem stressbefreiten Café nehmen sich der Service und die Gäste gerne Zeit. Schön für ein lang gezogenes Frühstück. Typisches Glockenbach-Publikum.
Essen 12/20, Trinken 7/10, Service 7/10, Ambiente 6/10, Wohl fühlen 4,5/10
Wertung: 36,5 von 60 Punkten (→)
▶ Glockenbach, Klenzestr. 97, ☎ 20 245 750, Di-Sa 8.30-22.30h, So-Mo 9-19h, Kosten: M, MVG: U 1/2, T 27, Bus 132 Fraunhoferstraße

★ Miss Lilly's
Längst eine Institution im Viertel. In dem hellen, luftigen Lokal – das Ambiente erinnert an ein modernes Landhaus in den Bergen – fühlt man sich sofort wohl. Mit Frühstück, Lunch, Kaffee und hausgemachtem Kuchen sowie einer feinen internationalen Küche kommt man kulinarisch durch Tag und Nacht. Im Sommer mit schön bestuhlter großer Terrasse.
Essen 12/20, Trinken 7/10, Service 7/10, Ambiente 7/10, Wohl fühlen 7/10
Wertung: 40 von 60 Punkten (→)
▶ Giesing-Au, Oefelestr. 12, ☎ 55 062 195, Mo-Sa 9-24h, So 9-18h, 50, 50 außen, Kosten: M, MVG: U 1/2, Bus 52 Kolumbusplatz

Oskar Maria
Tolle Auswahl an Kuchen. Unbedingt den Cheesecake probieren! Dazu eine schöne Auswahl an Tees und Kaffee.

Essen 12/20, Trinken 6,5/10, Service 5,5/10, Ambiente 7/10, Wohl fühlen 6/10
Wertung: 37 von 60 Punkten (→)
Zentrum, Salvatorplatz 1, 29 196 029, Mo-Sa 10-24h, So 10-19h, 120, 100 außen, EC, MC, VI, AM, DI, Kosten: M, MVG: U 3/4/5/6 Odeonsplatz

Patolli
Kleine urbane Café-Bar in der Sendlinger Straße mit absoluten Hier-bin-ich-daheim-Qualitäten. Tagsüber Kaffee und Kuchen, abends Cocktails und Snacks.
Essen 10/20, Trinken 8/10, Service 7/10, Ambiente 9/10, Wohl fühlen 7/10
Wertung: 41 von 60 Punkten (→)
Zentrum, Sendlinger Str. 62, 89 058 312, Mo/Di 9-19h, Mi-Sa 9-2h, Kosten: M, MVG: U 1/2/3/6, T 16/17/18/27, Bus 62 Sendl. Tor

Picnic
Das Picnic ist ein junges Indie-Bar-Restaurant. Das leckere Essen (Wraps, Salate, Potts) mit Bio-Fleisch und frischen Zutaten schmeckt richtig gut.
Essen 11/20, Trinken 7/10, Service 7/10, Ambiente 6/10, Wohl fühlen 6/10
Wertung: 37 von 60 Punkten (→)
Maxvorstadt, Barer Str. 48, 20 061 014, Mo-Mi 11-23h, Do-Fr 11-24h, Sa 12-24h, 60, 18 außen, Kosten: M, MVG: T 27/28 Pinakotheken

Preysinggarten
Die Plätze draußen unter den grünen Bäumen im Garten sind bei Sonnenschein stets voll besetzt. Sehr gute internationale Küche, prima Frühstück. Drinnen gefällt das hübsche Jugendstilambiente.
Essen 12/20, Trinken 6/10, Service 6,5/10, Ambiente 6,5/10, Wohl fühlen 7/10
Wertung: 38 von 60 Punkten (→)
Haidhausen, Preysingstr. 69, 6 886 722, tgl. 9-1.30h, EC, Kosten: M, MVG: U 4/5 Max-Weber-Platz, T 15/18/19/25 Wörthstraße

Patolli Zentrum

Rosi
Die geräumige Rosi hat sich in ein passendes Shabby Chic-Gewand geschmissen und in Bestlage positioniert. Solides Frühstück von bayerisch bis britisch, von wurstig bis vegan.
Essen 10/20, Trinken 5,5/10, Service 5/10, Ambiente 5/10, Wohl fühlen 5/10
Wertung: 30,5 von 60 Punkten (→)
Haidhausen, Rosenheimerstr. 2, 44 999 739, tgl. 8-1h, Kosten: M, MVG: S 3/4/6/8 Isartor, T 18 Deutsches Museum

Ruffini
Das Ruffini ist eine Institution. Frühstück auf der Dachterrasse, tolle Kuchen und eine feine italienische Küche am Abend machen das Café zum perfekten Allrounder. Entspannte Atmosphäre. Lesungen und Konzerte gibt es im Ruffini auch.
Essen 11,5/20, Trinken 6/10, Service 6/10, Ambiente 7/10, Wohl fühlen 8/10
Wertung: 38,5 von 60 Punkten (→)
Neuhausen, Orffstr. 22, 161 160, Di-So 10-24h, 100, 150 außen, EC, MC, VI, AM, DI, Kosten: M, MVG: U 1, T 12, Bus 132/133 Neuhausen

Schmalznudel
Auch als Café Frischhut bekannt. Hier gibt es leckere Auszog'ne und Rohrnudeln in Variation. Am Samstagmorgen sogar schon um 5 Uhr. Urige Atmosphäre, ein Muss am Viktualienmarkt.
Essen 8/20, Trinken 6/10, Service 7/10, Ambiente 6/10, Wohl fühlen 6/10
Wertung: 33 von 60 Punkten (→)
Zentrum, Prälat-Zistl-Str. 8 , 268 237, Mo-Sa 8-18h, Kosten: G, MVG: S 3/4/6/8, U 3/6 Marienplatz

Schneewittchen
Ein Traum in Weiß. Die puristische Einrichtung lässt die wenigen Dekorationen umso mehr wirken. Toller Kuchen, der für die etwas unbequemen Stühle entschädigt.
Essen 11,5/20, Trinken 6,5/10, Service 6,5/10, Ambiente 6,5/10, Wohl fühlen 7/10
Wertung: 38 von 60 Punkten (→)
Glockenbach, Am Glockenbach 8, 38 904 059, Di-So 10-19h, 55, 25 außen, EC, Kosten: M, MVG: U 1/2, T 27, Bus 132 Fraunhoferstraße

Sobi Cocoa
Der Hit sind natürlich die mehr als zwanzig Kakao-Spezialitäten. Doch auch essen kann man im Sobi Cocoa richtig gut (z.B. Ciabatta oder Salate). Mittags lockt die Bio-Antipasti-Theke. Die Deko liegt irgendwo zwischen Bullerbü und Copacabana-Strandbar.
Essen 12/20, Trinken 8/10, Service 6,5/10, Ambiente 7,5/10, Wohl fühlen 9/10
Wertung: 43 von 60 Punkten (→)
Schwabing, Georgenstr. 48, 61 513 836, Mo-Fr 8.30-22.30h, Sa 9-22.30h, So 10-22.30h, Kosten: M, MVG: T 27 Nordendstraße, U 3/6 Universität

Soda
Beliebter Frühstücks- und Café-Klassiker in Schwabing. Küche und Service kommen mit dem Ansturm unterschiedlich gut zurecht. Faire Preise.
Essen 11/20, Trinken 6/10, Service 6/10, Ambiente 6,5/10, Wohl fühlen 7/10
Wertung: 36,5 von 60 Punkten (→)
Maxvorstadt, Türkenstr. 51, 27 275 214, tgl. 7.45-3h, 500, außen, EC, MC, VI, AM, Kosten: M, MVG: U 3/6 Universität, T 27/28 Schellingstraße

Stadtcafé im Stadtmuseum
Hier genießt man den herrlichen Blick über den Jakobsplatz. Im Hinterhof sitzt man gemütlich unter Bäumen. Hektik ist dem Stadtcafépublikum fremd. Guter Platz für ein ausgedehntes Frühstück. Abends toll, um entspannt ein Glas Wein zu trinken.
Essen 11/20, Trinken 6,5/10, Service 6,5/10, Ambiente 6,5/10, Wohl fühlen 6,5/10
Wertung: 37 von 60 Punkten (→)
Zentrum, St.-Jakobs-Platz 1, 266 949, tgl. 10-24h, Kosten: M, MVG: S 3/4/6/8, U 3/6 Marienplatz

Stereo Café
Weg von langweiligen Standards, dafür innovative Speisen und Getränke von handwerklicher Qualität, dazu ein Schuss portugiesische Lebensfreude, fertig ist das Stereo Café. Tolle Lunch-Location.
Essen 13/20, Trinken 7,5/10, Service 7/10, Ambiente 7,5/10, Wohl fühlen 8/10
Wertung: 43 von 60 Punkten (→)
Zentrum, Residenzstr. 300, 189 170 100, Mo-Sa 10-20h, Kosten: M, MVG: U 3/4/5/6 Odeonsplatz

Süßmund
Ein familiärer, angenehm unprätentiöser Ort, der traditionelle, regionale Hausmannskost (Ofenkartoffel mit Radieserl-Kräuter-Schmand) luftig interpretiert. Hier fühlt man sich gut aufgehoben.
Essen 12/20, Trinken 7/10, Service 7/10, Ambiente 7/10, Wohl fühlen 7/10
Wertung: 40 von 60 Punkten (→)
Isarvorstadt, Westermühlstr. 13, 23 702 426, Di-Sa 12-24h, Kosten: M, MVG: U 1/2 Fraunhoferstraße

Tabula Rasa
Im kleinen Gastraum schaut man der Besitzerin beim Schnibbeln und Köcheln zu. Ehrliches Frühstück, ehrliche Preise. Auch wenn es manchmal ein wenig chaotisch zugeht, bleibt der Wohlfühlfaktor in diesem unaufgeregten Café hoch. Tolle Kuchen!
Essen 11/20, Trinken 6/10, Service 6/10, Ambiente 7/10, Wohl fühlen 7,5/10
Wertung: 37,5 von 60 Punkten (→)
Glockenbach, Holzstr. 18, 23 231 871, Mo-Fr 8-22h, Sa-So 9-20h, 130, 200 außen, EC, MC, VI, Kosten: M, MVG: U 1/2/3/6, T 16/17/18/27, Bus 62 Sendlinger Tor

Vorstadt Café Centro Zentrum

Tagträumer
Sympathisches, eher ruhiges Tagescafé mit hausgemachter italienischer Küche (Pasta, Focaccia, Tramezzini). Auch gut zum Frühstücken (am Wochenende mit größerer Auswahl). Sehr guter Kuchen.
Essen 11,5/20, Trinken 6/10, Service 7/10, Ambiente 8/10, Wohl fühlen 8/10
Wertung: 40,5 von 60 Punkten (→)
Isarvorstadt, Dreimühlenstr. 17, 76 775 751, Mo-Fr 8-19.30h, Sa 10-19h, 150, 50 außen, EC, MC, VI, AM, DI, Kosten: M, MVG: 62 Ehrengutstraße

Tante Emma NEU!
Atmosphärisch schönes Shabby Chic-Café mit einem guten Frühstücksangebot, Focaccia sowie wechselnden Tagesgerichten, die auch am Abend prima satt machen.
Essen 11,5/20, Trinken 6,5/10, Service 7/10, Ambiente 7,5/10, Wohl fühlen 7/10
Wertung: 39,5 von 60 Punkten (–)
Schwabing, Destouchesstr. 63, 32 988 670, tgl. 8.30-22h, Kosten: G, MVG: U 3 Bonner Platz, T 12/27/28 Clemensstraße

The Victorian House
Seit Jahren pflegt das Victorian House die Englische Tee- und Kaffeekultur. Mit Erfolg, wie man an den meist vollbesetzten, ein wenig eng gestellten Tischen sehen kann. Das englische Ambiente gefällt. Gute Frühstückskarte.
Essen 12/20, Trinken 7/10, Service 6/10, Ambiente 7/10, Wohl fühlen 6,5/10
Wertung: 38,5 von 60 Punkten (→)
Zentrum, Frauenstr. 14, 25 546 947, Mo-Sa 9.30-18h, So 9.30-17h, 50, 24 außen, Kosten: M, MVG: S 3/4/6/8, U 3/6 Marienplatz

The Victorian House 2
British-royales Flair, sowie sämtliche Highlights und Absonderlichkeiten der Inselküche. Porridge mit Whiskey, viele Toastspezialitäten, Bitterorangenmarmelade und natürlich Tee! Kein Wunder, dass es mittlerweile in München ganze fünf Victorian House-Filialen gibt.
Essen 12/20, Trinken 7/10, Service 6/10, Ambiente 7/10, Wohl fühlen 7/10
Wertung: 39 von 60 Punkten (→)
Neuhausen, Ysenburgstr. 13, 18 975 520, Mo-Sa 9.30-1h, So 9.30-19h, Kosten: M, MVG: U 1, T 12, 132/133 Rotkreuzplatz

TimBallo
Ein entspanntes Tagescafé. Die Küche setzt auf frische italienische Tagesgerichte und die schmecken richtig gut. Oder man macht es sich einfach im Liegestuhl draußen vor dem Lokal bequem.
Essen 11,5/20, Trinken 6/10, Service 6/10, Ambiente 6,5/10, Wohl fühlen 7/10
Wertung: 37 von 60 Punkten (→)
Maxvorstadt, Gabelsbergerstr. 9, 0173-9957070, Mo-Fr 10-16h, 280, EC, MC, VI, AM, DI, Kosten: M, MVG: T 27 Karolinenplatz

Trachtenvogl
Schöne Café-Lounge mit feinem Speiseangebot. Es gibt Asia-Pfanne mit Bio-Hack, Salat mit Honigmelone und gebratenem Haloumi … Jeden Tag etwas Neues. Aber auch auf ein Bier schaut man am Abend noch immer gern vorbei. Mittlerweile ist allerdings um 22 Schluss.
Essen 11,5/20, Trinken 6,5/10, Service 6/10, Ambiente 6,5/10, Wohl fühlen 7/10
Wertung: 37,5 von 60 Punkten (→)
Glockenbach, Reichenbachstr. 47, 2 015 160, tgl. 9-22h, Kosten: M, MVG: U 1/2, T 27, 132 Fraunhoferstraße

Tresznjewski
Café-Klassiker in der Maxvorstadt. Toll zum Frühstücken (ab 8 Uhr!), toll zum Mittagessen und abends sowieso. Abwechslungsreiche internationale Küche (z.B. Bärlauch-Weißwein-Risotto, Club-Sandwich, Schweinefiletmedaillons).
Essen 11/20, Trinken 9/10, Service 6/10, Ambiente 6/10, Wohl fühlen 7/10
Wertung: 39 von 60 Punkten (→)
Maxvorstadt, Theresienstr. 72, 282 349, So-Do 8-24h, Fr/Sa 8-2h, 500, 150 außen, EC, MC, VI, AM, Kosten: M, MVG: U 3/6 Universität, T 27 Pinakotheken

Von & Zu NEU!
Café, Wein, Trallala. Schönes Motto, schönes Lokal. Das unaufgeräumt-improvisierte Ambiente hat einen hohen Wohlfühlfaktor. Mal treten Songwriter, mal Streichquartette auf. Zu essen gibt es Pasta, Antipasti oder Quiche.
Essen 11,5/20, Trinken 6/10, Service 6,5/10, Ambiente 7/10, Wohl fühlen 7,5/10
Wertung: 38,5 von 60 Punkten (–)
Maxvorstadt, Luisenstr. 22, 21 930 298, Mo-Sa 1h, Mo-Fr 11.30-1h, Sa 11-18h, So 10-21h, Kosten: M, MVG: 68/100, U 2/8 Königsplatz

Vorstadt Café
Beliebtes Café in der Türkenstraße, das zwar schick, aber nicht abgehoben daherkommt. Große Frühstücksauswahl (ab 9 Euro). Internationale Tageskarte.
Essen 11/20, Trinken 7/10, Service 7/10, Ambiente 6,5/10, Wohl fühlen 6/10
Wertung: 37,5 von 60 Punkten (→)
Maxvorstadt, Türkenstr. 83, 2 720 699, So-Do 8-1h, Fr/Sa 8-2h, Kosten: M, MVG: U 3/6 Universität, T 27/28 Schellingstraße

Vorstadt Café Centro
Traumlage an der Maximilianstraße. Perfekt für eine ausgedehnte Shoppingpause. Entspanntes Frühstück, abends internationale Küche.
Essen 11/20, Trinken 6/10, Service 6/10, Ambiente 7/10, Wohl fühlen 7/10
Wertung: 37 von 60 Punkten (→)
Zentrum, Maximilianstr. 40, 25 547 010, So-Do 8-1h; Fr/Sa 8-2h, Kosten: M, MVG: T 19 Kammerspiele

White Rabbit's Room
Willkommen im verspielten Café-Wunderland mit integriertem Shopping-Paradies. Das White Rabbit ist ein Lokal für Mütter und Mädels – man setzt auf frische Leckereien, hohe Qualität und viel Verspieltes.
Essen 11,5/20, Trinken 7/10, Service 6,5/10, Ambiente 7/10, Wohl fühlen 7/10
Wertung: 39 von 60 Punkten (→)
Haidhausen, Franziskanerstr. 19, 67 971 193, Mo-Fr 7.30-19h, Sa-So 9.30-17h, Kosten: M, MVG: S 3/4/6/8, T 15/25 Rosenheimer Platz

Woerner's
Terrasse auf dem Marienplatz, gute Auswahl an Kuchen und anderen Schlemmereien. Oben schaut man dem Oberbürgermeister ins Büro. Modernes, helles Ambiente. Unbedingt das Eis aus eigener Produktion probieren.
Essen 11,5/20, Trinken 6,5/10, Service 6,5/10, Ambiente 6,5/10, Wohl fühlen 6,5/10
Wertung: 37,5 von 60 Punkten (→)
Zentrum, Marienplatz 1, 222 766, Mo-Fr 8-20.30h, Sa 8-20.30h, So 9-19h, 60, 60 außen, EC, MC, VI, Kosten: M, MVG: S 3/4/6/8, U 3/6 Marienplatz

Bar Giornale Schwabing

Frühstücken

Hier finden Sie alle Gastro-Empfehlungen für Münchens beste Frühstücksadressen.

Anna Restaurant
Frühstück von 7 bis 11 Uhr, an den Wochenenden bis 12 Uhr. Tolles Buffet, und ordentlich Platz an den Tischen.
Essen 12/20, Trinken 7/10, Service 6/10, Ambiente 8/10, Wohl fühlen 7/10
Wertung: 40 von 60 Punkten (→)
Zentrum, Schützenstr. 1, 599 940, tgl. 7-1h, Kosten: M, MVG: S 3/4/6/8, U 4/5, T 16-21/27/28 Karlsplatz (Stachus)

Aroma Kaffeebar
Frühstück mit Bagels, Sandwiches und Kuchen. Toll sind die wechselnden Kaffeeangebote.
Essen 9/20, Trinken 6,5/10, Service 6/10, Ambiente 6,5/10, Wohl fühlen 6/10
Wertung: 34 von 60 Punkten (→)
Glockenbach, Pestalozzistr. 24, 26 949 249, Mo-Fr 7-20h, Sa/So 9-20h, 180, 300 außen, EC, Kosten: H, MVG: U 1/2/3/6, T 16/17/18/27, Bus 62 Sendlinger Tor

Baader Café
Entspanntes Frühstück ohne Klimbim (ab 4 Euro; bis 16 Uhr).
Essen 10/20, Trinken 6/10, Service 6,5/10, Ambiente 7/10, Wohl fühlen 8/10
Wertung: 37,5 von 60 Punkten (→)
Glockenbach, Baaderstr. 47, 2 010 638, So-Do 9.30-1h, Fr/Sa 9.30-2h, Kosten: M, MVG: U 1/2 Fraunhoferstraße, T 17/27, Bus 52/62 Baaderstraße

Bachmaier Hofbräu
Im Sommer sonntags Wirtshausfrühstück, ab September dann Brunch mit Live-Cooking und Bier zum selber Zapfen.
Essen 10,5/20, Trinken 7/10, Service 7/10, Ambiente 6,5/10, Wohl fühlen 6,5/10
Wertung: 37,5 von 60 Punkten (→)
Schwabing, Leopoldstr. 50, 3 838 680, Mo-Do 11-0.30h, Fr 11-1h, Sa 10-1h, So 10-0.30h, Kosten: M, MVG: U 3/6 Giselastraße

Bar Centrale
Rührei mit Parmesan und Tomaten, Avocado-Omelette, Toast und original italienische Brioche ... Auch beim Frühstück (ab 7.30 Uhr) bietet die Bar Centrale mehr als nur 0815.
Essen 12,5/20, Trinken 6,5/10, Service 6,5/10, Ambiente 7/10, Wohl fühlen 7/10
Wertung: 39,5 von 60 Punkten (→)
Zentrum, Ledererstr. 23, 223 762, Mo-Sa 7.30-1h, So 9-1h, 50, 50 außen, EC, Kosten: M, MVG: S 3/4/6/8, U 3/6 Marienplatz

Bar Giornale
Tolle Auswahl an Frühstücken, Croissants und Eierspeisen (Unbedingt das Egg Benedict probieren!).
Essen 13,5/20, Trinken 7,5/10, Service 7/10, Ambiente 8,5/10, Wohl fühlen 8/10
Wertung: 44,5 von 60 Punkten (→)
Schwabing, Leopoldstr. 7, 332 000, Mo-Fr 8-23.30h, Sa 9-23.30h, So 9-18h, 30, 15 außen, EC, MC, VI, AM, Kosten: H, MVG: U 3/6 Giselastraße

Bavarese
Sonntags Brunch (18,60 Euro p.P.) sowie eine kleine Auswahl an Frühstücken (ab 7,50 Euro).
Essen 12/20, Trinken 6/10, Service 6,5/10, Ambiente 7/10, Wohl fühlen 7,5/10
Wertung: 39 von 60 Punkten (→)
Isarvorstadt, Ehrengutstr. 15, 52 033 437, Mo-Sa ab 17h, So ab 10h, Kosten: M, MVG: U 3/6 Goetheplatz, Bus 131 Roecklplatz, Bus 62 Ehrengutstraße

Blue Spa Bar
Exklusives Frühstück (ab 19,50 Euro) in exklusivem Ambiente. Wer sich etwas Besonderes gönnen will, greift zum opulenten Blue Spa-Frühstück mit Lachs und Champagner (45 Euro).
Essen 13/20, Trinken 7/10, Service 7/10, Ambiente 8/10, Wohl fühlen 7,5/10
Wertung: 42,5 von 60 Punkten (→)
Zentrum, Promenadeplatz 2-6, 2 120 875, tgl. 8-22.30h, 45, außen, EC, VI, Kosten: H, MVG: S 3/4/6/8, U 3/6 Marienplatz, T 19 Theatinerstraße

Bohne & Malz
Umfangreiche internationale Frühstücksauswahl, mit z.B. Weißwurstfrühstück (6,90 Euro) oder üppigem Romeo & Julia-Frühstück für zwei Personen (29 Euro).
Essen 11/20, Trinken 6/10, Service 6/10, Ambiente 6,5/10, Wohl fühlen 6,5/10
Wertung: 36 von 60 Punkten (→)
Zentrum, Sonnenstr. 11, 557 179, So-Mi 9-0h, Do-Sa 9-1h, 250, 76 außen, EC, MC, VI, AM, DI, Kosten: G, MVG: S 3/4/6/8, U 4/5, T 16-21/27/28 Karlsplatz (Stachus)

Brenner Grill
Täglich eine riesige Auswahl an Frühstück von süß über gesund bis deftig (ab 6,50 Euro), immer sonntags à la Carte-Brunch, der keine Wünsche offen lässt.
Essen 12/20, Trinken 7/10, Service 6/10, Ambiente 8/10, Wohl fühlen 6,5/10
Wertung: 39,5 von 60 Punkten (→)
Zentrum, Maximilianstr. 15, 4 522 880, Mo-Do 8.30-1h, Fr/Sa 8.30-2h, So 9.30-1h, Kosten: H, MVG: S 3/4/6/8, U 3/6 Marienplatz, T 19 Nationaltheater

Café am Beethovenplatz
Unter der Woche Frühstück bis 16 Uhr. Sonntags zum Jazz- oder Klassikbrunch ist der Ansturm meist groß. Ohne Reservierung geht nichts.
Essen 11,5/20, Trinken 6/10, Service 7/10, Ambiente 7,5/10, Wohl fühlen 8/10
Wertung: 40 von 60 Punkten (→)
Isarvorstadt, Goethestr. 51, 5 529 100, tgl. 9-1h, 80, 40 außen, EC, MC, VI, AM, DI, Kosten: M, MVG: U 3/6 Goetheplatz, Bus 58 Beethovenplatz

Café Arzmiller
Allerlei einfach gehaltene Frühstücksvarianten zu mehr als fairen Preisen (ab 4,50 €). Beim Arzmiller-Frühstück ist mit Kaffee, Konfitüre, Eiern, Käse und Wurst alles für ein ausgedehntes Frühstück dabei. Idyllisch ruhige Lage mitten im Stadtzentrum. So startet man gern in den Tag.
Essen 12/20, Trinken 6,5/10, Service 6/10, Ambiente 7/10, Wohl fühlen 6,5/10
Wertung: 38 von 60 Punkten (→)
Zentrum, Salvatorstr. 2, 294 273, Mo-Sa 8.30-18.30h, So 10.30-18h, Kosten: G, MVG: U 3/4/5/6 Odeonsplatz

Café Exponat
Postkartengleiche Altstadtidylle am Jakobsplatz. Eine Oase für Vorbeischlenderer und Shoppingmüde mit sehr schöner Frühstücksterrasse.
Essen 11/20, Trinken 6,5/10, Service 6,5/10, Ambiente 7/10, Wohl fühlen 7/10
Wertung: 38 von 60 Punkten (→)
Zentrum, St.-Jakobs-Platz 16, 25 547 799, Di-So 10-18h, 80, 40 außen, EC, MC, VI, AM, DI, Kosten: M, MVG: S 3/4/6/8, U 3/6 Marienplatz

Café Fortuna
Unter der Woche eine ruhige Frühstücksoase. Sonntags beliebter Brunch (mit Sommerpause!).
Essen 11/20, Trinken 6/10, Service 6,5/10, Ambiente 6/10, Wohl fühlen 7/10
Wertung: 36,5 von 60 Punkten (→)
Haidhausen, Sedanstr. 18, 18 922 823, Mo-Fr 8-22h, Sa 9-19h, So 10-18h, 70, 60 außen, Kosten: M, MVG: S 3/4/6/8, T 15/25 Rosenheimer Platz

★ Café Fräulein
Eine der leckeren Zimtschnecken und ein großer Cappuccino – mehr braucht es nicht für einen guten Start in den Tag. Frühstück gibt's vom Servierwagen.
Essen 12/20, Trinken 6,5/10, Service 5,5/10, Ambiente 7/10, Wohl fühlen 7/10
Wertung: 38 von 60 Punkten (→)
Zentrum , Frauenstr. 11, 0177-6721090, Mo-Sa 9-18h, So 10-18h, 400, 100 außen, Kosten: M, MVG: S 3/4/6/8, U 3/6 Marienplatz

Café Ignaz
Tolles vegetarisches Frühstücksbüfett. Für den schnellen Hunger am Morgen hält man sich einfach an die Angebote in der großen Kuchen- und Quiches-Theke.
Essen 12/20, Trinken 8/10, Service 6/10, Ambiente 6/10, Wohl fühlen 5/10
Wertung: 37 von 60 Punkten (→)
Schwabing, Georgenstr. 67, 2 716 093, Mo/Mi-Fr 11-22.30h, Sa/So 9-22.30h, 65, 20 außen, EC, Kosten: G, MVG: U 2 Josephsplatz, T 27 Elisabethplatz

★ Café Lotti
Allerlei Frühstücksvarianten ab 6,50 Euro. Herzallerliebstes Prinzessinnen-Ambiente.
Essen 12,5/20, Trinken 6,5/10, Service 8/10, Ambiente 7,5/10, Wohl fühlen 8,5/10
Wertung: 43 von 60 Punkten (→)
Maxvorstadt, Schleißheimer Str. 13, 61 519 197, Mo-Fr 10-17h, Sa/So 10-18h, Kosten: M, MVG: U 1, T 20/21 Stiglmaierplatz

★ Cafe Luitpold
Die Frühstückskarte kommt auf den Punkt. Le Petit Suisse (11,80 Euro) wird mit einem leckeren Feigen-Apfelchutney veredelt. Das opulente Le Grand Luitpold (39,60 Euro) für zwei lässt keine Wünsche offen. Wunderbar.
Essen 14/20, Trinken 7/10, Service 7/10, Ambiente 7,5/10, Wohl fühlen 8/10
Wertung: 43,5 von 60 Punkten (→)
Zentrum, Brienner Str. 11, 2 428 750, Mo 8-19h, Di-Sa 8-23h, So 9-19h, 160, 350 außen, EC, MC, VI, AM, Kosten: M, MVG: U 3/4/5/6 Odeonsplatz

★ Café Marais
Klassische Frühstücksauswahl mit Croissant, Marmelade, Wurst und Käse oder aber einem der leckeren Panini. Großartiger Kaffee und hausgemachte Kuchen.
Essen 13/20, Trinken 6,5/10, Service 6,5/10, Ambiente 7/10, Wohl fühlen 7/10
Wertung: 40 von 60 Punkten (→)
Westend, Parkstr. 2, 50 094 552, Di-Sa 8-20h, So 10-18h, 52, 42 außen, EC, Kosten: M, MVG: U 4/5, BUS 53/133 Schwanthalerhöhe

Café Münchner Freiheit
Auf der Terrasse an der Münchner Freiheit trifft sich bei schönem Wetter ganz Schwabing zum Frühstücken. Mit Müslikarte, Baukasten-Omelette, Lachs und Shrimps, Strammem Max und toller Smoothie-Auswahl. Lecker!
Essen 11,5/20, Trinken 6/10, Service 6/10, Ambiente 6,5/10, Wohl fühlen 7/10
Wertung: 37 von 60 Punkten (→)
Schwabing, Münchner Freiheit 20, 33 007 990, tgl. 7-21h (im Winter bis 18h), 55, 40 außen, EC, MC, VI, AM, Kosten: M, MVG: U 3/6, T 23, BUS 53/59/142 Münchner Freiheit

Café Neuhausen/Das Neuhausen
Große Auswahl an Frühstücken (9-29 Euro) sowie zahlreichen Extras. Mal einfach, mal raffiniert, mal opulent. Schön!
Essen 11,5/20, Trinken 6/10, Service 6,5/10, Ambiente 6/10, Wohl fühlen 6/10
Wertung: 36 von 60 Punkten (→)
Neuhausen, Blutenburgstr. 106, 18 975 570, tgl. 9-1h, 50, 60 außen, EC, MC, VI, Kosten: M, MVG: U 1 Maillingerstraße

★ Café Puck NEU!
Hier gibt es Frühstücksklassiker bis 17 Uhr. Unbedingt die Pancakes probieren.
Essen 12/20, Trinken 7/10, Service 6/10, Ambiente 6/10, Wohl fühlen 7/10
Wertung: 38 von 60 Punkten (–)
Maxvorstadt, Türkenstr. 33, 2 802 280, tgl. 9-17h, Kosten: M, MVG: U 3/6 Universität

★ Café Reitschule
Veganes Frühstück, Pfannkuchen, Strammer Max oder die Etagere mit allem … Beim Frühstück (ab 3,90 Euro) legt die Reitschule einen ganz großen Auftritt hin. Tolle Terrassen!
Essen 12,5/20, Trinken 6,5/10, Service 6,5/10, Ambiente 7,5/10, Wohl fühlen 7/10
Wertung: 40 von 60 Punkten (→)
Schwabing, Königinstr. 34, 3 888 760, Sa/So 9-15 Uhr, 70, 90 außen, EC, MC, VI, AM, DI, Kosten: M, MVG: U 3/6 Giselastraße, BUS 54 Thiemestraße

★ Café Zimt
Dass das Café eine eigene Bäckerei hat, schmeckt man. Tolle Kuchen! Unkompliziertes, aber leckeres Frühstück. Am Wochenende mit erweiterter Karte.
Essen 12/20, Trinken 6,5/10, Service 6,5/10, Ambiente 7/10, Wohl fühlen 7,5/10
Wertung: 39,5 von 60 Punkten (→)
Giesing-Au, Ehrengutstr. 9, 45 229 588, Mo-Fr 7-20h, Sa-So 8-20h (im Winter kürzer), Kosten: M, MVG: U 3/6 Goetheplatz, BUS 131 Roecklplatz, BUS 62 Ehrengutstraße

★ Catwalk
Gute Auswahl an Frühstücken, großzügige Portionen. Sonst Crossover-Küche mit Standard und Tageskarte. Drinnen gibt es dank der großen Fenster viel Licht. Im Sommer frühstückt man auf der großen Terrasse auf dem Trottoir. Gelungen!
Essen 12/20, Trinken 6,5/10, Service 6,5/10, Ambiente 6/10, Wohl fühlen 7/10
Wertung: 38 von 60 Punkten (→)
Bogenhausen, Mauerkircherstr. 2, 985 881, tgl. 9-1h, Kosten: M, MVG: T 17 Mauerkirchnerstr.

Café Fräulein Zentrum

Cotidiano
Der rustikale Landhausschick gefällt. Auf der Karte stehen amerikanisches, belgisches, italienisches, ländliches und sogar baskisches Frühstück mit gegrillter Paprika und Chorizo. Toll!
Essen 12/20, Trinken 7/10, Service 6/10, Ambiente 6/10, Wohl fühlen 7/10
Wertung: 38 von 60 Punkten (→)
Glockenbach, Gärtnerplatz 6, 242 078 610, Mo-Do 7.30-23h, Fr/Sa 7.30-1h, So 7.30-21h, 34, 12 außen, EC, MC, VI, DI, Kosten: M, MVG: U 1/2, T 27, Bus 132 Fraunhoferstraße

Dachgarten (Hotel Bayerischer Hof)
Frühstücksraum mit exklusiven Dachgartenplätzen und einer schönen Lounge. Ausgezeichnete regionale und internationale Frühstücksangebote.
Essen 13/20, Trinken 7,5/10, Service 8/10, Ambiente 8/10, Wohl fühlen 8/10
Wertung: 44,5 von 60 Punkten (→)
Zentrum, Promenadeplatz 2-6, 2 120 892, tgl. 6-11h, Kosten: M, MVG: S 3/4/6/8, U 3/6 Marienplatz, T 19 Theatinerstraße

Dallmayr Café-Bistro
Fünf Standardfrühstücke (plus viele Extras), ein perfekt geschulter Service sowie das weltläufige Kaffeehausambiente sorgen bei Dallmayr für einen perfekten Start in den Tag.
Essen 13/20, Trinken 6/10, Service 7/10, Ambiente 7,5/10, Wohl fühlen 7,5/10
Wertung: 41 von 60 Punkten (→)
Zentrum, Dienerstr. 14-15, 2 135 110, Mo-Sa 9.30-19h, 30, 35 außen, Kosten: H, MVG: S 3/4/6/8, U 3/6 Marienplatz

Ella
Klassische internationale Auswahl (ab 8,50 Euro) in sehr guter Qualität.
Essen 12,5/20, Trinken 6,5/10, Service 6,5/10, Ambiente 7/10, Wohl fühlen 7/10
Wertung: 39,5 von 60 Punkten (→)
Maxvorstadt, Luisenstr. 33, 70 088 177, Di-Sa 9-1h, Sa 9-21h, Kosten: M, MVG: U 2 Theresienstraße

Gandl
Feine Auswahl an Frühstücken (ab 4 Euro). Dazu gibt es sehr gute Obstsäfte und einen ausgezeichneten Kaffee. Samstags großes Büfett (15 Euro p.P.).
Essen 14/20, Trinken 7/10, Service 6,5/10, Ambiente 7/10, Wohl fühlen 7/10
Wertung: 41,5 von 60 Punkten (→)
Lehel, St.-Anna-Platz 1, 29 162 525, Mo 9.30-17h, Di-Sa 9.30-1h, Kosten: M, MVG: U 4/5, T 17 Lehel, T 19 Maxmonument

Glockenspiel
Eine Münchner Café-Institution mit den Qualitäten einer Eier legenden Wollmilchsau. Frühstück, Lunch, Abendessen, Frühstücksterrasse, Cocktailbar, Restaurant: anything goes. Und dann dieser Blick von der Dachterrasse in den Münchner Himmel.
Essen 12/20, Trinken 6,5/10, Service 7/10, Ambiente 6,5/10, Wohl fühlen 7/10
Wertung: 39 von 60 Punkten (→)
Zentrum, Marienplatz 28, 264 256, Mo-Do 9-24h, Fr/Sa 9-1h, So 10-19h, Kosten: M, MVG: S 3/4/6/8, U 3/6 Marienplatz

GötterSpeise
Sympathisches Café, in dem man auch entspannt frühstücken kann. Klasse Auswahl an Trinkschokoladen. Die gut gefüllte Kuchentheke ist ein Traum.
Essen 11,5/20, Trinken 6/10, Service 7/10, Ambiente 6/10, Wohl fühlen 7/10
Wertung: 37,5 von 60 Punkten (→)
Glockenbach, Jahnstr. 30, 23 887 374, Mo-Fr 9-17h, EC, Kosten: M, MVG: U 1/2, T 27, Bus 132 Fraunhoferstraße

Harlachinger Jagdschlössl
Samstags und sonntags lockt im Harlachinger Jagdschlössl auch eine kleine Frühstückskarte mit Weißwurst- oder Schmankerl-Frühstück (u.a. mit Gutsleberwurst, Räucherlachs mit frischem Kren, Südtiroler Landschinken, Obstsalat, Ei sowie Marmelade und Käse).
Essen 12/20, Trinken 6,5/10, Service 6,5/10, Ambiente 7/10, Wohl fühlen 7/10
Wertung: 39 von 60 Punkten (→)
Harlaching, Geiselgasteigstr. 153, 30 906 760, Sa 10-14, So 10-12h, 160, 160 außen, EC, MC, VI, Kosten: M, MVG: T 15/25 Klinikum Harlaching

Kaffeehaus Altschwabing
Frühstück ab 4,40 Euro. Klassische Auswahl.
Essen 10/20, Trinken 6,5/10, Service 7/10, Ambiente 6/10, Wohl fühlen 7/10
Wertung: 36,5 von 60 Punkten (→)
Schwabing, Schellingstr. 56, 2 731 022, tgl. 8-2h, Kosten: G, MVG: U 3/6 Universität

Kaisergarten
Samstags und sonntags von 10-16 Uhr. Pointierte Karte. Neben Frühstücksklassikern gibt's hier auch Spiegeleier mit einem Hüftsteak. Leckere hausgemachte Marmelade.
Essen 12/20, Trinken 6/10, Service 6,5/10, Ambiente 6/10, Wohl fühlen 6/10
Wertung: 36,5 von 60 Punkten (→)
Schwabing, Kaiserstr. 34, 34 020 203, tgl. 10-1h, 220, außen, EC, MC, VI, AM, DI, Kosten: M, MVG: U 3/6, T 23, Bus 53/59/142 Münchner Freiheit

Kochspielhaus
Sehr gute Frühstücksauswahl, ob nun griechisch, mit Matjes oder in der Variante mit Rührei und marinierten Shrimps .. hier gibt die Küche schon am Morgen richtig Gas.
Essen 13,5/20, Trinken 7/10, Service 7,5/10, Ambiente 8/10, Wohl fühlen 8/10
Wertung: 44 von 60 Punkten (→)
Zentrum, Rumfordstr. 5, 54 802 738, So-Mo 7-20h, Di-Sa 6.30-22h, Kosten: H, MVG: S 3/4/6/8 Isartor, T 16/18 Reichenbachpl.

Kuffler Grill
Opulenter Brunch mit Waffeln, Cupcakes oder Pancakes. Wurst, Käse und Marmelade fehlen nicht auf dem Büfett. Im Preis von 32 Euro sind Kaffee und Milchshakes sowie hausgemachte Limonaden inklusive. Kinder zahlen 16 Euro (unter 6 sogar nix).
Essen 14/20, Trinken 7,5/10, Service 7/10, Ambiente 8/10, Wohl fühlen 7,5/10
Wertung: 44 von 60 Punkten (→)
Zentrum, Hofgraben 9, 24 224 840, tgl. 10-1h, 65, 16 außen, EC, MC, VI, Kosten: H, MVG: S 3/4/6/8, U 3/6 Marienplatz

Mangostin
Das Ambiente ist ein Traum, vor allem die Terrasse! Sonntags von 11-15 Uhr üppiges Brunch-Büfett mit Seafood, Wok-Gerichten, Steaks, Suppen, tollen Desserts und exotischen Fruchtsäften (69 Euro p.P./ Kinder (6-12 Jahre) 29 Euro).
Essen 12/20, Trinken 7/10, Service 7/10, Ambiente 8/10, Wohl fühlen 6/10
Wertung: 40 von 60 Punkten (→)
Thalkirchen, Maria-Einsiedel-Str. 2, 7 232 031, Mo-Sa 11.30-14.30h, 18-24h, So 11-24h, 350, 1750 außen, EC, MC, VI, AM, DI, Kosten: H, MVG: U 3 Thalkirchen

Cotidiano Glockenbach

Miss Lilly's Giesing-Au

Maria
Die Entdeckung der Langsamkeit. In diesem stressbefreiten Café nehmen sich der Service und die Gäste gerne Zeit. Schön für ein lang gezogenes Frühstück. Typisches Glockenbach-Publikum.
Essen 12/20, Trinken 7/10, Service 7/10, Ambiente 6/10, Wohl fühlen 4,5/10
Wertung: 36,5 von 60 Punkten (→)
Glockenbach, Klenzestr. 97, 20 245 750, Di-Sa 8.30-22.30h, So-Mo 9-19h, Kosten: M, MVG: U 1/2, T 27, Bus 132 Fraunhoferstraße

Miss Lilly's
Täglich Frühstück von 9 bis 17 Uhr in den Varianten italienisch, französisch, bayerisch, sportlich und und und .. alles da, was man braucht, um gut in den Tag zu starten (ab 4,50 Euro). Besonders lecker: das türkische Omelette. Im Sommer mit schöner Terrasse.
Essen 12/20, Trinken 7/10, Service 7/10, Ambiente 7/10, Wohl fühlen 7/10
Wertung: 40 von 60 Punkten (→)
Giesing-Au, Oefelestr. 12, 55 062 195, Mo-Sa 9-24h, So 9-18h, 50, 50 außen, Kosten: M, MVG: U 1/2, Bus 52 Kolumbusplatz

Palais Keller
Von Ende Oktober bis Anfang Mai findet im Palais Keller ein exklusiver Jazzbrunch mit Livemusik statt. Zu Essen gibt es bayerische Schmankerl, Seafood und Süßes aus der eigenen Hofkonditorei.
Essen 12,5/20, Trinken 6,5/10, Service 6,5/10, Ambiente 6,5/10, Wohl fühlen 6,5/10
Wertung: 38,5 von 60 Punkten (→)
Zentrum, Promenadeplatz 2-6, 2 120 990, tgl. 10-1h, 16, 20 außen, EC, Kosten: M, MVG: S 3/4/6/8, U 3/6 Marienplatz, T 19 Theatinerstraße

Park Café
Jeden Samstag und Sonntag von 10 bis 15 Uhr. Weißwurstfrühstück, Frühstücksturm, Vitalfrühstück ... gute Standards halt. Manchmal mit Live-Jazz.
Essen 11/20, Trinken 7/10, Service 7/10, Ambiente 8/10, Wohl fühlen 8/10
Wertung: 41 von 60 Punkten (→)
Zentrum, Sophienstr. 7, 51 617 980, Mo-Do 11-1h, Fr 11-2h, Sa 10-2h, So 10-24h, 24, 30 außen, EC, Kosten: M, MVG: S 3/4/6/8, U 4/5, T 16-21/27/28 Karlsplatz (Stachus)

Preysinggarten
Bei schönem Wetter entbrennt am Wochenende ein harter Kampf um die schönen Plätze im Garten. Frühstücken kann man hier jedoch auch unter der Woche bis 15 Uhr. Klassische Auswahl, aber auch Sandwiches, Focaccia oder Kuchen.
Essen 12/20, Trinken 6/10, Service 6,5/10, Ambiente 6,5/10, Wohl fühlen 7/10
Wertung: 38 von 60 Punkten (→)
Haidhausen, Preysingstr. 69, 6 886 722, tgl. 9-1.30h, EC, Kosten: M, MVG: U 4/5 Max-Weber-Platz, T 15/18/19/25 Wörthstraße

Ruffini
Das Ruffini ist eine Institution. Frühstück auf der Dachterrasse und die tollen Kuchen machen das Café zum perfekten Allrounder. Entspannte Atmosphäre. Lesungen und Konzerte gibt es im Ruffini auch.
Essen 11,5/20, Trinken 6/10, Service 6/10, Ambiente 7/10, Wohl fühlen 8/10
Wertung: 38,5 von 60 Punkten (→)
Neuhausen, Orffstr. 22, 161 160, Di-So 10-24h, 100, 150 außen, EC, MC, VI, AM, DI, Kosten: M, MVG: U 1, T 12, Bus 132/133 Neuhausen

Sax
Ins Sax kann man getrost zu jeder Tageszeit und in jeder Gemütsverfassung gehen – und wird bestens umsorgt. Ob zum Frühstücken (bis 17 Uhr!), Ratschen, Cocktails trinken oder Fußball gucken. Solide Küche mit dem einen oder anderen Highlight.
Essen 11/20, Trinken 6,5/10, Service 6,5/10, Ambiente 6/10, Wohl fühlen 7/10
Wertung: 37 von 60 Punkten (→)
Glockenbach, Hans-Sachs Str. 5, 268 835, So-Do 9-1h, Fr/Sa 9-3h, Kosten: M, MVG: U 1/2, T 27, Bus 132 Fraunhoferstraße

Schapeau
Nur im Winter: Sonntags von 11-14.30 Uhr Swing-Brunch mit Live-Musik und großem Büfett.
Essen 14/20, Trinken 7/10, Service 7/10, Ambiente 7/10, Wohl fühlen 7/10
Wertung: 42 von 60 Punkten (→)
Zentrum, Tal 41, 24 234 400, tgl. 7-23.30h, Kosten: M, MVG: S 3/4/6/8, T 16/18 Isartor

Schwabinger Wassermann
Frisches Ambiente und riesige Frühstücksauswahl (Sternzeichen-Frühstück!). Dazu eine schöne Auswahl an Kaffee, Trinkschokolade und Tee ... Definitiv eine der besseren Frühstücks-Locations im Viertel.
Essen 11/20, Trinken 6/10, Service 6/10, Ambiente 5/10, Wohl fühlen 6,5/10
Wertung: 34,5 von 60 Punkten (→)
Schwabing, Herzogstr. 82, 32 388 020, Mo-Sa 10-1h, So 9.30-1h, Kosten: M, MVG: U 2, T 12/27, Bus 53 Hohenzollernplatz

Seerose
Am Wochenende Frühstück bis 16 Uhr mit Omelette, Piadina, Cornetto oder Mailänder Salami. Kleine, aber feine Auswahl.
Essen 11/20, Trinken 6,5/10, Service 7/10, Ambiente 6/10, Wohl fühlen 6,5/10
Wertung: 37 von 60 Punkten (→)
Schwabing, Feilitzschstr. 32, 461 334 120, So-Do 12-24h, Sa-So 12-1h, Kosten: M, MVG: U 3/6, T 23, Bus 53/59/142 Münchner Freiheit

Sobi Cocoa
Der Hit sind natürlich die mehr als zwanzig Kakao-Spezialitäten. Doch auch essen kann man im Sobi Cocoa richtig gut (z.B. Ciabatta oder Salate). Mittags lockt die Bio-Antipasti-Theke. Die Deko liegt irgendwo zwischen Bullerbü und Copacabana-Strandbar.
Essen 12/20, Trinken 8/10, Service 6,5/10, Ambiente 7,5/10, Wohl fühlen 9/10
Wertung: 43 von 60 Punkten (→)
Schwabing, Georgenstr. 48, 61 513 836, Mo-Fr 8.30-22.30h, Sa 9-22.30h, So 10-22.30h, Kosten: M, MVG: T 27 Nordendstraße, U 3/6 Universität

Soda
Frühstück in den Varianten Münchner, Farmer, Express, Toscana, Continental, Fitness, Soda, Gourmet oder Italian (3,70-13,50 Euro). Dazu eine riesige Auswahl an Extras (Pancakes, Bagel, Kuchen und Omelette). Am Wochenende meist richtig voll.
Essen 11/20, Trinken 6/10, Service 6/10, Ambiente 6,5/10, Wohl fühlen 7/10
Wertung: 36,5 von 60 Punkten (→)
Maxvorstadt, Türkenstr. 51, 27 275 214, tgl. 7.45-3h, 500, außen, EC, MC, VI, AM, Kosten: M, MVG: U 3/6 Universität, T 27/28 Schellingstraße

Theresa Maxvorstadt

★ Sophia's
Jeden Tag ein Frühstück der Extraklasse. Am Wochenende Langschläferfrühstück (bis 14 Uhr) mit Spezialitäten wie Blüten-Honig direkt aus der Wabe, Erdbeerkonfitüre mit Tonkabohne, Eggs Benedict und frisch gemixte Smoothies (42 Euro p.P.). Am Wochenende kostenloser Kids-Club (10-14 Uhr).
Essen 14/20, Trinken 7/10, Service 7,5/10, Ambiente 8/10, Wohl fühlen 7,5/10
Wertung: 44 von 60 Punkten (→)
Zentrum, Sophienstr. 28, ☎ 5 445 551 200, Mo-Fr 6.30-10.30h, Sa bis 14 Uhr (danach normale Küche), Kosten: H, MVG: U 1/2 Königsplatz

Speiselokal Lenz
Kleine, aber gute Auswahl an Frühstücken, welche am Wochenende von 10-14 Uhr serviert werden.
Essen 11/20, Trinken 6/10, Service 7/10, Ambiente 7/10, Wohl fühlen 6/10
Wertung: 37 von 60 Punkten (→)
Zentrum, Pettenkoferstr. 48, ☎ 55 239 771, tgl. 10-1h, Kosten: M, MVG: U 5 Theresienwiese

Steinheil
Am Wochenende Frühstück bis 16 Uhr. Und danach gleich wieder ein Schnitzel!
Essen 11/20, Trinken 5,5/10, Service 7/10, Ambiente 6/10, Wohl fühlen 8/10
Wertung: 37,5 von 60 Punkten (→)
Maxvorstadt, Steinheilstr. 16, ☎ 527 488, tgl. 10-1h, 22, 12 außen, EC, Kosten: G, MVG: U 2/8 Theresienstraße

Tabula Rasa
Kleine ehrliche Frühstücksauswahl. Der tiefenentspannte Service sorgt für einen ruhigen Start in den Tag.
Essen 11/20, Trinken 6/10, Service 6/10, Ambiente 7/10, Wohl fühlen 7,5/10
Wertung: 37,5 von 60 Punkten (→)
Glockenbach, Holzstr. 18, ☎ 23 231 871, Mo-Fr 8-22h, Sa-So 9-20h, 130, 200 außen, EC, MC, VI, Kosten: M, MVG: U 1/2/3/6, T 16/17/18/27, Bus 62 Sendlinger Tor

★ Tagträumer
Sympathisches, eher ruhiges Tagescafé mit italienischer Küche (Pasta, Focaccia, Tramezzini). Auch gut zum Frühstücken (am Wochenende mit größerer Auswahl).
Essen 11,5/20, Trinken 6/10, Service 7/10, Ambiente 8/10, Wohl fühlen 8/10
Wertung: 40,5 von 60 Punkten (→)
Isarvorstadt, Dreimühlenstr. 17, ☎ 76 775 751, Mo-Fr 8-19.30h, Sa 10-19h, 150, 50 außen, EC, MC, VI, AM, DI, Kosten: M, MVG: Bus 62 Ehrengutstraße

★ The Victorian House
Seit Jahren pflegt das Victorian House die Englische Tee- und Kaffeekultur. Mit Erfolg, wie man an den oft vollbesetzten, ein wenig eng gestellten Tischen sehen kann. Das englische Ambiente gefällt. Gute Frühstückskarte.
Essen 12/20, Trinken 7/10, Service 6/10, Ambiente 7/10, Wohl fühlen 6,5/10
Wertung: 38,5 von 60 Punkten (→)
Zentrum, Frauenstr.14, ☎ 25 546 947, Mo-Sa 9.30-18h, So 9.30-17h, 50, 24 außen, Kosten: M, MVG: S 3/4/6/8, U 3/6 Marienplatz

★ The Victorian House 2
British-royales Flair, sowie sämtliche Highlights und Absonderlichkeiten der Inselküche. Porridge mit Whiskey, viele Toastspezialitäten, Bitterorangenmarmelade und natürlich Tee! Kein Wunder, dass es mittlerweile in München ganze fünf Victorian House-Filialen gibt.
Essen 12/20, Trinken 7/10, Service 6/10, Ambiente 7/10, Wohl fühlen 7/10
Wertung: 39 von 60 Punkten (→)
Neuhausen, Ysenburgstr. 13, ☎ 18 975 520, Mo-Sa 9.30-1h, So 9.30-19h, Kosten: M, MVG: U 1, T 12, Bus 132/133 Rotkreuzplatz

★ Theresa
Am Wochenende wird im Theresa von 10-16 Uhr à la carte gebruncht.
Essen 15/20, Trinken 6,5/10, Service 7/10, Ambiente 7,5/10, Wohl fühlen 7/10
Wertung: 43 von 60 Punkten (→)
Maxvorstadt, Theresienstr. 29, ☎ 28 803 301, Mo-Fr 11-15h, 18-1h, Sa 12-1h, So 10-1h, 40, EC, Kosten: H, MVG: U 3/6 Universität, T 27 Pinakotheken

★ Tresznjewski
Frühstück in allerlei Varianten ab 8 Uhr. Das Münchner Frühstück mit einem kleinen Weißbier und drei Weißwürsten kostet 9,50 Euro. Mit Pancakes, Roastbeef und French Toast lässt es sich hier ebenfalls in den Tag starten.
Essen 11/20, Trinken 9/10, Service 6/10, Ambiente 6/10, Wohl fühlen 7/10
Wertung: 39 von 60 Punkten (→)
Maxvorstadt, Theresienstr. 72, ☎ 282 349, So-Do 8-24h, Fr/Sa 8-2h, 500, 150 außen, EC, MC, VI, AM, Kosten: M, MVG: U 3/6 Universität, T 27 Pinakotheken

Vorstadt Café
Frühstück ab 9 Euro. Große Auswahl: Vom Croissant mit Nutella bis zum Trüffelrührei ist alles dabei.
Essen 11/20, Trinken 7/10, Service 7/10, Ambiente 6,5/10, Wohl fühlen 6/10
Wertung: 37,5 von 60 Punkten (→)
Maxvorstadt, Türkenstr. 83, ☎ 2 720 699, So-Do 8-1h, Fr/Sa 8-2h, Kosten: M, MVG: U 3/6 Universität, T 27/28 Schellingstraße

★ Wirtshaus in der Au
Frühstück am Wochenende von 10 bis 15 Uhr. Hier bekommt man von der Weißwurst bis zum Schokomuffin alles, was Herz und Magen in der Früh begehren. Klasse!
Essen 12,5/20, Trinken 6,5/10, Service 7,5/10, Ambiente 7/10, Wohl fühlen 8/10
Wertung: 41,5 von 60 Punkten (→)
Giesing-Au, Lilienstr. 51, ☎ 4 481 400, Mo-Fr 17-24h, Sa-So 10-24h, 45, 20 außen, Kosten: M, MVG: Bus 52 Schweigerstraße

Woerner's
Terrasse auf dem Marienplatz, gute Auswahl an Kuchen und anderen Schlemmereien. Frühstück in klassischer Auswahl bis 12 Uhr. An den Wochenenden ganztags.
Essen 11,5/20, Trinken 6,5/10, Service 6,5/10, Ambiente 6,5/10, Wohl fühlen 6,5/10
Wertung: 37,5 von 60 Punkten (→)
Zentrum, Marienplatz 1, ☎ 222 766, Mo-Fr 8-20.30h, Sa 8-20.30h, So 9-19h, 60, 60 außen, EC, MC, VI, Kosten: M, MVG: S 3/4/6/8, U 3/6 Marienplatz

Eis

Hier finden Sie Eismanufakturen mit besonders gutem und/oder besonders ausgefallenem Angebot

★ Ballabeni (Werkstatt)
DIE Eismanufaktur in München. Hier gibt es nicht nur konsequent ausgefallene Eis- und Sorbet-Sorten wie das Millefoglie mit Blätterteig und Zabaione, sondern auch Kurse, in denen man in die Kunst der Eisproduktion eingeweiht wird.
Essen 13/20, Trinken 6/10, Service 6/10, Ambiente 7/10, Wohl fühlen 8/10
Wertung: 40 von 60 Punkten (→)
▶ Neuhausen, Seidlstr. 28, ☎ 90 544 186, Mo-So 11.30-20h, Kosten: M, MVG: U 1 Stiglmaierplatz

★ Bartu
Die Zutaten von Schoko-, Vanille- oder Nusseis sind bio und garantieren intensive Geschmackserlebnisse. Im Winter verwandelt sich die Gelateria in eine Pizzeria, die ebenfalls voll und ganz auf bio setzt. Schön.
Essen 12/20, Trinken 6,5/10, Service 6/10, Ambiente 6,5/10, Wohl fühlen 7/10
Wertung: 38 von 60 Punkten (→)
▶ Schwabing, Willhelmstr. 23, ☎ 38 476 040, tgl. 11-21h, Kosten: M, MVG: U 3/6, T 23, Bus 53/59/142 Münchner Freiheit

Icedate
Vegane Bio-Eismanufaktur. Der Trick: Eis aus Cashew-Milch und echten Früchten. Das Ergebnis: 1a.
Essen 12/20, Trinken 5/10, Service 7/10, Ambiente 6/10, Wohl fühlen 7/10
Wertung: 37 von 60 Punkten (→)
▶ Schwabing, Amalienstr. 95, ☎ 41 220 555, tgl. 11-23h, Kosten: M, MVG: U 3/6 Universität

True and 12
Kleine, aber besondere Auswahl. Unbedingt das japanische Grünteeeis probieren! Das Ambiente des winzigen Eiscafés lädt nicht unbedingt zum Verweilen ein. Tipp: Hinter der Kirche gegenüber dem Gasteig gibt es Bänke im Grünen (ca. 50 Meter zu laufen).
Essen 13/20, Trinken 5/10, Service 5/10, Ambiente 5/10, Wohl fühlen 8/10
Wertung: 36 von 60 Punkten (→)
▶ Haidhausen, Rosenheimer Str. 14, ☎ 0172-6761205, tgl. ab 12h, Kosten: M, MVG: S 3/4/6/8, T 15/25 Rosenheimer Platz

Augustiner Keller Neuhausen

Biergärten

Hier finden Sie alle Gastro-Empfehlungen für Münchens beste Biergärten.

★ Augustiner Keller
Münchens schönster Biergarten? Münchens schönster Biergarten! Mitten in der Stadt. Immer was los. Übers Essen kann man mal granteln, mal zufrieden sein. Das Bier aber ist immer lecker. So muss es sein.
Essen 6,5/10, Ambiente 10/10, Wohl fühlen 9/10,
Wertung: 25,5 von 30 Punkten (→)
▶ Neuhausen, Arnulfstr. 52, ☎ 594 393, tgl. 10-1h, Kosten: M, MVG: S 3/4/6/8 Hackerbrücke, T 16/17 Hopfenstraße

Aumeister
Der Biergarten im Münchner Norden ist alteingesessen und zünftig. Wer keine Brotzeit dabei hat, kann sich mit Obazd'm, Spareribs oder Leberkäs vom Essens-Standl stärken. Richtig gut!
Essen 8/10, Ambiente 6/10, Wohl fühlen 6/10,
Wertung: 20 von 30 Punkten (→)
▶ Freimann, Sondermeierstr. 1, ☎ 18 931 420, tgl. 11-23h, Kosten: M, MVG: U 6 Freimann

Chinesischer Turm
Der Biergarten am Chinesischen Turm ist ein Unikum. Hier gibt es viele Studenten, viele Touristen und viele Spazier- und Müßiggänger. Am Wochenende (und bei schönem Wetter auch unterhalb der Woche ab Mittwoch) sorgt eine Blaskapelle für Stimmung. Für Kinder gibt es viel Platz zum Spielen.
Essen 4,5/10, Ambiente 7/10, Wohl fühlen 7,5/10,
Wertung: 19 von 30 Punkten (→)
▶ Schwabing, Englischer Garten 3, ☎ 38 387 320, tgl. ab 10h, ⑁ 90, 120 außen, EC, MC, VI, Kosten: M, MVG: T 17 Tivolistraße, Bus 54/154 Chinesischer Turm

★ Forsthaus Kasten
Zünftiger Biergarten bei Gauting, in dem es nicht nur 0815-Biergartenkost gibt, sondern auch eine schöne Auswahl an vegetarischen Gerichten wie die Gemüsepfanne. Ein Tipp sind die Spareribs und der Steckerlfisch. Richtig lecker. So wie das selbstgebackene Holzofenbrot. Am Wochenende meist Musik und Unterhaltung. Statt nur Bier kann man auch leckere Schorlen aus hausgemachten Sirupen probieren.
Essen 8/10, Ambiente 8/10, Wohl fühlen 8/10,
Wertung: 24 von 30 Punkten (→)
▶ Gauting, Forstenrieder Park, ☎ 8 500 360, Mi-So 11-23h, ⑁ 100, außen, EC, Kosten: M, MVG: S 6 Stockdorf

Franziskanergarten
In etwas zentralerer Lage würde dieser Biergarten sicher mehr von sich reden machen. So ist er eine schöne Biergarten-Überraschung für all jene, die sich in den Münchner Osten verirrt haben.
Essen 6,5/10, Ambiente 5/10, Wohl fühlen 5,5/10,
Wertung: 17 von 30 Punkten (→)
▶ Trudering, Friedenspromenade 45, ☎ 4 300 996, tgl. 10-24h, Kosten: M, MVG: Bus 192/195 Vogesenstr.

Der Experten-Tipp von Carlo Rieder

Hirschgarten

„Wenn ich im Hirschgarten bin, nehme ich fast immer die Ente. Die ist hier ein Gedicht."

Gasthof Hinterbrühl
Biergarten und Wirtshaus sind gediegen. Die robusten Holzbänke auf dem Kies sind mal was anderes als die klassischen Biergarten-Garnituren. Die Lage in den Isarauen ist idyllisch. Einen kleinen Spielplatz gibt es auch.
Essen 5/10, Ambiente 8/10, Wohl fühlen 5/10,
Wertung: 18 von 30 Punkten (→)
▶ Thalkirchen, Hinterbrühl 2, ☎ 794 494, tgl. 10-24h, Kosten: M, MVG: S 7 Siemenswerke, Bus 63 Siemensallee

Gutshof Menterschwaige
Großer Biergarten mit klassischem Angebot. Richtig gut sind die neuen Spezialitäten aus dem Smoker. Wer Süßes mag, schaut am Crêpes-Stand vorbei. Zwei Spielplätze. Einer für große und einer für kleine Kinder.
Essen 7/10, Ambiente 7/10, Wohl fühlen 5/10,
Wertung: 19 von 30 Punkten (→)
▶ Harlaching, Menterschwaigstr. 4, ☎ 640 732, tgl. 11-24h, Kosten: H, MVG: T 25 Menterschwaige

Hirschau
Kleiner Biergarten mit umfangreichem Musikprogramm (Jazz und Swing). Saisonbiere!
Essen 5/10, Ambiente 6,5/10, Wohl fühlen 6/10,
Wertung: 17,5 von 30 Punkten (→)
▶ Schwabing, Gyßlingstr. 15, ☎ 36 090 490, tgl. 11.30-23h, Plätze 90, 110 außen, Kosten: M, MVG: U 6 Dietlindenstraße, Bus 44 Osterwaldstraße

Hirschgarten
In Münchens größtem Biergarten gibt es tatsächlich Rotwild, das man sich anschauen kann. Das macht natürlich vor allem den Kindern Spaß. Ebenso, wie sich mit der Soße zu den leckeren Spareribs voll zu kleckern. Die Eltern trösten sich mit einer frisch gezapften Augustiner-Maß. Stimmungsvoll!
Essen 5,5/10, Ambiente 8/10, Wohl fühlen 8/10,
Wertung: 21,5 von 30 Punkten (→)
▶ Neuhausen, Hirschgarten 1, ☎ 17 999 119, tgl. 10-24h , Kosten: M, MVG: T 16/17 Kriemhildenstraße, Bus 51/151 Hirschgartenallee

Hofbräukeller
Der Biergarten ist in Haidhausen beliebt. Hier vermischen sich Franzosen, Italiener, Deutsche und Amerikaner wie selbstverständlich und pflegen bayerisches Brauchtum.
Essen 5/10, Ambiente 7/10, Wohl fühlen 9/10,
Wertung: 21 von 30 Punkten (→)
▶ Haidhausen, Innere Wiener Str. 19, ☎ 4 599 250, tgl. 10-24h, Plätze 130, 60 außen, Karten EC, Kosten: M, MVG: U 4/5, T 15/18/19/25 Max-Weber-Platz

Hopfengarten
Im Hopfengarten im Westpark geht's eher ruhiger zur Sache. Man sitzt gemütlich unter den großen Kastanien. Immer mal wieder gibt es Live-Musik verschiedener Stilrichtungen (Rock, Pop, Volksmusik). Einfach schöööön!
Essen 6,5/10, Ambiente 6,5/10, Wohl fühlen 6/10,
Wertung: 19 von 30 Punkten (→)
▶ Sendling, Siegenburgstr. 43, ☎ 7 608 846, tgl. 10-23h, Plätze 150, 120 außen, Kosten: M, MVG: U 4/5 Heimeranplatz

Kugler Alm
Nach der großen Renovierung ist die Kugler-Alm wieder ein beliebtes Ausflugsziel für die ganze Familie. Während die kleinen sich auf dem neuen „Baustellenspielplatz" austoben, genießen die Eltern die Leckereien von der neuen Schmankerlgasse. Ein Muss: die Auszognen - riesig und lecker. Manchmal gibt es Ochs vom Spieß und Live-Musik.
Essen 8/10, Ambiente 7/10, Wohl fühlen 7/10,
Wertung: 22 von 30 Punkten (→)
▶ Oberhaching, Linienstr. 93, ☎ 6 139 010, Mi-Fr ab 11h, Sa-So ab 10h, Plätze 60, Karten EC, MC, VI, AM, DI, Kosten: M, MVG: S 3 Furth

Löwenbräukeller
Im Biergarten gibt's Löwenbräu und Franziskaner. Klassische Karte mit Wurstsalat, Hend'l und Apfelstrudel.
Essen 5/10, Ambiente 6/10, Wohl fühlen 6/10,
Wertung: 17 von 30 Punkten (→)
▶ Maxvorstadt, Nymphenburger Str. 2, ☎ 54 726 690, tgl. 10-24h, Plätze 3000, 500 außen, Karten MC, VI, AM, Kosten: M, MVG: U 1, T 20/21 Stiglmaierplatz

Michaeligarten
Netter Biergarten am See. Gute Küche, ein großer Spielplatz – Was will man mehr?
Essen 6/10, Ambiente 7/10, Wohl fühlen 6/10,
Wertung: 19 von 30 Punkten (→)
▶ Ramersdorf-Perlach, Feichtstr. 10, ☎ 43 552 424, Mo-Fr ab 11h, Sa-So ab 10h, Kosten: M, MVG: U 5, Bus 195/199 Michaelibad

★ Park Café
Kleiner Biergarten in der Innenstadt mit klassischen Schmankerln.
Essen 6/10, Ambiente 7/10, Wohl fühlen 10/10,
Wertung: 23 von 30 Punkten (→)
▶ Zentrum, Sophienstr. 7, ☎ 51 617 980, Mo-Do 11-1h, Fr 11-2h, Sa 10-2h, So 10-24h, Plätze 24, 30 außen, Karten EC, Kosten: M, MVG: S 3/4/6/8, U 4/5, T 16-21/27/28 Karlsplatz (Stachus)

Paulaner am Nockherberg
Biergartenriese, der zur Einkehr nach einem Isarspaziergang einlädt.
Essen 8/10, Ambiente 6/10, Wohl fühlen 5/10,
Wertung: 19 von 30 Punkten (→)
▶ Giesing-Au, Hochstr. 77, ☎ 4 599 130, tgl. 10-1h, Plätze 60, 60 außen, Karten EC, Kosten: M, MVG: T 15/25/27 St.-Martin-Straße

Waldwirtschaft Großhesselohe

Rosengarten
Im Westpark gelegen ist dieser schnuckelige Biergarten vor allem was für Romantiker. Immer wieder stimmungsvolle Events (Beim großen Sommerfest gibt's sogar Feuerwerk!).
Essen 5/10, Ambiente 6,5/10, Wohl fühlen 7,5/10,
Wertung: 19 von 30 Punkten (→)
▶ Westend, Westendstr. 305, ☎ 57 869 300, tgl. 10-1h, Kosten: M, MVG: T 18 Stegerner Weg, BUS 41 Ammerseestraße

Sankt Emmeramsmühle
Idyllischer Biergartenklassiker im Grünen.
Essen 7,5/10, Ambiente 8/10, Wohl fühlen 5/10,
Wertung: 20,5 von 30 Punkten (→)
▶ Oberföhring, St. Emmeram 41, ☎ 953 971, Mo-Sa 11-1h, So 10-1h, 40, 80 außen, EC, MC, VI, AM, Kosten: H, MVG: T 16/18 St. Emmeram

★ Seehaus
Hohe Sonnenbrillen-Dichte. Um die Plätze am Wasser wird mit allen (auch unlauteren!) Mitteln gefochten. Dort eine Mass zu trinken, ist zu schön, um wahr zu sein.
Essen 6/10, Ambiente 8/10, Wohl fühlen 9/10,
Wertung: 23 von 30 Punkten (→)
▶ Schwabing, Kleinhesselohe 3, ☎ 3 816 130, tgl. 10-1h, Kosten: H, MVG: U 3/6, T 23, BUS 53/59/142 Münchner Freiheit

★ Taxisgarten
Auch bei jungen Leuten beliebter Biergarten in Neuhausen mit sehr guter Küche. Unbedingt die Spareribs probieren. Sonnen- und Schattenplätze wechseln sich hier schön ab.
Essen 8/10, Ambiente 8/10, Wohl fühlen 7/10,
Wertung: 23 von 30 Punkten (→)
▶ Neuhausen, Taxisstr. 12, ☎ 156 827, tgl. ab 11h, Kosten: M, MVG: U 1 Gern

★ Viktualienmarkt
Manchmal hat man den Eindruck, dass der Viktualienmarkt mit Biergarten nichts anderes als eine Liebeserklärung ist, die die Münchner an jedem Tag, an dem die Sonne scheint, ihrer schönen Stadt machen möchten. Wechselnder Bierausschank.
Essen 7/10, Ambiente 10/10, Wohl fühlen 7/10,
Wertung: 24 von 30 Punkten (→)
▶ Zentrum, Viktualienmarkt 6, ☎ 297 545, Mo-Sa 9-22h, 120, 100 außen, EC, MC, VI, AM, DI, Kosten: M, MVG: S 3/4/6/8, U 3/6 Marienplatz

Waldheim
Idyllischer Biergarten in Großhadern mit einer frischen, abwechslungsreichen Küche (z.B. Kalbshaxe, Burger oder Ochse am Grill). Vor allem die Spareribs und immer sonntags das Spanferkel muss man probiert haben. Außerdem tolle Eventlocation für Hochzeiten und andere Familienfeste.
Essen 8/10, Ambiente 7,5/10, Wohl fühlen 6/10,
Wertung: 21,5 von 30 Punkten (→)
▶ Großhadern, Waldheim 1, ☎ 716 065, tgl. 10.30-22.30h, 160, EC, MC, VI, AM, Kosten: M, MVG: BUS 56 Zöllerstraße

★ Waldwirtschaft
Beim Jazzbiergarten in der WaWi herrscht immer Stimmung. Man lässt es sich bei Kässpatz'n, Schweinsbraten und Blaubeerparfait gut gehen. Vor allem die Plätze direkt am Abgrund sind beliebt.
Essen 6/10, Ambiente 9/10, Wohl fühlen 9/10,
Wertung: 24 von 30 Punkten (→)
▶ Großhesselohe, Georg-Kalb-Str. 3, ☎ 74 994 030, tgl. 10-22.30h, Kosten: M, MVG: S 7 Großhesselohe

Zum Flaucher
Gemütlicher Biergarten, der vor allem von seiner perfekten Lage in den Isarauen profitiert. Auf den Wiesen drum herum wird gern gesportelt. An Wochenenden ganztags Hochbetrieb.
Essen 7/10, Ambiente 7/10, Wohl fühlen 6/10,
Wertung: 20 von 30 Punkten (→)
▶ Sendling, Isarauen 8, ☎ 7 232 677, tgl. 11.30-21h, Kosten: M, MVG: U 3 Brudermühlstraße, BUS 45 Schäftlarnstraße

Mietlocations

Hier finden Sie Empfehlungen für Restaurants, Bars und Clubs, die Sie mieten können.

bis 50 Personen

Alter Wirt Moosach Stüberl
20-26 Stüberl
Preis: 350 € Mindestumsatz (Menü oder à la carte) bei exklusiver Nutzung
☎ 140 72 76
▸ Moosach, Dachauerstr. 274

Alter Wirt Moosach Gartenhaus
30-45 Personen
Preis: 1.100 Euro Mindestumsatz (Menü oder Büfett) bei exklusiver Nutzung
☎ 140 72 76
▸ Moosach, Dachauerstr. 274

Alter Wirt Moosach Almhütte
(nur Nov–Jan)
50-70 Personen
Preis: 750 Euro Miete bei exklusiver Nutzung
☎ 140 72 76
▸ Moosach, Dachauerstr. 274

Alter Wirt Moosach Saal
50-100 Personen
Preis: 1.300 Euro Mindestumsatz bei exklusiver Nutzung
☎ 140 72 76
▸ Moosach, Dachauerstr. 274

Alter Wirt Moosach Sommeralm
(nur bei schönem Wetter)
50-70 Personen
Preis: 1.100 Euro Mindestumsatz bei exklusiver Nutzung
☎ 140 72 76
▸ Moosach, Dachauerstr. 274

Bar del Osteria
12 bis 50 Personen,
Preis: 1.000 € - 1.500 €
AP: Peter Horvat,
☎ 286 736 70
▸ Schwabing, Schellingstr. 60

Cosmogrill
30 bis 45 Personen,
Preis: 400 € - 3.600 €
AP: Christoph Kiening,
☎ 890 596 96
▸ Zentrum, Maximilianstr. 10

Griabig
ab 10 Personen,
3 Räume
▸ Zentrum, Bräuhausstr. 8

Lotus Lounge
▸ bis 42 Personen,
Preis: 1.200 € - 1.800 €,
AP: Ralf Plitt,
☎ 0176 100 556 30
▸ Glockenbach, Hans-Sachs-Str. 10

TimBallo
30 bis 50 Personen,
Preis: 600 € - 3.000 €,
AP: Stephan Tesch,
☎ 0157 725 213 54
▸ Maxvorstadt, Gabelsbergerstr. 9

Vegelangelo
1 bis 28 Personen,
Preis: 500 € - 1.000 €,
AP: Iris Stegmayr,
☎ 288 068 36
▸ Lehel, Thomas-Wimmer-Ring 16

bis 100 Personen

Aroma Kaffeebar
▸ bis 70 Personen,
Preis: 290 € - 490 €,
AP: Jürgen Altmann,
☎ 269 492 49
▸ Glockenbach, Pestalozzistr. 24

Café Glück
▸ bis 70 Personen,
Preis: 500 € - 1.000 €
AP: Sophie Laabs,
☎ 201 16 73
▸ Glockenbach, Palmstr. 4

Café Vorhoelzer
▸ bis 100 Personen,
AP: Sophie von Blücher/Konstantin Irnsperger,
info@vorhoelzer.com
▸ Maxvorstadt, Arcisstr. 21, 5.OG

Conti Restaurant
40 bis 100 Personen,
Preis: ab 2.000 €
AP: Birgit Thelen, Andrea Schelhorn,
☎ 551 785 46
▸ Maxvorstadt, Max-Joseph-Str. 5

Heimspiel
bis 60 Personen,
Dinner/Büfett/Party, Kochevents.
Preis: je nach Veranstaltungsdatum
AP: Stephanie und Luca Gültas,
☎ 14 33 02 30
▸ Ludwigvorstadt, Ehrengutstr. 14

Le Barestovino
10 bis 60 Personen,
Preis: 500 € - 3.000 €,
AP: Joel Bousquet,
☎ 237 083 55
▸ Lehel, Thierschstr. 35

Man Fat
50 bis 100 Personen,
Preis: 38 € - 80 €,
AP: Hr. Yeung,
☎ 272 09 62
▸ Schwabing, Barer Str. 53

Mayers
40 bis 80 Personen,
Preis: ab 1.500 €,
AP: Manuel Mayer,
☎ 0163 502 48 29
▸ Westend, Gollierstr. 39

Medici
40 bis 70 Personen,
Preis: ab 1.500 €,
AP: Franco,
☎ 123 87 66
▸ Neuhausen, Nymphenburgerstr. 70

Miss Lilly's
Außenterrasse, Lounge mit Kamin
40 – 100 Personen
Preis: je nach Veranstaltungsdatum
AP: Stefanie Gültas
☎ 143 30 290
▸ Giesing-Au, Oefelestr. 12

Nabucco
40 bis 60 Personen,
Preis: ab 25 €,
AP: Herr Ballarin,
☎ 300 022 33
▸ Schwabing, Erich-Kästner-Str. 21

Pomp
30 bis 60 Personen,
Preis: ab 1.000 €,
AP: Wolfgang Unterer,
☎ 0177 239 45 06
▸ Schwabing, Georgenstr. 50

Rockbox
50 bis 80 Personen,
Preis: 500 € - 1.800 €,
AP: Sabine Wunderlich,
☎ 0176 648 252 27 1
▸ Zentrum, Tal 15

Savanna Munich
1-80 Personen
Preis: auf Anfrage
AP: Carina Ambach-Cronje
☎ 53 90 63 63
▸ Isarvorstadt, Maistr. 63

Seerose
20 bis 100 Personen,
Preis: 3.500 € - 5.500 €
AP: Florian und Stephanie Thatenhorst, ☎ 461 331 421
▸ Schwabing, Feilitzschstr. 32

Weichandhof
8 bis 60 Personen,
Preis: 95 € - 495 €,
AP: Fam. Hiebl, ☎ 891 16 00
▸ Pasing-Obermenzing, Betzenweg 81

Wirtshaus zur Marienburg
20 bis 70 Personen,
Preis: 350 € - 2.200 €,
AP: Andreas Ertl,
☎ 939 322 39
▸ Denning, Hohensalzaer Str. 1

Wuid
Außenterrasse, Kicker
70 bis 120 Personen
Preis: je nach Veranstaltungsdatum
AP: Luca Gültas
☎ 143 30 290
▸ Giesing-Au, Humboldtstr. 20

bis 200 Personen

Beach 38
50 bis 200 Personen,
Preis: 500 € - 7.500 €,
AP: Sarah Becker, ☎ 638 995 113
▸ Haidhausen, Friedenstr. 22c

Beim Sedlmayr
50 bis 130 Personen,
Preis: 30 € - 50 €,
AP: Rudi Färber, ☎ 22 62 19
▸ Zentrum, Westenriederstr. 14

Catwalk
20 bis 150 Personen,
Preis: ab 2.500 €,
AP: Michael Baumann,
☎ 98 58 81
▸ Bogenhausen, Mauerkircherstr. 2

Garbo
20 bis 120 Personen,
Preis: 1.500 € - 4.500 €
AP: Andre Bahlo,
☎ 34 93 59
▸ Schwabing, Kaiserstr. 67

Kongressbar
50-120 Personen
Preis: auf Anfrage
AP: Herr Kustre, Frau Benedikt, Herr König
☎ 452 117 00
▸ Schwanthalerhöhe, Theresienhöhe 15

Restaurant Bar LEHEL
50-150 Personen
Preis: auf Anfrage
AP: Malte Wiedemeyer,
☎ 211 117 60
▸ Lehel, Karl Scharnagl Ring 6-8

Wirtshaus zur Brez'n
30 bis 200 Personen,
Preis: ab 600 €,
AP: info@zurbrezn.de,
☎ 39 00 92
▸ Schwabing, Leopoldstr. 72

Zum Straubinger
25 bis 120 Personen,
Preis: 600 € - 6.000 €
AP: Frau Alt,
☎ 232 38 30
▸ Zentrum, Blumenstr. 5

mehr als 200 Personen

Anna Restaurant
100 bis 250 Personen,
Preis: 7.000 € - 12.000 €,
AP: Markus Götz,
☎ 599 942 22
▸ Zentrum, Schützenstr. 1

Paulaner Bräuhaus
20 bis 400 Personen,
Preis: 150 € - 14.000 €
AP: Frau Vogel, Herr Rehklau jun.,
☎ 544 61 10
▸ Isarvorstadt, Kapuzinerpl. 5

Tassilogarten
100 bis 250 Personen,
Preis: ab 2.500 €
AP: Michael Greim,
☎ 448 00 22
▸ Haidhausen, Auerfeldstr. 18

Waldheim
bis 280+ Personen,
Preis: ab 200 €
AP: Tony Eckl,
☎ 71 60 65
▸ Großhadern, Waldheim 1

Wirtshaus am Bavariapark
30-300 Personen
Preis: auf Anfrage
AP: Herr Kustre, Frau Benedikt, Herr König
☎ 45 21 16 91
▸ Schwanthalerhöhe, Theresienhöhe 15

Zentrum GastroStars®

Hier finden Sie Restaurants, Bars, Clubs und Biergärten in der Münchner Altstadt, die mit einem GastroStar® prämiert wurden. Die Lokale sind nach Küchen sortiert und im Stadtplan verzeichnet.

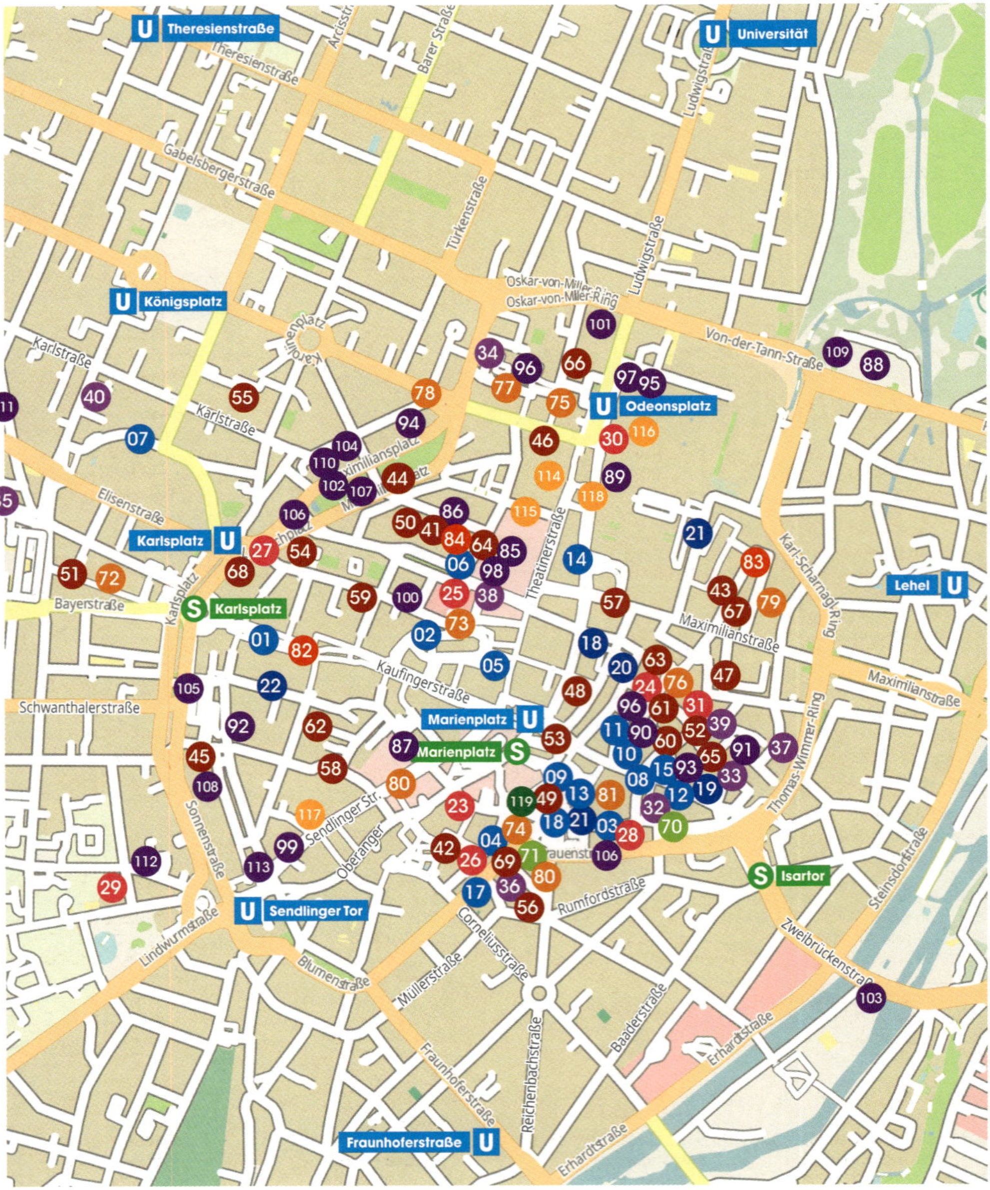

Bayerisch

1 ★ Augustiner Großgaststätten
Neuhauser Str. 27, 📞 23 183 257
2 ★ Augustiner Klosterwirt
Augustinerstr. 1, 📞 55 054 466
3 ★ Beim Sedlmayr
Westenriederstr. 14, 📞 226 219
4 ★ Der Pschorr
Viktualienmarkt 15, 📞 442 383 940
5 ★ Donisl
Weinstr. 1, 📞 2 429 390
6 ★ Palais Keller
Promenadeplatz 2-6, 📞 2 120 990
7 ★ Park Café
Sophienstr. 7, 📞 51 617 980
8 ★ Paulaner im Tal
Tal 12, 📞 2 199 400
9 ★ Restaurant Laurin
Heiliggeiststr. 6, 📞 21 994 870
10 ★ Schneider Bräuhaus
Tal 7, 📞 2 901 380
11 ★ Schuhbecks Südtiroler Stuben Platzl 6-8, 📞 2 166 900
12 ★ Tegernseer Tal
Tal 8, 📞 222 626
13 ★ Zum alten Markt
Dreifaltigkeitsplatz 3, 📞 299 995
14 ★ Zum Franziskaner
Residenzstr. 9, 📞 2 318 120
15 ★ Zum Stiftl NEU!
Tal 15, 📞 23 886 522
16 ★ Zum Straubinger
Blumenstr. 5, 📞 2 323 830
17 ★ Zwickl
Dreifaltigkeitsplatz 2, 📞 46 228 833

Bürgerlich

18 ★ Alter Hof
Alter Hof 3, 📞 24 243 733
19 ★ Schapeau
Tal 41, 📞 24 234 400
20 ★ Spatenhaus
Residenzstr. 12, 📞 2 907 060
21 ★ Steirer am Markt
Dreifaltigkeitspl.4, 📞 255 491 510
22 ★ Weinhaus Neuner
Herzogspitalstr. 8, 📞 2 603 954

Italienisch

23 ★ Baricentro
Sebastiansplatz 5, 📞 23 259 980
24 ★ Fedora
Ledererstr. 3, 📞 45 209 833
25 ★ H'ugo's
Promenadeplatz 1-3, 📞 221 270
26 ★ La Trattoria
Viktualienmarkt 15, 📞 0151-66236585
27 ★ L'Osteria Künstlerhaus
Lenbachplatz 8, 📞 99 019 810
28 ★ Master's Home
Frauenstr. 11, 📞 229 909
29 ★ Spago NEU!
Pettenkoferstr. 1, 📞 4 489 205
30 ★ Tambosi NEU!
Odeonsplatz 18, 📞 90 183 076
31 ★ Vino e Gusto
Herrnstr. 52, 📞 210 288 388

Französisch

32 ★ L'Atelier Art & Vin
Westenriederstr. 43, 📞 21 266 782
33 ★ Buffet Kull
Marienstr. 4, 📞 221 509
34 ★ Café Dominique NEU!
Briennerstr. 12a, 📞 51 110 055
35 ★ Délice La Brasserie
Bayerstr. 12, 📞 599 482 962
36 ★ Grüne Gans
Am Einlass 4, 📞 266 228
37 ★ Le Stollberg
Stollbergstr. 2, 📞 24 243 450
38 ★ Les Deux
Maffeistr. 3a, 📞 710 407 373
39 ★ Schubecks Fine Dining
NEU! Pfisterstr. 9, 📞 2 166 900
40 ★ Sophia's
Sophienstr. 28, 📞5 445 551 200

International

41 ★ Atelier
Promenadeplatz 2-6, 📞 2 120 743
42 ★ Blauer Bock
Sebastiansplatz 9, 📞 45 222 333
43 ★ Brenner Grill
Maximilianstr. 15, 📞 4 522 880
44 ★ Burger & Lobster Bank
Prannerstr. 11, 📞15 227 272 782
45 ★ Café Cord
Sonnenstr. 19, 📞 54 540 780
46 ★ Cafe Luitpold
Brienner Str. 11, 📞 2 428 750
47 ★ Conviva
Hildegardstr. 1, 📞 23 336 977
48 ★ Dallmayr Bar & Grill NEU!
Dienerstr. 14-15, 📞 2 135 112
49 ★ El Gaucho
Frauenstr. 7-9, 📞 24 224 104
50 ★ Garden
Promenadepl. 2-6, 📞 2 120 993
51 ★ Geisel's Vinothek
Schützenstr. 11, 📞 55 137 140
52 ★ Gesellschaftsraum
Bräuhausstr. 8, 📞 55 077 793
53 ★ Glockenspiel
Marienplatz 28, 📞 264 256
54 ★ Herzog
Maxburgstr. 4, 📞 29 161 029
55 ★ Hoiz
Karlsstr. 10, 📞 28 808 809
56 ★ Kochspielhaus
Rumfordstr. 5, 📞 54 802 738
57 ★ Kuffler Grill
Hofgraben 9, 📞 24 224 840
58 ★ Landersdorfer & Innerhofer Hackenstr. 6-8, 📞 26 018 637
59 ★ Leger am Dom NEU!
Kaufinger Str. 24, 📞 21 020 530
60 ★ Little London
Tal 31, 📞 122 239 470
61 ★ Lux
Ledererstr. 13, 📞 45 207 300
62 ★ Mural NEU!
Hotterstr. 12, 📞 23 023 186
63 ★ Orlando
Platzl 4, 📞 216 690 330
64 ★ Pageou
Kardinal-Faulhaber-Str. 10, 📞 24 231 310
65 ★ Pfistermühle
Pfisterstr. 4, 📞 23 703 865
66 ★ Rocca Riviera
Wittelsbacherpl. 2, 📞 28 724 421
67 ★ Schwarzreiter
Maximilianstr. 17, 📞 21 252 125
68 ★ The Grill
Lenbachplatz 8, 📞 452 059 520
69 ★ Zum goldenen Kalb
Utzschneiderstr. 1, 📞 23 542 290

Grün

70 ★ Siggis NEU!
Westenriederstr. 37, 📞 24 292 033
71 ★ Tian
Frauenstr. 4, 📞 885 656 712

Asiatisch

72 ★ Anna Restaurant
Schützenstr. 1, 📞 599 940
73 ★ Chang
Sporerstr. 2, 📞 25 544 100
74 ★ Emiko
Viktualienmarkt 6, 📞4 111 908 111
75 ★ Koi
Wittelsbacherpl. 1, 📞 89 081 926
76 ★ Matsuhisa Munich
Neuturmstr. 1, 📞 290 981 875
77 ★ Sangeet
Brienner Str. 10, 📞 28 674 557
78 ★ The Indian Affaiirr
Maximilianspl. 9, 📞 39 298 801
79 ★ Toshi/Japatapa
Wurzerstr. 18, 📞 25 546 942
80 ★ Yum
Utzschneiderstr. 6, 📞 23 230 660
81 ★ Yuzumuk
Westenrieder Str. 8, 📞 12 739 374

Exotisch

82 ★ Nigin
Neuhauserstr. 15, 📞 24 215 300
83 ★ The Spice Bazaar
Marstallpl. 3, 📞 25 547 777
84 ★ Trader Vic's
Promenadepl. 2-6, 📞 2 120 995

Bars

85 ★ Bar Comercial
Theatinerstr. 16 (in den Fünf Höfen), 📞 2 070 066
86 ★ Blue Spa Bar
Promenadeplatz 2-6, 📞 2 120 875
87 ★ Cole & Porter
Sendlinger Str. 10 (Hofstatt), 📞 81 893 854
88 ★ Die Goldene Bar
Prinzregentenstr. 1, 📞 54 804 777
89 ★ FRANK Weinbar NEU!
Residenzstr. 12, 📞 23 237 492
90 ★ Grapes
Ledererstr. 8, 📞 242 249 504
91 ★ Havana Club
Herrnstr. 30, 📞 291 884
92 ★ Jaded Monkey
Herzog-Wilhelm-Str. 25, 📞 26 949 401
93 ★ Karree Boden & Bar
NEU! Sparkassenstr. 12, 📞 237 030
94 ★ Klementis NEU!
Maximilianspl. 9, 📞 01525-3636487
95 ★ Les Fleurs du Mal
Odeonsplatz 6-7, 📞 229 060
96 ★ Lucky Who
Briennerstr. 14, 📞 20 922 071
97 ★ Schumann's Bar
Odeonsplatz 6-7, 📞 229 060
98 ★ Schumann's Tagesbar
Maffeistr. 6, 📞 24 217 700
99 ★ Senatore NEU!
Sendliner-Tor-Platz 5, 📞 21 550 292
100 ★ Tabacco
Hartmannstr. 8, 📞 227 216
101 ★ Wabi Sabi Shibui NEU!
Ludwigstr. 11,

Clubs

102 ★ 089 Bar
Maximilianspl. 5, 📞 0175-598998
103 ★ Blitz
Museumsinsel 1,
104 ★ Call Me Drella
Maximilianspl. 5, 📞 0174-6119999
105 ★ Harry Klein
Sonnenstr. 8, 📞 40 287 400
106 ★ Heart
Lenbachpl. 2a, 📞 0160-90900224
107 ★ Lenbachs & Söhne
Maximilianspl. 18, 📞 0174-2109468
108 ★ MilchundBar
Sonnenstr. 27, 📞 4 502 880
109 ★ P1
Prinzregentenstr. 1, 📞 2 111 140
110 ★ Rote Sonne
Maximiliansplatz 5, 📞 55 263 130
111 ★ Sauna
Marsstr. 22, 📞 170-4712311

Kneipen

112 ★ Café Mozart
Pettenkoferstr. 2, 📞 594 190
113 ★ Kennedy's
Sendlinger-Tor-Platz 11, 📞 59 988 460

Cafés

114 ★ Café Arzmiller
Salvatorstr. 2, 📞 294 273
115 ★ Café Kunsthalle
Theatinerstr. 8, 📞 4 168 981
116 ★ Dallmayr Café-Bistro
Dienerstr. 14-15, 📞 2 135 110
117 ★ Patolli
Sendlinger Str. 62, 📞 89 058 312
118 ★ Stereo Café
Residenzstr. 300, 📞 189 170 100

Biergärten

119 ★ Viktualienmarkt
Viktualienmarkt 6, 📞 297 545

Nord GastroStars®

Hier finden Sie alle Restaurants, Bars, Clubs und Biergärten in Schwabing und der Maxvorstadt, die mit einem GastroStar® prämiert wurden. Die Lokale sind nach Küchen sortiert und im Stadtplan verzeichnet.

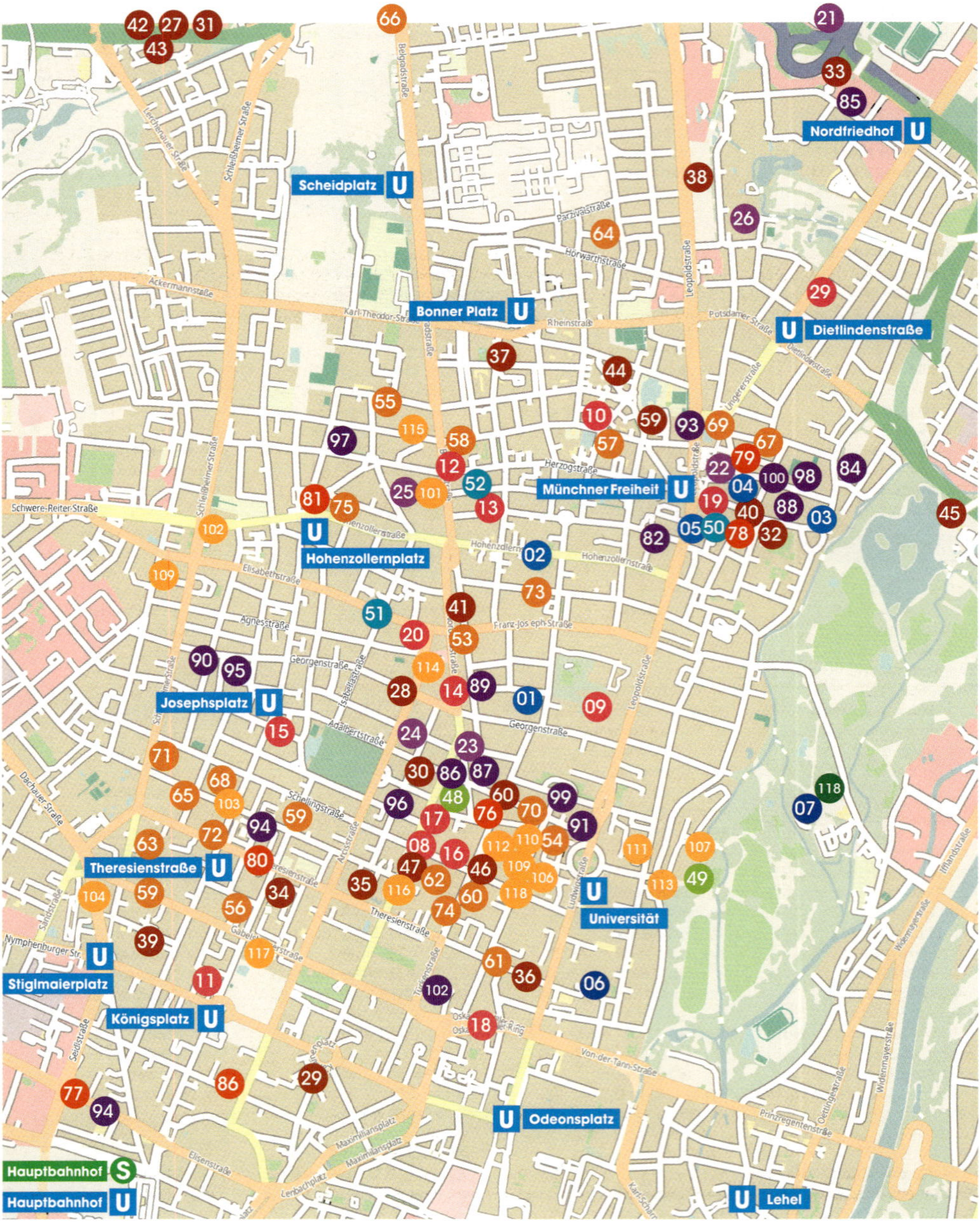

Bayerisch

1 ★ **Georgenhof**
Friedrichstr. 1, ☎ 34 077 691
2 ★ **Heimwerk**
Friedrichstr. 27, ☎ 95 474 251
3 ★ **Osterwaldgarten**
Keferstr. 12, ☎ 38 405 040
4 ★ **Waldfee**
Occamstr. 13, ☎ 84 008 310
5 ★ **Wirtshaus zur Brez'n**
Leopoldstr. 72, ☎ 390 092

Bürgerlich

6 ★ **Halali**
Schönfeldstr. 22, ☎ 285 909
7 ★ **Restaurant am Chinesischen Turm** Englischer Garten 3,

Italienisch

8 ★ **Arte in tavola**
Schellingstr. 51, ☎ 285 136
9 ★ **Bar Giornale**
Leopoldstr. 7, ☎ 332 000
10 ★ **Bibulus**
Siegfriedstr. 11, ☎ 396 447
11 ★ **Ella**
Luisenstr. 33, ☎ 70 088 177
12 ★ **Garbo**
Kaiserstr. 67, ☎ 349 359
13 ★ **Hostaria Rò E Buni**
Kaiserstr. 55, ☎ 335 380
14 ★ **Il Gattopardo**
Nordendstr. 58, ☎ 24 290 450
15 ★ **Il Mulino**
Görresstr. 1, ☎ 5 233 335
16 ★ **Lo Studente**
Schellingstr. 30, ☎ 27 375 447
17 ★ **Osteria Italiana**
Schellingstr. 62, ☎ 2 720 717
18 ★ **Perazzo**
Oskar-von-Miller-Ring 36,
☎ 28 986 090
19 ★ **Riva Restaurant**
Feilitzschstr. 4, ☎ 309 051 808
20 ★ **Salò** NEU!
Schraudolphstr. 44, ☎ 27 374 000

Französisch

21 ★ **Bonjour Munich** NEU!
Oskar-Schlemmer-Str. 3,
☎ 41 115 073
22 ★ **La Bouche**
Haimhauserstr. 8, ☎ 265 626
23 ★ **Le Cézanne**
Konradstr. 1, ☎ 391 805
24 ★ **Le Refuge**
Neureutherstr. 8, ☎ 20 061 110
25 ★ **M Belleville**
Fallmerayerstr. 16, ☎ 30 747 611
26 ★ **Tantris**
Johann-Fichte-Str. 7, ☎ 3 619 590

International

27 ★ **Bavarie Brasserie in der BMW Welt** Am Olympiapark 1,
☎ 358 991 818
28 ★ **Beef Room 61** NEU!
Arcisstr. 61, ☎ 32 199 101
29 ★ **Conti Restaurant**
Max-Joseph-Str. 5, ☎ 55 178 546
30 ★ **Die Waldmeister**
Barerstr. 74, ☎ 18 946 956
31 ★ **Esszimmer in der BMW Welt** Am Olympiapark 1,
☎ 358 991 814
32 ★ **Geisel's Werneckhof**
Werneckstr. 11, ☎ 38 879 568
33 ★ **grill 93**
Berliner Str. 93, ☎ 360 020
34 ★ **Heinrich Matters** NEU!
Luisenstr. 47, ☎ 23 796 673
35 ★ **Hunsinger**
Barer Str. 29, ☎ 24 290 204
36 ★ **Kopper**
Theresienstr. 1, ☎ 27 373 380
37 ★ **KVR - Kapitales vom Rind**
Viktoriastr. 23, ☎ 44 237 736
38 ★ **La Bohème**
Leopoldstr. 180, ☎ 23 761 792
39 ★ **Meschugge**
Brienner Str. 50, ☎ 57 877 859
40 ★ **Occam Deli**
Feilitzschstr. 15, ☎ 38 346 346
41 ★ **Panther Grill**
Franz-Joseph-Str. 45, ☎ 27 372 750
42 ★ **Restaurant 181**
Sp.-Louis-Ring 7, ☎ 30 668 585
43 ★ **Restaurant Olympiasee**
Spiridon-Louis Ring 7,
☎ 350 948 540
44 ★ **Savoy** NEU!
Bismarckstr. 21, ☎ 33 056 556
45 ★ **Seehaus**
Kleinhesselohe 3, ☎ 3 816 130
46 ★ **Sparkling Bistro** NEU!
Amalienstr. 89, ☎ 46 138 267
47 ★ **Theresa**
Theresienstr. 29, ☎ 28 803 301

Grün

48 ★ **LAX Eatery**
Neureutherstr. 1, ☎ 24 400 444
49 ★ **Milch Häusl**
Königinstr. 6, ☎ 517 297 180

Mediterran

50 ★ **Cevicheria Pez** NEU!
Occamstr. 26, ☎ 82 969 652
51 ★ **Kalypso**
Agnesstr. 8, ☎ 20 038 686
52 ★ **Ola Kalá**
Kaiserstr. 65, ☎ 20 080 842

Asiatisch

53 ★ **Anh Thu**
Kurfürstenstr. 31, ☎ 27 374 117
54 ★ **Bami House**
Türkenstr. 21, ☎ 51 110 232
55 ★ **Bonjour Vietnam**
Fallmerayerstr. 28, ☎ 28 788 978
56 ★ **Campanula** NEU!
Gabelsbergerstr. 46, ☎ 522 783
57 ★ **Cochinchina**
Kaiserstr. 28, ☎ 38 989 577
58 ★ **Dhaba**
Belgradstr. 16, ☎ 38 367 771
59 ★ **Kaito**
Gabelsbergerstr. 85, ☎ 52 059 455
60 ★ **Kun-Tuk**
Amalienstr. 81, ☎ 283 700
61 ★ **LeDu**
Theresienstr. 18, ☎ 95 898 460
62 ★ **Man Fat**
Barer Str. 53, ☎ 2 720 962
63 ★ **My Tam** NEU!
Schleißheimerstr. 5, ☎ 54 767 778
64 ★ **Peony Lounge**
Hörwarthstr.4, ☎ 30 669 891
65 ★ **Plaa Uan**
Theresienstr. 134, ☎ 51 877 846
66 ★ **Rabiang Thai**
Georgenschwaigstr. 25,
☎ 3 507 304
67 ★ **Shami**
Marktstr. 6, ☎ 20 937 595
68 ★ **Shimai** NEU!
Theresienstr. 87, ☎ 66 549 268
69 ★ **Sushibar**
Marschallstr. 2, ☎ 3 005 150
70 ★ **Sushiya Sansaro**
Amalienstr. 89, ☎ 28 808 442
71 ★ **Takumi**
Heßstr. 71, ☎ 528 599
72 ★ **Takumi Chicken & Veggie**
NEU! Gabelsbergerstr. 77
73 ★ **The Hutong Club**
Fr.-Joseph-Str. 30, ☎ 38 380 343
74 ★ **Tokami**
Theresienstr. 54, ☎ 28 986 760
75 ★ **Yum 2 Take 2**
Hohenzollernplatz 1, ☎ 32 199 106

Exotisch

76 ★ **Aloha Poke**
Türkenstr. 80, ☎ 85 634 893
77 ★ **Baalbek**
Karlstr. 27, ☎ 21 931 908
78 ★ **Blue Nile**
Siegesstr. 22a, ☎ 342 389
79 ★ **Ksara**
Haimhauserstr. 7, ☎ 33 088 299
80 ★ **Nasca**
Enhuberstr. 1, ☎ 52 310 594
81 ★ **Royal Healthy Slices** NEU!
Hohenzollernpl. 4, ☎ 23 023 702

Bars

82 ★ **Café Bangkok**
Leopoldstr. 49, ☎ 0170-7138141
83 ★ **Café Kosmos**
Dachauerstr. 7, ☎ 0175-3748756
84 ★ **Call Soul** NEU!
Biedersteiner Str. 6, ☎ 45 206 655
85 ★ **Champions Sportsbar**
Berlinerstr. 93, ☎ 36 00 20
86 ★ **Fox**
Barerstr. 47
87 ★ **Freebird**
Nordendstr. 12, ☎ 27 374 520
88 ★ **Mirror Munich** NEU!
Occamstr. 7, ☎ 38 999 636
89 ★ **Pomp**
Georgenstr. 50, ☎ 2 711 889
90 ★ **Schorsch Bar**
Georgenstr. 119, ☎ 0178-2667050
91 ★ **Sehnsucht**
Amalienstr. 26, ☎ 28 755 088

Clubs

92 ★ **Bob Beaman**
Gabelsbergerstr. 4, ☎ 0177-2547476

Kneipen

93 ★ **Effinger Stüberl** NEU!
Herzogstr. 86, ☎ 39 293 922
94 ★ **Frida**
Steinheilstr.10, ☎ 85 679 075
95 ★ **Holzkranich**
Georgenstr. 105, ☎ 12 259 071
96 ★ **Schelling-Salon**
Schellingstr. 54, ☎ 2 720 788
97 ★ **Schwabinger Wassermann**
Herzogstr. 82, ☎ 32 388 020
98 ★ **The Potting Shed**
Occamstr. 11, ☎ 34 077 284
99 ★ **Türkenhof**
Türkenstr. 78, ☎ 2 800 235
100 ★ **Vereinsheim**
Occamstr. 8, ☎ 33 088 655

Cafés

101 ★ **Arts 'n' Boards**
Belgradstr. 9, ☎ 30 658 490
102 ★ **Bellevue**
Schleißheimerstr. 142a,
☎ 12 700 433
103 ★ **Café Franca** NEU!
Hiltenspergerstr. 24, ☎ 23 027 588
104 ★ **Café Lotti**
Schleißheimer Str. 13, ☎ 61 519 197
105 ★ **Café MoKKa** NEU!
Schmellerstr. 13, ☎ 44 253 601
106 ★ **Café Puck** NEU!
Türkenstr. 33, ☎ 2 802 280
107 ★ **Café Reitschule**
Königinstr. 34, ☎ 3 888 760
109 ★ **Cotidiano am Nordbad**
NEU! Schleißheimer Str. 93,
☎ 215 436 390
110 ★ **Der Laden**
Türkenstr. 37, ☎ 18 904 247
111 ★ **Dinatale Café** NEU!
Veterinärstr. 4, ☎ 32 499 966
112 ★ **Gartensalon**
Türkenstr. 90/ ☎ 28 778 604
113 ★ **Königin 43**
Königinstr. 43, ☎ 331 262
114 ★ **Sobi Cocoa**
Georgenstr. 48, ☎ 61 513 836
115 ★ **Tante Emma** NEU!
Destouchesstr. 63, ☎ 32 988 670
116 ★ **Tresznjewski**
Theresienstr. 72, ☎ 282 349
117 ★ **Von & Zu** NEU!
Luisenstr. 22, ☎ 21 930 298

Biergärten

118 ★ **Chinesischer Turm**
Englischer Garten 3

Süd GastroStars®

Hier finden Sie alle Restaurants, Bars, Clubs und Biergärten im Glockenbachviertel, der Isarvorstadt, der Ludwigsvorstadt, der Au und Giesing, die mit einem GastroStar® prämiert wurden. Die Lokale sind nach Küchen sortiert und im Stadtplan verzeichnet.

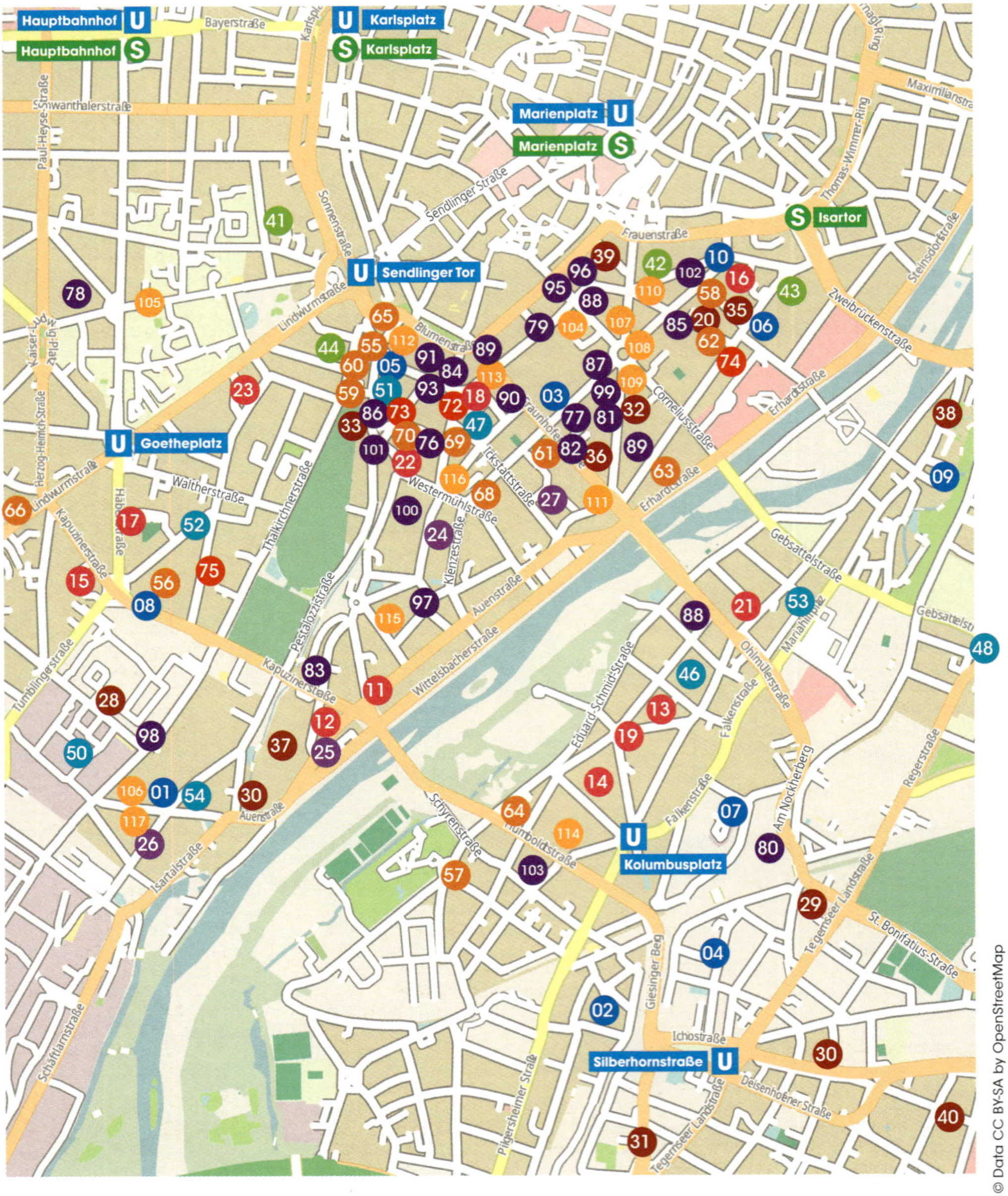

Bayerisch

1 ★ Bavarese
Ehrengutstr. 15, ☎ 52 033 437
2 ★ Fiedler & Fuchs
Voßstr. 15, ☎ 45 223 784
3 ★ Fraunhofer
Fraunhoferstr. 9, ☎ 266 460
4 ★ Gasthaus Hohenwart
Gietlstr. 15, ☎ 69 397 575
5 ★ Heimwerk Glockenbach
NEU! Müllerstr. 49, ☎ 59 918 697
6 ★ Königsquelle
Baaderplatz 2, ☎ 220 071
7 ★ Österia
Taubenstr. 2, ☎ 62 489 924
8 ★ Paulaner Bräuhaus
Kapuzinerplatz 5, ☎ 5 446 110
9 ★ Wirtshaus in der Au
Lilienstr. 51, ☎ 4 481 400
10 ★ Xaver's NEU!
Rumfordstr. 35, ☎ 0157-71490313

Italienisch

11 ★ Fugazi No. 15
Wittelsbacherstr. 15, ☎ 2 010 059
12 ★ Il Piccolo Principe
Kapuzinerstr. 48, ☎ 7 213 450
13 ★ La Fattoria
Schlotthauerstr. 16, ☎ 62 231 496
14 ★ La Sophia
Kolumbusstr. 1, ☎ 20 089 038
15 ★ Mimmo e Co.
Kapuzinerstr. 6, ☎ 76 701 545
16 ★ Nero
Rumfordstr. 34, ☎ 21 019 060
17 ★ Oliveto
Häberlstr. 9, ☎ 59 993 913
18 ★ Osteria Veneta
Utzschneiderstr. 4, ☎ 26 022 093
19 ★ Pirlo NEU!
Edlinger Platz 4, ☎ 0174-9770230
21 ★ Solo Pizza
Bereiteranger 18, ☎ 67 972 900
22 ★ The Italian Shot
Holzstr. 25, ☎ 45 214 977
23 ★ Viva Maria
Rothmundstr. 5, ☎ 535 015

Französisch

24 ★ Brasserie Colette
Klenzestr. 72, ☎ 23 020 555
25 ★ Le Berlü
Wittelsbacher Str. 16, ☎ 74 747 750
26 ★ Makassar
Dreimühlenstr. 25, ☎ 776 959
27 ★ Saint Laurent NEU!
Ickstattstr. 13, ☎ 47 084 000

International

28 ★ Atlantik Fisch
Zenettistr. 12, ☎ 74 790 610
29 ★ Das Edelweiß
Edelweißstr. 10, ☎ 64 913 780
30 ★ Der Dantler NEU!
Werinherstr. 15, ☎ 39 292 689
31 ★ Gabelspiel
Zehentbauerstr. 20, ☎ 12 253 940
32 ★ Gärtnerplatz-Alm
Corneliusstr. 16, ☎ 37 957 908
20 ★ Hausfreund
Buttermelcherstr. 17, ☎ 25 546 800
33 ★ L'Amar
Pestalozzistr. 28, ☎ 54 892 327
34 ★ Moritz
Oefelestr. 12, ☎ 55 062 195
35 ★ Noun
Buttermelcherstr. 6, ☎ 23 232 680
36 ★ Pescheria
Fraunhoferstr. 13, ☎ 24 214 027
37 ★ Shane's Restaurant
Geyerstr. 52, ☎ 74 646 820
38 ★ Showroom
Lilienstr. 6, ☎ 44 429 082
39 ★ Walter & Benjamin
Rumfordstr. 1, ☎ 26 024 174
40 ★ Zimmes und Zores
Warngauerstr. 17, ☎ 55 064 970

Grün

41 ★ Max Pett
Pettenkoferstr. 8, ☎ 55 869 119
42 ★ Mr. Nilsson NEU!
Rumfordstr. 7, ☎ 21 550 292
43 ★ Ooh Baby I Like It Raw
Rumfordstr. 39, ☎ 89 052 339
44 ★ Schnelle Liebe
Thalkirchnerstr. 12, ☎ 21 578 752

Mediterran

46 ★ Apostel's
Schweigerstr. 10, ☎ 67 972 740
47 ★ Cordo Bar
Ickstattstr. 2, ☎ 603 202
48 ★ Dilân
Gebsattelstr. 15, ☎ 15 900 097
50 ★ Fischtaverne Papazof's
Zenettistr. 11, ☎ 729 894 520
51 ★ Itxaso,
Pestalozzistr. 7, ☎ 23 708 048
52 ★ Melina Merkouri NEU!
Maistr. 26, ☎ 59 918 580
53 ★ Taverna Keko
Mariahilfstr. 24, ☎ 659 969
54 ★ Yol
Ehrengutstr. 21, ☎ 74 118 285

Asiatisch

55 ★ An Nam
Pestalozzistr. 32, ☎ 24 203 499
56 ★ AoDai
Kapuzinerstr. 25b, ☎ 46 137 987
57 ★ Charlie
Schyrenstr. 8, ☎ 48 058 244
58 ★ Chi Hongkong Cuisine
Rumfordstr. 14, ☎ 43 571 281
59 ★ Chi Thu NEU!
Pestalozzistr. 16, ☎ 21 022 200
60 ★ Dudu
Augsburgerstr. 1, ☎ 12 286 480
61 ★ Fei Scho
Kolosseumstr. 6, ☎ 55 062 299
62 ★ Ganga
Baaderstr. 11, ☎ 2 016 465
63 ★ Haguruma
Baaderstr. 62, ☎ 2 016 911
64 ★ Hanoi
Humboldtstr. 5, ☎ 67 973 954
65 ★ Jack Glockenbach
Thalkirchner Str. 3, ☎ 23 076 788
66 ★ Jasmin Asia Cuisine
Lindwurmstr. 167, ☎ 76 775 712
67 ★ Nam Giao 31
Maistr. 31, ☎ 59 988 033
68 ★ Sushi & Soul
Klenzestr. 71, ☎ 2 010 992
69 ★ The Drunken Dragon Bar
Müllerstr. 51, ☎ 24 216 115
70 ★ Usagi
Thalkirchnerstr. 10,
☎ 55 293 58171

Exotisch

72 ★ Bamyan Narges
Hans-Sachs-Str. 3, ☎ 23 888 878
73 ★ Freiraum
Pestalozzistr. 8, ☎ 2 607 749
74 ★ Pacific Times
Baaderstr. 28, ☎ 20 239 470
75 ★ Savanna Munich
Maistr. 63, ☎ 53 906 363

Bars

76 ★ Auroom
Hans-Sachs-Str. 20, ☎ 20 009 090
77 ★ Bar Färber
Corneliusstr. 34, ☎ 20 180 713
78 ★ Bar Gabányi
Beethovenplatz 2, ☎ 51 701 805
79 ★ Bar Garçon
Utzschneiderstr. 4
80 ★ Crönlein NEU!
Am Nockherberg
81 ★ Ferdings
Klenzestr. 43, ☎ 54 847 145
82 ★ Frau Bartels
Klenzestr. 51, ☎ 90 164 147
83 ★ Geyerwally
Geyerstr. 17, ☎ 0176-84034005
84 ★ Ksar
Müllerstr. 31, ☎ 55 298 479
85 ★ Mr. Mumble's
Klenzestr. 5, ☎ 95 441 617
86 ★ Palau
Thalkirchner Str. 16,
☎ 0152-59589137
87 ★ Robinson's Bar
Corneliusstr. 14, ☎ 0172-8661686
88 ★ Schwarzer Hahn
Ohlmüllerstr. 8, ☎ 0173-3619237
89 ★ The High
Blumenstr. 15, ☎ ohne
91 ★ Trisoux NEU!
Müllerstr. 4
92 ★ Zephyr
Baaderstr. 68, ☎ 21 754 695

Clubs

93 ★ Beverly Kills
Müllerstr. 43, ☎ 0176-63032244
95 ★ Paradiso Tanzbar
Rumfordstr. 2, ☎ 263 469
96 ★ Rodman Bar
Rumfordstr. 2

Trisoux

Kneipen

97 ★ Café Glück
Palmstr. 4, ☎ 2 011 673
98 ★ Frisches Bier NEU!
Thalkirchnerstr. 53,
☎ 0176-84034005
99 ★ Gute Nacht Wurst
Klenzestraße 32, ☎ 2 608 700
100 ★ Hey Luigi
Holzstr. 29, ☎ 46 134 741
90 ★ M.C.Müller
Fraunhoferstr. 2, ☎ 189 100 39
101 ★ Little Wolf
Pestalozzistr. 9, ☎ 85 636 152
102 ★ Vogler
Rumfordstr. 17, ☎ 294 662
103 ★ Wuid
Humboldtstr. 20, ☎ 46 138 164

Cafés

104 ★ Bellevue di Monaco
NEU! Müllerstr. 6, ☎ 55 057 755
105 ★ Café am Beethovenplatz
Goethestr. 51, ☎ 5 529 100
106 ★ Café Zimt
Ehrengutstr. 9, ☎ 45 229 588
107 ★ Cotidiano
Gärtnerplatz 6, ☎ 242 078 610
108 ★ Del Fiore
Gärtnerplatz 1, ☎ 2 021 649
109 ★ Di Rosa 2 Bar
Reichenbachstr. 2, ☎ 264 776
110 ★ Emilo
Buttermelcherstr. 5 (Eingang Klenzestraße), ☎ 67 971 220
111 ★ Frenzy
Fraunhoferstr. 20, ☎ 20 232 685
112 ★ Loretta
Müllerstr. 50, ☎ 23 077 370
113 ★ Man vs. Machine
Müllerstr. 23, ☎ 80 046 681
114 ★ Miss Lilly's
Oefelestr. 12, ☎ 55 062 195
115 ★ Schneewittchen
Am Glockenbach 8, ☎ 38 904 057
116 ★ Süßmund
Westermühlstr. 13, ☎ 23 702 425
117 ★ Tagträumer
Dreimühlenstr. 17, ☎ 76 775 75

Ost GastroStars®

Hier finden Sie alle Restaurants, Bars, Clubs und Biergärten im Lehel, in Haidhausen, Bogenhausen und Denning, die mit einem GastroStar® prämiert wurden. Die Lokale sind nach Küchen sortiert und im Stadtplan verzeichnet.

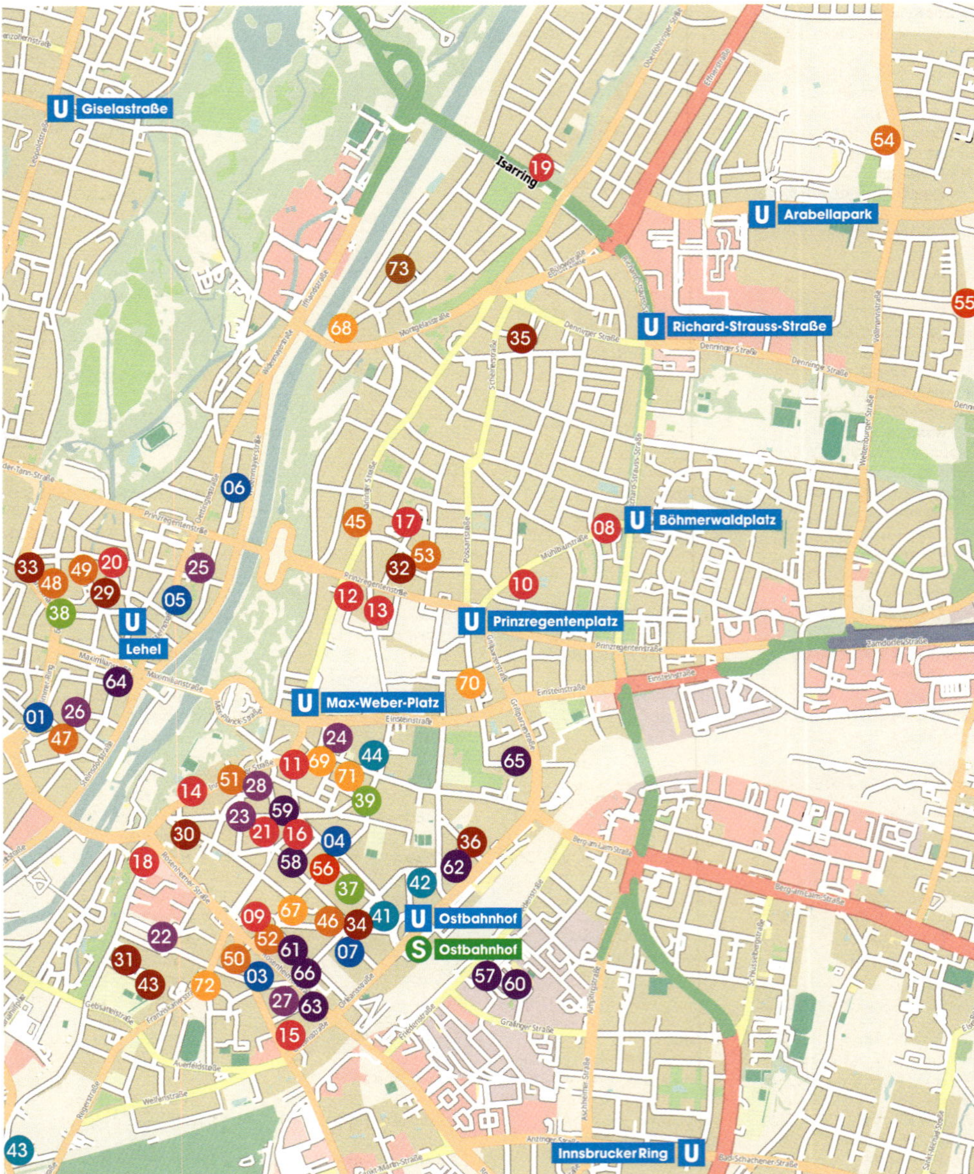

Bayerisch

1 ★ Isarthor
Kanalstr. 2, ☎ 227 753
3 ★ Klinglwirt
Balanstr. 16, ☎ 85 676 199
4 ★ No Mi Ya
Wörthstr. 7, ☎ 4 484 095
5 ★ Seidelei
Reitmorstr. 3, ☎ 25 542 220
6 ★ Sir Tobi
Sternstr. 16, ☎ 32 494 825
7 ★ Spezlwirtschaft 2
Pariser Str. 34, ☎ 44 992 999

Italienisch

8 ★ Acquarello
Mühlbaurstr. 36, ☎ 4 704 848
9 ★ Dal Cavaliere
Weißenburgerstr. 3, ☎ 488 388
10 ★ Hippocampus
Mühlbaurstr. 5, ☎ 475 855
11 ★ Hostaria Fratelli
Steinstr. 9, ☎ 20 354 767
12 ★ Isardoro
Ismaninger Straße 48,
☎ 41 073 153
13 ★ La Cucina Trattoria
Neherstr. 9, ☎ 471 983
14 ★ L'Osteria Gasteig
Innere Wiener Str. 2,
☎ 622 328 051
15 ★ Mangia e Bevi
Balanstr. 47, ☎ 44 454 504
16 ★ Mezzodi
Steinstr. 57, ☎ 484 950
17 ★ Nuovo Casale
Holbeinstr. 18, ☎ 936 268
18 ★ Pizzesco
Rosenheimerstr. 12, ☎ 67 972 812
19 ★ Trattoria Alba
Oberföhringer Str. 44, ☎ 985 353
20 ★ Trattoria Seitz
Seitzstr. 12, ☎ 23 232 649
21 ★ Vinaiolo
Steinstr. 42, ☎ 48 950 356

Französisch

22 ★ Atelier Gourmet
Rablstr. 37, ☎ 487 220
23 ★ Chez Fritz
Preysingstr. 20, ☎ 4 487 676
24 ★ Le Faubourg
Kirchenstr. 5, ☎ 475 533
25 ★ Les Cuisiniers
Reitmorstr. 21, ☎ 23 709 890
26 ★ Louis Cuisine
Tattenbachstr. 1, ☎ 44 141 910
27 ★ Maison Massard
Bazeillestr. 5, ☎ 44 419 962
28 ★ Rue des Halles
Steinstr. 18, ☎ 485 675

International

29 ★ Gandl
St.-Anna-Platz 1, ☎ 29 162 525
30 ★ Gast
Rosenheimer Str. 5,
☎ 480 982 720
31 ★ Inszenario
Rablstr. 10, ☎ 66 616 348
32 ★ Käfer-Schänke
Prinzregentenstr. 73, ☎ 4 168 247
33 ★ Lehel
Karl-Scharnagl-Ring 6,
☎ 21 111 760
34 ★ Polka
Pariser Str. 38, ☎ 89 068 391
35 ★ Restaurant Huber
Newtonstr. 13, ☎ 985 152
36 ★ Schneeweinchen & Rosenbrot NEU!
Elsässer Str. 23, ☎ 37 915 767

Grün

37 ★ lunu
Wörthstr. 10, ☎ 54 809 498
38 ★ Vegelangelo
Thomas-Wimmer-Ring 16,
☎ 28 806 836
39 ★ Zum Kloster
Preysingstr. 77, ☎ 4 470 564

Schneeweinchen & Rosenbrot

Spicery

Mediterran

41 ★ El Español
Pariserstr. 46, ☎ 488 496
42 ★ El Perro y el Griego
Belfortstr. 14, ☎ 482 553
43 ★ Limani
Rotdornstr. 2, ☎ 69 804 072
44 ★ Paros
Kirchenstr. 27, ☎ 4 702 995

Asiatisch

45 ★ ChuChin
Ismaninger Str. 61, ☎ 47 027 428
46 ★ Fei Scho 2 NEU!
Pariserstr. 17 , ☎ 46 131 533
47 ★ Goa
Thierschstr. 8, ☎ 21 111 789
48 ★ Jin
Kanalstr. 14, ☎ 21 949 970
49 ★ Lu Bu
Christophstr. 7a, ☎ 20 042 507
50 ★ Mitani
Rablstr. 45, ☎ 4 489 526
51 ★ Mun
Innere Wiener Str. 18,
☎ 62 809 520
52 ★ Spicery
Weißenburger Platz 3,
☎ 67 972 680
53 ★ Thao
Lucile-Grahn-Str. 36a,
☎ 55 297 171
54 ★ Zoe's
Cosimastr. 133, ☎ 956 030

Exotisch

55 ★ Champor
Warthestr. 5, ☎ 99 317 764
56 ★ Nana
Metzstr. 15, ☎ 44 499 633

Bars

57 ★ Bar of Bel Air
Atelierstr. 4, ☎ 0172-8661686
58 ★ Boulevardier NEU!
Kellerstr. 32, ☎ 44 488 770
59 ★ Maria Passagne
Steinstr. 42, ☎ 486 167

Clubs

60 ★ Eddy's Rock Club
Atelierstr. 12, ☎0160-1728050

Kneipen

61 ★ Burger House
Lothringerstr. 7, ☎ 88 903 550
62 ★ Juleps
Breisacher Str. 18, ☎ 4 480 044
63 ★ Munich Tap-House
Rosenheimer Str. 108,
☎ 62 231 187
64 ★ Nage & Sauge
Mariannenstr. 2, ☎ 298 803
65 ★ Rusticana
Grillparzerstr. 5, ☎ 4 703 887
66 ★ Vivo
Lothringerstr. 11, ☎ 4 485 035

Cafés

67 ★ Café Noel
Metzstr. 8, ☎ 6280 91 57
68 ★ Catwalk
Mauerkircherstr. 2, ☎ 985 881
69 ★ Johannis Café
Johannisplatz 15, ☎ 4 801 240
70 ★ Kaffeerösterei VogelMaier
Einsteinstr. 125, ☎ 23 747 050
71 ★ Preysinggarten
Preysingstr. 69, ☎ 6 886 722
72 ★ White Rabbit's Room
Franziskanerstr. 19, ☎ 67 971 193

Deli

73 ★ Mark's Feinkost
Kufsteiner Platz 3, ☎ 984 784

West GastroStars®

Hier finden Sie alle Restaurants, Bars, Clubs und Biergärten in Neuhausen, Nymphenburg und im Westend die mit einem GastroStar® prämiert wurden. Die Lokale sind nach Küchen sortiert und im Stadtplan verzeichnet.

© Data CC BY-SA by OpenStreetMap

Bayerisch

1 ★ Goldmarie
Schmellerstr. 23, ☎ 51 669 272
2 ★ Sendlinger Augustiner
Alramstr. 24, ☎ 45 230 939

Bürgerlich

3 ★ Nymphenburger Hof
Nymphenburger Str. 24,
☎ 1 233 830
4 ★ Schlosswirtschaft Schwaige
Schloß Nymphenburg 30,
☎ 12 020 890

Italienisch

5 ★ Acetaia
Nymphenburgerstr. 215,
☎ 13 929 077
6 ★ Al Paladino
Heimeranplatz 1, ☎ 5 025 657
7 ★ Cleopatra
Landsberger Str. 317, ☎ 564 610
8 ★ Emporio Italiano
Volkartstr. 16, ☎ 12 555 666
9 ★ Kurfürst Maximilian
Waisenhausstr. 63, ☎ 1 571 058
10 ★ L'Antipasto Nuovo
Sandstr. 33, ☎ 52 300 824
11 ★ Medici
Nymphenburgerstr. 70,
☎ 12 738 766
12 ★ Mozzamo
Gaßnerstr. 1, ☎ 17 118 313
13 ★ Osteria da Massimo NEU!
Dietrichstr. 2, ☎ 2 717 701
14 ★ Romans
Romanstr. 1, ☎ 1 689 888
15 ★ Trattoria Bellini
Nymphenburgerstr. 120,
☎ 12 739 037
16 ★ Trattoria da Paolo
Schmied-Kochel-Str. 6,
☎ 72 949 883

Französisch

17 ★ Die Brasserie
Hirschgartenallee 41, ☎ 174 232
18 ★ L'Adresse 37
Tulbeckstr. 9, ☎ 62 232 119

International

19 ★ Broeding
Schulstr. 9, ☎ 164 238
20 ★ Essence
Gottfried-Keller-Str. 35,
☎ 80 040 025
21 ★ Esskapade
Volkartstr. 70, ☎ 20 201 838
22 ★ Malzraum
Artilleriestr. 5, ☎ 187 997
23 ★ Marais Soir
Schwanthalerstr.131,
☎ 62 838 662
24 ★ Westend Factory
Garmischer Str. 2, ☎ 5 196 711
25 ★ Zauberberg
Hedwigstr. 14, ☎ 1 899 917
26 ★ Zum Schönfärber NEU!
Kazmairstr. 28, ☎ 20 930 569

Grün

27 ★ Bodhi
Ligsalzstr. 23, ☎ 41 142 458
28 ★ Resihuber NEU!
Resi-Huber-Platz 1, ☎ 45 201 670

Mediterran

29 ★ Cyclades
Frundsbergstr. 46, ☎ 13 958 187
30 ★ La Tasca nueva
Mettinghstr. 2, ☎ 37 419 075
31 ★ Opson NEU!
Trappentreustr. 33, ☎ 21 751 215
32 ★ Pardi
Volkartstr. 24, ☎ 131 850

Asiatisch

33 ★ Banyan
Goethestr. 68, ☎ 5 309 321
34 ★ Fire Dragon Lounge
Paul-Heyse-Str. 29,
☎ 59 988 466
35 ★ Frau Li
Franziska-Bilek-Weg 1,
☎ 50 073 298
36 ★ Izakaya NEU!
Landsberger Str. 68,
☎ 122 232 000
37 ★ Madame Hu
Gollierstr. 20, ☎ 45 217 272

L'Adresse 37

Zum Schönfärber

Romans

38 ★ Quán Com
Wendl-Dietrich-Str. 4,
☎ 12 022 167
39 ★ Ratchada
Schwanthalerstr 8, ☎ 4 317 859
40 ★ Rüen Thai
Kazmairstr. 58, ☎ 503 239
41 ★ Thúy
Senserstr. 2, ☎ 776 410

Exotisch

42 ★ The Carribean Embassy
Ganghoferstr. 68, ☎ 54 030 615

Bars

43 ★ Kilombo
Gollierstr. 14a, ☎ 95 455 938
44 ★ Kongressbar
Theresienhöhe 15, ☎ 45 211 700

Clubs

45 ★ Strom Club
Lindwurmstr. 88, ☎ 24 205 711

Kneipen

46 ★ La Kaz
Ligsalzstr. 38, ☎ 76 990 710
47 ★ Platt & belegt
Kazmaierstr. 47,

Cafés

48 ★ Café Marais
Parkstr. 2, ☎ 50 094 552
49 ★ Das neue Kubitschek
Gollierstr. 14, ☎ 72 669 222
50 ★ Kaffee Espresso Kolonial
Donnersbergerstr. 39,
☎ 20 060 566
51 ★ Ruffini
Orffstr. 22, ☎ 161 160
52 ★ The Victorian House 2
Ysenburgstr. 13, ☎ 18 975 520

Biergärten

53 ★ Augustiner Keller
Arnulfstr. 52, ☎ 594 393
54 ★ Taxisgarten
Taxisstr. 12, ☎ 156 827

Deli

55 ★ Beirut Beirut
Valleystr. 28, ☎ 52 036 916

Eis

56 ★ Ballabeni (Werkstatt)
Seidlstr. 28, ☎ 90 544 186

Alle Adressen von A-Z

Hier finden Sie die Adressen aller in »München geht aus 2019« besprochenen Restaurants, Bars, Clubs, Kneipen und Biergärten in alphabetischer Reihenfolge.

Bratwurst Herzl (S. 147)
Dreifaltigkeitsplatz 1, ✆ 295 113
Brenner Grill (S. 171/230)
Maximilianstr. 15, ✆ 4 522 880
Broeding (S. 171/184)
Schulstr. 9, ✆ 164 238
Bruno NEU! **(S. 157)**
Dreimühlenstr. 30, ✆ 74 409 365
Bucci Bar (S. 157)
Occamstr. 9, ✆ 92 772 603
Bufet NEU! **(S. 131/212)**
Dachauer Str. 7a, ✆ 55 275 965
Buffet Kull (S. 167)
Marienstr. 4, ✆ 221 509
Burger & Bier (S. 217)
Klenzestr. 40, ✆ 72 632 644
Burger & Lobster Bank (S. 171)
Prannerstr. 11, ✆15 227 272 782
Burger House (S. 217)
Lothringerstr. 7, ✆ 88 903 550
Burrito Company (S. 180)
Augustenstr. 74, ✆ 1 965 986

C

Ca-Ba-Lu (S. 217)
Thierschplatz 5, ✆ 94 508 840
Cabane (S. 212)
Theresienstr. 40, ✆ 283 134
CadU (S. 222)
Ludwigstr. 24, ✆ 28 986 600
Café am Beethovenplatz (S. 222/230) Goethestr. 51, ✆ 5 529 100
Café Arzmiller (S. 222/230)
Salvatorstr. 2, ✆ 294 273
Café Bangkok (S. 203)
Leopoldstr. 49, ✆ 0170-7138141
Café Blá (S. 223)
Lilienstr. 34, ✆ 12 263 037
Café Cord (S. 171/203)
Sonnenstr. 19, ✆ 54 540 780
Café Dominique NEU! **(S. 78/223)** Briennerstr. 12a, ✆ 51 110 055
Café Exponat (S. 223/230)
St.-Jakobs-Platz 16, ✆ 25 547 799
Café Fortuna (S. 223/231)
Sedanstr. 18, ✆ 18 922 823
Café Franca NEU! **(S. 140/223)**
Hiltenspergerstr. 24, ✆ 23 027 588
Café Fräulein (S. 223/231)
Frauenstr. 11, ✆ 0177-6721090
Café Glück (S. 212)
Palmstr. 4, ✆ 2 011 673
Café Hüller (S. 223)
Eduard-Schmid-Str. 8, ✆ 18 938 713
Café Ignaz (S. 181/223/231)
Georgenstr. 67, ✆ 2 716 093
Café Jasmin (S. 223)
Steinheilstr. 20, ✆ 45 227 406
Café Katzentempel (S. 223)
Türkenstr. 29 , ✆ 20 061 249
Café Kosmos (S. 203)
Dachauerstr. 7, ✆ 0175-3748756
Café Kunsthalle (S. 223)
Theatinerstr. 8, ✆ 4 168 981
Café Lotti (S. 224/231)
Schleißheimer Str. 13, ✆ 61 519 197
Café Ludwig (S. 224/231)
Klopstockstr. 10, ✆ 32 211 766
Cafe Luitpold (S. 171/224/231)
Brienner Str. 11, ✆ 2 428 750
Café Marais (S. 224/231)
Parkstr. 2, ✆ 50 094 552
Café MoKKa NEU! **(S. 142/224)**
Schmellerstr. 13, ✆ 44 253 601
Café Morso (S. 157)
Nordendstr. 17 , ✆ 0171 -3075466
Café Mozart (S. 212/224)
Pettenkoferstr. 2, ✆ 594 190
Café Münchner Freiheit (S. 224/231)
Münchner Freiheit 20, ✆ 33 007 990
Café Neuhausen (S. 224/231)
Blutenburgstr. 106, ✆ 18 975 570
Café Noel (S. 224)
Metzstr. 8
Café Puck NEU! **(S. 140/224/231)**
Türkenstr. 33, ✆ 2 802 280
Café Reitschule (S. 171/224/231)
Königinstr. 34, ✆ 3 888 760
Café Schneller (S. 224)
Amalienstr. 59, ✆ 281 124
Café Wiener Platz (S. 225)
Innere-Wiener-Str. 48, ✆ 4 489 494
Café Zimt (S. 225/231)
Ehrengutstr. 9, ✆ 45 229 588
Call Me Drella (S. 218)
Maximiliansplatz 5, ✆ 0174-6119999
Call Soul NEU! **(S. 203)**
Biedersteiner Str. 6, ✆ 45 206 655
Cam Ly (S. 195)
Pfeufferstr. 33, ✆ 74 790 884
Campanula NEU! **(S. 192)**
Gabelsbergerstr. 46, ✆ 522 783
Caspar Plautz NEU! **(S. 180)**
Viktualienmarkt Abt. III, Stand 38
Catwalk (S. 225/231)
Mauerkircherstr. 2, ✆ 985 881
Centro Español (S. 188)
Daiserstr. 20, ✆ 763 653
Cevicheria Pez NEU! **(S. 187)**
Occamstr. 26, ✆ 82 969 652
Champions Sportsbar (S. 172/204/212)
Berliner Str. 93, ✆ 360 020
Champor (S. 200)
Warthestr. 5, ✆ 99 317 764
Chang (S. 199)
Sporerstr. 2, ✆ 25 544 100
Charlie (S. 195)
Schyrenstr. 8, ✆ 48 058 244
Chez Fritz (S. 79/167)
Preysingstr. 20, ✆ 4 487 676
Chi Hongkong Cuisine (S. 197)
Rumfordstr. 14, ✆ 43 571 281
Chi Thu NEU! **(S. 107/195)**
Pestalozzistr. 16, ✆ 21 022 200

Bonjour Munich

Chinesischer Turm (S. 235)
Englischer Garten 3, ✆ 38 387 320
ChuChin (S. 195)
Ismaninger Str. 61, ✆ 47 027 428
Ciao Ragazzi (S. 157)
Schellingstr. 27, ✆ 28 803 795
Cleopatra (S. 157)
Landsberger Str. 317, ✆ 564 610
Cochinchina (S. 195)
Kaiserstr. 28, ✆ 38 989 577
Cole & Porter (S. 204)
Sendlinger Str. 10 (Hofstatt), ✆ 81 893 854
Condesa (S. 180)
Münchner Freiheit 6, ✆ 0176-20227136
Conti Restaurant (S. 172)
Max-Joseph-Str. 5, ✆ 55 178 546
Conviva (S. 172)
Hildegardstr. 1, ✆ 23 336 977
Cooperativa (S. 157/212)
Jahnstr. 35, ✆ 20 207 620
Cord (S. 219)
Sonnenstr. 18
Cordo Bar (S. 188)
Ickstattstr. 2, ✆ 603 202
Corleone (S. 219)
Sendlinger-Tor-Platz 7, ✆ 0178-7888220
Corretto (S. 157)
Haldenbergerstr. 28, ✆ 14 348 148
Corso (S. 157)
Konrad-Adenauer Str. 24, ✆ (08131) 2 973 040
Cosmogrill (S. 217)
Maximilianstr. 10 Rgb., ✆ 89 059 696
Cotidiano (S. 225/232)
Gärtnerplatz 6, ✆ 242 078 610
Cotidiano am Nordbad NEU! **(S. 143/225)**
Schleißheimer Str. 93, ✆ 215 436 390
Couch Club (S. 212)
Klenzestr. 89, ✆ 12 555 778
Crash (S. 219)
Ainmillerstr. 10, ✆ 391 640
Crönlein NEU! **(S. 123/204)**
Am Nockherberg
Crowns Club (S. 219)
Rosenheimer Str. 145, ✆ 666 176 712
Crux (S. 219)
Lederstr. 3, ✆ 23 239 191
Cucurucu (S. 204)
Elisenstr. 5
Cyclades (S. 189)
Frundsbergstr. 46, ✆ 13 958 187
Cyclo (S. 195)
Theresienstr. 70, ✆ 28 808 390

D

Dachgarten (Hotel Bayerischer Hof) (S. 232)
Promenadeplatz 2-6, ✆ 2 120 892
Daddy Longlegs (S. 225)
Barer Str. 42, ✆ 80 994 361
Dal Cavaliere (S. 157)
Weißenburgerstr. 3, ✆ 488 388
Dallmayr Bar & Grill NEU! **(S. 82/172)** Dienerstr. 14-15, ✆ 2 135 112
Dallmayr Café-Bistro (S. 225/232)
Dienerstr. 14-15, ✆ 2 135 110
Das Edelweiß (S. 172)
Edelweißstr. 10, ✆ 64 913 780
Das Labor (S. 204)
Sonnenstr. 9, ✆ 0177-7999909
Das neue Kubitschek (S. 225)
Gollierstr. 14, ✆ 72 669 222
De Afric (S. 200)
Theresienstr. 146, ✆ 51 300 185
Dean & David (S. 181)
Sebastiansplatz 6, ✆ 33 098 318
Deeba (S. 200)
Barer Str. 42, ✆ 283 407
Déjà Bù (S. 204)
Buttermelcherstr. 2a, ✆ 0174-7048807
Del Fiore (S. 225)
Gärtnerplatz 1, ✆ 2 021 649
Délice La Brasserie (S. 167/184) Bayerstr. 12, ✆ 599 482 962
Delidosa (S. 180)
Barer Str. 48, ✆ 20 061 014
Der Dantler NEU! **(S. 84/172)**
Werinherstr. 15, ✆ 39 292 689
Der Laden (S. 225)
Türkenstr. 37, ✆ 18 904 247
Der Pschorr (S. 147)
Viktualienmarkt 15, ✆ 442 383 940
Dhaba (S. 198)
Belgradstr. 16, ✆ 38 367 771

Fasanerie

Haxnbauer (S. 148) Sparkassenstr. 6, ☎ 2 166 540
Heart (S. 174/219) Lenbachplatz 2a, ☎ 0160-90900224
Heiliggeist 1 (S. 206) Heiliggeiststr. 1, ☎ 297 233
HeimWerk (S. 148) Friedrichstr. 27, ☎ 95 474 251
HeimWerk Glockenbach NEU! **(S. 59/148)** Müllerstr. 49, ☎ 59 918 697
Heinrich Matters NEU! **(S. 89/226)** Luisenstr. 47, ☎ 23 796 673
Helene (S. 174/219) Occamstr. 5, ☎ 74 035 209
Herzog (S. 174) Maxburgstr. 4, ☎ 29 161 029
Hey Luigi (S. 213) Holzstr. 29, ☎ 46 134 741
Hippocampus (S. 158/185) Mühlbaurstr. 5, ☎ 475 855
Hirschau (S. 148/236) Gyßlingstr. 15, ☎ 36 090 490
Hirschgarten (S. 148/236) Hirschgarten 1, ☎ 17 999 119
Hofbräuhaus (S. 148) Platzl 9, ☎ 2 901 360
Hofbräukeller (S. 148/236) Innere Wiener Str. 19, ☎ 4 599 250
Hofer der Stadtwirt (S. 149) Burgstr. 5, ☎ 24 210 444
Hoiz (S. 174) Karlsstr. 10, ☎ 28 808 809
Holy Burger (S. 213) Wörthstr. 7, ☎ 46 229 355
Holy Home (S. 206) Reichenbachstr. 21, ☎ 2 014 546
Holzkranich (S. 213) Georgenstr. 105, ☎ 12 259 071
Home (S. 206) Amalienstr. 23, ☎ 45 246 140
Hoover & Floyd (S. 226) Ickstattstr. 2, ☎ 26 949 015
Hopfengarten (S. 158/236) Siegenburgstr. 43, ☎ 7 608 846
Hostaria Fratelli (S. 158) Steinstr. 9, ☎ 20 354 767
Hostaria Rò E Buni (S. 158) Kaiserstr. 55, ☎ 335 380
H'ugo's (S. 159) Promenadeplatz 1-3, ☎ 221 270
Hungriges Herz (S. 226) Fraunhoferstr. 42, ☎ 20 201 515
Hunsinger (S. 174/187) Barer Str. 29, ☎ 24 290 204

I

Iberl's Gasthaus (S. 149) Wilhelm-Leibl-Str. 22, ☎ 74 997 221
Icedate (S. 235) Amalienstr. 95, ☎ 41 220 555
Il Borgo (S. 159) Georgenstr. 144, ☎ 1 292 119
Il Gattopardo (S. 159) Nordendstr. 58, ☎ 24 290 450
Il Melograno (S. 159) Blutenburgstr. 37, ☎ 18 999 330
Il Mulino (S. 74/159) Görresstr. 1, ☎ 5 233 335
Il Piccolo Principe (S. 159) Kapuzinerstr. 48, ☎ 7 213 450
Inszenario (S. 174) Rablstr. 10, ☎ 66 616 348
Isardoro (S. 159) Ismaninger Straße 48, ☎ 41 073 153
Isarthor (S. 149) Kanalstr. 2, ☎ 227 753
Itxaso (S. 188) Pestalozzistr. 7, ☎ 23 708 048
Iunu (S. 181) Wörthstr. 10, ☎ 54 809 498
Izakaya NEU! **(S. 104/192)** Landsberger Str. 68, ☎ 122 232 000

J

Jack Glockenbach (S. 196) Thalkirchner Str. 3, ☎ 23 076 788
Jaded Monkey (S. 206) Herzog-Wilhelm-Str. 25, ☎ 26 949 401
James T. Hunt (S. 206) Schellingstr. 32, ☎ 27 373 038
Japatapa Noodle Man NEU! **(S. 104/193)** Wurzerstr. 18, ☎ 23 888 628
Jasmin Asia Cuisine (S. 196) Lindwurmstr. 167, ☎ 76 775 712
J-Bar (S. 193/206) Maistr. 28, ☎ 51 469 983
Jin (S. 193) Kanalstr. 14, ☎ 21 949 970
Jodlerwirt (S. 149) Altenhofstr. 4, ☎ 221 249
Johannis Café (S. 227) Johannisplatz 15, ☎ 4 801 240
Jones (S. 217) Karlsstr. 5, ☎ 54 544 777
Joon (S. 227) Theresienstr. 114, ☎ 41 550 941
Josefa (S. 227) Westendstr. 29, ☎ 28 979 183
Josefa Bar & Kaffee (S. 206) Sparkassenstr. 10, ☎ 237 030
Juleps (S. 206/214) Breisacher Str. 18, ☎ 4 480 044

K

Käfer-Schänke (S. 174/185) Prinzregentenstr. 73, ☎ 4 168 247
Kaffee Espresso Kolonial (S. 227) Donnersbergerstr. 39, ☎ 20 060 566
Kaffeehaus Altschwabing (S. 227/232) Schellingstr. 56, ☎ 2 731 022
Kaffeerösterei VogelMaier (S. 227) Einsteinstr. 125, ☎ 23 747 050
Kaisergarten (S. 149/232) Kaiserstr. 34, ☎ 34 020 203
Kaito (S. 193) Gabelsbergerstr. 85, ☎ 52 059 455
Kalami (S. 189) Kellerstr. 45, ☎ 487 282
Kalypso (S. 187/189) Agnesstr. 8, ☎ 20 038 686
Kam Yi (S. 197) Rosenheimer Str. 30, ☎ 4 481 366
Karree Boden & Bar NEU! **(S. 207)** Sparkassenstr. 12, ☎ 237 030
Katopazzo & die Totem Bar (S. 214) Amalienstr. 87, ☎ 44 387 114
Kennedy's (S. 214) Sendlinger-Tor-Platz 11, ☎ 59 988 460
Khanittha 3 (S. 191) Kirchenstr. 96, ☎ 54 804 766
Kiddo (S. 219) Thalkirchnerstr. 2, ☎ 0177-7529017
Kilombo (S. 207) Gollierstr. 14a, ☎ 95 455 938
Kini's Kitchen (S. 149) Dachauer Str. 185, ☎ 55 276 389
Kismet (S. 207) Löwengrube 10, ☎ 220 352
Kiss (S. 207) Landwehrstr. 44, ☎ 59 989 795
Klementis NEU! **(S. 207)** Maximiliansplz. 9, ☎ 01525-3636487
Klenze 17 (S. 214) Klenzestr. 17, ☎ 25 544 277
Klinglwirt (S. 149) Balanstr. 16, ☎ 85 676 199
Kochspielhaus (S. 175/232) Rumfordstr. 5, ☎ 54 802 738
Koi (S. 193) Wittelsbacherplatz 1, ☎ 89 081 926
Kongressbar (S. 207) Theresienhöhe 15, ☎ 45 211 700
Königin 43 (S. 227) Königinstr. 43, ☎ 331 262
Königsquelle (S. 587149) Baaderplatz 2, ☎ 220 071
Kooks (S. 207) Geyerstr. 18
Kopper (S. 175) Theresienstr. 1, ☎ 27 373 380
Koriander (S. 196) Nordendstr. 64, ☎ 28 805 582
Koriander 2 (S. 196) Einsteinstr. 113, ☎ 45 709 107
Korner (S. 214) Westermühlstr. 10, ☎ 0172-5631493
Krablergarten (S. 149) Thalkirchner Str. 2, ☎ 26 019 148
Krambambuli (S. 214) Waldfriedhofstr. 90, ☎ 7 144 026
Ksar (S. 207) Müllerstr. 31, ☎ 55 298 479
Ksara (S. 112/200) Haimhauserstr. 7, ☎ 33 088 299
Kuffler Grill (S. 175/232) Hofgraben 9, ☎ 24 224 840
Kugler Alm (S. 236) Linienstr. 93, ☎ 6 139 010
Kun-Tuk (S. 191) Amalienstr. 81, ☎ 283 700
Kurfürst Maximilian (S. 159) Waisenhausstr. 63, ☎ 1 571 058
Kushi-Tei of Tokyo (S. 193) Arcisstr. 39, ☎ 27 374 274
KVR - Kapitales vom Rind (S. 175) Viktoriastr. 23, ☎ 44 237 736

L

La Bohème (S. 175/185) Leopoldstr. 180, ☎ 23 761 792
La Bouche (S. 168) Haimhauserstr. 8, ☎ 265 626
La Cucina Trattoria (S. 160) Neherstr. 9, ☎ 471 983
La Fattoria (S. 160) Schlotthauerstr. 16, ☎ 62 231 496
La Kaz (S. 214) Ligsalzstr. 38, ☎ 76 990 710
La Sophia (S. 160) Kolumbusstr. 1, ☎ 20 089 038
La Stanza (S. 160/207) St.-Anna-Str. 13, ☎ 25 542 393
La Stella (S. 160) Hohenstaufenstr. 2, ☎ 341 779
La Taqueria (S. 180) Zweibrückenstr. 9, ☎ 55 276 787
La Tasca nueva (S. 188) Mettinghstr. 2, ☎ 37 419 075
La Tazza D'Oro (S. 160) Hohenzollernstr. 13, ☎ 333 837
La Trattoria (S. 160) Viktualienmarkt 15, ☎ 0151-66236585
La Vecchia Masseria (S. 160) Mathildenstr. 3, ☎ 5 509 090
L'Adresse 37 (S. 168) Tulbeckstr. 9, ☎ 62 232 119
L'Amar (S. 175/181) Pestalozzistr. 28, ☎ 54 892 327
Landersdorfer & Innerhofer (S. 175/185) Hackenstr. 6-8, ☎ 26 018 637
Landhaus Vogelbauer (S. 175) Schanzenstr. 4, ☎ 817 129 063
Langolo della Pizza (S. 160) Breisacher Str. 30, ☎ 4 488 979
L'Antipasto Nuovo (S. 160) Sandstr. 33, ☎ 52 300 824
L'Atelier Art & Vin (S. 78/167) Westenriederstr. 43, ☎ 21 266 782
Laurus (S. 160) Maria-Eich-Str. 67, ☎ 89 899 998
LAX Eatery (S. 181) Neureutherstr. 1, ☎ 24 400 444
Le Berlü (S. 168) Wittelsbacher Str. 16, ☎ 74 747 750
Le Cézanne (S. 168) Konradstr. 1, ☎ 391 805

Le Faubourg (S. 168)
Kirchenstr. 5, ☎ 475 533
Le Florida (S. 175/207/214)
Georgenstr. 48, ☎ 44 429 555
Le Refuge (S. 168)
Neureutherstr. 8, ☎ 20 061 110
Le Stollberg (S. 168)
Stollbergstr. 2, ☎ 24 243 450
LeDu (S. 199)
Theresienstr. 18, ☎ 95 898 460
Leger am Dom NEU! **(S. 175)**
Kaufinger Str. 24, ☎ 21 020 530
Lehel (S. 175/208/227)
Karl-Scharnagl-Ring 6,
☎ 21 111 760
Lemar (S. 200)
Viktor-Scheffel-Str. 23, ☎ 397 677
Lemon Trees (S. 191)
Planegger Str. 9a, ☎ 88 952 227
Lenbachs & Söhne (S. 208/ 220)
Maximiliansplatz 18,
☎ 0174-2109468
Leo's Lounge (S. 214)
Rosenheimerstr. 98, ☎ 48 953 050
Les Cuisiniers (S. 168)
Reitmorstr. 21, ☎ 23 709 890
Les Deux (S. 169)
Maffeistr. 3a, ☎ 710 407 373
Les Fleurs du Mal (S. 208)
Odeonsplatz 6-7, ☎ 229 060
Lezizel Manti (S. 190)
Thalkirchner Str. 129,
☎ 76 703 733
Limani (S. 189)
Rotdornstr. 2, ☎ 69 804 072
Limoni (S. 161)
Amalienstr. 38, ☎ 28 806 029
Lindwurmstüberl (S. 150/214)
Lindwurmstr. 32, ☎ 534 638
Lisboa Bar (S. 188)
Breisacher Str. 22, ☎ 4 482 274
Little London (S. 176/214)
Tal 31, ☎ 122 239 470
Little Wolf (S. 214)
Pestalozzistr. 9, ☎ 85 636 152
Lo Studente (S. 161)
Schellingstr. 30, ☎ 27 375 447
Lohengrins (S. 150)
Cosimastr. 97, ☎ 95 927 424
Lola (S. 208)
Ickstattstr. 2a, ☎ 0151-25246498
Longgrain (S. 191)
Belgradstr. 45, ☎ 32 667 582
Loretta (S. 208/227)
Müllerstr. 50, ☎ 23 077 370
L'Osteria (S. 161)
Arnulfstr. 1, ☎ 5 490 710
L'Osteria Gasteig (S. 161)
Innere Wiener Str. 2, ☎ 622 328 051
L'Osteria Künstlerhaus (S. 161) Lenbachplatz 8,
☎ 99 019 810
Lotus Lounge (S. 191)
Hans-Sachs-Str. 10, ☎ 21 899 755
Louis Cuisine (S. 169)
Tattenbachstr. 1, ☎ 44 141 910
Löwenbräukeller (S. 150/236)
Nymphenburger Str. 2,
☎ 54 726 690

Lu Bu (S. 196)
Christophstr. 7a, ☎ 20 042 507
Lucky Who (S. 208/220)
Briennerstr. 14, ☎ 20 922 071
Lucullus (S. 189)
Birkenau 31, ☎ 662 951
Lux (S. 175)
Ledererstr. 13, ☎ 45 207 300

M

M Belleville (S. 169)
Fallmerayerstr. 16, ☎ 30 747 611
M.C. Mueller (S. 208/217)
Fraunhoferstr. 2, ☎ 18 910 039
Madame Hu (S. 199)
Gollierstr. 20, ☎ 45 217 272
Maison Massard (S. 169)
Bazeillestr. 5, ☎ 44 419 962
Makassar (S. 169)
Dreimühlenstr. 25, ☎ 776 959
Malzraum (S. 176)
Artilleriestr. 5, ☎ 187 997
Man Fat (S. 197)
Barer Str. 53, ☎ 2 720 962
Man vs. Machine (S. 227)
Müllerstr. 23, ☎ 80 046 681
Mangia e Bevi (S. 161)
Balanstr. 47, ☎ 44 454 504
Mangostin (S. 191/232)
Maria-Einsiedel-Str. 2,
☎ 7 232 031
Manouche (S. 201)
Valleystr. 19, ☎ 52 036 916
Marais Soir (S. 176)
Schwanthalerstr.131,
☎ 62 838 662
Maria (S. 227/233)
Klenzestr. 97, ☎ 20 245 750
Maria Passagne (S. 193/208) Steinstr. 42,
☎ 486 167
Mark's Feinkost (S. 180)
Kufsteiner Platz 3, ☎ 984 784
Master's Home (S. 161/208)
Frauenstr. 11, ☎ 229 909
Matiz NEU! **(S. 120/190)**
Candidplz. 9, ☎ 62 230 666
Matsuhisa Munich (S. 185/199) Neuturmstr. 1,
☎ 290 981 875
Max Emanuel Brauerei (S. 214) Adalbertstr. 33,
☎ 2 715 158
Max Pett (S. 181)
Pettenkoferstr. 8, ☎ 55 869 119
Medici (S. 161)
Nymphenburgerstr. 70,
☎ 12 738 766
Meisterstück (S. 214)
Kaflerstr. 16, ☎ 30 905 137
Melina Merkouri NEU! **(S. 117/189)** Maistr. 26,
☎ 59 918 580
Menzingers (S. 161)
Menzingerstr. 123, ☎ 89 161 941
Meschugge (S. 176)
Brienner Str. 50, ☎ 57 877 859
Mezza Via (S. 161)
Sternstr. 21, ☎ 22 846 634

Mezzanotte (S. 208)
Kellerstr. 29 , ☎ 99 948 296
Mezzodi (S. 162)
Steinstr. 57, ☎ 484 950
Michaeligarten (S. 155/236)
Feichtstr. 10, ☎ 43 552 424
Milch Häusl (S. 182)
Königinstr. 6, ☎ 517 297 180
MilchundBar (S. 134/220)
Sonnenstr. 27, ☎ 4 502 880
Milla (S. 220)
Holzstr. 28, ☎ 18 923 101
Mimmo e Co. (S. 162)
Kapuzinerstr. 6, ☎ 76 701 545
Mint (S. 220)
Leopoldstr. 25, ☎ 0176-99935207
Mirror Munich NEU! **(S. 124/208)** Occamstr. 7,
☎ 38 999 636
Miss Lilly's (S. 227/233)
Oefelestr. 12, ☎ 55 062 195
Mitani (S. 193)
Rablstr. 45, ☎ 4 489 526
Mittendrin (S. 176)
Ruppertstr. 22, ☎ 74 118 451
Moejo 91 (S. 208)
Schellingstr. 91, ☎ 20 090 691
Mongo's (S. 199)
Oberanger 28, ☎ 23 225 800
Moritz (S. 176)
Oefelestr. 12, ☎ 55 062 195
Mozzamo (S. 70/162)
Gaßnerstr. 1, ☎ 17 118 313
Mr. Mumble's (S. 208)
Klenzestr. 5, ☎ 95 441 617
Mr. Nilsson NEU! **(S. 94/182)**
Rumfordstr. 7, ☎ 21 550 292
Mun (S. 186/199)
Innere Wiener Str. 18,
☎ 62 809 520
München 72 (S. 209)
Holzstr. 16, ☎ 97 343 785
Münchner Stubn (S. 150)
Bayerstr. 35, ☎ 551 113 330
Munich Tap-House (S. 215)
Rosenheimer Str. 108,
☎ 62 231 187
Mural NEU! **(S. 176)**
Hotterstr. 12, ☎ 23 023 186
My Tam NEU! **(S. 108/196)**
Schleißheimerstr. 5, ☎ 54 767 778
Myra (S. 190)
Thalkirchnerstr. 145,
☎ 26 018 384

N

Nachtbad (S. 209)
Müllerstr. 54, ☎ 0172-1066687
Nachtgalerie (S. 220)
Landsbergerstr. 185,
☎ 32 455 595
Nage & Sauge (S. 176/215)
Mariannenstr. 2, ☎ 298 803
Nam Giao 31 (S. 196)
Maistr. 31, ☎ 59 988 033
Nam Nam (S. 191)
Amalienstr. 25, ☎ 28 755 875
Nana (S. 201)
Metzstr. 15, ☎ 44 499 633

Nasca (S. 201)
Enhuberstr. 1, ☎ 52 310 594
Natraj (S. 198)
Nymphenburger Str. 26,
☎ 12 001 262
Negroni (S. 209)
Sedanstr. 9, ☎ 48 950 154
Nero (S. 162)
Rumfordstr. 34, ☎ 21 019 060
Nerodom (S. 220)
Ganghoferstr. 74, ☎ 776 262
Neuraum (S. 220)
Arnulfstr. 17, ☎ 59 989 640
Nguyen (S. 196)
Georgenstr. 67, ☎ 28 803 451
Niederlassung (S. 209)
Buttermelcherstr. 6,
☎ 32 600 307
Night Club Bayerischer Hof (S. 209) Promenadeplatz 2-6,
☎ 2 120 994
Nigin (S. 201)
Neuhauserstr. 15, ☎ 24 215 300
No Mi Ya (S. 150/215)
Wörthstr. 7, ☎ 4 484 095
Noun (S. 176)
Buttermelcherstr. 6, ☎ 23 232 680
Nudo (S. 162)
Amalienstr. 53, ☎ 55 060 019
Nuovo Casale (S. 162)
Holbeinstr. 18, ☎ 936 268
Nürnberger Bratwurst Glöckl (S. 150), Frauenplatz 9,
☎ 2 919 450
Nymphenburger Hof (S. 155)
Nymphenburger Str. 24,
☎ 1 233 830

O

Occam Deli (S. 176)
Feilitzschstr. 15, ☎ 38 346 346
Öeins (S. 150)
Herzogstr. 81, ☎ 30 005 956
OhJulia (S. 162)
Sendlinger Str. 12a,
☎ 215 524 620
Ola Kalá (S. 118/189)
Kaiserstr. 65, ☎ 20 080 842
Oliveto (S. 162)
Häberlstr. 9, ☎ 59 993 913
Ooh Baby I Like It Raw (S. 182) Rumfordstr. 39,
☎ 89 052 339
Opson NEU! **(S. 189)**
Trappentreustr. 33, ☎ 21 751 215
ÖQ Herrmannsdorfer (S. 182)
Frauenstr. 6, ☎ 263 525
Bülowstr. 3, ☎ 98 109 614
Orlando (S. 177)
Platzl 4, ☎ 216 690 330
Oskar Maria (S. 177/227)
Salvatorplatz 1, ☎ 29 196 029
Österia (S. 150)
Taubenstr. 2, ☎ 62 489 924
Osteria da Massimo NEU! **(S. 71/162)** Dietrichstr. 2,
☎ 2 717 701
Osteria Italiana (S. 162)
Schellingstr. 62, ☎ 2 720 717

Osteria Malandra (S. 162)
Schloßstr. 17, ☎ 99 628 695
Osteria Veneta (S. 163)
Utzschneiderstr. 4,
☎ 26 022 093
Osterwaldgarten (S. 150)
Keferstr. 12, ☎ 38 405 040

P

P.Korn (S. 177)
Gabrielenstr. 6, ☎ 99 930 319
P1 (S. 138/220)
Prinzregentenstr. 1, ☎ 2 111 140
Pacha (S. 221)
Maximiliansplatz 5,
☎ 309 050 850
Pacific Times (S. 201/209)
Baaderstr. 28, ☎ 20 239 470
Padres (S. 209)
Blumenstr. 43, ☎ 264 263
Pageou (S. 177/186)
Kardinal-Faulhaber-Str. 10,
☎ 24 231 310
Palais (S. 221/233)
Arnulfstr. 16-18, ☎ 50 073 131
Palais Keller (S. 151)
Promenadeplatz 2-6, ☎ 2 120 990
Palau (S. 209)
Thalkirchner Str. 16,
☎ 0152-59589137
Panther Grill (S. 177)
Franz-Joseph-Str. 45,
☎ 27 372 750
Pappasito's (S. 215)
Erika-Mann-Str. 60, ☎ 2 721 346
Paradiso Tanzbar (S. 137/221)
Rumfordstr. 2, ☎ 263 469
Pardi (S. 187/190)
Volkartstr. 24, ☎ 131 850
Park Café (S. 151/221/233/236) Sophienstr. 7, ☎ 51 617 980
Paros (S. 187/190)
Kirchenstr. 27, ☎ 4 702 995
Passaparola (S. 163)
Kaiserstr. 47, ☎ 38 889 590
Patolli (S. 228)
Sendlinger Str. 62, ☎ 89 058 312
Paulaner am Nockherberg (S. 64/151/236) Hochstr. 77,
☎ 4 599 130
Paulaner Bräuhaus (S. 151)
Kapuzinerplatz 5, ☎ 5 446 110
Paulaner im Tal (S. 151)
Tal 12, ☎ 2 199 400
Paulaner's Wirtshaus (S. 151)
Arabellastr. 6, ☎ 92 648 115
Peony Lounge (S. 199)
Hörwarthstr.4, ☎ 30 669 891
Perazzo (S. 163)
Oskar-von-Miller-Ring 36,
☎ 28 986 090
Pescheria (S. 177/187)
Fraunhoferstr. 13, ☎ 24 214 027
Pfistermühle (S. 86/177)
Pfisterstr. 4, ☎ 23 703 865
Picnic (S. 182/228)
Barer Str. 48, ☎ 20 061 014
Pimpernel (S. 135/221)
Müllerstr. 56, ☎ 23 237 156
Pirlo NEU! **(S. 72/163)**
Edlinger Platz 4, ☎ 0174-9770230
Pizzeria Enzo (S. 163)
Nordendstr. 24, ☎ 27 371 594
Pizzeria Grano (S. 163)
Sebastiansplatz 3, ☎ 23 269 939
Pizzesco (S. 163)
Rosenheimerstr. 12, ☎ 67 972 812
Plaa Uan (S. 191)
Theresienstr. 134, ☎ 51 877 846
Platt & belegt (S. 215)
Kazmaierstr. 47
Polka (S. 177)
Pariser Str. 38, ☎ 89 068 391
Pommesboutique (S. 177)
Amalienstr. 46, ☎ 95 473 312
Pomp (S. 209)
Georgenstr. 50, ☎ 2 711 889
Preysinggarten (S. 177/228/233)
Preysingstr. 69, ☎ 6 886 722
Primafila (S. 163)
Margarethe-Danzi-Str. 25,
☎ 10 119 400
Prinz Alfons NEU! **(S. 151)**
Ysenburgstr. 3, ☎ 162 791
Prinz Myshkin (S. 182)
Hackenstr. 2, ☎ 265 596
Prinz Myshkin Garden (S. 182)
Menzinger Str. 103, ☎ 8 111 001
Pussers (S. 209)
Falkenturmstr. 9, ☎ 220 500

Q

Quán Com (S. 196)
Wendl-Dietrich-Str. 4, ☎ 12 022 167
Quattro Tavoli NEU! **(S. 164)**
Dreimühlenstr. 10, ☎ 74 118 157

R

Rabiang Thai (S. 191)
Georgenschwaigstr. 25,
☎ 3 507 304
Rainbow (S. 191)
Corneliusstr. 1, ☎ 23 032 346
Ratchada (S. 191)
Schwanthalerstr 8, ☎ 4 317 859
Ratskeller (S. 177)
Marienplatz 8, ☎ 2 199 890
Rebella Bex (S. 182)
Sonnenstr. 23, ☎ 54 880 888
Red Pepper (S. 215)
Guldeinstr. 35, ☎ 50 080 255
Resihuber NEU! **(S. 95/182)**
Resi-Huber-Platz 1, ☎ 45 201 670
Restaurant 181 (S. 177)
Spiridon-Louis-Ring 7,
☎ 30 668 585
Restaurant am Chinesischen Turm (S. 155)
Englischer Garten 3,
☎ 38 387 327
Restaurant Huber (S. 177)
Newtonstr. 13, ☎ 985 152
Restaurant Kleines Max NEU! **(S. 164)** Hochbrückenstr. 18,
☎ 24 258 195
Restaurant Laurin (S. 151)
Heiliggeiststr. 6, ☎ 21 994 870
Restaurant Olympiasee (S. 178) Spiridon-Louis Ring 7,
☎ 350 948 540
Ringlers (S. 180)
Sendlinger Str. 45, ☎ 265 549
Riva Bar (S. 164)
Tal 44, ☎ 220 240
Riva Restaurant (S. 75/164)
Feilitzschstr. 4, ☎ 309 051 808
Robinson's Bar (S. 209)
Corneliusstr. 14, ☎ 0172-8661686
Rocca Riviera (S. 178/186)
Wittelsbacherpl. 2, ☎ 28 724 421
Rockbox (S. 209)
Tal 15, ☎ 0176-64825227
Rodman Bar (S. 221)
Rumfordstr. 2
Roecklplatz (S. 178)
Isartalstr. 26, ☎ 45 217 129
Romans (S. 164)
Romanstr. 1, ☎ 1 689 888
Roosevelt (S. 210)
Thierschplatz 5, ☎ 21 578 300
Rosengarten (S. 237)
Westendstr. 305, ☎ 57 869 300
Rosi (S. 228)
Rosenheimerstr. 2, ☎ 44 999 739
Rossini (S. 164)
Türkenstr. 76, ☎ 33 094 270
Rote Sonne (S. 138/221)
Maximiliansplatz 5,
☎ 55 263 130
Rotkäppchen (S. 217)
Lindwurmstr 139a,
☎ 41 144 273
Royal Healthy Slices NEU! **(S. 112/201)** Hohenzollernpl. 4,
☎ 23 023 702
Royal Veggie Döner (S. 180)
Arnulfstr. 5, ☎ 23 542 924
Ruby Lilly (S. 209)
Dachauer Str. 37, ☎ 954 570 820
Rue des Halles (S. 169)
Steinstr. 18, ☎ 485 675
Rüen Thai (S. 192)
Kazmairstr. 58, ☎ 503 239
Ruffini (S. 164/228/233)
Orffstr. 22, ☎ 161 160
Ruff's Burger (S. 217)
Occamstr. 4, ☎ 12 598 616
Rusticana (S. 215)
Grillparzerstr. 5, ☎ 4 703 887

S

Sababa (S. 180)
Westenriederstr. 9, ☎ 23 237 881
Safran (S. 198)
Steinstr. 79, ☎ 61 468 781
Saint Laurent NEU! **(S. 169)**
Ickstattstr. 13, ☎ 47 084 000
Salò NEU! **(S. 164)**
Schraudolphstr. 44, ☎ 27 374 000
Salon Irkutsk (S. 210)
Isabellastr. 4, ☎ 0162-7495905
Salon Pitzelberger NEU! **(S. 125/210)** Gärtnerplz. 3,
☎ 0176-25198465

Paulaner am Nockherberg

Salzkruste (S. 178)
Georgenstr. 45, ☎ 24 290 953
Sangeet (S. 198)
Brienner Str. 10, ☎ 28 674 557
Sankt Emmeramsmühle (S. 155/237) St. Emmeram 41,
☎ 953 971
Santo Anger (S. 164)
Blumenstr. 25, ☎ 25 547 688
Sasou (S. 193)
Marienplatz 28, ☎ 263 701
Sauna (S. 221)
Marsstr. 22, ☎ 0170-4712311
Sausalitos (S. 215)
Türkenstr. 50, ☎ 281 594
Sausalitos 2 (S. 215)
Tal 16, ☎ 24 295 494
Savanna Munich (S. 113/201)
Maistr. 63, ☎ 53 906 363
Savoy NEU! **(S. 85/151)**
Bismarckstr. 21, ☎ 33 056 556
Sax (S. 215/233)
Hans-Sachs Str. 5, ☎ 268 835
Schall & Rauch (S. 215)
Schellingstr. 22, ☎ 28 809 577
Schapeau (S. 155/233)
Tal 41, ☎ 24 234 400
Scheidegger (S. 215)
Bauerstr. 16, ☎ 2 714 828
Schelling-Salon (S. 215)
Schellingstr. 54, ☎ 2 720 788
Schlosswirtschaft Schwaige (S. 155) Schloß Nymphenburg 30, ☎ 12 020 890
Schmalznudel (S. 228)
Prälat-Zistl-Str. 8 , ☎ 268 237
Schmauserei (S. 164)
Westenriederstr. 21, ☎ 24 224 370
Schneeweinchen & Rosenbrot NEU! **(S. 178)**
Elsässer Str. 23, ☎ 37 915 767
Schneewittchen (S. 228)
Am Glockenbach 8,
☎ 38 904 059
Schneider Bräuhaus (S. 151)
Tal 7, ☎ 2 901 380
Schnelle Liebe (S. 183/217)
Thalkirchnerstr. 12, ☎ 21 578 752
Schorsch Bar (S. 210)
Georgenstr. 119, ☎ 0178-2667050
Schubecks Fine Dining NEU! **(S. 99/186)** Pfisterstr. 9,
☎ 2 166 900
Schuhbecks Südtiroler Stuben (S. 151/186) Platzl 6-8,
☎ 2 166 900

T

U

V

W

Spice Bazaar

X

Y

Z

Impressum

Münchner Stadtmedien GmbH
Korbinianplatz 17
80807 München
www.gomuenchen.de
Tel: 089/550 566-0
Fax: 089/550 566-12
E-Mail: go@gomuenchen.de

Herausgeber: Reinhard Straßer (ViSdP)
Chefredakteur: Daniel Wiechmann
Art Director: Claus Lehmann
Produktionsleitung: Susanne Straßer, himmelreich-marketing.de
Anzeigenverkauf: Kathrin Braunmiller für himmelreich-marketing.de
Bilder: Yorck Dertinger
Autoren: Hans Jörg Bachmeier, Niels Hendrik Brodersen, Barbara Fedra, Stephanie Fischer, Damir Fister, Franziska Gerlach, Christoph Holenia, Rudi Kull, Dominique de Marné, Ina Metzger, Sissi Pärsch, Carlo Rieder, Caterina Saller, Kaspar Triller

Druck: Möller Druck GmbH, Berlin
15. Jahrgang. Es gilt Anzeigenpreisliste Nr. 17. Für Anzeigenschaltungen gelten die Allgemeinen Geschäftsbedingungen der Münchner Stadtmedien GmbH. Gerichtsstand ist München.

„München geht aus – Der GO-Guide mit dem GastroStar®" erscheint jährlich im September, wird publiziert von der Münchner Stadtmedien GmbH, München und ist überall erhältlich, wo es Zeitschriften und Bücher gibt. Online zu bestellen über www.amazon.de.

GO›
Dein Schlüssel zur Stadt.

Kulinarischer Fragebogen

Diesmal antwortet „Putzi“ Holenia auf unsere Fragen. Holenia ist als Wirt des Paulaner im Tal sowie als Haferlgucker auf muenchen.tv bekannt geworden. Heute schaut Holenia den Münchner Köchen noch immer gern in die Töpfe. Zu sehen sind die aktuellen Videos auf der Facebook-Seite des Paulaner im Tal.

Igitt, igitt? (Was essen Sie gar nicht gern?)
Toast Hawaii. Ich vertrag keine Ananas.

Immer fantastisch! (Was könnten Sie jeden Tag essen oder trinken?)
Ich liebe Würste.

Ihr Lieblingsgericht als Kind?
Würste! Schon als Kind mochte ich die. In meiner Lehrzeit habe ich jeden Tag Pfälzer mit Kraut gegessen. Ohne dass sie mir je zu den Ohren herausgekommen wären. Die Pfälzer gab es in meiner Familie sogar am Heiligen Abend zu Weihnachten. Ich mag das heut noch. Meine Frau nicht so. Aber für mich macht sie an jedem Heiligabend auch drei Pfälzer.

Ihre Henkersmahlzeit?
Rindsgulasch vom Wadschenkel mit Bandnudeln und dazu ein frisches Bier.

Welches Essen werden Sie nie vergessen?
Mein Hochzeitsessen im Tantris von Hans Haas. Es gab unter anderem einen klassisch zubereiteten Rehrücken. Mit Spätzle und Rahmsoße. Ich hatte Hans Haas gebeten, dass er den Rehrücken so kocht, wie es meine Mutter immer gemacht hat. Und es war einfach nur genial.

Welches Essen würden Sie am liebsten vergessen?
Steak and Kidney Pie in England. Das war so ein Kuchen mit graubrauner, batziger Fleischfüllung. Die hat vielleicht furchtbar gerochen. Ungenießbar.

Ihr außergewöhnlichstes Erlebnis in einem Restaurant?
Der tamilische Feuertopf, den einer unserer Köche aus Ceylon immer mal wieder zubereitet. Dabei handelt es sich um ein hausgemachtes Rindscurry. Es gibt auf der Welt ja 27 Millionen Curry-Rezepte, weil jeder seine ganz eigene Mischung hat. Und auch bei ihm wird das Gericht jedes Mal anders, aber jedes Mal unfassbar gut.

Was können Sie besonders gut kochen?
Kalbshaxe mit Kartoffelsalat. Den Kartoffelsalat mache ich im Sommer mit Gurken, im Winter mit Endiviensalat.

Was will Ihnen in der Küche gar nicht gelingen?
Ich wollte einmal ein Wokgericht mit Huhn machen. Das konnte man so wegschmeißen, wie es war. Mit dem Wok richtig gut zu kochen, ist schwer. Das ist eigentlich ein eigener Lehrberuf.

Zu welchem Junkfood können Sie nicht nein sagen?
Eigentlich Hamburger, wenn sie frisch zubereitet werden.

Ihre Lieblingskochshow?
Kitchen Impossible. Richtig lustig. Die Sendung zeigt, wie schwer es ist, den Stil und den Geschmack eines anderen Kochs zu kopieren.

Welches Kochbuch/welche Kochbücher haben/hat Sie wirklich beeindruckt?
Die Kochbücher von Paul Bocuse, weil er so exakt ist. Die Bücher von Hans Haas. Und ich mag auch das „Einfach. Gut. Bachmeier.“ von Hans Jörg Bachmeier aus dem Blauen Bock, der macht es auch gut. Ausserdem kann ich die Kochbuchreihe „Die Weltküche zu Gast im Ikarus“ sehr empfehlen.

Wenn Sie ein Gericht wären, welches wäre das?
Ein frisches Brathendl. Das liebe ich und das mag auch a jeder.

ISBN 978-3-9817609-5-8
9 783981 760958 >